本书由海南省东坡文化研究与传播中心主持编纂并资助出版

东坡文化年鉴

(2022—2023)

主 编 谭新红 副主编 王 睿

海南出版社
·海口·

图书在版编目（CIP）数据

东坡文化年鉴．2022—2023 / 谭新红主编 ；王睿副主编．-- 海口 ：海南出版社，2024．10．-- ISBN 978-7-5730-1905-9

Ⅰ．K825.6-54

中国国家版本馆CIP数据核字第2024C1R443号

东坡文化年鉴（2022—2023）

DONGPO WENHUA NIANJIAN（2022—2023）

主　　编：谭新红
副 主 编：王　睿
策划编辑：白　多
责任编辑：周梦旎
美术设计：陈贝儿
排　　版：海口美兰鑫民德数字图文中心
印刷装订：海南欣华丽印刷有限公司
出版发行：海南出版社
地　　址：海口市金盘开发区建设三横路2号
邮　　编：570216
电　　话：0898-66816923
经　　销：全国新华书店
开　　本：787 mm × 1 092 mm　1/16
版　　次：2024年10月第1版
印　　次：2024年10月第1次印刷
印　　张：30.5
字　　数：547千字
书　　号：ISBN 978-7-5730-1905-9
定　　价：68.00元

如发现印装质量有问题，影响阅读，请联系海南出版社调换。
购书、调换电话：0898-66814101（发行部）

《东坡文化年鉴》编辑委员会

编辑委员会主任：李　军

编辑委员会副主任：符宣国　谭新红

首席专家：舒大刚

主　　编：谭新红

副 主 编：王　睿

编　　委：（按姓氏笔画排序）

王大党　方星星　甘生统　白金杰　白艳波

齐晓玉　李　刚　李彩霞　宋学达　张　平

陈　庆　庞景超　高　智　郭皓政　海　滨

黄　盼　蔡建东　管仲乐

内容提要

《东坡文化年鉴（2022—2023）》汇辑了2022—2023年两年间与东坡文化相关的重要事件、研究情况、文献资料和成果目录，包括大事记、研究综述、论文摘要、新著选评、国内外苏轼研究论著索引等，目的是及时揭示、发布东坡文化的国内外研究和传播情况，不仅可以为东坡文化的研究者和传播者提供完整、丰富、准确的东坡文化资讯，也可以为在海南自由贸易港建设进程中深入保护、研究和利用东坡文化提供丰富的文献资料。

关于编者

主编：谭新红，男，湖北建始人。2002年毕业于浙江大学中文系，获文学博士学位；2002年7月至2023年6月在武汉大学文学院任教，为文学院教授、博士生导师；2007年11月至2008年11月为美国加州大学伯克利分校访问学者；2023年至今在海南大学工作，任海南大学人文学院院长、海南省东坡文化研究与传播中心执行主任。主要研究方向为唐宋文学、词学。担任中国宋代文学学会理事、中国词学研究会常务理事兼常务副秘书长。著有《清词话考述》（武汉大学2008年学术丛书，武汉大学出版社2009年版）、《宋词传播方式研究》（武汉大学2009年学术丛书，武汉大学出版社2010年版）、《词学研究》（中国社会科学出版社2013年版）、《四库全书总目词籍提要笺证》（中华书局2024年版）等专著，在《文艺研究》《文学遗产》《光明日报》等报刊上发表学术论文四十余篇，多篇获《人大复印报刊资料》全文转载或《中国社会科学文摘》摘要推介。现主持国家社科基金重点项目“宋诗汇评与考证”（19ZW009）、海南省哲学社会科学规划重大专项（东坡文化研究）课题“苏轼全集编年汇评汇注”［HNSK（ZDZX）23-22］各一项。《宋诗汇评》入选“十四五”国家重点出版物出版规划增补项目。主讲“中国文学史”“宋元诗歌研究”等课程。

副主编：王睿，男，河南郑州人。南京大学中国古代文学专业博士，南京师范大学博士后，现任海南大学海南省东坡文化研究与传播中心副研究员。2018年在日本立命馆大学担任客座研究员。主要从事中国近代文学与日本词学研究。在《光明日报》《文学遗产》等刊物发表高层次学术论文二十余篇，出版专著《民国诗学著作考述》（河南文艺出版社2015年版）一部，获省社科优秀成果三等奖一项，主持教育部社科基金项目“现当代日本词学文献整理与研究”（22YJA752018）、河南省哲学社科规划项目“民国诗学体系的建构”（2015CWX029）与“近现代旧体诗学文献整理与研究”（2020BWX010）、海南省哲学社科规划重大项目（东坡文化研究）“日本苏轼研究史”［HNSK（ZDZX）24-14］各一项。

前 言

在中华民族伟大复兴和优秀传统文化传承发展的时代背景下，《东坡文化年鉴（2022—2023）》的出版恰逢其时。2022年，习近平总书记在主持中共中央政治局第三十九次集体学习时强调，中华优秀传统文化是中华文明的智慧结晶和精华所在，是中华民族的根和魂。他对"把马克思主义基本原理同中国具体实际相结合、同中华优秀传统文化相结合"的重大意义进行了深刻阐释。因此，保护和利用中华优秀传统文化，创造性转化、创新性发展中华优秀传统文化，在新的起点上继续推动文化繁荣、建设文化强国、建设中华民族现代文明，是我们在新时代的文化使命。在中华优秀传统文化当中，习近平总书记对东坡文化尤其珍爱。2022年6月8日，他在四川省眉山市三苏祠考察时说："一滴水可以见太阳，一个三苏祠可以看出我们中华文化的博大精深。我们说要坚定文化自信，中国有'三苏'，这就是一个重要例证。"在习近平总书记的重要讲话和文章中，他引用最多的古人名句就来自苏轼。他用"腹有诗书气自华""博观而约取"号召党员干部勤奋学习，用"物必先腐也，而后虫生之""纪纲一废，何事不生"揭示党风廉政问题，用"古之立大事者，不惟有超世之才，亦必有坚忍不拔之志"勉励青年努力奋斗，引领全党、全社会从东坡文化中汲取治国理政的经验和智慧。《东坡文化年鉴（2022—2023）》的编写，正是对新时代习近平总书记要求的回应。

一、《东坡文化年鉴（2022—2023）》编纂缘起

海南省人大常委会党组书记李军同志特别重视东坡文化，他多次提出海南省要挖掘和利用东坡文化资源，推进建立东坡文化传承长效机制，并亲自指导和推进东坡文化的保护和利用工作，成效显著。一是成立海南省东坡文化研究与传播中心（简称"东坡中心"），系统梳理研究东坡文化，丰富东坡文化体

系，传承和弘扬东坡文化，打造东坡文化研究的智库与平台，以及人才培养、学科建设、文旅推广和干部培训的重要基地。东坡中心成立以来，不断编纂东坡文化相关书籍，包括东坡文化研究集刊、论文集、年鉴和教材，推进了研究的深入。二是举办中国（海南）东坡文化旅游大会。首届中国（海南）东坡文化旅游大会的成功举办，不仅吸引了大量游客，也成功擦亮了文旅品牌，提升了海南省的文化旅游吸引力。三是面向全国发布东坡文化项目，海南省哲学社会科学规划重大专项（东坡文化研究）从2022年开始，至2024年已经发布过三次，共立项67项重大和重点项目，在全国产生了很大的影响，吸引了许多优秀学者深入开拓东坡文化研究领域，研究成果不断涌现。四是通过系列行动全面推进东坡文化的保护、研究和传播。自2022年起，海南省通过政府、学界和社会积极推进东坡文化的保护和利用工作，并取得了许多成效。海南省第八次党代会强调要传承和发展好优秀传统文化。海南省开展了对与东坡相关的非物质文化遗产的调查整理，包括东坡遗迹的考古和非物质文化遗产项目的申报、东坡相关文物的保护修缮，通过东坡文化助力乡村振兴等。为了及时总结海南省东坡文化保护和利用的成效，及时保存海南省乃至全国东坡文化的相关信息和资料，李军书记指示东坡中心编纂《东坡文化年鉴》。

二、编纂《东坡文化年鉴》的目的

《东坡文化年鉴》编辑出版工程是为了纪念苏东坡诞辰987周年而启动的。主要目的是保存和利用好东坡文化的丰富遗产，通过深入挖掘、整理和传承东坡文化，为今后开展传承东坡文化工作提供可靠的学术依据和全面的史实资料，也为海南自由贸易港建设提供文化支撑。具体来说，编纂《东坡文化年鉴》的目的：一是保存历史文献。东坡文化是值得深入挖掘的中国传统文化的重要组成部分，通过年鉴的形式，可以将当今东坡文化相关活动、研究和传播的历史资料保存下来，彰显东坡文化在当下的影响力。二是促进学术研究。东坡文化涉及哲学、政治、文学、艺术、教育、医学等多个领域，年鉴的编纂，可以为多个领域的研究者和传播者提供翔实的资料，有助于深入探索东坡文化，推动传统文化研究的深入和学术成果的转化。三是推进教育普及。年鉴中所收录的全国各地东坡文化传播信息和研究成果，可以便于人们查找东坡文化相关知识，便于向学生群体和社会大众普及东坡文化，增进人们对东坡思想、文学、艺术等多方面成就的了解。四是创新发展文化。在海南自由贸易港建设过程中，东坡文化可以作为一张重要的文化名片，也可以成为中华优秀传统文化保护和利用的典型，对其他文化遗产的保护和利用起到带动作用。东坡文化也可以成为马克思主义基本原理同中华优秀传统文化相结合的典型范例，从中发掘出适用于新时代的有利因素，可以为海南自由贸易港建设提供文化引领和精神力量。东坡文化还可以作为旅游资源和文化产业发展的基础，通过开发相关产品和服务，推动地方经济的发展。

三、《东坡文化年鉴》编纂的体例

《东坡文化年鉴》，不同于政府部门编辑的地方年鉴，是专门反映东坡文化这一领域情况的全国首部专业年鉴。《东坡文化年鉴》是汇辑关于东坡的重要时事、文化活动、学术文献和统计资料的信息密集型工具书，可以及时反映东坡文化活动情况，通过连续出版可以及时保存丰富而准确的信息和资料，便于人们了解东坡文化活动现状和研究发展趋势，具有较大的总结、统计意义和参考作用。本年鉴的门类包括大事记、研究综述、论文摘要、新著选评和论著索引五个部分，每部分下收录若干条目。大事记主要收录东坡文化相关的会议、活动、讲话、政策、展演、讲座、出版等资料，以新闻简报的形式呈现，从2022年1月开始至2023年12月为止，按时间编排。研究综述主要分为苏轼诗、苏轼词、苏轼文、苏轼思想、苏轼经学、苏轼书画、苏轼音乐与舞蹈、艺术设计领域的东坡文化八个类别，前六类主要是苏轼学术研究综述，后两类主要是相关展演和活动、设计情况综述。为了更全面地显示苏轼经学研究的进展，经学综述部分以近十年间（2013—2023年）的相关研究为分析对象。对于苏轼论文摘要的编纂，我们统计了2022—2023年国内外的苏轼研究论文共1523篇，从中选出33篇比较有代表性的学术研究论文进行摘编。国内外苏轼研究著作共203部，从中选出有代表性的12部，以出版时间先后为序，邀请学者为其撰写书评。我们对统计的苏轼研究论文和论著编制了国内外目录索引，便于学者查找检阅。国外目录索引搜罗了英语世界和韩国、日本、马来西亚等国发表出版的东坡研究论文和著作，但由于条件限制，难以搜集齐全，容有遗漏。

四、2022—2023年东坡文化的社会影响

近年来，全国对东坡文化的重视程度不断提高，多地政府部门和社会民众、学术界都对东坡文化产生了浓厚的兴趣。从现实层面来看，近三年来，海南、四川、浙江、江苏、山东、河南等苏轼留下遗迹的地区，都举办过多项东坡文化活动，如会议、讲座、比赛和艺术展演等，苏轼研究会、东坡书院等民间团体也不断涌现。东坡文化是中华优秀传统文化在现代社会实现有效转化利用的成功范例，不仅在教育事业、旅游产业、文化遗产保护事业中得到青睐，也在现代传媒和乡村振兴中发挥着重要作用，并且呈现出不断创新和发展的趋势。

第一，东坡文化在旅游业中的应用和发展呈现出新的趋势。各地政府和相关部门积极挖掘东坡文化的旅游资源，推动文旅融合，打造新的全域旅游发展格局。多地均积极举办东坡文化节。海南省从2023年开始每年举办中国（海南）东坡文化旅游大会，配套开展开幕式、高端论坛、精品展览、文艺精品演出季、东坡美食文化荟、东坡文化古迹研学游和苏东坡诗酒文化鉴赏游园会活动，推动苏学研究与旅游、餐饮、文创、研学等产业融合发展，为大众提供了丰富多彩的活动。广东省的惠州借助东坡文化举办了广东旅游文化节暨第十届（惠州）东坡文化节，强调东坡精神，邀请广大群众参与互动，并且发展了“旅游+农业、工业、体育、文化”等新业态。

第二，东坡文化也在教育领域得到了推广。特别是在学校教育中，东坡文化作为中华优秀传统文化的一部分，被融入到幼儿园教育中，有助于推动中华优秀传统文化的传承和发展。例如，在湖北省黄冈市，东坡文化走进校园，通过举办“东坡文化进校园”活动，传播中国传统文化，增强学生对传统文化的认同感和自豪感。成都市东坡小学以东坡文化为主题，开设了非遗扎染、非遗茶艺、非遗香事、农耕、食育等特色课程，旨在让每个孩子学习传统文化和技艺，做到“知行合一”，成为像苏东坡一样的生活家。江苏理工学院举办了“毗陵我里 宋韵国风”迎中秋东坡雅集活动，通过音乐会、舞蹈表演等形式展现了东坡文化的传统与现代。

第三，东坡文化在非物质文化遗产保护中也发挥了重要作用。各地政府和相关部门积极推动东坡文化遗产的保护和开发，使其“活”起来、“火”起来。

例如，在海南省儋州市，政府提出了刻不容缓地开展东坡文物资源的挖掘、整理和保护，加强东坡文化的研究和传承，推动东坡文化创造性转化、创新性发展。《海南省非物质文化遗产规定》于2022年7月1日起正式施行，该规定强调了立法与非遗保护的精准有效衔接，并特别提到了包括东坡文化在内的文化遗产的保护工作。

第四，东坡文化在现代传媒中的运用也越来越普遍。《中国诗词大会》等节目引入东坡的诗词，央视等媒体曾录制发布苏东坡的纪录片《定风波》，与苏轼相关的短视频、电子书籍、动画、电影和游戏在全国也得到了广泛的传播。如眉山市东坡区携手功夫动漫制作的动画片《少年苏东坡传奇》于2022年在四川卫视播出后，也产生了显著的社会影响。

第五，东坡文化在乡村振兴中也发挥了重要作用。2022年8月，苏轼苏辙安葬地、河南省平顶山市郏县茨芭镇苏坟寺村发起"'守护苏东坡'云村民"行动，发起爱护苏东坡、助力乡村振兴的团体"云村民"，组织各地苏轼宗亲、苏轼经行地居民、苏轼研究人员、东坡粉丝等社会民众广泛参与。通过联合四川眉山永光村、十字卡村，海南儋州七里村等多地东坡关联村庄，建立"新东坡农场"、"东坡有约"民宿，培养乡村新闻播报官、青年乡村振兴特派员等，充分发挥东坡文化赋能乡村振兴的作用。

五、东坡文化研究的热点和发展趋势

东坡文化研究目前也成为学术热点，涵盖了文学、艺术、哲学、政治等多个学科，成果丰硕。仅《东坡文化年鉴（2022—2023）》编委会统计的公开发表的相关研究论文就有1536篇，苏轼研究著作219部。下面对这两年东坡文化研究的热点和发展趋势进行简要总结。

一是文学与艺术研究：苏东坡的文学创作一直受到广泛关注，尤其是他的诗歌、散文和词是学术研究的热点。从《东坡文化年鉴（2022—2023）》的研究目录来看，两年内研究苏轼文章的论文有200多篇，主要可分为批评研究、分体研究、文献整理及辨正、传播与接受研究、交叉研究五个方面。研究苏诗的论文有300多篇，苏轼诗歌研究领域在文献考据、创作背景、思想心态、美学鉴赏、诗歌比较、接受传播以及学科交叉等诸多维度都有所拓展。研究词的论文有200多篇，主要涉及思想与心态、主题与意象、接受与传播以及比较研究、跨学科研究等方面，对苏轼词学思想、词风艺术的挖掘也在不断深化和细化。苏轼的文学研究进入到更加细致深广的领域，如东坡文学作品的文体特征、叙事手法、影响接受、稀见文献和评点批评等问题逐渐成为热点。研究者们通过对东坡文学作品的分析，探讨了其文学成就以及对中国文学史的影响。东坡的书法、绘画和以东坡为主题的音乐、舞蹈和艺术设计也得到了广泛的研究。此外，全国以东坡为主题的戏剧、影视、动画也纷纷出现，成为艺术学科新的研究领域。

二是哲学思想研究：东坡的哲学思想同样是热门研究领域。近年来，学者们致力于挖掘其思想背后的深层含义及其当代价值。如对作为苏轼一生学术思想总结的“海南三书”（又称“经学三书”，即《易传》《书传》《论语说》）的研究，历来比较薄弱，但2022—2023年已经有了一些成果，以硕博论文为主。山东大学陈彦杰2022年博士论文《苏轼易学思想研究》着重关注了苏轼的注《易》体例、解《易》理路。2023年阮忠的期刊论文《基于辑佚的苏轼〈论语说〉研究——苏轼“海南三书”论之二》对苏轼著作《论语说》进行了文献和思想上的分析。云南师范大学孙业鑫2022年硕士论文《苏轼〈论语说〉的儒学思想研究》聚焦于苏轼《论语说》中对经典儒家命题“性”“道”和“仁”“德”的阐述。2022年欧阳荷庚与曹建的论文则对《东坡书传》进行了文字的辨析和含义的解读。2022年有两篇硕士论文关注《东坡易传》：河北大学的胡悦祎研究了《东坡易传》的哲学思想，华中科技大学的刘继鑫则研究了《东坡易传》性命论问题。两年间研究苏轼佛教思想的重要论文和论著有5种，研究东坡道家思想的有3种。

三是政治与社会研究：东坡的政治生涯和政治思想也是近年研究的热点。主要包括整体研究、民本思想、民族意识、法治思想、教育思想、经济思想、政治书写、海外研究、家风家训和廉政思想等方面。苏轼的仕途经历，以及他在不同职位上推行的政策和改革措施，体现了他的政治智慧和社会关怀。此外，东坡文化与地域社会的关系，如他在杭州、黄州、惠州等地的政绩，也是研究的重要内容。如2022年李麒、王玉对苏轼民本法律思想的研究，2022年马自力、赵秀对苏轼任扬州知州仕途经历的研究，2023年梁晖对苏轼在担任中书舍人、翰林学士时给帝王撰写的系列文书的研究，都发现其中蕴藏了以民本思想为核心的政治理想。此外，2022—2023年两年间对苏轼家风的研究论文就有17篇之多，研究苏轼廉政思想和廉政实践的论文也有4篇，可见苏轼政治思想理论和实践的问题已经成为学术研究的热点。

四是国外东坡研究：随着全球化的发展，东坡文化的研究也呈现出了国际化趋势。国内外学者间的交流合作日益频繁，国际研讨会和论坛的举办有力地推动了东坡文化在世界范围内的传播和研究。韩国学者两年内发表论文37篇，著作2部；在《英语世界》期刊发表的苏轼相关研究论文有19篇，其中国外学者发表9篇，国内学者发表10篇；日本学者关于苏轼的研究论文有19篇，著作2部；马来西亚学者发表论文1篇。陈庆《近30年韩国学者的苏轼研究（1992—2022）——以期刊论文为中心》对30年间韩国学者研究苏轼的情况进行了总结：1992年中韩建交以来，韩国对苏轼的研究日渐兴盛，30年间韩国学者在韩国国内公开发表的期刊论文就有399篇，其中20世纪90年代51篇，21世纪最初10年101篇，2010至2022年247篇，呈逐渐上升的趋势。从韩国论著内容来看，主要涉及苏轼的人格境界、艺术观念、文学创作、传播与接受、版本考证等领域，其中论及苏轼传播与接受的论文最多，苏轼文学创作方面的论文次之，之后依次为苏轼艺术观念、人格境界以及考证类论文。

总之，2022至2023年，东坡文化研究呈现出多元化、深入化的特点，不仅深化了对东坡个人成就的理解，也丰富了对中国传统文化的研究。未来苏轼文化的研究将继续深入挖掘东坡文化的内涵，促进其在当代社会的传承与发展。英语世界的苏轼研究成果大部分由国内学者和国外华人华侨产生，国外关注苏轼研究的汉学家中韩国和日本的学者数量最多。

在本年鉴编纂过程中，海南省内东坡文化大事记的撰写，得到了海南省人大常委会办公厅、省旅文厅、省教育厅、省苏学研究会等单位的大力支持。省外东坡文化大事记的资料，则得到了眉山三苏祠博物馆、杭州市苏东坡研究会、徐州市苏轼文化研究会、常州市苏东坡研究会、黄冈市东坡文化研究会、诸城市苏轼文化研究会、惠州市东坡文化协会、宝鸡市苏轼文化研究会、湖州市苏轼文化研究会、河南郏县苏坟寺村、中国矿业大学苏轼研究院等众多机构和地方的无私帮助。在此，我们致以最诚挚的谢意！

海南省东坡文化研究与传播中心

2024年6月15日

目　录

大事记

研究综述

论文摘要

新著选评

国内苏轼研究论著索引

国外苏轼研究论著索引

大事记

2022年

1月

◇纪念苏东坡诞辰985周年暨登陆海南925周年座谈会召开

2022年1月8日，由海南省社科联社会组织历史文化学部党总支指导，海南省苏学研究会、海口江东枫叶国际学校联合主办的“纪念苏东坡诞辰985周年暨登陆海南925周年座谈会”在海口召开。同时，海南枫叶国际学校“东坡书社”揭牌成立。

◇纪念苏东坡诞辰985周年系列活动在常州举行

2022年1月8日，由常州市苏东坡研究会、常州市苏东坡纪念馆联合主办的“寿苏会”系列活动在常州市藤花旧馆举行。来自全市的各界人士、苏学专家、东坡后人及“粉丝”齐聚一堂，缅怀一代文豪苏东坡。大家通过写春联送吉祥、东坡诗词诵读分享、京剧清唱、民乐合奏等方式，为东坡居士诞辰985周年奉上了一场别开生面的纪念活动。

◇“‘寅虎之约’苏轼到密州947周年暨迎新春座谈会”举办

2022年1月8日，诸城市苏轼文化研究会举办“‘寅虎之约’苏轼到密州947周年暨迎新春座谈会”，纪念苏轼熙宁七年（1074）腊月初三到密州任知州。诸城及周边县区的苏学专家学者、广大苏迷、企业家代表40余人齐聚一堂，共赴与苏公的这场千年之约，畅谈苏公的超然文化之美，缅怀苏公的密州情怀。

◇纪念苏东坡诞辰985周年寿苏会举行

2022年1月21日，由眉山三苏祠博物馆举办的纪念苏东坡诞辰985周年寿苏会在三苏祠举行，同时由中共眉山市委宣传部、眉山市文化广播电视和旅游局主办，眉山三苏祠博物馆、西南大学文学院中国书法研究所、四川玉屏山旅游资源开发有限公司承办的“吾家东坡——苏轼题材文物特展·《苏轼书法全集》（四十五册本）图录特展”在三苏祠式苏轩开幕。

3月

◇海南省委副书记，省人大常委会党组书记、副主任李军到儋州调研东坡文化资源保护和开发工作并召开东坡文化研究座谈会

2022年3月9日，海南省委副书记，省人大常委会党组书记、副主任李军到儋州市，对在实施乡村振兴战略中，开展东坡文化资源保护和开发等工作进行调研。在中和镇东坡书院、苏东坡历史文化艺术馆等地，李军认真了解苏东坡生平事迹、史料等，对儋州市近年来加强东坡文化资源保护和开发工作予以肯定。在中和镇，李军详细查看东坡井、古城墙等古迹和桄榔庵等遗址，强调要立即行动，对东坡相关历史文物进行抢救性保护，用心存续“前人之迹”。当天晚上，李军主持召开东坡文化研究座谈会，与东坡文化研究领域的专家、学者及儋州市、省有关部门负责人等展开讨论，并提出下一步工作要求。李军指出，文化振兴是乡村振兴的题中应有之义，是乡村建设的重要内容。东坡文化是海南历史文化的一个代表性符号，要通过柔性引才、“揭榜挂帅”等方式，聚集各方面力量，全面深入地研究海南东坡文化；要刻不容缓地开展东坡文物资源的挖掘、整理和保护；要加强东坡文化的研究和传承，加强东坡精神的弘扬；要高水平做好东坡文化旅游这篇大文章，打造传播弘扬海南东坡文化品牌。

附：李军同志在东坡文化研究座谈会上的讲话

（2022年3月9日　儋州　根据录音整理）

苏东坡在中国历史上是一个很了不起的人物，这么一个大人物与古代尚为蛮荒之地的海南、儋州有联系，这真是一段和海南人民的“奇缘”。千年来，苏东坡始终为海南人民所怀念，他的人格魅力穿越古今、经久不衰，持续焕发着生命力。现在，儋州东坡文化已成为海南历史文化的代表性符号和重要地标，对增强海南自由贸易港文化底蕴具有不可估量的作用。

为什么苏东坡在海南会有如此深远的影响力？我想主要有几个原因：一是

始终保持豁达胸襟。苏东坡到海南时年逾六旬，被贬谪到儋州，面临的自然环境险恶，生活艰难，正所谓“食无肉，病无药，居无室，出无友，冬无炭，夏无寒泉”。但是面对人生苦难，苏东坡没有灰心丧气、消极无为，而是“九死南荒吾不恨”，始终保持乐观、率真的人生态度，非常值得后人敬仰学习。二是始终秉持民本情怀。他居琼期间无论走到哪里，都能积极融入当地生活，跟老百姓心心相印、水乳交融、情同手足，成了地道的海南人，以至于“鸡犬识东坡”。三是始终坚持为民办事。他以一腔热忱帮助乡亲们打“东坡井”、办学堂、劝农耕、采药医病，受到了当地黎民百姓的爱戴。他坚信“沧海何曾断地脉，白袍端合破天荒”，致力于传播中原文化，让海南书声琅琅，培养出了海南历史上第一个举人姜唐佐，以“石中火”点燃了海南的文明之火，还留下诸多诗文、故事等历史文化遗存。

苏东坡的情操与人格、文学与艺术等精神文化遗产，不仅应该成为专家学者研究的重要对象，也应该成为党员干部的学习对象。他无论是“居庙堂之高”还是“处江湖之远”，都始终把干事作为追求，实实在在造福百姓。我们党员干部也应该学习苏东坡这种为民干事的精神。我们应旗帜鲜明地弘扬东坡文化，打造东坡文化品牌，使东坡文化成为海南自由贸易港建设的重要动力。

第一，要刻不容缓地开展东坡文物资源的挖掘、整理、保护。东坡书院等遗迹经历了千百年时间洗礼，具有重要的历史价值、文化价值和科学价值。要把现有的涉东坡文物遗迹如东坡书院、载酒堂、东坡井等都保护好，好好发掘、整理，该恢复的恢复，该重建的重建，争取用五年乃至更长时间形成一个围绕东坡文化的旅游路线。这涉及包括昌江在内的五个市县，需要省里牵头进行投入，把这个事情做好。

第二，要加强东坡文化的研究、传承，加强东坡精神的弘扬。东坡文化是中华优秀传统文化的重要组成部分，一方面，要做好“两个结合”的文章，进行系统梳理研究，多产出研究成果，通过系列活动光大东坡文化，发挥其现实效应。另一方面，要加强人才梯队培养。广发“招贤帖”，面向全国“揭榜挂帅”，采用柔性引才的方式，把国内著名的苏学专家、学者请到海南来当“候鸟”，开展苏学研究。社科联要发挥智库作用。省委党校要谋划建设东坡研究实体机构。

第三，要高水平做好东坡文化旅游这篇大文章。苏东坡涉足的文化领域有香文化、茶文化、养生文化、美食文化、医药文化等，非常丰富，要进行综合挖掘。儋州市要把乡村建设公司和文旅公司统筹起来，把东坡书院、中和镇、环岛旅游公路建设结合起来进行整体谋划，打造一个具有文化展示、旅游服务、休闲康养等多重功能的综合体，使中和镇成为以东坡文化为魂的特色文化名镇，实现一二三产业融合发展。到时候就可以和海花岛相呼应，形成既有现代元素又有古代元素的旅游资源，这就是儋州独特的优势。建议儋州市将这项工作纳入未来五年发展规划。

苏东坡说过“此心安处是吾乡”“海南万里真吾乡”，海南让他心安，他喜欢海南。在海南工作生活八年来，我越来越深刻地理解苏东坡为什么对海南有如此深厚的感情，越来越与他有“于我心有戚戚焉”的共鸣同感。本人今年60岁，今后我将利用余生的力量和大家一道做好打造、传播、弘扬海南东坡文化品牌这件事。

◇海南省东坡文化研究与传播中心筹建办公会召开

2022年3月14日，海南省东坡文化研究与传播中心筹建办公会在省委党校召开。海南省委副书记，省人大常委会党组书记、副主任李军出席会议并讲话。李军指出，东坡文化具有丰富的民本思想和治国理政思想，东坡文化资源很宝贵，要挖掘好、利用好，并抓紧筹建海南省东坡文化研究与传播中心。

◇儋州市中和镇规划建设暨东坡文物资源挖掘和保护座谈会召开

2022年3月18日，儋州市中和镇规划建设暨东坡文物资源挖掘和保护座谈会在儋州召开，海南省委副书记，省人大常委会党组书记、副主任李军主持会议并讲话，省委常委、省委组织部部长、儋州市委书记、洋浦经济开发区工委书记徐启方，省旅文厅党组书记林光强，儋州市副市长王凌融等参加会议。李军强调了五点意见：1. 将中和古镇保护建设纳入环新英湾新城发展规划；2. 正确认识中和古镇价值，找到科学合理保护路径；3. 以东坡文化为魂，打造中和田园古镇；4. 文物部门要在挖掘东坡文化资源上狠下功夫；5. 尽快组建海南省东坡文化研究与传播中心。

◇海南省东坡文化研究与传播中心筹建办公会召开

2022年3月19日，海南省东坡文化研究与传播中心筹建办公会在海南省委党校召开。海南省委副书记，省人大常委会党组书记、副主任李军出席会议并讲话。李军指出，海南省东坡文化研究与传播中心设立在海南大学具有人才和政策优势，强调省委党校要以图书馆和文化馆为载体，打造东坡文化培训基地，推动中华优秀传统文化进教材、进课堂。

◇“第二届昌化江东坡峻灵王文化论坛暨第四届苏学研究高端论坛”成功举办

2022年3月19至21日，“第二届昌化江东坡峻灵王文化论坛暨第四届苏学研究高端论坛”在海南昌化江畔举办。海内外苏学研究专家学者汇聚现场和“云端”，共同研究、开发苏东坡在海南三年的历史文化遗存，努力为海南自由贸易港建设提供精神动力和文化支撑。美国夏威夷跨学科研究所所长、《中英学术》主编董良杰研究员在大洋彼岸出席论坛并就海南昌化王义方研究发表重要观点。韩国檀国大学副校长、国际语学院院长安熙珍教授等在线交流发言。论坛由海南大学、中共昌江黎族自治县委、昌江黎族自治县人民政府和海南省中国文学研究中心联合主办，县委宣传部、海南大学人文传播学院、县旅游和文化广电体育局、海南省苏学研究会共同承办。来自各地高校、科研机构、出版社和东坡文化研究组织的50多位专家学者，提供了70多篇学术论文，以“七一”重要讲话与《中共中央关于党的百年奋斗重大成就和历史经验的决议》为指导，以历史映照现实、远观未来，坚持推进马克思主义基本原理与中华优秀传统文化相结合，立足于促进昌化江畔经济、文化、社会发展，推出一批优质学术研究成果。中共昌江黎族自治县委书记陈儒茂出席论坛，并亲切会见省内外专家学者。会议论文集《铭碑晔然照无穷》由学苑出版社编辑出版。

◇海南省东坡文化研究与传播中心筹建办公会召开

2022年3月31日，海南省东坡文化研究与传播中心筹建办公会在省委党校召开。海南省委副书记，省人大常委会党组书记、副主任李军出席会议并讲话。会议明确了海南省东坡文化研究与传播中心的机构性质、办公地点，研究了刊物、人才以及东坡文化的研究和传播等方面工作。

4月

◇海滨教授主讲广播节目《兹游奇绝冠平生》全面上线“学习强国”学习平台

海南广播电视总台新闻广播文化精品节目《南海月明》特别策划推出大型

东坡文化系列专题《兹游奇绝冠平生——海南的苏东坡和苏东坡的海南》，2022年4月2日起节目全面上线“学习强国”APP，海南省委宣传部“文明海南”“书香海南”微信公众号，海南广播电视总台官方微信公众号、“视听海南”APP、海南网络广播电视台，海南新闻广播官方微信公众号“海南之声FM886”、官方微博，海南大学官方微信公众号、官方微博、官方喜马拉雅平台，儋州市权威官方信息发布平台“这里是儋州”微信公众号等，得到普遍好评。

《兹游奇绝冠平生——海南的苏东坡和苏东坡的海南》共四十五集，是海南省苏学研究会副会长海滨教授在海南广播电视总台古典诗词赏析栏目《南海月明》中主讲的重要选题，首次全景式展现了东坡贬谪海南的来龙去脉与儋州功业，深入分析海南如何淬炼了东坡、东坡如何润泽了海南，立体展示了苏轼的人格魅力，深刻挖掘了东坡文化的历史意义。节目在广播电台播出后影响广泛，对新时代多渠道弘扬和普及中华优秀传统文化、促进海南自由贸易港文化建设有重要价值。

◇海南省东坡文化保护、研究与利用工作座谈会召开

2022年4月10日，海南省东坡文化保护、研究与利用工作座谈会在省委党校召开。海南省委副书记，省人大常委会党组书记、副主任李军出席会议并讲话。省委常委、宣传部部长肖莺子主持会议并提出工作要求。省委常委、组织部部长徐启方，省人大常委会副主任康耀红出席会议。省旅文厅等部门作汇报，海口市等有关市县负责人发言。会议强调，要深刻领会、认真落实习近平总书记关于弘扬中华优秀传统文化重要指示和中央有关在城乡建设中加强历史文化保护传承的文件要求，落实省委书记沈晓明关于系统梳理研究东坡文化的指示，集中各方智慧和力量，保护、研究和利用好东坡文化，为建设中国特色自由贸易港夯实文化基础、增强文化底蕴。李军指出，东坡文化是中华优秀传统文化的重要组成部分，是海南珍贵的历史文化遗产。要坚持统筹谋划、远近结合，用项目化方式，以“快”抓好文物保护，以“深”抓好学术研究，以“实”抓好干部培训，以“融”抓好开发利用，以“效”抓好交流传播，以“力”抓好立法监督。要坚定文化自信，坚持“两创”方针，持续用力、久久为功，把海南打造成为国内外有影响的东坡文化研究与传播重镇。

附：李军同志在海南省东坡文化保护、研究与利用工作座谈会上的讲话

（2022年4月10日　根据录音整理）

一、海南为什么要重视保护、研究、利用好东坡文化

今天的座谈会，应当说是海南建省办经济特区以来，省级层面推进东坡文化保护与研究规格最高、规模最大的一次会议。那么，海南为什么要重视保护、研究、利用好东坡文化呢？

第一，这是深刻学习领悟、贯彻落实习近平总书记关于弘扬中华优秀传统文化系列重要论述的具体举措。党的十八大以来，传承运用中华优秀传统文化是习近平总书记治国理政的鲜明特点。习近平总书记多次强调，中华优秀传统文化是中华民族的精神命脉、文化血脉，是涵养社会主义核心价值观的重要源泉，是我们在世界文化激荡中站稳脚跟的坚实根基，也是我们最深厚的文化软实力。要推动中华文明创造性转化和创新性发展，激活其生命力，使其成为加强社会主义精神文明建设的深厚滋养，成为扩大中华文化国际影响力的重要名片。党的十八大以来，习近平总书记几乎每到一个地方视察调研，都会检查指导、大力推动当地传统文化和文化遗产保护工作，为我们树立了光辉典范。

东坡文化是中华优秀传统文化的重要组成部分。在海南贯彻落实习近平总书记关于弘扬中华优秀传统文化系列重要论述，坚持“两创”方针，就必须把东坡文化保护好、利用好，以实际行动增强“四个意识”、坚定“四个自信”、做到“两个维护”。

第二，对海南自由贸易港建设来讲，这是夯实文化基础、增强文化底蕴、强化文化支撑的迫切需要。建省办经济特区以来，我省在文学艺术、文物保护、文化基础设施建设等方面取得了显著的成就。但与其他先进省份相比，我们还有较大差距。我们正在建设中国特色自由贸易港，文化建设是自由贸易港建设的应有之义。自由贸易港建设不但要加快对外开放、经济发展，还要不断提高文化软实力。现在各方面都高度重视风险防控工作，将风险防控视为事关海南自由贸易港建设成败得失的最关键变量。随着海南全面改革开放的深化、扩大，如果自身文化软实力也就是文化免疫力不够强，是无法抵挡糟粕文化、腐朽文化侵入的。从风险防范的角度来讲，也要把文化建设抓好，把文化基础夯实。我们要挖掘、保护、利用好东坡文化，以东坡文化为突破口，下功夫塑造海南文化品牌，增强海南文化底蕴，扩大海南文化影响力，充分展示自由贸

易港开放自信的形象。

第三，这是顺应东坡文化热、打造海南文化名片的积极行动。在众多历史人物中，苏东坡是能引起现代人最多共鸣的。现在东坡的文化意义已经超越了地区，超越了民族，超越了国界，超越了时空，东坡文化的影响与日俱增。

东坡居儋三年，可谓是海南一笔极为珍贵的文化宝藏。他身处“食无肉，病无药，居无室，出无友，冬无炭，夏无寒泉”的环境，始终“九死南荒吾不恨”，没有灰心丧气、消极无为，而是跟当地黎族百姓情同手足，劝农耕、易风俗、做教育，致力传播中原文化。他培养出了海南历史上第一个举人，深刻影响了海南的第一个进士，以“石中之火”点燃了海南文明之火。这些财富经过岁月的发酵和不断的诠释，不仅给海南文化注入了厚重内容，也让海南的山水增添了丰富意蕴。在一定程度上来说，相比海南的其他文化，东坡文化是更有国际影响力的文化元素符号，更值得我们去挖掘、保护、开发、利用，更有可能打造成海南的文化名片。

总之，保护与研究东坡文化符合中央要求，是贯彻习近平总书记“两个结合”指示精神在海南的具体实践，是海南自由贸易港文化建设的重要内容，是打造海南文化品牌的重要抓手和标志性工程。可以说，在海南抓东坡文化工作是有担当、有责任、有情怀、有文化的表现。我们一定要让后人在回望研究我们这一段历史的时候，觉得我们是有担当有责任有文化的一代人，经得起子孙后代的评说。

二、东坡文化的内涵和价值是什么

一是真的追求——表现在苏东坡的思想理论成就方面。苏东坡涉猎广泛，对经学研究非常深，勇于探索思考，是卓越的思想家。哲学思想方面，苏东坡融儒、释、道三家内容于一体，倡导超然自适的人生哲学，既不脱离现实，又能超越现实。法治思想方面，他21岁参加礼部进士考试，撰写《刑赏忠厚之至论》一文，认可的“罪疑惟轻”，非常接近现代的疑罪从无原则。经济思想方面，他反对“困商之政”，主张“惠商”，“农末皆利”“驱民归商”，以促进商品流通的发展。民本思想方面，他从小深受儒家“经时济世”思想的影响，早年就立下济世之志，主张执政者要结交人心、减轻赋税，提出“天下者非君有也，天下使君主之耳”，认为人民“实执存亡之权”。

二是善的作为——表现在苏东坡的做事待人方面。苏东坡一生到过很多地方主政，都留下政绩。苏东坡无论是“居庙堂之高”还是“处江湖之远”，始终与百姓心心相印，用实实在在的行动造福百姓。他在凤翔，改革“衙前”役法；在密州，拿出库粮收养弃儿；在徐州，为保护人民抗洪救灾，“庐于城上，过家不入”；在杭州，整治西湖，捐钱设免费病坊；在扬州，废除生事扰民的“万花会”；在定州，惩治贪官污吏和骄横将军，整顿边防部队；在惠州，捐钱为当地修桥。苏东坡无论是对上级、同事、朋友、下属，还是对父母、兄弟和妻儿，都充满了感情。他说：“吾上可陪玉皇大帝，下可以陪卑田院乞儿。眼前见天下无一个不好人。”

三是美的创造——表现在苏东坡的诗词文书画成就方面。苏东坡是名副其实的大文豪。在诗方面，被公认为宋代最高成就的代表，他的诗题材广泛，内容丰富多彩，笔力雄健，想象丰富，比喻新奇，风格多样。他发展了以文为诗的宋诗特色，创作了许多我们耳熟能详、脍炙人口的佳作。在词方面，被公认为豪放词派的开创者与代表作家，冲破“词为艳科”的藩篱，转变词风，打破声律束缚，创作的《江城子·密州出猎》《水调歌头·明月几时有》《念奴娇·赤壁怀古》等名篇传诵至今，老少皆知。在散文方面，他的创作是宋代散文最高成就的代表，内容丰富、形式多样，既朴质无华、平淡自然，又见解独到、析理透辟。在书法方面，为“宋代四大书法家”之冠，《黄州寒食帖》与王羲之的《兰亭序》、颜真卿的《祭侄文稿》并肩，被称为“天下第三行书”。在绘画方面，是宋代“湖州竹派”的代表人物，擅长画枯木、怪石、墨竹，反对束缚，重视神似。他的《木石图》在香港佳士得拍卖出了4.6亿元港币，是中国古代书画拍卖的第二高价拍品。

四是技的发明——表现在苏东坡的水利、美食、养生、医药等方面的贡献。苏东坡极富科学精神，有很多的探索、发明，有的极具创意，有的可谓技艺精湛。在水利方面，他主持或参与水利工程，积极参与治水实践，探索出了利用西湖淤泥建长堤，在堤坝上筑桥和种柳树的办法，既疏通水系，又美化环境，一举多得。他还撰写了水利著述《熙宁防河录》《禹之所以通水之法》《钱塘六井记》等。2019年，他被评为水利部公布的12位“历史治水名人”之一。在美食方面，东坡不仅是美食家，也是一个高明的大厨，体现了惊人的创造热情和能力。他擅长开发前人从未做过的新菜式，比如“东坡肉”“东坡蚝”等。在养生方面，他著有《养生说》《续养生论》等多篇作品，提出了酒与养生、医药与养生、美食与养生、茶与养生等理论，提倡并在生活中运用戒急躁、宜静心、淡饮食三种养生之道。在医药方面，他对中医药颇有研究，与沈括合著

《苏沈良方》，在海南还发现了可以入药的野果——“桃金娘”。此外，他在儋州还自己酿酒、制墨等。

苏东坡是百科全书式的人物，集天才（某一领域）、全才（多个领域）、伟才（伟大善良、品德高尚等）于一身，堪称中国文坛千古第一才。东坡身上蕴含了传统文化的各要素要件，解剖这个人就能充分感受到中华优秀传统文化的魅力，窥一斑而知全豹。东坡文化融真的追求、善的作为、美的创造、技的发明为一体，是立体的、综合的文化现象。东坡文化已经活在中国人的心中，融入中华民族的集体记忆中，成为中华民族文化心理结构的有机组成部分。

三、海南保护与研究东坡文化要抓什么

文化建设必须持之以恒、久久为功。东坡文化的保护、研究与利用是一项长期的任务，是一个持续推进、不断深化的过程，要精心策划、周密安排。总的要求是立足海南、面向全国、面向国际，远近结合、步步为营、逐项攻坚，围绕2037年即苏东坡诞辰1000周年制定行动计划，一件事一件事抓，一年一年地抓。当前，根据中央精神，结合我省实际，要做到“六突出六抓好”。

第一，突出一个“快”字，抓好文物保护工程。前期调研发现，儋州桄榔庵遗址杂草丛生，东坡井露天被日晒雨淋，记录康熙年间重修桄榔庵事迹的石碑破旧不堪，被杂草包围，场景凄凉。文物不可再生，保护刻不容缓。我们要迅速行动起来，采取有力举措保护东坡文物，改变这种现状。一要抢救性保护。对东坡井、峻灵王庙碑等文物，要立即开展抢救性保护，不能再让它们毁坏下去。对儋州东坡书院、琼山五公祠内的苏公祠等保护状态较好的文物，要继续保持。对现有文物的展陈要抓紧完善，东坡书院里的文字解说中还有不少错误，要请专家逐项考证修改。二要抓紧考古。儋州的桄榔庵是东坡居住了三年的地方，现仅存遗址，要抓紧考古建遗址博物馆或纪念馆，展示东坡当时的生活场景。澄迈境内的通潮驿、通潮阁、里桥等，也要考古，能在原址恢复重建更好，原址不可能重建的，也可以换一个地方，这也符合文物保护法精神。三要挖掘整理拓展。苏东坡在海南的遗踪有的文献记载清晰，但还没有进行研究、开发、利用。对有些文献上有记载，但难以找到准确遗迹的，可以进行拓展挖掘。要抓紧研究论证，尽快确定一条清晰合理的线路。

第二，突出一个“深”字，抓好学术研究工程。为迅速改变海南苏学研究“少、散、弱”状况，省里决定在海南大学成立海南省东坡文化研究与传播中心（以下简称“东坡中心”），为二级科研机构，核定15个编制。从全省来讲，

要充分发挥东坡中心的“小平台、大网络”作用，统筹全省相关研究力量，充分联合社科联、党校、海南师范大学、琼台师范学院、省苏学研究会等各方面科研机构和学术团体研究力量，加强对东坡文化的研究与传播，共同努力把海南打造成为东坡文化研究的重镇。对东坡中心来讲，要抓紧制定5年、10年、15年行动计划，有计划有步骤、扎扎实实地做好东坡文化研究与传播。要用5年左右的时间，把东坡文化在海南的家底摸清楚，抓紧对《东坡海南年谱》《东坡海外集校注》《东坡书传》《东坡易传》《论语说》《东坡志林》等文献进行整理。在此基础上，要对东坡哲学、经法、民本等思想、文艺作品等方方面面进行系统研究，策划好若干重大课题，争取申报国家社科基金，力争出版东坡文化研究系列丛书，实现东坡文化研究的集大成。目前，学术界还没有做这项工作，这也能填补学术空白。东坡中心是面向全省、面向全国、面向国际的开放平台，一定要摒弃门户之见，通过项目的方式，以课题为纽带，面向全国“揭榜挂帅”，谁愿意参加研究、谁的研究成果有质量，就支持谁。要做到柔性引才和专职引进相结合，把国内外著名的苏学专家、学者请到海南开展苏学研究。要建立学术委员会，聘请国内外相关专家参加。从海南大学来讲，要加强人才培养和学科建设，把东坡文化研究发展成为海南大学人文社科研究的重要研究领域。要充分发挥海大多学科优势，探索东坡文化交叉学科人才培养模式。要发扬“板凳能坐十年冷”的精神，力戒急于求成，研究要有深度，不能肤浅。要把苏学打造成为海大的重点学科，争取在中心设立博士点，多出优秀人才，为海南省东坡文化研究与传播提供支持保障。这项工程请东坡中心具体牵头抓好落实。

第三，突出一个“实”字，抓好干部培训工程。中办文件明确要求，在各级党校（行政学院）、干部学院相关班次中增加培训课程，增强和提高领导干部在城乡建设中保护传承历史文化的意识和能力。党校不但要传承好红色文化，也要传承好中华优秀传统文化。省委党校要针对党员干部，围绕东坡的官德修养、做人格局、民本思想、廉政建设、家风传承等，进行集体备课，讨论开发契合学员要求的课件。要把图书馆和文化馆充分利用起来，营造传统文化和东坡文化氛围，使之成为党校师生开展高雅文化艺术活动的殿堂；要与海南大学共建共享国内最好的东坡文化图书资料信息库，让东坡文化研究者、爱好者在这里查阅资料、交流、研讨。要通过若干年的积累，让海南的干部“腹有诗书气自华”，具有东坡文化的气息。这项工程请省委党校具体牵头抓好落实。

第四，突出一个“融”字，抓好开发利用工程。习近平总书记指出，“要坚持以文塑旅、以旅彰文，推动文化和旅游融合发展”。中办、国办印发的《关于在城乡建设中加强历史文化保护传承的意见》中提出要推进活化利用，坚持以用促保，让历史文化遗产在有效利用中成为城市和乡村的特色标识和公众的时代记忆。前不久，文化和旅游部等六部委联合出台《关于推动文化产业赋能乡村振兴的意见》，强调要以文化产业赋能乡村人文资源和自然资源保护利用，促进一二三产业融合发展。希望相关部门按照中央文件要求，结合海南实际，以项目化的方式认真抓好贯彻落实，特别是要将保护利用东坡文化融入党委政府工作、融进村镇市规划、融进美丽乡村建设、融进人居环境整治；科学合理地开发利用东坡文化，推动农文旅融合发展，把文化资源优势转化为发展优势、经济优势。开发利用要讲究品位质量，项目内容要依据学术研究，有来历、有讲究，不能胡编乱造，也不能一哄而上。在乡村建设方面，要学习借鉴江苏周庄、浙江乌镇等地的先进经验，立足自身特色，与美丽乡村、共享农庄建设结合起来，实现错位发展、互相补充，避免同质化。开发利用东坡文化不能全部由政府包办，要将政府主导与市场主体参与相结合，引进市场主体参与开发利用。在城市建设方面，海口、儋州、澄迈、临高、昌江、琼中等市县在城市建设中要注入东坡文化元素。海口作为省会城市，要把东坡文化融入城市规划设计中，在传承东坡文化上发挥表率作用。儋州要建立儋耳山东坡文化主题公园，把中和古镇打造成为以东坡文化为魂的特色文化名镇，实现一二三产业深度融合发展。在旅游开发方面，要充分挖掘东坡诗词文的价值，策划一批东坡文化景区、业态及相关文创产品。坚持系统思维，串点成线、串珠成链、串联古今，探索推出东坡文化体验之旅、研学之旅、寻味之旅等主题线路。要及时注册相关商标，防止其被恶意抢注。在交通建设方面，要把东坡文化元素镶嵌在环岛旅游公路上。海口、儋州、澄迈、临高、昌江、琼中的环岛旅游公路驿站建设要与东坡文化结合起来，把旅游公路建成文化项链，让旅游公路不但有大海的风光，更有独特的文化印记。如果说有形的山水是“远方”，无形的文化是“诗”，那么“诗与远方”结合的文旅融合模式，是我们激活利用中华优秀传统文化的一条可行之路。这项工程请省发改委、省旅文厅、省农业农村厅、省乡村振兴局具体牵头，省资规厅、省交通厅和相关市县配合抓好落实。

第五，突出一个“效”字，抓好交流传播工程。要统筹线上线下，新旧方式相结合，以更高标准推进，注重效率、效果，做到落地有声。一方面，要利用好传统方式。用好以书代刊方式出版学术研究专集，利用广播电视台、高校学报和《今日海南》《南海学刊》《新东方》《海南日报》等现有阵地，开辟东坡文化专栏。要举办好东坡文化公益讲座，公益讲座要通俗易懂、生动活泼，省图书馆要努力打造一个“东坡大学堂”百年品牌。要对已有的“苏学研究高端论坛”“东坡居儋思想文化研讨会”“昌化江东坡峻灵王文化论坛”等活动进行适当整合。今后省级层面定时定点只搞一个东坡文化论坛，既有学术研讨板块，也有文创产品展示板块，虚实结合、论展结合，努力在国内外扩大影响。省社科联和东坡中心要发挥统筹引导作用，确保传播取得实效。要把已经成立的东坡文化发展基金会做大做强。另一方面，要创新传播方式。积极用好微信公众号、直播、自媒体、动漫、短视频等新媒体、新业态，将东坡文化蕴含的厚重历史感与当下人们，特别是年轻人所追求、喜欢的传播方式紧密结合。比如，塑造东坡卡通IP，制作动画短片，开发系列表情包和各类文创产品，开展研学旅游等。要组织力量创作相关文艺作品，将东坡文化融入当代生活，“飞入寻常百姓家”，使东坡文化在海南润物无声、生生不息。同时，苏东坡在欧美、日韩等国家和地区也很有影响力，我们要以东坡文化来搭桥、搭台，举办以东坡文化为主题的国际交流活动，并将东坡文化融入消博会，在推动海南自由贸易港建设中加强文化与经贸的对外交流与合作。这项工程请省委宣传部牵头，省教育厅、商务厅、旅文厅、文联、社科联、各高校等配合抓好落实。

第六，突出一个“力”字，抓好立法监督工程。立法和监督是宪法赋予人大的重要权力与职责，是推动工作有效落实的重要保障。人大系统在东坡文化遗产保护方面要充分发挥好人大作用，确保工作落地落实。一方面，要抓紧立法。1994年，我省制定了文物保护管理办法，2004年废止之后就一直没有这方面的法规。要根据自由贸易港建设新的背景和形势，抓紧制定新的文物领域方面的法规，明年要制定出台我省文物保护条例。国家2011年出台了非物质文化遗产法，我省2018年才列入立法计划，要加快立法进程，争取9月份出台《海南省非物质文化遗产规定》，确保包括东坡文化在内的文化遗产保护有法可依。另一方面，要加强监督。开展文物保护法的执法检查，抓好包括东坡文化在内的文物保护工作的专项监督。明年省人大要听取一次省政府文物保护工作专项汇报，开展一次文物保护法执法检查。这项工程请省人大常委会教科文卫工委具体牵头，相关市县和部门配合抓好落实。

同志们，再过15年，就是苏东坡诞辰1000周年。期待大家通过5年、10

年、15年的努力，真正做到“六突出六抓好”，把海南打造成为海内外具有影响力的东坡文化研究与传播重镇，这是对东坡千年诞辰的最好纪念。“谁道人生无再少？门前流水尚能西。休将白发唱黄鸡。”我们要有这样的境界胸怀，要有这样的雄心壮志，也要有这样的历史耐心！

◇《海南省东坡文化研究与传播中心中长期发展规划（2022—2037年）》正式印发实施

2022年4月10日，在海南省委党校召开的“海南省东坡文化保护、研究与利用工作座谈会”上，海南大学党委书记符宣国提出要以2037年苏东坡诞辰1000年为目标，制定东坡文化研究发展十五年中长期规划，明确海南省东坡文化研究与传播中心中长期工作（2022—2037年）的指导思想、发展目标、重点任务、重大工程以及保障措施。《海南省东坡文化研究与传播中心中长期发展规划（2022—2037年）》的制定由符宣国书记领导，规划处张平恒处长具体负责。规划的编写从2022年4月开始，历经多轮专家讨论和集中修改，至11月上旬完成。经海南大学党委常委会审议通过，规划正式印发实施，为海南省东坡文化研究与传播中心的工作指明了方向。

◇海南省文物考古研究所组织“苏东坡海南足迹”考古调查

2022年4月10日，海南省召开东坡文化保护研究和利用工作座谈会，为推进落实中共海南省委书记沈晓明关于“系统梳理研究东坡文化”的指示和省第八次党代会关于“保护和利用好东坡文化”的要求，省旅文厅和文物局委托海南省文物考古研究所，组织专业技术人员开展苏轼谪琼期间相关遗迹的考古调查。工作人员查阅大量文献资料，梳理出了苏轼在海南岛的行动路线。结合实地调查走访，搜寻年代相近的人物、事件，搜集遗迹线索，围绕苏轼所行经的澄迈、琼山、临高、儋州、昌江、琼中等六地，考古工作人员开展了广泛的考古调查，共发现苏轼相关遗迹二十余处。调查搜集到了较多相关遗迹和线索、故事，为以后文物保护和考古发掘积累了资料，为苏轼相关文化旅游活动的开展奠定了基础。

◇海南省东坡文化研究与传播中心在海南大学成立

2022年4月16日，在海南大学思源学堂，海南省东坡文化研究与传播中心揭牌成立。海南省委副书记、省人大常委会党组书记、副主任李军，省委常委、宣传部部长、省政协副主席肖莺子出席仪式。中国科学院院士、海南大学校长骆清铭主持仪式。骆清铭介绍，苏东坡在国内外享有“中国千古第一文人”的美誉。苏东坡的著名诗句“问汝平生功业，黄州惠州儋州”中所提到的儋州正是海南儋州，苏东坡于1097年被贬海南，在海南三年，可以说海南是苏东坡真正的精神家园，东坡文化也是海南最具特色的传统文化，苏东坡所在的儋州也是海南大学的发源地之一，海南省东坡文化研究与传播中心的成立，就是为了弘扬中华优秀传统文化，坚定海南文化自信，打造海南自由贸易港“文化名片”。海南大学党委书记符宣国表示，海南大学将努力在东坡文化的研究和传播方面发挥积极作用，探索建立书院制，加强人才培养、学科建设和现代大学精神构建，支撑海南大学双一流建设。据悉，海南省东坡文化研究与传播中心成立后将系统梳理研究苏东坡文化，丰富东坡文化体系，传承和弘扬东坡文化，打造东坡文化研究的智库与平台。该中心的成立旨在为推进海南自由贸易港建设提供强有力的文化支撑，将成为东坡文化研究的重要阵地，发挥东坡文化旅游消费的基础性作用，打造海南具有国际影响力的“文化名片”。

省委党校常务副校长王和平，中国苏轼研究学会会长周裕锴教授，斯坦福大学艾朗诺教授，海南省东坡文化研究与传播中心主任、海南大学党委书记符宣国分别致辞。省委组织部、省委宣传部、省委编办、省委党校、省文联、省社科联、省旅文厅、省财政厅、省教育厅、省机关事务管理局、省社会主义学院、省苏学研究会、三亚市人大常委会等相关单位代表参加活动。

◇海南省东坡文化研究与传播中心领导班子成员会议

2022年4月16日，海南省东坡文化研究与传播中心领导班子成员第一次会议召开。海南省委副书记，省人大常委会党组书记、副主任李军出席会议并讲话。李军强调，海南省东坡文化研究与传播中心建设要瞄准具有全国乃至世界影响力的目标，推动东坡文化研究与传播要大胆创新体制机制，要有计划有步骤地项目化推进。

附：李军同志在海南省东坡文化研究与传播中心第一次领导班子成员会议上的讲话

（2022年4月16日　根据录音整理）

今天上午，在海南大学举行了海南省东坡文化研究与传播中心（以下简称“东坡中心”）挂牌仪式，标志着东坡中心正式运转。今天下午，我们召开东坡中心领导班子成员第一次会议，很有意义，也很必要。

一、海南省东坡文化研究与传播中心建设要瞄准具有全国乃至世界影响力的目标

海南省东坡文化研究与传播中心的成立，事关打造海南文化名片，事关海南大学和省委党校人才培养、学科建设和现代大学精神构建，是海南文化建设领域具有里程碑意义的重大事件。东坡文化是海南文化的“国际元素符号”，立足海南、面向全国、面向国际，高起点、高水平地研究传播东坡文化对于建设自由贸易港至关重要。要充分发挥海南省东坡文化研究与传播中心“小平台、大网络”作用，统筹全省相关研究力量，充分吸收、联合省社科联、省委党校、海南师范大学、琼台师范学院、省苏学研究会等各方面科研机构和学术团体研究力量，加强对东坡文化的研究与传播。从个人成长来说，东坡中心是面向全省全国和国际的开放平台，为苏学研究专家学者提供了很好的平台，要通过项目的方式，以课题为纽带，建立个人事业成长和东坡中心发展的正向关系，实现双赢。

二、推动东坡文化研究与传播要大胆创新体制机制

习近平总书记指出：“不忘本来才能开辟未来，善于继承才能更好创新。”东坡中心的设立就是创新意识、创新精神的生动体现，如果因循守旧、按部就班地推进，就不会有这个机构的诞生。传承和弘扬东坡文化，要重点做好创造性转化和创新性发展，使之与现实文化相融相通，激活其生命力，进一步增强其影响力和感召力。下一步，要继续坚持在人才培养、学科建设、基础研究与产业开发等方面打破常规、实现超越。

三、有计划有步骤地项目化推进东坡文化研究

一方面，要抓紧起草好东坡文化研究与传播十五年行动方案。要用15年时

间分三步走，在5年、10年、15年时分别达到一定目标，到东坡诞辰1000周年时，把海南打造成为海内外极具影响力的东坡文化研究与传播重镇。先用5年左右的时间，把东坡文化在海南的文化家底盘点清楚，深入研究。在此基础上，要着眼于东坡文化，对东坡的思想、文学艺术成就等方方面面进行系统研究，策划好若干重大课题，争取申报国家社科基金，力争出版东坡文化研究系列丛书，实现东坡文化的集大成。

另一方面，要注意利用好现有的人才政策。学习借鉴海南国家公园研究院等机构的成功经验，坚持柔性引才和专职引进相结合，把国内外著名的苏学专家学者请到海南开展苏学研究；建立学术委员会，聘请国内外相关专家参加，利用专家的力量，合力把海南东坡文化研究这块金字招牌擦亮。

◇常州市苏东坡研究会开展主题研讨活动

2022年4月25日下午，常州市苏东坡研究会召开“东坡文化创意”座谈会。会议邀请了教育、文化、园林、文学等方面的专家及研究会会员代表等参加，大家围绕“如何挖掘东坡文化的商业价值”“东坡文创产品设计理念”“如何结合‘我们的节日’开展有意义的文化活动”等内容积极探讨东坡文化的发展思路。

◇“博物馆里的文物课”活动举行

2022年4月29日，由眉山三苏祠博物馆、眉山市广播电视台、眉山市东坡区苏辙中学主办的全媒体直播“博物馆里的文物课”活动，在三苏祠博物馆式苏轩、苏辙中学举行。此次活动利用科技与文化融合，推出了“吾家东坡——苏轼题材文物特展”和“《苏轼书法全集》（四十五册本）图录特展”720°VR全景漫游，通过网络渠道线上直播，策展人全方位解读展览的珍贵文物，让公众进行免费线上观展，满足更多人对文化的需求。

◇澄迈县国社村“东坡唐佐纪念园”开园

2022年4月30日，海南省苏学研究会策划、支持的“东坡唐佐纪念园”在澄迈县老城镇国社村正式开园。自2019年起，李公羽等海南省苏学专家在姜唐佐史实研究考证的基础上，策划、指导和推进国社村以苏东坡与姜唐佐师生关系为基础，规划建设“东坡唐佐纪念园”。主体工程有“东坡亭”“唐佐亭”

“苏东坡与姜唐佐”大型青铜雕像等。原有“姜太公庙”“姜氏宗祠”全面清理并重新布置。中共澄迈县委常委、宣传部部长王广俊，省旅文厅全域旅游处处长朱悦旷，海南省乡村振兴局开发资金项目处副处长徐伟松，海南省乡村振兴促进会执行会长刘卫国，国社村村民姜维民等出席仪式并为“东坡唐佐铜像”揭幕。王广俊在致辞中说，姜唐佐是苏东坡最有名的学生，是澄迈县的骄傲，同时也是全省乃至全国学子的榜样。苏东坡与姜唐佐的师生关系，是中国历史文化进程中，特别是海南、澄迈文化发展历史中重要的教育教学楷模。姜唐佐尊师好问、刻苦向学、终成功业的实例，是广大青少年努力奋斗、报效国家的生动样板和鲜明写照。

5月

◇绿筠轩文化公园开园

2022年5月，杭州市临安区於潜镇投资1000万元，建成绿筠轩文化公园。宋熙宁六年（1073）三月，苏轼曾在於潜寂照寺绿筠轩写下的著名的《於潜僧绿筠轩》一诗，成为千古绝唱。该公园位于於潜中学北侧，环城东路东侧，总体定位为打造具有宋代人文特色及文化节点、公益属性的空间场地公园。公园主体包括入口广场、诗巷通道、休闲平台、竹影门、诗文景墙、山地步道、绿筠轩、论禅台、谈经台、听风亭等景观节点；公园配套工程包括公园口引导流线民居改造、沿街店铺立面改造、强电上改下等。

◇《关于建设东坡文化旅游区项目策划报告》得到黄冈市领导签批

2022年5月7日，通过专题调研和咨询座谈，黄冈市东坡文化研究会提交的《关于建设东坡文化旅游区项目策划报告》，得到了黄冈市委、市政府张家胜、李军杰、余友斌、荣先国、潘国林等领导的签批，要求市政府会同市文旅局、市自然资源和规划局等有关部门组织实施。

◇海南省人大常委会副主任康耀红率队到昌江、儋州、海口调研东坡文化

2022年5月10日—13日，海南省人大常委会副主任康耀红率队到昌江，儋州，海口五公祠、秀英炮台和骑楼老街开展东坡文化保护传承及文物保护利用立法调研。

◇**国际博物馆日“小小馆员”主题活动举行**

2022年5月15日，由眉山三苏祠博物馆和眉山东坡宋城文化旅游发展有限公司共同举办的“小小馆员”体验活动在三苏祠东坡书院举行。此次体验活动分为三苏祠古建通识课、活字印刷体验课两个部分。通过聆听三苏祠古建筑知识和体验活字印刷，“小小馆员”们对三苏祠的古建筑以及活字印刷有了更加深刻的认识。

◇**首届惠州苏东坡祠“德有邻堂”杯征文大赛**

首届惠州苏东坡祠“德有邻堂”杯征文大赛由惠州市博物馆、惠州市作家协会统筹，惠州苏东坡祠、苏东坡纪念馆、惠州市东坡文化协会主办，征文主题要围绕惠州城市文脉，东坡文化，苏东坡寓惠事迹、思想及为人处世等展开。经过广泛发动和组织，征文大赛自2022年5月18日启动到2022年9月18日结束，共征集到符合主题的有效稿件500余篇。评审委员会对征集的有效稿件进行认真的审读、论证和评审，最终评选出获奖名单，来自广东惠州、北京、辽宁沈阳、吉林白山、浙江丹州、重庆、安徽阜阳、黑龙江大庆、陕西商洛等地的16名作者的作品分别获得特、一、二、三等奖，另有20件作品获得优秀奖。

◇**海南省东坡文化研究与传播中心规划论证会召开**

2022年5月29日，海南省东坡文化研究与传播中心规划论证会在三亚召开。海南省人大常委会党组书记、副主任李军出席会议并讲话。李军指出，研究与传播东坡文化是贯彻落实习近平总书记最新指示和海南省第八次党代会精神的实际行动，恰逢其时。要在新阶段新背景下，坚持研究与传播并举的方针，有条不紊地推进各项工作；要着眼于填补空白，规划蓝图；要着重延揽人才。

6月

◇**习近平总书记在四川眉山三苏祠考察时发表讲话**

2022年6月8日，习近平总书记在四川眉山考察时，前往三苏祠了解三苏生平、主要文学成就和家训家风，以及三苏祠历史沿革、东坡文化研究传承等情况。总书记一路走一路察看祠内建筑、陈设、楹联、题记，不时询问三苏生平、主要文学成就和家训家风，以及三苏祠的历史沿革、东坡文化研究传承等情况。他说："一滴水可以见太阳，一个三苏祠可以看出我们中华文化的博大精深。我们说要坚定文化自信，中国有'三苏'，这就是一个重要例证。"这次实地考察中，习近平总书记谈到文化自信、道路自信和家风传承："中华民族有着五千多年的文明史，我们要敬仰中华优秀传统文化，坚定文化自信。要善于从中华优秀传统文化中汲取治国理政的理念和思维，广泛借鉴世界一切优秀文明成果，不能封闭僵化，更不能一切以外国的东西为圭臬，坚定不移走中国特色社会主义道路。家风家教是一个家庭最宝贵的财富，是留给子孙后代最好的遗产。要推动全社会注重家庭家教家风建设，激励子孙后代增强家国情怀，努力成长为对国家、对社会有用之才。"此前习近平总书记在主持中央政治局集体学习时强调，要积极推进文物保护利用和文化遗产保护传承，挖掘文物和文化遗产的多重价值，传播更多承载中华文化、中国精神的价值符号和文化产品。

◇诸城市苏轼文化研究工作座谈会暨"第十三届东坡文化节"学术交流活动动员会召开

2022年6月11日，诸城市苏轼文化研究工作座谈会在东坡文苑举行。研究会骨干成员等十余人参加。乔云峰在回顾总结诸城市苏轼文化研究会的发展历程后指出，下步重点应立足于诸城市明年将要举办的"第十三届东坡文化节"这个大背景开展工作，并就下步"密州四曲"之苏轼清明词的深入研究挖掘谈了看法。陈志伟认为，苏轼文化作为诸城文化的标志性符号，下步重点要在创新性发展、创造性应用两个方面做文章，坚定文化自信，发挥东坡文化良好育人作用。王晓磊对诸城"苏学"研究的现状和意义进行了论述。会上还对"最美清明词"的评选，尤其是第十三届东坡文化节研讨会的筹备工作提出了建议。

◇"吾家蜀江上——喜迎二十大，东坡遗韵书画精品展"开幕

2022年6月27日，"吾家蜀江上——喜迎二十大·东坡遗韵书画精品展"在四川省政协书画研究院开幕。此次展览由省政协办公厅、眉山市政协、省政协文化文史和学习委、眉山三苏祠博物馆共同举办。展览汇集75位与眉山有着特殊渊源的省内外书画名家的中国书法、中国画作品75幅，以东坡文化为主题，通过写东坡、画东坡的方式，生动展现乐观豁达、思乡爱乡的东坡形象，展示眉山深厚文化底蕴。

◇海南省东坡文化研究与传播中心学习贯彻习近平总书记在四川考察时的重要讲话精神

2022年6月30日，海南省东坡文化研究与传播中心在海口召开座谈会，学习贯彻习近平总书记在四川考察时的重要讲话精神。海南省人大常委会党组书记、副主任李军出席会议并讲话。李军强调，要进一步深刻领悟习近平总书记考察三苏祠的重要意义及关于中华优秀传统文化系列重要论述精神的内涵要义，增强对东坡文化的敬仰之情，抓紧整理保护海南东坡文化遗存，充分汲取运用东坡文化的当代价值；要找准海南东坡文化研究与传播的着力点，强化创新意识，制定可行规划，统筹各方力量，稳步推进重点项目。

7月

◇《东坡文化与海南自由贸易港》由学苑出版社出版

2022年7月，《东坡文化与海南自由贸易港》一书由学苑出版社出版，全国发行，全书414千字。2021年11月，海南大学举办“第三届苏学研究高端论坛”，儋州市举办“第五届东坡居儋思想文化研讨会暨纪念东坡从政960周年学术论坛”，会议收到国内外学术论文50多篇，精选30多篇，收入《东坡文化与海南自由贸易港——第三届苏学研究高端论坛暨第五届东坡居儋思想文化研讨会论文集》。

◇关于东坡文化的信

2022年7月4日，海南省人大常委会党组书记、副主任李军致信海南省委书记沈晓明，汇报东坡文化相关工作进展情况。

◇“日啖荔枝三百颗”东坡荔枝分享会活动举行

2022年7月8日，由三苏祠博物馆、泸州博物馆、惠州东坡纪念馆共同举办的“日啖荔枝三百颗”东坡荔枝分享会活动在三苏祠举行。

◇海南省苏学研究会设立国际交流中心

2022年7月15日，海南省苏学研究会国际交流中心成立。苏学研究会自成立以来，即确立了研究与传播同步、国内与国际并重的发展方针，广泛开展“文化外交”，在国际事务与国际关系实践教学基地基础上，成立这一学术交流中心，特聘曾在美国夏威夷大学学习工作多年，师从安乐哲、成中英等著名学者，并获美国夏威夷大学国际关系学博士学位的黄田园博士为中心主任，主持实践教学基地工作，加大苏学研究的国际传播力度。

◇“大力发掘东坡文化，加快建设文旅强市”双月专题协商会召开

2022年7月15日，黄冈市政协“大力发掘东坡文化，加快建设文旅强市”双月专题协商会成功召开，黄冈市委副书记、市长李军杰出席会议并讲话。黄冈市东坡文化研究会报送的《关于建设东坡文化旅游区的调研报告》，获得与会的市委、市政府和市政协领导的充分肯定并予以采纳，黄冈市已建立东坡文化旅游区管委会。

◇海南省东坡文化研究与传播中心办公会召开

2022年7月20日，海南省东坡文化研究与传播中心办公会召开。海南省人大常委会党组书记、副主任李军出席会议并讲话。会议听取了海南大学党委书记符宣国、副校长叶光亮等关于海南省东坡文化研究与传播中心执行主任招聘工作情况汇报，研究了首届中国（海南）东坡文化旅游大会筹备、东坡文化课题项目招标和期刊编纂等工作，明确了各有关单位工作分工。李军指出，中心执行主任的岗位非常关键，一方面要看学术能力，这是门槛和刚性的条件；另一方面要考察行政管理能力，要着重让候选人谈谈中心未来五年或十年的工作构想。李军强调，海南在东坡文化研究方面比不过上海、四川，传播方面比不过杭州、眉山，海南今后要综合起来、双管齐下，实现后来居上。海南省东坡文化研究与传播中心要做到不鸣则已、一鸣惊人。

◇东坡微情景剧筹备工作办公会召开

2022年7月27日，东坡微情景剧筹备工作办公会在海口召开。海南省人大常委会党组书记、副主任李军主持会议并讲话。会议听取了省广播电视总台关

于东坡微情景剧筹备工作情况汇报，研究推进下一步工作。李军指出，要在内容和形式上多进行创新，打造出群众喜闻乐见、眼前一亮的东坡微情景剧。

◇海南省苏学研究会举办“纪念苏东坡登陆海南925周年研讨会”暨“澄迈景苏书法展”

2022年7月27日至29日，由海南省苏学研究会策划实施的海南省社科联2022年度社团活动月项目“自由贸易港背景下东坡文化的精神力量——纪念苏东坡登陆海南925周年研讨会”及配套的“澄迈景苏书法展”，在澄迈县盈滨半岛西海岸大酒店成功举办。省和县有关方面领导、专家学者汇聚一堂，并且特邀徐闻县政府领导、广东海洋大学专家学者及部分媒体记者至澄迈县参加系列活动，就推进雷琼两地东坡文化合作交流，研讨东坡渡海精神、打造琼州海峡体育赛事等广泛研讨。7月27日，由海南省苏学研究会与海南省新闻界书画家协会共同策划实施的纪念苏东坡登陆海南925周年系列活动项目之一“澄迈景苏书法展”，在澄迈县盈滨半岛西海岸大酒店举行开幕式。

8月

◇《密州四曲》书法长卷制作完成

2022年8月，由诸城市苏轼文化研究会副会长李新刚创作的草书《密州四曲》书法作品已经完成并装裱成卷，与广大苏轼爱好者见面。《密州四曲》是苏轼在密州两年零一个月内创作的二十首词中最为人称道的四首，包括《江城子·密州出猎》《水调歌头·明月几时有》《江城子·乙卯正月二十日夜记梦》《望江南·超然台作》。该卷轴长320厘米，高30厘米，精装，由诸城市苏轼文化研究会珍藏。同时推出此卷轴的复制品，便于更多的苏迷欣赏。《密州四曲》书法长卷是诸城市苏轼文化研究会精心制作的文化产品，也是进一步宣传苏轼《密州四曲》的重要举措。

◇黄冈市东坡文化助力乡村振兴

2022年8月20日，黄冈市东坡文化研究会冯扬、杨文斌、孙建勇从不同角度为企业下乡兴村建言，并建议乡村振兴要以东坡文化为魂，建设文化长廊，发展农耕体验、民宿美食、绿色经济，达到以文化人、以业富村的目的。

◇常州市苏东坡研究会举办苏东坡仙逝常州921周年纪念活动

2022年8月22日下午，一场以“致敬东坡”为主题的“东坡先生在常州仙逝921周年纪念活动”在常州市苏东坡纪念馆举行。活动的主体是以东坡为主题的纪念诗会，常州市苏东坡研究会部分会员及常州诗友参加了诗会。与会者通过诗歌来抒发对东坡的敬仰、喜爱和缅怀之情，以此传承君子风范，增强文化自信，进一步助推东坡文化和常州文化事业发展。

◇印度尼西亚日报推出彭桐系列纪念文章“人人喜欢的苏东坡”

2022年8月20日、22日、23日，《印度尼西亚日报》在“华社”版先后三期以整版篇幅推出海南省苏学研究会副秘书长彭桐撰写的文章《千年英雄苏东坡的海南梦》，分上、中、下三篇，以表示对“人人喜欢的苏东坡”的纪念。2022年8月25日是农历七月二十八日，为苏轼逝世纪念日。据悉，这是该报2022年在文化版块一个重要的年度策划，也是首次以此种方式“致敬东坡”，在印度尼西亚的报刊上发表系列文章推广东坡文化。

◇常州市苏东坡研究会举行纪念苏东坡暨《苏东坡常州读本》印发座谈会

2022年8月24日，是苏东坡在常州仙逝921周年的日子。22日下午，常州市苏东坡研究会举办纪念苏东坡暨《苏东坡常州读本》印发座谈会，来自常州市苏东坡研究会成员、特邀嘉宾、苏迷代表等20余人相聚在一起，缅怀东坡的常州情怀，共赴与东坡的千年之约。

◇2022年海南省哲学社会科学规划重大专项（东坡文化研究）课题公开发布

2022年8月25日，海南省社会科学界联合会、海南省东坡文化研究与传播中心发布了关于申报2022年海南省哲学社会科学规划重大专项（东坡文化研究）课题的公告。公告提出，党的十八大以来，习近平总书记高度重视中华优秀传统文化传承发展，强调“中华民族在几千年历史中创造和延续的中华优秀传统文化，是中华民族的根和魂”，要推动其“创造性转化、创新性发展”。党的十九届六中全会审议通过的《中共中央关于党的百年奋斗重大成就和历史经验的决议》提出：中华优秀传统文化是中华民族的突出优势，是我们在世界文化激荡中站稳脚跟的根基，必须结合新的时代条件传承和弘扬好。海南省委第八次代表大会报告提出要保护和利用好东坡文化等。为此，海南省社科联与海南省东坡文化研究与传播中心联合，面向全国相关领域的研究人员发布了海南省哲学社会科学规划重大专项（东坡文化研究）课题。选题有苏轼法治思想研究、思政视角下的东坡教育思想研究、苏轼生活艺术研究、苏轼书法绘画研究、东坡文化的国际传播研究、东坡文化在海南自由贸易港建设中的创造性转化研究、东坡文化资源与海南文旅产业发展研究、《宋苏文忠公居儋录》点校（陈荣选编本）、《苏文忠公海外集》点校（樊庶编本）、《苏文忠公海外集》点校（王时宇编本）、海南东坡文化遗址遗迹保护状况及改造提升的研究、苏轼民本思想研究、《易传》笺译、《书传》笺译、《论语说》笺译共十五项。项目研究期限为一年，成果形式为专著和系列论文。专著一般不少于20万字（鉴定通过后才能出版，正式出版后办理结项证书）；系列论文要求在北京大学公布的《中文核心期刊要目总览》或南京大学公布的《中文社会科学引文索引》的期刊上发表至少2篇。一般课题每项经费为10万元，苏轼民本思想研究、《易传》笺译、《书传》笺译、《论语说》笺译4项为重点课题，每项资助25万元（含著作出版费）。

◇“守护苏东坡云村民”行动在河南郏县发起

2022年8月25日，在苏轼和苏辙安葬地——河南平顶山市郏县茨芭镇苏坟寺村，中国传媒大学副教授刘楠发起“守护苏东坡云村民”行动。以东坡精神为连接点，发起爱护苏东坡、助力乡村振兴的团体“云村民”，组织各地苏轼宗亲、苏轼研究人员、东坡粉丝等社会民众广泛参与。中国传统古村落苏坟寺村有“云村民之家”——全国首个三苏主题乡村图书馆。行动计划举办全国首个东坡主题乡村春晚（由央视频和央视网直播），启动全球东坡云村志活动，发行数字藏品和开发多款文创产品，建立“新东坡农场”“东坡有约”民宿，培养乡村新闻播报官、青年乡村振兴特派员等。通过东坡文化赋能乡村振兴，“守护苏东坡云村联盟”联合四川眉山永光村、十字卡村，海南儋州七里村等多地东坡关联村庄，共同发展。“守护苏东坡云村民”行动获得凤凰网2022年度公益创意奖，2023全国乡村振兴“村长班”“最佳理念奖”。央视、“学习强国”、《光明日报》、《河南日报》等媒体报道。

◇**河南卫视播出纪录片《千古风流人物·苏轼》**

2022年8月25日—28日，河南卫视《千古风流人物（第二季）》播出《苏轼》系列电视纪录片。《千古风流人物》是河南教育电子音像出版社与河南华之杰文化传播有限公司合作拍摄的一部大型历史文化纪录片。其中的《苏轼》系列包括《苏轼1：诗酒年华》《苏轼2：拣尽寒枝》《苏轼3：此心安处》《苏轼4：逆旅行人》四集。中国词学研究会会长王兆鹏，黄冈市东坡文化研究会郭杏芳、冯扬等专家担任该节目的学术顾问，在节目中多次讲解苏东坡诗词背后的故事。

◇**第二届苏轼与临安佛教文化论坛召开**

2022年8月31日，杭州市临安区佛教协会与玲珑山卧龙寺联合在临安中都酒店举办佛教中国化——苏轼与临安佛教文化论坛。浙江省民宗委、杭州市委统战部、杭州市民宗局、临安区委统战部、临安区民宗局及浙江省、杭州市、临安区佛教协会领导出席，临安有关单位负责人、各寺院僧人代表等130余人参加。

9月

◇**《苏东坡黄州文选》出版**

2022年9月，由黄冈市东坡文化研究会编辑的《苏东坡黄州文选》出版，为学习传承苏东坡优秀文化起到了推进作用。

◇**常州市苏东坡纪念馆举办“宋韵古风”迎中秋活动**

2022年9月9日晚6时30分，常州市苏东坡研究会在常州市苏东坡纪念馆（藤花旧馆）举办了一场以“东坡明月寄相思、藤花旧馆共婵娟”为主题的“宋韵古风”迎中秋活动，80多位苏东坡文化爱好者聚集藤花旧馆，齐迎中秋佳节，同赏秋风明月，共享东坡文化。活动有吟诵、茶道、书画、古筝、竹笛表演，古风宋韵，别具一格，令人仿佛穿越千年时光，走进大宋。

◇**儋州市桄榔庵遗址考古勘探及配合性考古发掘项目启动**

2022年9月至10月，海南省文物考古研究所对桄榔庵遗址南部进行了考古勘探及配合性发掘，发掘面积200平方米，揭露清代房屋基址1处，遗址发现瓷器、陶器、铜钥、铜钱和砖雕、砖、瓦等建筑构件。考古发掘发现房屋遗迹两处。第一处，在遗址南部，现存为石墙基，墙基保存完整，墙基上局部残留石墙，据村民介绍，该处为最近几十年修建的房屋。第二处，分布于发掘区大部，规模较大，经勘探可知，已延伸到发掘区北侧，结构较清晰，已揭露部分。从南至北，依次为庭院、正堂、天井局部。

桄榔庵遗址位于海南省儋州市中和镇桄榔庵路北侧，北距中和镇政府约500米，东距东坡书院约1000米，西北距东坡井约400米。桄榔庵相关历史文献记载翔实。它原是苏东坡谪居儋州时住了三年（1098—1100年）的处所，旧址为三间茅屋，苏东坡将其命名为“桄榔庵”。元延祐四年（1317年）春，海北海南道肃政廉访司佥事、大都军行部范椁在桄榔庵旧址上建苏公祠。未几，祠圮。泰定年间（1324—1328年），南宁军判彭震卿始迁于城东里许之载酒堂。清康熙四十五年（1706年），知州韩祐在旧址上建祠祭祀。后复圮。道光二十七年（1847年），知州张霈捐资重建，三年后正式落成。光绪十三年（1887年），知州崔增瑞在原建筑基础上扩建为桄榔书院。清末，改为中和高初小学校。民国九年（1920年），遭火焚毁。

◇“是父是子——三苏家风进万家”主题展启动

2022年9月28日，由眉山市纪委、眉山市委组织部、眉山市委宣传部、眉山市教体局、眉山市文广旅局、眉山市妇联、眉山市东坡文化旅游景区管委会联合举办的“是父是子——三苏家风进万家”主题展活动正式启动，活动以流动展馆的形式进行巡展，同时配套开展三苏家风家教讲座、三苏文化有奖知识问答等活动，旨在打造三苏家风家教流动展馆，在全社会推动家教家风建设。

10月

◇首届中国（海南）东坡文化旅游大会第一次筹备会议召开

2022年10月17日，首届中国（海南）东坡文化旅游大会第一次筹备会议在海南省政协常委会会议厅召开。海南省人大常委会党组书记、副主任李军出席会议并讲话。会议听取了各相关单位筹备工作推进情况汇报，研究部署了下一步筹备工作。李军强调，传承弘扬东坡文化，习近平总书记有明确指示，海南省委、省政府有具体部署，社会各界有浓厚兴趣，这具有政治、经济、文化等多方面意义。要提高思想认识，切实增强抓好首届东坡文化旅游大会的责任感；要周密谋划，高质量推进大会的各项活动，做到有影响、有产品、有观众；要精心做好会务筹备工作，加强组织领导，统筹进度监督。

附：李军同志在首届中国（海南）东坡文化旅游大会第一次筹备会议上的讲话

（2022年10月17日根据录音整理）

一、提高思想认识，切实增强抓好首届东坡文化旅游大会活动的责任感

（一）习近平总书记有指示

习近平总书记在党的二十大报告中强调要弘扬中华优秀传统文化，坚持“两创”方针。今年6月，习近平总书记考察四川并前往三苏祠，了解“三苏”生平、主要文学成就和家训家风，以及三苏祠历史沿革、东坡文化研究传承等，并就做好中华优秀传统文化挖掘阐发、东坡文化研究等工作作出重要指示。眉山市委专门召开全会，出台了《中共眉山市委关于深入贯彻习近平总书记来川视察重要指示精神 传承三苏文脉弘扬东坡文化的决定》。因此，我们要把抓海南东坡文化传承利用工作联系到落实习近平总书记关于弘扬中华优秀传统文化的指示精神上来认识。

（二）海南省委、省政府有部署

今年省第八次党代会报告中强调要保护和利用好东坡文化。现在省委、省政府要求把东坡文化旅游大会打造成一个品牌。最近省委常委会讨论了2022年到2026年的文化建设纲要，其中包含了这个内容。这次大会就是把党代会报告的有关精神进一步细化落实。

（三）社会各界有兴趣

现在从领袖到平民、从专家到俗人，大家都非常喜欢东坡，都觉得他是个有有趣的灵魂的人。最近网络大V“意公子”发布了一个短视频“活着，到底为了什么？”转发率高得惊人。我们海南抓旅游，就要抓一个能够引起老百姓、游客兴奋的产品。从海南的古代文化名人来讲，海瑞清正廉洁，让人肃然起敬，但老百姓很难去学习，但东坡就人人皆可亲可学。

总之，打造东坡文化旅游大会的品牌意义重大。

二、要周密谋划，高质量地推进大会的各项活动

这次大会要努力达到以下几个目标：

第一，要有影响。首届要做得有声势，产生广泛的影响。不办则已，一办就要办出动静来。

第二，要有产品。我们办完活动不能轰轰烈烈热闹过就算了，一定要留下一批成果。比如借助这次大会，开发东坡文创产品、东坡研学游，打造东坡美食酒楼，等等，都非常好。

第三，要有观众。我们开展活动不能是自娱自乐，一定要让群众积极参与。冬天是海南旅游旺季，岛内外游客较集中。我们大会在明年2月召开，就是要在这个时间段提供一个丰富多彩的文化旅游产品展示平台，让“候鸟”和岛内外游客们参与进来，让他们感受到海南也是有文化的地方。

具体来说，开幕式召开时间大体上定在2月18日，也就是省两会和春节之后，全国两会之前的这个时段。关于具体举办地点，一个方案是放在海口湾演艺中心，还有一个方案是放在日月广场，你们再抓紧时间研究。关于文化论坛，由海南省东坡文化研究与传播中心牵头，邀请的专家学者分量要够，要突出学术性，体现国际化的特点。关于展览，东坡文创产品设计大赛作品展览要注重接地气，使作品为群众喜闻乐见，努力打造出类似甘肃博物馆马踏飞燕玩偶那样的爆款和代表产品。主题文物展要做好展陈设计，体现特色。展品方面可以考虑到故宫博物院借展有关文物。关于剧目展演，文艺形式要丰富多彩，涵盖话剧、音乐剧、地方戏、舞剧等。关于美食文化汇，要主打海鲜宴，不搞一般的东坡肉、东坡肘子，而是搞东坡烤生蚝、东坡虾，体现海南特色。关于东坡文化古迹研学游，由省旅文厅来牵头，地点就在海口市和儋州市。要与东坡文物考古和恢复重建工作结合起来，进一步优化旅游线路。

三、精心做好会务筹备工作

今天距离2月18日开幕式还有四个月时间，我们要铆足劲奋战四个月，确保高质量完成各项筹备工作。一是加强组织领导。把这项工作提上重要议程，确保有人抓，有人具体落实。二是加强统筹，形成合力。不能自行其是、各自为政。比如，苏学研究会要研究把东坡居儋思想文化研讨会的举办与东坡文旅大会结合起来。再比如，社科联东坡文化研究课题要与海南出版社的东坡文库

出版计划结合起来。宣传部要统筹做好活动的宣传报道策划，扩大其在省内外乃至国际上的影响。三是要加强督查。12月17日，召开第二次筹备会，对照今天的会议纪要中的各项工作要求，对各单位工作进度进行检查。1月17日，即大会倒计时一个月的时候要召开组委会督查进度。

希望这次东坡文化旅游大会通过大家持续不断的努力、坚持不懈的推进，能够成为海南发展文化旅游的一个具有知名度、美誉度的品牌。

◇2022年海南省哲学社会科学规划重大专项（东坡文化研究）课题拟立项名单公示

2022年10月18日，由海南省社科联和海南省东坡文化研究与传播中心联合组织开展的海南省哲学社会科学规划重大专项（东坡文化研究）最终拟立项18项课题，并对课题拟立项名单进行了公示。此课题自发布以来，得到学界的重点关注，海南省东坡中心与海南省社科联组织省内外知名专家对申报的课题进行了严格公正的评审，此后发布了评审结果。

2022年海南省哲学社会科学规划重大专项（东坡文化研究）课题拟立项名单

课题编号	课题负责人	课题负责人所在单位	项目名称	学科分类
HNSK（ZDZX）22-03	周泉根	海南师范大学	苏轼《论语说》笺译★	中国语言文学
HNSK（ZDZX）22-04	冯　青	海南师范大学	《易传》笺译★	中国语言文学
HNSK（ZDZX）22-05	傅治平	海南省委党校	苏轼“民本”知与行研究★	政治学
HNSK（ZDZX）22-06	高　智 林冠群	海南大学	东坡《书传》笺译★	中国语言文学
HNSK（ZDZX）22-07	李小龙	北京师范大学	王时宇编本《苏文忠公海外集》点校	中国语言文学
HNSK（ZDZX）22-08	周伟民	海南大学	苏轼的民本思想研究	中国语言文学

续表

课题编号	课题负责人	课题负责人所在单位	项目名称	学科分类
HNSK（ZDZX）22-09	邢满	琼台师范学院	苏轼贬谪岭南时期教育思想及其当代启示研究	中国语言文学
HNSK（ZDZX）22-10	刘曙光	北京大学学报编辑部	苏轼人生哲学与人生境界研究	哲学
HNSK（ZDZX）22-11	李景新	海南热带海洋学院	苏轼书法概论	艺术学
HNSK（ZDZX）22-12	张志杰	香港浸会大学孙少文伉俪人文中国研究所	苏轼诗歌典范作品在东亚的传播与仿拟研究	中国语言文学
HNSK（ZDZX）22-13	甘生统	海南师范大学	戴熺编本《宋苏文忠公海外集》点校	中国语言文学
HNSK（ZDZX）22-14	白金杰	海南师范大学	樊庶编本《苏文忠公海外集》点校	中国语言文学
HNSK（ZDZX）22-15	王友胜	湖南科技大学	苏轼生活艺术研究	中国语言文学
HNSK（ZDZX）22-16	刘凡	海南省博物馆	海南东坡文化遗址遗迹现状与改造提升研究	考古学
HNSK（ZDZX）22-17	乔红霞	海南省图书馆	陈荣选编本《宋苏文忠公居儋录》点校	中国语言文学
HNSK（ZDZX）22-18	李彩霞	海南大学	苏轼法治思想及其文学性研究	中国语言文学
HNSK（ZDZX）22-19	海滨	海南大学	多语种图文版《海南东坡一百问》	中国语言文学
HNSK（ZDZX）22-20	张兴吉 李杉	海南师范大学	东坡文化的国际传播研究	中国历史

◇苏东坡主题话剧成功出演

2022年10月21日—22日，海南省首部苏东坡主题话剧《海外东坡》（原名《约定》，后更名为《海上东坡》）在海南省歌舞剧院成功上演。该剧以苏东坡的三个约定为主线，串起他在海南的时光。该剧的初始版本曾荣获第四届海南省南海文艺奖，后经多轮修改、优化，形成一部时长140分钟的多场次大型话剧，被列为海口市精品演出剧目。

◇《苏轼徐州诗文辑注》重印

2022年10月23日，中国矿业大学苏轼研究院管仁福教授主编的《苏轼徐州诗文辑注》，应读者的要求，重印1000册。本次重印，对原书存在的错误之处进行了修改。苏轼在徐州担任太守的两年时间里，共创作诗193首，词24首。此书对苏轼在徐州所写的诗词进行了详细解读和美学分析，具有一定的史料价值和美学价值。

◇苏学专家集中亮相“琼台讲坛”系统讲授东坡文化

2022年10月25日，由琼台师范学院文学院主办的“琼台讲坛·东坡文化系列讲座”圆满结束。这是创办多年的“琼台讲坛”首次以系列讲座的方式，围绕一个主题，邀请一批专家授课。自10月10日起，这一系列讲座开讲，以传承中华优秀传统文化为宗旨，落实海南省第八次党代会提出的“保护和利用好东坡文化”的战略任务，为今天的在校生读书郎、明天的自由贸易港建设者开阔学术视野，提高综合素质。海南省苏学研究会阮忠、李公羽、海滨、李景新、甘生统等分期授课。

◇苏东坡主题琼剧成功出演

2022年10月30日，苏东坡主题琼剧《换扇惟逢春梦婆》在海口市琼州文化风情街影视基地演播厅进行首演，同时举行了该作品发布剧组见面会，吸引了众多来自社会各界的琼剧艺术家与爱好者、苏学专家和“坡粉”。该剧由海南省德艺双馨艺术家、国家二级导演周冰任导演，海南省琼剧研究传播中心主任、海南省琼剧协会秘书长邓群坚作曲，古籍收藏家朱江编剧，中国苏轼研究学会副秘书长、海南省苏学研究会理事长李公羽担任学术总顾问。

◇《海南热带海洋学院学报》开办“苏学研究”专栏

《海南热带海洋学院学报》2022年第3期开设“苏学研究”栏目，海南热带海洋学院教授、海南省苏学研究会副会长李景新发表开篇文章《何谓苏学》，就苏学的性质、苏学的研究对象和内容、苏学的研究方法等提出了观点。

◇创作首届中国（海南）东坡文化旅游大会歌词

2022年10月，海南省人大常委会党组书记、副主任李军为首届中国（海南）东坡文化旅游大会创作主题曲《不老的东坡》歌词。

附：《不老的东坡》歌词

踏破寂寞凄冷
一蓑烟雨任平生
笑看蜗角蝇头
自爱铿然曳杖声

胸怀浩然气
畅享快哉风
驾一叶扁舟
悠然江海中

不老的东坡
自由的灵魂
不老的东坡
有趣的灵魂
照亮了万古长夜
穿透了红尘我心

何恨九死南荒
此心安处皆乡亲
情满如画江山
执着百姓何安生

惟愿人长久
婵娟传深情
捧一瓢老酒
豪饮诗自成

不老的东坡
自由的灵魂
不老的东坡
有趣的灵魂
滋养了芸芸众生
温暖了凡间我身

11月

◇海南东坡系列短视频录制并发布

2022年11月8日，海南省东坡文化研究与传播中心与海南大学音乐与舞蹈学院合作录制短视频，由云尚影视公司制作，拍摄了6个寻迹海南东坡系列短视频，题为《快意雄风海上来》，主要以古今沟通的形式传递苏东坡的海南生活及对海南的贡献。另拍摄宣传片《与东坡同行》，在网上发布，产生了一定的影响。

◇海南省推动东坡文化保护利用工作办公会召开

2022年11月9日，海南省推动东坡文化保护利用工作办公会在省人大常委会机关办公楼召开。海南省人大常委会党组书记、副主任李军出席会议并讲话。会议听取了关于东坡文物保护利用项目情况汇报和中国建筑上海设计研究院关于东坡文化旅游区策划概念性规划汇报。李军强调，本次东坡文物保护利用项目得到国家文物局的支持，是千载难逢的机会。要将东坡文化与发展旅游结合起来，下定决心把东坡文化遗产保护利用这篇文章做足做好；要进一步深化中和古镇提升改造的概念规划，把规划设计和向国家文物局申报项目、海南环岛旅游公路驿站建设等统筹起来，坚持政府投资和社会投资有机结合。

◇第十二届东坡文化节暨第五届眉山东坡文化学术高峰论坛举行

2022年11月18日，第十二届（眉山）东坡文化节在眉山举办，同时第五届眉山东坡文化学术高峰论坛在眉山举行。本次论坛以“苏东坡与宋代生活审美”和“苏东坡的家国情怀”为主题，征集到37篇特邀论文和31篇社会入选论文，深入系统地研究了中华优秀传统文化与文化自信、家风家教、苏轼的家国情怀、苏东坡与宋代生活审美等，借助专家学者大脑，为东坡文化赋予新的时代内涵。

◇“家·国——三苏好家风”主题书画摄影作品展开展

2022年11月18日，由中共眉山市委宣传部、眉山市文广旅局主办，眉山市文联、眉山市美术馆承办，眉山三苏祠博物馆、眉山市政协书画院协办的“家·国——三苏好家风”主题书画摄影作品展在眉山市美术馆开展。此次展览，以“三苏好家风”为主题，征集了全国、全省书画名家、18个东坡遗迹遗址地、成渝地区双城经济圈书画爱好者的书法、绘画作品以及来自全国各地摄影爱好者的摄影精品160余件，分“修身正心”“为学之道”“治家之本”“家国同构”“时代新风”五个单元，在全面展现三苏家风家教面貌的同时，也展示了新时代下百姓的家风建设事迹与共建和谐社会的风貌。

◇宋韵·绿筠轩苏轼文化论坛召开

2022年11月18日，临安市竹文化研究会与於潜镇政府联合在绿筠轩文化公园举办宋韵·绿筠轩苏轼文化论坛，中国林学会竹子分会主任、浙江省林业厅原总工程师蓝晓光，浙江农林大学竹子研究院副院长余学军等领导到会，20余人参加。临安区竹文化研究会顾问王安国宣读国际竹藤组织资深研究员竺肇华的贺信，临安区农业农村局一级调研员、临安区竹文化研究会会长周军讲话，并与於潜镇党委副书记陈健签订《竹产业发展人才帮扶协议》，王建华、蓝晓光、余学军、顾彭荣等在会上交流发言。论坛收到论文20余篇，汇编成《宋韵·绿筠轩苏轼竹文化论坛》论文集。

◇首届中国（海南）东坡文化旅游大会开幕式筹备工作办公会召开

2022年11月22日，首届中国（海南）东坡文化旅游大会开幕式筹备工作办公会在海南省人大常委会机关办公楼召开。海南省人大常委会党组书记、副主任李军主持会议并讲话。会议听取了大会开幕式文艺演出筹备工作情况汇报，研究下一步工作。李军指出，要用“音、舞、诗、画”等艺术形式立体地呈现东坡的形象，用东坡和一个海南当代青年穿越千年的对话形式来贯穿始终，使这台晚会能够构成一个有机整体，突出东坡的人物形象。

◇纪念苏轼知徐州945周年活动举行

2022年11月25日，徐州市苏轼文化研究会举办了纪念苏轼知徐州945周年活动。驻徐高校的专家学者、文化团体的文艺爱好者们聚集一堂，阐释苏轼对徐州的文化贡献，吟诵苏轼的诗词经典，进行了一场充满诗情画韵的雅集活动。徐州市苏轼文化研究会会长陈新生表示，弘扬苏轼文化，旨在结合历史文化研究与文化传播实际，立足徐州经济文化建设，激发文化创新活力，让中华优秀传统文化得以更好地传承光大和实践运用。纪念活动中播放了《遗爱千载苏徐州》电视专题片，举行“传承苏轼文化，为地方文化建设作贡献”“苏轼的廉政实践、廉政思想与廉政自觉研究”“苏轼徐州文化遗产的开发与传播”等学术报告会，为推进苏轼文化创造性转化、创新性发展提供了新的模式、探索了新的路径。徐州市大龙湖苏轼小学的学生吟诵了苏轼诗词，中国矿业大学人文与艺术学院学生诵读了新版《黄楼赋》，《浣溪沙五首》《百步洪》《永遇乐·彭城夜宿燕子楼》《石炭（并引）》《放鹤亭记》《弦歌千载颂苏公》等与苏轼诗词相关的古装情景朗诵节目引人入胜。

12月

◇东坡文化主题图书馆建设办公会召开

2022年12月1日，东坡主题图书馆建设办公会在海南省委党校召开。海南省人大常委会党组书记、副主任李军出席会议并讲话。会议听取了东坡文化主题图书馆建设工作进展情况汇报。李军强调，各相关单位要加快共建共享，群策群力，努力用五年时间，在东坡诞辰990周年之际，建成全国最有特色、收录图书最齐全的东坡文化主题图书馆。

◇黄冈市东坡文化研究会二届四次常委会召开

2022年12月9日，黄冈市东坡文化研究会成功召开了黄冈市东坡文化研究会二届四次常委会，对部分章程内容进行了修改并获全会通过。

◇杭州市临安区东坡桥建成

2022年12月14日，位于临安区昌化镇昌化溪上的东坡桥建成使用。该桥由杭州华通精工器件有限公司董事长陈经建捐建，总投资3000万元，2020年12月5日动工。东坡桥是一座步行廊桥，呈“Z”字形，全长218.6米（含船舫），包括桥梁工程、廊道工程、桥头景观、景观照明等子项目。北宋熙宁六年（1073）苏轼巡行昌化县，步寻古渡口，留下《自昌化双溪馆下步寻溪源至治平寺二首》。程小戎应陈经建所请，为该桥取名“东坡桥”。东坡桥由国家级桥梁设计大师、杭州城乡建设设计院的周思源设计。南北两端匾额由陈经建之女陈晓今题写。北端有竖式桥记碑，陈文建撰文《东坡桥记》，陈晓今书写；南端有横式桥赋碑，何贤寿撰文《东坡桥赋》，方志恩书写；滴翠阁、响空阁方志恩题写，何贤寿整理的《东坡昌化行迹图（宋熙宁六年1073）》被制成木雕屏风，置于滴翠阁。东坡桥共征集楹联300余幅，其中，苏东坡三十八世孙苏晋云、中国楹联学会会长李培隽、浙江省诗词与楹联学会副会长章剑清等撰写的40余副楹联刻于廊柱。

◇海南省人大常委会党组书记、副主任李军率队到四川调研东坡文化保护利用工作

2022年12月13—15日，海南省人大常委会党组书记、副主任李军率队到四川省成都市、眉山市等地调研东坡文化保护利用工作。13日，调研组一行到四川博物院考察“高山仰止 回望东坡”苏轼主题文物特展，就展览规划、文物背景和展陈效果等情况与陪同人员进行了充分交流。李军对展览体现的艺术价值和创造的良好社会效应，给予了高度评价。他指出，苏轼到海南后，对当地的民众教化、民俗改良产生了重要影响，海南文旅系统要加强与四川博物院等相关文旅单位的交流与合作，充分借鉴本次展览的成功经验，结合海南实际，推动新时代东坡文化的创造性转化与创新性发展。14日至15日，调研组一行到眉山中岩寺和东坡区三苏祠博物馆等地，详细了解传承弘扬东坡文化、促进非遗利用和发展、推进文旅融合发展等情况，并召开东坡文化座谈会。李军指出，眉山市认真贯彻落实习近平总书记视察四川重要指示精神，将东坡文化置于新时代的历史坐标中，系统谋划推进东坡文化传承弘扬的宝贵经验使调

研组深受启发。东坡文化是中华优秀传统文化的重要组成部分，也是海南珍贵的历史文化遗产。当前海南正在大力推进东坡文化保护和利用工作，将认真学习借鉴眉山经验做法，与眉山在学术研究、文化活动、文旅项目等方面加强交流合作，共同传承弘扬东坡文化，共创东坡文化品牌，不断推动中华优秀传统文化创造性转化、创新性发展。

◇首届中国（海南）东坡文化旅游大会第二次筹备会议召开

2022年12月16日，首届中国（海南）东坡文化旅游大会第二次筹备会议在海南省政协常委会会议厅召开。海南省人大常委会党组书记、副主任李军出席会议并讲话。会议听取了筹备工作进展情况汇报，研究部署下一步工作。李军强调，要进一步深刻领会习近平总书记关于弘扬东坡文化的重要指示精神，增强切实抓好首届东坡文化旅游大会的责任感，把省委、省政府的相关决策部署落实到位；要虚心学习、借鉴兄弟省市传承和弘扬东坡文化的经验做法，高水平打造海南东坡文化旅游大会品牌；各界别、各单位要发挥各自优势，形成强大合力；要逐项对照检查，确保高质量完成筹备工作。

2023年

1月

◇《苏轼初仕凤翔府》出版

2023年1月，由政协陕西省宝鸡市凤翔区编撰的文史资料《苏轼初仕凤翔府》于近日由西安出版社出版发行，该书以苏轼于嘉祐六年（1061年）至治平元年（1064年）在凤翔府任签书判官期间创作的诗文为依据，以讲故事的方式详细介绍了苏轼初仕凤翔三年期间的生活状况、政务活动以及文学创作，还原了苏轼在凤翔期间的精神风貌和文采风流。

◇纪念苏东坡诞辰986周年“寿苏会”举行

2023年1月10日，由眉山三苏祠博物馆举办的纪念苏东坡诞辰986周年“寿苏会”在三苏祠举行，同时眉山东坡书院“东坡阅读空间”正式揭牌。

◇纪念苏轼诞辰986周年暨平顶山市三苏文化研究会2022年年会召开

2023年1月10日上午，由平顶山市三苏文化研究会主办，平顶山学院文学院、伏牛山文化圈研究中心共同承办的“纪念苏轼诞辰986周年暨平顶山市三苏文化研究会2022年年会”在平顶山学院成功举办。此次年会采取“线下+线上”的方式，主题是“学习贯彻党的二十大精神，弘扬苏轼家国情怀”。中华书局资深编审刘尚荣，中国苏轼研究学会副秘书长、眉山市三苏文化研究院研究室主任刘清泉，平顶山学院副校长于长立，中国苏轼研究学会常务理事刘继增，平顶山图书馆副馆长王宝郑，郏县三苏纪念馆馆长丁国辉，平顶山市三苏文化研究会会长、平顶山学院图书馆馆长何梅琴，平顶山学院伏牛山文化圈研究中心主任、新闻与传播学院副院长段纳，以及来自中国传媒大学、淮南师范学院、平顶山学院、平顶山市三苏文化研究会、平顶山市徐玉诺文化研究会等国内各地研究三苏文化的专家学者30余人参加此次年会。会议由平顶山市三苏文化研究会副会长兼秘书长苏明奇主持。

平顶山学院副校长于长立首先致辞。他指出，平顶山学院历来高度重视区域文化的研究、传承与创新，尤其重视对三苏文化的持续深入研究。过去的一年，平顶山学院为传播发展三苏文化进行学术研究，开设课程，组织讲座，开展丰富多彩的学生活动，取得了一定的成绩。平顶山市三苏文化研究会会长何梅琴代表学会作了2022年度报告，并对2023年学会工作做了部署。2022年，平顶山市三苏文化研究会深入学习领会党的二十大精神，多位专家学者撰写并公开发表了多篇三苏文化研究论文，同时开展三苏研究学术讲座，不断丰富平顶山市三苏文化研究的内涵。以纪念苏东坡逝世921年暨“守护苏东坡”云村民启动仪式为代表的对外交流活动开展得有声有色。展望2023年，学会要继续深入学习贯彻党的二十大精神，结合自身工作实际持续打造三苏文化研究新高地，将三苏文化的发展研究推向新阶段。

在学术交流环节中，学者们重点围绕三苏基础文献研究、三苏文化与社会生活、三苏文化的传播与推广三个问题展开讨论。学术交流活动结束后，何梅琴会长致闭幕词。她表示，此次年会是党的二十大之后平顶山市三苏文化研究会的首次大会，会上既有对三苏文化的学术交流和探讨，又有对三苏文化时代精神传承的策略和建议。在习近平新时代中国特色社会主义思想和党的二十大精神的引领下，在研究会各位同仁与社会各界三苏文化的爱好者、研究者的共同努力下，平顶山市三苏文化研究会一定会取得更大的成就。

◇首届中国（海南）东坡文化旅游大会第三次筹备会议召开

2023年1月13日晚，首届中国（海南）东坡文化旅游大会第三次筹备会议在海南省政协常委会会议厅召开。海南省人大常委会党组书记、副主任李军出席会议并讲话。会议听取了筹备工作进展情况汇报，逐项梳理工作进度，查漏补缺，研究部署下一步工作。李军强调，各相关单位要继续深化对东坡文旅大会重大意义的认识，下功夫抓“人头”，加强统筹调配、资源配置，切实合理打造东坡文旅大会的品牌，精心做好大会的宣传报道工作。海南的旅游文化资源相对比较缺乏，要借筹备召开文旅大会的契机，好好地发掘、整理、推广，通过几年时间形成一条比较成熟的东坡文化旅游线路。

2月

◇"苏东坡居儋诗文作品专题书法展"在儋州开幕

2023年2月，首届中国（海南）东坡文化旅游大会期间，苏东坡居儋诗文作品专题书法展在海南儋州举行。海南省社科联（院）党组书记、主席王惠平，儋州市委副书记、市长邹广，儋州市委副书记何先英，儋州市委常委、统战部部长林春晓，儋州市政协副主席、市旅文局局长包焱，海南以及省外有关方面领导和嘉宾、苏学有关专家和新闻文化界书法家200多人出席开幕式并参观了展览。

◇首届中国（海南）东坡文化旅游大会LOGO（标志）设计办公会召开

2023年2月2日，首届中国（海南）东坡文化旅游大会LOGO设计办公会在海南省人大常委会机关办公楼召开。海南省人大常委会党组书记、副主任李军出席会议并讲话。会议听取了各个设计团队的汇报。李军指出，东坡文旅大会的LOGO，首先一定要有东坡元素和海南元素；其次要将这些元素有机地融合起来，让它们功能互补、共同发力，把海南要素与东坡个人经历、东坡文化紧密关联起来。

◇中国（海南）东坡文化旅游大会LOGO设计完成

2023年2月，中国（海南）东坡文化旅游大会LOGO由海南省东坡文化研究与传播中心与海南大学美术与设计学院团队共同设计完成，并成为大会唯一指定的LOGO。LOGO设计以苏东坡拼音首字母"SDP"与印章两部分为元素巧妙组成。三个字母卷起的线条犹如飞溅的三朵浪花，象征苏东坡在困顿失意境遇下的突围与超越，寓意东坡文化的生命之花与文明之花遍及海南岛。LO-

GO印章的外形契合海南岛外形轮廓，印章中“东坡”二字则采用了苏东坡的行书；LOGO色彩以蓝色为基调，由下至上呈现深蓝、蓝绿到浅蓝的色彩，其造型似浪花又如中国传统图案祥云与如意。整体造型简约，既呈现出学术的文化性又不失浪漫与时代感，展现了中国（海南）东坡文化旅游大会的气质与精神。极具动感的LOGO预示东坡文化面向海外广泛传播，同时象征海南自由贸易港的建设具有朝气与活力，不畏困难与挫折扬帆起航，奔涌向前，体现了LOGO设计的专业性、国际性和学术性。

◇首届中国（海南）东坡文化旅游大会第四次筹备会议召开

2023年2月7日，首届中国（海南）东坡文化旅游大会第四次筹备会议在海南省政协常委会会议厅召开。海南省人大常委会党组书记、副主任李军出席会议并讲话。会议听取了筹备工作进展情况汇报，研究部署下一步工作。李军指出，目前各项工作推进良好，渐入佳境，几项重点工作都在有条不紊地推进。李军强调，要切实抓好开幕式的嘉宾邀请工作，围绕几项重点活动、亮点活动发力，鲜活生动地做好重点活动的宣传报道；同时，要考虑东坡文化旅游活动的常态化问题，推动东坡文化旅游大会与农文旅产业融合。

◇海南省东坡文化研究与传播中心办公会召开

2023年2月7日，海南省人大常委会党组书记、副主任李军到海南省委党校调研东坡文化图书馆建设工作，到省委党校红城湖校区调研海南省东坡文化研究与传播中心办公室建设情况，并召开办公会研究部署相关工作。李军指出，将海南省东坡文化研究与传播中心文创部的办公区设置在省委党校红城湖校区，与文联、作协、苏学研究会等文化部门单位同栋楼办公，有利于协同开展工作。省委党校和海南省东坡文化研究与传播中心在东坡文化主题图书馆建设上要加强沟通统筹，把涉及东坡的图书、研究资料收全，在功能上达到国内最先进。海南省东坡文化研究与传播中心要把东坡文化研究和传播做成常态，加快形成核心竞争力。海南省苏学研究会要和海南省东坡文化研究与传播中心协同共进，海南苏轼文化教育基金会今后要放大功能，除了资助研究、出版等工作，还要在人才引进上发力。李军表示，希望大家能在各自岗位上以钉钉子精神开展工作，一年瞄准一两件事做好做实，持之以恒推进。

◇纪念苏轼《江城子·乙卯正月二十日夜记梦》创作948周年座谈会举行

2023年2月10日，诸城市纪念苏轼《江城子·乙卯正月二十日夜记梦》创作948周年座谈会在诸城市政协会议室举行。本次座谈会由市政协主办，市文化和旅游局、市文联承办，市文化艺术中心、市苏轼文化研究会协办。出席座谈会的有市领导、苏轼研究专家学者、书画艺术界代表、知名作家及相关文化工作者近40人。韩钟亮、许崇善、郝忠勇、陈志伟、董德良、王晓磊、苏琳等作了发言，乔云峰主持了座谈会，并对一些发言进行了点评。市政协王爱民主席对座谈会成果表示了肯定，并就下一步推动苏轼成为诸城名片提出指导意见。

◇海南省人大常委会党组书记、副主任李军到省旅文厅调研首届中国（海南）东坡文化旅游大会开幕式筹备情况

2023年2月11日，海南省人大常委会党组书记、副主任李军到海南省旅文厅调研首届中国（海南）东坡文化旅游大会开幕式筹备工作情况。

◇宝藏东坡——青少年艺术展·东坡主题文化作品展开展

2023年2月11日，由眉山三苏祠博物馆、眉山东坡书院、眉山市美术家协会、眉山东坡宋城文化旅游发展有限公司共同举办的“宝藏东坡——青少年艺术展·东坡主题文化作品展”在东坡书院正式拉开帷幕。此次展览以三苏祠和东坡元素为主题，参赛作品主题突出，题材丰富，形式多样，风格鲜明。

◇首届中国（海南）东坡文化旅游大会筹备工作办公会召开

2023年2月15日晚，海南省人大常委会党组书记、副主任李军在海南省博物馆会议厅主持召开首届中国（海南）东坡文化旅游大会筹备工作办公会，逐项梳理检查大会开幕式、嘉宾接待等筹备工作。

◇诸城市苏轼文化研究会与潍坊工商职业学院共同推进东坡文化研究

2023年2月16日，诸城市苏轼文化研究会会长苏琳、诸城市文化艺术中心主任乔云峰等专家，就苏轼文化传承和弘扬中华优秀传统文化的问题，到潍坊工商职业学院开展座谈。潍坊工商职业学院校长张绍秋，执行校长、常务副书记郑志松等领导参加了座谈会。双方就东坡文化进校园、融入地域文化和高校

立德树人等议题进行了深入交流。

◇常州市苏东坡研究会召开四届四次理事（扩大）会

2023年2月16日下午，常州市苏东坡研究会召开四届四次理事（扩大）会议。会议在回顾总结2022年工作的同时，围绕“如何弘扬东坡文化这条主线，以讲好东坡故事为重点，扎实推进东坡与常州的情缘、文缘、血缘研究工作，积极打造以东坡为元素的城市名片，为助力‘532’发展战略营造良好的文化环境”进行了研讨交流。研究会名誉会长、顾问、理事，苏东坡纪念馆馆长、副馆长，会员代表等40余人参加了会议，会议由副会长杜彦主持，秘书长徐瑞玉作工作报告，研究会会长赵世平及研究会顾问、市文联专职委员周勇刚到会讲话。

◇《东坡食源》一书由海南出版社出版

2023年2月17日，首届中国（海南）东坡文化旅游大会之“东坡美食文化荟”举办《东坡食源》新书首发式。中国苏轼研究学会副会长、海南省苏学研究会理事长李公羽，用四年时间，从历史文献中精选东坡先生记载、食用和“发明”的餐饮相关诗文近两百条，以古籍文献原图为依据，作为东坡美食之“源”，分门别类予以校注、诠释、点评；对东坡每一作品写作的时间、地点，相关食材、人物、事件等作翔实考证、补充；对史料中有争议或无记载的重要文献、史实，作相应比较、研究和考论，编著完成《东坡食源》一书，由海南出版社出版发行。全书33万字，从美食文化的角度，系统解读和欣赏东坡美食诗文作品。海南旅投旗下的东坡酒楼已在海口老码头文旅商综合体正式营业，以东坡先生人文风骨为内核的宋代美学融合餐饮空间，提供以新中式、新食材、新体验为主打的川琼融合菜肴，以及具有浓郁人文气息的就餐体验。东坡酒楼通过《东坡食源》推出首批配套主题菜单，分别为东坡海鲜宴、东坡家宴、东坡群仙宴，弘扬和传承东坡饮食文化。每一道菜的背后，都是一段与东坡文化相关的美食故事。

◇首届中国（海南）东坡文化旅游大会开幕

2023年2月18日晚，首届中国（海南）东坡文化旅游大会开幕式在海南省歌舞剧院举行。海南省委书记沈晓明批示，省长冯飞宣布大会开幕，省人大常委会党组书记、副主任李军致辞。

本届大会以“弘扬东坡文化，助力海南自由贸易港文化旅游建设”为主题，通过多种活动形式，弘扬东坡文化，展现苏东坡的家国情怀、豁达人生、为民意识和文学成就，同时也为海南旅游注入强劲的文化内涵。大会开展七大活动，包括开幕式、高端论坛、文创大赛及展览、文艺精品演出季、东坡美食文化荟、东坡文化古迹研学游、唱诗大赛及东坡诗酒文化鉴赏游园会，通过独具海南特色的东坡文化体验活动，弘扬东坡文化。

附：李军同志在首届中国（海南）东坡文化旅游大会开幕式上的致辞

（2023年2月18日　根据录音整理）

尊敬的冯飞省长，各位领导，各位嘉宾，朋友们：

首先，我代表海南省委、省人大常委会、省政府、省政协，对首届中国（海南）东坡文化旅游大会开幕表示热烈祝贺，对各位领导、各位专家学者、各界人士和兄弟省市文化旅游系统的同志出席本次大会表示衷心感谢！

中华优秀传统文化是我们中华民族的根和魂。党的十八大以来，以习近平同志为核心的党中央坚定文化自信，对继承弘扬中华优秀传统文化极其重视，提出了创造性转化、创新性发展的方针，作出了一系列重大决策部署，实施了中华优秀传统文化传承发展工程，全社会形成了前所未有的大力弘扬中华优秀传统文化的浓厚氛围。特别是在党的二十大报告中，习近平总书记明确提出坚持和发展马克思主义必须同中华优秀传统文化相结合，把我们党对中华优秀传统文化的认识和运用推向了一个全新的阶段。当前，文化遗产进一步“活起来”，“考古热”“博物馆热”“非遗热”“国风热”在各地蔚然成风。

作为中华优秀传统文化重要组成部分的东坡文化，也得到了习近平总书记的特别喜爱。在重要讲话、重要论著中，习近平总书记多次引用苏东坡的诗文，就在不久前发表的新年贺词中，又引用了“犯其至难而图其至远”这句东坡名言。2013年、2018年，习近平总书记考察海南时，都引用苏东坡赞美海南的诗句，嘱托我们倍加珍惜、精心呵护好海南的生态环境。去年6月，他专程来到四川省眉山市三苏祠考察，指出：“一滴水可以见太阳，一个三苏祠可以看出我们中华文化的博大精深。我们说要坚定文化自信，中国有‘三苏’，这就是一个重要例证。”强调要“善于从中华优秀传统文化中汲取治国理政的理念和思维”。海南举办东坡文旅大会，就是坚定“四个自信”、捍卫“两个确立”、做到“两个维护”，从海南实际出发，认真贯彻落实习近平总书记关于继承弘扬包括东坡文化在内的中华优秀传统文化重要指示的具体行动。

朋友们，苏东坡居琼三年，除了继续勤奋创作诗词外，还完成了著名的“海南三书”，同时劝学、劝耕、劝医、劝民族和睦，开风气之先，是海南文化的重要启蒙者，深受海南人民的爱戴和怀念。东坡文化已经成为海南历史文化最具代表性、最具含金量的符号。当前，海南正在建设中国特色自由贸易港，传承弘扬东坡文化是“中国特色”的题中应有之义，发展东坡文旅产业也是构建自由贸易港现代产业体系的重要内容。近年来，海南省委、省政府把研究保护、开发利用东坡文化遗产提上了重要议事日程，取得了显著成效。省委书记沈晓明同志2021年3月在儋州调研时明确提出要系统梳理研究东坡文化，在2022年4月的省第八次党代会上明确要求“保护和利用好东坡文化”，今天又对东坡文旅大会作出重要批示；省长冯飞同志十分关心这项工作，多次作出指示，在今年的政府工作报告中对“保护和利用好东坡文化”进行了具体部署。2022年5月，省人大常委会颁布《海南省非物质文化遗产规定》，对涉及东坡文化非遗项目的研究、发掘、展示作出了法规规范；2022年7月，省政府批准出台了《东坡文化资源保护及农文旅融合发展行动计划（2022—2026年）》，省委编办批准在海南大学成立了海南省东坡文化研究与传播中心，儋州、海口、澄迈、临高、昌江等市县积极主动，为东坡文化遗产的保护、挖掘、利用做了大量工作。可以说，在海南，一个传承保护利用东坡文化的良好局面正在形成。在此，我还要特别指出，国家文物局、文化和旅游部大力支持、具体指导海南抢救保护东坡文化遗存，李群副部长在百忙中出席首届东坡文旅大会，这是对海南文化旅游和文物工作的极大鼓舞。全国政协教科卫体委员会副主任尚勇来海南调研，给予热情指导。我代表海南人民对李群副部长和国家文物局，对尚勇副主任表示衷心感谢！

首届东坡文旅大会是近年来我省东坡文化保护和利用工作的一次全面集中展示。其中，有以“不老的东坡”为主题，用音舞诗画形式生动展示东坡形象的文艺演出；有以“东坡文化的时代价值与世界意义”为主题，国内外二百多名专家学者云集一堂的东坡文化国际高端论坛；有面向市场的东坡文创产品设计大赛；有和故宫博物院联合举办的展示东坡文物珍品的主题文物展；有国内首次用多种艺术门类如话剧、舞剧、交响组曲等，用多个地方剧种如琼剧、黄梅戏、粤剧等表现一个人物的精品剧目演出季；还有东坡足迹所至城市参加的东坡美食文化荟、东坡文化古迹研学游、“东坡诗文”全国名家书法作品展、东坡文化唱诗大赛、“三苏”文化图书大联展，等等。大会内容既有“阳春白雪”，又有“下里巴人”；既有“书卷气”，又有“烟火气”；既饱“眼福”，又饱“口福”，可谓琳琅满目，丰富多彩。请大家尽情品味这道精美的文化大餐。

今后，我们将进一步学习领会贯彻习近平总书记关于弘扬中华优秀传统文化重要指示精神，虚心借鉴兄弟省市的先进经验，以本次大会为契机，大力弘扬东坡的家国情怀、家教家风、民本思想、务实作风，从中汲取营养，增强自由贸易港建设的文化软实力；系统梳理东坡文化资源，大力推动东坡文化研究、传播与旅游产业融合发展；坚持务实办会，建立健全轮办机制，每年办一次大会，每次都要努力促进一个地方的文旅融合发展和城市形象提升。

朋友们，九百余年前，东坡先生离别海南时恋恋不舍地感叹：“九死南荒吾不恨，兹游奇绝冠平生”。九百余年后的今天，海南已经成为自由贸易港建设的一片热土、举世闻名的旅游度假天堂。热忱欢迎大家来休闲度假、传经送宝！谢谢大家！

◇海南省东坡文化研究与传播中心主办“首届东坡文化国际高端论坛”

2023年2月18日，由海南省东坡文化研究与传播中心主办的“首届东坡文化国际高端论坛”在海南大学国际学术交流中心成功举办。来自哈佛大学、剑桥大学、清华大学、北京大学、复旦大学、武汉大学、中国人民大学、南京大学、四川大学、湖北省社科院、浙江省社科院等国内外知名高校和科研院所的二百余位专家学者，围绕“东坡文化的时代价值与世界意义”主题，以线上线下相结合的方式深入探讨东坡文化，并在8个议题分论坛上开展交流。

开幕式由海南省东坡文化研究与传播中心执行主任谭新红教授主持。海南省人大常委会党组书记、副主任李军，海南大学党委书记符宣国，海南省社科联党组书记王惠平，中国社会科学院中国历史研究院副院长李国强教授（视频），中国苏轼研究学会会长周裕锴教授，美国斯坦福大学艾朗诺教授（视频）分别致辞。全国妇联副主席（兼）、中央民族大学教授蒙曼，中国出版传媒股份有限公司董事、副总经理于殿利，海南大学校长、中国科学院院士骆清铭等出席论坛开幕式。海南省人大常委会党组书记、副主任李军出席开幕式并致辞。他指出，东坡居琼三年，留下了弥足珍贵的历史文化遗产，多年来，海南东坡文化研究取得了一定的研究成果。东坡文化是取之不尽、用之不竭的富矿，常研常新、常讲常新。当前，海南正认真落实习近平总书记关于弘扬中华优秀传统文化的重要指示精神，围绕东坡文化研究与传播制定中长期规划，高质量打造“一中心三基地”，一中心即海南省东坡文化研究与传播中心，三基地是指东坡文化研究基地、产业开发基地和干部培训基地（东坡主题图书馆），欢迎海内外专家学者积极参与海南东坡文化研究和传播，共同打造海南自由贸易港的亮丽文化名片。

本次论坛作为“首届中国（海南）东坡文化旅游大会”的重要活动，主题设置为“东坡文化的时代价值与世界意义”，分设“东坡思想研究”“海外东坡研究”“东坡文学研究”“东坡家风研究”“东坡艺术研究”“东坡传播研究”“东坡文旅研究”“东坡文创研究”以及线上会议等九个平行分论坛，便于专家学者们细致深入探讨相关论题，传承弘扬东坡文化遗产，深挖转化东坡文化资源，碰撞东坡文化思想火花，促进东坡研究国际交流。论坛致力于打造一个东坡文化的国际交流平台，为东坡研究学者营造更好的学术环境，提供更广阔的学术交流平台和知识孵化平台，打开东坡文化研究的广阔视野与深邃内涵。

论坛得到了《人民日报》《光明日报》《中国日报》《海南日报》及中国新闻社、中央电视台等二十余家新闻媒体的关注和报道。《人民日报》评论本次论坛议题丰富，涵盖东坡研究的多个方面，是一次推动东坡文化活化利用的智库交流会。中国新闻社评论论坛的举办将进一步展现苏东坡在海南期间的文学成就、思想转变、为民意识和人生态度等，同时也为海南文化、旅游等方面的发展注入更多活力。

会议召开期间，由海南出版社主办的“千古风流——三苏文化图书大联展”在会议现场展出。此次联展汇集了155家出版社出版的三苏文化图书600余种，其中展销图书400余种，展示藏书200余种，是近年来品类最多、规模最大的一次三苏文化主题图书展览，得到了与会专家和社会各界的高度肯定。

附：李军同志在海南省首届东坡文化国际高端论坛开幕式上的发言

（2023年2月18日　根据录音整理）

尊敬的各位学者、各位领导：

今天来到海南大学，与各位学者见面，我想到了东坡先生的一句名词，那就是“春牛春杖，无限春风来海上”，在肆虐了3年的大规模新冠疫情结束之后，在充满生机、充满活力的春天，各位学者就像春风一样来到了四季如春的海南，研讨东坡文化，让我们有春天般的喜悦。首先，我谨代表海南省委、省人大常委会、省政府、省政协，对大家出席此次论坛表示热烈欢迎和衷心感谢！

新时代以来，习近平总书记对弘扬中华优秀传统文化极端重视，对苏东坡的诗文格外喜爱。就在不久前发表的新年贺词中，又引用了“犯其至难而图其至远”这句东坡名言。我想大家一定注意到了这么一个现象，近年来，无论是在政界、商界和学界，还是在老百姓中间，越来越多的人在读东坡、谈东坡、写东坡，越来越多的人为东坡着迷，有关东坡的短视频成了爆款，讲东坡的博主成了大网红，有关东坡的话题登上了热搜，有关东坡的展览一票难求。尤其是刚刚过去的“每个人都不容易”的2022年，“东坡热”更是大大升温，颇有见面不提东坡就落伍之感。以至于有人在年度总结演讲中讲，如果要评选一个2022年国民偶像的话，那就是苏东坡。“东坡热”成为一个引人瞩目的文化现象。

中国古代历史文化名人灿若星河，为什么东坡能够永不过气，长盛不衰，为国内外所喜爱？学者们都在研究这个问题。我个人的认识，这首先是因为东坡先生有一颗自由的灵魂、有趣的灵魂。在当下，大到世界，小到每个人的人生，都充满了不确定性和偶然性。一切都在流动和变化，似乎没有什么东西是坚固稳定的。这使得焦虑、惶恐、不安、迷茫成为了许多人的精神底色。而当我们去了解东坡先生跌宕起伏的一生时，可以看到，无论身处什么样的处境，他都始终旷达乐观。在现实世界，他坚守“不有益于今，必有觉于后”的人生信条，忠诚为国、心系百姓、兼济天下，每到一地都尽心竭力为当地老百姓办好事，以自己的存在让这个世界变得更美好；在精神世界，他又超然物外，看淡得失荣辱，满腔热情地发现并享受生活的趣味，把苦难熬成了花朵，在一蓑烟雨中清风徐来，从而获得了精神心灵的完全自由。东坡以自己的生命经验、勇气和智慧，在人生“逆旅”中体察生命的意义，在“求不得”的挫折中放下我执，与自己和解，与社会和解，在处理个人与社会、小我与大我的关系等哲学之问、精神之问、时代之问上，为我们提供了宝贵的启迪，因而东坡文化具有穿越古今、贯通中外、引发共鸣的永恒价值。林语堂先生说得好：“苏东坡已死，他的名字只是一个记忆。但是他留给我们的是他那心灵的喜悦，是他那思想的快乐，这才是万古不朽的。”

东坡先生让人折服的无穷魅力，还在于他惊世绝伦的才华。他一生给我们留下了2700余首诗歌、300多阕词作、4800多篇文章，不仅在诗文、宗教、哲学、美学、绘画、书法、音乐等诸多领域取得了非凡的成就，同时也在治水、科技、发明，乃至茶、酒、美食文化等方面有极高的造诣，像这样一个几千年才出一个的全才通才奇才，叫人如何不仰慕，如何不热爱？

对东坡的研究，早在其生前就已开始。千年来可以说汗牛充栋、蔚为大观。尤其是改革开放40多年来，东坡文化研究揭开了崭新篇章，取得了丰硕成果。在座各位很多都是研究东坡的翘楚和新锐。当然，近年来也有人讲，东坡文化研究已经遇到了“千家说尽”的瓶颈，很难有新突破。我不认同这个观点。实际上，东坡文化是一座“取之无尽，用之不竭”“常讲常新、常研常新”的学术富矿。比如，在座的蒙曼教授在央视的中国诗词大会上点评东坡文学作品的时候，就让我们有全新的感受。因此，只要找准了方向、用对了方法，东坡文化研究就能不断有新发现、新成果。从这次论坛征集到的一百多篇学术论文来看，就有不少颇有见地，让人深受启发。接下来我们将优中选优，结集出版。

东坡居琼三载，兴利除弊，使海南岛上“书声琅琅，弦歌四起”，开辟了海南的文明新风，海南人民至今感念。同时，他在海南期间创作不辍，完成了最得意的三部学术著作《东坡易传》《东坡书传》《论语说》，目前学界对“海南三书”的研究还亟待深化拓展。海南在推进东坡文化研究方面可以说是既责无旁贷，又大有可为。多年来，海南形成了一定规模、涵盖老中青学者的东坡文化研究队伍，取得了一定的研究成果。2018年，海南省苏学研究会正式成立。去年，经省委编办同意，在海南大学成立了海南省东坡文化研究与传播中心。去年，中心与省社科联联合发布了2022年海南省哲学社会科学规划重大专项（东坡文化研究）课题，得到了海内外学者的积极响应，目前首批18个课题已正式立项。接下来，我们将落实好中办、国办印发的《关于实施中华优秀传统文化传承发展工程的意见》，用5年时间对东坡在海南的文献、“足迹”进行全面盘点、系统梳理；再用10到15年时间，出版至少涵盖100套书目的《东坡文库》，为2037年东坡千年诞辰送上一份厚礼。从硬件上来说，我们要建成一中心、三基地，即东坡研究与传播中心，依托海南大学建立东坡研究基地，依托红城湖办公区建成东坡文化产业开发基地，依托省委党校的图书馆建成全国目前唯一的东坡主题图书馆和干部培训基地。

当然，我们清醒地认识到，与兄弟省市相比，目前海南的东坡文化研究基础还比较薄弱，尤其是人才还很缺乏。因此，我们诚挚地希望并热情邀请海内外的学者，今后能通过参与我省举办的东坡文化论坛、发布的相关研究课题，以全职或柔性兼职等多种形式，积极参与到海南东坡文化研究与传播的热潮中来，省里将全力提供政策支持、经费保障，用一句通俗的话来讲，就是在海南搞东坡研究，不差钱！

各位学者，大家知道，当年东坡在海南过的是“食无肉，病无药，居无室，出无友，冬无炭，夏无寒泉”的艰苦生活，而如今的海南早已从古代令人生畏的蛮荒之地成为了人人向往的养生福地。相信大家现在来到海南，定会有东坡先生“兹游奇绝冠平生”的赞叹。我们将以最开放的胸怀迎接五湖四海的学者，竭尽所能为大家在海南从事东坡文化研究创造良好条件、做好服务保障。最后，预祝此次论坛取得圆满成功！祝各位学者都能像东坡先生那样，永远快乐、永远不老！祝大家在海南度过一段愉快的美好时光！谢谢大家！

◇“东坡文创产品设计大赛”成功举行

2023年2月19日，“东坡文创产品设计大赛”颁奖仪式暨作品展开幕式在海南省博物馆隆重举行，在美术界产生重大影响。大赛是首届中国（海南）东坡文化旅游大会系列活动之一，由海南省东坡文化研究与传播中心与海南大学美术与设计学院、海南省旅游投资集团有限公司共同主办。大赛以“东坡文化”为主题，通过展赛结合，旨在推动东坡文化创造性转化和东坡文化旅游产业的融合性发展。大赛共收到国内外175所高校及艺术家设计师和东坡文化爱好者共计1886份投稿作品，最终有127份作品获奖。

大赛以“东坡文化”为主题进行文创产品设计，深耕东坡文化内涵，且坚持文化创意与相关产业融合发展的理念，以多样的参赛作品为文创产品赋能，更好地促进了海南文旅产业高质量融合发展。在成果应用方面，通过大赛官网、微信公众平台等，对参赛获奖作品及作者进行免费宣传推介以促进创意设计成果转化。这些作品聚焦东坡文化，彰显东坡文化精神内涵。运用创意设计手法展现“东坡文化”价值内核，挖掘苏东坡积极向上的政治抱负和达观、悯人、热爱生活的人生态度及家国情怀。

◇第六届东坡居儋思想文化研讨会在儋州开幕

2023年2月19日，首届中国（海南）东坡文化旅游大会系列活动之“第六届东坡居儋思想文化研讨会”在儋州开幕，来自国内外的专家学者围绕苏东坡在儋州居住三年间的思想文化展开研讨和交流。本次研讨会，从会议主题到各位专家学者论文的研究方向，都更加集中于东坡居儋思想文化的研讨，集中于以东坡思想文化为自由贸易港建设、为儋洋一体化发展贡献智慧，集中于汲取治国理政的理念和思维。对东坡海南“三书”《东坡易传》《东坡书传》和《论语说》的研究，对东坡居儋撰写的大量文论、史论的解读，展示并凝聚着东坡先生点评历史、斟酌古今、论述兴亡的思考与认知。这一研讨会由海南省社科联、儋州市人民政府指导，儋州市旅游和文化广电体育局主办，海南省社科联社会组织历史文化学部党总支、海南省苏学研究会承办。

◇2023海南东坡文化唱诗大赛暨东坡文化原创精品主题晚会举行

2023年2月19日，作为首届中国（海南）东坡文化旅游大会系列主题活动，由海南省发展控股有限公司主办的2023海南东坡文化唱诗大赛决赛暨东坡文化原创精品主题晚会和“GDF诗酒趁年华游园会”在海口日月广场成功举办。东坡文化唱诗大赛决赛暨东坡文化原创精品主题晚会有超230万人次在线观看，获得广泛关注和好评。首届海南东坡文化唱诗大赛初赛于2023年2月12日在海口启幕，14日进行了复赛，19日进行了决赛。大赛每场比赛中均设置了东坡诗词作品演唱和东坡诗词问答环节。挺进决赛的四强选手轮番上场，以自己的亲身体验、所思所感，将苏东坡心系天下的家国情怀、仁政爱民的民本意识以及志存高远的家风家教和豁达的人生态度以创新方式传唱，把东坡精神文而化之。经过激烈角逐，最终，海南职业技术学院教师蔡建东，与搭档丁恩师组成的“南北不二”组合，以原创歌曲《六月二十日夜渡海》拔得头筹，“月升南轩”组合及张晓娟分别获得第二、第三名。在海南东坡文化原创精品主题晚会上，一批结合音、舞、诗、画效果的原创型东坡诗词改编歌曲上演，在绚丽灯光下精彩纷呈。

◇“东坡文化古迹研学游”系列活动成功举行

2023年2月21日，“东坡文化古迹研学游”系列活动在海口市演丰镇瑶城村举行。海南省内外苏学专家、研学旅行专家和海南省博物馆、四川省眉山市三苏祠博物馆等方面学者齐聚一堂，研讨推进以东坡文化为核心资源的文化古迹研学旅行活动。海南省苏学研究会瑶城研学基地同日揭牌。海南海控美丽乡村建设有限公司聘请“东坡研学智库特聘顾问”，并现场颁授证书。研学剧《致东坡先生一封信》在海口市演丰镇瑶城村首演。苏东坡的扮演者是海南省苏学研究会副会长、海南大学人文学院海滨教授。该部研学剧串联了寻人《信中时空》、唱诗《明月时有》、入画《四般闲事》、求学《东坡问海》、相会《千年相遇》、和歌《以歌为信》等几大场景，通过信件传递、古今对话形式，结合“音、舞、诗、画”演绎，还原宋朝的雅韵风华，讲述东坡的海南行迹，展现了东坡不畏挫折的旷达心境和随遇而安的豁达人生，将一个“风骨卓然、劝农劝学、达观济世”立体的苏东坡形象呈现在观众面前。

3月

◇东坡书院2023年文化艺术公益课程启动

2023年3月，眉山三苏祠博物馆在东坡书院启动了2023年东坡书院文化艺术公益课，课程包括古琴、焚香、点茶、书法、插花、绘画等。

◇“东坡大家讲”系列讲座启动

2023年，“东坡大家讲”系列讲座在眉山三苏祠启动。围绕苏东坡的政治理念、家风家教、人生哲学和文学艺术等方面先后邀请舒大刚、祝勇、李贵、罗宁、莫砺锋、莫林虎、朱刚、朱万章、周鼎、伍晓蔓、李宗桂、王晋川等专家学者，分别以《东坡文化与中华传统文化》《在故宫寻找苏东坡——艺术史视野下的苏东坡》《跟着苏轼游宋朝》《学典故，读苏诗》《苏轼：风雨人生中的人格典范》《苏轼文化性格的形成及在中国文化史上的地位》《从桃源流出的江湖——苏诗的“江湖”书写》《东坡究竟长啥样——苏轼肖像的形塑与传播》《问汝平生功业——苏轼的贬谪生活》《苏子瞻三游赤壁》《苏东坡的人生哲学》《人间有味是清欢——东坡美食谈》为题通过线下讲授和线上直播的形式进行普及。

◇海南省东坡文化产业发展工作办公会召开

2023年3月1日，海南省东坡文化产业发展工作办公会在省人大常委会机关办公楼召开。海南省人大常委会党组书记、副主任李军出席会议并讲话。会议听取了海南省东坡文化研究与传播中心、海南省旅投集团有限公司有关工作汇报。李军指出，海南省东坡文化研究与传播中心要尽快就部门设置和职能功能提出方案，制订各部门人员配置计划、近期和中长期项目计划，建立联席工作机制。

◇首届中国（海南）东坡文化旅游大会总结会议召开

2023年3月2日，首届中国（海南）东坡文化旅游大会总结会议在海南省政协常委会会议厅召开。海南省人大常委会党组书记、副主任李军出席会议并讲话。会议听取了省旅文厅、省东坡文化研究与传播中心、省发控、省旅投、海口市、儋州市相关负责同志的总结汇报。李军总结了大会取得的成效、成功经验和启示。

附：李军同志在首届中国（海南）东坡文化旅游大会总结会议上的讲话

（2023年3月2日　根据录音整理）

一、大会亮点纷呈，取得了多赢的成效

这次文旅大会紧紧围绕“弘扬东坡文化，助力海南自由贸易港文化旅游建设”这一主题，精心组织策划了丰富多彩的系列活动，海内外嘉宾云集、群众广泛参与、社会反响热烈，可以说既聚了人气，又添了财气；既有社会效益，又有经济效益，在海南岛上成功掀起了一股空前的“东坡热”，成为2月份国内的一个文化现象。总体上体现了几个特点：一是规格高。从政界来看，有省委书记沈晓明同志的重要批示，省长冯飞同志出席并宣布开幕。特别是还邀请到了文化和旅游部副部长、国家文物局局长李群，全国政协教科卫体委员会副主任尚勇同志等7位国家部委的领导及老领导出席；从学界来看，有中国苏轼研究学会会长周裕锴教授，中国宋代文学学会常务副会长、中国词学研究会会长王兆鹏教授，美国著名汉学家艾朗诺教授，中央民族大学蒙曼教授等顶尖学者。其他的系列活动也邀请到了多领域的高层次嘉宾。二是人气旺。从线上来看，开幕式网络直播观看人数超过400万。现场演出上座率很高，头天演出后反响非常热烈，应群众强烈要求，第二天又加演了一场。唱诗大赛晚会网络直播观看人数超过230万。儋州“海南万里真吾乡”东坡琼州记忆大型直播行动观看人数超过300万。从线下来看，东坡美食文化荟、古迹研学游、唱诗大赛、游园会等活动现场都是人头攒动、场面火爆，吸引了众多市民游客前来打卡，沉浸式体验，很好地实现了文化赋能消费场景升级。三是声势大。这次宣传报道工作做得很好，各方面媒体都对活动进行了充分有力的报道。百度相关搜索结果达到975万条，今日头条相关微头条话题2900多万阅读量。海南日报精心

策划的特刊邀请到了很多专家撰稿，写得都非常好，很有收藏价值。

从成果上来讲，一是大力加强了东坡文化遗产的保护和利用，使东坡文化作为旅游资源及家风家教的精神资源作用都得到了充分发挥。二是大大促进了东坡文化与旅游业及其它业态的融合。三是大大提升了海南人民的文化自觉和文化自信。以前有人讲海南是文化沙漠，我相信这次大会之后，无论是海南同志自身，还是外界也好，对海南的文化资源都是刮目相看。清代广东诗人江逢辰有句诗叫："一自坡公谪南海，天下不敢小惠州。"我们这次大会可以说是"东坡大会开新元，寰宇至此仰琼州。"总之，这次大会系统全面集中地展现了我省近年来在东坡文化保护与利用、研究与传播、文旅融合等方面的工作成效，达到了有影响、有产品、有观众的预期目标，值得充分肯定。当然也还存在一些不足，比如，有些活动之间的协调衔接方面还有待提升。

二、成绩来之不易，经验值得认真总结

之所以能够在4个多月时间内，非常圆满地成功组织举办这么大规模的系列活动，主要有这么几条经验。

首先得益于省委、省政府的高度重视和坚强领导。大会筹备期间，沈晓明书记、冯飞省长多次听取有关工作汇报，提出具体要求。去年11月，省"两办"印发的《海南省"十四五"文化强省建设发展规划》中明确提出，要打造东坡文化旅游大会品牌，推动东坡文化资源保护及农文旅融合发展。冯飞省长在今年2月的政府工作报告中部署全年工作时，将举办首届中国（海南）东坡文化旅游大会作为发展文体事业的重点工作之一进行部署。大会召开时，晓明书记又专门作出重要批示，冯飞省长亲临开幕式。从工作层面上讲，省委、省政府也加强了领导。受省委指派，我来负责这项工作。省政府这边先后由王路同志、谢京同志来负责抓这项工作。

二是得益于各有关部门和市县积极作为、执行有力。省委、省政府决定举办东坡文旅大会之后，省旅文厅作为大会的总牵头单位和多项活动的具体主办、承办单位，厅领导班子统筹各方力量，动员全厅上下投入组织办会，特别是与国家有关部委、故宫博物院、开幕式导演团队、演艺团体等方面加强沟通对接，全力以赴做好开幕式筹备、精品剧目展演、重要嘉宾服务保障等大会"重头戏"工作；省东坡文化研究与传播中心充分发挥海大优势，广泛征集发动，精心做好国际高端论坛筹备及文创设计大赛工作；省发控公司成立了专门

的领导小组办公室，主要领导亲自抓，综合运用旗下商旅文体等资源，串联“吃住行游购娱”等多种业态，唱诗大赛、瑶城东坡文化古迹研学游、诗酒趁年华游园会等主题活动开展得有声有色，很受市民游客欢迎；省旅投公司开展了美食周、美食展、研讨会等多个活动，邀请了东坡所到城市的嘉宾参加，让“东坡味”香飘海南岛外，成为这次活动的一大亮点；儋州市、海口市依托本地东坡文化资源，精心策划研学游及相关配套活动，推动东坡文化为旅游发展赋能；省委宣传部统筹安排组织全媒体宣传资源，全方位、立体式开展融媒体报道，实现了主流媒体密集发声、线上线下立体传播，为大会营造了浓厚氛围。此外，省工商联、省文联、海南日报社、海南广播电视总台、海南出版社、海垦集团等省直有关单位，苏学研究会、华闻集团、有关企业家协会和商会也踊跃参与大会筹备，在嘉宾邀请、活动组织、宣传发动等方面作出了积极贡献。总之，各级各方面都树牢“一盘棋”思想，围绕服务文旅大会，勠力同心、通力协作、相互补台，为大会顺利召开凝聚了强大合力。

三是得益于全体同志攻坚克难、顽强拼搏。这次大会筹备时间紧、任务重、挑战大，但大家敢于担当、事不避难、义不逃责，出色地完成了不少艰巨的任务，用实际行动证明了只要迎难而上，就没有克服不了的困难。对这个过程中形成的成功经验做法，我们要倍加珍惜。

三、大会成功举办给我们的宝贵启示

古人讲：“物有甘苦，尝之者识；道有夷险，履之者知。”通过这次成功办会，我们不仅积累了重要经验，也收获了深刻启示。

一是必须提高政治站位。从一开始谋划这次大会，到每次的推进会上，我们都认真学习领会习近平总书记关于弘扬中华优秀传统文化包括“三苏文化”的重要指示批示精神，及时传达党的二十大报告中有关“两个结合”的精神及省委、省政府的有关部署要求。大家都切实增强“四个意识”，做到“两个维护”，捍卫“两个确立”，深刻认识到举办大会的重要意义，有力地增强了做好大会筹备工作的责任感和使命感，体现了很强的政治判断力、政治领悟力、政治执行力。

二是必须以浓烈的兴趣抓工作。爱因斯坦说过，兴趣是最好的老师。这次办会，大家一方面有政治责任感和使命感，同时也是以浓烈的兴趣投入到工作中。我们参与筹备工作的同志中，很多本身就是“苏粉”，有的原来对东坡不太了解，但在抓筹备工作的过程中逐渐熟悉了东坡进而迷上了东坡，因而抓工作的自觉性、主动性很强，即使工作辛苦也干劲十足，真正做到了“不待扬鞭自奋蹄”。

三是必须勇于创新、善于突破。大家在筹备各项活动的过程中充分激发了创造性思维，努力打破“路径依赖”，探索了很多新做法新模式。比如，开幕式摒弃了传统晚会中的篇章结构，创造性地使用“音舞诗画”这一艺术形式，以“散文体”的叙述方式展现东坡先生的家国情怀和海南情缘，让人耳目一新。比如，文艺精品演出季活动在国内首创了用多种艺术门类和多个地方剧种集中表现同一个人物的演出季。再比如，美食文化荟活动采用了主宾城市组团参与活动的新合作模式，“诗酒趁年华”游园会活动打造了“东坡酒文化+旅游+购物”的消费新模式等。

四是必须科学统筹、抓住关键。这次大会涉及点多面广，是一项复杂的系统工程。在筹备过程中，我们建立了指挥有力、统筹调度、高效顺畅的工作体系，定期召开调度会议总结前段工作，部署下一步工作，协调解决困难问题，紧盯节点督进度，做到了纲举目张，确保了各项工作有条不紊地推进。此外，各个单位主要领导亲自抓、分管领导具体抓、相关责任人全力投入工作，这都是很好的成功经验。

四、关于下一步工作

首先是要认真学习好、领会好、落实好中央和省委的相关指示精神。围绕省委、省政府提出的把东坡文旅大会打造成一个可持续的著名品牌这个目标而努力，实现社会效益、经济效益、文化效益多赢。

二是要谋划实施一批东坡文化旅游项目。认真贯彻落实去年7月省旅文厅制定，经省政府同意印发的《东坡文化资源保护及农文旅融合发展行动计划（2022—2026年）》，重在活化利用，加速文旅融合发展，实现以文促旅、以旅彰文、以旅富民。

三是要扎实推进“一中心三基地”建设。尽快进行人才队伍、工作等方面的拓展，建立东坡文化的政产学研联席机制，研究推动文创设计大赛的作品进行市场化。

四是要建立健全会议轮办机制。考虑到明年东坡文化节将由儋州市举办，加上儋州在东坡文化保护利用工作上也有好的基础，省里决定明年的第二届东坡文旅大会由儋州主办。要通过这么一个大会，倒逼城市形象的改善、城市建设的加速，实现一举多得。后年由澄迈主办第三届东坡文旅大会，第四届、第五届、第六届东坡文旅大会分别在海口、昌江、临高举办。

五是要引导更多实体、更多人士参与东坡大会的活动。东坡文化基金会要积极与企业家做好对接，争取更多社会资金支持。

总之，今天的会议既是一个总结会，也是一个部署会、启动会。相信大家把这些经验总结好、发扬好，明年我们一定能够举办一次更精彩、更惊人的东坡文旅大会！

◇纪念苏东坡迁居惠州白鹤峰926周年系列活动

2023年3月5日，由惠州市文化广电旅游体育局指导，惠州市博物馆主办，惠州市东坡文化协会、惠州苏东坡祠、惠州苏东坡纪念馆承办，东坡文化（惠州）研究中心、惠州工程职业学院、惠州市老干部京剧协会京剧团、惠州市第二小学、惠州市水北小学、惠州市文星小学、惠州市华罗庚中学、惠州市东坡公益志愿服务队协办，纪念苏东坡迁居惠州白鹤峰926周年系列活动顺利开展。

此次活动得到了社会各界的广泛关注和一致好评，吸引了大批东坡文化研究者及爱好者。张德辉代会长表示，市东坡文化协会将深入挖掘“东坡寓惠”文化内涵，以文艺表演、专题讲座、学术研讨等形式，进一步宣传与普及东坡文化，为推动东坡文化传承与发展作出协会应有的贡献。特邀主讲嘉宾中国苏轼研究学会副秘书长李公羽以“传承东坡文化涵养家国情怀”为主题展开讲述，以丰富的史料、严谨的思维、精彩的故事和风趣的语言，为惠州市东坡文化研究者、市民和游客带来一场生动的专题讲座。

◇海南师范大学东坡书院揭牌暨“东坡与海南文化”专题座谈会召开

2023年3月17日，海南师范大学举行东坡书院揭牌系列活动，召开“东坡与海南文化”专题座谈会。海南省人大常委会党组书记、副主任李军出席揭牌仪式及座谈会并讲话。李军指出，海南高校两重镇积极落实省委、省政府关于东坡文化保护利用工作的决策部署，实现了一个很好的开局。海师和海师学者为东坡文化研究与传播所做的工作值得肯定，海师成立东坡书院，既是对中国古代书院传统的弘扬，也是对东坡传道授业、尊师重教精神的赓续发扬。

李军强调，在东坡研究上，海南学者要后来居上，应当立足海南又跳出海南，在充分研究苏轼居儋三年文学艺术的基础上，强化对以“海南三书”为代表的苏学研究，强化东坡民本思想的研究。海南东坡文化研究既要只争朝夕，又要从容不迫；既要张扬个性，又要团队作战。

◇徐州市苏轼文化研究会圆满换届

2023年3月17日，徐州市苏轼文化研究会第三届会员代表大会在中汇国际会议中心隆重召开，102名会员出席会议。会议的主题是“坚定文化自信，坚持守正创新，凝心聚力谱写苏轼研究徐州新篇章”。徐州市人民政府副市长吴昊出席会议并作重要讲话，魏新建代表二届理事会作研究会工作报告。大会对过去五年的工作给予充分肯定，讨论通过了五年工作规划（2023年—2027年）、财务审计报告、会员诚信自律公约，选举产生了第三届理事会、常务理事会。徐州市人大常委会原副主任陈新生当选为会长，王希龙为名誉会长，罗承选、张仲谋为顾问，田传运为副会长兼秘书长，管仁福等九位同志为副会长，聘任了十名研究员和六名副秘书长。

◇徐州市苏轼文化研究会制定五年工作规划

2023年3月17日，徐州市苏轼文化研究会第三届会员代表大会通过《徐州市苏轼文化研究会五年工作规划（2023年—2027年）》，该《规划》规定了新一届苏研会的工作目标、主要任务。五年工作目标是：建设一个团结协作、风清气正的学会领导班子，打造一支有学养的专家学者队伍，获得一批有影响的研究成果，在弘扬徐州苏轼文化方面取得显著进展，争创全国苏学研究领域一流学会。总的任务：增强文化自信，弘扬传统文化，研究、保护、传播徐州苏轼文化，着力研究成果的应用，为历史文化名城建设和文化强市战略作出贡献。《规划》从注重队伍建设、增强专业属性、加强文化交流、提升研究格次、办好本会会刊、奖励研究成果、实化预定目标等七个方面，对本届工作做了具体安排。

◇《东坡文库》和海南省东坡文化研究与传播中心办公会召开

2023年3月21日，《东坡文库》和海南省东坡文化研究与传播中心办公会在海口召开。海南省人大常委会党组书记、副主任李军出席会议并讲话。会议听取了海南省东坡文化研究与传播中心、省社科联、海南出版社等相关单位工作情况汇报，研究部署了下一步工作。李军指出，海南省东坡文化研究与传播中心的机构设置，要在实际运行中边总结、边探索、边推进，切实打造公益性平台。在编辑工作方面，要注重传播；在研究工作方面，要注重与省社科联的合作。李军强调，《东坡文库》要与四川的同类丛书做出区别，不搞大而全，而是汇集高端的学术研究成果，到2037年苏轼诞辰1000周年的时候，能够出版齐一套100册左右的东坡研究系列丛书，对已有的东坡研究再深化，对没有涉及的东坡研究领域填补空白。

会议还听取了省演艺集团就“不老的东坡”文艺演出常态化推进情况的汇报。李军强调，“不老的东坡”文艺演出要把握规律、把握大势、把握潮流，赋予演出生命力、号召力和影响力，提升经营效益，持久地办下去。

◇海南社科规划重大专项课题《海南东坡一百问》启动

2023年3月23日，海南省哲学社会科学规划重大专项（东坡文化研究）课题《多语种图文版〈海南东坡一百问〉》在海南大学启动。《多语种图文版〈海南东坡一百问〉》以汉语中文简体版为文字底版，以英、俄、日、韩四种语言为翻译表述文字，设计完成100个与海南东坡相关的问答，并根据问答内容配以丰富多彩的摄影、手绘图片，以图文并茂的形式，向国内外较为全面地介绍苏东坡在海南的多重功业、生活细节、人生格局变化，讲述东坡海南故事，弘扬东坡的精神品格。

◇苏东坡临高驿道遗踪考察取得阶段性成果

2023年3月23日，苏东坡临高驿道遗踪考察成果报告会在海南大学举行。在被称为探寻苏东坡足迹最难确定的临高段，近20名专家学者经过约九个月的考证分析、实地勘察后取得了阶段性成果。2022年7月起，海南省旅文厅、省社科联（院）和中国苏轼研究学会具体指导，省旅游投资发展有限公司、省博物馆和临高县委县政府、沿途各村镇给予热情支持，海南省苏学研究会组织近20位历史文化和文物考古等领域专家学者，大量查阅史志资料，系统梳理东坡琼州遗踪，分析临高古驿道变迁情况，于12月下旬专程赴临高，以古籍舆图与当代卫星图比对研判，以相关史实与铺舍地名逐一对应现代地貌和村落，实地考察，沿途走访，田野调查，分段指认，查证临高境内唐宋古驿道的来龙去脉，厘清东坡行经足迹。多家中央驻琼新闻单位负责同志、省主流媒体负责人和记者同行。经广泛征求专家学者意见，海南省苏学研究会多次召开论证座谈会，初步形成了比较系统的考察成果。

◇“千年东坡·万象鹅城”——惠州东坡文化大讲堂第一讲“漫谈苏轼的老师和学生”开讲

2023年3月23日下午，“千年东坡·万象鹅城”——惠州东坡文化大讲堂第一讲“漫谈苏轼的老师和学生”在惠州市博物馆举行。讲座由中共惠州市委宣传部指导，惠州市文化广电旅游体育局主办，惠州市东坡文化协会联合惠州市博物馆、岭南书院·丰湖书院承办，惠州市惠城区文化广电旅游体育局、惠州市惠城区教育局协办。中国苏轼研究学会常务副会长，眉山市三苏文化研究院研究室主任、副研究员刘清泉做主讲嘉宾，解析苏轼与师生关系中呈现的价值、意义和启示；惠州市博物馆党支部书记、副馆长钟雪平担任主持。

◇第二届中国（海南）东坡文化旅游大会暨第十四届东坡文化节筹备工作办公会召开

2023年3月29日，第二届中国（海南）东坡文化旅游大会暨第十四届东坡文化节筹备工作办公会在儋州召开。海南省人大常委会党组书记、副主任李军出席会议并讲话。会议听取了儋州市相关部门大会筹备工作情况汇报。李军指出，大会开幕式要打造成可持续演出的旅游节目，弥补儋州现有旅游产品的缺项；要借鉴黄冈市建设东坡主题公园——遗爱湖公园的经验，打造儋耳山主题公园；要改造升级东坡书院，围绕建设5A级景区做文章，加强东坡遗迹的安全维护；要加强桄榔庵遗址的恢复重建以及东坡井的保护工作，打造一条“东坡书院—桄榔庵”旅游线路。

◇杭州市历史学会苏东坡研究会筹备工作会议召开

2023年3月30日，杭州市历史学会苏东坡研究会筹备工作会议在杭州明远书院召开。杭州市社科联党组成员、二级巡视员杨毅，杭州市社科联学会处处长梁坤，浙江省历史学会副会长、杭州市历史学会会长徐吉军，浙江省诗词与楹联学会会长王骏，杭州市台办交流处处长陈炜，浙江省宋韵文化研究与传承中心学术委员办公室主任、浙江省历史学会常务理事寿勤泽，浙江省诗词与楹联学会副会长兼秘书长周进，浙江省历史学会古建筑与园林研究会会长、杭州市历史学会副会长仲向平，中国三国演义学会副会长、杭州市历史学会苏东坡研究会筹备组负责人王益庸，杭州市历史学会副会长兼秘书长洪淳生，杭州科技职业技术学院教授、苏轼研究专家周晓音，杭州市总工会人事处原处长、杭州苏东坡纪念馆讲解员俞国海，杭州宋溪湖书院副院长秦国华，杭州市三国水浒学会副会长朱健文，《杭州日报》富阳站站长骆炳浩，杭州市三国水浒学会副秘书长胡振斌，杭州市诗词楹联学会理事、富阳区诗词楹联学会副会长项文军，杭州市三国水浒学会理事方汛等领导和专家参加。王益庸主持，他代表筹备组汇报苏东坡研究会筹备情况。会议决定成立大会召开的时间为4月23日，讨论首批会员构成、理事会组成及名誉会长、顾问聘任等事项。

◇中国首部大型湖岛实景剧《彭城风华》在徐公演

2023年3月30日，由徐州市文化旅游集团有限公司全资开发的，中国首部大型湖岛实景剧《彭城风华》正式在云龙湖风景区东湖对外公演，每晚两场。该剧以苏轼在徐州的历史故事为蓝本，以光影科技和沉浸式体验为翼，是集游船观光、文化演艺、创新体验于一体的大型湖岛实景演出项目。首创采用大型观演游船的形式，从彭城风华游客中心码头出发，途经云汇桥、荷湾、荷风岛、苏公塔，最终回到码头。全程3.3公里的航线，70分钟的行程，近百名专业演员、多条演艺船加持。以全新的“行浸式表演、沉浸式观演”的方式，带给游客“人在船中坐，船在戏中行”的全新体验。该剧分4大篇章、8幕场景，采用水岸实景演艺、光影演出、情景戏剧以及沉浸互动演出相结合的全新体验模式。这是中国首部大型湖岛实景演出。节目主题是：为迎接一代文豪苏轼履职徐州，彭城百姓夹道相迎，在百姓们的簇拥下，游客与苏轼、苏辙兄弟结伴前往码头，路两侧禁军擂鼓，鼓声动天；官姬婀娜，翩翩起舞，开启了“苏徐州”繁华盛景的序幕。

4月

◇“是父是子——三苏家风进万家”主题展活动顺利完成

2023年4月，“是父是子——三苏家风进万家”主题展活动在四川眉山顺利完成。主题展自2022年9月28日启动，截至2023年4月，先后走进覆盖全市各区县的社区、农村、中小学校，巡展20余场，直接惠及民众5万余人次。

◇“醉忆东坡烟火间——寒食茶会”在三苏祠举办

2023年4月1日，由眉山三苏祠博物馆和眉山东坡宋城文化旅游发展有限公司联合举办的寒食茶会在三苏祠消寒馆举行。此次寒食茶会，沿着寒食节传统节日的时光长河，以茶会的方式，趣说宋代点茶文化，沉浸式体验点茶过程，聆听寒食节的由来、苏轼与《寒食帖》背后的故事，从笔墨中细细品赏苏东坡的气韵、风骨和波澜壮阔的人生，感悟中华优秀传统文化的博大精深。

◇苏海畅游——东坡诗词擂台赛启动

2023年4月2日，苏海畅游——东坡诗词擂台赛在眉山三苏祠晚香堂正式启动，之后将常态化开展，于每周末上午九点半到十一点半举行。诗词擂台赛的比赛内容包括东坡诗词填空、诗词理解以及诗词创作背景等与东坡诗词相关知识。此次活动，线上、线下相结合的方式，充分发挥了网络媒体的传播力和社交媒体的互动性。

◇2023清明祭三苏暨《三见清明咏相传》清明东坡祭祀活动举行

2023年4月5日，2023清明祭三苏暨《三见清明咏相传》清明东坡祭祀活动在眉山三苏祠举办。作为“三见清明”祭东坡系列活动之一，东坡文化沉浸式诗歌剧《三见清明咏相传》在三苏祠首发。

◇李笑天作品《李公羽和他的东坡世界》获“讲好中国故事”创意传播大赛海南赛区一等奖

2023年4月上旬，2022“讲好中国故事”创意传播大赛评选结果在山东威海揭晓。中国网海南基地获优秀承办奖，海南省苏学研究会获学术支持奖。海南省选送的海南省新闻界书画家协会主席、高级记者李笑天作品《李公羽和他的东坡世界》，参加2022“讲好中国故事”创意传播大赛获海南赛区一等奖。据悉，本次活动由国务院新闻办公室指导，中国外文局、山东省人民政府新闻办公室主办，当代中国与世界研究院、中国互联网新闻中心、大众报业集团（社）承办。

◇惠州市委宣传部、惠州市东坡文化协会召开东坡寓惠文化弘扬传承工作交流座谈会

2023年4月11日上午，惠州市委宣传部、惠州市东坡文化协会召开东坡寓惠文化弘扬传承工作交流座谈会。与会者围绕如何弘扬传承东坡寓惠文化、推动文化强市建设展开了深入的研讨与交流。

◇第25届全国苏轼学术研讨会在宜宾市举行

2023年4月14日至16日，第25届中国苏轼学术研讨会在四川省宜宾市举行，来自全国各地的100余名苏轼文化研究专家学者参会。此次研讨会由中国苏轼研究学会、四川轻化工大学主办，四川轻化工大学人文学院、眉山市三苏文化研究院等承办。研讨会以“东坡精神与三江文化”为主题，深入发掘、理解苏东坡留下的丰厚文化遗产，继承和弘扬东坡文化精神，推动东坡文化创造性转化、创新性发展。研讨会举行主旨报告会，五位专家以不同角度的苏轼学术研究成果作了主旨报告。本次研讨会收到学术论文110余篇，内容涉及广泛。会议举办的3个分论坛，专家学者分别从“苏轼的思想、生平研究”“苏轼研究的文学文献价值”“苏轼思想的传承接受”等方面作交流发言。

◇苏轼研究院管仁福、史修永教授参加徐州电视台《行走的冬训课堂》节目录制

2023年4月14日，中国矿业大学苏轼研究院管仁福、史修永教授作为宣讲嘉宾参加《行走的冬训课堂》节目录制。中国矿业大学苏轼研究院常务副院长、徐州市苏轼文化研究会副会长管仁福教授与徐州广电传媒集团主持人张则贤，参观走访黄楼、放鹤亭等苏轼文化遗存，在中国矿业大学煤炭科技博物馆讲述苏轼在徐州勘探开采煤炭的故事。徐州电视台新闻综合频道4月16日进行了报道，此次活动受到“学习强国”等多家媒体转发，《光明日报》作了报道。

◇苏轼《望江南·超然台作》清明词研讨会在潍坊工商职业学院举行

2023年4月15日，作为诸城今年举办第十三届东坡文化节研讨会的预热活动，由诸城市政协、市委宣传部主办，市文化和旅游局、市文联、潍坊工商职业学院承办，市文化艺术中心、市苏轼文化研究会、市诗词楹联学会协办的苏轼《望江南·超然台作》清明词研讨会在潍坊工商职业学院举行，来自省内的

苏轼研究专家、特邀嘉宾、政协委员代表、企业家代表及诗词爱好者100余人参加了研讨会。研讨会在学院大学生合唱团演奏的《望江南·超然台作》中拉开帷幕。与会专家就这首词的文学、美学、民俗学的内容和价值，以及苏轼与古琴文化，音乐创作、家国情怀、艺术鉴赏、创新应用等诸方面作了深度探讨和碰撞。市政协主席王爱民在最后的讲话中强调，要以本次苏轼《望江南·超然台作》清明词研讨会为契机，做好诸城市清明旅游长远规划，将诸城打造成为中国最美清明的所在地，在发展清明特色旅游方面多做有益尝试，促进文化旅游事业长足发展。

◇苏轼研究院师生在徐州云龙山进行苏轼遗迹考察

2023年4月15日上午，中国矿业大学苏轼研究院师生14人驱车前往徐州云龙山进行苏轼遗迹考察活动。研究院院长罗承选，常务副院长管仁福，研究院文艳蓉、李素琴、邓心强、栗山雅央（人文与艺术学院中文系日本外教）、李贞老师以及7名在读硕士研究生参加本次活动。师生一行参观了位于云龙山山顶的放鹤亭，追寻苏轼足迹。"名山与高士，人地两相倚"，雅静的放鹤亭内悬挂着名家书画，门口匾额"放鹤亭"为苏轼笔迹，师生停留观摩并合影留念。放鹤亭周边还保存了饮鹤泉、招鹤亭、御碑亭三处古迹，大家边走边议，怀念飘逸豪放的苏轼和超凡脱俗的张山人。

◇黄花梨沉香博物馆建设及东坡精品文物展览筹备工作办公会召开

2023年4月20日，黄花梨沉香博物馆建设及东坡精品文物展览筹备工作办公会在海南省人大常委会机关办公楼召开。海南省人大常委会党组书记、副主任李军出席会议并讲话。会议听取了东坡精品文物展览筹备工作进展情况汇报。李军指出，要想方设法从兄弟单位借到苏轼真迹来琼展览；展览不要求面面俱到，但要有吸引人的地方，特别是要围绕展品来讲故事、做文章，让观众有代入感。

◇杭州市历史学会苏东坡研究专委会成立

2023年4月23日，杭州市历史学会苏东坡研究专委会成立大会在杭州之江饭店举行。杭州市领导及各区县（市）代表100余人参加。杭州市历史学会副会长兼秘书长洪淳生主持。会议选举产生王文正等理事39人，王益庸任会长，洪淳生、周晓音、俞国海、朱健文任副会长，洪淳生兼任秘书长，俞国海兼任执行秘书长。聘中共中央台办、国务院台办原副主任王在希为荣誉会长；浙江大学原党委副书记庞学铨，浙江大学宋学研究中心主任、中国宋史研究会原副会长龚延明，浙江日报报业集团原副总编辑、浙江省作家协会原副主席傅通先为名誉会长；浙江省历史学会会长沈坚、浙江省社科院历史研究所所长徐立望、浙江省诗词与楹联学会会长王骏、杭州市历史学会会长徐吉军、浙江省文史研究馆馆员鲍志成等13人为顾问。

◇《中国有三苏 三苏家风家教》出版

2023年4月26日，由眉山三苏祠博物馆馆长陈仲文主编，三苏祠博物馆文博馆员翟晓楠执笔的《中国有三苏 三苏家风家教》（小学版、初中版）新书发布会在成都天府人文艺术图书馆举行。图书分家风、家教两大板块，每个板块选取10—12个家风家教小故事，以深入浅出、轻松自然的文字，将三苏故事娓娓道来，使三苏家风家教的丰富内涵和魅力得到全面深入的展现。将三苏家风家教精神融入三苏生平故事之中，引导中小学生认识、理解、领悟三苏家风家教的丰富内涵，既富有生活气息，又充满人生智慧。

◇杭州市富阳区苏东坡研究会成立

2023年4月27日，杭州市富阳区苏东坡研究会成立大会在富阳蓝钻国际城堡酒店举行。会议选举产生首届理事会，王益庸任会长，洪淳生、周晓音、俞国海、朱健文任副会长，洪淳生兼任秘书长，俞国海兼任执行秘书长。聘王在希为荣誉会长，庞学铨、龚延明、傅通先为名誉会长，钱法成、郭泰鸿、郑铁生、沈坚、徐吉军、鲍志成、王骏、徐立望、寿勤泽、周进、尚佐文、谌卫军、卓介庚、洪尚之、史庭荣为顾问。中共中央台办、国务院台办原副主任、富阳乡贤王在希致贺信。

5月

◇黄冈市东坡文化研究会参与组织“中国地方志与中华优秀传统文化论坛——‘黄州东坡文化’分论坛”

2023年5月，黄冈市东坡文化研究会参与组织“中国地方志与中华优秀传统文化论坛——‘黄州东坡文化’分论坛”。黄冈市东坡文化研究会受市委、市政府之托，邀请了中国苏轼研究学会方永江、陈才智、刘清泉、李公羽、孙晓东等专家在论坛上作了专题报告。同时，黄冈市东坡文化研究会会长孙璜清在会上作了题为《建设东坡文化旅游区，打造“东坡黄州”旅游品牌》的报告，得到200余名与会者的赞赏。

◇“方寸之间有天地——眉山三苏祠门票”主题展开展

2023年5月1日，由眉山三苏祠博物馆、眉山市税务局、眉山高新技术产业园区联合举办的“方寸之间有天地——眉山三苏祠门票”主题展在三苏祠启贤广场举行。主题展按不同历史时期，分为“新中国成立后到改革开放之前（1949—1978）”“改革开放之后到党的十八大之前（1978—2012）”“党的十八大之后至今（2012—）”3个单元，共展出门票、商标、火花、明信片等三苏祠相关老物件和老照片近200张。首次系统梳理了新中国成立以来三苏祠及其门票管理的发展脉络，通过“以物说史”的形式，生动反映国家对传统文化的重视保护，展示眉山经济社会、税收事业取得的巨大进步。

◇海南省人大常委会党组书记、副主任李军率队到浙江杭州调研东坡文化保护利用工作

2023年5月5日，海南省人大常委会党组书记、副主任李军率队到浙江省杭州市调研东坡文化保护利用工作。调研组到杭州西湖苏东坡纪念馆、孤山白苏二公祠等地走访，并召开东坡文化保护利用座谈会。李军指出，海南要虚心学习借鉴浙江省和杭州市推动文化旅游融合发展的先进经验以及保护利用东坡文化遗产的好做法，希望今后海南、浙江和杭州举办东坡文化相关活动的时候加强交流互动，互相支持、积极参加。

◇海南省人大常委会党组书记、副主任李军率队到上海调研并召开东坡文化座谈会

2023年5月9日，海南省人大常委会党组书记、副主任李军率队到上海市调研期间，在江东书院主持召开东坡文化座谈会。李军介绍了海南将举办第二届中国（海南）东坡文化旅游大会暨第十四届东坡文化节的情况和《东坡文库》的编纂计划，邀请与会专家参与大会系列活动和东坡文化课题研究。与会专家围绕海南东坡文化研究与传播工作提出意见建议。

◇海南省人大常委会党组书记、副主任李军率队到江苏常州调研东坡遗址遗迹文物保护利用工作

2023年5月10日，海南省人大常委会党组书记、副主任李军一行到江苏省常州市调研东坡遗址遗迹文物保护利用工作情况。李军一行首先来到东坡公园，参观御碑亭、洗砚池、仰苏阁、东坡书院，详细了解常州市东坡文化保护传承工作。随后，李军一行参观了苏东坡纪念馆，听取了苏东坡的生平和在常事迹介绍。李军对常州市保护并活化利用东坡遗址遗迹，推动文商旅融合发展的做法予以充分肯定。李军指出，常州将东坡文化置于新时代的历史坐标中，系统谋划推进东坡文化传承弘扬，在城乡建设中加强历史文化保护传承，为城市高质量发展夯实了文化基础，增强了文化底蕴，很多经验做法值得借鉴学习。李军强调，希望双方在学术研究、文化活动、文旅项目等方面加强交流合作，共同传承弘扬东坡文化，共创东坡文化品牌，不断推动中华优秀传统文化创造性转化、创新性发展。

◇"吾家东坡——苏轼题材文物特展·《苏轼书法全集》（四十五册本）图录特展"荣获大奖

2023年5月17日，2023年"国际博物馆日"川渝主会场活动暨长寿区博物馆开馆仪式在重庆长寿区举行。在活动中，眉山三苏祠博物馆举办的"吾家东坡——苏轼题材文物特展·《苏轼书法全集》（四十五册本）图录特展"荣获2022年度四川省博物馆十大陈列展览精品推介精品奖。

◇"中国有三苏——眉山苏氏的家国情怀"主题展荣获大奖

2023年5月18日，由国家文物局和福建省人民政府主办，中国博物馆协会、中国文物报社等单位承办的2023年"5·18国际博物馆日"中国主会场活动在福建省福州市举行。在开幕式上，国家文物局、中央精神文明建设办公室、中央网信办共同推介了2023年度"弘扬中华优秀传统文化、培育社会主义核心价值观"主题展览。眉山三苏祠博物馆策展主办的《中国有三苏——眉山苏氏的家国情怀》主题展获评该展览重点推介项目（20项）。同日，四川博物院、四川省诗书画院、眉山三苏祠博物馆联合承办的“高山仰止 回望东坡——苏轼主题文物特展”喜提“第二十届（2022年度）全国博物馆十大陈列展览精品优胜奖”。

◇苏轼《放鹤亭记》朗诵会成功举办

2023年5月21日，由徐州市委宣传部、云龙湖风景名胜区管委会、徐州市苏轼文化研究会等单位主办，徐州市第十三中学等单位承办的“诵读经典 传承文化——苏轼《放鹤亭记》朗诵会”成功举办，活动场所就在云龙山的放鹤亭前。活动安排紧凑，气氛活跃，精彩纷呈，取得了传播苏轼文化的良好效果。

◇“惠州市博物馆藏东坡文献史料特展”在常州展出

2023年5月27日，“腹有诗书气自华——惠州市博物馆藏苏东坡文献史料特展”在常州市人民公园南侧的刘海粟纪念馆正式对外展出。该特展分“辨章学术、考镜源流——东坡的古籍文献与书籍”“东坡遗迹、古城旧忆——东坡寓惠行踪的古貌与今貌”“翰墨丹青、坡公遗韵——世人眼中的东坡与惠州的足迹”以及“文物情结、历久弥新——东坡遗物融通古今韵新时代”四个部分。展出惠州市博物馆馆藏有关东坡古籍文献刻本、影印本及现代出版的有关东坡书籍，其中清代至民国的古籍（含影印本）共26本（套），计46册；现代书籍100余册，展览还展出了东坡存世的书法作品复制品、历代画家笔下的东坡画像及东坡谪居惠州所使用的德有邻堂砚台复制品60余件等。

◇第二届中国（海南）东坡文化旅游大会筹备工作办公会召开

2023年5月29日，第二届中国（海南）东坡文化旅游大会筹备工作办公会在海南省委党校召开。海南省人大常委会党组书记、副主任李军出席会议并讲话。会议听取了东坡文旅大会筹备工作相关部门的工作汇报，研究部署了东坡文化国际高端论坛、东坡诗词进校园、东坡老码头文化商业综合体建设等工作。李军指出，要学习借鉴三亚千古情等实景沉浸式演出的成功运营经验，将本次大会开幕式打造成能够持续演出的经典节目；儋州市要学习湖北黄冈市建设遗爱湖公园经验，将东坡文化与生态文明结合起来，打造儋耳山森林公园。

6月

◇《超然台画卷》卷轴文创产品制作完成。

2023年6月，由诸城市著名画家、书法家、篆刻家臧家波绘画的《诸城超然台》制作完成，卷轴精装裱，长度160厘米，附带《超然台记》文章。此为2022年《密州四曲》书法作品之后，研究会的又一重大文化创意产品。同时，研究会邀请诸城市著名书法家许传良、李增伟、刘培波、李新刚书法创作的新版《密州四曲》卷轴也制作完成。

◇《海南大学学报》开办"东坡文化研究与传播专栏"

2023年6月，《海南大学学报》人文社会科学版在"创刊40周年纪念刊"上开办"东坡文化研究与传播专栏"，第一期专栏从《海南大学学报》2023年第6期开始。2023年6月2日，习近平总书记在文化传承发展座谈会上发表讲话，强调传承中华优秀传统文化，担负好新的文化使命。在这样的背景下，《海南大学学报》纪念刊首期开设了"东坡文化研究与传播"栏目，由海南省东坡文化研究与传播中心执行主任谭新红教授主持，首期推出的是中国词学研究会会长王兆鹏、中国苏轼研究学会会长周裕锴、武汉大学孟国栋教授的3篇文章，从不同角度体现了东坡文化研究的新路径。前两位是会长、学界大家，最后一位是中青年知名学者。2023年8月21日，三篇文章的网络版已经刊发，在学界产生了一定影响，纸质版将在2023年11月刊发。

◇三苏文化出版工程首批成果发布会召开

2023年6月8日上午，三苏文化出版工程首批成果发布会在眉山三苏祠东坡书院召开。在发布会上，"三苏文化出版工程"首批19种、400余册优秀成果图书亮相。在"文献集成"方面，包括《苏学文献大系》《域外刊写东坡文献》《苏轼诗词集汇编》等五种；在"普及推广"方面则有《三苏文化普及丛书》《叶嘉莹论苏轼词》《寻路东坡》《眉山三苏》《苏东坡辞典》《中国有三苏三苏家风家教》《少年苏东坡传奇》等多种图书。

◇"中国有三苏——眉山苏氏的家国情怀"主题展开展

2023年6月8日，由国家文物局指导，中共眉山市委、眉山市人民政府、四川省文物局主办，眉山三苏祠博物馆承办的“中国有三苏——眉山苏氏的家国情怀”主题展正式开展。本次展览以家教家风、家国情怀为切入点和聚焦点，以三苏祠本身作为展览依托，通过室内室外联动展示，为观众打造出一个表现三苏父子家国情怀的景观式展览。

◇杭州市临安区写作学会苏东坡研究专委会成立

2023年6月9日，杭州市临安区写作学会苏东坡研究专委会成立会议在於潜镇潜东村举行，杭州市历史学会苏东坡研究专委会会长王益庸，副会长洪淳生、周晓音，临安区科协副主席徐建军等领导到会，30余人参加。临安区写作学会副会长陈光伟主持，临安区写作学会会长唐剑平介绍苏东坡在临安、於潜、昌化等地的遗迹、诗词等有关情况。会议选举产生首届理事会，唐剑平任会长，陈光伟、陶心月任副会长，许锦光任秘书长，支健洪任副秘书长。聘屠树勋为名誉会长，王益庸、洪淳生、周晓音、赵鑫为顾问。

◇李公羽在四川省“传承三苏家风 涵育家国情怀”研讨会上作主旨报告

2023年6月上旬，四川省组织一系列活动，增强文化自信，努力推动建设中华民族现代文明。四川省委宣传部特邀中国苏轼研究学会副会长、海南省苏学研究会理事长李公羽赴眉山，出席“传承三苏家风 涵育家国情怀”研讨会，作主旨报告。随后，李公羽又分别在眉山市委党校和仁寿县委党校作两次专场报告。三场报告，从不同角度和不同层次深刻解读“中国有‘三苏’”的时代意义，阐释为什么党的二十大报告要强调“弘扬中华传统美德，加强家庭家教家风建设”，明确提出：学习三苏家教家风，重点是要增强家国情怀，涵养新时代共产党人的良好家风。

◇海南省人大常委会党组书记、副主任李军率队到湖北黄冈调研东坡文化保护利用工作

2023年6月13日—14日，海南省人大常委会党组书记、副主任李军率队到湖北省黄冈市调研东坡文化保护利用工作。调研组到东坡赤壁、遗爱湖公园、苏东坡纪念馆、安国寺等地，详细了解黄冈市传承和弘扬东坡文化、打造东坡文化名片、推进文旅融合发展等方面的工作情况，并召开东坡文化座谈会。李军表示，黄冈市深入学习贯彻习近平新时代中国特色社会主义思想，坚持以人民为中心的发展思想，着眼于群众现实需求和城市发展需要，加强东坡文化保护与利用，打造了遗爱湖公园等载体和平台，让东坡文化融入市民生活，极大提升群众文明素养、干部精神面貌和城市发展品质，积累了许多好经验、好做法，值得海南学习借鉴。当前，海南正在深入学习贯彻习近平总书记在文化传承发展座谈会上的重要讲话精神，持续推进东坡文化保护和利用工作，希望两地在学术研究、文化活动、文旅融合发展等方面加强交流与合作，共同传承弘扬东坡文化，不断推动中华优秀传统文化创造性转化、创新性发展。

◇首届东坡粉丝大会暨2023惠州东坡文化旅游周活动之“打造岭南东坡文化中心”研讨会

2023年6月21日下午，首届东坡粉丝大会暨2023惠州东坡文化旅游周活动之“打造岭南东坡文化中心”研讨会在惠州市博物馆举行，专家学者、业界大咖以及来自眉山、黄州、儋州等地的代表齐聚一堂，围绕东坡寓惠、东坡文化、东坡IP等话题畅所欲言，交流探讨岭南区域东坡文化传承发展。

◇常州市苏东坡研究会赴黄冈开展交流调研

2023年6月26日至29日，常州市苏东坡研究会一行六人在会长赵世平的带领下赴黄冈市调研东坡文化的传承、保护与利用工作，详细了解黄冈市传承弘扬东坡文化、打造东坡文化名片、推进文旅融合发展等情况。与黄冈市东坡文化研究会的专家学者进行了研讨，双方分别围绕苏东坡的家国情怀及其当代价值、东坡文化与旅游的融合发展等当代视域下的东坡文化主题，进行了深入交流讨论。

◇“中华家风家教与三苏文化”——2023年四川文史馆员研讨会在眉山举行

2023年6月28日，由国务院参事室、中央文史研究馆指导，四川省政府参事室、四川省政府文史研究馆、眉山市政府主办的“中华家风家教与三苏文化”——2023年四川文史馆员研讨会在眉山举行。会议旨在深入贯彻落实习近平总书记视察三苏祠重要指示精神，充分发挥政府文史研究馆崇文鉴史、以文咨政的作用，推动中华优秀传统文化创造性转化和创新性发展，增强文化自觉，坚定文化自信，为中国式现代化贡献文史研究力量。

◇“茗荷笙瑞莲——千年苏祠 宋风雅集”活动举行

2023年6月30日，“茗荷笙瑞莲——千年苏祠 宋风雅集”活动在眉山三苏祠披风榭举行，以“荷和”和“莲洁”两大文化元素为主，与苏东坡倡导的“爱民之根本”“为政之清廉”和“家国之情怀”相结合，传承弘扬东坡文化。活动分为宋风茶会和雅事互动两部分。在宋风茶会部分，以苏东坡的《定风波》开场，随后便进行非遗宋式点茶表演，并以笙、阮、箫共同演奏《浣溪沙·荷花》。

7月

◇中央电视台苏轼纪录片《定风波》徐州取材

2023年7月，中央电视台纪录片《定风波》在央视纪录频道播出。片中，中国矿业大学苏轼研究院管仁福教授接受了采访，回答了苏轼在徐州派人寻找石炭的动因、寻找过程、作用意义，以及矿大为什么要排演一个《石炭歌者苏徐州》的情景剧，对校园文化建设有什么意义等。该片是国家广电总局“十四五”纪录片重点选题规划项目、浙江省委宣传部年度重点项目，由浙江省文化产业投资集团有限公司和中央广播电视总台打造。该片共5集，每集50分钟，以苏轼的人生经历为主线，体现了他“穷则独善其身，达则兼济天下”的儒者情怀，突显了他为官一任、造福一方的从政业绩，也展示了他在诗词文赋、书法绘画等领域的卓越建树，以独特视角带领观众走近这位千古名家，见证一段快意坦荡的人生旅程。据了解，苏轼自熙宁十年（1077年）四月至元丰二年（1079年）三月，在徐州任知州近两年。其中，元丰元年（1078年）十二月，苏轼在徐州发现并组织开采石炭，不仅缓解了当时的燃眉之急，更是给徐州这座城市留下了利泽万世的资源宝库。而为记述此事创作的《石炭歌》，生动传神地刻画出了我国古代劳动人民开采和利用煤炭的场面，具有重要的文学价值和史学研究意义。

◇建德市作家协会苏东坡研究专委会成立

2023年7月2日，浙江省建德市作家协会苏东坡研究专委会成立会议在新安江举行。杭州市历史学会苏东坡研究专委会会长王益庸、建德市文联副主席余子龙等领导到会，20余人参加。建德市作家协会主席过承祁主持，会议选举产生首届理事会，过承祁任会长，余文韬、洪淳生任副会长，方明月任秘书长。

◇海南省东坡文化研究与传播中心人才工作办公会召开

2023年7月5日，海南省东坡文化研究与传播中心人才工作办公会在海南大学召开。海南省人大常委会党组书记、副主任李军出席会议并讲话。会议听取了关于中心人才引进工作情况汇报，研究中心下一步工作。李军强调，要认真学习、深刻领会习近平总书记关于弘扬中华优秀传统文化的若干论述，强化团队作战意识和创新意识，加强人才梯队建设，为形成东坡文化研究大厦、科研高地打下坚实基础。

◇海南省东坡文化研究与传播中心东坡文化研究工作办公会召开

2023年7月5日，海南省东坡文化研究与传播中心东坡文化研究工作办公会在中心红城湖办公区召开。海南省人大常委会党组书记、副主任李军出席会议并讲话。会议研究讨论了东坡文创产业、东坡文化研究课题发布、第二届中国（海南）东坡文化旅游大会筹备工作方案起草等工作。

◇海南学者考察琼中黎族苗族自治县东坡岭摩崖石刻

2023年7月6日，海南省苏学研究会邀约海南省历史文化研究领域专家学者15人前往琼中黎族苗族自治县，专题考察位于湾岭镇新坡村的东坡岭，认真研判东坡岭摩崖石刻遗迹与相关史实。据文献记载，苏东坡从未踏足今日琼中一带。然而，位于黎母山脉东南方的琼中黎族苗族自治县湾岭镇金包村，东北2公里处，众多山岭之中，有一座东坡岭，最高处有花岗岩巨石，背阴一面刻有光绪《琼州府志》中记载的苏东坡《题黎婺山》诗。副县长崔大伟、县旅文局副局长陈颖春等参加考察。同日，县委召开“东坡岭摩崖石刻座谈会”。专家们阐述了深入挖掘和利用东坡文化的意义，并就《题黎婺山》诗的史料文献情况作了说明。同时，对下一步如何保护和利用好这一珍贵的摩崖石刻，努力推进琼中形成具有自身独特优势的历史文化品牌，改变琼中历来仅靠自然资源推介文化旅游发展的局面，提出建议和意见。

◇2023年海南省哲学社会科学规划重大专项（东坡文化研究）课题公开发布

2023年7月6日，海南省社会科学界联合会、海南省东坡文化研究与传播中心发布了关于申报2023年海南省哲学社会科学规划重大专项（东坡文化研究）课题的公告，面向全国相关领域的研究人员发布了海南省哲学社会科学规划重大专项（东坡文化研究）课题。选题包括东坡家风家教研究、清光绪刊刘凤辉六卷本《居儋录》点校、苏东坡与佛禅研究、民俗中的东坡文化、“东坡题材”戏曲戏剧影视作品及其研究、日本东坡文化传播研究、韩国东坡文化传播研究、英美东坡文化传播研究、德法东坡文化传播研究、俄罗斯东坡文化传播研究、越南东坡文化传播研究、苏轼师友文学创作的群体内部拟效、东坡生活地理环境研究、历代唱和苏轼文学研究、宋明时期苏轼政治哲学传播研究、东坡思想本源研究、东坡家族流衍研究——基于家谱的研究、历代苏轼选本研究、苏轼全集编年汇评汇注共十九项。要求成果形式为专著和系列论文。专著一般不少于20万字（鉴定通过后才能出版，正式出版后办理结项证书）；系列论文要求在北京大学公布的《中文核心期刊要目总览》、南京大学公布的《中文社会科学引文索引》或中国社会科学院公布的《中国人文社会科学期刊》上发表至少2篇文章。研究期限原则上不超过2026年12月31日。一般课题每项经费10万元，东坡家族流衍研究——基于家谱的研究、历代苏轼选本研究、苏轼全集编年汇评汇注3项课题每项资助25万元（含著作出版费）。

◇海南省人大常委会党组书记、副主任李军率队到儋州调研东坡文化保护利用工作并召开座谈会及专题办公会

2023年7月8—9日，海南省人大常委会党组书记、副主任李军率队到儋州市调研东坡文化保护利用工作，并主持召开座谈会及专题办公会，贯彻落实省委书记冯飞有关批示精神，研究确定明年第二届东坡大会开幕式选址等工作。调研组一行先后来到东坡书院和海花岛调研2024年第二届中国（海南）东坡文化旅游大会暨第十四届东坡文化节筹备工作，听取了开幕式选址思路、创意等情况汇报；到儋州故城城门和丽泽书院调研文物修缮以及东坡文化保护与利用工作；到儋耳山松林岭调研儋耳山东坡文化公园项目开发工作。李军指出，举办2024年第二届中国（海南）东坡文化旅游大会暨第十四届东坡文化节是深入学习贯彻习近平总书记在文化传承发展座谈会上的重要讲话精神的具体行动，是贯彻落实省委关于传承弘扬东坡文化最新部署要求，提升儋州文化旅游产业发展水平、推动经济转型升级的重要抓手，对进一步宣传推介儋州、提升儋州知名度和美誉度具有重大意义。李军指出，儋州各级各部门要提高思想认识，深入开展调查研究，紧盯时间节点、工作要求，倒排工期，把责任落实到人，高质量高效率谋划筹备好2024年第二届中国（海南）东坡文化旅游大会暨第十四届东坡文化节各项工作，确保活动安全圆满举行，展现儋州新气象新面貌。近期要重点抓好“一式”“一园”“一门”“一赛”等项目。“一式”即开幕式，“一园”即儋耳山东坡文化公园，“一门”即武定门改造提升，“一赛”即全省大中小学生东坡诗词诵读大赛。李军强调，要充分研究儋州的历史文化，明确目标定位，整合资源，完善思路举措，科学统筹做好文物保护、文化发掘、旅游发展等规划，推进文物与旅游融合发展；要处理好保护与发展的关系，全力做好拆迁安置等工作，使原住居民在中和古镇建设中切实享受到实实在在的发展成果；要着眼民生需求、群众期盼、文化赋能、产业平台，一体规划分步实施儋耳山东坡文化公园的建设，依托现有自然景观、地形地貌，展示东坡居儋文化内涵，持续完善配套基础设施，注重生态环境保护修复，把儋耳山建成彰显生态、文化、休闲功能的高品质公园；要以举办2024年第二届中国（海南）东坡文化旅游大会暨第十四届东坡文化节为契机，通过环境整治、风貌改造、道路交通、文物保护利用等工作的提升，进一步推动农文旅深度融合发展，实现办好节会活动社会效益和经济效益双丰收。

◇“张岳崧与苏学传承学术研讨会”在海南成功举行

2023年7月12日，张岳崧与苏学传承学术研讨会在中国历史文化名村、探花故里海南省定安县龙湖镇高林村举行，研讨会的主题为“挖掘海南历史文化，助力乡村全面振兴”，旨在全面推进苏学在海南的接受史，激发探花故里华侨文化的新活力，共同挖掘、保护和利用好东坡文化、张岳崧文化，形成海南特色文化优势，在建设文化强省、为海南自由贸易港建设提供文化支持的进程中作出贡献。来自中国苏轼研究学会、海南大学、海南师范大学和多个社会科学领域社会组织的专家学者，专程赴定安县龙湖镇高林村，考察张岳崧故居、海南省文保单位张氏宗祠，并参观张岳崧书法展览、廉政文化教育基地等，随后在村里召开张岳崧与苏学传承学术研讨会。与会嘉宾从乡村全面振兴角度，对高林村围绕苏学和张岳崧文化的文创产业、人才支撑、文化繁荣、生态保护、组织建设等方面，以及在定安实施乡村振兴战略中推动文化产业赋能乡村振兴，各抒己见，提出许多有利于挖掘、保护和传承的建设性意见。

◇惠州“打造岭南东坡文化中心专家座谈会”召开

2023年7月12日上午，惠州“打造岭南东坡文化中心专家座谈会”在东坡纪念馆二楼多功能展厅召开。与会专家从东坡寓惠遗迹保护利用、传承创新、文创开发、民众普及、硬件软件建设、多地联动、成果共享、民间力量参与、激活东坡文化IP、打造故事平台、总体规划以及中心人员、机构、经费、研学、产业等方面进行讨论，大家共同探索东坡文化发展新思路。

◇海南省人大常委会党组书记、副主任李军，省政府党组成员刘平治率队到澄迈调研东坡文化创意基地暨“东坡文化谷”规划建设情况并召开办公会

2023年7月13日，海南省人大常委会党组书记、副主任李军，省政府党组成员刘平治率队到澄迈县调研东坡文化创意基地暨“东坡文化谷”规划建设情况，并现场召开办公会研究解决推动项目建设的堵点难题。调研组一行实地了解项目总体规划、当前进展和面临的困难等方面情况。李军指出，最近，省委就东坡文化保护利用工作提出了具体要求。澄迈是东坡当年登岛离岛之地，东坡文化遗产丰富，要认真落实省委指示，以高度负责的态度，全力以赴推动相关文旅产业项目建设，为海南北部增添有吸引力的文旅新业态；要坚持生态优先、绿色发展，用足用好自然珍宝、文化瑰宝“两个宝贝”，充分利用东坡文化魅力，延长产业链条，完善配套设施；要努力把项目建设成集文物保护、教育、研学、产业于一体，具有海南自由贸易港特色的东坡文化创意文旅品牌和海南历史文化地标。李军要求，各有关部门和澄迈县政府要提高思想认识，紧盯2025年澄迈举办第三届中国（海南）东坡文化旅游大会这个时间节点，开拓思路，联动协调，形成合力，打通堵点，解决难点，推动项目尽早落地；要明确任务，倒排工期，压实责任，做好高效服务，以实实在在的举措加快项目规划建设，力争项目早建成、早见效、早受益。刘平治就项目纳入省重点项目库、地方做好配套服务等方面提出了要求。

◇“‘密州’苏轼文化交流暨‘清明’诗词研讨会”举行

2023年7月14日，“‘密州’苏轼文化交流暨‘清明’诗词研讨会”在诸城杨春国际大酒店举行。会议邀请了中国社会科学院大学教授、博士生导师陈才智，中国苏轼研究学会副会长刘清泉，山东管理学院艺术学院教授马银华女士，保定学院文学院副教授、文学博士李新，山东省委党校文史教研部讲师、文学博士王金伟等专家学者，日照市、潍坊市、青岛西海岸新区、胶州市、安丘市的部分苏轼文化研究专家参加研讨会。市政协党组书记、主席王爱民致欢迎辞，市委常委、宣传部部长刁立武主持会议。本次研讨会作为第13届（诸城）东坡文化节的重要活动之一，大会专门成立了“密州”苏轼文化交流暨“清明”诗词研讨会专家委员会，陈才智担任主任委员。

◇苏家园子——三苏祠主题绘画展开展

2023年7月17日，由中共眉山市委宣传部、眉山市文化广播电视和旅游局指导，眉山三苏祠博物馆、眉山市美术馆主办的“苏家园子——三苏祠主题绘画展”在眉山市美术馆开展。展览分为“家有五亩园”“门前万竿竹”“天工与清新”三个单元，艺术家们将心中的三苏祠倾注于笔墨之间，通过中国传统国画和西式油画两种风格迥异的艺术表现形式，将三苏祠的美景与文化内涵同精美的绘画作品结合起来，表达他们对三苏祠的无限情感，展现三苏祠的历史风貌与发展变迁。

◇第二届中国（海南）东坡文化旅游大会第一次筹备会召开

2023年7月20日，第二届中国（海南）东坡文化旅游大会第一次筹备会在海南省政协常委会会议厅召开。会议传达了省委书记冯飞关于挖掘和保护利用东坡文化的最新要求，部署第二届中国（海南）东坡文化旅游大会筹备工作。海南省人大常委会党组书记、副主任李军出席会议并讲话，省政府副省长谢京主持会议。李军强调，要认真学习、深刻领会习近平总书记在文化传承发展座谈会上的重要讲话精神，认真落实省委、省政府关于东坡文化保护传承发展工作的最新部署要求，明确明年、后年两届东坡文旅大会的总体目标，抓早、抓紧、抓好第二届东坡文旅大会筹备的各项重点工作。

附：李军同志在第二届中国（海南）东坡文化旅游大会第一次筹备会上的讲话

（2023年7月20日　根据录音整理）

今天，我们启动第二届东坡文旅大会的筹备工作，相信大家会在省委、省政府的领导下，再接再厉，扎实工作，把大会办得更好。

一、认真学习、深刻领会习近平总书记在文化传承发展座谈会上的重要讲话精神

习近平总书记于6月1日至2日，先后视察了中国国家版本馆、中国历史研究院，并出席文化传承发展座谈会。在座谈会上的重要讲话中，习近平总书记第一次阐述了中华文明的五大突出特性，阐明了中华文明的重大价值；第一次系统阐述了“第二个结合”，提出“第二个结合”是又一次的思想解放；第一次提出建设中华民族现代文明这一重大使命任务。在“两个大局”的宏观背景下，中华文明向何处去、朝哪个方向发展，这是关系到国家、民族的根系命脉的一个重大问题，传承发展中华优秀传统文化在推动中国式现代化建设中地位更加凸显。所以，我们要认真学习、深刻领会习近平总书记重要讲话精神，切实增强政治敏锐性，充分认识到文化传承发展工作在新时代中国特色社会主义建设发展中的重要性，充分认识到抓好东坡文化保护利用工作是贯彻落实习近平总书记重要讲话精神，在新征程上推进文化传承发展的具体行动和海南实践，是以实实在在的行动捍卫“两个确立”、做到“两个维护”。

东坡文化是中华优秀传统文化的重要组成部分，是中华文明宝库中的珍品。习近平总书记视察“三苏祠”时明确提出：“我们说要坚定文化自信，中国有‘三苏’，这就是一个重要例证。”所以，更有效地推动中华优秀传统文化创造性转化、创新性发展，建设中华民族现代文明，传承发展好东坡文化是题中应有之义。总之，我们要提高政治站位，深刻认识推动东坡文化保护利用工作是一件与中央战略意图合拍、涉及国家和海南的大事，切实增强使命感责任感，投入更多的热情和精力，扎扎实实办好第二届东坡文旅大会。

二、认真落实省委、省政府关于东坡文化保护传承发展工作的最新部署要求

6月底，在省委专题学习习近平总书记在文化传承发展座谈会上的重要讲话精神的读书班上，省委书记冯飞同志对东坡文化保护传承工作提出了具体要求：一是海南的学生要多读东坡诗词，二是要把东坡文化打造成文化地标。刘小明省长也作了指示。海南推动文化传承发展工作，最具有群众性、最适合进行“两创”的传统文化就是东坡文化。同时，从省里的中心工作来看，当前经济下行压力较大，开展东坡文旅活动也是推动文旅产业融合发展、拉动文旅消费的重要抓手。比如东坡老码头要努力成为海口夜经济的消费亮点、成为网红

打卡地。各部门各相关市县要认真把省委、省政府的有关部署执行到位、落实到位。

三、明确明年、后年两届东坡文旅大会的总体目标

经请示省委，统筹全年全省重大活动时间，我们今后的每届东坡文旅大会就定在11月份左右。明年是在儋州市举办，后年是在澄迈县举办。之所以选择这两个地方，是因为苏东坡在儋州谪居三年，留下了很多遗迹；澄迈县是苏东坡上岛、离岛之地，也留下了一些遗迹。这两届大会的总体目标是：（一）全省知东坡、学东坡、懂东坡、游东坡的良好文化氛围进一步浓厚；（二）东坡文旅产业初具规模；（三）儋州作为东坡文化的重镇建设有良好开局；（四）东坡文化的创造性转化、创新性发展有新成果。

◇苏东坡与睦州暨苏迟与婺州论坛举行

2023年7月23日，苏东坡与睦州暨苏迟与婺州论坛及党员学习活动在浙江省兰溪市诸葛镇厚伦方村综合文化礼堂举行。该论坛由建德市传统文化教育促进会主办，兰溪市诸葛镇综合文化站、厚伦方村、合济桥村和建德市大慈岩镇里叶村协办。杭州市历史学会苏东坡研究专委会会长王益庸、副会长洪淳生分别作了题为《苏东坡与杭州的渊源》《苏东坡的睦州情结》的讲座。与会人员参观了建德市大慈岩镇里叶村，兰溪市诸葛镇合济桥村、厚伦方村。

◇2023年度徐州市苏学科学研究课题立项开题报告会召开

2023年7月26日，徐州市苏轼文化研究会在汇邻湾千禾十七会议室举行2023年度徐州市苏学科学研究课题立项开题报告会。会议由徐州市苏轼文化研究会顾问、学术研究委员会主任、全国宋学知名专家张仲谋教授主持，陈新生会长出席会议并作总结讲话。在本次苏学科研课题立项报告会上，13位课题负责人就申报的苏研课题学术价值、研究思路、成果呈现方式等作了汇报，中国矿业大学苏轼研究院院长管仁福等专家学者对每个课题的选题意义、研究路径、成果评价、存在问题及对策发表意见建议。本次会议紧扣传承优秀文化时代脉搏、紧扣苏轼知徐州实际，呈现以下特点：一是注重成果转化研究，这类课题占一半以上；二是学术价值较高，不少课题是首次向社会公开，有些填补了研究空白，有的订正误传；三是成果呈现方式多样，有专著、诗集、调研报

告，还有集文、图、声于一体的儿童读本。

◇眉山市政协调研组到诸城考察东坡文化

2023年7月26日—27日，四川省眉山市政协主席黄剑东一行13人到诸城调研东坡文化。潍坊市政协、诸城市政协领导陪同调研。调研组一行先后到常山文博苑、雩泉亭、超然台等地实地调研，边看边交流，深入了解诸城市对东坡文化资源的保护情况、宣传推介成果，以及开发利用的深度和取得的成绩等。在超然台，两地政协还举行了赠书仪式，互相赠送了东坡文化文史资料。调研组一行还考察了诸城的社会经济情况及其他文化资源。

8月

◇常州市苏东坡研究会开展东坡文化课题征集活动

2023年8月，为了更好传承和弘扬东坡文化精神，发挥学会专家学者的智库作用，市苏东坡研究会在全体会员中开展课题征集活动，截至12月底，共收到课题13篇，经专家评审，评出二等奖2篇（一等奖空缺），三等奖3篇，优秀奖6篇。

◇寄语中国诗词地理俱乐部“跟着东坡看海南”研学团

2023年8月15日，海南省人大常委会党组书记、副主任李军与中国诗词地理俱乐部“跟着东坡看海南”研学团见面并讲话。李军介绍了东坡在海南的生活和创作经历，希望研学团跟着东坡的诗篇看海南，体会海南之美。

◇第二届中国（海南）东坡文化旅游大会开幕式演出筹备工作办公会召开

2023年8月16日，第二届中国（海南）东坡文化旅游大会开幕式演出筹备工作办公会在海南省人大常委会机关办公楼召开。海南省人大常委会党组书记、副主任李军出席会议并讲话。会议听取了演出主创团队的汇报，研究部署了下一步工作。李军指出，开幕式演出要以东坡先生在儋州的劝学为主要表现内容，以整个东坡书院为一个大的舞台场景，打造可持续的沉浸式文化旅游产品；要抓住“沉浸”“带入”“互动”这几个关键词，考虑不同场次的区别；要努力通过这场沉浸式演出，将东坡书院打造成一个网红打卡点。

◇海南省首届大中小学生诵读“东坡诗词”大赛在儋州举办

2023年8月19日晚，海南省首届大中小学生诵读“东坡诗词”大赛在儋州市东坡书院举办。大赛以“鲜活青春，东坡传承”为主题，诵读东坡诗词，赓续东坡文脉，传承中华优秀传统文化火种。海南省人大常委会党组书记、副主任李军，省政府副省长谢京等到场观看比赛并为获奖学生颁奖。本次比赛面向全省大、中、小学生，由学校、市县、省级层面进行层层选拔，有逾2200件作品参赛，经专家评选，共遴选出14件作品进入决赛。决赛分为大学组、中学组和小学组。参赛选手及演绎人员通过诵读、情景剧、舞台剧等方式，演绎苏东坡创作的诗文，与苏东坡来一场跨时空的对话，展示当代学生诵读东坡诗词、弘扬东坡文化的风采。决赛现场，省领导及省直各相关部门领导、全省师生代表共约500人现场观看，网络直播浏览量超240万人次。光明日报、中国教育报、中国青年报、中央电视台及海南日报、海南广播电视总台等10余家媒体进行了报道。

◇海南省人大常委会党组书记、副主任李军率队到儋州调研第二届中国（海南）东坡文化旅游大会筹备工作并召开座谈会

2023年8月19日—20日，海南省人大常委会党组书记、副主任李军率队到儋州市调研第二届中国（海南）东坡文化旅游大会筹备工作并召开座谈会。调研组一行到东坡书院实地了解展陈改造提升工作情况，并主持召开第二届中国（海南）东坡文化旅游大会筹备工作座谈会。会议听取了儋州市关于东坡文化旅游大会、儋耳山生态文化公园、东坡粉丝群等筹建工作情况汇报，研究推进下一阶段工作。李军指出，要认真贯彻落实省委有关部署要求，紧紧围绕开幕式活动推进第二届东坡文旅大会筹备工作；要以东坡在儋州三年“劝学”为主要表现内容，以东坡书院整体空间为舞台，以打造可持续的文化旅游产品为目标，精心组织沉浸式实景演出；要创新东坡书院展陈手段，运用数字化、虚拟技术等方式增强趣味性、交互性，让游客切身感受鲜活立体的东坡形象和东坡文化魅力；要强化系统思维，结合文明城市创建，改造提升中和镇基础设施，统筹推进开通东坡书院旅游公交专线、停车场建设、民宿建设、网络通信、水电保障、消防安全、应急演练等工作，加强日常运营服务保障，用东坡文化润物无声般地提升群众文明素养；要抓紧组建实景演出运营公司，以实景演出、东坡庙会、东坡诗文诵读比赛、党员干部教育培训等活动及东坡粉丝群等平台

为载体，千方百计为东坡书院景区引流，延长游客停留时间，推动东坡书院“活”起来、“火”起来；要聚焦群众需求、紧扣民生改善推进儋耳山生态文化公园建设，让群众在感受东坡文化中享受生态红利，提升幸福感获得感。

◇纪念苏东坡到访西菩寺952周年活动举行

2023年8月26日，在於潜镇方元村西菩山下的树林里，杭州市临安区写作学会苏东坡研究专委会举办纪念苏东坡到访西菩寺952周年活动，杭州市历史学会苏东坡研究专委会副会长俞国海、南孔文化研究院院长孔祥德、杭州市历史学会理事陈宏琦等领导到会，60余人参加。唐剑平主持，陈冬坤致欢迎辞，介绍西菩寺和活动筹备等有关情况，郑明曙介绍苏轼数次到访西菩寺、拜访道潜法师等情况，俞国海介绍苏轼与杭州的有关故事，孔祥德、陈宏琦发表感言，与会人员进行了深入交流。下午，屠树勋、唐剑平、王建国、郑明曙、余淑贞、郑士青、钱军等20余人在陈冬坤的带领下，沿着当年苏轼拜访道潜法师的足迹，登上了海拔400余米高的西菩山顶，踏勘西菩寺遗址。

9月

◇儋州市桄榔庵遗址北部考古发掘

2023年8—9月，海南省文物考古研究所联合儋州市博物馆，对桄榔庵遗址进行主动性发掘，发掘位置为遗址北部，发掘面积600平方米。出土遗物有瓷器、陶器和砖雕、砖、瓦等建筑构件，及少量铜钱，未发现完整器，均为残片。以瓷片、陶片居多，瓷片有青花瓷片、青釉瓷片、酱釉瓷片等，可辨器型有碗、盘、碟、杯、烛台等；陶片有泥质灰陶、黄灰色陶片及夹砂红陶等，可辨器型有罐、盆、壶、碗、器盖等。遗物表现出典型的海南清代同类器物特征。发现房屋基址1处，为2022年发掘的房屋基址的后半部分，主要是二进天井、后堂及东、西廊房相关附属设施。至此，已将桄榔庵遗址全部揭露，全面弄清了总体规模、布局、特征。推断该房屋是清道光二十七年（1847年）开始重建、道光三十年落成的桄榔庵，用于祭祀苏东坡，后沿用，于光绪十三年（1887年）改为桄榔书院，并有扩建。

通过发掘，发现桄榔庵（桄榔书院）布局严谨、结构完整，具有清代海南同类建筑的特征，且地下基址保存较完好，为进一步的文物保护提供了实物依据。虽未发现宋代遗迹与遗物，也未发现元、明时期遗迹与遗物，但也证实了遗址所在地确为北宋年间苏东坡的居所，并在元、明、清历代作为苏公祠和书院使用，与历史文献记载相符。

◇海南省人大常委会党组书记、副主任李军率队到华闻集团调研东坡文化产业项目并召开办公会

2023年9月7日，海南省人大常委会党组书记、副主任李军率队到华闻集团调研并召开办公会，推进东坡文化产业项目工作。李军提出，希望华闻集团把握住海南省大力弘扬东坡文化的机遇，综合运用城镇开发边界外、农文旅融合等有关用地政策，创新打造具有灵魂和核心竞争力的农文旅项目。

◇“文化传承‘苏徐州’”系列活动启动仪式隆重举行

2023年9月15日，徐州市苏轼文化研究会在中汇国际会议中心，隆重举行“文化传承‘苏徐州’”系列活动启动仪式，陈新生会长致辞，江苏省社科联党组书记、副主席张新科出席会议并讲话，徐州市人大常委会党组副书记、副主任冯其普作题为“让‘苏轼热’在我市持续升温”的讲话，并宣布“文化传承‘苏徐州’”系列活动正式开始，市委宣传部、市社科联、市文联、市文广旅局、市文旅集团、兄弟友好协会等有关部门和单位负责人、市苏轼文化研究会部分会员、特邀专家及媒体单位负责人等百余人参加启动仪式。

◇“文化传承‘苏徐州’——纪念黄楼建成945周年座谈会”召开

2023年9月15日，徐州市苏轼文化研究会在中汇国际会议中心召开“文化传承‘苏徐州’——纪念黄楼建成945周年暨徐州市苏轼文化研究会成立15周年座谈会”。徐州苏轼文化研究会创始人、中共徐州市委原书记、现任市苏研会名誉会长王希龙同志讲话，苏学研究老专家徐新民、中年苏学专家张本刚、青年苏学研究专家王祖琪博士发言。会议宣读了2022年度苏研成果奖名单，向6位获苏学研究终身成就奖及5位苏学研究卓越成就奖的人员颁奖。陈新生会长回顾了市苏研会走过的历程后说：“15年来我们心怀理想，逐梦前往，走出了一条苏轼文化研究与传承的徐州之路。”他对新形势下如何做好省社科“一市一品”文化传承苏徐州工作提出具体要求。

◇杭州举办国内规模最大苏东坡主题文物展

2023年9月15日，国内目前规模最大的以苏东坡为主题的文物展览“高山仰止——苏轼主题文物展”在杭州西湖博物馆总馆、南宋官窑馆区、苏东坡纪念馆三馆联动开展。此前，展览的另两部分“高山仰止 家风世传”“高山仰止 回望东坡”已分别在苏东坡纪念馆、南宋官窑馆区开展，整体共展出文物600余件。“高山仰止 千古一人——苏轼主题文物展”由西湖博物馆总馆联合故宫博物院、辽宁省博物馆、颐和园博物馆、定州博物馆等推出，展出文物322件，大部分为宋代文物，宋画《西湖春晓图》为一级文物。开幕现场，提升改造后的杭州西湖博物馆总馆重新亮相。该馆是国内第一座湖泊专题类博物馆，2005年10月1日开放。改造后的博物馆一楼设“西湖天下景”固定陈列展，展出文物400余件，其中《清乾隆西湖行宫图》第一次以全貌的形式展出。

◇《“三苏”优秀品格及其当代启示》东坡文化专题讲座举行

2023年9月23日，惠州市社科普及周暨“岭南书院·丰湖书院”品牌活动——东坡文化专题讲座《“三苏”优秀品格及其当代启示》于惠州西湖丰湖书院举行。讲座围绕“三苏”家风家训的优质内涵、“东坡精神”与社会践行、“三苏”优秀品格的当代启示三个维度展开，使听众更深入地认识和感知东坡精神、东坡文化。

◇诸城编创大型音乐情景剧《苏轼在密州》并成功演出

2023年9月25日晚上，作为第十三届（诸城）东坡文化节的开幕式演出，大型音乐情景剧《苏轼在密州》在龙城商务中心成功演出。《苏轼在密州》情景剧由诸城市舜龙艺术团创作排演。紧紧围绕“密州四曲”，通过灭蝗、祈雨、收养弃婴、思念逝去的妻子、密州出猎和离别等一幕幕舞台演出，充分展示了密州苏轼的政绩、文学成就和浓浓的人文情怀。演出效果震撼，得到了社会各界的高度评价。

◇“毗陵我里·宋韵国风”迎中秋东坡雅集成功举办

2023年9月25日晚，常州市苏东坡研究会与天宁区政协、江苏理工学院、江苏晋陵文旅发展集团有限公司共同主办的2023“毗陵我里·宋韵国风”迎中秋东坡雅集在市文化宫大剧场举行。700余位市民朋友欢聚一堂，品味吴风宋韵，共享文化盛宴。本次活动在高校、政府部门、文旅企业和研究团体的通力合作下，围绕弘扬东坡文化打造出了一部精彩纷呈的可视化精品力作，也为今后传统文化的传承、融合提供了可借鉴的模式。

◇“何以累君子，十万贫与赢”东坡文化研讨会举行

2023年9月26日，“何以累君子，十万贫与赢”——东坡文化研讨会在山东诸城杨春国际酒店隆重举行，作为第十三届（诸城）东坡文化节的重要组成部分，本次研讨会邀请了四川眉山、湖北黄冈、海南儋州、江苏常州等地众多专家学者和苏学爱好者50多名，围绕研讨会主题，从苏轼的爱民情怀、苏轼首次主政的模范作用、苏轼优秀传统文化的传承和发展等层面和角度进行了热烈的研讨和交流，为东坡文化的传承和发展贡献智慧和力量。中国苏轼研究学会副会长、海南省苏学研究会理事长李公羽，央视纪录片《定风波》顾问王文正，中国苏轼研究学会秘书长、眉山市三苏文化研究院创作室主任袁丁，常州市苏东坡研究会副秘书长、常州苏东坡纪念馆常务副秘书长苏东，中国苏轼研究学会理事、海南省儋州市东坡文化研究会会长谢仿贤，眉山三苏祠博物馆的专家翟晓楠，诸城市文化艺术中心主任乔云峰等专家作了主题发言，研讨会取得了丰硕的研究成果。

◇“千里共婵娟”——第13届（诸城）东坡文化节超然台晚会成功举行

2023年9月26日晚，“千里共婵娟”——第十三届（诸城）东坡文化节超然台晚会在超然台广场成功举行。本场演出为文化节的重要内容之一，由市政协牵头组织，整台晚会主题突出、创意新颖、形式多样，围绕“密州四曲”进行创作，器乐舞蹈《密州古韵》、情景舞《知密州》、诗乐舞《江城子・密州出猎》、歌舞《月照超然台》、歌曲《水调歌头・明月几时有》等节目皆具有浓厚的东坡文化色彩，紧扣苏轼“爱民思想，家国情怀”，完美地再现了苏轼在密州期间灭蝗灾、抗旱灾、救弃婴等为民造福的政绩。参会的18地市及老密州区域的领导和嘉宾与广大市民一起观看了演出。

◇第13届（诸城）东坡文化节成功举办

2023年9月25日至27日，第13届（诸城）东坡文化节活动成功举行。为更好地弘扬诸城东坡文化，诸城于2019年第10届（惠州）东坡文化节上加入了全国东坡文化节城市联盟。本次文化节内容丰富，包括诸城茶、诸城美食品鉴会、东坡文化主旨演讲、“东坡文化”联盟城市推介访谈、东坡联盟城市文化旅游优惠政策的签约发布、东坡文化节城市联盟会旗发布及交接、“皆有可观”——东坡联盟城市名胜古迹主题书画作品展以及东坡文化参观考察等。同时，还配套了“千里共婵娟”——苏轼诗词吟诵音乐会、“千古风流人物”——密州东坡采风活动、“鱼鸟亦相亲”——“跟着苏轼游密州”打卡活动、“超然·赋”国风文艺大赛书画展、“苏轼杯”诸城诗词创作大赛、苏轼诗词作品朗诵大赛等系列活动。在开幕式上，还公布了扩大到儋州、惠州、黄冈、眉山、常州等文化节联盟城市进行的“寻找宋词中最美的清明”有奖投票的结果，在六市近3万张投票中，《望江南·超然台作》众望所归，成为大家心目中的最美清明诗词。

◇中国矿业大学原创大剧《石炭歌者苏徐州》公演

2023年9月27日晚，中国矿业大学“同赏南湖月，千里共婵娟”2023年中秋晚会暨校园原创大剧《石炭歌者苏徐州》公演在明德礼堂举行。本场演出既是一年一度的中秋晚会，同时也是校园原创大剧《石炭歌者苏徐州》的首场公演。该剧本是矿大苏轼研究院根据苏轼的石炭诗和他在徐州勤政爱民的政绩组织编写的，生动演绎了苏轼任徐州知州期间面对薪炭短缺的问题，在大雪风寒天苦寻石炭、发现石炭的故事。此次公演被徐州媒体推送到了“学习强国”宣传平台。

◇徐州举行“走近苏轼 相约黄楼”中秋诗会

2023年9月28日，徐州市苏轼文化研究会联合徐州市云龙湖风景名胜区管委会，在位于国家5A级风景区徐州云龙湖风景名胜区的苏轼纪念馆前，举行“走近苏轼 相约黄楼”中秋诗会。徐州幼儿师范高等专科学校、徐州市诗词协会、大龙湖苏轼小学等七家单位奉献了22个精彩节目，老艺术家、老师、大学生、歌咏爱好者朗诵《水调歌头》《赤壁怀古》《密州出猎》《定风波》《别徐州》等大众耳熟能详的苏轼诗词，高歌《苏子立于苏堤》，演出情景剧《忆东坡》，百余名中外观众从中感受到苏轼的为民情怀和文化魅力。

10月

◇2023年海南省哲学社会科学规划重大专项（东坡文化研究）课题拟立项名单公示

2023年10月10日，由海南省社科联和海南省东坡文化研究与传播中心联合组织开展的海南省哲学社会科学规划重大专项（东坡文化研究）最终拟立项24项课题，并对课题拟立项名单进行了公示。此课题自发布以来，得到学界的重点关注，海南省东坡中心与海南省社科联组织省内外知名专家对申报的课题进行了严格公正的评审，在公示中发布了评审结果。

2023年海南省哲学社会科学规划重大专项（东坡文化研究）课题拟立项名单

序号	课题编号	课题负责人	课题负责人所在单位	项目名称	学科分类
1	HNSK（ZDZX）23－02	严孟春	海南大学	苏轼家教家风研究	哲学
2	HNSK（ZDZX）23－03	刘冬梅	海南大学	以苏轼为代表的海南古代清官家风家教研究	中国历史
3	HNSK（ZDZX）23－04	薛俊芳	海南师范大学	清光绪刊刘凤辉六卷本《居儋录》点校	中国文学
4	HNSK（ZDZX）23－05	陆雪卉	海南南海文化研究院	苏轼生活中的佛理与禅趣	哲学
5	HNSK（ZDZX）23－06	朱春洁	广西大学	东坡题材戏剧影视作品的数字化整理与研究	中国文学
6	HNSK（ZDZX）23－07	李寅生	广西大学	苏轼诗文在日本的传播影响与研究	中国文学
7	HNSK（ZDZX）23－08	陈庆	海南大学	当代韩国的苏轼研究综论	中国文学

续表

序号	课题编号	课题负责人	课题负责人所在单位	项目名称	学科分类
8	HNSK（ZDZX）23-09	杨婕	海南大学	苏东坡诗词汉英平行语料库平台研发与应用	语言学
9	HNSK（ZDZX）23-10	万燚	四川轻化工大学	英美学界的东坡文化研究	中国文学
10	HNSK（ZDZX）23-11	穆拉德-阿拉米	海南外国语职业学院	德法东坡文化传播研究	外国文学
11	HNSK（ZDZX）23-12	岳上铧	平顶山学院	东坡文化在越南的传播与接受研究	中国文学
12	HNSK（ZDZX）23-13	汪超	武汉大学	苏轼师友文学创作的群体内部拟效	中国文学
13	HNSK（ZDZX）23-14	吕卉	海南大学	俄罗斯的苏轼作品译介、思想研究与文化传播	外国文学
14	HNSK（ZDZX）23-15	袁琳	海南大学	苏轼生活地理环境对诗画创作的影响	艺术学
15	HNSK（ZDZX）23-16	王天觉	海南大学	元明清“和苏诗”的应用场域与书写方式	中国文学
16	HNSK（ZDZX）23-17	庞景超	海南大学	苏轼政治哲学研究	哲学
17	HNSK（ZDZX）23-18	李英华	海南大学	东坡思想探源	哲学
18	HNSK（ZDZX）23-19	吴春秋	海南师范大学	苏轼思想的历史形塑与多维阐释	中国文学

续表

序号	课题编号	课题负责人	课题负责人所在单位	项目名称	学科分类
19	HNSK（ZDZX）23-20	陈婉莹	海南师范大学	苏东坡思想本源研究	中国文学
20	HNSK（ZDZX）23-21	黄盼	海南大学	历代苏诗选本研究	中国文学
21	HNSK（ZDZX）23-22	谭新红	海南大学	苏轼全集编年汇评汇注	中国文学
22	HNSK（ZDZX）23-23	段曹林	海南师范大学	修辞学视角下的苏轼诗词成就和传承研究	语言学
23	HNSK（ZDZX）23-24	何志平	海南师范大学	海南自由贸易港建设进程中东坡文创产品的开发与推广研究	新闻学与传播学
24	HNSK（ZDZX）23-25	蔡建东	海南职业技术学院	苏轼音乐思想与实践研究	中国文学

◇海南省人大常委会党组书记、副主任李军召开东坡文化研究课题办公会

2023年10月11日，海南省人大常委会党组书记、副主任李军在海南省人大常委会机关办公楼主持召开东坡文化研究课题办公会，听取了《知与行——苏轼民本思想与实践研究》《苏轼民论》课题研究推进情况，研究推进下一步工作。

◇惠州市“东坡文化教育实践基地”揭牌

2023年10月21日上午，惠州市博物馆、惠州市东坡文化协会“东坡文化教育实践基地”揭牌仪式暨东坡文化专题讲座，在惠州苏东坡祠景区东坡纪念馆二楼多功能展厅举行。惠州苏东坡祠、东坡纪念馆是宣传和推广“东坡寓惠文化”最重要的载体，也是惠州国家历史文化名城最具标志意义的实物构件之一。“东坡文化教育实践基地”的成立，将注入专业的学术队伍，更加有利于惠州市博物馆、苏东坡祠东坡纪念馆加强与社会团体的交流与合作，通过学术交流、专题讲座、参观学习及专家现场互动等方式，充分挖掘东坡文化史料“宝藏”，继续讲好东坡故事，弘扬东坡文化。

◇湖州市筹备成立“湖州市苏轼文化研究会”

2023年10月22日，湖州市人文建设促进会会长温永东带队赴湖州学院，与湖州学院金波书记和人文学院领导会商联合成立“湖州市苏轼文化研究会”相关事宜。11月至12月，湖州市文建会与湖州学院人文学院先后多次研究，共同起草了成立“湖州市苏轼文化研究会”的实施方案，明确了研究会的机构性质、宗旨定位、组织架构、主要职能和运行机制等，并计划2024年第一季度举办“湖州市苏轼文化研究会”成立仪式。

◇徐州举行“纪念黄楼建成945周年”学术报告会

2023年10月25日，徐州市苏轼文化研究会在徐州市博物馆报告厅，举行“纪念黄楼建成945周年”学术报告会，50余名会员、驻徐高校苏学爱好者参会，会议由副秘书长、学术委员会副主任委员于庆华主持。江苏师范大学教授张仲谋以“苏轼的人格魅力及其构成要素”为题，徐州苏轼文化研究会首席研究员魏新建以“苏轼诗词的文化魅力和现代解读”为题，中国矿业大学苏轼研究院院长管仁福以“一座黄楼，三篇华章——谨此纪念苏轼徐州建黄楼945周年”为题，徐州生物学院教授周奎生以“苏轼的民本思想及借鉴意义”为题，中国矿业大学闫续瑞教授以“三苏家教家风研究”为题，徐州苏轼文化研究会副秘书长于克南以“佳处未易识当有来者知——关于苏轼卜田徐州的千年悬案”为题，从不同角度，运用丰富史料作了精彩分享，呈现了一场思想碰撞与交流的文化盛宴。

◇海南省人大常委会党组书记、副主任李军率队到山东诸城调研东坡文化保护利用工作

2023年10月26日至27日，海南省人大常委会党组书记、副主任李军率队到山东省诸城市调研东坡文化保护利用工作。在山东省人大、潍坊市人大、诸城市领导的陪同下，调研组一行先后到常山雩泉、黄茅冈、超然台等地考察，认真听取介绍，深入研讨交流，详细了解诸城市东坡文化保护利用工作情况。李军表示，将以此次调研为契机，进一步加强两地沟通交流，把诸城的好经验、好做法带回海南，推动海南东坡文化保护利用工作再上新台阶。

◇诸城市地方文化研究学会成立暨《超然台》创刊20周年工作座谈会召开

2023年10月28日，诸城市地方文化研究学会成立暨《超然台》创办20周年座谈会在市总工会大厦召开。市委常委、宣传部部长刁立武出席并讲话，市文化和旅游局局长王志伟主持，20多名理事和会员代表参加座谈。《超然台》杂志为诸城市地方文化研究学会和苏轼文化研究会的会刊，自2003年创办以来，在地方文化尤其是东坡文化研究方面作出了较为突出的成绩，为东坡文化的挖掘研究和传承作出了较大的贡献。

◇海南省人大常委会党组书记、副主任李军率队到江苏徐州调研东坡文化保护利用工作

2023年10月28日，海南省人大常委会党组书记、副主任李军率队到江苏省徐州市调研东坡文化保护利用相关工作。调研组一行实地考察了苏轼在徐州的遗址遗迹、苏轼纪念馆、《彭城风华》文旅项目，召开东坡文化与利用座谈会。李军对徐州在东坡文化研究成果、开发利用方面表示赞赏，对大型湖岛实景演出《彭城风华》高度赞扬，认为该演出不仅填补了徐州夜游产品的空白，而且让更多人了解苏轼文化及以苏轼文化为代表的中华优秀传统文化的魅力，有效推动了苏轼文化研究与文旅产业融合，为当地旅游经济发展和文化传承保护作出了积极贡献。李军向徐州与会领导、专家介绍了海南开展东坡文化研究和传播的工作情况。李军指出，东坡文化是一座永不枯竭的精神富矿、文化富矿，越开采越丰富，越挖掘越深邃。海南将充分吸收徐州开展东坡文化保护利用工作的经验和做法，进一步加强两地苏轼文化交流活动，共同挖掘东坡文化这座富矿。

◇《从苏轼的寓惠诗看东坡的情感世界》专题讲座举行

2023年10月28日上午，由惠州市社会科学界联合会、岭南书院·丰湖书院主办，惠州市东坡文化协会、惠州市善水传统文化促进中心承办的2023年惠州市社科普及周暨“岭南书院·丰湖书院”社科品牌活动之“从苏轼寓惠诗看东坡的情感世界”主题活动在丰湖书院乐群堂举行。本次活动由中国苏轼研究学会理事、广东省苏轼研究会名誉会长、惠州市东坡文化协会名誉会长、惠州学院教授杨子怡主讲。杨子怡教授引用苏轼寓惠诗词代表作，对苏东坡的人生经历、艺术造诣、旷达心态、精神魅力进行了深入浅出的解读，对东坡寓惠的生活及心态作深入的分析，努力还原一个真实的苏东坡。

◇海南省人大常委会党组书记、副主任李军率队到河南平顶山调研东坡文化保护利用工作

2023年10月31日，海南省人大常委会党组书记、副主任李军率队到河南省平顶山市三苏陵园、广庆寺、三苏祠、东坡碑林、三苏纪念馆等地调研东坡文化保护利用工作。

11月

◇长篇小说《洞桥来了个苏东坡》出版

2023年11月，长篇历史小说《洞桥来了个苏东坡》由九州出版社出版，杭州市历史学会苏东坡研究专委会会长、杭州市文学学会会长王益庸著。本书为长篇历史小说，全书分二十章，主要描写了北宋熙宁六年苏东坡在杭州陈氏园养病期间发生的离奇故事。

◇东坡书法国际交流活动举行

2023年11月4日，东坡书法国际交流会议在眉山三苏祠举行。会议围绕“东坡文化国际交流和传播”，特邀国内外文史专家、四川省内书法学专业学科带头人、四川省书法艺术家代表、《苏轼书法全集》编纂团队成员等约50人，进行学术交流、成果展示与创作交流活动，深入挖掘东坡文化的时代内涵。

◇海南省东坡文化研究与传播中心首场“东坡文化大讲坛”开讲

为了提升海南自由港的东坡文化建设，更好地满足海南大学师生以及东坡文化爱好者的需求，让受众从不同角度感知东坡文化的博大精深，自2023年11月起，海南省东坡文化研究与传播中心开始举办“东坡文化大讲坛”讲座活动，精心设置讲座主题，邀请国内外名家定期到海南进行学术讲座。“东坡文化大讲坛”是海南省东坡文化研究与传播中心举办的系列学术活动，目的是邀请一流的国内外苏轼研究名家作学术报告，以此推动海南省东坡文化研究的深入，扩大海南东坡文化的影响力。

2023年11月6日晚上，在海甸校区思源学堂一楼多功能厅举办了首次“东坡文化大讲坛”。南京大学资深教授、南京大学中国诗学研究中心主任莫砺锋作了题为《风雨人生话东坡》的专题讲座。此次讲座由海南大学人文社科处主办，海南大学文化旅游协同创新中心与海南省东坡文化研究与传播中心承办，海南省东坡文化研究与传播中心谭新红教授主持。在讲座中，莫砺锋教授由点至面，围绕着“高风亮节的政治家”“勤政爱民的地方官”“一生勤奋的天才”“平易近人的名士”“热爱生活的普通人”“一生风雨的逐客”六个方面讲述了苏东坡的一生，从为政、做人、做事等多个角度，将一个完整、丰满的苏东坡形象呈现在大家面前。当天的讲座现场，莫教授思路清晰，侃侃而谈，深入浅出地为现场读者娓娓讲述苏东坡的风雨人生。讲座最后，莫砺锋教授告诉海大师生，苏东坡一生风雨，但他在风雨中坚持走下去，还在逆境中书写了最辉煌的人生。这种人生态度对我们当代人起到非常好的借鉴与鼓励的作用。

◇“诗意东坡——中国画作品邀请展”举办

2023年11月8日，由四川省文学艺术界联合会指导，四川省艺术院、眉山三苏祠博物馆主办，东坡书画研究院承办的“诗意东坡——中国画作品邀请展”在四川省艺术院开幕。此次展览展出傅仲超、杨涪林、丘挺、邹立颖、岳海波、周华君、李兆虬等国内名家，以及四川省梁时民、李青稞、李兵、吴映强、薛磊、夏亮熹等著名画家的精品力作80余幅，呈现出画家群体的艺术风貌和学术特点。这些作品主题明确，包括东坡造像、东坡诗词写意、东坡史实掌故等内容，展现出艺术家对东坡先生的敬仰和追慕之情，也体现了继承和发扬传统文化的责任感和使命感。

◇第二届惠州苏东坡祠“德有邻堂”杯诗词创作大赛

2023年11月14日，由惠州市博物馆牵头，惠州苏东坡祠、苏东坡纪念馆、惠州市东坡文化协会、惠州市诗词楹联学会联合主办的第二届惠州苏东坡祠“德有邻堂”杯诗词创作大赛评奖结果出炉。大赛共收到来自全国各地的683篇作品，最终评出一等奖2名、二等奖5名、三等奖8名、优秀奖17名。

◇第二届中国（海南）东坡文化旅游大会第二次筹备会召开

2023年11月16日，第二届中国（海南）东坡文化旅游大会第二次筹备会在海口召开。海南省人大常委会党组书记、副主任李军出席会议并讲话，省政府副省长谢京主持会议，省政协党组副书记、副主席肖莺子出席会议。会议听取了相关单位筹备工作情况汇报，研究部署下一步工作。李军强调，要深入学习习近平文化思想，进一步增强保护和利用好东坡文化遗产的责任感和紧迫感；要紧紧扭住工作重点，狠狠地抓，统筹推进开幕式沉浸式实景演出、中和古镇改造提升、第二届东坡文化国际高端论坛、东坡文化进校园系列活动、东坡文化展演系列活动、东坡文旅产品打造、文创产品开发、儋耳山生态文化公园建设、东坡诗文奖评选活动、东坡诗词吟诵系列活动和东坡老码头美食文化节、东坡文化主题图书馆建设、东坡文物考古展示利用、东坡文物主题展筹备工作。

◇首届东坡论坛在眉山举行

2023年11月17日，首届东坡论坛在眉山举行。论坛以“坚定文化自信 传承‘三苏’文脉”为主题，旨在深入研究挖掘“三苏”的历史价值和时代价值，生动讲述展示“三苏”文化的传承故事和时代故事。大会邀请到来自北京大学、中国社会科学院、四川大学、华中师范大学、吉林大学、兰州大学、重庆大学等院校、单位的专家学者，及21个省内外东坡遗址遗迹地城市相关负责人约200人，围绕三苏治国理政理念与中国式现代化、三苏家风家教的时代传播与社会影响、东坡文献整理与海外传播、东坡美学精神的历史渊源与时代价值、东坡文物主题游径的创新表达作了主旨演讲并进行分论坛讨论。

◇苏轼主题文物展筹备工作办公会召开

2023年11月18日，苏轼主题文物展筹备工作办公会在海南省人大常委会机关办公楼召开。海南省人大常委会党组书记、副主任李军出席会议并讲话。会议听取了文物展筹备情况汇报，研究下一步工作。李军强调，要围绕打造高水平沉浸式东坡古迹文物展览定位，进一步丰富展陈内容，创新展陈方式，突出互动性，增强观众参与感和代入感；坚持主流媒体和新媒体共同发力，组织好开幕式及展览的宣传推介工作，营造浓厚氛围，争取将其打造成海南2024年首个一鸣惊人的文旅产品。

◇陕西省首家苏轼文化研究会——宝鸡市苏轼文化研究会成立

2023年11月18日，陕西省首家苏轼文化研究会——宝鸡市苏轼文化研究会在凤翔区举行成立大会。宝鸡市苏轼文化研究会由宝鸡市社会科学界联合会主管，是一个具有社会团体法人资格的非营利性社会组织。一届一次理事会、监事会会议，选举王渭清为研究会会长，齐会斌、王建强、张小军、陈永洲为副会长，王建强兼秘书长，杨舟平为监事长，理事会聘任芮晓枫为研究会名誉会长，祁念曾、常智奇、霍彦儒、苏振武、鲁旭、李常生、闫少峰为研究会顾问，学会自成立至今已发展会员96人，为宝鸡地区致力于苏轼文化学习、研究的学者们搭建一个良好的交流平台。

◇“回首彭城”苏轼主题书画展在徐州展览馆盛大开幕

2023年11月28日，由徐州市苏轼文化研究会主办，徐州书画院、徐州市苏轼文化研究会文化创作委员会承办，徐州市美术家协会、徐州市书法家协会协办的“回首彭城”苏轼主题书画展在徐州展览馆盛大开幕。此次书画展展出时间为一周，展出51幅书法和美术作品。作品主题鲜明、内容丰富、具有较高思想性和艺术性。作品的作者多为中国书协、中国美协的会员，书画家们以书言志、以画寄情，热情讴歌了苏轼亲民爱民之业绩、旷达乐观之精神、飘逸俊朗之才学。

◇“东坡悦礼”文创产品在“澳门海南周”高票入选“海南最爱100件伴手礼”

2023年11月29日至12月3日，“澳门海南周”活动在澳门文化中心广场盛大举行。融入苏东坡诗词书法元素的“东坡悦礼·宋韵糕点礼盒”，得到领导、专家和游客的高度评价，在随后举办的“海南最爱100件伴手礼”评选中，高票上榜。作为一个海南海口本地的文创手信品牌，“东坡悦礼”由海南省苏学研究会监制出品，海口滋游记食品有限公司设计生产，历经一年多的策划、完善、报批，成功推向市场，作为新奇有趣、潮流时尚、体现东坡文化特色的伴手礼，赢得游客喜爱，成为海南旅游商品新增特色品牌。该公司团队核心成员专业知识丰富，基本功扎实，品牌意识强烈，文化内涵深厚，极具创作欲望和创新动能。“澳门海南周”活动期间，海南省委书记冯飞对“东坡悦礼·宋韵糕点礼盒”系列产品给予充分肯定和热情鼓励。

◇第三届苏轼与临安佛教文化研讨会召开

2023年11月29日，“之江问道·吴越和融——第三届苏轼与临安佛教文化研讨会”在杭州市临安区中都酒店举行。杭州市委统战部副部长、市民宗局局长邵根松，临安区委常委、统战部部长陈娜，杭州市佛教协会会长月真大和尚，临安区人大常委会副主任吴云海，临安区政协副主席胡水元，杭州市佛教协会秘书长胡胜军、常务副秘书长邓安松，杭州市历史学会苏东坡研究专委会会长王益庸和副会长洪淳生、周晓音，区政协文史委主任王亚红，区老领导张振华、楼沛明，临安区相关部门、镇街以及来自社会各界的专家学者、临安区佛教协会理事共150余人参加。研讨会由临安区委统战部副部长、区民宗局局长郭胜利主持，临安区佛教协会会长乾良法师致欢迎词，月真、陈娜、邵根松分别讲话。陈娜提出要深入挖掘西天目、东天目佛教文化，充分发挥周恩来演讲纪念亭、天目山抗战展示馆、昭明书院等的宣传和教育基地作用，向外界发出响亮的临安声音，展现中华传统文化的魅力风采。邵根松指出，在第三届中美加佛教论坛闭幕后，临安召开第三届苏轼与临安佛教文化研讨会意义深远，丰富了苏轼与临安佛教的研究成果。他说：“苏轼为佛教坚持宗教中国化树立了标杆，苏轼为统战工作者做好宗教工作树立了标杆，苏轼为人们美好生活实践树立了标杆。”邱高兴、黄公元、张家成、黄崑威、黄征、王仲尧、周祝华、许爱惜、王国林、王楮枫、邢中义、李泽林、张向红、何钧潮、洪信明、王建华等提交论文并交流发言。《第三届苏轼与临安佛教文化研讨会论文集》共收录论文23篇。

12月

◇惠州市东坡文化协会赴广州开展调研学习活动

2023年12月1日，惠州市东坡文化协会会长张德辉率队，名誉会长王启鹏、赖传华，顾问李向春，副会长王文、陈克垂，副会长兼秘书长刘巧朋、理事及会员代表一行11人，前往广州进行东坡文化专题讲座调研学习。盖龙云将军听取协会工作汇报，并就如何加强协会建设、弘扬东坡文化作出重要指示。在南越王博物院“西汉南越国史研究中心”，调研组一行聆听了由北京大学历史学系教授、博士生导师赵冬梅所作的《东坡“过岭”：代际命运与个体选择》主题分享。赵冬梅教授以“五个代际”这一全新视角，讲述北宋“法家转向”导致政治“恶性分裂”的历史，揭示了北宋政治代际与苏轼个人选择的深刻关系。讲座生动有趣，互动热烈，让广大“苏迷”耳目一新，意犹未尽。

◇**海南省人大常委会党组书记、副主任李军率队到广东惠州调研东坡文化保护利用工作**

2023年12月2日至3日，海南省人大常委会党组书记、副主任李军到广东省惠州市调研东坡文化保护利用工作。调研组一行先后来到罗浮山、惠州西湖、王朝云古墓、合江楼、东新桥、东坡纪念馆、东坡故居等地，实地走访有关遗址遗迹和纪念场馆，寻觅东坡寓惠足迹，与当地研究东坡文化的专家学者广泛交流，全面了解惠州市在东坡文化保护利用方面各项工作和东坡寓惠期间济民功绩等情况。在惠州西湖苏堤，李军讲到，无论身处穷达，苏东坡始终心系百姓，被贬惠州期间，在生活十分窘困的情况下，捐出皇帝赏赐的腰犀，向弟弟苏辙写信请求资助，帮助当地百姓建设了"两桥一堤"水利工程，这样的为民情怀和实干精神，仍旧是我们今天学习的榜样。在东坡故居和纪念馆，了解到惠州市2015年原址重修东坡故居，并在故居周边新建了国内展示苏东坡文化最丰富、展陈面积最大、方式最多的纪念馆时，李军表示，惠州、儋州同属东坡功业"三州"，在东坡文化的保护利用上，海南要向惠州学习，希望两地在学术研究探讨、文旅融合发展上加强交流合作，让中华优秀传统文化真正"活"起来、"火"起来。

◇**《走进如海的苏东坡世界》东坡文化专题讲座举行**

2023年12月3日上午，2023年"岭南文化"专题系列讲座——《走进如海的苏东坡世界》在惠州市博物馆举行。中国社会科学院文学研究所研究员陈才智带领观众遨游"苏海"，感受东坡诗文之成就及其人格魅力。惠州市东坡文化协会会长张德辉，常务副会长申东城，名誉会长王启鹏，顾问王崇勋、丘梓岐、李向春，副会长陈汉章，副会长兼秘书长刘巧朋以及理事、监事、会员代表参加讲座。

◇**海南省人大常委会党组书记、副主任李军率队到儋州调研第二届中国（海南）东坡文化旅游大会筹备工作并召开办公会**

2023年12月10日，海南省人大常委会党组书记、副主任李军率队到儋州市调研2024年第二届中国（海南）东坡文化旅游大会筹备情况并召开办公会。调研组一行先后来到中和镇中和大桥、沿江路、东坡书院、桄榔庵遗址、东坡井等地实地调研，详细了解中和古镇改造、东坡专题展览、石质碑刻保护、开幕式沉浸式实景演出、遗址公园建设、东坡井周边环境整治等项目进展情况，入户走访当地居民，并与游客深入交流，认真听取关于街道立面改造、景区商业配套建设等方面的意见建议。调研组还组织召开座谈会，听取了大会各项工作筹备、执行情况汇报，现场办公协调解决问题。李军指出，儋州市完成好此次大会主会场任务，既是结合实际，深入学习贯彻习近平文化思想，捍卫“两个确立”、践行“两个维护”的具体行动，也是展示海南自由贸易港文化建设成果的重要契机，具有扩大投资、拉动消费、改善基础设施、提升城市形象等多方面意义。要进一步深化认识，以十万火急的紧迫感，扑下身子狠抓落实，确保圆满完成各项筹备工作，不辜负省委、省政府对儋州的信任和重托；要明确责任分工，加强调度协调，提升执行力，抓好抓实抓细各项重点工程；要抓紧成立开幕式实景演出筹备工作专门领导小组，推动创作团队紧密结合儋州历史人文元素，尽快深化演出设计方案，抓紧组建运营团队，理顺工作机制，高标准、高质量打造具有互动性、可看性、吸引力，能够可持续运作的实景演出；要强化系统思维，进一步优化调整东坡书院和桄榔庵遗址博物馆“一园两区”东坡居儋史迹展陈方案，做到合理摆布、有机融合，避免内容重复，围绕丰富提升游客体验，统筹推进博物馆建设和“一园两区”间交通路线及交通工具设计、道路改造、园林绿化等工作；中和古镇改造要广泛听取群众意见，围绕满足游客吃住游购娱需求，一户一策研究改造方案，将立面改造与业态发展有机结合起来，充分激发群众参与积极性，让老街真正“活”起来、“火”起来；要以大会筹备为契机，推动东坡文化进校园、进社区、进单位，提升市民文化素养。李军强调，要以只争朝夕、时不我待的干劲，谋定快干、早干、实干，全面提速、加快推进各项筹备工作。

◇《东坡究竟长啥样：苏东坡肖像的形塑与传播》东坡文化专题讲座举行

2023年12月12日上午，由惠州市东坡文化协会联合承办的文化惠民大讲堂《东坡究竟长啥样：苏东坡肖像的形塑与传播》讲座，在东坡纪念馆二楼多功能展厅举行。中国国家博物馆古代绘画研究所所长朱万章通过讲解史上100多幅苏东坡画像，生动地为听众逐步还原苏东坡样貌。

◇徐州苏轼文化论坛成功举办

2023年12月12日，徐州市苏轼文化论坛在徐州工程学院举行。中国苏轼研究学会副会长、中国社会科学院大学教授陈才智作《出处依稀似乐天——苏东坡对白香山文学遗产的创造性转化和创新性发展》主旨演讲，徐州工程学院人文学院院长、教授薛以伟作《苏轼文化遗迹文献整理、实地采用与数字呈现》主旨报告。江苏省社科联党组书记、常务副主席张新科，徐州市人民政府副市长吴卫东，中国苏轼研究学会副会长、徐州市苏轼文化研究会会长陈新生，徐州工程学院校长张农，徐州社科联党组书记、主席苗加清出席会议。

◇海南省东坡文化研究与传播中心第二场“东坡文化大讲坛”开讲

2023年12月17日上午，在海南大学海甸校区思源学堂一楼多功能厅，海南省人大常委会党组书记、副主任李军作了题为《不老的东坡》的专题讲座。这是“东坡文化大讲坛”自开办以来的第二场，讲座由海南大学人文社科处主办，海南省东坡文化研究与传播中心与海南大学人文学院协办。海南大学党委书记符宣国主持讲座。李军以点带面，通过自己创作的歌词《不老的东坡》，集中展现东坡一生的形象和精神。他巧妙化用东坡诗词，带大家透彻地认识了作为文学家、哲学家、政治家、艺术家的苏东坡，了解了作为天才、全才、通才的苏东坡的豁达人生。通过李军书记多角度、多层面系统而深入的讲述，大家为东坡的遭遇感慨，为东坡的文学所感染，为东坡的情怀所感动，为东坡的精神所激励。李军鼓舞广大师生要时刻以东坡精神激励自己，把握时代机遇，勇挑重担，在海南自由贸易港建设中展现青春风采。讲座现场座无虚席，师生们聚精会神地聆听李军书记的精彩讲座，并积极参与互动。讲座结束后，海南大学青年歌唱家邵冰献唱由李军作词的歌曲《不老的东坡》，再次将讲堂气氛推向高潮。

◇美国著名汉学家比尔·波特先生来诸访苏

2023年12月17日，美国著名汉学家、作家和翻译家比尔·波特先生专程来到诸城寻访苏轼文化。诸城市苏轼文化研究会会长苏琳与会员乔云峰、杨树文、孟凡荣等十余人全程陪同交流。比尔先生分别考察了密州东坡糕点门店，游览了超然台，实地考察了雩泉亭、黄茅冈。研究会还举办了“欢迎美国著名作家比尔·波特先生来访暨迎新春座谈会”，与会者就诸城东坡文化进行了深入的交流。

◇《漫谈东坡为政之道》东坡文化专题讲座举行

2023年12月22日，惠州市惠城区东坡文化系列活动之《漫谈东坡为政之道》专题讲座在西湖大剧院举行。惠州市东坡文化协会特约研究员、广东省军区原司令员盖龙云少将授课。惠城区政协副主席、惠城区关心下一代工作委员会执行主任刘红光主持。参加讲座的相关单位有：惠城区各部门、各镇街和部分中小学校。惠州市东坡文化协会会长张德辉，常务副会长钟绍伟，名誉会长赖传华、苏桂开，顾问王崇勋、谭跃华、徐木旺、丘梓岐、严干、李向春、安松，研究员陈新祥，副会长陈汉章，副会长兼秘书长刘巧朋以及理事、监事、会员代表等共330余人聆听讲座。

◇首届岭南东坡人文论坛“苏轼与宋学”学术研讨会在惠州举行

2023年12月23日，由中山大学哲学系、惠州市文化广电旅游体育局、中山大学禅宗与中国文化研究院、中山大学中国优秀传统文化普及教育研究中心主办的首届岭南东坡人文论坛“苏轼与宋学”学术研讨会在惠州举行。北京大学、中山大学、四川大学、华南师范大学等省内外高校近50多位全国知名专家、学者参加会议。惠州市委常委、宣传部部长黄细花，惠州市政府副市长李俊玲出席会议，惠州本地文史专家及各地苏学爱好者120余人列席会议。研讨会设立了五个分论题，分别是苏轼的经学研究、苏轼与儒释道三学、蜀学洛学与新学、苏轼诗词研究、苏轼与惠州文化。研讨会的召开，有利于进一步推动苏轼学术思想研究，助力惠州东坡文化的创造性转化与创新性发展，促进优秀传统文化的落地生根。

◇著名美国汉学家、作家、翻译家比尔·波特先生来惠访苏

2023年12月26日至28日，著名美国汉学家、作家、翻译家比尔·波特先生，带着对东坡的热爱，来到惠州寻访苏迹。惠州市委常委、宣传部部长黄细花，市文化广电旅游体育局局长钟亮亲切接见比尔·波特先生，并热诚欢迎他到惠州考察和采风，研讨东坡文化。惠州市东坡文化协会会长张德辉，常务副会长申东城，名誉会长赖传华、王启鹏、杨子怡，顾问刘汉新，副会长陈汉章，副会长兼秘书长刘巧朋，研究员曹杰等参加了接见。

比尔·波特表示，惠州东坡寓惠文化底蕴深厚，是他深入研究东坡文化的源泉。对于惠州对东坡文物及遗迹的保护工作，他给予高度赞赏和评价。同时，他还对苏学专家表达敬意，希望有机会与苏学专家进行深入研讨，更好地推动和发扬东坡文化，以东坡文化为桥梁，不断加强文化交流，把东坡精神推向世界。

◇苏轼诗词与佛教文化系列讲座举办

2022—2023年，杭州市临安区共举办苏轼诗词与佛教文化讲座68场。该讲座由临安区佛教协会和玲珑山卧龙寺主办，若道文化工作室承办，时间安排在每周五，地点在锦城街道万马路23号临安若道文化工作室，两年累计听讲7000余人次。主讲有乾良、觉净、周祝华、王国林、娄林高、张发平、周晓、胡冬铃、许爱惜、张向红、何钧潮、王建华等。宋熙宁和元祐年间，苏轼到临安5次，到於潜2次，到昌化1次。苏轼劝导杭州名妓琴操出家玲珑山，他两次登山看望，写下诸多诗文墨迹，留下宝贵的文化遗产。苏轼与临安僧辩才、道潜等结下深厚友谊，相互酬唱，留下诸多诗文故事。苏轼与临安相关诗词有80余首，其中与佛教相关的有36首。此外，苏辙与临安佛教相关的诗也有14首。讲座以解读苏轼在本地留下的诗词以及代表性的诗词为主要内容，并结合中共简明党史、党性修养、吴越国文化、茶文化、竹文化、风俗、民歌、方言、地名、素食文化等内容。活动得到临安区委统战部、区民族宗教事务局的支持和指导。

◇徐州市开展“文化传承‘苏徐州’”进校园活动

2023年，徐州市苏轼文化研究会研究员、专家魏新建、管仁福、周奎生、张本纲、于克南等在市委党校、市第八中学、经开区高级中学、铜山区三堡实验小学等地，以《千古风流苏徐州》《苏轼与徐州的不解之缘》等为题举办多种形式和内容的苏轼文化讲座，在社会上特别是教育界引起积极的反响，受益师生千余人。

◇徐州市组织编写《文化传承“苏徐州”学术成果简介汇编》

2023年，徐州市组织编写《文化传承“苏徐州”学术成果简介汇编》（以下简称《汇编》）。纳入《汇编》的有正式出版的苏轼文化研究专著30部、学术刊物发表的有影响的苏学论文73篇，这些专著、论文都是改革开放以来，徐州市苏学专家和外省市专家研究苏轼在徐州的成果。《汇编》对专著、论文进行了提炼概括，对作者进行了较为详细的介绍。徐州市还组织编写了《文化传承“苏徐州”文化科普读物》。主要内容有：习近平总书记引用苏轼典故及诗词，苏轼在徐州抗洪保城、开采煤炭、劝勉农桑、传播文教、治盗安民、埋骨医囚等事迹。读物以通俗易懂的方式宣传苏轼在徐的精彩故事、传说、书法、诗词、政绩等。

研究综述

苏轼诗研究综述

海南师范大学文学院　林安琪

2022—2023年，苏轼诗作研究领域在文献考据、创作背景、思想心态、美学鉴赏、诗歌比较、接受传播以及学科交叉等诸多维度都有所拓展，取得了较为丰硕的研究成果，本文旨在对这些成果作大致的归类梳理总结，以供学人按图索骥进一步开展探究工作。在进行苏轼诗作研究的文献归类时，由于苏轼诗作研究文献的丰富性和复杂性，笔者注意到各分类之间的界限并非泾渭分明，而是存在诸多交叉与互动，这种分类上的模糊性反映了文学作品与作者生活、思想、文化背景之间的内在联系，以及不同研究视角和方法论之间的互补性。因此，诚挚期望学术界同仁能够理解并包容这种分类上的交融，共同推进对苏轼诗作及其文化价值等的深入探讨。

一、苏轼诗文献研究

2022—2023年间，围绕苏轼诗作的文献研究问题，学者们从不同角度进行了深入研究，包括诗作的辑佚订补、考辨正误、版本比对等方面。

（一）辑佚订补

在苏轼诗作的辑佚与订补上，李梦翰《虞允文、李新诗辑佚二首及〈全宋诗〉苏轼重收诗一则》（《三角洲》2022年第23期）在通过地方志进行文学研究时，发现《全宋诗》苏轼重收诗一则。彭文良《点校本〈苏轼诗集合注〉缺误补正》（《黄冈师范学院学报》2022年第1期）主要探讨了清代冯应榴编纂的《苏文忠公诗合注》在经黄任轲、朱怀春整理出版后仍然存在的一些问题，并提出了相应的补正建议。文章指出点校本存在明显的缺漏和错误，包括：冯注所收前人注释不全而点校者未进行补辑、点校者对冯注的错误未加核实、标点错误以及对冯注妄改正文处未按整理规范出校。文章通过比对不同版本和资料，提出了自己的修改意见，并强调亟须对冯应榴注释进行全面补正。

（二）考辨正误

考辨正误方面，陈琳琳《“苏东坡赏心十六事”考辨——兼论苏轼形象的“代言效应”》（《中国典籍与文化》2023年第4期）一文通过分析苏轼诗《谪居三适》《六月二十七日望湖楼醉书》《梵天寺见僧守诠小诗清婉可爱次韵》等查考“东坡赏心十六事”的文献来源，深入探讨了“苏东坡赏心十六事”这一流行于明清时期的文化现象，考察了后人对苏轼形象的解读与重构，苏轼在图像视域内的“符号化”进程，以及其形象的文化意蕴和“代言效应”。杜春雷《〈东坡文谈录〉〈东坡诗话录〉伪书考实》（《图书馆杂志》2023年第4期）通过对《东坡文谈录》和《东坡诗话录》两部文献的深入分析，揭示了它们实际上是伪书，其内容主要来源于王世贞编著、璩之璞增补的《苏长公外纪》卷四、卷五的“诗话”和“文谈”部分，而冒用了元人陈秀民的名义。文章强调既已证伪，此前基于这两部文献的研究和结论需要重新评估和审视。孙利政《苏轼佚诗辨伪一例》（《中国诗歌研究》2021年第2期）对一首被认为是苏轼佚诗的《明远堂》进行辨伪，通过考察《咸淳临安志》《西湖游览志》和《赤城诗集》等文献资料，得出结论这首诗实际上是宋代车若水的《江湖伟观》诗，而非苏轼佚诗。

张淘淘《苏轼绝笔诗考论》（《新国学》2022年第1期）对《梦中作寄朱行中》与《答径山琳长老》两首诗的创作背景进行了详尽的考证。研究旨在追溯关于苏轼绝笔诗观点的史源文献，分析宋刊苏轼集编注中绝笔诗依据的来源，研究发现，明清时期苏轼诗文集的编注者在处理两首绝笔诗的问题上，未能充分展现应有的审视与反思。崔永升《苏轼〈题秀州本觉乡僧文长老方丈诗三首〉考》（《书法报》2023年9月20日第6版）通过对苏轼《题秀州本觉乡僧文长老方丈诗三首》（亦称《三过堂诗》）的深入考证，探讨了这三首诗的创作背景、时间，又证《晚香堂苏帖》实为依据《本觉寺苏东坡赠文长老诗》诗碑翻刻而成。王斌、李云凤《苏轼佚作〈烂柯岩洞〉辨证》（《乐山师范学院学报》2023年第7期）针对苏轼佚作《烂柯岩洞》的真伪和创作背景进行了辩证。考证指出蒋超《峨眉山志》中收录了一首标为苏轼所作的《白水寺》诗，但实际上是苏轼题咏凌云山附近的烂柯岩洞，而非峨眉山的白水寺。可能是好事者将原刻于烂柯岩洞的诗改换题目并翻刻于白水寺，导致了后续的误植和误解。认为《烂柯岩洞》应该是苏轼所作，但具体创作时间尚无确凿证据，希望该文能为未来学者整理相关文献提供参考。

饶学刚《苏东坡黄州诗文研究正误》（《黄冈职业技术学院学报》2022年第1期）与《苏东坡黄州诗文研究正误（二）》（《黄冈职业技术学院学报》2023年第1期）专注于纠正苏东坡黄州诗文作品相关研究上的一些问题。仅就诗研究方面而言，第一篇文章考证了“《集归去来辞诗》前六首，早在黄州写就”“《献寿戏作》，写东坡与从惠同戏黄州”“《柏石图诗》，赞美季常歧亭藏宝”“《过五祖寺》是篡改赝品”“‘感雨’，写黄州、东坡、雪堂生活”；第二篇文章则继续这一工作，对新发现的问题进行正误。就诗研究方面考证“《占春芳》与《见饷》，诗词会通”“《寄崔闲》与《醉翁操》同时作于黄州”“‘挽歌’，应为东坡诗中词”“《琴诗》应入东坡黄州诗集”。两篇文章共同的目标是正本清源，为研究者提供对苏东坡黄州诗文更加精确的认知框架，以深化对其作品的理解。

（三）版本比对

苏轼诗作的版本比对上，徐丽《三苏祠藏清代“查注纪评苏诗”版本概述》（《国学》2022年第2期）介绍了“查注纪评苏诗”版本的由来，提到了清代文人查慎行的研究和注释，及纪昀的点评。又通过对比分析五个不同时间段版本的查注纪昀评本的共同点和各自的特色，包括乾隆年间的广陵香雨斋刻本、嘉庆年间的广州芸香堂刻本、道光年间的两广节署刻本、同治年间的韫玉山房刻本，以及日本文久壬戌年间的江户玉山堂刻本，展示了苏轼诗在不同时期文献研究的特点和价值。

二、创作背景与历史语境研究

2022—2023年间，对苏轼诗创作背景与历史语境相关研究文献颇丰，通过该部分研究，我们可以看到苏轼诗的创作涉及个人生活经历、文人交流互动以及历史文化语境等多个方面。这些研究不仅丰富了我们对苏轼诗的理解，也提供了一个全面了解宋代文学和文化的窗口。

（一）个人生活经历

个人经历往往是文学创作的重要源泉，通过对苏轼个人经历的深入研究，可以更好地理解他的诗歌背后的情感和思想。2022—2023年，这一类研究主要关注苏轼的生活经历、政治生涯以及这些经历如何影响他的诗歌创作，通常探讨苏轼在特定历史时期的个人经历，以及这些经历如何反映在他的诗歌中。

吴中杰《苏东坡的受难与悟道》（《书城》2023年第11期）主要讲述了苏轼的生平经历、政治遭遇以及他在面对困境时所表现出的顽强精神和深刻的人生感悟，穿插着对苏轼《王复秀才所居双桧二首》《东坡八首》等诗的探讨。饶学刚《忧喜相寻 苦难辉煌——苏东坡独特的人生周期律》（《乐山师范学院学报》2022年第2期）引《与南华辩老十三首》《观棋》《自题金山画像》等诗，从人生周期律的提出及其哲理深蕴、六起五落的人生周期律、早期人生优势变短板及其教训几个维度对苏东坡一生进行分析，展现了他如何在复杂的政治环境中坚持自己的政治理念和文化追求，以及他的人生经历和精神如何对后世产生深远的影响。类似通过对苏轼诗作的引用探讨苏轼的个人生活经历的，还有汤伏祥《苏轼过州》（《书屋》2023年第12期）回顾苏轼的一生，从他的出生背景、成长经历、政治生涯、文学创作到最终的逝世，展现苏轼的生活轨迹和精神风貌；覃裕婷、高智勇《随遇而安，乐天知命——“问汝平生功业，黄州惠州儋州”》（《青年文学家》2022年第11期）通过文学地理学的视角，探讨苏轼在被贬黄州、惠州、儋州三地期间，与这些地方的相互影响及其对当地文化、社会的贡献；马自力、赵秀《苏轼任扬州知州的日常世事与审美超越》（《求是学刊》2022年第1期）旨在探讨苏轼在担任扬州知州期间的日常政务活动以及他在审美和文学创作上的超越，引用苏轼《于潜僧绿筠轩》《咏怪石》等诗丰富了文本内容、深化了主题意义，最后一部分特别探讨了苏轼追和陶诗与吟赏实践；陈智勇、李公羽《苏轼贬琼途经雷州相关问题考》（《海南热带海洋学院学报》2022年第3期）引用苏轼《和陶止酒》《过大庾岭》等诗，展现苏轼在被贬途中以及对雷琼两岸的生活情感和思想感悟；申晓清《苏轼的宦游体验与文学书写——以签判凤翔时期为中心》（《乐山师范学院学报》2022年第12期）引《辛丑十一月十九日，既与子由别于郑州西门之外，马上赋诗一篇寄之》《九月二十日微雪，怀子由弟二首》等诗探讨苏轼在签判凤翔时期的生活体验及其在文学作品中的表达；郑培凯《“天容海色本澄清”——苏东坡贬逐岭海》（《书屋》2022年第9期）引用了苏轼《自题金山画像》《南华寺》等诗，通过苏轼在岭南流放期间的生活经历和诗文创作，探讨其对生命意义的深刻理解和超越困境的精神力量。王友胜《论海外苏轼的生存困境与应对举措》（《海南师范大学学报（社会科学版）》2022年第5期）探讨苏轼在被贬至海南儋州期间所面临的生存困境以及他采取的应对措施；张瑞田《苏轼是如何渡海的》（《智慧中国》2022年第5期）借《澄迈驿通潮阁二首》《六月二十日夜渡海》等诗作探索苏轼在流放海南期间两次渡海的经历，以及这些经历对他个人情感和创作的影响。王郡《“此心安处是吾乡”——从苏轼看工匠精神》（《青年文学家》2023年第25期）引用苏轼诗，分析苏轼的生平、政治成就及其与王安石的关系，探讨了苏轼所体现的工匠精神及其在当代社会的价值和意义。许赜渊《苏轼倅杭时期纪行诗研究》（《参花（中）》2023年第9期）探讨苏轼在杭州任职期间所创作的纪行诗，分析其诗歌内容、风格及其所反映的个人情感和时代背景。文章从思归诗、风俗诗、山水诗三个维度切入，揭示了苏轼如何在其纪行诗中抒发对故乡的思念、对民生的关注以及对自然山水的热爱。姚华《漫游者的夜歌——论苏轼黄州时期的“夜游”书写》（《中国文学研究（辑刊）》2023年第1期）引用苏轼诗文词，探讨苏轼在黄州贬谪期间的夜游书写，分析其文学特征及其深层意义。袁文春《南粤古驿道上的苏轼行迹及其驿道诗》（《名作欣赏》2023年第9期）通过对苏轼南迁北返的行踪路线的勾勒和对其南粤古驿道诗的梳理，旨在更全面地理解苏轼在贬谪途中的生活状态和情感表达，同时为南粤古驿道上的文化资源开发利用提供学术支持和历史依据。

借苏轼诗作等对其生平经历的某一特定问题探因，有乔建功、黄梦龙《苏轼葬郏探因之二：〈与子由弟十首·八〉是探因之关键锁钥》（《乐山师范学院学报》2023年第9期）分析苏轼与其弟苏辙之间的书信往来，探讨苏轼葬于郏县的原因。文章考察了苏轼《与子由弟十首·八》中的相关论述，并结合苏轼病危时致书苏辙的遗言，推理出苏轼葬郏的起始原因。李后强《苏东坡遇见大熊猫》（《当代县域经济》2023年第5期）通过历史文献和地理特点的考证，探讨苏轼是否曾经遇见过大熊猫。文章通过分析苏轼的生平、他的诗歌作品以及当时的地理环境和野生动物分布情况，得出结论认为苏轼在其一生中确实有可能遇见过大熊猫，并且在他的诗歌中对大熊猫有所描述和表达。李月《诠释的界限：乌台诗案背后的一个解释学问题》（天津师范大学硕士论文，2022年）探讨文学作品的诠释界限，特别是在面对误读和过度诠释时，如何通过掌握文学常识、遵循阅读伦理和明确读者身份来把握适当的解释边界。对乌台诗案的分析中涉及对苏诗的解读，如台谏式与传统文人式诗歌解读立场。康珂《元丰七年，影响了一代又一代中国人》（《现代商业银行》2023年第20期）对苏轼部分的概述集中在苏轼元丰七年（1084年）的生活经历和创作活动。文章描述了苏轼在接到转任汝州的调令后的心理状态，以及他在北上的旅途中的所见所感。这一时期诗歌作品不仅记录了苏轼的个人经历和情感体验，也体现了他对时代的深刻感悟。

（二）文人交流互动

这一类研究着重讨论了文人之间的唱和、书信往来等互动，不仅反映了当时的文学风尚，也是文学作品创作和传播的重要途径。通过研究苏轼与其他文人的交往，可以揭示苏轼在文学圈内的广泛联系和相互影响。另外，也对苏轼诗中的家庭教育主题有所讨论。

与苏轼弟苏辙、父苏洵相关的，党永辉《有韵尺牍：苏轼岐梁唱和诗的情境还原与帖本溯源》（《中南民族大学学报（人文社会科学版）》2023年第9期）深入探讨了苏轼与苏辙之间的岐梁唱和诗，分析了其特定的创作情境和诗作的帖本形态，揭示了苏轼诗中“随物赋形”等文学理论。通过对苏轼岐梁唱和诗的情境还原和帖本溯源，揭示了其艺术特色和文化价值。胡钰《简论苏轼兄弟的“夜雨对床之约”》（《名作欣赏》2023第33期）引《逍遥堂会宿二首》《初别子由》等诗，通过对苏轼和苏辙在不同时期诗歌作品中提及的“夜雨对床之约”进行分析，展现了兄弟二人在人生旅途中相互扶持、共同成长的情谊。张力丹《浅析二苏诗歌中的兄弟情谊》（《文化学刊》2022年第3期）主旨是分析苏轼和苏辙两兄弟在诗歌中所表达的深厚情谊，并探讨这种情谊如何随着他们的人生经历和阶段而发生变化。张力丹《论苏轼苏辙诗歌中的兄弟情谊》（《兰州职业技术学院学报》2022年第4期）探讨了苏轼和苏辙兄弟间的深厚情谊，并分析了这种情感如何在他们的诗歌创作中得到体现。张丹阳《因为苏氏父子的深度旅行——“随古典文学去远行”之四》（《博览群书》2022年第5期）记叙苏氏父子自眉州至汴梁途中的交流创作，提及后来《南行集》的一些诗文讨论。

与其他文人交往，张小花、庆振轩《苏轼与文同研究二题》（《乐山师范学院学报》2023年第1期）探讨苏轼与文同之间的交往及其诗文创作。文章首先对苏轼与文同之间的诗文创作进行了篇目考订，得出苏轼与文同相关的诗文共计85首（篇），也对苏轼与文同是否是表兄弟关系进行了考证，得出苏轼与文同绝非表兄弟关系。李志丹《从〈紫金研帖〉谈苏轼与米芾的交往》（《江苏教育》2022年第69期），其中有对苏轼和诗《次韵米黻二王书跋尾二首》等的讨论，文章总体上呈现了苏、米之间亲密无间的友谊。杨胜宽《苏轼与陈希亮、陈襄关系考论》（《地方文化研究辑刊》2022年第1期）通过对苏轼诗文的分析，展示了苏轼如何通过诗文等来表达对陈希亮、陈襄的不同态度和情感，即“与陈襄关系亲密无间，而与陈希亮关系紧张异常”，反映了他与陈希亮、陈襄关系的密切程度和性质。刘飙《不期而会还是闻讯而来——苏轼与陈季常歧亭相逢辨析》（《黄冈职业技术学院学报》2022年第6期）通过辨析苏轼与陈季常在歧亭相逢的两种不同记载，探讨历史事实与文学作品中史实的关系，并试图还原苏轼与陈季常的真实相遇情景。文章分析了苏轼在《岐亭五首（并叙）》和《方山子传》中对两人相遇的不同描述，指出《岐亭五首（并叙）》中的记载更符合事实，即陈季常是有备而来迎接苏轼的。与黄庭坚相关的，彭玉平《苏轼与黄庭坚》（《名作欣赏》2023年第22期）探讨了苏轼与黄庭坚之间的深厚友谊及其在文学上的相互影响，分析了两人的书信往来、诗歌唱和以及共同的生活经历，涉及苏轼《黄鲁直以诗馈双井茶次韵为谢》等诗。凌郁之《李公麟与苏黄》[《中国文学研究（辑刊）》2023年第1期]，讲述李公麟与苏黄在诗画艺术上的深度融合和相互影响，文中谈到苏轼与黄庭坚经常围绕李公麟绘画的题画诗而互相唱和，如苏轼作《次韵鲁直书伯时画王摩诘》《题卢鸿一〈学士堂图〉》等诗。

与士人群体有关的，管琴《论苏轼诗中的“新诗”——兼谈北宋赠答唱和诗的文学生成机制》（《华南师范大学学报（社会科学版）》2023年第5期）深入分析苏轼诗中的“新诗”概念，探讨北宋时期赠答唱和诗的文学生成机制。文章指出，苏轼作为宋代诗人中的杰出代表，在其诗作中频繁提及“新诗”，这些“新诗”往往与诗人群体的互动和特定的文学创作背景紧密相关。苏轼的“新诗”不仅体现了他与故人之间的深情厚谊，而且通过这种诗歌形式，传递出一种经时间考验而愈发坚固的美学价值。张婉晴《苏门文人贬谪诗歌研究》（哈尔滨师范大学硕士论文，2022年）研究宋代苏门文人贬谪诗歌，探讨其在贬谪期间的创作背景、情感表达以及诗歌意象的运用。文章通过对苏门文人贬谪经历的梳理，分析了他们在政治斗争中的遭遇及其对个人心态和创作风格的影响。其中，苏轼的贬谪经历和诗歌作品不仅是研究苏门文人贬谪诗歌的关键，也是理解宋代文人心态和文学创作的重要窗口。王赟《苏轼徐州时期交游研究》（中国矿业大学硕士论文，2022年）旨在深入探讨苏轼在徐州任职期间的社交活动及其对苏轼文学创作的影响。文章通过分析苏轼与不同交游对象的互动，揭示了苏轼在徐州时期的社交圈及其形成和发展的内外因素，以及这些交游活动如何反映当时的社会文化背景和文人群体的互动模式。文中谈及的苏轼诗，不仅是交游活动的直接产物，也是理解苏轼社交关系和内心世界的重要媒介。张宜喆《诗思的互动与生成：苏轼及其周围士人往复唱和的“反思”品质》（《中国文学研究（辑刊）》2022年第1期）探讨苏轼及其周围士人在黄州时期通过往复唱和诗歌活动所展现的“反思”品质。文章通过细致的文本分析，揭示了苏轼及其士人群体如何在唱和活动中由对梅花的情感抒发转向对语言文字、创作诗情的深入反思，从而体现了宋诗内省精神的形成和发展。李刚《苏门文人咏梅酬唱诗探微》（《中国诗歌研究》2023年第1期）主要探讨了宋代文人群体中以苏轼、秦观为中心的咏梅酬唱活动，分析了这些诗歌在文学史和文化史上的重要价值。苏轼的《和秦太虚梅花》等唱和诗作通过对梅花的描绘，传达了一种佛禅的美学理念。杨胜宽《苏轼在徐州：诗文交往与其主盟文坛的关系》（《蜀学》2021年第2期）详细论述了苏轼在徐州的诗文创作活动，以及他与黄庭坚、秦观、陈师道等文人的交流，强调了苏轼对于文学创作的主张。胡嗣男、林岩《从写作场合到诗集编纂——苏轼诗歌长题的多重来源与文本生成》（《中国诗学研究》2022年第2期）通过深入分析苏轼诗歌中的长题现象，探讨其在诗歌创作、社交功能以及诗集编纂过程中的作用和意义，指出“苏诗长题大量出现在具有高度社交性的诗作中，诗歌社交功能的发挥也影响到诗题的形态”。

较为特殊的一类，与家庭教育相关的，王玥《苏轼教子诗文的淑世精神与艺文情怀》（《广播电视大学学报（哲学社会科学版）》2022年第4期）以苏轼的教子理念为研究切入点，从立德、学文、修身三个方面详细阐释了苏轼如何将儒家思想融入家庭教育之中，并通过诗文形式传承优良家风。房书伊、王荣林《苏轼家训诗研究》（《洛阳师范学院学报》2023年第3期）探讨苏轼的家训诗创作及其内涵。文章指出，苏轼的家训诗不仅通过书信和文章传达，而且采用诗歌形式对家族成员进行教诲和勉励。苏轼家训诗的创作受到社会环境、家族教育、地域文化和个人因素等多方面因素的影响，其主题内涵和书写特点反映了苏轼的治学观、科举观、人生观、生活观和礼仪观，体现了苏轼的人格精神和对家族成员的劝诫与期望。

（三）历史文化语境

这一类研究将苏轼的诗歌创作放在更广阔的历史与文化语境中进行考查，探讨时代背景、地域文化等因素如何塑造或影响苏轼的诗歌。

聚焦于某一特定地域苏轼的诗词，刘尧《一舸姑苏，便逐鸱夷去得无——简论苏轼诗词文中的苏州形象》（《开封文化艺术职业学院学报》2022年第12期）探讨苏轼诗词中所描绘的苏州形象，并通过分析苏轼八次途经苏州的经过及其留下的诗词作品，揭示苏州在苏轼心中的特殊地位和意义。其中提及与友人交往所作诗《次韵王忠玉游虎丘绝句三首》《苏州闾丘、江君二家，雨中饮酒二首》等。张智辉《苏轼与济南似被前缘注》（《走向世界》2023年第46期）通过历史文献和苏轼的诗文作品，详细叙述了苏轼两次经过济南的经历，以及他在济南留下的诗文和墨宝。张智辉《"唐宋三大家"济南情缘深几许》（《走向世界》2023年第28期）中，引用的苏轼与其他文人交流的诗歌，揭示了当时文人之间深厚的文化交往和相互影响。如苏轼与李常的诗酒唱和之作《答李公择》《次韵李公择梅花》等，以及与苏辙的兄弟情深，都通过诗歌这种文化形式得到了体现和传承。杨佳宇《巴蜀地域文化影响下苏轼苏辙山水诗研究》（西北师范大学硕士论文，2023年）旨在探讨苏轼和苏辙兄弟二人的山水诗创作，以及这些作品如何受到他们成长的巴蜀地域文化的影响。文章详细分析了苏轼、苏辙山水诗中的意象、情感表达和艺术风格，并探讨了这些诗歌如何反映巴蜀地区的自然景观、人文环境和文化传统。此外，文章还讨论了苏轼、苏辙的山水诗对当代巴蜀文化建构的重要意义，包括对眉山城市建设的影响和对生态意识的促进。卞政《试论常州文化对苏轼诗词的影响》（《名作欣赏》2023年第27期）探讨常州文化对苏轼诗词创作的影响。作者通过分析苏轼在常州期间的诗词作品，结合常州的地方文化、自然环境、社会状态、人文精神等方面，考察了地域文化对苏轼诗词的渗透和影响。文章指出，苏轼在常州的生活经历和与当地文人的交流，不仅丰富了他的诗词创作，也反映了他对常州的深厚情感。方翎曦《苏轼寓惠时期的诗文创作及文化意义》［《文学教育（上）》2023年第1期］介绍了苏轼的政治理想与多遭贬黜的悲戚命运，以及这种矛盾是如何影响其诗文创作的。接着分析了苏轼在惠州时期的诗文主题，包括对岭南风物的赞美、对民生疾苦的关注、对政治黑暗的批判以及对个人情感的抒发。此外，文章还探讨了苏轼在惠州时期的语言风格。最后，文章强调了苏轼寓惠创作的文化意义。陈金林《论苏轼寓惠时期纪游诗的艺术特质》（《青年文学家》2023年第10期）探讨苏轼寓居惠州时期所创作的七首纪游诗《白水山佛迹岩》《咏汤泉》《正月二十四日与儿子过赖仙芝王原秀才僧昙颖》《游博罗香积寺》《同正辅表兄游白水山》《次韵正辅同游白水山》《与正辅游香积寺》的艺术特质。总结出其艺术特质主要包括情景交融的对称结构、写景中心系民生的情怀以及纪游中的复杂思想心态三个方面。冷炎辉《论苏轼在黄州时期的诗歌创作》（《青年文学家》2023年第8期）主要探讨了苏轼在黄州时期的诗歌创作，分析了其诗歌内容和艺术特色。通过引用苏轼的诗歌，文章具体展示了苏轼与弟弟之间深厚的情感，如《次韵子由病酒肺疾发》《子由自南都来陈三日而别》等诗，也揭示了苏轼在黄州时期的心理状态和生活境遇，如《次韵前篇》和《安国寺寻春》等诗。宋定坤《由黄楼看苏轼徐州诗文创作的指向性》（《海南热带海洋学院学报》2023年第1期）探讨了苏轼在徐州时期的诗文创作，特别是以黄楼为中心，展现了其文学与政治的双重指向性。白银银《齐文化对苏轼宦密作品的影响》（《乐山师范学院学报》2024年第7期）主要探讨了齐文化对苏轼在密州任职期间文学创作的影响。提出“齐文化的崇武尚功催生了苏轼宦密的猎诗、猎词”，如《祭常山回小猎》《和梅户曹会猎铁沟》等。魏小倩、戴健《苏轼黄州夜间作品中的精神突围》（《芒种》2022年第9期）引用苏轼诗词，探讨了苏轼在黄州贬谪期间，如何通过夜间活动，特别是夜饮和夜游，实现精神上的自我救赎和心态转变。

郑朝辉、佳兰、朱丹在2023年对苏轼的人生经历投以关注，其中将苏诗置于地域背景下分段讨论的有《1071—1074：情满杭州》（《艺术品鉴》2023年第19期）、《1079—1084：黄州五载》（《艺术品鉴》2023年第19期）、《1084—1089：坎坷仕途》（《艺术品鉴》2023年第19期）、《1089—1091：二赴杭州》（《艺术品鉴》2023年第19期）、《1091—1101：惠州儋州》（《艺术品鉴》2023年第19期）。总体而言，这些文章主要围绕苏轼的生平、政治生涯、文学创作以及其在不同地区的影响进行了深入探讨。文章通过对苏轼在不同时间段的生活和创作的描述，展示了他作为文人政治家在社会变迁中的心路历程，以及他在文学、书法等领域的卓越成就。通过诗歌的引用，文章更加生动地展现了苏轼作为文人政治家的复杂形象。

与海南地域有关的苏轼诗相关研究在2022—2023年间颇引人注目。阮忠《苏轼海南文学研究的相关史料问题》(《海南热带海洋学院学报》2023年第3期)主要探讨了苏轼在海南期间的文学创作及其史料价值。他指出苏轼海南文学研究的相关史料主要存在于苏轼居儋的地理和社会环境中，不同的环境产生了苏轼不同的诗文作品。李元光《儒学“弦歌沧海滨”——论儒学在黎族地区的双向互动和发展》(《四川师范大学学报(社会科学版)》2022年第1期)旨在探讨儒学在海南黎族地区的传播、发展以及与当地文化的双向互动。文章通过历史文献的梳理，详细阐述了儒学在海南的四个发展阶段:“孕于古、启于唐、兴于宋、盛于明”。苏轼在他留下的诗篇中，“洋溢着对海南黎老的深情厚意和对天涯海角的深深眷念”，也体现他有志于发展海南儒学教育的深切期盼。贾朴乐、张梓萌《苏轼的儋州书写》(《名作欣赏》2023年第18期)主要探讨了苏轼在被贬儋州期间对儋州的书写，以及这些书写如何塑造了儋州的地域形象。通过引用苏轼的诗歌，文章展示了苏轼如何通过文学创作来表达在儋州的恐惧、孤独和对美好生活的向往。这些诗歌成为理解苏轼内心世界和他对儋州认知的重要窗口。苏启雅、刘凡、贾世杰《北宋海南农业社会探析——以苏轼诗文为视角》(《农业考古》2023年第6期)通过苏轼在谪居海南岛期间创作的诗文，探讨当时的海南农业社会状况。文章以苏轼的诗文为切入点，结合古籍文献资料，对海南岛的农业自然条件、主要农作物、生产力情况、农业技术与文化的输入以及当地农业贸易进行了描述和分析，旨在初步探讨北宋时期海南的农业社会情况。王晓骊《苏轼居儋诗文的日常叙事及其价值》(《南海学刊》2023年第2期)探讨苏轼在被贬儋州期间，如何通过其诗文创作中的日常生活叙事来对抗和超越个人面临的政治和现实生命危机，并重构生命价值。文章指出苏轼的诗文不仅关注日常生活中的身体感受、审美体验和人伦关系，而且通过这些日常叙事展现了其深刻的哲学和文化价值，对后世具有重要的启发意义。程海涛《浅析苏轼贬谪儋州期间诗文的生态书写》(《山西广播电视大学学报》2023年第2期)分析苏轼在贬谪儋州期间的诗文创作，探讨其作品中所体现的生态书写特色及其价值。文章指出，苏轼在儋州期间的诗文不仅融入了当地独特的自然地理和人文环境，而且反映了中国古代传统生态文学的核心理念——人与自然和谐共生以及不同族群之间的和睦相处。杨江波《海南万里真吾乡》(《海南日报》2022年3月28日B03版)探讨苏东坡在海南儋州期间的生活体验及其对当地风土人情的文学表达。曹马志《桄榔庵东坡故事》（《海南日报》2022年10月14日B08版）介绍苏东坡在海南儋州期间的生活经历，特别是他在桄榔庵的生活及其文化活动。刘亮、徐晛岘《我本儋耳人 寄生西蜀州》（《海南日报》2022年3月28日B04版）引用苏轼诗文回顾和总结其在海南儋州期间的生活轨迹和文化贡献。杨景春、代梓莹《从时空角度探究苏轼儋州诗文创作的思想意义》（《乐山师范学院学报》2022年第5期）旨在探讨苏轼在儋州期间的诗文创作，分析其忧国忧民之心、旷达与乐观的精神以及强烈的民本思想与人文关怀。曹马志《结庐在儋耳 不乐复何如》（《海南日报》2022年11月7日B02版）通过苏轼的诗文作品，对苏轼儋州生活进行回顾。

三、创作思想和心态研究

2022至2023年间，该部分苏轼诗研究集中探讨了苏轼深层的哲学思想及心态情感演变等。同时，苏轼的文学创作理念亦成为研究的焦点。

（一）哲学思想

该部分研究聚焦于苏轼诗中佛道等哲学思想的探讨。

刘石《论苏轼与佛教》（《斯文》2021年第2期）探讨苏轼与佛教之间的复杂关系，涉及思想、观念、文学、史实诸层面。苏轼诗在其中作为研究苏轼与佛教关系的重要文本。刘爱玲《唐宋士大夫的禅悦诗情——基于白居易与苏轼的以禅入诗》（《名家名作》2022年第5期）旨在探讨唐宋时期士大夫阶层中，以白居易和苏轼为代表的文人如何在其诗歌创作中融入禅宗思想，体现出禅悦诗情，并分析了两位诗人参禅悟道的经历及其禅诗创作的背景和相似之处。邢琳君《苏轼诗词中的佛禅思想》（《新纪实》2022年第7期）讨论了苏轼诗词中佛禅思想的表现、来源及现实意义。张立敏《苏轼禅意诗词的审美意趣》（《名作欣赏》2023年第29期）探讨了苏轼对禅意思想的接受、苏轼诗词的禅意审美和苏轼诗词的禅意主题。杨涵程《苏轼诗词中的禅意象与其美学意蕴》（《名作欣赏》2023年第14期）一文介绍了苏轼诗词中对禅宗思想的阐释以及常见的几种禅意象，探讨了苏轼诗词中的禅宗美学意蕴。刘洁《论苏轼及其作品中的道家思想》（《作家天地》2023年第12期）探讨了苏轼及其作品中所蕴含的道家思想，并分析这些思想如何影响并体现在苏轼的诗词创作中。杨瑰瑰《苏轼对〈庄子〉的接受研究——以黄州诗词创作为中心》（《江汉论坛》2022年第9期）旨在探讨苏轼在黄州期间对《庄子》哲学思想的接受与融合，并分析其在诗词创作中的具体体现。通过文献比对研究法，文章统计了苏轼在黄州创作的诗词中引用《庄子》的比例，并揭示了苏轼接受《庄子》思想的三个特点：一是在词中侧重消解人生痛苦，二是在诗中侧重自新与人生蜕变，三是儒释道思想的结合，尤其是释道相融。史素昭《真契之交 隔代知音——试论葛洪仙道思想对苏轼的影响》（《惠州学院学报》2022年第4期）一文提及苏轼寓惠诗文的“葛洪情结”，让苏轼的作品带上仙风道韵，充满了浓郁的浪漫主义色彩。张可、王启才《苏轼对〈庄子〉的认知及其影响》（《海南热带海洋学院学报》2022年第4期）谈到苏轼诗中引用、化用《庄子》典故。木斋《论苏东坡为文学中国的伟大里程碑——兼论东坡与道学的分野》（《海南热带海洋学院学报》2022年第1期）通过分析苏东坡的诗词文赋，揭示了其审美人生哲学思想的内涵，并从道学研究的角度划分了苏东坡与北宋五子的哲学思想差异。李雪《基于〈东坡乐府〉探析苏轼的精神突围与文学书写》（《名作欣赏》2023年第32期）研究苏轼的《东坡乐府》，了解其在不同阶段的精神状态以及文学书写形式，提及《和陶神释》《子由生日以檀香观音像》等诗以探讨苏轼的佛道思想。崔俊睿《坚守与超越——试论黄州期间苏轼的人生哲学》（《西部学刊》2022年第22期）引用苏轼《吴中田妇叹》《狱中寄子由二首》等诗文作品，探讨苏轼在黄州期间形成的人生哲学，特别是他如何将儒家的坚守原则与道家的超越智慧相结合，形成了独特的“内儒外道”思想风格，并在逆境中实现了精神自由。吴晓风《论苏轼的自我超越与自我重建——“乌台诗案”后苏轼心态研究》（《乐山师范学院学报》2022年第1期）引用苏轼诗文词，探讨苏轼在经历“乌台诗案”这一人生转折点后，如何通过融合儒家、佛家和道家的思想，实现自我超越与自我重建的过程。原丽敏《苏轼诗词中的哲学思想研究》（《对联》2023年第23期）通过对苏轼人生历程的概述，分析其诗词中表现的自然哲学、心灵哲学和存在哲学。贺文彬《超然物外，倏忽天地间——再探苏轼诗词中的人生哲学》（《青年文学家》2023年第6期）通过对苏轼诗词的分析，展示了苏轼如何通过借景抒情、直接议论等手法，将人生哲理融入诗词之中，以及他的诗词如何反映出其对自由、苦难、人生规律、处世哲学等方面的独到见解和深刻认知。

（二）心态情感

该部分研究分析苏轼诗中反映的苏轼心态情感、处世情怀，如对世事的态度、个人情感的表达等。

马大勇《人人都爱苏东坡》(《现代商业银行》2022年第9期)通过对苏轼生平的叙述，特别是他在政治风波、流放生涯中所表现出的坚韧不拔和乐观向上的精神，展现了苏轼作为文人的典范形象，引用《六月二十日夜渡海》等诗作。曾明、张淑颖《苏轼民族共同意识的形成契机及其精神内核》(《民族学刊》2023年第5期)通过对苏轼生平经历及其诗文作品的分析，探讨苏轼民族共同体意识的形成契机及其精神内核。房思雯《浅谈苏轼及其部分作品的思想感情》(《散文百家(理论)》2022年第4期)挖掘苏轼诗词文作品中的思想感情和“以儒家思想为本，又出入佛释庄禅，兼收并蓄”的哲学思想。杨景春《从诗歌看苏轼的仇池公案、仇池情结及其他》(《汉江师范学院学报》2023年第2期)通过分析苏轼《双石》《仆所藏仇池石，希代之宝也，王晋卿以小诗借观，意在于夺，仆不敢不借，然以此诗先之》等诗歌作品，探讨苏轼对仇池的情结及其背后的文化与心理动因。杨景春《苏轼诗词里的土泥情怀》(《盐城师范学院学报(人文社会科学版)》2022年第5期)通过对苏轼生平经历的梳理，特别是其在被贬谪期间的生活状态和创作背景，揭示了苏轼对土地、泥土的深厚情感及其在诗词中的艺术表现。张喆《品诗文，观其人——感悟苏轼人生》(《课外语文》2023年第8期)通过苏轼的诗文作品、政治生涯以及个人生活的实例，从五个维度分析苏轼豪迈进取的积极态度、兼善苍生的奉献精神、推己及人的幸福观、宠辱不惊的得失观以及坦然应对的生死观。

李君《苏轼〈游净居寺诗并叙〉考论》(《文化艺术创新国际学术论坛论文集(三)》2022年6月)通过对苏轼《游净居寺(并叙)》的考论，探讨河南大苏山净居寺的历史沿革以及苏轼在被贬后的思想和心理轨迹的发展变化。侯婷《从诗文看苏轼贬居海南时期的心理差异》(《汉字文化》2022年第12期)通过对苏轼贬谪海南时期的诗文作品进行分析，揭示了苏轼从最初的排斥和无奈，到逐渐适应和接纳，最终对海南产生深厚感情的心理转变。阙茜《从苏轼贬谪期间的美食作品看其人生观转变》(《作家天地》2023年第17期)通过对苏轼贬谪时期美食题材诗文作品的分析，结合儒道思想揭示了苏轼在不同阶段的生活态度和心境变化。曹陵《历尽劫难来自嘲，一怀愁绪多悲凉——苏轼〈自题金山画像〉赏析》(《语文教学通讯·D刊(学术刊)》2023年第10期)对苏轼《自题金山画像》一诗进行赏析，揭示了苏轼在诗中“看似平淡无奇，实则波涛汹涌”“外表旷达乐观，内里沉痛悲凉”“看似寓庄于谐，实则言近旨远”的复杂情感。李国栋、马良容《从幽人到闲人——苏东坡突围的一个理解视角》（《名作欣赏》2023年第20期）通过探讨苏轼在被贬黄州期间，其诗文作品中的自我称谓变化，体现了其心路历程和人生观念的转变。宋京航《体悟与超越：苏轼贬谪时期食事诗的精神呈现》（《古典文学研究》2022年第1期）通过对苏轼在黄州、惠州、儋州等地所作食事诗的分析，揭示了诗人在面对仕途坎坷与生活艰辛时所表现出的超然态度与乐观精神。

李德豪《苏轼的阅读经验和自我疗愈》（《青年文学家》2023年第28期）引用苏轼诗文对苏轼阅读经验进行剖析，揭示了其如何通过阅读传统经典实现自我疗愈和精神超越的过程。马予思《风雨中的恣意人生——从“黄州书信”看苏轼的心理调适路径》（《芒种》2023年第10期）以苏轼在黄州期间的书信为研究对象，结合同期的诗歌、词作和散文，运用文本分析法和史料结合法，揭示了苏轼从初期的苦闷绝望到最终的超脱旷达的心路历程。郑红艳、丁志军《苏轼文学的生命精神》（《海南热带海洋学院学报》2023年第6期）通过对苏轼诗词文等的解读，揭示了苏轼如何以其超然乐观的心态面对逆境，发现生活之美，并在艺术创作中寻求心灵的慰藉和精神的超越。郭世轩《磨难的贬谪历程与精神的天地境界——论苏轼的海南生涯及其意义》（《海南热带海洋学院学报》2022年第1期）引用苏轼诗文，结合史料，对苏轼在海南的生涯进行探讨，分析这段经历对他个人精神境界的影响和意义。李远哲《浅析苏轼临终作〈自题金山画像〉缘由》（《作家天地》2023年第10期）通过对《自题金山画像》的赏析，揭示了诗人在诗中对苦难的深刻认识、对未能完全施展抱负的遗憾以及对未来短暂时日的些许想象。《苏东坡的情趣人生（上）》（《书城》2023年第1期）和《苏东坡的情趣人生（下）》（《书城》2023年第2期）由郑培凯撰写，通过对苏轼的生平及其诗文作品的分析，展现了苏轼如何在政治风波与个人命运的起伏中，保持其豁达、乐观的生活态度和独特的审美情趣。杨胜宽《苏轼的生活艺术摭谈》（《乐山师范学院学报》2023年第7期）引用苏轼诗文，通过对苏轼生平的坎坷经历和他在逆境中所展现的生活态度进行分析，揭示了苏轼如何将平淡甚至痛苦的生活转化为艺术化的生活，并在此过程中达到一种超然的人生境界。李景新《苏东坡的爱情及其文学表达》（《海南热带海洋学院学报》2022年第1期）涉及对苏轼诗《刁景纯赏瑞香花，忆先朝侍宴，次韵》和《杭州牡丹开时，仆犹在常、润，周令作诗见寄，次其韵，复次一首送赴阙》的考论。徐福义《家在江南黄叶村——论苏轼定居常州的心路历程》(《齐齐哈尔师范高等专科学校学报》2022年第3期)引用苏轼诗文词探讨苏轼定居常州的心路历程,以及这一选择对其个人生活和文学创作产生的深远影响。

马宁《苏轼迁谪淬炼心境之蜕变》(《文学教育(上)》2022年第9期)通过对苏轼年谱及相关诗文作品的分析,探讨苏轼在历经黄州、惠州、儋州三次重大贬谪之后,其心态所发生的深刻变化及其对当代青年的启示。左嘉淇《行藏之间的反复跳跃——苏轼熙宁诗词中的处世心境》(《科学导报》2022年7月26日B02版)探讨苏轼在熙宁年间的诗词创作中所体现的行藏观念及其对个人处世心境的影响。冉昊月《西林壁上的"偏师胜出"——谈苏轼〈题西林壁〉的创作心理》(《作家天地》2022年第18期)首先回顾了李白《望庐山瀑布》的艺术成就,接着转向苏轼的《题西林壁》,分析了苏轼在庐山的游历经历以及其对李白和徐凝诗歌的评价,进而探讨了苏轼创作《题西林壁》的心理动机和学术背景。刘金玲《仕途的底谷 精神的升华——探究苏轼黄州时期的心路历程》(《对联》2022年第4期)通过分析苏轼在黄州时期的诗词作品,揭示了他在政治失意、生活困顿和心灵孤独中,如何通过直面困难、弱化痛苦、积极生活、享受当下,并不断寻找精神家园来排解忧愁,最终达到超然达观的人生境界。木斋《论东坡黄州贬谪的心路历程》(《关东学刊》2022年第3期)通过对苏轼贬谪黄州时期的社会背景、个人经历和诗文词作品的分析,揭示了苏轼如何在面对人生苦难与政治挫折时,通过文学创作实现了自我救赎和心灵升华。赵磊《析论苏轼关中写景记游诗的游赏心态》(《西安文理学院学报(社会科学版)》2023年第3期)探讨苏轼在关中地区的写景记游诗中的游赏心态,并分析其诗歌创作的文化内涵与思想价值。李博《苏轼北归心态及其死因详考》(《大庆师范学院学报》2022年第6期)通过对苏轼北归期间的心态及其死因的考察,探讨其在政治斗争与个人命运交织下的晚年生活。对苏轼《六月二十日夜渡海》《自题金山画像》诗有所讨论。郭江波《苏轼的乐园意识——以〈双石〉为中心》(《乐山师范学院学报》2022年第12期)一文通过对苏轼《双石》诗的解读,揭示了苏轼心中对乐园的复杂情感和深刻思考,认为苏轼的乐园意识不仅是对其坎坷一生的反思,也是对未来自由生活的憧憬。杨景春、刘亚珍《从苏轼诗词里的菜园描写看其躬耕思想》(《河北工程大学学报(社会科学版)》2022年第1期)通过分析苏轼在不同生活阶段创作的与蔬菜相关的诗词,揭示了这些作品不仅是其日常生活的艺术记录,而且反映了苏轼复杂的心路历程和对仕途的疏远与迷惑，以及其由忧郁孤独向旷达洒脱转变的心灵蜕变。贺同赏、宋耀华《苏轼〈东坡八首〉精神意蕴探析》（《河西学院学报》2023年第4期）对苏轼《东坡八首》这组诗作进行文学分析和精神意蕴探析。通过对《东坡八首》的解读，揭示了苏轼在诗中所体现的复杂情感和精神世界。刘深语《苏轼〈宿州次韵刘泾〉内蕴品析》（《文学教育（上）》2022年第2期）旨在深入分析苏轼《宿州次韵刘泾》一诗的内蕴及其所体现的苏轼思想转变。马雪莲《贬谪生涯与苏轼的人格精神及其文学创作》（《天水师范学院学报》2022年第3期）引用苏轼诗文，通过对苏轼贬谪生涯的探究，揭示了苏轼在政治、交友、亲情和自我认知等方面的人格精神是如何在贬谪的艰苦环境中逐渐成熟和稳定的。

（三）创作理念

该部分研究探讨苏轼诗体现的文学创作思想理念等，或将苏诗置于其他理论的视野下进行探讨。另外，也包含苏轼诗所体现的对文人名士的文学创作思想的接受和承变。

探讨苏轼诗的文学创作思想理念等的有：饶学刚《“东坡诗中词”本事的史实钩沉》（《乐山师范学院学报》2022年第9期）一文吸取了顺德职业技术学院人文学院副院长饶晓明的研究成果，论述了“东坡体”形成的文学渊源、东坡新词体及其词学观、“东坡诗中词”的历史展示，表明了“东坡诗中词”确实存在，并不断有新发现。李媛莉《主“动”主“变”：苏东坡的人生“活法”》（《四川日报》2022年7月11日第12版）对苏轼诗的主“动”主“变”有所讨论。曾明《传承弘扬三苏文化 推进文化自信自强——从苏东坡“活法”的实践创造说起》（《西南民族大学学报（人文社会科学版）》2023年第1期）一文主旨在于阐释苏东坡与诗文有关的“活法”的文化软实力价值，分析其在中国古代文学及苏东坡个人创作中的应用，并探讨其在当代社会传承和发展的重要性，强调了文化自信在中华民族伟大复兴中的核心地位。姚华《文本关系中的诗意——论苏轼诗歌中的“异时文本组”》（《文学评论》2023年第5期）旨在探讨苏轼诗歌中的一种特殊现象——“异时文本组”，即苏轼在其诗歌创作中自觉地接续、呼应自我旧作，形成跨越时间的文本联系。张渝《鸿飞那复计东西——我看苏轼》（《荣宝斋》2023年第10期）引用苏轼诗词等，探讨其“无端”与“与物为宜”思想。聂晓爽《论苏轼“有为而作”的讽喻诗学思想》

（《乐山师范学院学报》2024年第1期）通过分析苏轼的诗歌创作和诗学理论，揭示了其如何通过文学讽喻来关注和批判现实，以及在激烈的政治斗争和乌台诗案的影响下，苏轼及其时代诗坛对于讽喻诗学思想的反思和转变。由兴波《论苏轼黄庭坚“自是一家”的文学艺术观》（《新宋学》2023年10月）对苏轼诗文有所讨论，如引《寓居定惠院之东杂花满山有海棠一株土人不知贵也》探讨苏轼“信手拈得俱天成”的作诗理念。何丽君《苏轼诗学理论学术性特征研究》（宁夏大学硕士论文，2023年）分析了苏轼诗学理论学术性特征的形成背景、苏轼诗学理论求真向实的学术追求、苏轼诗学理论的蜀学内蕴、苏轼诗学理论学术性特征的影响。聂晓爽《苏轼诗学思想研究》（青岛大学硕士论文，2023年）探讨了苏轼诗学思想的形成背景、苏轼的诗歌功能价值观、苏轼的诗人创作主体观、苏轼的诗歌审美鉴赏观、苏轼的诗歌创作技法观。

杨殚《浅论苏轼的思想对诗词的拓新》（《对联》2022年第6期）对乐观豁达在苏轼诗文中的体现有所探讨。王佳、崔德全《“忘适”之自然——苏轼“自然”文艺观与创作的文体学考察》（《信阳师范学院学报（哲学社会科学版）》2022年第2期）探讨了苏诗“呈现出了生命的各种情态”和“以意兴为引线”等。孙莹《苏轼黄州时期诗歌中的“理趣”精神》（《中国故事》2023年第6期）通过分析苏轼黄州时期的诗歌，揭示了其作品中的“理趣”内容、表现手法等。王福鑫《从孟诗与苏轼文学观中浅析“韵高而才短”》（《作家天地》2023年第6期）对苏轼诗学创作理念有所探讨，包括苏轼追求平淡的审美倾向、以“才学”为诗的文学主张。黄天飞《从形器到心性：略论苏轼文艺思想的转向》（《乐山师范学院学报》2023年第6期）引用苏轼诗文，揭示了苏轼的文艺观念如何从强调外在事功和“形器”（即具体可感的有形实体）层面，转向更加注重内在本体和“心性”（即人的内在道德和精神本质）的层面，同时仍内含对“形器”的辩证理解。李慧杰《论苏轼文艺作品中的“酒神精神”》（《河南工程学院学报（社会科学版）》2022年第4期）揭示了苏轼诗词作品中与尼采“酒神精神”相契合的深层次文化和哲学内涵。沙红兵《论苏轼的“物我平等”思想与诗艺》（《四川大学学报（哲学社会科学版）》2022年第1期）通过分析苏轼的诗文作品，展示了苏轼如何将“物我平等”思想融入其文艺批评和创作实践中，强调了一种开放、动态的诗学观念。张文利《随物赋形：三苏以水喻文与“自然”诗学观的建构》（《中北大学学报（社会科学版）》2022年第5期）探讨苏洵、苏轼、苏辙父子三人如何通过以水喻文的方式，构建了一种崇尚自然诗境的文学理论。赵旭《“平民底色”与“俚而不俗”：苏轼黄州诗新论》（《宁夏社会科学》2023年第1期）通过分析苏轼黄州诗中的“日常化书写”“内圣之学”“精英意识”与“平民底色”等概念，揭示了苏轼如何将个人的人生哲学、审美趣味与诗歌创作相融合，形成了一种新的文学风格。同时，文章也指出苏轼在探索“以俗为雅”创作方法的过程中存在的一些不足。褚凯《苏轼文学创作中的亲民意识探究》（《作家天地》2022年第22期）通过苏轼的生平经历、政治实践以及诗文作品，揭示了苏轼如何将儒家的民本思想融入其文学创作，以及这种亲民意识如何反映在他的政治行为和文学创作中。韩元《凡物皆有可观：苏诗中的“以俗为雅”》（《古典文学知识》2022年第3期）探讨苏轼诗中“以俗为雅”的创作手法及其在苏轼诗中的具体体现和文学价值，分析了苏轼在遣词造句、谋篇布局以及知人论世三个方面如何将日常生活中的俗事、常情转化为诗歌中的雅趣，从而提升了文学形式上的意义。刘诚龙《东坡诗缺格》（《书屋》2023年第7期）肯定苏轼诗的独特价值和美学特质，同时对传统文学评论中对诗歌格律的过分强调提出批评。王琳嘉《浅析苏轼诗与苏轼词的异同》（《作家天地》2023年第1期）通过苏轼诗与苏轼词的风格、题材、情感、手法等多方面的比较，探讨二者的异同。聂晓爽《试论伊瑟尔“空白”视角下〈和子由渑池怀旧〉的内在哲理》（《开封文化艺术职业学院学报》2022年第6期）通过对《和子由渑池怀旧》的解读，展现了苏轼诗学思想中的“奇趣”和“以禅喻诗”的特点，并通过伊瑟尔的“空白理论”为理解苏轼诗提供了新的视角。

苏轼对文人名士等文学创作思想的接受和承变，此部分研究主要围绕苏轼对陶渊明、白居易、孟浩然的诗歌接受情况。王桂花、莫立民《陶渊明对苏轼诗歌的影响》（《中国韵文学刊》2022年第3期）探讨陶渊明与苏轼的风格以及苏学陶的原因，分析苏轼对陶渊明三个阶段的接受过程，揭示陶渊明对苏轼诗歌的影响，主要体现在两个方面。其一，对苏轼后期诗歌和其思想境界的影响；其二，苏轼的“和陶诗”是其爱陶崇陶诗歌情结的集中展示。强颖、高荆梅《苏轼“和陶”诗的创作特点》（《文学教育（上）》2022年第4期）从苏轼创作和陶诗的历史背景出发，分析了苏轼对陶渊明诗的接受过程、“和陶”诗的艺术风格以及其在苏轼诗创作中的地位和影响。姜俵容《苏轼“和陶诗”的形式特征及其文体史意义》（《中国文学研究》2023年第3期）一文“以苏轼如何建立‘和诗’与‘原诗’的联系、如何平衡诗意传达与诗歌体制为中心，通过分析‘和陶诗’诗意兴发方式、副文本与正文本的配合及其在表现内容和艺术功能上的变化，进一步阐释苏轼‘和陶诗’诗体与诗意的互动关系”。李修建《论苏轼对魏晋名士的接受》（《美术大观》2022年第8期）探讨苏轼对魏晋名士的接受态度及其在诗文中的表现，如对嵇康、谢安等的接受。陈才智《苏东坡眼中的白乐天——以徐州为中心》（《河北大学学报（哲学社会科学版）》2022年第3期）以徐州作为研究的中心点，详细梳理和分析了苏轼在徐州任职期间，如何通过其诗歌、文学创作和评论来表达对白居易的钦慕、效仿，以及最终与之并称的过程。文章认为，苏轼在徐州时期的文学活动不仅是其慕白效白之路的分水岭，而且体现了其对白居易文化遗产的接受与再创造，从而在宋代文坛上重新塑造了白居易的形象。汤如影《论苏轼对白居易的追慕与超越》（《名家名作》2023年第5期）探讨苏轼对白居易的追慕及其在诗歌创作和思想境界上的超越。论及苏诗对白诗的超越，认为“苏诗用语自然平易却又蕴含雅韵，使得其诗意境高于白诗，更胜一筹”。薛瑾、周密《苏轼“元轻白俗”论下“白体”蜕变与“宋调”初成》（《中国韵文学刊》2022年第2期）探讨苏轼对“白体”诗风的继承与革新，以及其在“宋调”形成中的作用和意义。吴嘉璐《论苏轼对白居易咏茶诗的承变》（《重庆交通大学学报（社会科学版）》2023年第1期）指出，苏轼的咏茶诗继承了白居易的表现内容和艺术特色，但在此基础上进行了创新，“相较白诗，苏之咏茶诗丰富了茶作为文学意象的艺术内涵：突出咏茶诗的动态性，用更细致的语言绘茶，将茶与诗人自我的关系紧密化”。胡婷婷《论苏轼评孟浩然诗之“韵高而才短”之精妙》（《青年文学家》2023年第28期）探讨苏轼对孟浩然诗歌“韵高而才短”的评价，分析孟浩然诗歌的艺术特色及其在唐代与宋代文学审美差异中的体现，同时阐释苏轼的文学观念及其与孟浩然诗歌的关联。其中讨论了苏轼的文学观，包括其对“闲淡简远，味外之味”的追求，以及“有为而作，寓理其中”的主张。石小凡《苏轼评价孟浩然“韵高而才短”之说探析》（《青年文学家》2023年第35期）主旨是探讨苏轼对孟浩然“韵高而才短”评价的深层含义及其在文学史上的争议和影响。同时，文章还对苏轼的诗歌创作倾向性及其在文学评论中的特点进行了分析，并指出了钱锺书对苏轼诗创作缺点的批评。徐江《论苏轼诗文对扬雄评价的二重性》（《乐山师范学院学报》2023年第12期）以文本细读的方式分析了苏轼诗中对扬雄的正面称引，包括“悯惜其遭际，赞扬其学问，认同其‘孔颜乐处’式的精神”。同时，文章也探讨了苏轼散文中对扬雄的否定。

四、苏轼诗鉴赏研究

（一）题材与意象研究

2022—2023年间，该部分研究探讨苏轼诗中的特定题材或意象，如山水自然、动物植物、茶酒文化、饮食书写等，以及苏轼诗中所体现的创作风格和审美价值。

山水自然。在自然山水方面，李玲玉《苏轼诗词中的“长江”情怀》（《地方文化研究辑刊》2022年第1期）通过分析苏轼的生平经历与长江的紧密联系，以及其作品中对长江意象的多样化描绘，揭示苏轼诗词中“长江”意象的艺术风格、表现手法和思想内容。李娜《基于〈中国古代山水文学散论〉分析苏轼山水文学的情怀与意境》（《人民黄河》2022年第6期）从艺术手法的角度分析了苏轼山水诗作的美学特征，包括色彩美、形象美和构图美，展示了苏轼如何通过精练的语言和生动的描写，创造出具有独特意境的山川景观。庞鹤立《基于〈中国古代山水文学散论〉分析苏轼山水文学中的山水之美和丰富情怀》（《人民黄河》2023年第1期）分析了苏轼如何运用多样化的文学形式（如诗、词、中长调等）来表现山水之美，以及如何通过细腻的笔触捕捉自然景观的动态变化，从而创造出具有强烈视觉冲击力和情感共鸣的文学作品。李寅华《从〈华士诗性：文士之漫游天下与山水文学〉看苏轼山水诗的艺术特色与旷达情怀》（《人民黄河》2023年第9期）从《华士诗性：文士之漫游天下与山水文学》一书中汲取灵感，分析苏轼山水诗的艺术特色与旷达情怀。李荧《浅析苏轼山水诗的艺术风貌》（《今古文创》2023年第9期）指出苏轼的山水诗表现出以下几个显著特点：妙理成趣、自然流畅、巧设修辞、以画入诗。张晓羽《生命隐喻——论苏轼诗中的山水意象》（《明日风尚》2023年第7期）探讨苏轼诗中运用山水意象作为生命隐喻的表达方式，以及这些隐喻如何构建起独特的生命意境，并在个体生命周期内传达多样的生命体验。赵佳佳、刘炜《苏轼的“西子”书写》（《红河学院学报》2023年第3期）探讨苏轼在其诗词作品中如何通过“西子”这一形象来书写西湖、赞美美人以及抒发个人情感。谢琰《论西湖诗歌的景观书写模式——以白居易、苏轼、杨万里为中心》（《文学遗产》2022年第5期）以白居易、苏轼、杨万里三位诗人的西湖诗歌为研究对象，归纳出三种主要的景观书写模式：全景模式、主体模式和焦点模式，“由此烛显唐宋诗歌书写与西湖景观体系成立之间的深层互动关系”。

李静文、郑虹霓、王慧文《揭开真面：论苏轼庐山诗的文化内涵》（《海南热带海洋学院学报》2023年第1期）主旨在于探讨苏轼庐山诗的文化内涵及其对庐山文化符号的贡献。苏轼的庐山诗不仅反映了庐山的自然景观，而且蕴含了丰富的文化意象，包括山水文化意象、佛教文化意象和隐居文化意象。

由山水入海，康丹芸《苏轼谪琼海洋诗词中的超越意识》（《汕头大学学报（人文社会科学版）》2023年第5期）探讨苏轼在谪琼期间通过对海洋的观照，诗词创作中体现了从哀叹感伤到洒脱超旷，再到平静潇洒的情感变化，最终达到一种超越旷达的精神境界。另外，康倩《苏轼题画诗中的桃花源》（《甘肃社会科学》2022年第2期）主旨在于分析苏轼题画诗中“桃花源”意象的美学特质，探讨其如何通过山水画及题诗表达归隐理想，以及其对“桃花源”意象人世化诠释的美学创新。同时，文章还讨论了苏轼题画诗与绘画的互文性，以及通过音乐性增强山水画意境的艺术手法。

与天象相关，刘梦涵《苏轼文学作品中的天象书写初探》（《名作欣赏》2022年第33期）旨在通过天文软件Stellarium的辅助，深入探讨苏轼文学作品中天象书写的写实性和用典情况。所录案例表明：“若天象写实，通常是借眼前实景渲染抒情氛围；若用典，则关乎命理抑或提升文采”。孙岩《苏轼诗词月意象的研究》（长春师范大学硕士论文，2022年）首先界定了月亮意象的概念，并梳理了苏轼之前月意象在中国古代文学中的流变。在此基础上，文章从苏轼诗词中月意象的内涵、表达手法、思想渊源以及与唐代诗人李白月意象书写的比较四个方面进行了系统性研究。

苏轼诗动物意象研究方面，杨景春在2022—2023年间着墨较多，《苏轼诗的鱼意象及其美学价值》（《海南热带海洋学院学报》2022年第6期）指出苏轼的诗歌不仅吸收了中国鱼文化的精髓，而且巧妙地借助鱼意象来艺术化地表达其对政治生活的认知和体验。苏轼的鱼意象有儒学内涵，也有庄学思想，展现了其对快乐与苦难的深刻感悟，以及对自然生态之美的颂扬。《苏轼诗词动物意象论析》（《宁夏师范学院学报》2022年第3期）分析苏轼作品中的动物意象，如鸿、鹤、马等，揭示了这些动物意象不仅是诗歌情感表达的载体，更是诗人人生体验、思想观念和审美取向的集中体现。《基于概念隐喻理论苏轼诗词鸡意象的空间认知》（《地域文化研究》2023年第3期）通过概念隐喻理论的视角，探讨苏轼诗词中“鸡”意象的空间认知及其在苏轼文学作品中的多层次内涵。《苏轼诗歌研究中的动物性及构建苏轼动物诗学问题研究》（《青海师范大学学报（社会科学版）》2022年第2期）探讨苏轼诗中动物意象的研究现状及其构建苏轼动物诗学的必要性与可能性。主张通过构建苏轼动物诗学，对苏轼诗中的动物意象进行深入研究，以期为古典文学研究领域带来新的理论和实践成果。

苏轼诗植物意象研究方面，周玮璞《唐宋诗歌花肉互喻关系的书写流变与后世接受——以苏轼〈定惠院海棠〉为中心》（《南海学刊》2023年第6期）探讨唐代中期至宋代期间，诗歌中以人喻花，尤其是以“肉红”喻花的比喻手法的演变及其在后世的接受和影响。特别是苏轼《定惠院海棠》中的“红映肉”比喻，如何成为后世诗人仿效的典范，并在清代引发对宋诗风格的论辩，反映了唐宋诗风之争的诗学观念差异。于梦娇《论苏轼杭州诗词中植物意象折射出的文人思想》（《今古文创》2022年第41期）探讨苏轼在杭州任职期间所创作诗词中的植物意象，以及这些意象所折射出的文人思想。蒋蓝《东坡与海棠的邂逅史》（《天涯》2023年第6期）引用苏轼海棠诗，探讨了海棠花在中国传统文化中的地位与象征意义，以及苏东坡与海棠之间的深厚情感联系。杨加加、李玲丽《苏轼荔枝诗词研究》（《惠州学院学报》2023年第2期）对苏轼咏叹荔枝诗词的思想内容、艺术特色及情怀志向进行探讨。张苑瑜《草木有本心——苏轼〈和子由记园中草木十一首〉的草木意象探究》（《中学语文教学参考》2023年第16期）指出，苏轼在《和子由记园中草木十一首》中运用草木意象，表达了对草木生命力的赞颂、对离愁别绪的嗟叹以及对淡泊情怀的寄托，体现了诗人对自然的独特审美和人文关怀。贺同赏《松柏种植与苏轼的“松柏世界”》（《北方论丛》2023年第5期）引用苏轼松柏诗探讨其“松柏世界”的丰富意蕴以及与“松柏世界”之因缘。盛凡、曹建《苏轼的柑橘情结与艺术创作》（《大学书法》2023年第5期）探讨苏轼以柑橘为题材的诗书创作，认为苏轼“柑橘入诗”的原因在于“除了看重柑橘品性外，与他生活的环境也密切相关”。

茶酒饮食方面，茶文化相关的论文有魏子钦《由苏轼论“茶”观其蜀学旨归》（《海南师范大学学报（社会科学版）》2023年第4期）引用苏轼诗文，通过哲学诠释、历史境遇和文学创作三个维度，分析苏轼对“茶”的不同层面的阐释，揭示了苏轼蜀学思想的内涵与外延。冯青《论苏轼的茶禅与易理》（《农业考古》2023年第5期）通过分析苏轼的诗词文赋，揭示了苏轼在涉茶作品中所体现的闲适、幽寂、清欢等空灵境界，以及其对禅宗的深刻感悟。魏子钦《苏轼茶道美学的文化结构之两端》（《海南师范大学学报（社会科学版）》2023年第2期）通过对苏轼茶诗与茶句的分析，探讨了苏轼茶道美学的文化结构，揭示了其在现实生活中所体现的“安闲顺适”的生活态度和通过“以小见大”的艺术方式实现理想生活现实化的途径。杨多杰《“东坡”种茶背后的故事》（《月读》2022年第4期）通过苏轼的诗歌及其生活实践，展现了苏轼在农耕中的自给自足理念、对茶的珍视以及其乐观的生活态度和对文化传承的重视。张瑞芳《苏轼茶诗茶事管窥》（《开封文化艺术职业学院学报》2023年第3期）通过对苏轼茶诗的梳理与分析，探讨了诗中所反映的茶艺美学、茶情表达、茶境描绘，以及茶文化与宋代社会文化背景的紧密联系。次仁吉《苏轼茶诗艺术研究》（《福建茶叶》2023年第4期）通过对苏轼茶诗创作的社会背景、艺术特色及其情感表达的深入分析，揭示了苏轼茶诗在宋代茶诗艺术体系中的重要地位。

与酒文化有关的论文，张婉怡《“扫愁帚”和“钓诗钩”——简析酒对苏轼诗词创作的作用》（《青年文学家》2023年第13期）探讨酒在苏轼诗词创作中所扮演的双重角色：一方面，酒作为“扫愁帚”，帮助苏轼排解内心的负面情绪，提供精神上的慰藉；另一方面，酒又作为“钓诗钩”，激发苏轼的创作灵感，使其诗词表达更加真切自然。潘殊闲《我欲醉眠芳草：苏轼与酒的不了情》（《地方文化研究辑刊》2022年第1期）引用苏轼诗词，探讨苏轼与酒文化的深厚关系。胡成、吴冰洁《以苏轼诗词为例浅谈宋代诗酒文化的特点》（《参花（中）》2022年第4期）通过分析苏轼的诗词作品，探讨了宋代诗酒文化的特点及其背后的社会文化背景。

与饮食书写有关的论文，方笑一《苏轼饮食诗中的“地方”》（《华南师范大学学报（社会科学版）》2023年第5期）旨在探讨苏轼饮食诗中“地方”元素的多重意涵及其与饮食实践和交往的深层联系。文章通过分析苏轼饮食诗中关于地方的书写，揭示了苏轼如何通过与地方相关的食物和饮食活动建立对特定地域的认同感，以及这种认同感对于苏轼在贬谪期间心态调适的重要性。史笑添《从奇想恣肆到儒家文学批评——苏轼饮食书写的渊源、表现与意义》（《古代文学理论研究》2023年第1期）引用苏轼诗文等，探讨苏轼饮食书写的渊源、表现及其在文学批评中的意义。周潇、宋京航《遭际与况味：苏轼贬谪时期食事诗的双重呈现》（《湖北师范大学学报（哲学社会科学版）》2023年第2期）旨在探讨苏轼在贬谪黄州、惠州、儋州期间，如何通过创作以饮食为题材的诗歌来反映其仕途的坎坷以及个人生活状态和内心情感的转变。

其他题材。睡眠、涉梦题材书写，张萍《苏轼的睡眠书写》（《乐山师范学院学报》2023年第9期）旨在探讨苏轼的睡眠书写，分析其在文学作品中对睡眠的多层次、多侧面的描述及其所蕴含的文化品格和人生哲思。王佳琳《苏轼晚年涉梦诗研究》（《青年文学家》2023年第2期）通过苏轼诗文探讨其晚年涉梦诗的内容分类、主题意蕴及其所反映的情感思绪。周斌《梦与醒的通路：苏轼的“应梦”叙事与记忆改写》（《海南大学学报（人文社会科学版）》2024年第3期）引用苏轼诗文，探讨苏轼如何通过联想建立抽象对应关系，实现梦境与现实的相互转化，从而为“人生如梦”这一命题提供理性解释。

“影”意象书写，李瑞卿《苏轼影论》（《艺术学研究》2022年第5期）引用苏轼诗文等，探讨苏轼在其诗学和哲学思想中关于“形、神、影”的独特阐释体系。严琪琪《苏轼诗词作品中的影意象》（《四川职业技术学院学报》2022年第6期）通过分析苏轼诗词中的影意象，揭示了其独特的审美特征和情感意蕴，并探讨了苏轼创作中影意象使用的多重原因。

另外，朱刚先生《从桃源流出的江湖——苏诗的“江湖”书写》（《华东师范大学学报（哲学社会科学版）》2022年第4期）探讨苏轼和苏辙如何通过诗歌创作，重新构建了“江湖”这一概念。值得注意的是，“苏轼把‘江湖’跟‘桃源’相联结的诗意构思，强调‘江湖’之水是从‘桃源’流出。由‘桃源’而‘江湖’，是一种精神文化的延伸，正好与权力延伸的方向相反”。杨衍亮、邱美琼《苏轼诗歌的身体书写及其诗学意义》（《海南热带海洋学院学报》2023年第4期）通过分析苏轼诗中丰富的身体词汇，揭示了苏轼对身体的特别关注，分别对苏轼的身体观念、苏轼诗歌身体书写的具体呈现、苏轼诗歌身体书写的诗学价值有所探讨。林思仪《论苏轼诗词中的遗忘书写》（《乐山师范学院学报》2022年第11期）主旨在于探讨苏轼诗词中关于遗忘主题的书写，分析苏轼诗词在情感、暂避现实以及超脱层面上的不同表现和内在联系。曹迪迪《论苏轼诗歌中的“心灰”意象》（《今古文创》2024年第2期）主旨在于探讨苏轼诗歌中“心灰”意象的多重内涵及其在不同人生阶段的体现。作者通过对苏轼诗歌中“心灰”意象的梳理与分析，揭示了苏轼在不同生活阶段对“心灰”意象的不同诠释和情感寄托。王燕《从意象角度看苏轼黄州诗文中的“自洽有为”》（《今古文创》2023年第40期）主旨在于探讨苏轼黄州时期诗文中的意象内涵，如对“酒”“梦”“舟”“水”“月”“幽人”等的解读。

并着重分析了其“自洽有为”的主体人格精神。刘祖豪《论北宋文人的眼疾书写——以苏轼为中心》（《古典文学研究》2022年第2期）以苏轼为代表，探讨北宋文人因频繁阅读而普遍患眼疾的文学表现，分析其诗文中的眼疾书写，反映文人的生活状态和精神面貌，同时比较苏轼与同代文人在眼疾书写上的差异，强调对文人个体经历的关注。屈开圆《苏轼诗歌的礼物酬答书写》（《绍兴文理学院学报》2022年第9期）探讨苏轼在礼物酬答诗歌创作中的创新与特色。作者指出，苏轼在礼物酬答诗中融入个人生命体验，运用传记笔法，突破了宋前应酬化写作模式，使礼物成为情感沟通的媒介，并通过“我”与“君”的对话形式，强化了诗歌的交际功能。

（二）创作风格与审美价值研究

该部分研究探讨苏轼诗歌的创作风格与审美价值，也包括对某一特定诗作的赏析。

文肖婷、夏建程《苏轼的诗、词、赋创作风格分析》（《青年文学家》2023年第18期）通过苏轼的人生经历和创作背景，归纳其诗、词、赋创作风格，即旷达的创作风格、归隐的创作风格、狂放不羁的创作风格三种。郭甜甜《苏轼诗词中的通感现象研究》（《艺术品鉴》2023年第3期）通过分析苏轼诗词中的具体实例，揭示了通感现象在苏轼作品中的两种主要表现形式：一是感觉的移借，即不同感官之间的相互转换；二是五官联觉与心觉的融合，通过联想和想象塑造意象，感知并创造意境。程相占、刘汉君《论苏轼作为寄寓之道的自然审美》（《社会科学》2023年第7期）引用苏轼诗文等，从寄寓之道的角度探讨苏轼的自然审美。刘晓迪《论苏轼诗词中的崇高美——以朗吉弩斯的〈论崇高〉为观照》（《参花（中）》2022年第11期）通过描述苏轼的生平背景、精神追求、情感表达、写作技巧和诗词结构等方面，阐释了苏轼诗词如何体现了朗吉弩斯所描述的崇高美。刘晗《苏轼日常饮茶的审美意蕴》（《农业考古》2023年第2期）引用苏轼诗文词，通过对苏轼日常饮茶的审美意蕴的深入分析，展现了苏轼如何将日常生活艺术化，以及其审美实践如何体现了中国古典美学的核心精神，即生活与艺术的内在融通和审美与生活的密切关系。胡诗萌《论苏轼作品的自然美》（《作家天地》2022年第29期）结合苏轼的具体诗词，探讨苏轼诗词作品中的自然美及其特点，并分析形成这种自然美背后的成因。杨古纳《诗与思：论苏轼诗歌的审美理性》（暨南大学硕士论文，2022年）探讨苏轼诗歌中审美理性的内涵及其特征，并从意象之境、哲理之境和击虚之境三个层面深入分析苏轼如何通过诗歌创作实现审美理性与文艺价值、思想高度的和谐统一。黄梦婷《苏轼生活审美实践研究》（青岛大学硕士论文，2022年）以生活美学为理论依据，依托苏轼的诗词文章内容，通过分析苏轼的文艺创作和生活实践，勾勒出其生活审美的实践内容和承载方式。郭甜甜《苏轼“卧游”审美观念研究》（长安大学硕士论文，2023年）探讨苏轼“卧游”审美观念的来源、内涵等，对苏轼的诗文作品有所分析。李瑞双《苏轼诗词的哲理意蕴及艺术特色品析》（《牡丹》2023年第6期）分析了苏轼诗词的哲理意蕴和艺术特色，如《题西林壁》中对全面观察以求真知的思考，以及《饮湖上初晴后雨二首·其二》中对美的理解。

具体的苏轼诗赏析研究，有钟锦《闲说苏轼的〈百步洪〉二首》（《名作欣赏》2022年第13期）分析苏轼的《百步洪》二首诗作，探讨其文学价值和艺术特色。

五、苏轼诗比较研究

2022—2023年，苏轼诗比较研究将苏轼诗与其他文学作品进行比较分析，研究或集中于将苏轼与唐代和宋代其他著名诗人的作品进行比较，如与李白、杜甫、白居易、刘禹锡等进行比较，探讨各自在诗歌风格、主题内容和艺术表现等方面的异同；或涉及苏轼诗与其他时期诗人作品或个域作品的比较，展现苏诗的跨时代影响和多维比较视角。

（一）苏诗与其他唐宋诗人作品比较

按文章所对比的历史人物的大致生活年代进行排序，梁宁《李白与苏轼七绝的比较》（《牡丹》2022年第22期）旨在通过对李白和苏轼两位诗人七言绝句的比较分析，总结他们诗歌风格特色中的同中之异。得出的结论为李白与苏轼的七绝都寄情于景，但李白的诗风雄奇浪漫、气势磅礴，而苏轼则以冷静的洞察力和乐观旷达的态度见长。两者均在作品中巧妙融合现实主义与浪漫主义元素。孙岩、孙浩宇《苏轼与李白月意象书写比较》（《对联》2022年第7期）专注于探讨苏轼与李白在诗词中对月意象书写之异同。研究指出，二者异在李白与月同为一体而苏轼则是借月遣怀，同在都运用了浪漫主义手法，托意怀人，观照现实。

赵璟溪《唐宋诗用典异同摭谈——以杜诗和苏诗为例》（《青年文学家》2023年第11期）通过对杜甫和苏轼诗歌中用典手法的比较，揭示了唐宋诗在用典上的风格差异。杜甫的诗用典雅致、精切，多取正史，由旧翻新，体现了唐诗典雅精致的特点；而苏轼的诗用典则偏向民俗粗放，融入了稗官野史和民间俗语，由俗生新，展现了宋诗的创新性和世俗化。易三钰《杜甫草堂与苏轼桄榔庵空间书写对比》（《今古文创》2023年第47期）一文比较了杜甫在成都草堂与苏轼在儋州桄榔庵的生活与诗歌创作，指出两地虽环境不同，但均为诗人提供了情感寄托的空间。文章通过文学地理学上的比较，揭示了两位诗人如何在各自的地理环境中创作出富有地方特色的诗歌作品，所展现的空间也有同有异。

何璇《白居易与苏轼迁谪心态之异同》（《文教资料》2022年第19期）中“过渡期的白居易和超越性的苏轼”论述部分，作者通过对比两位文人在迁谪期间的诗歌创作，揭示了他们在面对人生逆境时不同的心理状态和应对策略。白璇《白居易与苏轼咏花诗比较研究》（《齐齐哈尔师范高等专科学校学报》2022年第2期）通过比较研究白居易与苏轼的咏花诗，揭示了两位诗人在咏花主题、诗歌风格和创作手法上的异同。李沂铼《刘禹锡与苏轼述老诗比较研究》（西南大学硕士论文，2023年）通过比较研究的方法，深入探讨了刘禹锡与苏轼的述老诗创作。研究围绕两者诗歌题材意蕴、创作心态、艺术表现和文化内涵四个维度进行，旨在揭示两位诗人对衰老主题的不同处理及其背后的文化和个人因素。文章揭示了中唐至北宋时期崇老风尚的演变轨迹，以及衰老在文学中的审美转变，从而丰富了对唐宋文学发展及其美学思想的认识。研究结果表明，尽管刘禹锡和苏轼在创作风格和个人经历上存在差异，但二者的诗歌都反映了对衰老深刻的认识和独特的审美追求。半夏《东坡所从来》（《书城》2023年第4期）引用苏轼诗文，分析苏轼与白居易两位文人在政治挫折后如何通过文学创作实现精神自救，并探讨了他们在生活态度和文学追求上的相似性。

李溪《论苏轼“小园观物”的旨趣——从〈和子由记园中草木〉与程颢〈秋日〉诗的比较说起》（《道家文化研究》2020年）对苏轼的“小园观物”诗歌进行了学术解读，从对比苏轼的《和子由记园中草木十一首》组诗与程颢的《秋日》入手，探讨了苏轼在观物中超越美恶的道家倾向及其同理学的差别。王美芸、王正环《苏轼与陆游茶诗比较分析》（《福建茶叶》2023年第2期）旨在比较分析苏轼与陆游的茶诗，探讨两位诗人在茶文化记录、审美风格和价值追求上的差异。在审美追求上，苏轼的茶诗呈现出清简、出尘的美感，追求超然物外的境界；陆游的茶诗则以清新流丽、简淡古朴为特点，更多反映了乡村生活的诗情与理趣。又进一步分析了造成两位诗人茶诗存在差异的原因，包括时代背景和个体性格与经历的不同。这些差异反映了北宋到南宋时期的茶诗审美变化。浅见洋二《血的连锁——苏轼、陆游诗中的“孝”》(《中国诗学研究》2023年第1期)通过比较苏轼与陆游的诗歌，探讨了两位宋代文学家对“孝”概念的不同表述和理解。文章指出，陆游的诗歌直接且热情地表达了对“孝”的尊崇，并将《孝经》的教义融入其诗歌创作中，体现了其深厚的社会基础和对报国理念的执着。相反，苏轼在经历了政治挫折和个人流放后，其对“孝”的态度显得更为复杂和多维，他的诗歌中透露出对传统孝道观念的超脱和个人自由精神的追求。

（二）苏诗与其他时期诗人作品或个域作品的比较

陈洪先生的《再议东坡诗与〈西游记〉》(《明清小说研究》2023年第4期)深入探讨了苏东坡诗歌与《西游记》之间“或然”的联系，提出苏东坡的诗可能对《西游记》有所影响。通过分析苏东坡的《杨康功有石，状如醉道士，为赋此诗》和《咏怪石》等诗作，作者发现其中的故事要素与《西游记》前七回孙悟空的出身传，尤其是大闹天宫的情节，存在明显的互文性。《石芝》诗又暗合《西游记》中道童请唐僧吃人参果的桥段。此外，考虑到明代苏东坡诗歌的流行程度，该文认为《西游记》的作者可能受到了苏东坡作品的启发。这一发现为探讨《西游记》的成书过程和文学价值提供了新的视角。

夏志欢《〈佛国集〉和韵诗歌研究：饶诗与苏诗的比较》(《韩山师范学院学报》2023年第2期)主要探讨了饶宗颐《佛国集》中的诗歌与苏轼诗歌在艺术表现上的异同。文章通过对饶宗颐在《佛国集》中用韵和次韵东坡诗进行分析，揭示了饶诗与苏诗之差异。在物色选取上，饶宗颐和苏轼都选择了具有特色的景物来构建各自的诗歌世界，但饶诗更注重展现真实景象，而苏诗则通过联想和幽默来烘托人物。在语言风格上，苏诗恢宏大气，饶诗安静透彻。诗歌结构方面，饶诗与苏诗虽在外部结构上相似，但内部结构则各有千秋，苏诗以情贯之，文思流畅，饶诗则更为复杂多变，思绪缥缈曲折。意境创造上，“苏诗是以生活之景升至精神层面，而饶诗则是将思维与情感下放到生活之景中”。

六、苏轼诗接受与传播研究

该部分讨论2022—2023年间苏轼诗作在不同文化和地域中的接受情况，如海外译介和传播。另外分析苏轼诗在中国不同历史时期的接受与评价，包括历代文人的评论和现代学者的研究等。

（一）海外译介与传播

海外译介方面，高平《文化传播视角下的苏轼诗词美学翻译策略探究》（《前沿》2022年第2期）研读对比林语堂先生和许渊冲先生对苏轼诗词的英译文本，探讨文化传播视角下苏轼诗词美学翻译的策略，以期在跨文化交流中更好地传达中国古典文学的审美价值和哲学思想。常安旖旎《苏轼诗词英译中意象的传递——以林语堂译本为例》（《海外英语》2023年第7期）以林语堂的《东坡诗文选》英译本为研究对象，探讨苏轼诗词英译中意象传递的效果，在苏轼诗英译方面举了《和子由渑池怀旧》的例子。郑文静、龙璐《从“三美论”的角度浅析许渊冲的诗歌英译——以苏轼诗词英文译文为例》（《海外英语》2022年第20期）详细阐述了许渊冲先生提出的“三美论”翻译理论，即在诗歌翻译中追求意美、音美和形美的完美结合，并以此为指导原则，深入分析了许渊冲先生在翻译苏轼诗词时的具体实践和技巧，举了《和子由渑池怀旧》《饮湖上初晴后雨》等例。夏红娟《许渊冲与华兹生的苏轼诗词英译比较研究——以操纵理论视角下意象翻译为中心》（北京外国语大学硕士论文，2022年）以操纵理论视角探讨了苏轼诗词英译中的意象翻译问题，重点分析了许渊冲与伯顿·华兹生关于苏轼诗词的两种不同英译版本，通过对两种译文的意象翻译策略的比较分析，揭示了意识形态、诗学观念等因素对翻译实践的影响，并讨论了意象翻译在促进中国文化走向世界过程中的重要性。万燚、段苏俊《美国汉学界的苏轼文艺美学思想研究》（《海南大学学报（人文社会科学版）》2024年第3期）通过对苏轼诗文的分析，系统梳理和评述美国汉学界对苏轼文艺美学思想的研究成果，特别是艾朗诺（Ronald Egan）、卜寿珊（Susan Bush）、许龙（XU Long）和包弼德（Peter Bol）等学者对苏轼在书论、画论和文论三个方面的深入探讨。于天博、徐冰露《生态翻译学视角下苏轼〈饮湖上初晴后雨〉三个英译本的比较研究》（《芒种》2022年第6期）从生态翻译学翻译本体理论出发，从语言维、文化维、交际维的三维转换角度，比较蔡廷干、林语堂、许渊冲三人对《饮湖上初晴后雨》（其二）的英译本，得出结论为许渊冲译本转化度更高。启示在外宣文化材料翻译中，“多维整合”理论具有指导性意义。苏欣《文化折射与融合：翻译规范视域下华兹生英译苏轼诗词研究》（《鲁东大学学报（哲学社会科学版）》2022年第4期）探讨美国汉学家华兹生英译苏轼诗词的翻译规范及其文化折射与融合现象。通过应用图里的翻译规范理论，文章分析了华兹生在翻译苏轼诗词时所遵循的预备规范、操作规范和初始规范，揭示了其翻译实践中的文化选择和策略。辛红娟、魏薇《翻译批评视角下华兹生苏轼诗词英译研究：翻译立场与诗学重构》（《翻译研究》2023年第2期）分析了美国翻译家伯顿·华兹生在英译苏轼诗词中所体现的"读者导向"翻译立场，探讨了他如何在保持原诗意境和思想的同时，通过对体裁、意象和修辞的诗学重构，使中国古典诗词适应英语读者的审美和接受。方世勇《英语世界中国文学作品选集中苏诗编选研究——以〈哥伦比亚文选〉〈诺顿中国文选〉为例》（《乐山师范学院学报》2023年第2期）探讨英语世界中中国文学作品选集对苏轼诗歌的编选标准及其呈现方式，以《哥伦比亚文选》和《诺顿中国文选》为研究对象。文章通过分析这两部具有代表性的英译选集中苏诗的编排、体裁与内容，揭示了其与中国文学选编实践的差异。孙铭璐、范祥涛《苏轼诗词英译的对外传播研究》（《海外英语》2023年第14期）通过运用网站大数据检索、定量分析等研究方法，详细考察了苏轼诗词英译本及其研究专著的海外传播现状。结果表明，尽管苏轼诗词英译在国际上受到一定关注，但21世纪以来其传播力度有所减弱。文章强调了文化多样性的重要性，并提出了加大英译作品研究、提升文化传播力度等建议，以促进中华文化的国际传播。吕忠宝、刘微微《苏轼诗歌在海外的译介和传播研究》（《海外英语》2022年第24期）旨在探讨苏轼诗歌在海外的译介和传播情况，并分析其在英语世界中影响力相对较弱的原因。文章还特别强调了英国汉学家阿瑟·韦利和翟理斯在推动苏轼诗歌海外传播方面的重要作用，并通过对比不同译者对苏轼《水调歌头·明月几时有》的英译本，探讨了诗歌翻译中文化意蕴和情感传达的挑战。最后，文章提出了加快苏轼诗歌及中国古典诗词在海外传播的速度的建议以及对苏轼诗歌及中国古典诗词在海外传播前景进行了展望。蒋琳《东坡诗词意象在翻译中的重构》（《成都航空职业技术学院学报》2022年第4期）探讨了苏东坡诗词中意象在英译中的重构，强调了和合翻译理论在实现文化意象传递中的作用，并通过对比分析展示了平衡语言和文化维度的重要性，旨在实现原作神韵的有效传达和跨文化交流。陈夏临《体肤神貌：以苏轼诗翻译筑跨文化审美共同体》（《乐山师范学院学报》2024年第1期）分析了译者如何在英译策略上从"体""肤""神""貌"四个维度对苏轼诗的文体、格律、意象、意境等文化元素进行创造性转化。缪颖《评价理论态度系统视域下苏轼诗词的英译研究》（《英语广场》2023年第11期）以评价理论为框架，在态度系统视角下，对苏轼的诗词及其英译版本进行对比研究。研究选取了苏轼的10首诗词和Burton Watson的英文译文作为语料，对其中态度资源的分布特征进行对比分析。

苏轼诗海外接受与传播方面，刘帼超《赖山阳〈东坡诗钞〉考论》（《中华文史论丛》2022年第2期）对江户后期选家赖山阳（1780—1832）所选宋诗《东坡诗钞》进行考论，从选本诞生的理论背景：日本性灵说的反思与诗学宗尚的变化、《东坡诗钞》的选目来源和编选特点、赖山阳的苏诗批评体系："正变"观念下的"本色"批评三个维度进行切入，分析《东坡诗钞》所体现的江户后期日本对苏诗接受的特点。总的来说，文章通过《东坡诗钞》这一选本，展示了苏轼诗歌在日本的传播与接受情况，揭示了江户时代后期日本诗论家如何通过选本编纂来吸收和反思中国诗歌，尤其是苏轼诗的艺术特质，同时也反映了日本汉诗在接受中国文学影响的过程中所表现出的本土化趋势。陈庆《近30年韩国学者的苏轼研究（1992—2022）——以期刊论文为中心》（《长江学术》2023年第3期）系统梳理和分析了1992年至2022年间韩国学者发表的关于苏轼研究的期刊论文。其中涵盖了苏轼诗歌研究的多个方面，包括其诗歌语言、主题内容、艺术特色等，研究学者有安熙珍、曹圭百、柳素真等。郭雪妮《作为方法的"画题"——苏轼诗在日本中世禅林的图像化接受》（《域外汉籍研究集刊》2022年第2期）探讨日本中世时期，特别是室町时代禅林如何通过图像化的方式接受和诠释中国文学，以苏轼诗歌在日本的图像化接受为例，分析了五山文学中的"画题"现象。商新新《朝鲜黄玹〈除夕，次东坡诗三首〉与苏轼原诗之比较——兼论黄玹对苏轼及其诗歌的接受》（《名作欣赏》2023年第30期）探讨朝鲜末期文学家黄玹对苏轼及其诗的接受与黄玹受苏轼诗的影响，黄玹对苏轼的全面接受是宋诗在朝鲜半岛影响和接受的典型案例。陈丽雯《金时习对苏轼诗歌的接受研究》（四川师范大学硕士论文，2023年）探讨朝鲜王朝初期著名诗人金时习对苏轼诗歌的接受与模仿情况。林晓畅《朝鲜王朝诗人朴永辅对苏轼诗学的接受——以〈绿帆诗话〉为中心》（《乐山师范学院学报》2024年第6期）以朴永辅的《绿帆诗话》为核心研究文本，揭示了朴永辅对苏轼文学观点的接受与评价，以及其个人诗学观念的阐述，为苏轼诗学研究提供了一种异域视角。

林洁滢《越南阮朝诗人裴文禩对苏轼及其诗歌的接受》（《乐山师范学院学报》2023年第11期）旨在探讨越南阮朝诗人裴文禩对苏轼及其诗歌的接受与借鉴。裴文禩在诗歌创作中，"将苏轼在古风创作上的特点归纳为'逸宕'，且在汉文诗歌创作中追步苏轼，包括袭用苏诗字面、追次苏诗之韵、摹仿苏轼古体诗风格”。周丽玫《20世纪30年代苏东坡作品东传与影响的个案研究》（《泰山学院学报》2022年第3期）从诗文的字词引用与对乌台诗案的具体描述两方面验证幸田露伴的《苏东坡与海南岛》与清王文诰《苏文忠公诗编注集成总案》的匹配度，确定两者间的关联。得出结论：“20世纪30年代，在西洋之风兴盛的日本，仍有以幸田露伴为首的日本文人对中国文化怀着景仰之情，参照自己所藏汉典书目《苏文忠公诗编注集成总案》撰写《苏东坡与海南岛》一文并发表”。

（二）古今接受与评价

古代文人对苏轼诗的接受与评价研究，谢文君《典范的流动——五山诗学畅销书与禅僧的黄庭坚诗接受》（《日语学习与研究》2022年第3期）通过对宋代诗话与选本的深入分析，揭示了江西诗风如何在五山禅僧中流传并影响其诗学建构与美学风尚。研究发现，宋代文人选本与书商选本在推动黄庭坚诗歌接受方面发挥了重要作用，其中文人选本强调诗法与门派，导致苏轼律诗评选中的“山谷化”现象。杨碧海《陈师道苏诗师承论辨析》（《河南社会科学》2023年第9期）旨在深入分析和辨析陈师道关于苏轼诗歌师承问题的观点，即苏轼早期诗歌创作受到刘禹锡的影响，而晚期则转向学习李白的风格。王雪一《论惠洪的补东坡遗诗》（《新国学》2022年第2期）剖析了惠洪的补遗诗作，旨在揭示其创作形式的实质和动机。同时，将补遗诗的形式放置于补亡与代言的文学传统与时代背景之中，探讨其在文学演进中的新变和意义。周裕锴《规模东坡——宋僧惠洪在海南的“补东坡遗”》（《海南大学学报（人文社会科学版）》2023年第6期）着重论述了惠洪在海南期间所创作的七首“补东坡遗”系列诗歌，得出结论“如果说‘和陶诗’是苏轼与数百年前诗人的隔代对话，‘补东坡遗’则是惠洪对当代文豪、前辈诗人作品的续写补写，显示出他‘规模东坡’的创作心理，不仅是文字上的模仿，而且有现场的追随，更有感同身受的体验”。马瑜理《浅论薛昂夫对苏轼的接受与创变》（《惠州学院学报》2022年第1期）探讨元代散曲家薛昂夫对苏轼的文学接受与创造性变革，其中包括对苏轼诗的接受。

张开辉《海天异代接孤芳——论丘濬对苏轼文学思想的接受》（海南师范大学硕士论文，2023年）谈到明代海南文人丘濬对苏轼倡导的诗文自然美、经世济用文学观念、豪放风格的接受，并且化用苏轼诗文为诗等。该作者另一篇文章《一凤南来一北翔，海天异代接孤芳——丘濬对苏轼诗歌的接受》（《三角洲》2023年第16期）则专门探讨了丘濬对苏轼诗歌的接受，以及这种接受对海南地域诗歌传统的建构和发展所具有的重要意义。另外，张开辉、郭皓政《桄榔诗社对苏轼诗文与人格的接受》（《海南热带海洋学院学报》2023年第1期）通过分析桄榔诗社成员的诗歌创作和相关文献，揭示了苏轼在海南文化史上的深远影响，以及其诗文和人格风貌如何被海南文人所接受和推崇。两位作者合作撰写的《近四十年苏轼海南诗文研究综述》（《海南开放大学学报》2023年第2期）旨在综述近四十年来关于苏轼海南诗文研究的主要成果与发展趋势。通过对现有文献的梳理与分析，文章归纳了苏轼海南诗文研究的五个主要方面：一是对苏轼海南诗文的编注、辑佚、考证工作的进展；二是对苏轼海南诗文思想内涵的探讨，包括儒释道思想、心态、精神境界及其他思想的研究；三是对苏轼海南诗文内容与艺术特征的分析，涉及地域风情、诗歌总体评价、诗歌与散文的艺术特征；四是苏轼海南诗文的比较研究及其他相关研究，包括与其他文人作品的比较和不同视角的解读；五是苏轼海南和陶诗的研究。

尚鹏《论清代扬州唱和的欧苏情结》（《扬州文化研究论丛》2023年第1期）主要探讨了清代扬州地区文人对欧阳修和苏轼的深厚情感和欧、苏在扬州地域的文化影响。其中，苏轼在扬州任知州期间的政治功绩和文化活动，特别是他在平山堂的诗词，如《平山堂次王居卿祠部韵》等，为扬州文化增添了风雅的内涵，使得平山堂成为清代扬州唱和的高地。李若辰《清乾隆时期诗话中的苏轼研究》（广西大学硕士论文，2022年）谈及乾隆期诗话对苏诗艺术的尊崇，包括用典：好征典而善持择、化用：夺胎换骨两个方面，也探讨了乾隆期诗话对苏轼诗论、文论和才气的尊崇。刘上生《曹寅平等理想的闪光——〈与曲师小饮和静夫来诗次东坡韵〉探析》（《曹雪芹研究》2023年第2期）探讨曹寅次韵东坡的《定惠院寓居月夜偶出》二首而作的《与曲师小饮和静夫来诗次东坡韵》中所体现的平等理想及其与个人身份地位之间的内在矛盾。李万豪《诗书并茂——西南巨儒郑珍的东坡情结》（《大学书法》2023年第4期）提及郑珍作为清诗大家，其文学创作深受苏轼影响，这一点在其诗文和书法作品中均有明显体现。郑珍不仅在日常生活中将学习苏轼的诗歌作为重要内容，而且在诗歌创作技巧上也积极借鉴和模仿苏轼。杨建梅《从〈艺概〉看刘熙载对苏轼诗词的评点》（《湖北工业职业技术学院学报》2023年第2期）分析了晚清刘熙载在《艺概》中对苏轼诗词的评价。苏轼诗研究部分，刘熙载“对苏诗的本源出处、写作特点及地位给予了独到的评论”。尹浩文《刘熙载〈艺概〉对苏轼的评论研究》（西北师范大学硕士论文，2023年）有对刘熙载用豪旷与清新评论苏轼的诗歌风格的探讨。孟国栋《科举与日常：清代的试律诗创作与苏轼诗歌接受》（《海南大学学报（人文社会科学版）》2023年第6期）探讨清代科举考试制度下，苏轼诗歌接受与传播的特定历史语境，进一步揭示清代苏诗接受的某些特征，即“苏诗的接受呈现出较为明显的地域差异”，“随着时间的推移，苏诗的接受呈现出越来越强劲之势”。蔡伦《清代论诗绝句中的苏轼形象及其文学批评》（《乐山师范学院学报》2023年第2期）在苏诗研究部分，从三个方面展开分析：一是清代论诗绝句中对苏轼文才卓绝、忠诚品质、诗歌风格与特色的评价；二是对苏轼诗文创作的具体批评，包括其和韵诗的创作技巧、佛学对其创作的影响以及苏诗风格的探讨；三是评述与苏轼相关的文学论题，如“穷而后工”的文学创作历程和元好问对苏诗的评价等。万娜《乾嘉诗话中的苏轼诗歌接受研究》（曲阜师范大学硕士论文，2022年）总结归纳乾嘉诗话中关于苏轼诗歌、苏轼诗歌历史地位以及苏轼形象三方面的接受情况，并进一步探讨苏诗接受在乾嘉时期迎来鼎盛时刻的原因。庹玮桦《从论诗诗看清人对宋诗的接受——以苏轼为中心》（《青年文学家》2022年第33期）探讨清代文人对宋诗的接受态度，特别是以苏轼为中心的论诗诗作品。通过分析沈德潜、翁方纲和谢启昆三位清代文人的论诗诗，深入探讨了他们对苏轼及其诗作的评价和接受。赵超《论何焯对苏轼诗的阐释》（《中国文学研究》2023年第1期）探讨清初著名文史评点家何焯对苏轼诗歌的评点与阐释，分析其对苏诗政治内涵、艺术特色及诗学价值的理解和评价。

白以恒《历代追和苏轼“尖叉”诗考论》（《乐山师范学院学报》2022年第6期）旨在探讨历代文人对于苏轼《雪后书北台壁二首》的追和现象，并分析其背后的文化与社会因素。郭皓政、薛俊芳、蒽琼等《苏轼〈海外集〉文化意义的多维解读（笔谈）》（《海南师范大学学报（社会科学版）》2023年第2期）对苏轼“和陶”诗、刘辰翁的苏诗评点、王文诰论苏轼海外诗、苏轼诗文在海南的接受与传播皆有所论及。

现代学者对苏轼诗的接受，苏思涵《苏轼文学作品的接受学诠释》（《文学教育（上）》2022年第11期）对“读者对苏轼诗歌的接受原因”有所探讨。王帅《“雄辞杂今古，中有屈宋姿”——从苏轼评论诗的视角解读〈黄楼赋〉》（《宁波开放大学学报》2022年第3期）旨在通过对苏轼评论诗的视角分析，深入解读秦观的《黄楼赋》，探讨其独特的艺术风貌和文学价值。张鸣《致广大而尽精微：谈谈王水照先生的苏轼研究》（《名作欣赏》2023年第25期）以及王友胜《史料·问题·统系：论王水照先生的苏轼研究》（《南宁师范大学学报（哲学社会科学版）》2023年第3期）文章中对王水照先生的苏诗研究论文有所分析。

七、苏轼诗跨学科研究

该部分讨论2022—2023年间苏轼诗作的跨学科研究，涉及教育教学、文艺互动、历史地理、生活民俗以及其他跨学科领域研究。

（一）教育教学研究

这一类研究包括了苏轼诗歌在不同教育阶段的教学设计、教学策略、对学生文学素养和审美能力培养的作用等研究。

小学学段的研究，有关苏轼某些诗作的案例分析或教学设计，《惠崇春江晚景》有李青霖的《〈绝句〉〈惠崇春江晚景〉〈三衢道中〉（三下）教学设计》（《小学语文教学》2023年Z1期），乔霞霞的《〈惠崇春江晚景〉趣味多》（《书法教育》2022年第3期）。《六月二十七日望湖楼醉书》有向鹏程的《想象画面，由景入情——六年级上册〈六月二十七日望湖楼醉书〉教学设计》（《新教师》2023年第8期）。徐鹏、林长山《信息技术融入小学语文跨学科学习的实践探究》（《中小学数字化教学》2022年第9期）对苏轼的《饮湖上初晴后雨》《六月二十七日望湖楼醉书》提出利用信息技术跨学科教学的建议。叶秀香《小学语文苏轼作品移情教学研究》（海南师范大学硕士论文，2023年），从移情角度对小学学段的苏轼作品教学进行了指导，其中也有对《饮湖上初晴后雨》的案例分析。黄敏华《中小学语文教材苏轼诗文地理书写及教学价值》（《语文教学与研究》2022年第13期）与《中小学语文教材中的苏轼诗文地理书写及教学价值》（《长春教育学院学报》2022年第6期）从地理书写角度对《饮湖上初晴后雨》《六月二十七日望湖楼醉书》等小学学段选编的苏轼诗教学有所涉及。张燕《古诗文教学“拓展阅读”的实践路径》（《语文世界（小学生之窗）》2023年第12期）谈到了苏轼《题西林壁》课外阅读设计。李佳《苏轼在〈题西林壁〉中不识的“真面目”》（《教育科学论坛》2022年第8期）通过对苏轼《题西林壁》的多维度解读，强调了诗作在文学、哲学和教育层面的重要价值，以及《题西林壁》深层次内涵的教学意义。黄洁《深耕古诗词教学 承传统文化根脉——以〈题西林壁〉为例》（《语文新读写》2022年第3期）以《题西林壁》为案例进行哲理诗内容的解读，探究该诗中独特的意象及艺术特色，构建小学哲理诗教学策略。梁荣《唤醒古诗教学的“大整体”意识——以小学统编版教材中苏轼诗作为例》（《陕西教育（教学版）》2023年第3期）和段立苹《在诗词赏析中感受苏轼的人格魅力》（《四川教育》2022年第2期）对苏轼诗词《赠刘景文》《饮湖上初晴后雨》《惠崇春江晚景》《题西林壁》《六月二十七日望湖楼醉书》《浣溪沙》进行了教学解读。教学评析方面有何小波、刘晓军《“点字成诗：紧扣一点，致敬苏轼”教学实录及评析》（《小学语文教学》2022年第30期）以及刘美娟、孙小冬《“苏轼美食诗词”教学及点评》（《小学语文教学》2022年第11期）。吴芸《他山之石：品苏轼诗词中的作文意蕴——以统编教材苏轼经典写景诗词为例》（《作文成功之路》2022年第33期）探讨如何通过学习和借鉴小学统编教材的苏轼诗词来提升作文的意蕴和艺术感染力。

初高中学段的研究，初高中统编语文教材收录的苏轼作品几乎都为词和文，因而该部分关于苏轼诗的研究并不多。关于苏轼诗在初中语文教学中的应用，鲁康红、祝荣泉《人生到处知何似——苏轼的人生地图——统编语文教材九（下）情境读写》（《初中生世界》2023年Z6期）对苏轼的《自题金山画像》《惠州一绝》《狱中寄子由二首·其一》《和子由渑池怀旧》有所讨论。向晓雨《基于学习任务群的高中苏轼诗词教学研究》（西南大学硕士论文，2022年）基于学习任务群进行了苏轼诗词教学设计。

其他方面的苏轼诗教学研究，有赵晓丹《苏轼诗词教学研究——以河北大学高级阶段留学生为例》（河北大学硕士论文，2022年）对苏轼的诗歌进行分类，对写景类、理趣类、节日礼俗类和咏史怀古类四种不同类型诗词进行教学设计。谢应翠《“苏轼居儋诗文鉴赏”校本课程开发研究》（海南师范大学硕士论文，2022年）主旨在于研究并开发以苏轼在海南儋州贬居期间所创作诗文为内容的校本课程。

（二）文艺互动研究

该部分研究探讨苏轼诗歌与音乐、美术、书法、舞蹈等艺术形式的互动与融合，以及其在文化艺术领域中的影响和意义。

音乐方面，郎耀辉《从“古雅”到“无弦”：历史语境中苏轼琴学思想的变迁》（《美育学刊》2022年第6期）引苏轼《听贤师琴》《杂书琴事》《听僧昭素琴》《听武道士弹贺若》《破琴诗》等琴诗，总结出苏轼琴学思想经历了复杂的矛盾与变迁，晚年将“淡美”的审美思想融入琴艺之中，这一举措不仅提升了琴论的层次，使其超越了单纯的音乐审美范畴，还赋予了琴乐更深远的情感表达力，使其成为一种承载生命哲学思考的艺术形式。

美术方面，关于苏轼“诗画一律”说，有朱贞明卓《苏轼“诗画一律”研究》（辽宁大学硕士论文，2023年）对此进行研究，分析了其在文艺理论领域的价值和对后世绘画发展的影响。文章首先梳理了苏轼之前诗画关系的发展历程，然后从苏轼的艺术观念、创作实践以及对后世的影响三个角度详细阐述了“诗画一律”的内涵。此外，还探讨了“诗画一律”对文人画理论的贡献，以及苏轼在绘画创作上的实践和对后世画家的启发。张小强《苏轼“诗画一律”论中的创作情感态度分析》（《青年文学家》2022年第23期）探讨苏轼“诗画一律”理论中的情感态度，强调诗歌和绘画通过共同的审美情感相互联系，追求自然、真实和淡远的艺术风格。苏轼认为艺术创作应顺应自然规律，表达真情实感，不受外界束缚，直接抒发性灵。这一理论提升了情感在文艺创作中的核心地位，并对后世艺术和哲学思想产生了深远影响。陈云飞《“诗画一律”与文人画审美标准》（《艺术品鉴》2022年第33期）探讨了苏轼“诗画一律”理论的发展及其在文人画审美标准中的作用。苏轼提出诗与画在艺术表现上具有一致性，强调了“天工与清新”的审美理念。文章还分析了苏轼如何将诗歌的审美标准应用于绘画评价中，从而确立了文人画的审美体系，并指出苏轼的理论对后世文人画的影响深远，促进了诗画结合成为中国艺术的特色。苏轼的“诗画一律”理论不仅在艺术形式上有所创新，更在精神层面上体现了对禅宗思想的融合和对文人内心世界的深刻洞察。方观生《苏轼“诗画一律”美学思想研究》（《名家名作》2023年第26期）旨在研究苏轼“诗画一律”的美学思想，探讨其在文人画发展中的影响和文化意义。文章分析了“诗画一律”的内涵，包括对自然美的追求和清新淡雅的艺术风格，以及苏轼如何将这一理论应用于自己的绘画和题画诗创作中。此外，文章还讨论了苏轼的文艺思想中情感的重要性和对主体性的强调，以及这些观点如何丰富中国艺术理论和启发后世艺术家。毛宣国《博通包容 艺为人生——苏轼的艺术批评理论》（《南海学刊》2022年第5期）也谈到了苏轼“诗画一律”的艺术批评理论，“诗中有画、画中有诗”的命题。黄顺《苏轼黄州诗赋景观的绘画创作及数字化传播》（湖北美术学院硕士论文，2023年）聚焦于苏轼在黄州时期的诗赋作品，探讨如何通过现代绘画技术和数字化手段来表现和传播苏轼的诗赋景观，对苏轼黄州时期艺术创作的重要标准“诗画同源”亦有所说明。高雨洁《苏轼的绘画美学思想研究》（《美与时代（中）》2022年第3期）阐述了苏轼提出的“诗画一律”的美学观念，强调了诗歌与绘画在表达情感和意境上的相通性。

论及苏轼的诗画观及其在艺术史上的影响，殷晓蕾《瑞典汉学家喜龙仁眼中的艺术评论家苏东坡》（《国际汉学》2022年第3期）在译介喜龙仁《艺术评论家苏东坡》一文基础上，阐述了其对苏轼绘画理论乃至宋画的认识与理解，进而剖析喜龙仁此文的写作缘由、目的及对后学研究苏轼绘画创作的启示。其中，引用了喜龙仁对苏轼《书鄢陵王主簿所画折枝二首》《郭祥正家醉画竹石壁上郭作诗为谢且遗古铜剑》等诗作的分析。夏中义《论士人画：从苏轼到郑板桥——“墨石诗意”七百年》（《华东师范大学学报（哲学社会科学版）》2022年第5期）通过对苏轼和郑板桥作品的分析，揭示了“士人画”中“墨石诗意”的深层含义，苏轼的“怪石”被视为一种“安魂之石”，象征着对理想人格的追求和对世俗的超脱；而郑板桥的“竹兰石”则进一步发展了这一主题，将其提升为一种精神的寄托和自我实现的象征。文中引用了苏轼的诗文来支持分析和论点，如《杨康功有石，状如醉道士，为赋此诗》等。林锐的《论诗歌与绘画的关系——以苏轼诗画观为例》（《书画世界》2023年第1期）通过对苏轼诗画观的分析，展示了诗歌与绘画在艺术表现上的相互联系和区别。文章指出，苏轼认为，在创作素材的选择上，画家与诗人有些许相似之处。诗歌依赖于文字的运用来展现其内涵，而绘画则通过色彩与线条的交织来捕捉形象。此外，诗歌和绘画在塑造艺术形象方面存在显著的差异，绘画有其独到之处，能够展现诗歌所不能达到的艺术效果；同样，绘画也无法完全表达诗歌所蕴含的深远意境。罗冰《苏轼的士人画观与写意观》（《大众文艺》2022年第3期）借苏轼诗文等探讨苏轼在书画艺术领域中关于“士人画”和“写意”观念的贡献与影响。梁晔然《浅谈苏轼的文人画论——以苏轼与王诜题画诗文为视角》（《喜剧世界（下半月）》2023年第11期）探讨了北宋中期文人苏轼的文人画论，以及其与王诜的交往和题画诗文中所蕴含的艺术见解。讨论了苏轼《书王定国所藏烟江叠嶂图》《又书王晋卿画四首》等题画诗文。

潘静如《近世艺术史上的诗书画印典范论及其变迁——兼及苏轼诗性世界的张力》(《清华大学学报(哲学社会科学版)》2022年第3期)深入探讨了近世艺术史上诗书画印典范论的变迁，特别是苏轼诗性世界的张力及其对后世艺术发展的影响。刘汉君《苏轼“形理两全”命题的自然审美模式意义》(《华中学术》2023年第1期)借苏轼《书鄢陵王主簿所画折枝二首·其一》《韩干马十四匹》《溪光亭》等诗文探讨了苏轼“形理两全”这一画论思想的自然审美模式意义。高建平《论苏轼与“形似”观念的纠缠》(《文艺评论》2023年第2期)围绕苏轼《书鄢陵王主簿所画折枝二首·其一》等作品探讨了苏轼在绘画史上的地位和贡献，尤其是他对“形似”观念的挑战和超越。刘柯岑《苏轼题画诗“语—图”关系研究》(广西师范大学硕士论文，2023年)探讨了苏轼题画诗中语言艺术与图像艺术的交融关系。张珈萌《郭熙画论观照下的苏轼山水诗刍议》(《唐都学刊》2023年第3期)指出苏轼的山水诗在布局、意境和情感表达上与郭熙的绘画理念有着密切的联系，体现了诗画交融的艺术特色。

书法方面，苏轼作为宋代文学与书法的集大成者，其诗作往往蕴含深厚的文化内涵和独特的艺术风格，同时也以其书法作品的形式流传于世。这部分研究基本围绕书法中的“尚意”或“写情”进行探讨，鉴于该部分研究范围的广泛性，具体诗作部分仅总结学者研究较多的苏轼《黄州寒食帖》相关论文。有董水荣《苏轼的“尚意”书风》(《荣宝斋》2023年第9期)说明苏轼在书法创作中，更注重形与意的结合，通过字形的塑造和空间的营造来表达意象，这一点在他的《寒食帖》中表现得尤为明显。王海轩《千古风流寒食帖》(《共产党员》2022年第2期)分析了《寒食帖》的笔法、结构和章法，指出其变化丰富、节奏感强烈，特别是在表达情感和心境方面，帖中某些字句的书写更是书法与诗意结合的典范。王彬绮《〈黄州寒食帖〉草稿之谜》(《书法教育》2023年第6期)探讨《黄州寒食帖》中的字形变化反映了苏轼在落笔时的情感波动，如“年”字的夸张竖画和“纸”字的长竖笔画都展现了他内心的苦闷与愤懑。成宏耀《压抑的放纵——苏轼〈黄州寒食帖〉管窥》(《青少年书法》2022年第18期)细说苏轼《黄州寒食帖》里的“四个长竖”，析其审美亮点。李永忠《人物低谷 艺术巅峰——苏轼〈黄州寒食诗帖〉》(《现代商业银行》2022年第3期)通过对诗帖的详细解读，揭示了苏轼在书法艺术上的创新和个性表达，以及他的作品对后世的深远影响。谢锦岚《用笔墨还原苏轼的诗》(《书法教育》2022年第5期)介绍苏轼的诗歌和书法艺术，特别是通过分析苏轼的《六月二十七日望湖楼醉书》和《黄州寒食诗帖》两篇作品，展示了苏轼如何在诗歌和书法中表达自己的情感和生活哲学。赵孟雄《苏轼文学作品与书法作品的情感表达研究》（《文化产业》2023年第10期）从笔触字形等方面谈到了苏轼《黄州寒食诗帖》的情感表达。

结合苏轼诗句“我书意造本无法，点画信手烦推求”，有郭德艺《苏轼：我书意造本无法》（《中关村》2023年第7期）引用苏轼《柳氏二外甥求笔迹二首》《黄州寒食帖》等作品，探讨苏轼的书法艺术，强调其“书意造本无法”。牛王岗《从“以法取意”到“轻法重意”——苏轼创作思想中“意”的位移》（《思维与智慧》2023年第10期）围绕着苏轼“以意观法”的创作思路而作文。张霞《浅析苏轼之“意”》（《文物鉴定与鉴赏》2023年第15期）通过对苏轼生平和苏轼之书的分析，以及对其书画观的整理，解析苏轼之“意”。裴家伟、裴家月《试析苏轼之“气韵”观》（《天工》2023年第10期）探讨苏轼“气韵”观的内涵、来源及其对后世书学的影响，对“尚意”亦有所论。

另外，罗江尧《文同书法美学及对苏轼的启示》（《中国民族博览》2023年第18期）探讨了北宋时期杰出书法家文同的书法美学特点及其对苏轼艺术创作的影响，苏轼在学习文同的墨竹画技巧的同时，也深刻体会到了文同笔触中的独特韵味。加之苏轼与文同之间频繁的书信往来，以及对文同书法作品的细致观摩，这些互动无疑为苏轼书法风格的演进提供了丰富的灵感和重要的启示，该文章涉及苏轼《书晁补之所藏与可画竹三首》等诗的探讨。张玉杰《苏轼论书诗中管窥其书学思想》（《作家天地》2022年第34期）通过分析苏轼的论书诗，揭示了其书学思想的三个核心要素：“读书万卷”“无法而法”和“尚意之意”。

舞蹈方面，对沈伟新作《诗忆东坡》的讨论，有刘春《悲郁与超然的时间仪式——〈诗忆东坡〉中的文化借用》（《舞蹈》2023年第5期），全剧诗词选择的重点有苏轼的《正月二十日与潘郭二生出郊寻春忽记去年是日同至女王城作诗乃和前韵》《黄州寒食帖》等，对苏轼诗词进行了艺术诠释。

（三）历史地理研究

这一类苏诗研究聚焦于从历史背景、天文地理角度对苏轼的诗歌进行探讨。

与历史背景相关，陈越、卞东波《与少陵诗史同条共贯——施顾〈注东坡先生诗〉所载史事发微》（《新宋学》2021年2月）主要探讨了宋代施宿所编撰的《注东坡先生诗》中所蕴含的史学价值，尤其是通过《东坡先生年谱》和题注来展现苏轼诗歌背后的历史瞬间和社会背景。文章分析了施宿如何在注解苏轼诗歌时，充分利用当时的史料、石刻、墨迹等第一手资料，以及他如何通过这些资料对诗歌文本进行校勘和史实考证。李山岭《乌台诗案相关史实辨证》（《湖州师范学院学报》2022年第9期）探讨了苏轼所涉及的乌台诗案的历史事实和相关记载的差异。文章通过对苏轼在不同情境下的自述、宋人笔记中的记载以及宋代法律条文的对照分析，试图辨识和考察乌台诗案发生时具体情形记载的可靠性，并探究造成这些差异的原因。苏轼的诗在乌台诗案中扮演了多重角色，既是案件发生的诱因，也是记录和反映苏轼个人经历及当时社会状况的重要文献。

与天文地理相关的，杜逸轩《苏轼密州作品中的文学地理价值刍议》（《名家名作》2022年第5期）主旨在于探讨苏轼在密州时期的作品所体现的文学地理价值，对苏轼《卢山五咏》（障日峰）有所讨论。张常清《苏轼诗文里的地理及其教学价值分析》（《中学地理教学参考》2023年第5期）主旨在于探讨苏轼诗文中蕴含的地理信息及其在教学上的应用价值。宋媛媛、肖猷洪《诗词中的天文学——斯人乃德星，遣出虚危间》（《百科探秘（航空航天）》2022年第9期）通过分析苏轼的诗句，探讨中国古代诗词中的天文学元素以及天文现象与人文历史之间的联系等。姜永育《苏东坡笔下的雨是啥雨》（《百科知识》2023年第20期）通过分析苏轼的《六月二十七日望湖楼醉书·其一》这首诗，探讨古诗词中的气象知识，并尝试解读诗中所描述的降雨类型。

（四）生活民俗研究

这一类研究关注苏轼诗中反映的生活美学、饮食文化、民俗事象等日常生活方面的内容，以及其对现代生活的影响。

民俗方面，苏轼诗与民俗相关研究，有杨景春、闫淑红《从〈海外集〉海南民俗书写看苏轼的民俗观》（《山东艺术》2022年第5期）以苏轼的儋州作品为依据，分析海南民俗书写，进而探讨苏轼的民俗观，提到苏轼《海南人不作寒食，而以上巳上冢，予携一瓢酒，寻诸生，皆出矣。独老符秀才在，因与饮，至醉，符盖儋人之安贫守静者也》《上元夜过赴儋守召，独坐有感》等诗。曾庆雅《基于语料库的苏轼节令诗词民俗事象及文化研究》（《乐山师范学院学报》2022年第11期）旨在揭示苏轼作品中丰富的民俗文化现象，并通过这些民俗描写来展现苏轼的民俗文化观，以及其所反映的中华民族的文化特色和社会心理。文章通过对苏轼节令诗词的系统分析，揭示了其作品中所蕴含的饮食文化、祖先信仰以及求吉辟邪的社会心理。杨潇棋《吴越农事民俗对苏轼诗歌的影响》（《三门峡职业技术学院学报》2023年第1期）旨在探讨苏轼诗歌创作中吴越农事民俗的影响。作者通过对苏轼在吴越地区为官期间所创作的农事民俗诗歌进行深入分析，揭示了吴越民俗文化对苏轼诗歌题材内容、创作风格以及思想情感的深刻影响。

饮食方面，陈高翔《以〈中国饮食文化〉看苏轼文学创作中的饮食》（《作家天地》2022年第28期）探讨苏轼在其文学创作中对中国传统饮食文化的体现和影响，特别是茶文化、酒文化和食文化三个方面。文章通过分析苏轼的诗词作品，揭示了苏轼对饮食文化的美学追求和文化意识。王紫骆《苏轼饮食文化书写研究》（陕西理工大学硕士论文，2022年）聚焦于苏轼的饮食文化书写，深入探讨其在不同地域、不同生活阶段所展现出的饮食审美情趣和文化心态。通过对苏轼生平及其广泛仕宦路线的梳理，文章详细分析了苏轼在四川眉州、京畿地区、长江中下游的黄州地区及岭南地区等地的饮食体验，以及这些体验如何反映在其诗歌创作中，从而揭示了苏轼饮食书写的地域特征和文化意义。廖泊乔《苏轼酿的酒里加了什么?》（《艺术品鉴》2022年第22期）通过对苏轼的酿酒实践及其与酒文化的关联进行深入探讨，揭示了苏轼在不同人生阶段对酿酒艺术的探索和其文学作品之间的互动关系。引《真一酒》《庚辰岁正月十二日天门冬酒熟，予自漉之，且漉且尝，遂以大醉二首》等诗。郑培凯《苏轼吃素不杀生?》（《书城》2022年第4期）旨在探讨苏轼在饮食文化方面的行为与其佛学思想之间的矛盾与调适。文章通过分析苏轼的诗歌、书信、散文等文献资料，揭示了他在面对美食时的心理挣扎和自我辩解，以及他如何通过文学和禅宗思想来处理这种内心的冲突。李健《美食与人生：苏轼的生活美学管窥》（《中国文艺评论》2022年第1期）通过对苏轼诗文中关于美食的记述和描写，分析了苏轼如何将饮食这一生活本能上升到精神层面，并与人的精神追求相结合，从而赋予饮食以美学的意蕴。结合《寒具》《和蒋夔寄茶》等诗作中的相关内容，全面展现了苏轼在中国饮食美学史上的独特贡献和价值。马骕《淤泥生莲——苏轼居儋饮食的理想与现实》（《名作欣赏》2023年第8期）探讨苏轼在海南儋州贬谪期间的饮食生活及其对个人诗文创作的影响。作者通过对苏轼在儋州期间所作诗文的深入分析，揭示了苏轼在面对艰苦环境和生活困境时所展现出的乐观豁达的人生态度和对美食的热爱。陈鹏《苏东坡的诗词美食》（《同舟共进》2022年第5期）通过对苏轼诗词中的食品描写进行深入分析，揭示了苏轼对食物的独特情感和审美追求，以及其在饮食文化方面的贡献。王静《饮食的历史记忆与文化认同——从东坡饼与元修菜说开去》（《宁夏大学学报（人文社会科学版）》2023年第2期）通过对苏轼宦游时期的心态调适、南宋陆游与家铉翁的壮志难酬与家国之思以及遗民文天祥与家铉翁对苏、巢的吟咏等不同角度的分析，展现了饮食文化如何成为个人与集体记忆的载体，以及对宋朝饮食文化的认同和传承。通过对苏轼诗歌的引用和分析，探讨了饮食文化在历史记忆中的重要地位。王德明、陈显锋《苏轼诗文中饮食研究》（《美食研究》2022年第1期）通过分析苏轼的诗文作品，揭示了其饮食观念的科学性与时代局限性，并对其烹饪技艺进行了详细的例证，从而展现了苏轼在推动中华美食文化发展方面的重要作用。傅景芳《东坡诗词融入东坡美食文化研发的路径与应用——以黄冈职业技术学院张彬国家技能大师工作室为例》（《黄冈职业技术学院学报》2022年第6期）通过案例研究法，以黄冈职业技术学院张彬国家技能大师工作室为例，探讨东坡诗词与东坡美食文化相结合的研发路径，并提出具体的应用策略。

（五）其他跨学科领域研究

这一类研究涉及医药养生、信息传播等与苏轼诗歌相关的其他跨学科研究领域，探讨其在现代社会的应用和价值。

医药养生方面，杨丹阳、姜涛《文豪苏轼诗词中药食同源文化研究》（《文化创新比较研究》2023年第4期）探讨苏轼诗词作品中所蕴含的药食同源文化，并试图从这一独特视角分析和理解苏轼的文学创作及其与中医药文化的关联，涉及了苏轼《十月十四日以病在告独酌》《四月十一日初食荔支》《和子由记园中草木十一首》等诗。刘怀荣、梁志贤《苏轼的“三适”之乐——“向文学问养生”之二》（《博览群书》2022年第7期）通过对苏轼的《谪居三适》组诗的深入分析，围绕“晨起梳头”“午后坐睡”和“夜晚濯足”等养生活动探讨了苏轼在养生方面的心得体会及其在文学作品中的体现。田艳霞《苏轼：享受“吃喝主义”亦能精致养生》（《中医健康养生》2023年第4期）结合了苏轼《小圃五咏》《初到黄州》等诗作进行探究，展现苏轼如何在享受美食的同时，坚持养生的“中正平和”理念。陈粤、刘湘、邱雨菲等《中华古典诗歌中蕴含的医学人文情怀——以苏轼涉药诗为例》(《新纪实》2022年第4期）旨在探讨苏轼涉药诗作中蕴含的医学人文情怀，分析其诗歌与医药结合的丰富内涵，并探讨其在当代社会的意义。

涂薇《苏东坡养生思想与实践研究——苏东坡养生生活化、生活养生化的人生追求》(西南大学硕士论文，2023年）结合苏轼的《试院煎茶》《杭州故人信至齐安》《初到黄州》诗及其他文学作品，基于传统养生文化的道教、中医、佛教理论对苏东坡养生思想与实践进行研究，并分析得出苏东坡的养生思想与实践的特色主要为以下几点：一是养生生活化、生活养生化，二是养生多元化与完整化，三是养生理论与方法一体化。董雪《苏东坡养生思想研究》(天津体育学院硕士论文，2022年）参考了许多苏轼养生诗，如《次韵子由病酒肺疾发》《谪居三适》等，旨在深入挖掘苏轼养生思想的内涵，评价其在当代社会的应用价值，并提出相应的建议，以期为现代人提供一种结合传统文化和现代生活的健康生活方式。

信息传播方面，侯瑾菲、梁艺多《基于词典库的在线开放诗词情感分析研究》(《电脑编程技巧与维护》2022年第2期）通过结合单 情感词典库和复合情感词典库的方法对苏轼的3460首诗词进行了情感分析。研究结果显示，苏轼的诗词整体上呈现出较为积极的情感基调，但同时也存在一些作品中带有显著的消极情绪。未来的研究方向将致力于利用模糊算子，开展古诗词的多词典情感分析。

旅游文化方面，侯县军《“问汝平生功业，黄州惠州儋州”》(《惠州日报》2023年3月24日第4版）介绍了苏轼在黄州的“两赋一词”等作品，以及他在惠州的日常生活和文学创作，结合苏轼《食荔支》等诗文，描述了当代黄冈和惠州如何保护和传承苏轼的文化遗产，以及如何利用这些文化资源促进城市发展和文化交流。同作者另一篇《苏轼：寓惠三载 遗爱千年》(《惠州日报》2023年6月21日第3版）介绍苏轼在惠州的寓居生活及其对当地文化和社会发展产生的深远影响。文章中提到的《食荔支》《江月五首》等作品，都是苏轼在惠州期间的创作，这些诗歌的引用强化了苏轼与惠州的紧密联系，使得苏轼在惠州的文化影响力得以凸显。王渭清、赵磊《苏轼关中文学景观探析》(《海南热带海洋学院学报》2023年第6期）探讨苏轼在关中地区任职期间的文学创作活动及其对当地文学景观的促进和丰富作用。文章通过分析苏轼在凤翔任签判三年期间的诗歌创作，揭示了其文学景观的三个独特内涵：符号内容的固定性、符号品质的独有性以及符号文化的生成性。进而探讨苏轼关中文学景观资源的开发与利用。

王依农《雾里看花："琢红玉"与"须饶汝"含义试论》（《美成在久》2022年第2期）引用了苏轼的《试院煎茶》中的诗句"定州花瓷琢红玉"，这句诗在文献中被广泛引用，并成为定瓷赏鉴的参考。文章通过对这句诗的深入分析，旨在阐明其具体含义，并重新审视其在陶瓷史研究中的作用。

八、2022—2023年苏轼诗研究总论

回顾2022—2023年的苏轼诗研究相关文献，可以发现一个值得关注的现象，尽管苏轼的诗作一直是学术界关注的焦点，且持续激发着研究者们的兴趣，但近期的研究成果在学术创新和理论深度方面似乎未能完全满足预期。这一现象可能指向了当前研究路径中存在的某些局限。为此，笔者提出以下建议，以期促进苏轼诗研究的学术繁荣：

首先，研究范式与理论框架的创新。当前，苏轼诗的研究在很大程度上依赖于传统的研究范式和理论框架，这导致了研究内容的重复和论题的浅薄。为了突破这一局限，研究者应当探索新的视角，采用跨学科方法，整合文学、历史、哲学、艺术等多个学科的理论和实践，以获得更全面和深入的研究视角。尽管目前已有尝试，但这些尝试往往缺乏专业性和深度，未能充分展现苏轼诗歌的复杂性和多维性。另外，部分研究可能未能充分利用现有的文献资源和历史资料，或者在研究方法上缺乏创新，导致研究成果的深度和广度受限。这种情况可能会使得苏轼诗研究陷入一种自我重复的循环，难以产生新的学术突破。

其次，学术深度与研究质量的提升。学术界对苏轼诗的研究产出了众多文章，但这些成果在深度和学术性方面存在不足。许多研究仅停留在对苏轼诗的表面引述和简要讨论，缺乏对文本内在意义和艺术价值的深入挖掘。这可能与研究者对苏轼诗理解的全面性和深入性不足有关。此外，部分研究内容更倾向于文学鉴赏而非学术论文，缺乏必要的学术论证和理论支撑。因此，未来的研究应当注重提升学术深度，采用严谨的研究方法，进行系统的学术探讨，以提高研究的质量和学术性。

最后，研究热点与方向的多元化。学术界对苏轼诗研究的热点话题和研究

方向存在一定的趋同现象，这限制了研究视野的拓展，并可能导致学术资源的浪费。未来的研究应当倡导主题多样化，鼓励探索苏轼诗中较少关注的领域。同时，引入创新的理论框架，以揭示苏轼诗研究的新维度。此外，促进学术对话，加强公共传播，都是激发学术界创新潜力、促进苏轼诗研究深入发展的重要策略。

本文旨在广泛审视并系统梳理2022至2023年间关于苏诗的文献，力求避免因个人主观选择而产生的局限性，因此并未对所综述文章的质量进行严格的优劣筛选，旨在为学术界提供一个较为宏观的2022—2023年苏轼诗研究全景，以便不同背景、不同研究方向的学者们都能够从中找到有价值的参考和启示。尽管努力追求研究的全面性和准确性，但由于个人视野和理解的限制，加之苏轼诗研究领域的深和广，可能未能涵盖所有相关的研究成果，也可能存在某些不足之处。这些不足可能包括但不限于对某些研究成果的遗漏、对某些研究趋势的忽视或对某些研究方法的不充分评价。期待学界专家提出宝贵意见，通过开放的学术对话和深入的讨论，共同深化对该研究主题的理解。

苏轼词研究综述

海南师范大学文学院　李思彤

苏轼词作研究是一个逐步深化的过程，2022—2023两年间，研究苏轼词作的论文成果丰硕，主要涉及思想与心态、主题与意象、接受与传播以及比较研究、跨学科研究等方面，对苏轼词学思想、词风艺术的挖掘也在不断深化和细化。文章分门别类地介绍了近两年有关论文的主要观点，力求让读者较为全面地了解苏轼词作研究的新成果。

一、苏词的思想与心态研究

结合近两年成果来看，学界对苏词所展现的东坡思想和心态研究较为重视。该部分主要涉及近两年对苏词思想研究和心态研究的主要成果。

（一）苏词思想研究

1. 苏词的佛道思想研究

对苏轼佛教思想的研究历来有之。近两年对“禅宗”思想的研究出现了一些新角度，如冯青《论苏轼的茶禅与易理》（《农业考古》2023年第5期）分析了苏轼对茶的理解和对禅的兴趣，以及在涉茶词作中展现出的闲适、幽寂、清欢的空灵境界。由茶论及禅悟和易理，是苏轼现实优雅生活的追求，也是散乱中的和正坚守，另辟蹊径地揭示了苏词中复杂的佛禅意蕴。邢琳君《苏轼诗词中的佛禅思想》（《新纪实》2022年第7期）侧重于从诗词的写作方面分析苏轼作品的佛禅意象和佛禅义理，并揭示苏轼诗词中佛禅思想的来源和其现实意义。张立敏《苏轼禅意诗词的审美意趣》（《名作欣赏》2023年第29期）认为苏轼对禅意思想接受的三个阶段是苏轼深刻禅意主题形成的基础，对苏轼禅意诗词进行研究，有助于我们更全面地了解苏轼创作。

此外，对苏词的道家思想研究中，有杨瑰瑰《苏轼对〈庄子〉的接受研究——以黄州诗词创作为中心》（《江汉论坛》2022年第9期）一文，该文将视角放在黄州一域，对苏轼谪黄诗词中引用的《庄子》内容进行数据统计，并用文献对比研究法发现苏轼对《庄子》不同角度的接受，对苏轼儒释道思想的产生和相互纠缠进行了分析。作者指出《庄子》思想对苏轼旷达和超脱人生态度的形成有重要影响。张可、王启才《苏轼对〈庄子〉的认知及其影响》（《海南热带海洋学院学报》2022年第4期）分析了苏轼词作中对《庄子》语言、典故、语句的引用和化用现象，是苏轼对《庄子》认知的表现。韩瑞琦《苏轼词中的老庄思想》（《三角洲》2023年第12期）从老庄思想的多元时空观、对立统一论、天道论三个角度分析苏轼词中老庄的思想智慧。

“三教”思想的融合对苏轼人生观和价值观的形成有极大影响，其乐观旷达的生命智慧产生了跨越千年的历史回响。刘立华、邢建《浅析苏轼洒脱达观的生命智慧》（《延边教育学院学报》2022年第1期）从苏轼诗作词作中分析苏轼洒脱旷达的人生智慧。此外如孙帅帅《论苏轼黄州词的旷达——从“东坡之词旷”说起》（《河南牧业经济学院学报》2023年第4期）、李雪《基于〈东坡乐府〉探析苏轼的精神突围与文学书写》（《名作欣赏》2023年第32期）、张筱茜《苏轼词曲意境中的人生观》（《文化产业》2022年第13期）、吴中杰《苏东坡的受难与悟道》（《书城》2023年第11期）、刘微微《此心安处便是吾乡——浅谈苏轼的旷达人生》［《现代中学生》（初中版）2023年第21期］亦从不同角度入手，研究苏轼乐观旷达的生命智慧。

2. 苏词的生活美学思想研究

苏轼的艺术创作与他的日常生活紧密相连，展现出独特的精神自由和生活态度。东坡文学作品中从生活实践、生活创造等方面，向我们展现了一个热爱生活、活泼可爱的形象，同时也为我们提供了一种生活的美学范式。

从宏观视角出发对苏轼生活美学的研究较少，朱刚《从桃源流出的江湖——苏诗的“江湖”书写》（《华东师范大学学报（哲学社会科学版）》2022年第4期）引入“桃源”和“江湖”概念，认为苏轼创作构建出了一个具有丰富人文景观的独特诗意空间，是一种精神文化的延伸，也是一种与权利延伸相反的存在，展现宋代文人群体在复杂政治环境和社会环境中的矛盾心态。“江湖”作为诗意空间来讲，其以隐逸文化为底色，山水风光、历史遗迹、亲朋友谊、民情风俗乃至高雅的人文传承，毕集于此，展现出东坡独特的生活艺术。黄慧《苏轼词作的休闲思想与审美意趣研究》（《参花（中）》2023年第8期）以苏词为文本研究对象，分析三次贬谪中苏轼思想深度的层层递进，提炼出苏轼的休闲审美思想。黄梦婷《苏轼生活审美实践研究》（青岛大学硕士论文，2022年）以苏轼文艺创作和生活实践为载体，勾勒出苏轼生活审美的实践内容和承载方式，分析苏轼平淡自然的生活追求。

从微观视角出发，对苏轼生活的方方面面展开探讨，如对躬耕思想、饮食文化、爱情友情、民事祭祀等方面的研究，可以很好地佐证苏轼的生活美学思想。

躬耕思想研究。就躬耕思想来说，绕不开苏轼对陶渊明的接受，这种接受极大地影响了苏轼的生活选择和精神追求。杨景春、刘亚珍《从苏轼诗词里的菜园描写看其躬耕思想》（《河北工程大学学报（社会科学版）》2022年第1期）关注到苏轼农村词中的蔬菜元素，同时对渗透在蔬菜词里的一系列躬耕思想也进行了研究，重点对谪儋时期的“和陶”诗作具体分析，意图唤起学界对苏轼笔下蔬菜和菜园的关注。杨景春《苏轼诗词里的土泥情怀》（《盐城师范学院学报（人文社会科学版）》2022年第5期）从磨难挫折中呈现出的土泥情怀、隐喻转喻和意境所展示的土泥情怀、植根于故乡的土泥情怀几个部分分析苏轼词作中传达出对回归田园的深切渴望，以及其土泥意象创造出的独特艺术世界。

饮食文化研究。周树斌、高劲松、张强、施雨《文化基因视域下诗词资源多维知识重组与可视化研究——以茶文化为例》（《图书情报工作》2023年第16期）以独特的视角切入苏轼词作的相关研究，从“茶文化”的普遍分析维度和“苏轼茶作”的个例分析维度，分别从宏观和微观层面提供诗词资源知识的关联展示。将文化基因与诗词资源相互融合，形成可视化的诗词资源知识图谱。展现了近两年苏轼文化研究的新视角。程柱生《我国北宋时期苏氏父子三人涉茶诗词趣览（续）》（《贵茶》2022年第2期）基于宋代茶叶成为生活必需品的背景，将一些著名诗人的涉茶诗词进行整理和辑录，为学界研究三苏涉茶作品研究提供了基础性资料。

“酒”是苏轼生活中不可或缺的组成部分，以酒会友、酿酒劳作、饮酒品酒，苏轼与酒的互动，为后世留下了丰富的酒文化遗产。李慧杰《论苏轼文艺作品中的“酒神精神”》（《河南工程学院学报（社会科学版）》2022年第4期）在西方叔本华、尼采悲观主义“酒神精神”的基础上，论证了苏轼文艺作品对悲观主义的超越，对生命的价值和意义的肯定。从尼采和苏轼对悲观主义的超越角度出发，提出了目前文学研究的新角度。胡成、吴冰洁《以苏轼诗词为例浅谈宋代诗酒文化的特点》（《参花（中）》2022年第4期）首先从大背景入手，分析宋代诗酒文化产生的背景和原因，再以苏轼诗词为例，浅析宋代诗酒文化所体现的文人情结、个人抱负与个性思想，体悟诗酒文化更高的精神内涵。此外还有张婉怡《"扫愁帚"和"钓诗钩"——简析酒对苏轼诗词创作的作用》（《青年文学家》2023年第13期）、潘殊闲《我欲醉眠芳草：苏轼与酒的不了情》（《地方文化研究辑刊》2022年第1期）等文章也论及了"苏轼"与"酒"这两个独特元素之间的互动与阐发。

从"美食"角度感受苏轼的生活美学，也是苏词研究的着眼点之一。李健《美食与人生：苏轼的生活美学管窥》（《中国文艺评论》2022年第1期）将美食文化融入苏轼的坎坷人生中进行考察，从"品味""赏形"两个角度出发探求苏轼精神层面的积极与乐观。联系东坡的生活理想和生命意志，揭示其在中国美学史上的价值。陈鹏《苏东坡的诗词美食》（《同舟共进》2022年第5期），杨丹阳、姜涛《文豪苏轼诗词中药食同源文化研究》（《文化创新比较研究》2023年第4期），韩贤克《苏轼文学创作对中国饮食文化的贡献探究——评〈华夏饮食文化〉》（《粮食与油脂》2022年第4期），陈高翔《以〈中国饮食文化〉看苏轼文学创作中的饮食》（《作家天地》2022年第28期），王紫骆《苏轼饮食文化书写研究》（陕西理工大学硕士论文，2022年）等文章也可以作为参考，从饮食文化角度管窥苏轼的生活美学思想。

女性书写与爱情词。相较于对其豪放词风的推崇，对苏轼书写和表现女性的作品研究相对薄弱，近年来逐渐引起学界重视。仝龙魁《苏轼词女性书写的新变与词史意义——兼与温庭筠、柳永比较》（《湖北文理学院学报》2022年第4期）从写作范围、写作角度、情感表现三个方面分析了苏轼在女性书写上的新变，对其词史意义加以肯定。冯文萱《论苏轼词中的女性书写》（《新楚文化》2023年第13期）着眼于对"女性形象"和"女性美"进行分析，大致可分为寄内词、悼亡词、闺怨词和赠妓词，词中所传达的尊重和同情是较其他女性写作词人的一大突破。李景新《苏东坡的爱情及其文学表达》（《海南热带海洋学院学报》2022年第1期）从历史考证角度出发，列举论证了东坡有可能发生的爱情对象，从文学史角度肯定了苏轼女性文学书写的价值和意义。吴圣哲、顾庭毓《苏轼的爱情——兼品苏轼四首词》（《名作欣赏》2022年第15期）赏析了苏轼围绕王弗、王闰之、王朝云三位女性展开的词作书写，是苏轼细腻情感的别样表达。

寄赠唱和与友情词。苏轼对友情的重视为人称颂，展现出他对人际关系的重视和对生活情感的珍视。陈力士《论张先、苏轼寄赠词的交际功用》（《玉林师范学院学报》2022年第2期）论证了苏轼在对张先寄赠词继承学习的基础上，将寄赠诗的交际功用引入词中，实现了寄赠者和接受者情志的双向交流，同时也暗藏着词体案头化发展的苗头。次仁吉《但愿人长久　千里共婵娟——浅谈苏轼的友情词》（《对联》2022年第21期）从具体词作中分析苏轼友情词中充沛的真实情感，指出苏轼对朋辈友谊的描写是苏轼对词进行革新尝试的一个重要方面。谢鹭《苏轼音乐活动的社会空间考述》（《黄河之声》2023年第16期）从社会空间角度出发，分别从个人空间、家庭空间、社群空间、公共空间等角度出发，探讨苏轼词作在不同的社会人事互动中展现出的不同风格，从空间分层梳理中对苏轼词作研究作出新的阐释。

自然情怀。在与自然互动的心灵震颤中寻找慰藉和灵感，是苏轼自我疗愈的又一方式。对自然美的赞叹和书写，至今传诵不息。李娜《基于〈中国古代山水文学散论〉分析苏轼山水文学的情怀与意境》（《人民黄河》2022年第6期）、庞鹤立《基于〈中国古代山水文学散论〉分析苏轼山水文学中的山水之美和丰富情怀》（《人民黄河》2023年第1期）两篇文章对《中国古代山水文化散论》一书中关于苏轼的诗词作品进行概括分析，力图展现苏轼与山水之间关系的动态变化特征。胡诗萌《论苏轼作品的自然美》（《作家天地》2022年第29期）从苏轼作品中自然美的体现、自然美的特点、自然美的成因出发，结合苏轼的具体诗词，分析苏轼词作中展现的自然情怀。李玲玉《苏轼诗词中的“长江”情怀》（《地方文化研究辑刊》2022年第1期）以《苏轼诗集合注》《苏轼词集》为依据，将苏轼的人生经历与“长江”意象相结合，逐一论述苏轼与长江的关系、苏轼诗词中的“长江”、苏轼“长江”诗词的思想意蕴等内容；将长江的自然之美与作者的情感相结合，提供了苏词解读的新角度。李敏、舒耘华《苏轼黄州词中的荆楚地景意象》（《今古文创》2023年第29期）从文学地理角度出发，将苏轼在黄州的创作与荆楚的景象进行对应和分类，从中探求黄州自然景象和人文情怀对苏轼思想形成的重大影响。

苏词自然情怀的展现也表现在对咏物词的书写上。李璐璐《苏轼咏物词的创作机制探讨》（《文学教育（上）》2022年第3期）拟借“灵气”一说探讨苏轼咏物词构思之精妙，展现出苏轼对人生、宇宙、万物的互通和独特感受。此外，对“荔枝”“梅花”的赞咏之作研究有杨加加、李玲丽《苏轼荔枝诗词研究》(《惠州学院学报》2023年第2期),叶梅《苏东坡的“梅格”》(《月读》2023年第12期),黄志宇《姜夔与其他词人的咏梅书写之比较——以苏轼、周邦彦咏梅词为参照》(《散文百家(理论)》2022年第2期)三篇,对苏轼词作的不同赞咏对象进行深化或比较,可观苏轼对自然之物脉动的敏锐感知。

民事祭祀。上至高雅的人文传承,下至日常生活中的民情风俗,都是苏词书写世界中的一部分。曾庆雅《基于语料库的苏轼节令诗词民俗事象及文化研究》(《乐山师范学院学报》2022年第11期)首先对苏轼节令诗词中的民俗意象进行列举和分类,再逐一探讨其诗词民俗事象描写的文化内涵。基于自建的苏轼节令诗词语料库,发掘苏词民俗风情书写背后蕴含的人文内涵,展现出中华民族内涵深厚的文化和信仰。何光飞《“猿猱闻鼓不须呼”——论苏轼在徐州所作〈浣溪沙〉词中的祈雨祭祀》(《镇江高专学报》2023年第4期)以《浣溪沙·徐门石潭谢雨道上作》5首为研究对象,对其中展现的北宋时期农村景象和较为真实的谢雨、社祭活动进行分析,从个例角度论证了苏词创作中的民事祭祀主题。柯欢《苏轼黄州作品中的物产民俗研究》(《名家名作》2022年第15期)展现苏轼对黄州民俗的辩证态度,在对具体词作的分析中了解宋代黄州的物产经济和风俗人情。

3. 苏词的哲学思想研究

苏词不仅在艺术方面取得了极高的成就,其哲理上的深度也是后世研究的重点。对苏词中的哲学思想进行研究,有助于我们更全面地了解东坡的精神世界。马蓉《苏轼的物我之思及其美育启示》(《北京电子科技学院学报》2023年第3期)在物与我的关系思考中,展现东坡由外到内的心态转变、对心性的涵养和对外物的消融,对于自我的不断超越是东坡实现精神自由的坎坷之路。张娜、张淑媛《“也无风雨也无晴”——苏轼词作中的哲理思想探析》(《今古文创》2023年第14期)从苏词哲理思想产生的时代背景、主观因素、多面呈现几个方面探求苏轼哲思对后人的启迪,创造出了词作哲理审美的新规范。张海艳《论苏轼词中的“客”》(《今古文创》2023年第30期)将苏轼词作中“客”字的数量进行统计,并将其分为三种类型,论证苏轼“客情”对苏词表现空间的扩大和苏轼旷达心态形成的促进作用。

此外,还有王赛赛《苏轼〈水调歌头〉词的人生哲学》(《对联》2022年第19期)、原丽敏《苏轼诗词中的哲学思想研究》(《对联》2023年第23期)、李明洋《品味苏轼词中的哲学思想》(《课外语文》2023年第7期)、贺文彬《超然物外，倏忽天地间——再探苏轼诗词中的人生哲学》（《青年文学家》2023年第6期）、李瑞双《苏轼诗词的哲理意蕴及艺术特色品析》（《牡丹》2023年第6期）等文章也对苏词中展现的哲学思想进行了研究，多方面、多角度地还原东坡的哲思空间。

（二）苏词心态研究

1. 地域视野下的心态研究

熙宁年间创作及心态研究。熙宁年间苏轼宦迹大概包括杭州、苏州、密州、徐州、湖州等地。白银银《齐文化对苏轼宦密作品的影响》（《乐山师范学院学报》2024年第7期）聚焦于密州一域深厚的齐文化对苏轼文学创作产生的巨大影响，东坡词风也在这个时期发生了巨大转变，也进一步促进了苏轼哲学思想和旷达超然心态的形成。刘泽华《从直笔缘情到隐蔚讽喻：苏轼杭密时期词的政治书写转向》（《古籍研究》2022年第1期）认为东坡自杭赴密词是前期苏词创作的关捩点，其中的政治书写值得关注，其由缘情转向讽喻的书写趋势为理解苏轼“以诗为词”的词学思想提供了新思路。李旻丽《试论苏轼密徐时期词作上古词汇构成》（《宁波开放大学学报》2022年第2期）对苏轼宦密宦徐时期词作中涉及的上古词汇进行定量分析和归纳分类，意图管窥北宋中期的词汇特征。刘尧《一舸姑苏，便逐鸱夷去得无——简论苏轼诗词文中的苏州形象》（《开封文化艺术职业学院学报》2022年第12期）将苏轼八过的苏州定义为“怡人之地”“友善之城”“佛禅之城”，可从中概括苏轼仕宦前期的心态变化。孙海鹏《苏轼仕杭词研究》（哈尔滨师范大学硕士论文，2023年）、马永安《千古绝唱：苏轼密州词》（《走向世界》2022年第39期）、左嘉淇《行藏之间的反复跳跃——苏轼熙宁诗词中的处世心境》（《科学导报》2022年7月26日B02版）、张丽婵《杭州与苏轼词作创作的互动关系》（《科学导报》2023年6月20日B03版）等文章也聚焦于不同地域，对苏轼词作中反映的复杂心态进行探究，有一定的参考价值。

元丰年间创作及心态研究。元丰年间苏轼的宦迹涉及黄州、汝州、常州等地。吴晓风《论苏轼的自我超越与自我重建——“乌台诗案”后苏轼心态研究》（《乐山师范学院学报》2022年第1期）着眼于“乌台诗案”这个重大的转折点。分析“乌台诗案”后苏轼复杂的心态转变：出世与入世的矛盾挣扎、超越死亡和自我的心态重建、主体和真我的发掘与重塑，“乌台诗案”后对自我的超越和重建，是苏轼坦然面对未来坎坷人生的心态基础。木斋《论东坡黄州贬谪的心路历程》（《关东学刊》2022年第3期）认为谪黄时期是苏轼思想转型的关键时期，由儒家当世志转为佛老，其文学审美的转变与贬谪的心路历程息息相关。张杏《再论苏词之超旷——以密州、黄州词为例》（《湖北工程学院学报》2022年第5期）以密州、黄州两个时期的词作为考察对象，分析了两地创作的不同风格及原因，展现了苏轼心态变化的动态过程。崔俊睿《坚守与超越——试论黄州期间苏轼的人生哲学》（《西部学刊》2022年第22期）对东坡“内儒外道”思想形成的原因进行分析，展现出面对人生困境时强大的精神力量。徐福义《家在江南黄叶村——论苏轼定居常州的心路历程》（《齐齐哈尔师范高等专科学校学报》2022年第3期）梳理了苏轼与常州的交集，探寻其“定居常州”选择下的复杂心路历程。

此外，魏小倩、戴健《苏轼黄州夜间作品中的精神突围》（《芒种》2022年第9期），钟懿《生命困顿中的坚守——以苏轼黄州时期的创作为例》（《青年文学家》2022年第2期），王燕《从意象角度看苏轼黄州诗文中的“自洽有为”》（《今古文创》2023年第40期），霍奕《苏轼词创作的赏析研究——以黄州词为例》（《名作欣赏》2023年第26期），鄢敉君《苏轼“自黄移汝”时期词的归隐倾向考证》（《名作欣赏》2023年第18期），卞政《试论常州文化对苏轼诗词的影响》（《名作欣赏》2023年第27期），唐琴《苏轼黄州词展现的思想变化》（《文学教育（上）》2022年第5期），彭亚萍《〈东坡易传〉与苏轼黄州时期文学创作心态》（《语文建设》2022年第7期）均着眼于元丰年间苏轼不同的宦地，将词作的创作特征和其中反映的心态特征与苏轼的人生脉络相关联，相互观照，勾勒出苏轼面对坎坷人生时的心理图景。

绍圣年间创作及心态研究。晚年苏轼在惠州、儋州的谪居生活促进了其心态的又一升华。对苏轼晚年思想和创作进行研究，是近年来学界对苏轼研究的重点之一。康丹芸《苏轼谪琼海洋诗词中的超越意识》（《汕头大学学报（人文社会科学版）》2023年第5期）角度新颖，分析东坡谪琼之前对“海洋”这个未知事物的向往和恐惧，以及谪琼切身体会后引发的种种思考。李博《苏轼北归心态及其死因详考》（《大庆师范学院学报》2022年第6期）对苏轼北归路上的忐忑心态、北归后对海南的书写以及死因进行考详，将苏轼人生末期的复杂心态及其成因进行分析。

还有马润菲《苏轼被贬儋州时期词中视线的变化》（《文学教育（上）》2022年第10期），侯县军、张琪《惠州 东坡寓惠 润泽千年》（《惠州日报》

2022年9月15日第4版）等文章论述苏轼晚年的创作及其与谪居地域之间的相互成就。马宁《苏轼迁谪淬炼心境之蜕变》（《文学教育（上）》2022年第9期）、杨雅婷《从苏轼被贬后作品看其思想和人生态度的转变》（《青年文学家》2023年第6期）、聂晓伟《从苏轼经历探析其词作风格变化与人生态度转变》（《名作欣赏》2023年第14期）等亦从宏观角度分析苏轼“贬谪人生”中的心态变化。

情绪书写。苏轼用其词作表达丰富多样的情绪感受，或消极或积极，对此类型词作进行研究，力图还原一个有血有肉的东坡形象。陈金美《苏轼情绪转化策略的质性文本分析——基于苏轼词情绪文本数据的研究》（《温州职业技术学院学报》2022年第3期）对苏轼词中的情绪词文本展开质性文本分析，用编码、分析等方法展现苏轼的情绪转化策略。陈金美《苏轼词分期情绪词研究》（《作家天地》2022年第22期）、《论苏轼的孤独情绪——基于苏轼词情绪词“孤”“独”的质性文本分析》（《作家天地》2022年第35期）等文章都聚焦对苏轼的情绪书写进行分析，在近两年苏轼词作研究中有一定的独特性。赖辰《苏轼词中的悲剧意识及其审美超越》（长沙理工大学硕士论文，2022年）认为“悲剧意识”才是苏轼人格的内核，将苏轼词作分为生命、政治、价值悲剧三种表现类型，亦分析了苏轼悲剧意识的超越，或可归为情绪书写的类型之一。

苏轼词作中积极情绪的书写研究亦有，林思仪《论苏轼诗词中的遗忘书写》（《乐山师范学院学报》2022年第11期）认为苏轼的诗词既表现遗忘，也借此抵抗遗忘，在儒释道思想的影响下，苏轼对人生记忆的留存进行自主选择，是苏轼超然旷达的根源之一。胡梦蝶《论苏轼谐谑词中的“雅谑”》（《辽东学院学报（社会科学版）》2022年第4期）论述了苏轼在谐谑词题材范围和书写内涵方面的成就，以寓庄于谐的笔调发挥谐谑词的社会讽喻功能，以笑闹讽喻彼时社会，是苏词的又一创获。除此以外，桑婧《探析苏轼词宏大的空间气象》（《山西青年》2022年第2期）、王伊菲《苏轼词声音景观研究》（《今古文创》2024年第2期）等通过分析苏词中宏大的空间气象和声音景观，以展现东坡旷达无畏的积极态度。

2. 词作鉴赏与心态研究

近两年对苏词的研究中，词作鉴赏占比较大。因数量较多且主题不一，笔者仅以词牌为分类依据，对各研究者对东坡的心态研究进行归纳整理。

四川人民出版社在2023年第7期《中国图书评论》中推介《叶嘉莹论苏轼词》一书，该书主要围绕叶嘉莹先生对苏轼词的系统论说展开，可作为学界对苏词鉴赏和心态研究的重要参考读物。

围绕《水调歌头》词牌展开的苏词鉴赏和心态研究：杨景春《苏轼〈水调歌头〉思想新解：穿越思想、残缺思想和离人思想》（《广播电视大学学报（哲学社会科学版）》2022年第4期），杨景春、代梓莹、王海蓉《从苏轼苏辙三首〈水调歌头〉看其兄弟谊与聚散情》（《兰州职业技术学院学报》2022年第6期），王欣怡《贵在虚静——对苏轼〈水调歌头〉创作的赏析》（《名作欣赏》2022年第20期），高瑞《用〈文心雕龙〉“六观”法赏析苏轼〈水调歌头·明月几时有〉》（《青年文学家》2022年第12期），张贺丽《苏轼词作〈水调歌头·明月几时有〉中的个人命运与文化传统》（《青年文学家》2023年第33期），黄天骥《说苏轼〈水调歌头·明月几时有〉》（《书城》2023年第9期）。

围绕《念奴娇·赤壁怀古》词展开的苏词鉴赏和心态研究：张萍《中国古诗词艺术赏析——以苏轼的〈念奴娇·赤壁怀古〉为例》（《青年文学家》2022年第26期），卫佳、杨和为《苏轼〈念奴娇·赤壁怀古〉词旨探微》（《青年文学家》2022年第23期），叶妙童、张艺弛《苏轼与〈念奴娇·赤壁怀古〉新解》（《名作欣赏》2022年第21期），盛大林《苏轼〈念奴娇·赤壁怀古〉新考新论》（《商丘师范学院学报》2023年第11期），杨大忠《从〈赤壁赋〉〈念奴娇·赤壁怀古〉看苏轼的两个精神维度》（《中学语文教学》2022年第6期），高琳《苍凉 雄浑 旷达——〈念奴娇·赤壁怀古〉的审美观照》（《戏剧之家》2022年第11期），林健鸿、岑浪、曾熙皓等《论〈念奴娇·赤壁怀古〉悲剧意识的外现和消解》（《齐齐哈尔师范高等专科学校学报》2022年第1期），熊言安《苏轼〈念奴娇·赤壁怀古〉三种文本形态考辨》（《安庆师范大学学报》2023年第1期）。

围绕《江城子》词牌展开的苏词鉴赏和心态研究：唐艺、马春明《生死隔绝悠悠情——苏轼〈江城子〉赏析研究》（《青年文学家》2022年第15期），王建军《苏轼古诗词创作回望——谈〈江城子·乙卯正月二十日夜记梦〉之艺术魅力》（《青年文学家》2022年第6期），于冰《唯有深情可解“深情”——品读〈江城子·记梦〉》（《名作欣赏》2023年第36期），郝忠勇《断肠一曲〈江城子〉》（《新教师》2023年第10期），苏轼《江城子·密州出猎》（《语文新读写》2023年第10期）。

围绕《定风波》词牌展开的苏词鉴赏和心态研究：秦志明《胸怀天下 勇

毅前行——漫谈苏轼兼读〈定风波〉有感》(《中国盐业》2022年第1期)、张宇泽《定风波》(《鞋类工艺与设计》2023年第10期)、计昀《苏轼〈定风波〉中的“中和之美”》(《青年文学家》2023年第9期)、马聪慧《在苦难中成就旷达的苏轼——细品〈定风波·莫听穿林打叶声〉》(《今古文创》2022年第38期)。

围绕其他词牌的苏词鉴赏和心态研究:杨春俏《从遥望梦中江南到立足齐鲁大地——苏轼〈望江南〉解析》(《乐山师范学院学报》2022年第6期),吴聪、张娟《苏轼〈浣溪沙〉的语言特色研究》(《青年文学家》2022年第5期),孙跃《游人都上十三楼——读苏轼〈南歌子·游赏〉》(《杭州》2023年第18期),杨春俏《苏轼与〈水龙吟〉——苏轼〈水龙吟〉(露寒烟冷蒹葭老)解析》(《乐山师范学院学报》2023年第9期),王倩《漫谈〈临江仙·夜归临皋〉中苏轼人生观的转变》(《名作欣赏》2023年第5期),曾志勇《三月三日天气新——读苏轼〈满江红·东武会流杯亭〉》(《高中生之友》2023年Z2期),段立苹《在诗词赏析中感受苏轼的人格魅力》(《四川教育》2022年第2期),房思雯《浅谈苏轼及其部分作品的思想感情》[《散文百家》(理论)2022年第4期],钟振振《宋词新解》(《中国曲学研究》2021年第2期)。

二、苏轼的词学思想

苏轼在词学史上的贡献,不仅在于他创作了众多的词作,更在于他对词创作提出的一系列理论。东坡提倡“以诗为词,自是一家”,作词“承继化用,道技结合”,词作“词风多样,抒怀个性”。近两年对于苏轼词学理论的研究成果颇丰。

(一)以诗为词,自是一家

陈力士《“以诗为词”研究述评与展望》(《长江大学学报(社会科学版)》2022年第1期)从“作家个案、文学关联、文体关系”三种方法入手,对近四十年的较具代表性的研究成果进行归纳分析,把“以诗为词”理论放入文学、文体等宏观概念中进行分析,具有极其重要的参考价值。饶学刚《“东坡诗中词”本事的史实钩沉》(《乐山师范学院学报》2022年第9期)通过“东坡诗中词”本事的史实钩沉,论证“东坡诗中词”的存在和新发现,对“东坡体”形成的文学渊源、东坡新词体及其词学观、“东坡诗中词”的历史展示进行抽丝剥茧的分析,为学界研究苏轼诗与词的相连与贯通提供参考。陈力士《论苏轼“以杂体诗入词”》（《牡丹江大学学报》2022年第7期）分析苏轼在创作中“从篇章上融诗入词”“集诗句为词”“文字对称成词”三个方面对诗词融合的尝试，可见苏轼词作技巧和内容上的丰富性。李文韬《苏轼小令创作对词作题材的开拓论析》（《南阳师范学院学报》2023年第5期）将苏词中的小令创作作为研究对象，对苏轼小令创作进行数据统计，并对其在题材内容上的开拓进行分析，突出表现苏轼小令创作的独特成就。罗莹《论“自是一家”与“别是一家”的词史意义》（《沈阳大学学报（社会科学版）》2022年第6期）分别阐释苏轼“自是一家”与李清照“别是一家”词论的内容，展现二者在词学观点上的非凡成就以及对宋代词学批评的推动作用。

钱耐香《论苏轼词的创新及其影响》（《新余学院学报》2022年第4期）、李子恒《苏轼“清空”词学观对后世的影响》（《中国故事》2023年第7期）、韩萱怡《苏轼对词境的开拓及对后世的影响》（《名作欣赏》2023年第36期）、王琳嘉《浅析苏轼诗与苏轼词的异同》（《作家天地》2023年第1期）、杨殚《浅论苏轼的思想对诗词的拓新》（《对联》2022年第6期）等文章对苏轼的“清空”观念、词境的开拓等进行了研究，可作为了解苏轼词学观的补充性材料。

（二）承继化用，道技结合

苏轼不断从前人的文学创作中汲取营养，跨越时空的交流唱和，带给东坡宝贵的精神启迪。路林飞《出处依稀似乐天：苏轼的“慕白”情节》（《文化产业》2022年第1期）论述了白居易在思想和创作方面对苏轼的巨大影响，无论是“东坡”之号的来源，还是对乐天诗文的化用与借鉴，都是苏轼“慕白”情节的有力论据。万羽《论苏轼词对李白的接受》（《西安石油大学学报（社会科学版）》2023年第3期）、田甘《李白题诗在上头——再读苏轼〈满江红·寄鄂州朱使君寿昌〉》（《文史知识》2023年第10期）展现了苏轼对李白多维度接受的流动变化过程，其二人跨越时空的精神共振，为后世留下极其宝贵的文学财富和精神财富。徐若荑、陆巳仪《苏轼对柳词的接受》（《中国民族博览》2022年第2期）主要聚焦苏轼在作词技巧上对柳永的接受和超越，从意象、行文、词体等方面展现两位宋词大家的亲密互动。

对苏词创作技巧的研究近两年也有相关呈现，主要涉及苏词词调、特征、用典、通感等方面。朱惠国、石佳彦《〈淮海词〉的用调特征及其词调史意义》（《河北学刊》2023年第3期）从秦观词作对苏轼长调的接受与转变角度出发，简要提及苏词创作的词调特征。叶晔《贯通作为写法：苏轼〈水龙吟〉

词的词调史考察》（《词学》2022年第1期）以个例分析为切入点，论及“词调史”的发展变化，对苏轼词调创作的意义给予肯定。郎耀辉《从“古雅”到“无弦”：历史语境中苏轼琴学思想的变迁》（《美育学刊》2022年第6期）在历史语境中分析苏轼的琴学思想，为研究苏轼有关古琴的词作提供有益参考。韩秋霞《苏轼词作中的用典研究》（《新楚文化》2023年第18期）、郭甜甜《苏轼诗词中的通感现象研究》（《艺术品鉴》2023年第3期）、甄明与张红《虚实相生：基于概念整合理论的苏轼词认知探究》（《文化创新比较研究》2023年第26期）等文章中对苏词创作技巧的分析也值得关注。

（三）词风多样，抒怀个性

文肖婷、夏建程《苏轼的诗、词、赋创作风格分析》（《青年文学家》2023年第18期），王博雅《浅析苏轼词的主要风格及其自由精神》（《文学艺术周刊》2023年第7期）等文章从宏观角度阐释苏轼词创作的主要风格。苏词历来以豪放著称，但其中婉约细腻的一面也不应该被忽视，对东坡的多样词风进行探讨，是苏词研究的重要组成部分。

陈友冰《西北战事与苏轼豪放词风的形成》（《学术界》2023年第11期）将苏词创作与历史实事相联系。受儒家积极入世思想影响的苏轼，国难当头自然无法置身事外，其词作中涉及的军事思想和愤懑感慨之情，是其豪放词风形成的一大来源。陈力士《词以言志与苏轼豪放词风的成型》（《海南热带海洋学院学报》2023年第1期）肯定苏词对词体功能的扩展，将“诗之言志”的功能引入词中，是文学创作史上的一大创举。苏馨《浅谈苏轼的豪放词》（《汉字文化》2023年第18期）从苏轼豪放词的成因、特点、文学创新三个方面肯定苏轼对宋词发展的推动作用。

宋学达《再论苏轼词的词史定位——兼及如何打破“婉约”“豪放”二分法》（《乐山师范学院学报》2024年第3期）对词学史上对苏轼的三种重要定位说法进行重新论述，认为以具有强烈界定含义的词概括苏轼词作特色是不合时宜的，倡导学界对“二分法”进行重新探讨并进行合理界定。盛睿航《对苏轼豪放词和婉约词特征的若干思考》（《名家名作》2022年第24期）、朱铭月《品味苏轼词的多样化词风和艺术成就》（《名作欣赏》2022年第15期）、童睿《浅论词风变革背景下苏词文人意识与个性抒怀的体现》（《青年文学家》2022年第11期）亦关注到了苏轼词风的多样化特点。

三、苏词的意象研究

关于苏轼词作的意象和情感研究亦是学界一直以来的关注焦点，近两年研究主要围绕苏词创作中的“佛禅”“生物”“天气”“赤壁”等意象展开。如许莹《苏轼文艺美学的艺术价值》（《作家天地》2022年第34期）、彭湖《例析“苏词”中的典型意象》（《中学语文》2022年第15期）从整体出发分析了苏词中意象的美学价值。除此以外，对苏词意象的个例研究也呈现繁荣态势。

（一）“佛禅”意象

杨涵程《苏轼诗词中的禅意象与其美学意蕴》（《名作欣赏》2023年第14期）专门介绍苏轼对禅宗思想的阐释，浅析苏轼诗词中的禅意象及其中蕴含的禅宗美学意蕴，意图推动苏轼词作佛禅思想、典型意象的创新性研究。

在禅理诗词的发展中，“月”是其中极具代表性的意象，或象征澄明无瑕，或象征圆满调和。近两年围绕苏词“月”意象展开的研究众多，其角度和内容均比较相似，此处以列举为主：王小兰《中秋夜，“访”苏轼》（《青年文学家》2022年第31期）、张璐《人间酒与天上月——浅析苏轼“中秋词”的精神归乡》（《文教资料》2022年第10期）、石慧心《苏轼与况周颐中秋词之异同》（《今古文创》2023年第33期）、张梦娟与何梅琴《论苏轼词中的“月”意象》（《青年文学家》2022年第36期）、李为叶《往事近千年——九仙山白鹤楼下，苏轼把酒留月问青天》（《青年文学家》2023年第26期）、屈茹平《苏轼作品中“月”的情趣和理趣》（《中学语文教学参考》2023年第24期）、汤伏祥《苏轼与月》（《书屋》2022年第5期）、孙岩《苏轼诗词月意象的研究》（长春师范大学硕士论文，2022年）、孙岩与孙浩宇《苏轼与李白月意象书写比较》（《对联》2022年第7期）、樊璎萱《但空江、月明千里——苏轼词中的水月意象》（《语文天地》2023年第2期）、徐晶华《苏轼的月夜》（《月读》2022年第9期）。

佛教认为“梦”属“实有”，是真实心理体验的一种折射，近两年关于苏词“梦词书写”的研究有周斌《梦与醒的通路：苏轼的“应梦”叙事与记忆改写》（《海南大学学报（人文社会科学版）》2024年第3期）对苏轼的“应梦”书写作具体研究，就苏轼对梦醒转化的认识、梦境书写的模式与其中的记忆改写现象做出梳理与说明。有范泺莹《苏轼“梦词”原因考述》（《新纪实》2022年第6期）从苏轼“梦词”的数量、深化等角度出发，探讨苏词“梦”意象与其仕宦经历、儒释道思想的关联之处。

其他还有樊庆彦、苏煦雯《苏轼暮夜主题词作探析》（《古典文学研究》2023年第1期）、严琪琪《苏轼诗词作品中的影意象》（《四川职业技术学院学报》2022年第6期）、高昕玥《苏轼词对神话意象的运用研究》（《青年文学家》2023年第9期）等文章对“夜”“影”“神话”等佛禅意象进行探析。

（二）“生物”意象

近两年学界对苏词中的动植物意象也展开了相关研究，有杨景春《基于概念隐喻理论苏轼诗词鸡意象的空间认知》（《地域文化研究》2023年第3期）、杨景春《苏轼诗词动物意象论析》（《宁夏师范学院学报》2022年第3期）两篇聚焦于苏词中的动物意象，将“鸡”“鸿”“鹤”“马”等意象折射出的复杂意义进行分析，认为动物意象是东坡表达思想的桥梁、沟通唱和的媒介，从而感受苏轼主体人格的流转和其强大的精神力量。有于梦娇《论苏轼杭州诗词中植物意象折射出的文人思想》（《今古文创》2022年第41期）将苏轼仕杭时期创作中的“荷”“竹”“梅”等植物意象的人文底蕴进行挖掘和分析，感受东坡济世安民的政治理想、隽永宁静的佛老思想、豪放旷达的超脱思想。

（三）“天气”意象

苏词中有关天气的描写众多，近两年也有几篇文章专门论及苏词创作中所涉及的“天气”意象。张威、徐定辉《“一点浩然气，千里快哉风”——苏轼词“风”意象微探》（《今古文创》2022年第41期）就苏词中出现较多的“风”意象进行探究，将其内涵归纳为以下四点：一、叙事写景抒情的时间线索；二、人物心理状态的自然投射；三、政治人生的多重隐喻；四、自由洒脱的精神特征。这篇文章对苏词对于“风”意象在审美意蕴和文化品格上的开拓意义进行肯定。李敏、舒耘华《苏轼黄州词中的“雨”意象的隐喻》（《文学教育（上）》2023年第8期）运用数据统计与文本解读相结合的方法，将苏轼在黄州期间创作词作中的涉“雨”意象分为暮雨类、烟雨类和风雨类、春雨类、三更雨类四种，并对其中不同的隐喻意涵进行分析。叶奕宏《莫听穿林打叶声！盘点苏东坡诗词中的“天气”》（《生命与灾害》2022年第7期）简单论及苏轼诗词中的“风”“雨”“雪”“雷电”四种天气意象，并对举例诗词进行了简要分析。

（四）“赤壁”意象

“赤壁”不仅是三国时期著名的战场，也是苏轼抒发个人情感的载体。“赤壁”意象在苏轼的词中，不仅仅是对历史的回顾，更是对人生、对理想、对英雄梦的一种反思和追忆。钱声广《“东坡赤壁”随想》（《文史杂志》2022年第6期）聚集苏轼谪黄时期创作的“一词两赋”，将苏轼创作风格的转变与其坎坷人生经历相结合。杨溢《浅谈苏轼作品中的赤壁书写》（《新纪实》2022年第11期）对苏轼创作中的“赤壁”书写做数据统计，从地理学角度对其进行解读，论证了作家与地理空间的相互成就现象。刘悦蕾《从赤壁怀古到“赤壁赋”怀古》（《博览群书》2023年第6期）由唐至宋，由李白怀古诗中的赤壁书写，到苏轼游赤壁成为新的怀古标的，阐释了“赤壁怀古”这个文学命题伴随的历史演变。

四、苏词的比较研究

（一）苏辛比较研究

苏辛同为豪放派的泰斗，众多研究者将二人词作进行比较研究，以探求异同。王先勇《论古人“以文为词”观念的历史变迁》（《浙江大学学报（人文社会科学版）》2022年第10期）论证了“以文为词”观念的变迁与回溯。从文章技法入词的“前以文为词”，到包括文章技法和文章体式“以文为词”，又到以重文章技法为主的“以文为词”的变迁，最后在清初“以文为词”的复归。在论述“以文为词”概念的变化与回溯中，对苏辛的创作进行观照，分析二者词作的相似与不同。李卉、刘培《“词分唐宋”：辛弃疾咏花词之“宋调”》（《西北民族大学学报（哲学社会科学版）》2022年第4期）打开了辛弃疾咏花诗词研究的新视野，论述辛弃疾对苏轼、王安石咏花诗词的借鉴，将辛弃疾咏花诗词中“唐音”“宋调”相结合，并把其咏花词放在整个词学发展脉络中去把握，突出辛弃疾在词体“宋调”形成的语言改造方面的重大贡献。

还有张锦杰《陶渊明田园思想在苏辛农村词中的不同表现》（《新纪实》2022年第16期）、徐琪智《比较苏辛词风之差异》（《汉字文化》2022年第4期）、覃莫艳《苏辛词发端比较研究》（广西师范大学硕士论文，2023年）、韩沛辰《浅析苏轼〈西江月·世事一场大梦〉与辛弃疾〈西江月·夜行黄沙道中〉之异同》（《青年文学家》2023年第17期）等或宏观或微观，聚焦于苏辛词作的不同特点进行对比分析，看二者之间的继承与新变。

（二）悼亡词比较研究

《江城子·乙卯正月二十日夜记梦》是苏轼悼亡词创作中最著名的一首，近年来以这首词为个例进行的比较研究值得关注。张馨予《跨文化视域下中西方悼亡诗的差异分析——以苏轼〈江城子〉和弥尔顿〈梦亡妻〉的对比为例》（《外语教育与翻译发展创新研究（14）》2023年第3期）、林昕迪《重寻碧落茫茫，终是人间天上——弥尔顿〈梦亡妻〉与苏轼〈江城子〉对比研究》（《牡丹》2022年第12期）两篇都将苏轼《江城子》和弥尔顿《梦亡妻》作为比较对象，探讨中西悼亡诗死亡观与爱情观的差异，并具体分析两首词在意象选择、表现手法、情感基调等方面的不同。

苏轼开悼亡词之先河，纳兰性德将其发展到高峰。探究二者悼亡词的不同有助于分析诗词中蕴含的情感新维度。董瑞珍、李雪花《苏轼〈江城子·记梦〉与纳兰性德〈蝶恋花〉之比较》（《延边教育学院学报》2022年第5期）从二元对立模式的体现、意象分析、深层结构三个角度出发分析苏轼与纳兰性德悼亡词书写的不同，感受其中字字泣血的真切感情。蒋丹《论苏轼与贺铸悼亡词的异同——以〈江城子〉和〈鹧鸪天〉为例》（《参花（中）》2022年第7期）着重分析苏轼与贺铸悼亡词的异同，分析同时代词人在自身经历和性格导向下产生的不同文学书写风格。

五、苏词的跨学科研究

（一）文献学研究

近年来对苏词的研究不仅关注到其文学价值，也涉及文献学的多个方面，包括版本考证、文献整理等。赵惠俊《东坡词在宋代的结集与流传——以明刊〈重编东坡先生外集〉所收词的考察为中心》（《中国文学研究》2022年第1期）从依地汇聚的系年特征作为基础结集文献的小集、墨迹石刻书简等材料的运用与东坡词的新一轮结集、小集所收词作的特征及其影响三个方面分析明刊《重编东坡先生外集》的结集与流传，从个例研究论及整个南宋东坡词集的形态。陈莹《〈东坡乐府〉版本源流考》（《青年文学家》2022年第12期）按照时间顺序对苏轼词集进行版本梳理，分别对《东坡乐府》在宋元明清的刊刻史进行简介，论证至今为止苏轼词流传下来的三个主要系统。汪超《论龙榆生

〈东坡乐府笺〉的校笺特点及其意义》（《词学》2022年第2期）聚焦于对龙榆生刊本的《东坡乐府笺》进行个例分析，归纳龙榆生刊本出异同校、少断是非、态度谨慎的特点，其笺注成果展现了不同时期的词学主张以及民国学人交往的缩影。

（二）语文教学研究

苏词因其极高的文学价值和正向的精神价值，一直以来都是中学语文教学的重要组成部分。在语文教学研究中，苏词的教学价值、教学方法和教学策略等都受到广泛关注。

2022—2023两年间，苏词语文教学研究中较为突出的有：王小蝶、熊言安的《张孝祥〈念奴娇·过洞庭〉新探》（《语文建设》2022年第15期）重点表现张孝祥旷达心态产生的转变过程，认为词人的心迹表白源于多次落职情绪的累积。在文章的最后一部分论及张孝祥对苏轼词风及其精神品格的学习和继承，是语文教学中比较学习研究的一个典范。胡立新、井水的《寄妙理于豪放之外——统编教材中苏轼诗词哲理意蕴的生成与教学》（《语文建设》2023年第10期）从创作生成、表现形态、教学路径三个方面对统编教材中苏轼诗词的哲理意蕴进行探析，指出小学阶段苏轼诗词哲理教学需要注意的问题，有一定的指导意义。高迎九的《〈念奴娇·赤壁怀古〉〈永遇乐·京口北固亭怀古〉比较阅读教学设计》（《中学语文教学》2023年第12期）是一篇完整且有针对性的教学设计，主要围绕苏词中的“用典”现象进行分析。条理清晰，重难点突出，是比较阅读教学设计中较好的一篇，有重要的参考价值。王以兴的《政治冷遇与兄弟久别之双重困境的自我解脱——苏轼〈水调歌头·明月几时有〉意蕴新解》（《中学语文教学》2023年第1期）从四个角度对《水调歌头》一词的意蕴进行新解：一、从词序看词人的创作动机；二、关键词句的文意纾解；三、由“天上”与“人间”的意象对比看词人的政治立场；四、兄弟久别之情感困惑的破解。楚爱华、廖国华的《反常合道：也谈〈江城子·密州出猎〉之“狂”》（《中学语文教学》2022年第7期）认为《江城子·密州出猎》中“狂我”形象的出现是苏轼词风由清新婉约转向豪放旷达的拐点，对“狂何在?”“狂何为?”“何以狂?”一一作出解答，并对苏轼诗词创作奇趣之妙的艺术自觉进行分析。杨数的《重构古诗文大单元教学的探索》（《人民教育》2023年第5期）依据“以文为经、以道为纬”对古诗文大单元内容进行重构，

“以目标为导向、任务为载体”设计并实施古诗文大单元教学，对《义务教育课程方案》灵活实施，对促进古诗文大单元教学设计的进步有重要指导作用。

此外，因近两年语文学科类研究数量众多且价值有限，笔者仅将其按照群文教学、统编教材、初中教学、高中教学、大学教学、黄州地域、具体作品等进行简单分类，对2022—2023年相关语文教学研究的数量进行统计，不再进行过多赘述。如有其他需要，相关研究者可根据具体情况自行查找。

以群文阅读教学设计为主的研究有陈立爽《高中古诗词群文阅读教学设计——以苏轼作品为例》（《学园》2022年第27期）、陈德福《从文学史走向文本的纵深——以苏轼群文教学设计为例》（《名作欣赏》2022年第20期）、崔晓敏《基于批判性思维提升的群文阅读教学设计——以苏轼作品群文阅读为例》（《语文新读写》2022年第11期）等10篇。

以统编教材苏轼作品教学为主的研究有吴芸《他山之石：品苏轼诗词中的作文意蕴——以统编教材苏轼经典写景诗词为例》（《作文成功之路》2022年第33期）、单弗为《语文核心素养视角下统编中学语文苏轼作品教学初探》（淮北师范大学硕士论文，2022年）等8篇。

基于高中语文教材中苏轼作品的教学研究有苏月月《高中语文教材中苏轼作品的教学研究》（海南师范大学硕士论文，2022年）、符应权《“贬逐”文学发展——基于高中语文教材苏轼作品研究》（《中学语文》2022年第8期）等7篇。

基于初中语文教材教学研究的论文有许爱玉《初中古诗文教学与学生人格塑造的教育渗透》（《福建教育学院学报》2022年第2期）、林丹梅《初中语文苏轼作品群文阅读教学研究》（《亚太教育》2023年第1期）等6篇。

基于大学语文课程教学的研究有满蛟《大学语文课程思政元素的挖掘与探索——以苏轼诗词教学为例》（《汉字文化》2023年第4期）、黄浩然《课堂翻转与文本精读——以本科选修课程“唐宋词研究”为例》（《文教资料》2023年第12期）、陈德惠《中国古代文学批评视域下的苏轼作品教学研究》（华中师范大学硕士论文，2022年）3篇。

专门针对苏轼谪居黄州时创作的研究有程龙《脚步声中的突围——苏轼黄州作品群文阅读教学》（《中学语文教学参考》2022年第29期）、项琪《黄州风流：那个永不褪色的背影——“苏轼与黄州”项目化学习》（《语文教学与研究》2022年第5期）、刘金玲《仕途的底谷 精神的升华——探究苏轼黄州时期的心路历程》（《对联》2022年第4期）、俞晓芳《独立黄州趣未穷——以探究黄州东坡精神世界为例的群词阅读》（《课外语文》2022年第1期）、吴小清《当苏轼变成苏东坡——苏轼黄州期间群词阅读教学设计》（《陕西教育（教学版）》2023年Z1期）5篇。

以教学策略研究为主的有王军《苏轼诗文中“江”“月”意象探析》（《中学语文》2023年第9期）、张书婷《地域文化视野下苏轼选文解读与实践研究——以统编版中学语文教材为例》（天津师范大学硕士论文，2022年）等9篇。

2022—2023年以个例角度切入的研究数量众多，以下针对具体作品的教学研究进行数据统计：《念奴娇·赤壁怀古》28篇；《定风波》13篇；《江城子·乙卯正月二十日夜记梦》9篇；《水调歌头（明月几时有）》6篇；《卜算子·黄州定慧院寓居作》4篇；《浣溪沙》词牌名下不同词作的研究4篇；《江城子·密州出猎》3篇；《蝶恋花·春景》2篇。

（三）音乐学

苏词与音乐学的交叉研究主要体现在对苏词中的音乐元素进行分析和研究。下述以词牌名为分类依据，对苏词在音乐领域的研究进行列举，有助于更全面地理解苏词在音乐学领域的价值和影响，以及音乐与文学的相互渗透。

以《定风波》为中心展开的音乐学研究有：刘永佳《词乐交融—筝曲〈定风波〉绘画性与哲理性内容的表达》（贵州大学硕士论文，2022年）、乐思琴《论筝曲〈定风波〉中的意境传承》（《喜剧世界（下半月）》2023年第11期）、林浦凤《筝乐如诗，跨越千年的对话——古筝协奏曲〈定风波〉诗与乐的融合》（《艺苑》2022年第6期）、吴佳蕾《“以诗入乐，以乐现境”苏轼〈定风波〉改编音乐作品》（《文化产业》2023年第29期）、王婧羽《古筝协奏曲〈定风波〉的词乐交融及演奏分析》（扬州大学硕士论文，2022年）、邓玉玲《筝曲〈定风波〉的音乐内涵与演奏分析》（江西师范大学硕士论文，2023年）。

以《水调歌头·明月几时有》为中心展开的音乐学研究有：张海鸥、邵宁、黄蕙《苏轼〈水调歌头〉现代演唱情况研究》（《中国语言文学研究》2022年第2期），毕梦杰《陆在易艺术歌曲〈水调歌头·明月几时有〉演唱分析》（山东师范大学硕士论文，2022年），薛烜《古诗词艺术歌曲〈水调歌头·明月几时有〉意境探析》（泉州师范学院硕士论文，2023年），刘亚鲁《陆在易艺术歌曲〈水调歌头·明月几时有〉的演唱研究》（武汉音乐学院硕士论文，2023年）。

以《江城子·乙卯正月二十日夜记梦》展开的音乐学研究有：王俊洁《声乐作品〈江城子·乙卯正月二十日夜记梦〉的演唱赏析》（《喜剧世界（下半月）》2022年第6期）、孙昊月《音乐叙事视域下陈其钢交响合唱〈江城子〉研究》（武汉音乐学院硕士论文，2022年）、陈鑫培《敖昌群艺术歌曲〈江城子·乙卯正月二十日夜记梦〉的词乐和演唱分析》（上海师范大学硕士论文，2022年）、张悦《周家声艺术歌曲〈江城子·十年生死两茫茫〉的演唱分析》（山东师范大学硕士论文，2023年）、黄茜《浅析古诗词艺术歌曲的演绎——以〈江城子·乙卯正月二十日夜记梦〉为例》（《剧影月报》2023年第2期）。

除此以外，还有闫赵玉《苏轼词调音乐的艺术革新——以乐器为中心的考察》（《音乐文化研究》2023年第3期）、谢蕴钰《同词异曲〈念奴娇·赤壁怀古〉演唱对比分析——以青主、印青、胡彦斌的作品为例》（西南大学硕士论文，2023年）、冯宇《三首中国古诗词艺术歌曲演唱探究》（河南大学硕士论文，2023年）等未有明确分类的研究论文。

（四）其他

对苏词的研究在地理学、天文学、文化研发、大众媒体传播等方面也有一定的学科交叉，2022—2023年的相关研究有张常清《苏轼诗文里的地理及其教学价值分析》（《中学地理教学参考》2023年第5期）、宋媛媛与肖猷洪《诗词中的天文学——斯人乃德星，遣出虚危间》（《百科探秘（航空航天）》2022年第9期）、侯瑾菲与梁艺多《基于词典库的在线开放诗词情感分析研究》（《电脑编程技巧与维护》2022年第2期）、傅景芳《东坡诗词融入东坡美食文化研发的路径与应用——以黄冈职业技术学院张彬国家技能大师工作室为例》（《黄冈职业技术学院学报》2022年第6期）、姚喜双《诗词诵读传承中华经典 创新传播助力教育公平——〈课本中的苏轼〉系列电视节目创作谈》（《教育传媒研究》2023年第5期）等，可以作为相关专题研究的参考性文献。

六、苏词的接受与传播研究

苏词的接受与传播研究，涉及苏轼词作在不同历史时期的传播路径、接受情况以及对后世文学的影响等方面。对相关研究进行梳理，以便更好地理解苏词的艺术价值和历史意义，以及在不同时代的重新解读。

（一）历代苏词的接受与传播研究

该部分从宏观和微观角度，分别梳理2022—2023年国内对苏词传播与接受情况的研究。宏观以整体脉络研究为线索，微观以朝代视域研究为线索。

从苏词传播与接受的宏观研究来看，杨传庆《词学史上的东坡艳词批评》（《文学遗产》2022年第4期）是极具参考价值的一篇，全文梳理了由宋至清不同的词学追求及对词学价值的不断发掘，对词学史上对东坡艳词的遮蔽现象进行揭示和分析，对东坡艳词中的本色、寄托等进行正向阐释，力求全面、深刻地了解东坡词的审美特质。苏思涵《苏轼文学作品的接受学诠释》（《文学教育（上）》2022年第11期）从接受学理论出发，以“读者接受”为切入点，分析宋、清、现代读者对于苏词不同的接受态度。从有争议地接受，到基本接受，最后全面发现苏词的价值，是一个循序渐进的过程，与当时的社会环境和人文观念息息相关。连国义《论苏轼雪堂符号意义的生成》（《黄冈师范学院学报》2022年第1期）从《雪堂记》的文本忽视、《后赤壁赋》的传播意义、建筑物之间的对举、作为绘画主题的雪堂、“雪堂”系列称谓补述五个方面展开，分析“雪堂”符号意义生成和凝定过程中的细节与环节。张悠然《历代和词对苏轼〈念奴娇·赤壁怀古〉的接受》（《湖北文理学院学报》2023年第7期）亦从接受维度出发，论及整个“和词”体系对苏轼《念奴娇》的情感接受、语言接受等方面，分析《念奴娇》成为历代和词数量榜首的“金曲”的原因。

下文以朝代视域为线索，将苏词的传播与接受从微观角度进行简述。

宋代接受与传播情况研究如下：陆文浩《宋徽宗朝苏门词人研究——以晁补之、李清照词为中心》（上海师范大学硕士论文，2023年）、《苏门及苏门词人的界定》（《乐山师范学院学报》2023年第5期），彭玉平《秦观与黄庭坚》（《名作欣赏》2023年第19期）均聚焦对苏门与苏门词人进行界定，并对其文学创作中对苏词创作外在形式和内在精神的继承因素进行分析。陈力士《本色还是非本色？——黄庭坚对苏轼“以诗为词”的继承与出新》（《九江学院学报》2023年第1期）从大体和局部两个视角分析黄庭坚对苏轼创作的继承、细化和出新，在同与不同中感受苏门词人在对苏轼的接受的同时，也取得了蔚为大观的独特成就。李嘉鑫《秦观“以诗为词”辨》（《豫章师范学院学报》2023年第3期）力图打破世人对秦观词的部分误解，引起学界对其创作中“以诗为词”现象的重视。张蒙《论傅幹对苏词的接受及其文学史意义——以〈注坡词〉为中心》（《乐山师范学院学报》2023年第7期）、梁丽娟《张孝祥词的尚“清”意蕴分析——兼论张孝祥对苏轼词的接受》（《芒种》2022年第12期）通过对张孝祥诗词创作中“清”意象的归类分析，窥其生活的不同境遇以及其人生态度与人格魅力，展现苏轼文品与人品的千古流芳。庆振轩、周欣媛《苏轼“说诨话”的传播创作及文化意义》（《甘肃社会科学》2022年第1期）系统研究苏轼文学作品中的“说诨话”现象，对于全面认识与研究苏轼和探究宋代通俗文学创作等方面颇有助益。姜欣《北宋党争视角下的苏轼词传播》（《名作欣赏》2023年第8期）将苏词传播放在政治斗争的背景下，分为熙丰、元祐、绍述三个时期，分析不同受众对苏词接受的不同角度，探究苏词传播在宋代政治桎梏下的艰难发展历程。

金元接受与传播情况研究如下：戴斌《金代词话批评视野下的苏轼论》（《内江师范学院学报》2023年第7期）从创作主体论、创作特征论、词史地位论三个维度分析金代词论家们对苏轼的品评，从不同的视角促进了苏轼研究的深化与完善。刘诚《东坡词接受视域下的白朴词研究》（广西民族大学硕士论文，2022年）、《东坡词接受视域下的白朴词题序研究》（《乐山师范学院学报》2022年第6期）在接受视域下对白朴词的词体与词法两个方面进行研究，揭示其对东坡词的借鉴、仿效、革新和拓展。马瑜理《浅论薛昂夫对苏轼的接受与创变》（《惠州学院学报》2022年第1期）涉及薛昂夫对苏轼诗词的化用，对词曲界限的打破以及形态上仕与隐的徘徊三个方面的内容，有助于在元代多元文化融合的背景下观照苏词传播和接受的特点。

明代接受与传播情况研究近两年只有于宁宁《明代唱和苏轼词研究》（河南大学硕士论文，2023年）、高琰《明〈诗余画谱〉中东坡词的图像诠释》（《哈尔滨学院学报》2022年第3期）两篇。于宁宁《明代唱和苏轼词研究》（河南大学硕士论文，2023年）对唱和苏轼词的第二个高峰——明代词坛，进行多方面的分析，涉及唱和苏词的题材、整体特征、个案探讨、词学史意义等方面，以期对明代词人在创作上对苏词的接受有比较全面的了解。高琰《明〈诗余画谱〉中东坡词的图像诠释》（《哈尔滨学院学报》2022年第3期）一文以图像为载体，以苏轼词作为例，探讨词意画的图像阐释。

清代接受与传播情况研究主要围绕清代词话中对苏轼的评论展开。有杨建梅《从〈艺概〉看刘熙载对苏轼诗词的评点》（《湖北工业职业技术学院学报》

2023年第2期）、尹浩文《刘熙载〈艺概〉对苏轼的评论研究》（西北师范大学硕士论文，2023年）两篇在刘熙载《艺概》对苏轼作品高度认同的基础上，对刘熙载对苏轼推崇的三种方式——自己对苏轼诗词提出见解、对比并举苏轼和其他诗人、将苏轼诗词作为评判他人作品的标准进行论述，从词话批评角度出发论述苏词在清代的传播和接受情况。亦有陈柯洁《论清代词话中的苏轼形象及对苏词的品评》（《汉字文化》2023年第12期）一篇同样从词话批评的角度出发，论及清代词话中苏轼的形象、对苏词的品评、对苏轼相关词学论题的揭示等方面，较为全面地展现了清代视域下学界对苏词的认可与接受。此外，高恒昱卓《论常州词派对东坡词的接受》（中国矿业大学硕士论文，2022年）从文学流派的接续与传承角度出发，分析常州词派在评点、选词等方面对东坡词的接受，论证常州词派对苏词的接受与弘扬是促进东坡词在晚清形成接受高潮的重要因素之一。

近现代接受与传播情况研究有汪建新《横看成岭侧成峰——毛泽东与苏轼》（《党史文苑》2022年第10期）、董晓彤《毛泽东评点苏轼》（《党史博采》2023年第10期）、桑田《远近高低各不同：习近平巧用苏轼诗词文赋》（《党史博采》2023年第7期）三篇，展现出苏词对后世中华文化的深远影响。

（二）苏词在域外的接受与传播研究

苏词在域外的接受与传播研究主要集中在苏轼词作的翻译、意象传译、美学价值评估等方面。

对英译的研究主要围绕许渊冲、华兹生、村上哲见、林语堂等大家的论述展开。李瑛与黄千红《基于体认翻译学的宋词隐喻英译研究：以〈许渊冲经典英译古代诗歌1000首：苏轼诗词〉为例》（《语言教育》2023年第4期）、郑文静与龙璐《从“三美论”的角度浅析许渊冲的诗歌英译——以苏轼诗词英文译文为例》（《海外英语》2022年第20期）、梁瑛与赵欣《诗歌翻译的异化法赏析——以苏轼〈水调歌头·明月几时有〉许渊冲译本为例》（《今古文创》2022年第20期）三篇对有关许渊冲有关古典诗词的隐喻英译、“三美论”研究、异化翻译法等内容进行细致论述。以苏轼诗词为语料，展现了学者在译作中对苏词内涵的表现和传达。苏欣《文化折射与融合：翻译规范视域下华兹生英译苏轼诗词研究》（《鲁东大学学报（哲学社会科学版）》2022年第4期）、辛红娟与魏薇《翻译批评视角下华兹生苏轼诗词英译研究：翻译立场与诗学重构》(《翻译研究》2023年第2期)两篇聚焦华兹生对苏轼诗词文本的英译特点，管窥苏轼诗词在异域文化中的再生与融合。此外还有邱美琼与杨操《日本学者村上哲见的苏轼词研究》(《燕山论丛》2023年第1期)、常安旖旎《苏轼诗词英译中意象的传递——以林语堂译本为例》(《海外英语》2023年第7期)、张萌《新文化史视野下美国汉学家艾朗诺的苏轼研究》(中国矿业大学硕士论文，2023年)对村上哲见、林语堂、艾朗诺等人的苏词英译成就进行分析，可见中外学者译本对中国古典诗词翻译的审美再现价值，为传播中华优秀传统文化作出了巨大的贡献。

词译对比研究方面有夏红娟《许渊冲与华兹生的苏轼诗词英译比较研究——以操纵理论视角下意象翻译为中心》(北京外国语大学硕士论文，2022年)、刘婷《许渊冲与林语堂翻译风格对比——以〈江城子·乙卯正月二十日夜记梦〉为例》(《时代报告(奔流)》2023年第4期)两篇，从个例角度梳理和界定"意象"在中西方的不同内涵，把握不同翻译家的翻译风格，为古诗文英译的发展提供借鉴。

围绕苏词"意象"中英对比与重构，有宁宇扬、郭滨《意象图式视角下苏轼〈水调歌头〉英译连贯构建研究》(《文化创新比较研究》2023年第13期)一篇对"意象图式"进行建构，以苏词原文及英译为个例进行分析，论证其模式的可行性。蒋琳《东坡诗词意象在翻译中的重构》(《成都航空职业技术学院学报》2022年第4期)、刘晓静与张燕《论古典诗词的意象传译——以苏轼〈定风波〉英译版为例》(《桂林师范高等专科学校学报》2023年第1期)两篇运用比较分析法对东坡诗词中典型意象的英译进行分析，从多个角度展开探讨，为诗词英译工作者提供借鉴。

高平《文化传播视角下的苏轼诗词美学翻译策略探究》(《前沿》2022年第2期)、邓爽《翻译美学视角下苏轼词作英译对比研究》(长江大学硕士论文，2023年)在美学视角下对苏词的接受与传播进行研究，以传播中国文化与审美价值观为主要目的进行美学翻译。

其他还有孙铭璐与范祥涛《苏轼诗词英译的对外传播研究》(《海外英语》2023年第14期)、彭金金《语用等效视角下解读诗词的言外意——兼析苏轼〈定风波〉四种英文译本》(《今古文创》2023年第28期)、王海宁《〈苏轼词集〉中通感隐喻的概念整合分析》(《海外英语》2023年第5期)、缪颖《评价理论态度系统视域下苏轼诗词的英译研究》(《英语广场》2023年第11期)、石梦真与吕卉《苏轼文学作品的俄译与传播》(《海南热带海洋学院学报》2023年第4期)等文章聚焦不同视域下的苏词翻译研究，诠释苏词译本呈现出的多样化成果。

(三)东坡的精神力量

东坡的精神力量至今激励着人们在逆境中寻找成长和自我超越的可能。何敏《何妨吟啸且徐行》(《新教育》2023年第30期)语言畅快清新，将苏轼的日常生活和心态变化娓娓道来；郑红艳、丁志军《苏轼文学的生命精神》(《海南热带海洋学院学报》2023年第6期)分点论述东坡的进取、处穷、大爱和超脱，跨越时空汲取苏轼的精神力量；刘晓迪《论苏轼诗词中的崇高美——以朗吉弩斯的〈论崇高〉为观照》(《参花(中)》2022年第11期)对苏轼诗词中精神的、写作的崇高美进行论述；张芳丽《柳宗元的江雪和苏轼的风雨——柳宗元的〈江雪〉和苏轼的〈定风波〉之生命范式和审美范式》(《名作欣赏》2022年第33期)聚焦两位大家不同的诗意表达和思想意蕴，在对比中感受炉火纯青的美学境界。徐芹《〈定风波·莫听穿林打叶声〉对生命教育的启迪》(《文学教育(上)》2022年第4期)对苏词中展现出的生命的自然属性、社会属性、精神属性进行正向输出，以激发学生对生命和生活的尊重和热爱。宋瑞、张溯、杨晓玉《苏轼诗词中的儒释道思想对当代青年的启示》(《新乡日报》2023年11月4日第4版)倡导当代青年积极汲取苏轼诗词中儒释道精神的正向因素，体悟东坡的人格魅力。张米《明月三千里，烟雨任平生——从苏词的深情中品读家国心》(《新湘评论》2023年第20期)细笔书写东坡官路、政途的坎坷，高度赞扬其为国为民、不畏强权的心性，当之无愧为当代青年学习的典范。

苏轼词作情感真挚、个性鲜明，其内容形式上的独特创新、思想意趣上的哲理阐释，是推动宋词发展繁荣的强劲力量，同时也对后世词坛产生了深远影响。历代文人对苏词的接纳、解读、学习和研究生生不息，在文学史、思想史等方面产生经久不息的回响，对当代文化传承和创新有着积极的启示意义。

苏轼文研究综述

海南大学人文学院　庄　铖

2022—2023年的苏轼文章研究主要分为批评研究、分体研究、文献整理及辨证研究、传播与接受研究、交叉研究五个方面。

一、批评研究

批评研究从意象、用典、艺术风格、时空意识到比较研究等不一而足，并在传统路径上不断深化，向细致化的方向推进。创作技巧研究方面，从整体作品的考察转变为文章局部的分析；具体作品研究方面，一些以往较少被关注的作品受到重视。

第一，苏文写作笔法。余祖坤《“掉笔”的内涵与意义——以苏轼散文为例》（《海南师范大学学报（社会科学版）》2022年第5期）对苏文的结尾进行考查，提出苏文“掉笔”法以力量、变化之美以及隽永的意味为艺术追求。作者发现该结尾方式在苏文中具体分为两种：其一为“转”，语义由正向反逆向变换；其二为“折”，主体内容结束后另生话题。余祖坤认为，“掉笔”“掉转”等与散文结尾相关的概念应当成为今后分析古代散文作品的概念，这为散文研究乃至文学研究提出了新的重点。近年来，对“掉笔”进行专门阐释的文章数量较少，该文章具有较高的参考价值。滕瑜平《论秦观策论对苏轼的师承》（《汕头大学学报（人文社会科学版）》2023年第4期）从比较视角出发，对苏轼和秦观的五十篇策论的师承、论证模式、议论话题、文章特色方面进行分析，发现二人策论有着很高的相似度。雏凤清声，年轻一辈的学子中也有闪光之作出现。俞冰越《宋代文赋结尾对汉赋的传承与转写——以苏轼文赋为例》（《名作欣赏》2023年第23期）总结了苏轼文赋中的两种主要结尾类型：一种以主客问答形式为文章主体，往往以“抑客扬主”作为收尾；而另一种对日常性的事物书写，强调最后自己从事物身上获得的感受，从而“为之记”。

第二，苏文艺术渊源。况晓慢《“惟眉山苏氏得此灵境”——苏轼追摹庄子意蕴文法散论》（《诸子学刊》2022年第2期）指出，苏轼文艺创作最得庄子“得心应手”要旨，写作以“诗贵传神”为要，常追摹庄子“草蛇灰线”“断续”之文法，显现浑茫无我的文境，并形成了苏轼浑融儒道、与现实和解的人生体验。目前为止老庄对苏轼文学的影响已有较充分的研究，周振甫、程千帆都曾提出过老庄“水之道”与苏轼行文特征的关系。此文特点在于引证细致，观点清晰，正体现了苏轼研究细致化、深入化的特征。郭春林《从效法到超越：〈潮州韩文公庙碑〉的经典化》（《广西大学学报（哲学社会科学版）》2022年第6期）总结《韩文公庙碑》作为碑志文经典化定型四点：其一，效法《柳州罗池庙碑》道德文章的经典主题；其二，承袭先文章后曲辞的庙碑样式，并大量熔铸儒家典籍，凸显韩愈在儒家演变史上的地位；其三，承传韩文雄浑风格；其四，此碑经新变而超越，成为碑志文的经典样式。

第三，苏文解读。周裕锴《苏轼集》（国家图书出版社2022年版）制作精良，值得重视。作者选择十九篇苏文进行详细解读，书页一侧置有前人集评，文末附有注释与点评。每一篇解读篇幅字数皆达上千，简单介绍苏轼作文背景后，提出该篇要点并进行探研，可视为精良的学术论文。岳芬、常如瑜《论苏轼祝文的环境心理意蕴》（《常州工学院学报（社科版）》2023年第4期）从社会心理出发，考察苏轼祝文所体现的中国古人对自然以及人和自然和谐关系的想象模式。这种模式包含古人对自然的复杂情感——敬仰亲和与畏惧疏离的交叠之情。《赤壁赋》一直都是苏文研究的热点，学者们多尝试使用新角度对其进行新的解读。成玮的《追寻不变者：苏轼气论与〈赤壁赋〉新解》（《华南师范大学学报（社会科学版）》2023年第5期）结合苏轼气论提出，《赤壁赋》化解人生苦短之叹的两层说法：一是万物流变中，自有不变者恒久存在；二是风声月色，足供我辈领受。这两层一脉衔接，均基于苏轼的气论而来。苏轼的气论糅合三教资源，时参己意。他所谓不变者，指作为万物质料的气；所谓声色，属于万物形之精华。气不可见，在现象世界，形之精华最接近本体，唯有迈入君子境界，渐近自然状态方能领取，《赤壁赋》的宗旨，即在写出此一境界。从原点视角进行分析的，有刘春藤、马东峰《原点解析视角下的〈赤壁赋〉道家美学》（《青年文学家》2023年第20期）从邹华所提出的原点解析视角“四象之美”出发，认为苏轼的《赤壁赋》与道家美学密切相关。此外，还有从精神分析批评、空间理论、阐释学等角度进行的研究，这些多层面的纵横研究，正回应了世纪末董乃斌、赵昌平、陈尚君三人谈中对古代文学研究新方法使用的展望。

二、分体研究

苏文涉及多种类别，文之殊制，表里异体，各制文章都有着自己独特的体式与应用。苏文研究中，有许多针对某一文体进行专门讨论，从而把握不同文体的特点和发展脉络的论著，需要单独进行分类。

苏轼尺牍研究中，朱刚《苏轼〈与钱济明〉尺牍考略》（《文艺研究》2022年第5期）将目光细化集中于《与钱济明十六首》，通过对尺牍的文本来源和编排情况进行列表整理和辨析后，得出苏轼曾为钱氏之父写作哀词，在"乌台诗案"中成为罪证之一；钱氏亦受"诗案"连累，遭受处罚；至元祐年间，他发起了为"诗案"平反的活动，又因苏轼荐举而改秩京官；此后钱氏任职苏州，复遭新党迫害而罢官，居家常州，故于苏轼临终时得以追随身边；苏轼去世后，他继续与苏氏后人交往。该文对苏轼的生平经历、朋友交游、人生态度的研究都有了进一步细化、深化，是生平研究、思想研究、文学研究、文献考证相结合的典范。曾祥波《东坡尺牍源流考》（《华南师范大学学报（社会科学版）》2023年第5期）提出当今学者使用东坡尺牍，应该追溯到《东坡外集》《东坡翰墨尺牍》以及洪熙本代表的宋刊"大全集"，然后才能轮到成化《东坡续集》，这是由于目前的东坡集源头性尺牍分为"以时编次"与"以人编次"两个系统，"以时编次"内容是主体，"以人编次"内容是补充。宋刊"大全集"收录尺牍首次将"以时编次"尺牍文本系统与"以人编次"尺牍文本系统合二为一，但编纂质量不甚精良。不论是对于文献考证还是创作艺术方面的研究，此观点都有着很大参考价值。

苏轼两制文研究中，值得关注的学术成果有两篇。庆振轩、潘浩《苏轼制诰的情感因素与表达维度》［《福建师范大学学报（哲学社会科学版）》2022年第4期］改变对两制文功用、内容的讨论，针对苏轼"两制"的情感表达进行考察。作者认为，苏轼的人生体验在制诰文本中表现为冲破"制式化"的情感突围、抑扬褒贬中的情感刀笔和让步于政治语境的情感节制。苏轼制诰中情感书写突围与节制的冲撞融合，还烛照出传统文化中儒家中庸之道所强调的"执两用中""中和可常行"的方法论意义。梁晖《苏轼两制文研究》（海南大学硕士论文，2022年）对苏轼两制文的内容类型、政治思想、文学性都进行了较为细致的阐述，较为突出的是其对苏轼两制文文学性的研究，一定程度上填补了该文体文学性研究的不足。苏文研究中，文学性较高的文章已经得到了相对充分的研究，而作为应用类文体的两制文研究关注较少，苏轼两制文的研究还有很大的空间。除文学性和社会功用外，关于苏轼两制文的后世接受、文体意识等都还可以再进行深入的探研。

苏轼散文艺术研究，近年已有江枰《苏轼散文研究史稿》（复旦大学出版社 2020 年版）和关四平《苏轼史论散文思想文化价值管窥》（《学术交流》2019 年第 3 期）从接受、思想文化等方面深化了苏轼散文研究，价值较高。有巨大突破的散文研究成果较少，可供参考的有徐江《论苏轼诗文对扬雄评价的二重性》（《乐山师范学院学报》2023 年第 12 期）从诗文对比角度，考察苏轼对扬雄呈现出的两个不同维度的评价：诗歌中屡引与扬雄的相关典故，散文中则对扬雄加以否定，将其视为欺世盗名之徒。作者认为，苏轼对扬雄的批评产生在宋代忠节观念得以强化的背景之中，有很强的现实针对性，之所以在诗歌中呈现出相反的姿态，是由于扬雄在北宋以前备受推崇，与其相关的典事在历代文人的创作中被不断地接受和传播，凝固成为语码，形成了稳固的象征系统。前人多以苏轼对扬雄的批评进行阐述，但论证诗文异同较少。臧菊妍《苏轼惠州散文研究》（陕西理工大学硕士论文，2023 年）从惠州散文的创作路线、主题内容、审美特质、对文学创作的影响进行详细探究，揭示了苏轼惠州时期散文的创造性、独创性。褚慕涵《欧阳修与苏轼游记散文比较研究》（中国矿业大学硕士论文，2023 年）中较有创新之处为：以真实游览经历对散文游记进行界定，并采用空间书写对苏轼和欧阳修散文的写作成因、主体意识、技法特征作出比较。

除以上三种文体外，其他文体的研究论文呈零星状，且多为在校研究生的毕业论文，于此处一并简单展示，有哀祭文、俳谐文、谐谑笔记、祝文、碑志文等。张婉钰《三苏的碑志文研究》（西北大学硕士论文，2022 年）中，提及苏轼碑志文“独铭五人”，对每一人都进行了鉴赏与创作缘由分析。赖美君《苏轼俳谐文研究》（西华师范大学硕士论文，2022 年）阐述了该类文章的手段上和情感上的特点；苏轼俳谐文与《庄子》、汉魏六朝俳谐文、隋唐文学、禅宗的渊源以及苏轼俳谐文的成因。李博《苏轼哀祭文研究》（兰州大学硕士论文，2023 年）质量较高，首次将苏轼哀祭文纳入同一研究体系中进行整体观照，从党争角度切入文本也独具特色。苏文分体研究成果多为在校研究生的学位论文，一方面反映了不少年轻才俊逐渐崭露头角，另一方面也体现苏文研究在高校中的热度逐渐提升。

三、文献整理及辨正

文献是文学研究的基础和依据。苏文基本典籍、辅助文献于今日已有了很好的整理成果，基础研究和工具书的编撰为苏轼研究提供了极大的便利。版本源流考证、评点辑录、文章辑佚、文献整理百花齐放。

版本源流考证方面，曾祥波在《〈仇池笔记〉的成书来源及其价值——以明刊〈重编东坡先生外集〉为切入点》（《文学遗产》2022年第2期）提出《东坡外集》成书于北宋末至南宋初之间，早于现存所有《仇池笔记》所有版本的成书刊刻时间，成为《仇池笔记》的文献来源，而《重编东坡先生外集》基本可以视为宋本，可以将其作为追溯《仇池笔记》文本来源的关键文献，并对明刊《外集》与《仇池笔记》的九十一条内容进行比照，分出重出、拼拆、异文三种情况。宋代以后《仇池笔记》以笔记体承载的“第二手”文本为传播东坡逸闻轶事发挥了作用。在文末，作者还精心设计了余论部分，认为文献研究的核心是“文本溯源”，为日后版本源流考证提供了方向。常崇桦《苏轼〈迩英进读〉八篇考论三题》（《保定学院学报》2023年第2期）一篇考证严谨，推理缜密，文字质朴，对苏轼《迩英进读》的文体归属、成书时间、文本来源都提出一定看法：从文体形态与文章功用两方面看，此组作品属于经筵讲义；《迩英进读》的文本来源大致为：孔本以茅维编《苏文忠公全集》为底本，茅本所收讲义源于秘阁本《东坡外集》，同时参校了明时流行的各类苏轼及“三苏”文集；《迩英进读》八篇作于苏轼侍读经筵的元祐二、三、四、七、八各年中，作于元祐六年的可能性较低，同时存在作于元祐二年，以及元祐二至四年两种可能。

文献考辨方面成果颇多，基本围绕着争议热点提出看法。何婧《苏轼的“三杀、三宥”说》（《文史杂志》2022年第6期）认为苏轼在引书时使用了檃括整合的方式，在当时并不违反考试规则，并得到欧阳修考官以及其他考生的认可。王智忠《〈赤壁赋〉两处异文成因及文意重新解读》（《语文建设》2022年第13期）提出，较早的苏轼手书墨迹本作“渺浮海之一粟”“与子之所共食”，与世传刻印本《赤壁赋》中的“渺沧海之一粟”“与子之所共适”不同，是文本传抄过程中因草书形似造成的讹误。通过对苏轼的语言使用习惯及文本意蕴的考察来看，手书墨迹本应该更符合苏轼文章本意。江枰、李琳《〈重编东坡先生外集〉中的苏文辑佚与考辨》（《乐山师范学院学报》2023年第6期），逐一比对《重编东坡先生外集》与孔本《苏轼文集》，辑得不见于孔本《苏轼文集》的佚文十四篇，文同题异及互见者十篇。

文献整理方面，各东坡集根据不同的线索编纂，体现出苏轼作品具有多维阅读视角的特征。以历代评点为线索，樊庆彦辑《苏轼诗文汇评》（凤凰出版社2022年版）值得关注。编者以清蔡士英刊本《东坡全集》一百十五卷本为底本，并依据《东坡七集》《苏文忠公全集》《重编东坡先生外集》等进行补遗，依诗文录评，全卷共六册，为苏轼研究者提供了扎实可靠的资料汇编，是当下所能见到的苏轼诗文点评资料的里程碑式作品。以人生经历为线索，有朱刚《东坡集》（三秦出版社2022年版）全两册，是一部注释体例严谨、制作精良的苏轼作品选。书中共收录苏轼创作的三百三十七阕词作、一百六十四首诗歌以及三十二篇文章，随篇导读，诗词文章皆以创作时间排序，文中还附有苏轼年谱及苏轼书法代表作等。以地域为线索，有明代陈荣选辑校、王全点校的《宋苏文忠公居儋录》（海南出版社2022年版），根据明陈荣选刻、清王昌嗣补修本为底本编成的点校本，全书共五卷，首尾完整，并附有详细的苏轼年谱、儋州古迹、居儋言行以及明万历二十三年刻清顺治十八年修补本书影，是海南东坡研究的高品质工具书。以历代别集为线索，李凯主编《苏轼选集汇编》（巴蜀书社2023年版）全八册，收录了苏轼文选集十种，包括元、明、清、民国刻本、钞本、铅印本，整体展现苏轼文选集之面貌，内容、体系庞大丰富，条贯脉通。

四、传播与接受研究

苏文的传播与接受研究，主要分为篇目、时代和域外研究，成果数量有一定增长，但研究主题较为分散。

在苏文的接受方面，以篇目切入考察苏文研究的，有梁秀坤《〈赤壁赋〉的拟作及其经典化意义》（《宁波大学学报（人文科学版）》2022年第2期）从苏文拟作的角度出发考察苏文接受。《赤壁赋》拟效分为金元明和清代两个时期，第一时期重文本结构的模仿、保留原赋“变”与“不变”的哲理探讨；第二时期重核心情节和意象，淡忘了原赋的哲思意味。慈波《新巧之外：〈东莱标注三苏文集〉与朱熹、吕祖谦的文理之争》（《浙江大学学报（人文社会科学版）》2023年第4期）以吕祖谦编《东莱标注三苏文集》引出朱熹与程洵、汪应辰、芮烨、吕祖谦等人的激烈争论：朱熹秉持排他性道学立场，抨击苏轼学术驳杂、政治摇摆、人品浮华，却也无法忽视苏轼作为“科举之宗”的文章史地位存在；吕祖谦则坚持文理会融的思想，力图弥合性理与文章之间的缝隙。吕祖谦通过标注三苏论体文，推扬其积极修辞效用，抉发其格法意义，推动了科场论体文写作的规范与定型。王芊《著述形态与文本阐释：苏轼制科进卷新解》（《文艺研究》2023年第6期）对苏轼《应诏集》的流传形态进行了考证，归纳出《应诏集》最初的结构线索表现为：进论首卷的统摄作用、进论借鉴史传“互见法”的观点布局、进论与进策的古今互文。直到明清时期，以茅本为代表的“分体合编本”的原始编次打乱，而苏轼进卷的著述形态变异在唐宋别集编纂中并非个别现象，代表了鲜活于生成语境的文体存在样态。

从时代切入考察苏文接受的，有马茂军、杨奔奔《明清东坡文选与古文范型演变》（《海南师范大学学报（社会科学版）》2022年第3期），在对明代至清中期七十七种古文选本统计的基础上，发现明代古文选本中东坡文入选量与其他唐宋七家相比多居首位，而在清初至清中期古文选本中则让位于韩文。明代古文选家的苏文学秦汉文认同，是苏文在明代保持较高入选率的重要驱动；清人从道统观念出发对苏文的批判和对韩愈“文起八代之衰”的正统性塑造，是苏文在清初至清中期逐渐让位于韩文的主要原因。任文昭《金人对苏轼骈文的接受》（辽宁大学硕士论文，2023年）补充了金代骈文的研究空缺，以金代骈文发展为基本脉络，以苏轼对金代骈文的影响为主线，穿插起金代宇文虚、王寂、党怀英、赵秉文、元好问等人的骈文创作。

苏文的域外传播研究也有进展。东亚国家的苏文域外研究主要集中在朝鲜半岛，有张雪君《交流与回响：论徐居正的〈赤壁赋〉题诗》（《东疆学刊》2023年第1期）梳理苏轼《赤壁赋》在朝鲜半岛的流播，认为朝鲜朝前期以吟咏赤壁为主流，将《赤壁赋》从“美文”的书面形式转译为口头文学的形式，是在跨文化语境下产生的文化过滤现象，并冲破朝鲜朝前期“以道为文”的文坛风气，以宁静隽永、淡泊致远的艺术风格契合了朝鲜朝文人以“深远闲淡”为诗文品评的标准。还有张雪君的《文本与空间的交互——韩国“海东江西诗派”对苏轼〈赤壁赋〉的接受与演绎》（《乐山师范学院学报》2023年第2期）以“海东江西诗派”作为考察群体，提出“赤壁”作为地理、历史、文本三维空间的交汇点走进东亚文人的视野，韩国古代文人以“异域之眼”审视《赤壁赋》的同时更是在本土营造着赤壁空间。孙子贻《苏轼〈石钟山记〉三个英译本比较研究——以王宏印"信达雅"现代诠释为框架》(《作家天地》2023年第8期),突破域外传播大多集中于《赤壁赋》的局限。苏文的域外研究,除域外传播研究,更需要了解国外同行苏文研究的研究热点和研究视角,这样才能具有国际性的视野,从而推动中国古代文学研究的多维度提升。难以获得国外资源、语言不通、文化隔膜等都是外来苏文研究难以进入国人研究视野的因素,苏文研究乃至古代文学研究仍需要在此方面实现进一步突破。

五、交叉研究

苏文交叉研究受到了更多的关注。所谓交叉研究,主要是指苏文与哲学、教育、绘画、政治等方面的跨学科交叉研究。

第一,苏文与哲学。蒋国保《狭义蜀学的学派属性——以〈三苏经解〉为论域》(《天府新论》2022年第2期)一文,提出三苏哲学最高范畴的"道",其实就是指"万物之所以然者",其哲学本体论当名曰"道本论"。三苏"道学"虽难以纳入正统宋学,但因其接近正统宋学大宗程颢心学,不应作为宋学异端,而应将其视为并立于"气学""心学""理学"之宋学的一个分支,它对丰富北宋道学具有重要的学术与理论价值。

第二,苏文与教育。刘清泉、胡先西《三苏教育名篇注评》(巴蜀书社2022年版)以作者为分类、以时间为顺序编撰,诗文中有关教育的言论,篇下皆附有注释,并加以简评。或分析词句,或引用文献,或对比史实,以凸显三苏有关教育的见解,包括家庭教育思想、学校教育思想、社会教育思想、科举考试主张等。其中苏轼作品共五十二篇,文占四十二篇。王玥《苏轼教子诗文的淑世精神与艺文情怀》(《广播电视大学学报(哲学社会科学版)》2022年第4期)从立德:恪守与践行儒学;文:六艺精神的浸润;修身:山水冶情与高尚其行三个方面阐释苏轼教子诗文中所蕴藉的淑世精神与艺文情怀。

第三,苏文与绘画。方言《诗赋的语图转化研究——以〈后赤壁赋〉和〈洛神赋〉为例》(《佳木斯大学社会科学学报》2022年第6期)将文章与绘画结合考察。作者认为,文学文本所传递的母题在经过后世的模仿、转化、传播后已不再单一。它是由文、书、画和其背后涉及的历史所共同构成的全新整体,所以更需要重视分析画家在文本转化时进行的再创作规律,以及文学和图像由于转化目的的不同和传播途径的扩张对文学文本带来的影响。这是苏文接受研究的新角度,也是文学跨领域研究的新启发。

第四,苏文与政治。臧菊妍、付兴林《苏轼贤良进卷之〈进策〉综论》(《新余学院学报》2023年第4期)指出,苏轼的《进策》构建出一套完整的思维体系，这也成为苏轼政治思想的来源，是苏轼治世思想的基础。在体式结构上，《进策》呈现出一种独特的树状。内容上，苏轼的政治思想在《进策》中有完整的展现：其中《策略》是从内外两方面分析君主如何治理国家，内部是对君主的自身要求，外部是如何治理国家的大致规划；《策别》针对官员、百姓、财力、兵力等方面存在的弊病，提出了较为详细的治理政策；《策断》提出了应对外患的具体战略。

2022—2023年苏文研究成果相对丰硕。批评研究、分体研究、文献整理及辨正是苏文研究的重点。文献整理及辨正创获相对较多，批评研究、分体研究朝着细致化的方向发展，不足之处在于创新较少，可适当引进更多理论、从更多视角或结合其他学科讨论。苏文的传播与接受方兴未艾，域外传播值得关注。交叉研究是未来苏文研究的趋势所在，其中创新性的方法论和开阔的研究视野，为提升苏文研究深度、广度提供了有效路径。

苏轼思想研究综述

扬州大学文学院　梁　晖

2022—2023年苏轼思想研究可从哲学思想、政治思想、美学思想、传播与影响四个方面进行概述，文学思想相关内容已分见于各部分综述中。

一、哲学思想

苏轼是宋代蜀学的代表人物，对其哲学思想的研究是学界重点关注的领域，成果涉及儒学、佛学、性命之学、养生之学、物我关系等方面。

与易学相关的研究是近年来苏轼哲学思想研究的一大热点，成果以硕博论文为主。陈彦杰《苏轼易学思想研究》（山东大学博士论文，2022年）着重关注了苏轼的注《易》体例、解《易》理路，是其亮点，文章指出：苏轼在吸收前人“卦主说”“卦变说”“卦气说”“五行说”等注《易》解《易》方法的基础上，形成了以“卦和爻别说”和“人情说”为主的独具特色的注《易》体例；苏轼承续了义理派的解《易》风格，但同样注重象辞关系，同时又十分注重《周易》整体的符号结构，关注卦与卦之间的关系，此外文学家的身份使得他解《易》时具有长于文字的特点，而兼收并蓄的蜀学背景则让他在解《易》时不拘流派，兼收百家；《东坡易传》是苏轼哲学思想的集中表达，该文由苏轼的治《易》特色出发讨论苏轼的哲学思想，对苏轼的天道观、性命论、审美理性等传统议题发表了见解。袁泽宇《苏轼易学思想研究——以〈东坡易传〉为考察中心》（西北大学硕士论文，2022年）则从象数思想、义理思想两个角度考察苏轼易学思想的特点，并归纳出苏轼无论在象数之学还是义理之学中都贯彻着《周易》“易简”“变易”“不易”的“三易”思想。相比于陈彦杰、袁泽宇以苏轼易学整体为对象的研究，胡悦祎《〈东坡易传〉哲学思想研究》（河北大学硕士论文，2022年）与刘继鑫《〈东坡易传〉性命论研究》（华中科技大学硕士论文，2022年）以《东坡易传》为对象，对若干传统哲学命题提出见解，前者从道论、性命论、人生论三方面对《东坡易传》进行申发，后者则专注于性命论的议题，认为《东坡易传》性命论遵循由情见性以至于命的逻辑理路，其中性为情与命之间的桥梁。

同样关注苏轼性命之学的还有乐进进《苏门反性命之学发覆》（《人文杂志》2023年第12期），不同于以性命之学为探究对象的普遍思路，该文以反性命之学的时代演变为逻辑顺序，以学术史的眼光审视苏门反性命之学的学理依据、言说策略以及别有所指的性命之学，指出苏门文人群体将外则误国、内则自误作为立论依据，构筑反性命之学的阐发框架，进而将矛头直指性命学说的理论渊源，既抨击释氏心性学说背离原初教义，又对四书体系中的性命资源另作诠解，由此完成性命之学的理论解构。

苏轼海外“三书”之一的《论语说》失传已久，历代对其的辑佚工作不曾间断，今人对此亦用力甚勤，目前已辑得一百余条，基于辑佚成果之上的《论语说》研究成果也不断涌现。阮忠在《基于辑佚的苏轼〈论语说〉研究——苏轼“海南三书”论之二》（《海南师范大学学报（社会科学版）》2023年第4期）一文中认为，苏轼的《论语》解读，多对孔子思想的格言式表达作了较细的剖析，体现了自己亲仁好仁而不违仁的基本思想、因循孔子兴礼乐行中庸的主张，在不乡原非中庸时选择狂狷，并在说《诗》时以无思无为为“思无邪”的至境，以口手相应的平易表达为辞达的至境。孙业鑫《苏轼〈论语说〉的儒学思想研究》（云南师范大学硕士论文，2022年）一文聚焦于苏轼《论语说》中对经典儒家命题“性”“道”和“仁”“德”的阐述，指出苏轼将“性”与“道”放在同一个层面思考，提出了著名的性无善恶论，既推动了“人性论”向前发展，又表达了对“道”的独特分析；同时，苏轼将对“仁义道德”在儒学上的思考细化于书中，完成了对君子“德性”的分析，表达了对“中庸之道”的探索，吸收佛道的精髓为传统儒学注入新的内涵；此外，该文还探讨了苏轼在政治实践层面对儒学思想的践行。君子小人之辨是儒家的经典命题之一，这一命题在北宋党争的背景下更显时代意味，韩德民《随所用与共生性：苏轼的君子观》（《原道》2022年第2期）认为苏轼在吸收了《庄子》等道家思想资源之后，持有一种不同于传统儒家的君子小人二元对立的动态君子观，即认为君子和小人的区别是“随所用”的结果，二者的关系无法排除随时间推移而相互转化的可能，而苏轼的这一动态君子观也影响了他对《周易》的诠释。

人与物之间的关系是一个古老的哲学命题，苏轼对物我关系的阐发也受到了学界关注。沙红兵《论苏轼的“物我平等”思想与诗艺》（《四川大学学报（哲学社会科学版）》2022年第1期）指出苏轼在老庄、玄学、佛学等思想资源的基础上，形成了自己别具一格的物我平等思想，认为世界是由万物的多样性组成的，人也是与他物平等的万物之一。物我既各自独立而又有赖于彼此彰显自身存在；物我之间“合”而“有间”，任何一方都既不能倾其所有也不能不交出部分所有去与另一方建立联系，这意味着物我之间的交流只能是无限次的部分重叠，“我”也很难完全将物的一切都无误明晰地表达出来；正因为此，诗歌、绘画等美学活动凸显出以隐喻、象征、情境创造等手段迂回接近事物、打开物我之间无限空间及变化多样性的特点；在这种物我平等的思想作用下，苏轼还对人一直以来将自身置于他物之上、化约他物的行为展开反思和批判，认为艺术家形槁心灰的脆弱恰也就是其力量所在。马蓉《苏轼的物我之思及其美育启示》（《北京电子科技学院学报》2023年第3期）在梳理了苏轼物我观念的内涵后，认为苏轼在对物我关系的思考中，经历了由“用”到“美”，由“美”启“善”，最终达到“尽善尽美”的思维路径，作者在论述中融入了对美育工作现状的思考，侧面体现了东坡文化的当代意义。贡华南《酒的形上之维——以〈浊醪有妙理赋〉为中心》（《社会科学战线》2022年第12期）提对于以苏轼为代表的士人来说，饮酒并不是为了满足口腹之欲，他们从性道之维领会酒，深刻阐发了“以酒为命”“酒近于道”“酒中有妙理”等精义，揭示了酒的形上内涵，酒在他们心目中由外在的欲望对象转换成了人的内在的精神生命；当饮酒被当作形而上活动，日用常行也就有了形而上意义，为“日用即道”的观念提供了必要的精神准备。

苏轼与佛禅关系的研究是历代苏轼研究的一个热点，台湾学者施淑婷的专著《苏轼迁谪文学与佛禅之关系》（新文丰出版股份有限公司2022年版）聚焦于“唯心见性”“般若空观”“诸法无我”“无住生心”“不离世间觉”“广启业因”“平等不二”等释家概念对处在贬谪阶段的苏轼的影响，以及这种影响在文学中的体现。王培钊《论苏轼与弥陀净土之交涉》（《河北师范大学学报（哲学社会科学版）》2023年第5期）考辨了“苏轼往生西方公据”是后人在苏轼与参寥书简的基础上加工附会而成，并从苏轼的生平实践与文学创作方面出发考察苏轼与佛教弥陀净土之间的关系，指出苏轼与净土的交涉受家世传统、地域环境以及与之交游的僧人三种因素的影响，苏轼的弥陀净土观兼摄有相与无相：一方面通过画弥陀像、做水陆道场、念佛诵经等有相功德荐亡亲友，往生净土；另一方面，通过诗文表现无相净土，强调即尘世为净土，从而契合至上玄理，愉悦精神。刘石《论苏轼与佛教》（《斯文》2021年第2期）结合苏轼的立身行事、文学创作以及相关的大量文献材料，探究佛教对苏轼思想与创作的影响，并对苏轼思想中儒家、佛教、道家、道教等成分的复杂纠缠进行了辨析，认为佛教对苏轼思想的影响要大于道家和道教；此文虽以苏轼与佛教为题，但旁涉颇多，实可视为一篇对苏轼哲学思想进行综合研究的文章。同样对苏轼哲学思想进行综合性研究的还有杜思凡《冲突与圆融：苏轼哲学研究》（山东大学硕士论文，2022年），文章没有停留在体用层面的论述，而是试图从“天道论”“人性论”“工夫与境界”“内圣与外王”四方面勾勒苏轼的哲学体系，以求对苏轼哲学进行系统而又简洁的总结。张凌千《苏轼画论中的自由观研究》（中南大学博士论文，2022年）立足于苏轼的画论，挖掘出苏轼画论中的哲学思想，认为自由是苏轼画论中的核心观念，也是苏轼艺术哲学思想的精髓；该文从思想来源、建构、内涵、呈现等几个方面对苏轼画论中的自由观作出较为全面的考察，亦可视作对苏轼哲学思想的综合研究。

苏轼虽对道教追求长生嗤之以鼻，但对养生思想颇为留心，留下了不少与之相关的文字。对苏轼养生思想进行研究的有董雪《苏东坡养生思想研究》（天津体育学院硕士论文，2022年）和涂薇《苏东坡养生思想与实践研究——苏东坡养生生活化、生活养生化的人生追求》（西南大学硕士论文，2023年）。前者主要对苏轼养生思想的形成背景、思想来源、主要内容和特点、当代价值几方面进行论述，但作者并非文史类专业，对文献材料的运用不足，对当代价值的阐发也流于表面；后者区别于前者之处在于对苏轼的养生著作进行集中论述，并对苏轼养生的实践方式进行分类阐述。养气是养生的一个重要环节，在苏轼养气思想研究的成果中，赵晓梅《二苏、朱熹养气观比较及当代价值阐发——从〈延平答问〉朱熹评二苏谈起》（《太原理工大学学报（社会科学版）》2022年第1期）从朱熹《延平答问》说开，比较了二苏与朱熹的养气观念，认为朱熹批评二苏的关键原因是双方就何为本体认识不同；二苏和朱熹在宋代“人与天地参”的思想环境中，结合各自身份和经历对孟子养气说作出阐释，就气的性质和养气路径达成共识，但就气的地位、阐发路径和养气目的发生分歧，二苏的“文气”与朱熹的“理气”路径难以兼容，但都影响深远。

二、政治思想

宋人内圣外王并重，他们致力于将自身的哲学思想作用于政治，苏轼也是如此。对苏轼政治思想的研究是热点话题之一，其成果主要包括整体研究、民本思想、民族意识、法治思想、教育思想、经济思想、政治书写、海外研究等方面。

对苏轼政治思想进行整体性研究的有陈力祥、吴可《苏轼“应势适情”之政治伦理思想探微》（《中原文化研究》2022年第4期），该文结合苏轼所处的时代背景与其哲学基础，对苏轼的政治实践行为与书写作出分析，认为苏轼的政治伦理思想以“应势适情”为特色，包含着对经权变通的深度思考和对人本主义的坚守。任锋、沈蜜《立国传统中的礼法与立事：以苏轼治体论为中心》（《天府新论》2022年第2期）援引政治学中的“治体论”概念，以苏轼的相关文章为文献资源，试图勾画出苏轼的政治理论体系；该文指出：苏轼强调在多重立国传统中形成时政立场，对于立国之初政权建构的前提性肯认折射出礼法政治心智的成熟，以“规摹”先定为导向的立事论展现出治体的实践行动维度；追求富强的新政如何避免政治社会的结构性震荡、尊重立国成宪、优先政治主体养成而非大规模变法，是作为立国思想家的苏轼超越党争时潮的政论特质。

对苏轼的民族意识与民本思想的研究颇具现实意义，是近年来苏轼思想研究的热点话题。曾明、张淑颖《苏轼民族共同意识的形成契机及其精神内核》（《民族学刊》2023年第5期）指出三段贬谪经历是苏轼民族共同意识产生的关键节点，尤其是贬谪海南期间与黎族人民的直接相处，是苏轼民族共同意识产生的天然契机，而苏轼贬谪期间的文学创作与“三书”的编撰为苏轼民族共同意识的形成注入精神内核。郑炜、徐敬徽《苏轼民族关系思想初探》（《海南热带海洋学院学报》2023年第3期）同样强调儒家传统及个人经历对苏轼民族思想的影响，并将苏轼的民族思想概括为“强军制‘夷’”与“汉黎一民”。梁晖《苏轼“两制”文中的民本思想与政治追求》（《海南热带海洋学院学报》2023年第6期）从苏轼担任“两制”词臣时所创作的“两制”文本出发，探讨其中蕴含的以民本思想为核心的政治理念与追求，认为苏轼民本思想在其“两制”文本中具体呈现为“刑平”的赏刑观、“赋简”的理财观、“民安”的社会治理观，结合这三个方面，又可见出苏轼政治思想中儒道结合的特点。李麒、王玉《苏轼的民本法律思想》（《云梦学刊》2022年第1期）则从民本思想的角度对苏轼的法律思想进行体认，指出苏轼的民本法律思想主要从以人情为本的立法论、以民生为本的执法论、以民意为本的谏议论和以人道为本的刑罚论诸方面展开，并形成了一个相对完整的体系。

同样关注到苏轼法治思想的还有宋谷冰《苏轼法治思想探析》（《南阳理工学院学报》2023年第5期），该文将苏轼的法治思想的主要内容归纳为任人与任法并举、知人信使、严于吏治、法当循时而变、因法以便民、礼本法末、刑德相济等七个方面。

苏轼的教育思想是其政治思想中的重要部分，对此的研究成果有周裕锴《试论苏轼的教育思想》（《海南热带海洋学院学报》2023年第3期）从人格培养、教育模式、求学态度、学习方法等方面对苏轼的教育思想进行总结，是一篇提纲挈领的文章。科举取士是北宋教育的重要环节，是国之大事，因此苏轼对科举的认识是其教育思想的关键，张帆《北宋科举论争及苏轼的科举改革主张》（《蜀学》2021年第2期）专论苏轼的科举改革主张，认为苏轼站在社会发展的高度，在人才选拔方面极力主张“兼用考试察举之法”，深刻揭露察举弊病，反对单纯地以德取士；在考试科目方面苏轼反对单纯地以经术取士，力争为“诗赋取士”留一席之地；在考试制度层面，苏轼坚决维护封弥誊录制，力保考试公平公正。余红艳等著《三苏教育思想研究》（巴蜀书社2022年版）以“三苏”这一整体为研究对象，对“三苏”的家庭教育思想、学校教育思想、社会教育思想进行整理分析，对“三苏”教育思想的一致性与细微差异作出挖掘与阐发，展示了“三苏”教育思想的历史性与当下性。刘清泉、胡先酉《三苏教育名篇注评》（巴蜀书社2022年版）从“三苏”的作品中辑录出有关教育的篇目，并予以注评，其中选苏洵文十篇，苏轼文四十二篇、诗十首，苏辙文十篇、诗二首，苏轼的主导地位非常明显；该书所选篇目能较为全面地反映“三苏”的教育思想，并且还辑录非“三苏”所作但有关“三苏”教育思想的作品十则，是一次对“三苏”教育思想文献较为全面的整理。

以“三苏”这一整体为研究对象的成果还有杨潇《三苏治吏策略的传承与转捩》（《宋代文化研究》2021年），与教育思想类似，“三苏”的治吏策略也呈现出既一脉相承又各有特点的面貌，血缘关系与家学渊源使三人的治吏思想有一脉相承之处，而不同的个性、经历等因素又使三人的治吏思想有各自的特色。

从经济角度考察苏轼的政治思想是学界较少关注的领域，徐萍、刘金科主编的《苏轼税收思想与实践》（中国税务出版社2022年版）是这一领域较为显著的成果，该书结合苏轼的人生经历与相关作品，将苏轼的税收思想归纳为民本思想、“轻税薄赋”思想、“安商利商”思想、“廉取节用”思想、“涤荡振刷”思想五个方面；其中民本思想无疑是苏轼税收思想的核心，也是苏轼整体思想的核心之一。

苏轼作为学者、官员、文人三位一体的复合型人才，政治经历对他的文学创作必然会产生影响，在这一领域研究成果较著者有刘泽华《从直笔缘情到隐蔚讽喻：苏轼杭密时期词的政治书写转向》（《古籍研究》2022年第1期）敏锐地发现熙宁七年（1074）这一关键时间节点，这一年王安石罢相，李师中奏请神宗召还苏轼却被贬谪，这使得苏轼明白神宗才是他回京的最大阻碍，此时苏轼正在由杭赴密途中，受此政治事件的影响，苏轼的词作中的政治书写开始由直笔缘情转变为隐蔚讽喻，而苏词以诗为词特点的形成或许与这一变化不无关系。

美国汉学家艾朗诺是海外苏轼研究大家之一，其研究内容颇有涉及苏轼政治思想之处，万燚《美国汉学家艾朗诺论苏轼的政治哲学》（《海南热带海洋学院学报》2022年第1期）对艾朗诺的苏轼政治哲学研究进行了系统的介绍，指出：艾朗诺着重阐明苏轼道源乎情、情性一体、性无善恶、礼基于情、治基于道的核心思想，高度评价苏轼尊重民意、顺应民情、深结民心、畅通言路、杂语共生、治贵无私等政治主张的重大价值；体现出艾朗诺独特的研究视野、方法理路与价值判断，可为国内苏学提供他者的镜鉴。

三、美学思想

苏轼作为一位艺术全才，在美学方面也留下了丰富的思想资源，对此的研究也颇受关注，成果包含生活美学、自然审美、海外研究等方面。

从苏轼的日常饮食起居探讨其生活美学是苏轼美学思想研究的成果，李健《美食与人生：苏轼的生活美学管窥》（《中国文艺评论》2022年第1期）认为苏轼凭借自己丰厚的人文修养和审美修养把饮食这一生活的本能上升到人的精神层面，将之与人的精神追求联系在一起，通过对美食的描写，展现了奋发昂扬的精神气质和乐观的人生情怀，赋予饮食以美学的意蕴，指出苏轼对美食的认识与记述紧密关联着他的生活境遇与思想情感，对美食的探索与追求是其积极生存的隐喻。黄梦婷《苏轼生活审美实践研究》（青岛大学硕士论文，2022年）以生活美学理论为依据，指出苏轼生活美学思想的内涵是“平淡自然”，其架构分为“勾当自家事”“我适物自闲”“超然物外”三个层次，并从物象和事象以及禅意三方面对苏轼生活审美实践内容展开具体分析，总结苏轼生活审美实践的独特价值，以及其中蕴含的精神力量，延伸拓展到生活美学的当代价值以及对于生活实践的指导作用。魏子钦《苏轼茶道美学的文化结构之两端》

（《海南师范大学学报（社会科学版）》2023年第2期）从诗言志的角度分析苏轼有关茶的书写，将苏轼茶道美学文化结构总结为："安闲顺适"——现实生活理想化的态度，"以小见大"——理想生活现实化的方式。

苏轼的美学思想与其自然观息息相关，对苏轼自然审美的研究是苏轼美学思想研究的重要领域。刘汉君《苏轼"形理两全"命题的自然审美模式意义》（《华中学术》2023年第1期）从自然审美模式角度对苏轼"形理两全"的画论加以阐释：就欣赏内容而言，不仅包括万物的外形特征，更重要的是生意、生趣、生机；就欣赏方式而言，要在通晓生理的基础上，全身心地融入自然，与物相化；"形理两全"说所具有的自然审美模式意义，可以为当代自然美学建构提供有益的资源和启迪。程相占、刘汉君《论苏轼作为寄寓之道的自然审美》（《社会科学》2023年第7期）从苏轼的寄寓观出发对苏轼的自然审美进行分析，认为苏轼的自然审美不是以自己作为审美主体，对审美对象进行主客对立式观照，而是生发出注重自在自得的"寓意于物"的这种自然审美模式，齐同"寄"与"归"，认山水最佳处为家；齐同"梦"与"觉"，化如梦人生为审美人生；从寄寓之道的角度探讨苏轼的自然审美，能够使自然审美超越审美对象的意义而获得生存哲学的意义，从而深化当代自然美学。以上两篇文章从不同的角度切入，对苏轼的自然审美进行探讨，最后都落脚于苏轼自然审美的当代价值，但都浅尝辄止，"苏轼美学思想对当代中国美学的建构"这一话题还有待深入挖掘。"卧游"是中国传统美学中的一个重要范畴，指的是一种以观山水艺术代替亲身游历的审美活动，其起源于先秦道家，南朝宗炳将山水引入"卧游"观念中，影响深远；至北宋时，山水画勃兴，"卧游"山水画的审美实践也成为一时风尚，苏轼的"卧游"观念便是其发展中的重要一环。郭甜甜《苏轼"卧游"审美观念研究》（长安大学硕士论文，2023年）即以苏轼"卧游"审美观为研究对象，梳理了苏轼"卧游"观与道家、道教、儒家、佛禅思想的渊源，指出苏轼"卧游"的山水世界的空间特点是"远"，精神旨归是"归"，审美观照的方式为"游于物外"和"寓意于物"；明确了苏轼在"卧游"这一美学范畴发展史上的意义。涉及苏轼自然审美的还有姚华《漫游者的夜歌——论苏轼黄州时期的"夜游"书写》（《中国文学研究（辑刊）》2022年第1期），该文考察了苏轼谪居黄州期间的"夜游"书写，认为"夜游者"反映了苏轼的罪人身份意识，"清风明月"的夜间意象既是边缘者身份意识下的风景观照，也是苏轼清朗内心与高洁精神的映射，苏轼并未沉溺于罪人身份，他借助对现实地理空间的文学重塑，完成了身份的转化与精神的自赎，得以成为风景的“主人”；黑夜这一模糊的背景使得夜游景象可能出现错觉甚至神秘体验，苏轼通过文学修辞与想象对之进行描写，使得黄州夜景呈现出超现实色彩；苏轼黄州时期的夜游书写具有“精神漫游”的意味，赋予了夜游文学哲理性的深度，开拓了“夜”所具有的审美意蕴。

国际汉学界对苏轼美学思想颇为关注，万燚、段苏俊《美国汉学界的苏轼文艺美学思想研究》（《海南大学学报（人文社会科学版）》2024年第3期）归纳总结了艾朗诺、卜寿珊、许龙、包弼德对苏轼文艺美学的研究成果，内容涉及书论、画论、文论三个方面，并总结了美国汉学家们的治学特点：他们往往从自身文化传统出发，结合个人学术兴趣，择取独特维度对苏轼文艺美学思想予以观照，其研究往往突破艺术领域，在历史、哲学、政治等更为宽广的文化语境中进行评判，视角新颖、视域广大、结论颇具合理性，体现出较为宏阔的学术视野。尽管由于文化背景以及方法论上的差异，他们对某些问题的理解有时会“隔了一层”，但仍不失为对国内相关研究的有力补充。

四、接受与影响研究

对苏轼思想的后世接受与影响的研究主要集中于明清两朝，以个体研究为主。梁博宇《其说非出于苏，而血脉则苏也——论阳明心学与苏氏蜀学之关系》（《宁夏大学学报（人文社会科学版）》2022年第5期）和《论李贽对苏轼“诚同”人格的接受》（《海南热带海洋学院学报》2023年第3期）两篇文章主要探究苏轼思想在明代的传播与影响。前文抉发了阳明心学与苏氏蜀学草蛇灰线般的联系：以王守仁为代表的阳明心学被时人认为“血脉则苏”，王守仁留下的文字中虽未直接点明对苏氏蜀学的态度，却在“无善无恶”的人性论、“情在理先”的本体论、“复性致知”的修养工夫论等诸多重要论题上继承和发展了苏氏蜀学的观点，与之一脉相承，并在继承孔子原始儒家哲学、否定孟子“性善论”以及对程朱理学的反驳上与苏氏蜀学持有相近的学术立场。后文以晚明思想家李贽为对象，提出李贽不仅对苏轼的文艺创作、哲学思想颇有独到见解，更深入苏轼的人格层面加以品评和取法，尤其在“诚同”的人格特点上二人展现出了高度的一致性，“诚同”出自《东坡易传》，意指无外在先验条件决定，不受任何功利因素影响的情感之同；但李贽与苏轼的个性毕竟迥然不同，故李贽一方面接受苏轼，一方面又不同于苏轼，人格存在境界上，苏轼达到了情理圆融之境，李贽则在情理冲突中无法解脱，但在求真厌伪的原则上，二人没有高下之分。

王皓潼《论何绍基对苏轼文艺观的接受与创变》(《齐鲁艺苑》2023年第4期)考察了清代的“学苏圣手”何绍基对苏轼文艺观的接受，认为何绍基在书学与诗学上不遗余力地推崇苏轼，其“发于性情”“重于学养”“取法自然”“崇古求新”等观念均与苏轼关于性情与学问的认识一脉相承。同时，何绍基也对苏轼创作理论进行了合理的创变，围绕性情与学问，何绍基进行了颇具独创性的理论连接，提倡一种既寓于感性思致，又浸润着深厚学理精神的博雅情趣；何绍基在继承与发展苏轼创作理论的基础上，建构起“以学涵情”“以情彰学”的特色鲜明的文艺观。

宏观研究层面，陈伟杰《论苏轼“文字之衰”议论的影响》(《乐山师范学院学报》2023年第12期)探究苏轼“文字之衰”议论在后世的影响，指出后世学者在谈辩与研究“文字之衰”现象所涉及的问题和事理时，对苏轼先时的议论多所引用或延伸，而且苏轼阐发“文字之衰”观点时所用到的“黄茅白苇”逐渐演化为成语典故，“黄茅白苇”一词由此被赋予全新的内涵，具有符号意义，不时出现于后世文学批评著述中，尤其是被集中应用在对明七子派消极影响的议论中。

除此之外，还有以苏轼为接受主体的研究。史素昭《真契之交 隔代知音——试论葛洪仙道思想对苏轼的影响》(《惠州学院学报》2022年第4期)认为葛洪在罗浮山的慈行善举、淡泊的处世态度以及养身修持的智慧，对谪惠时期苏轼的创作与心境有一定的影响，苏轼寓惠诗文的“葛洪情结”，让苏轼的作品带上仙风道韵，充满了浓郁的浪漫主义色彩。

回顾2022—2023年的苏轼思想研究，哲学思想和政治思想是毫无疑问的重点，成果丰硕，美学思想相关的领域也受到关注，这些优秀成果在视角和方法上都值得借鉴。对后世之于苏轼思想的接受，以及苏轼建构思想体系时对其前人的接受之研究，是未来苏轼思想研究的学术增长点之一。不足之处在于，对《东坡书传》的关注较少，热度远低于对《东坡易传》的研究；对苏轼思想与儒、佛关系的论述较多，与道家思想的关系还需要新的开拓。

苏轼经学研究综述

海南师范大学文学院　陈婉莹　胡宇轩

近十年以来，随着材料的丰富与研究视野的开阔，苏轼经学研究纵横向皆有扩展。纵向研究不断深化，对苏轼经学中的重要概念与学说辨析更为深刻清晰。横向研究也在多领域拓展，从多角度全面探讨苏轼经学的表征与特点。基础文献资料整理的不断完善，更为多维透视苏轼经学深根固本。特别是舒大刚《三苏经解集校》（四川大学出版社2017年版），以明代焦竑辑《两苏经解》为基础，增录三苏其他解经著作及论述，并加以点校集注。特别增辑《三苏父子经说》和苏轼《论语说》，编排得当，资料翔实，为全面开展苏轼经学研究奠定了重要文献基础。另作《苏东坡“经学”三书提要》（《湖湘论坛》2013年第3期）一文，简要阐释了苏轼三种解经之作的创作历程、版本流传、思想内容及重要研究成果，为学界进一步认识“三书”的原貌及其流传过程张本。王水照《宋人所撰三苏年谱汇刊》（中华书局2015年版）引入了藏于日本的何抡《眉阳三苏先生年谱》、施宿《东坡先生年谱》，为研究苏轼人生经历、文学创作与思想发展轨迹提供了新材料。随着基本文献的不断完善，就其荦荦大端，近十年的苏轼经学研究在完善苏轼经学体系、理解苏轼精神世界、探索北宋学术文化的丰富性和复杂性上都有长足进展。

一、苏轼《易传》研究

《东坡易传》作为苏轼经学论述最哲理化、最体系化的学术载体，一直是苏轼经学研究的重点，近十年来，《易传》的研究体现出跨学科、精细化以及理论性强的特点。

第一，贯通文学、史学与易学，探讨苏轼治经方式与经学思想内涵的跨学科视野。其中，苏轼易学阐释与苏轼文学风格的交叉研究，无论是抒情性为主的诗歌散文，或是议论性为主的策论，都承载苏轼统一的变易、超脱、求新的释易精髓，以文入经的研究取得了较为丰硕的成果。

《易传》中宏观的文学思想研究，多从对比苏轼所阐发的易理与写作之文理入手。赵映蕊《苏轼〈苏氏易传〉的文学思想》（《重庆电子工程职业学院学报》2015年第5期）将苏轼散文追求“自然自达”的理念溯源于《易传》的“随物赋形”，将刻画写作对象“毫发无遗憾”的论断归于苏轼以数解《易》务求精确的思想，将文章当中切中时弊并不断创新的文学思想与“生生之谓易”“变易”之理相关联。刘越峰《论苏轼散文与〈东坡易传〉学术思想的关系》（《乐山师范学院学报》2016年第10期）直接提出，苏轼散文写作理念与《东坡易传》释《易》多有异曲同工之处，如《孙武论》中释豫卦守坚动速之义，或《御试重巽以申命论》中释巽卦之义。《东坡易传》中的易学思想对苏轼后期散文的创作更直接产生了重要影响。王晓玉《“正则静”：苏轼“静观”诗学与易学的融摄》（《中国韵文学刊》2019年第1期）指出，苏轼的易学创见植根于道家的“虚静”说、佛家的“空”说，同时更融摄了《周易》的“迎其正心”“沛然自得”“刚中柔外”的内涵。这些内涵表征于诗学，体现出苏轼倡导超越物蔽、不累于物的审美心态，以“常行于所当行，常止于所不可不止”为追求的文学风格。路璐《苏轼易学与其文学境界之形成》（杭州师范大学硕士论文，2019年）指出苏轼易学思想中“情性命”“命志行”的相互关系与“以志一气”“感以神交”的独特见解为苏轼情绪、理性、灵性融于一体的文学境界提供了丰富的灵性内质。

沈松勤《“幽人”：解读苏轼的一个易学视角》（《北京大学学报（哲学社会科学版）》2020年第3期），即从解读“幽人贞吉”被苏轼用于阐释“洗心”“忘忧”的角度入手，从易学的具体卦爻释义出发，认为“隐约而不愠”的“幽人”情怀及其生命的实践形态，承载了经历数次贬谪与复起，先后寓居黄州、惠州与儋州三地的苏轼的文化性格走向气定神闲、文学创作更见宁静澄澈的特征。彭亚萍《〈东坡易传〉与苏轼黄州时期文学创作心态》（《语文建设》2022年第7期）也继承了这一观点，认为苏轼在贬谪黄州期间的文学创作心态包含着对“幽人贞吉”“通二合一”和“无心而一”的理解。在此基础上，苏轼的抒情与言志写作形成了隐约而不愠的心态，展现了至一而无我、物我两忘的心境和静以待其定的进退之道。张嘉宝《论苏轼易学本体及其文学阐释》（《名作欣赏》2022年第9期），将苏轼“简易”“变易”“不易”的内涵总结为“秩序自然义”“变化化生义”和“生生不已义”，进而以“随物赋形”之自然，“执一不变”之生生不已等特征表现在苏轼的文学创作中。

在苏诗与《易传》的具体关系问题上，李瑞卿《苏轼易学与诗学》（《文学评论》2013年第3期）认为“初无定质”是指行文的无意而成，是苏轼在诗学中对“用息功显”“我有是道，物各得之”的自然之道的效仿，也是对“所遇而为之，是心着于物”的圣人应物精神的运用；而既重视秩序又重视入神，既能顺应自然之理又能发挥个性是“初无定质”论的主旨。“得自然之数”论的提出，将对“自然之理”的把握与运用具体到“数”的层次，从而把《周易》中的“数”“逆来顺往”等观念引入到文艺创作与理论中。同时，文章还衍生讨论了王船山对苏轼“初无定质”论的质疑，对苏轼追求自然而通变的诗歌创作理念的影响作了评析。牛秋实《苏轼易学及其诗学思想研究》（《内江师范学院学报》2014年第1期）认为苏轼阐发易理时，好发宏论和追求人格的高洁，这就导致了苏诗写诗议论转多且在贬谪期间师法魏晋、以渊明为诗。更以古今文体之变的视角，强调苏轼“集大成”的文学思想中重视“极书之变”“古今诗人尽废”的变创意识与“知其未尝不一而莫之执”的自由理性，不循古法、因时而变正是苏轼阐释易理的基本准则。王晓玉《北宋怪奇诗风与易学观物方式》（《古代文学理论研究》2022年第2期）主要讨论北宋易学阐释对北宋诗风追求怪奇的影响，以专门章节指出，苏轼在阐释《系辞》时将圣人观物体道的方式化约为“通二为一”的辩证过程，创造性发挥了《系辞》义理，为其强调“怪奇”与“平淡”的融合方达诗之至境的审美方式奠定了经学基础。

此外，苏轼易学思想与史学思想的互动关系，也逐渐被重视。于子强《苏轼的易学与史学》（《乐山师范学院学报》2019年第9期）提出苏轼将易学的“忧患”意识引入史学，将“知时而变”的理念与易学尚“变通”的理念结合，把易学、史学二者的“天人之学”融为一体，建构起了独具“蜀学”特色的社会政治理论。又在《苏轼“易史互动”研究》（青岛大学硕士论文，2020年）中总结苏轼“易史互动”思想下的易学理念以《左传》为尊，力求有资于治道，并以此阐明“性”“情”之别，从“忧患”“通变”“天人”等易学传统命题阐发“见盛观衰”“知时而变”“理势自然”的历史观。

第二，苏轼《易传》的易学哲学研究，概念辨析更为精细，理论性进一步加强。近十年多关注其中的生命论与性情论，重视苏轼遍历挫折、多次起落之后，即使兼学佛老、以随遇而安的潇洒之姿面对人生困境，仍秉持着儒家修齐治平理想与礼义道德准则的坚守。

史少博《论苏轼易学与王弼易学之同异》（《天中学刊》2015年第2期）注意到虽然苏轼与王弼注《易》均注重义理，但苏轼重在“推阐理势”，用郭象之庄解《易》区别于王弼以老解《易》，突出安时处顺的生命哲学。安文研在《〈苏氏易传〉中的形而上学思想》（《中国哲学史》2015年第3期）中认为，苏轼将阴阳二气之相交定义为万物生发的基础，构成了《易传》中形而上的逻辑思考。阴阳交汇，万物才能生生不息，人通过性命与“神而不显”的道，成为了“人能弘道”的主体，奠定了苏轼易学的基础世界观。陈泓嘉《〈东坡易传〉的生命思想研究》（曲阜师范大学硕士论文，2016年）认为《东坡易传》中“出于一而两于所在”的对立统一之理是生命变化的内因。因此，人应当“顺应生命而生”，安顺处时但需有责任担当、审时度势和待人以诚。段天姝《朱熹对苏轼〈易传〉〈书传〉不同评价原因的探析》（《学术探索》2016年第2期），对比了二书阐释儒家经义的模式，认为《书传》坚持“道心即人心也，人心即道心也”，立足于性本善，而《易传》则立足于性“非善非恶”论，《书传》展现了儒家思想传统，而《易传》构建了一种儒、释、道兼容并包的成熟思想体系。丰子翔《〈东坡易传〉思想析论》（山东大学硕士论文，2020年）认为苏轼的易学思想以“生生”为基础，以“卦合爻别”“物因道存，道因物显”的方法解卦，仍以道神、性命、内圣外王等理念为本，强调“从心所欲不逾矩”的儒学式“自然而然”思想。

谢炳军《〈东坡易传〉融会儒释道三教思想的治〈易〉特色》（《世界宗教文化》2018年第4期）也认为苏轼借佛理阐释性命而强调宿命；借道家思想阐释“天道”“天德”而强调“安”与“顺”于时势。刘继鑫《〈东坡易传〉性命论研究》（华中科技大学硕士论文，2022年），将苏轼“性通命情”的易学思想阐释为性诚而情、至情曰命，“无心而一”“入神”方能“至其一而无我”，终可达“性命自得”之境。胡悦祎《〈东坡易传〉哲学思想研究》（河北大学硕士论文，2022年），亦认为苏轼易学中的“道”论、性命论表现在“性情一论”“齐同关爱”“自强不息”与“顺遂知命”的人生论。袁泽宇《苏轼易学思想研究——以〈东坡易传〉为考察中心》（西北大学硕士论文，2022年）同样强调了苏轼人性“无善无恶”论及“性”与“情”“命”“才”的关系，认为苏轼重于求变进而导致了其“天人合一”路线缺乏本体论旨归。

此外，陈彦杰《苏轼易学思想研究》（山东大学博士论文，2022年）从苏轼阐释易象的方法，如卦变说、卦主说、卦气说、五行说，独创的卦合爻别说与人情说等出发，通过分析苏轼易学中道、阴阳、性、情、命等概念的内涵，展现苏轼长于文字、兼容百家、追求个性、提倡包容、注重现实的独特易学思想。苏轼求同存异的政治理念，道生万物、性命合一而达至境，“无心而一”

超然物外的态度，成为了苏轼最鲜明的解易特征。并补充说明了理学对苏轼热衷于“事功”和漫发的易学思想批判的影响。

第三，苏轼《东坡易传》的政治思想研究。蜀学以致用为核心目的，北宋中后期剧烈的文人党争与初步萌芽的社会矛盾，自然成为苏轼致力于解决的疑难问题。在具体的政治实践与策论之外，学界逐步开始关注《东坡易传》所反映的苏轼政治思想。

梁博宇《〈东坡易传〉与苏轼的道家政治观》（《中国苏轼研究》2019年第2期）认为，苏轼从未否定“有为”的重要性。但改革过于激进，即使并无恶意也会造成损失。苏轼在《东坡易传》中多次明确阐释反对争斗的观点，反对争夺利益、反对朝廷内部党争以及反对主动发起对外战争。黄小珠《基于党争和人性的双重反思——论苏轼的“君子小人观”与易学思想》（《周易研究》2017年第4期）将苏轼的策论《续欧阳子朋党论》《扬雄论》《汉高帝论》等与《易传》对比，讨论苏轼“性无善恶”的观点是如何支撑君子包容小人、制约小人、善用小人，求仁义之大义而非一己之私利，及反对激烈党争的政治思想的，展现了苏轼经学著述与现实政治实践之间的紧密联系。

二、苏轼《书传》研究

《尚书》是儒家先圣训令的历史文献之基，近十年，对苏轼《书传》的研究仍主要集中于苏轼的儒学思想研究。学界继续从不同角度探讨苏轼《书传》的主旨及其目的，在儒学道统之外，诸研究进一步探讨苏轼注经的政治目的，关注苏轼是如何继承和发展今文经学“因时而变”、经世致用的核心功能并试图借此实现个人政治理想的。

第一，继续肯定苏轼不循旧例、不信注疏、本于经义而不囿于经义，因文求“理”、断以己意的“六经注我”式的注经方式，强调其是宋代“疑经”“疑古”风潮的重要代表之一。

梁丹丹《苏轼〈尚书〉的诠释学思想》（《江淮论坛》2014年第5期）从诠释学的角度，分析了苏轼《书传》的形式特点及思想内涵，认为苏轼在文本形式、主题命意、文势、理势等层次多有创新，有“以理解经”的独到之处。郭玉《苏轼〈书传〉的解经与解经的文学性》（《内蒙古财经大学学报》2014年第1期）则以具体案例论证了苏轼注经“取其说”“驳其说”“备一说”的独有方式，从而在解经衍义时，善发议论，纵横捭阖，进而体现出了强烈的文学性。

第二，以苏轼注经适时之变的特征为基础，细化了苏轼之“变”的政治思想内涵，明确了解读苏轼经学思想的关键在于其现实政治意义，代表了宋儒继承今文经学解经方式的风格。

阮忠《苏东坡〈书传〉儒学仁德三辩——苏东坡“海南三书”论之一》（《南海学刊》2022年第3期）即通过分析苏轼对待诸家学说的不同态度，批评申、老、庄、韩而颂扬召公之德，以强化儒家“仁”“礼”之道，维护儒学道统传承。张建民《苏轼〈书传〉所体现的社会政治思想略论》（《兰台世界》2015年第26期）“正古今之误，粗有益于世”，并非针对王安石新学《尚书义》而作。

此外，陈宾《苏轼〈书传〉编刊考》（曲阜师范大学硕士论文，2019年）考订了《书传》的诸版本的源流及传播，为进一步加强《书传》影响与接受研究奠定了基础。

三、苏书《论语说》研究

北宋《论语》著述繁盛，苏轼《论语说》和苏辙《论语拾遗》是蜀学治《论语》的典型代表，但《论语说》失传于明末，近现代以来研究关注较少。自舒大刚重新辑佚《论语说》，相关研究得以继续发展。近十年的研究重点多从诠释学的角度出发，继续讨论苏轼注释《论语》与《尚书》精神一以贯之地体现了以传统儒学思想为本但不一味恪守传统的特点，祖于孔子、杂糅佛老、多出新解、针砭时弊、重申王道，积极为现实政治服务。

第一，力图透视北宋《论语》诠释的演进和对苏轼《论语说》在北宋儒学重建和理学建构中的特征与作用。

乔芳《苏轼、苏辙〈论语〉诠释探微》（《齐鲁学刊》2017年第4期）认为二苏注释《论语》多有创新，在儒学本位的基础上杂采佛老、发明经义，既联系个人遭际又结合社会现实，借诠解经文批评时弊，有强烈的批判意识和社会责任感。其考查了北宋中期党争视角下的儒家经典诠释，认为二苏阐释《论语》有与异己论争之目的，反映了北宋中后期社会政治生活和学术风气。作者论文《北宋〈论语〉诠释史论》（扬州大学博士论文，2015年）与《当代北宋〈论语〉诠释研究概论》（《南通大学学报（社会科学版）》2014年第3期）亦以专门章节辨析了这一特点在北宋《论语》诠释史中的地位。唐明贵《苏轼〈论语说〉的诠释特色》（《东岳论丛》2015年第3期）同样强调了疑经改经、杂采众说、阐发性命之说和掘发政治意蕴的诠释特色，在《论语》诠释史上颇有新锐之见，推动了宋代义理之学的发展，对朱熹《论语》学体系的形成有直接影响。贾喜鹏、王建弼《论苏轼〈论语说〉的新异与特色》（《乐山师范学院学报》2013年第10期）则从宏观角度分析了苏轼《论语说》融佛道于儒、不为尊者讳、文学性突出的特色。

第二，具体解读苏轼《论语说》的儒学理念，逐渐深化《论语说》有别于宋儒注经重视孟子或本当具凭于孔子，而苏轼依旧兼采孟荀以为己见张本的认知。阮忠《基于辑佚的苏轼〈论语说〉研究——苏轼“海南三书”论之二》（《海南师范大学学报（社会科学版）》2023年第4期）总结了苏轼注《论语》的儒学思想之基：亲仁好仁而不违仁、兴礼乐行中庸、以口手相应的平易表达为辞达的至境。孙业鑫《苏轼〈论语说〉的儒学思想研究》（云南师范大学硕士论文，2022年）认为《论语说》体现了苏轼对于仁义道德、人性善恶、君臣关系等儒家思想基本问题的直观理解，是苏轼思想逐渐走向成熟与稳定的重要标志，文后附《论语说》诸家辑佚汇校，有裨于文献梳理。

四、基于蜀学的苏轼经学研究

蜀学因地域而得名，其特点为博采诸家，不囿于学派门户之见，驳杂旁通，历来评价争议不休，在北宋与洛学并为一时瑜亮，在南宋则多受理学批评。苏轼作为北宋蜀学的代表人物，其文学、经学、史学乃至文化观，都体现出以儒学为根基，旨在汇通多家思想以经世致用的特征。近十年来，蜀学研究视野不断拓宽，力求沟通文史，全面认知苏轼及三苏的学术面貌与影响。

第一，深入辨析了蜀学阐释儒家经典的理论依据与思想来源，突出了蜀学庞杂多变，并以解决现实政治问题为根本目标的特点。蒋国保《狭义蜀学的学派属性——以〈三苏经解〉为论域》（《天府新论》2022年第2期）认为，三苏蜀学思想接近由《中庸》回归孔孟的程颢哲学，三苏解经会通《中庸》《周易》，以“道”为宇宙“本体”，从“心”自身的体用分“人心”与“道心”，在北宋经学阐释中独树一帜。应当将三苏“道学”视为并立于“气学”“心学”“理学”之宋学的一个分支，丰富了北宋理学与道学研究视角。尤潇潇《论三苏经学的体系及其主要特征》（《中国哲学史》2018年第2期）分析了三苏解经以权变入经、以人情为据，以儒为主兼采佛道、不囿成见，经史结合，考证严谨的主要特征，认为三苏解经之目的不在于章句训诂，而在于以义理阐释而治心和治世，因此构建了兼容儒释道的完备思想。这一精神是“苏氏蜀学”的内核和主体，是其成为北宋重要学术流派的重要原因。张云霞《苏轼“经世”思想研究》（太原科技大学硕士论文，2021年）认为苏轼的解经之作与文学作品多有针砭时弊、济世安民、教化社会的论断，体现了苏轼构建儒家“内圣外王”人格、经世致用的终极目标。

第二，从文学、经学、史学、哲学等多角度探索蜀学博学杂收的学术风格，继续扩展经学研究视野，从经学与诸学科融合的角度，以史证文，以文论史，探讨了苏轼解经作品的文学性、史学性及其自身积极将经学阐释向文学、史学转向的学术特色。这一特征无疑是伴随北宋中期以文学改革推动政治改革的历史背景而生。

高明峰《三苏经学与文学述论》（《国学学刊》2013年第3期），将三苏解经特点总结为怀疑经传与义理解经、以权变解经、兼融佛道、以人情解经。这些特点进一步影响了三苏的文学创作，经世致用的观念要求文章有为而作，本于人情的观念要求写作重于抒情。文笔纵横的三苏解经之作是身为私学的蜀学能够力抗官学“新学”的有力臂助。张硕《北宋〈诗经〉阐释中经学与文学融合——以欧阳修、苏轼等为例》（《社会科学战线》2014年第2期），认为苏轼解《诗》在学习欧阳修的基础上逐渐向文学转型，苏轼批判汉唐之见多有“附会”，主张解《诗》应当遵循《诗》之本义，合乎人伦情理和历史真实。

冯雪《“苏门蜀学”学术综论》（《古籍整理研究学刊》2022年第2期）综述了“苏门蜀学”之“文与道俱”以塑其本、“尊经重史”以正其心、“兼收各家”以成其融的思想特征，既承传统，又合时新；既秉儒本，又涉禅道；既重经史，又通杂学，是北宋“新儒学”的典范。魏子钦《由苏轼论“茶”观其蜀学旨归》（《海南师范大学学报（社会科学版）》2023年第4期），从苏轼各类作品中关于“茶”的表述切入，探讨了苏轼以“茶”论“性命自得”、论“识此闲趣”、论“竭力许国”，从哲学、史学、文学的不同角度，阐述了苏轼关乎家国兴亡、百姓生计的强烈责任心与吟风弄月洒脱处世的精神世界，其多元文化内涵也正应和了蜀学的驳杂特色。

第三，深化了三苏蜀学在北宋时期的时代特征及其在中国儒学思想史中的影响力研究。

吴坤福《“苏门四学士”经学考论——兼谈经学对文学的影响》（辽宁师范大学硕士论文，2019年）详论了“苏门四学士”经学思想求于“圣道”、意在致用，文学创作也“征圣宗经”、善于用典，承袭了蜀学“原经求道，依经立意”的特点。潘殊闲《苏轼的经子之学与叶梦得的追慕之趣》（《吉林师范大学学报（人文社会科学版）》2016年第6期），陈述了苏轼不仅擅长《易》、《书》、《论语》、老庄、佛禅之学，且彼此之间互有沟通关联，叶梦得继承了这一学术旨趣，在其经学与子学论著中多体现了对苏轼的追慕，折射了苏轼经学与蜀学文化的强大影响力。梁博宇《其说非出于苏，而血脉则苏也——论阳明心学与苏氏蜀学之关系》（《宁夏大学学报（人文社会科学版）》2022年第5期）则详细论证了明人认为阳明心学"血脉则苏"的观点，从人性论、本体论、修养工夫论方面对比了阳明心学与苏氏蜀学的共同之处，包括继承孔子原始哲学、否定孟子"性善论"以及质疑"圣人之性"并评判朱熹"格物"说，认可阳明心学是对三苏蜀学的继承和发展，增进了对苏轼蜀学影响力的认识。

五、苏轼经学的具体概念研究

近十年具体辨析苏轼阐释的重要经学概念，集中体现在苏轼的"中庸"解析与"性命之学"。研究认为，苏轼在阐述儒学概念时，主动回归儒学思想本体，但绝不拘泥于传统概念。特别是在人性善恶的定义上，苏轼重视性情、道义与礼法相调和。这既是苏轼经学阐释的突破，也深受后世理学家批评。

张培高、张华英《"性无善恶"与"穷理尽性"——苏轼的〈中庸〉诠释解析》（《哲学动态》2017年第4期）指出苏轼从本体论的高度来诠解《中庸》，认为性无善恶，舜、禹、皋陶达到"中庸"的境界源于"穷理尽性"，即体察"道"之精髓而"道济天下"，体"道"方能悟"中"，进而达到"内圣"与"外王"的合一。摆脱儒学伦常窠臼是苏轼学术理论在北宋激烈的儒学竞争中脱颖而出的优势，但这一观点也切断了人性与儒家伦常的联系，无法建立完善的儒家道德本体论，故而受到了理学家的激烈批评。张勇《诚明合而道始见——论苏轼的中庸思想》（《唐都学刊》2019年第4期），认为苏轼以"诚明""终始"辩证地阐释"明体达用"的"中庸"思想，突出其人情之便、性情不离、情礼相融的内涵，兼具逻辑与历史性。这一结合了儒家思想与苏轼的历史境遇，兼顾理想与现实的中庸思想解读，反映了苏轼对"宋学"社会现实关怀精神的发扬。乐进进《苏门反性命之学发覆》（《人文杂志》2023年第12期）则指出苏轼不认同宋代性命之学，认为其外则误国、内则自误，圣人之道重在回归现实的践行指向，反对人性天然有善恶之论，同时吸纳老庄学术，坚定反对性命道德之论。

六、苏轼其他作品的经学思想研究

随着苏轼经学研究的不断深入，非经学但同样能够展现苏轼经学的其他作用的作品也逐渐进入研究视野，研究方法也更为灵活。以往略有忽视的《志林》与《艾子杂说》的研究有所加强。各研究关注《志林》以笔记小说形式，《艾子杂说》以子书形式，从不同角度阐发了苏轼的经学思想。

王芊《苏轼〈志林〉发覆》（《人文杂志》2020年第6期）则阐述了《志林》中苏轼“经史相资”的史学思想，不执着于统一体例或思想宗旨，用更为自由的形式，以史论补证经传义理之未发。

周瑾《〈艾子杂说〉研究》（兰州大学硕士论文，2017年）认为《艾子杂说》确为苏轼所作，苏轼以虚构寓言故事讽刺时政特别是王安石变法，展现了其文脉尚理且重在政治目的，也追求意趣自然与诗意审美的文学思想。罗晨《苏轼〈艾子杂说〉叙事模式析论》（《西南科技大学学报（哲学社会科学版）》2014年第3期）则分析了苏轼以“改写叙事”和“还原叙事”两种模式实现对历史和传说的“再叙述”与“再阐释”的叙事技巧，这种写作风格与北宋“妙悟”的文学传统、禅悦之风盛行和疑古学术思潮息息相关。另有张丹丹《〈艾子杂说〉续书研究》（《泉州师范学院学报》2023年第1期），讨论了明人续书的思想特征及其与苏轼原书的联系。此外，韩国安熙珍《〈艾子杂说〉作者质疑》（《中国苏轼研究》2016年第2期）则从《艾子》与苏轼文章主题、文风不符的角度，否定此书为苏轼所作。

纵观近十年苏轼经学研究，成果已相当丰硕，综论与概念辨析、纵向深入与横向沟通视角、传统经学作品与苏轼其他作品的研究都有不同程度的进展，虽宏观上综合《东坡易传》《东坡书传》《论语说》苏轼三大经学注疏代表作对其经学思想脉络与特征进行整体研究，以及微观上细致结合北宋中后期历史变革与苏轼“致用”性经学思想内涵的理论与实践研究，已有先驱者，但仍有继续考求的空间。

苏轼书画研究综述

海南师范大学文学院　郭皓政　杜雨涵

2022—2023年，苏轼书画艺术研究相关论著在数量和质量方面都颇为可观。据不完全统计，有论文近200篇。其中，苏轼书法研究相关论文120余篇，苏轼绘画研究相关论文60余篇，跨学科研究论文10余篇。另外，还有多部颇有分量的重要著作问世。

一、苏轼书法研究

苏轼作为"宋四家"之一，在中国书法史上占有重要地位。2022—2023年，首先值得关注的是苏轼书法全集的整理出版。与苏轼书法研究相关的论文、专著，涵盖面广，涉及苏轼生平行迹与书法创作之关系、具体书法作品研究、书法理论研究、与同时代书法家的比较研究、书法传播与接受研究等各个方面。

（一）苏轼书法全集的整理出版

近两年出版的苏轼书法全集相关著作有两种，一是曹建等主编的《苏轼书法全集》（西南大学出版社2022年版）；二是故宫博物院编的《苏东坡书法全集》（青岛出版社2022年版）。曹建等编的《苏轼书法全集》共45卷，分为总目卷、墨迹卷、法帖卷、碑刻卷、释文卷等5大部分，收录海内外20多家文博机构及私人藏家收藏的苏轼及苏氏一门书法作品940余件，包括墨迹90余件，法帖75种800余件，碑刻50件。去除同名作品后约500件，苏轼作品460件，苏洵、苏辙、苏迈、苏过、苏迟、苏元老、苏峤等书法作品近40件。其中很多书法作品都未公开出版过，如墨迹《定惠院月夜偶出诗稿》（重庆中国三峡博物馆藏）、宋刻《东坡苏公帖》、明刻《雪浪斋苏帖》等。故宫博物院编的《苏东坡书法全集》则是以全篇、局部原大、局部放大的次序展示作品原貌，题跋亦全部呈现，辅以介绍说明和释文。与以往同类著作相比，近两年出版的苏轼书法作品内容更加全面，参考价值更高，为推动苏轼书法研究深入发展奠定了坚实、可靠的基础。

（二）苏轼行迹与其书法之关系

苏轼丰富的人生经历，影响着他不同时期的书法创作。有不少学者纵览苏轼一生，分析其生平遭遇与书法风格之间的关系。刘鹤翔《湖山公案：苏轼游踪与北宋书法空间》（中国社会科学出版社2022年版）指出苏轼一生的宦游呈现为宏大的文化地理结构，“苏氏题刻几遍天下”，是北宋士大夫在文化上的“天下”意识——乐观的文化态度与远大文化抱负的体现。作为文化领袖，苏轼不同内容和形式的书法作品，在时空建构上呈现为一种“唱和诗文本”，是北宋发达的书法交游网络的镜像。郑晶《苏轼的书法与其仕变》（《收藏与投资》2022年第10期）认为苏轼的书风从早期的东晋风流到中期的端庄流丽，再到晚期的石压蛤蟆，体现了仕途变换以及思想境界发展。马骞《从锦帽貂裘到不系之舟——苏轼的一生及其书法变迁》（《收藏与投资》2022年第3期）提及，黄庭坚曾将苏轼书法风格分为早、中、晚三个时期：早年姿媚、中年圆劲、晚年沉着。论文进一步分析指出，早期苏轼书法创作深受儒家“中和”审美观的影响，入仕后，苏轼开始了对人生的思考，在书法上也开启了对“晋唐风骨”的创新之路；中期受禅宗思想影响，激发了他对古之书家的批评与挑战；苏轼晚年的书法更加空灵、自然，于平淡之中见天真。此类论文还有余如波《苏轼的书法诠释着他的“人生艺术”》（《四川日报》2022年12月23日第9版）、赵月《苏轼的人生模拟器》（《书法教育》2022年第11期）等。

有些学者聚焦于苏轼人生某一阶段的书法风格特征。其中，尤以黄州时期备受关注。邱茗《苏轼黄州时期书法研究》（《大众书法》2023年第4期）将黄州时期又分为三个阶段：初期、中期与后期，结合苏轼在特定环境和心境下的思想变化，对苏轼黄州时期的书法作品作了细致分析。袁琛越《苏轼黄州时期书法风格研究》（《收藏与投资》2023年第5期）认为苏轼被贬黄州期间是以一种“无意”的态度对待书法艺术，符合道家“无为”思想。藏子杰《苏轼黄州时期手札书法研究与创作实践》（新疆艺术学院硕士论文，2022年）则认为苏轼被贬黄州后受佛教影响，确立了以“尚意”为主的书学思想。钟源达《苏轼惠州时期书法观念研究》（《乐山师范学院学报》2023年第3期）将目光转向惠州时期，通过苏轼对黄庭坚草书变法的认可，指出其主张在“学古”基础上“自出新意”的书法创作观念。

还有学者结合苏轼日常生活中的个人喜好来分析其书法创作特点。盛凡和曹建《苏轼的柑橘情结与艺术创作》（《大学书法》2023年第5期）指出，苏轼一生好种柑橘，喜写相关诗词文赋，好以柑橘酿酒、交友。至今传世苏轼书法作品中，与柑橘相关的有六件，包括《洞庭春色、中山松醪二赋》《楚颂帖》等。王琪《苏轼酒后作书的观念与实践》（《中国书法》2023年第9期）指出，苏轼饮酒追求“适”与“真”的醉境，醉后呈现出“空”的思维状态，这与其“心手两忘”“无意于佳乃佳”的书法创作观念互为表里。

苏轼对笔、墨、砚等书写工具的选择也受到关注。杨庆《伊秉绶旧藏苏轼“德有邻堂”砚考述》（《中国书法》2023年第5期）认为《神仙起居法》墨迹中的“德有邻堂”印或为宋代印鉴，且极有可能为苏轼所有，可与“德有邻堂”砚底印章互证。明代詹景凤曾判断苏轼在惠州时赠予卓契顺的《归去来辞卷》是用鸡毛笔所书，钟源达《苏轼楷书〈归去来辞卷〉非鸡毛笔所书》（《中国书法》2023年第9期）认为此说并不可信。相关论文还有金理串《东坡墨妙遗片石 一砚三贤传千古》（《大学书法》2022年第5期）、刘永丰《试论苏轼注重笔墨品质和收藏》（《东方收藏》2022年第11期）等。

（三）书法作品研究

苏轼有不少书法作品传世，包括墨迹、法帖、碑刻、拓本等。法帖中，最受关注的是被誉为“天下第三行书”的《黄州寒食帖》，相关研究有王海轩《千古风流寒食帖》（《共产党员》2022年第2期）、李永忠《人物低谷 艺术巅峰——苏轼〈黄州寒食诗帖〉》（《现代商业银行》2022年第3期）、陈永胜《苏轼与天下第三行书》（《青少年书法》2022年第9期）、刘颖《〈黄州寒食诗帖〉临写指要》（《书法教育》2022年第10期）、成宏耀《压抑的放纵——苏轼〈黄州寒食帖〉管窥》（《青少年书法》2022年第18期）、耿鑫鑫《情感因素在书法创作中的媒介作用——以苏轼〈黄州寒食帖〉为例》（《思维与智慧》2022年第22期）、王彬绮《〈黄州寒食帖〉草稿之谜》（《书法教育》2023年第6期）、李旭雯《书法作品中的简约之美——以苏轼〈黄州寒食帖〉为例》（《思维与智慧》2023年第8期）等。以上文章，从笔法、线条、结构、章法、情感等不同角度，细致地分析了《黄州寒食帖》的艺术特色与情感之美。

南宋聂子述汇刻的《郁孤台法帖》中，收入不少北宋名家的书法作品。原本卷数不详，现存《郁孤台法帖》的上册以苏轼诸帖为主，下册以黄庭坚诸帖为主。所收苏轼诸帖内容皆为传世稀见之作。此帖为宋拓孤本，经后世多次重裱，导致帖序混乱。雷浩鑫《〈郁孤台法帖〉新考》（《艺术工作》2022年第1期）对《郁孤台法帖》中部分佚名作品进行了考证，考证出苏轼、黄庭坚等人的数件作品。《去国十五年帖》是《郁孤台法帖》苏轼部分的第三件作品，《苏轼文集》未录，郑楷聪《〈郁孤台法帖〉之〈去国十五年帖〉新考》（《名家名作》2023年第11期）从文本信息与书写细节两方面予以论证，认为此帖受书人应为顾临。

对苏轼其他法帖、墨迹进行考证的论文有：陈锴生、蔡清德《苏轼〈归院帖〉考——兼及〈富郑公神道碑〉起草之研究》（《南京艺术学院学报（美术与设计）》2022年第5期）阐释了苏轼《归院帖》词句含义，更正了《钦定石渠宝笈续编》中断句之错误，解开此帖清代以来的研究之谜。周康《苏轼〈岂弟帖〉递藏与受书人考探》（《书法研究》2023年第3期）认为《岂弟帖》受书人为何甫，与章楶无关。水赉佑《苏轼〈马券帖〉由来及相关刻石与传本》（《书法研究》2023年第3期）认为《马券帖》嘉兴原碑石是明弘治、正德年间所刻，碑石散失、损毁严重，传世墨迹本属伪迹。吴贺《〈送石昌言使北引〉——一件苏轼被忽视的书法作品》（《中国文艺家》2023年第3期）指出《送石昌言使北引》是苏洵撰写的一篇文章，同时也是苏轼的书迹。周康《苏轼与辩才〈新构帖〉考略》（《中国书法》2023年第9期）认为《新构帖》书于元祐五年九月苏轼知杭州之时，受书人为龙井辩才法师。从艺术角度对苏轼墨迹、法帖进行赏析的论文有：秦文文《苏轼诗书作品的情感互融表达——以〈梅花诗帖〉为例》（《收藏与投资》2022年第7期）、马锡钰《苏轼的书法艺术赏析——以〈洞庭中山二赋〉为例》（《美与时代（中）》2023年第2期）等。

关于苏轼碑刻的研究，侧重于考证与辨伪。王琪与徐海东《国图藏苏轼碑刻拓本鉴藏印考》（《西部文艺研究》2023年第5期）、王琪《苏轼碑刻拓本鉴藏印印主考——以眉山三苏祠博物馆馆藏拓本为例》（《西泠艺丛》2022年第9期）二文对苏轼碑刻拓本所钤鉴藏印的印主信息进行了考证。盛大林《〈赤壁怀古〉词苏轼自书与黄庭坚书石刻辨伪》（《书法研究》2022年第4期）指出苏轼自书《念奴娇·赤壁怀古》和黄庭坚书《念奴娇·赤壁怀古》两石刻，虽然书法界早已认定它们为伪迹，但文史界却不断发表论文证明二碑为真迹，并把碑文作为《念奴娇·赤壁怀古》异文考证的权威文本。盛文认为，综合考量，二石刻应为伪迹。张颖昌《苏轼〈齐州长清县真相院释迦舍利塔铭〉录考》（《中国美术》2023年第5期）认为该铭文系苏轼晚年楷书的代表作品。

相关论文还有李援朝《苏轼〈月夜泛舟听琴〉碑刻的三度沉浮》(《江淮文史》2022年第2期)、温爱民《肇庆七星岩与德庆三洲岩“东坡题刻”考略》(《肇庆学院学报》2022年第4期)、曹筝琪娜《名祠存刻——四川武侯祠、杜甫草堂、三苏祠碑刻艺术初探》(《西泠艺丛》2022年第7期)、万波《苏轼楷书丰乐亭记拓本考》(《收藏家》2022年第10期)、万波《苏轼楷书〈醉翁亭记〉拓本考》(《中国书法》2023年第9期)、滑红彬《庐山开先寺苏轼题名石柱考释》(《法音》2023年第8期)等。

(四)书法理论研究

学界对苏轼书法理论研究极为重视。相关专著有蔡先金《超以象外:苏轼书法理论阐释》(上海三联书店2023年版),该书认为,应当从九个方面对苏轼的书学思想进行阐释:一是“意”的范畴;二是书写体验;三是技道问题;四是君子小人之评;五是无意于佳的创作心境;六是书卷气问题;七是冲淡的精神境界;八是苏轼的书法批评;九是苏轼的新古典主义精神。

论文方面,也有一些学者尝试对苏轼的书法理论体系进行整体建构。向彬《论苏轼书学思想中的审美范式》(《书法》2023年第9期)认为,苏轼书学思想在立品、崇文、重法、尚意、得道等方面形成了较为完整的书法审美体系,他提倡以君子小人分品次、以读书万卷通精神、以笃实谨厚求笔法、以点画信手尚书意、以技道并进得自然,其书学思想中体现的品次优劣、文气精神、法意并臻与自然妙有等重要观点,是我国文人介入书法后极为独特的书法审美范式。李嘉文《和而不同——苏轼书法美学体系的话语建构》(《中国书法》2023年第9期)认为,“和而不同”的自适心态是苏轼书法美学的核心旨趣。张玉杰《苏轼论书诗中管窥其书学思想》(《作家天地》2022年第34期)认为,读书万卷、无法而法、尚意之意是苏轼的重要书学思想。宁中孟《苏轼书法思想之“血气论”管窥》(《乐山师范学院学报》2023年第2期)指出,苏轼在《论书》中提出“书必有神、气、骨、血、肉,五者缺一,不为成书也”的观点,当下书法理论更重视对“形神”“风骨”等形而上范畴的探讨,相对忽视了其书法、书论的物质基础层面,即对“血气”观念的深入阐发。宁文认为,“血”是墨色光泽的核心源泉,“气”是笔墨、结体及笔势运行的动力;由此形成“以骨为体”“以肉为用”的血气表现形态,生成刚健有为、勇敢担当的血气审美境界。相关论文还有任梓翔《苏轼书法美学思想研究》(《美与时代(中)》2022年第2期)、刘敬龙《苏东坡书法美学思想探析》(《艺术教育》2023年第10期）、王耿晨《苏轼书法探析》（《大观（论坛）》2023年第2期）等。

更多学者专门就苏轼书法理论的某一方面展开深入研究。在苏轼书法理论体系中，较受关注的主要有三个方面：

一是“尚意”。与之相关的问题，是如何看待技法与意趣之间的辩证关系。刘玉宏《宋意风流》（《中国书法》2022年第11期）指出，苏轼将宋人书法的“尚意”之风推向极致，在人书合一的映照下，为中国文化开辟了新路径。曹建《腾空于漩涡之上，逍遥在笔墨之间——苏轼书法的理想、技法与意趣》（《中国书法》2023年第9期）认为，苏轼的诗文为其被祸的载体，而其书法与词则是腾空于漩涡之外的艺术样式。东坡之书法，就技法而论，用心笔墨纸砚而有绚烂之思，复有创新之法；就风格而言，寄妙理于豪放之外，得真放于精微之中。王阁祥《用笔千古出新意 貌妍容颦何妨椭——苏轼笔法与书论关系郗视》（《中国文字博物馆集刊（2022）》，2022年）认为，苏轼笔法与书论之新意的产生皆基于“偃管侧锋”的执笔方式。董水荣《苏轼的“尚意”书风》（《荣宝斋》2023年第9期）认为，宋人“尚意”书风与晋人“尚韵”的书法思想甚为相近，宋人“尚意”书家代表之一苏轼的创作更是体现了一种放浪形骸、姿态横生的观念，其在书法中对“意”表现得较为纯粹，对字形塑造更富个性，以此达“意”象。马文雅《从苏轼、黄庭坚书法题跋看“尚意”的“禅化”因素》（《大观（论坛）》2023年第9期）指出，书法品评的“禅化”作为媒介作用于“崇王”与“尚意”书风之中，使二者相互消融，并催发更多的书学主张。相关论文还有郭德艺《苏轼：我书意造本无法》（《中关村》2023年第7期）等。

二是“尚逸”。与之相关的问题，是庄子、禅宗等哲学思想对苏轼书法理论的影响。

“尚逸”具体表现为对“萧散简远”这一美学风格的追求。张岩《萧散简远与宋代的“尚逸”》（《中国书法》2022年第11期）认为苏轼书画观念的核心审美特征“萧散简远”与庄子的美学精神相似，通过分析庄子美学思想和宋代“逸品观”的关联，得出“尚逸”是宋代文人艺术思想的重要审美趋向。刘鑫鹏《论苏轼艺论中的“萧散简远”》（《中国书法》2023年第9期）认为苏轼书法中体现的“萧散简远”与文论中的“随物赋形”、画论中“逸品”、书论中“晋人格”含义相近，在唐宋文艺观念变动之际大放异彩，具有转变时代审美风尚的重要意义。

“尚逸”亦表现为对“平淡自然”的美学追求。郝峥《苏轼的艺术自然观》（《中国书法》2022年第11期）指出苏轼受到庄禅思想浸润，书法创作方面，创作状态的“无意”到创作规则的“无法”是达致书法信手自然的途径；审美品评方面，外表朴实“平淡”，实则淡而“绚烂”，是苏轼认为最高妙的艺术。外朴实绚、自然天真，形成了具有宋代风格的艺术理论体系。有同样观点的还有吴小莉《苏轼“平淡自然”艺术理念的形成与表现》（《爱尚美术》2023年第3期）。

有不少学者论及庄禅哲学思想对苏轼书学的影响。翟晓楠《以禅论书：苏轼书论中的禅宗文化精神》（《乐山师范学院学报》2022年第7期）认为苏轼书论与禅宗关联体现在四个方面：其一，书法艺术的意义是追求个人解脱、获得心理平衡，舒缓生命的空幻与虚无。其二，掌握书法艺术玄妙规律的心理机制与禅宗开悟相似，重在顿悟。其三，书法点画也是悟道的禅机。其四，禅宗语言表达不仅能够有效阐释书家书风，也是书论的新型文化资源。俞起尧《苏轼书法的哲学基础》（《美与时代（中）》2023年第4期）指出苏轼的书法理论是围绕着“无法之法”和“通其意”而展开的。“无法之法”与他无有之有的宇宙生成论、无思之思的理想人格论有关，“通其意”与“致一”之道有关。刘鹤翔《苏轼书法的空间诗学》（《中国书法》2023年第9期）认为苏轼受庄子“心斋”思想影响，其书法空间诗学超越作为有形之物的前人范式的束缚，显示了一个扩张的精神世界。郭洪豹《苏轼书法创作中的禅宗精神——评〈超以象外：苏轼书法理论阐释〉》（《当代电影》2023年第10期）认为在苏轼的书法创作实践中，时刻体现着“以书悟禅”“以禅评书”的创作原则。

三是“书卷气”问题。相关论文有：刘予舟《浅论书法作品中的书卷气——以北宋苏轼为例》（《对联》2023年第4期）、赵天《苏轼书法作品中的“书卷气”研究》（《美与时代（中）》2023年第8期）、焦颖《论苏轼书风与雅文化》（《对联》2023年第11期）等。

（五）与同时代书法家的比较研究

与苏轼生活于同一时代的重要书法家，主要有文同及与苏轼并称“宋四家”的黄庭坚、米芾、蔡襄等。不少学者结合交游考论，对苏轼与同时代书法家的艺术追求加以比较。

苏轼对文同有较高评价。以往，学界多认为文同对苏轼的影响是建立在亲缘关系基础之上的。张小花、庆振轩《苏轼与文同研究二题》（《乐山师范学院学报》2023年第1期）认为苏轼、文同并非中表兄弟，二人通过诗词书画互通情谊，是书画艺术方面的知音。罗江尧《文同书法美学及对苏轼的启示》（《中国民族博览》2023年第18期）认为文同书法美学思想对苏轼“士人画”的提出、苏轼书风的变化具有一定的启发意义。

对“宋四家”进行整体研究的论文有：杨桐《“宋四家”大字书法实践探析》（《书画世界》2022年第1期）指出宋代书家开始有意识地关注大字与小字的不同审美属性与技法理念，加上造纸术兴盛等客观条件，以“宋四家”——苏轼、黄庭坚、米芾、蔡襄为首的北宋书家开启了对大字书法实践的先锋探索。在宋代整个“尚意”书风的影响下，大字书法逐渐走向艺术化的自觉时代。丁少帅的《宋四家行书“摹古”现象研究》（绍兴文理学院硕士论文，2022）指出，在宋四家行书“摹古”过程中，出奇一致地保持了先近人（宋人）后唐人，再二王的方式，这也为后代的学书路径提供了借鉴，为“由唐入晋”提供了法理上的依据。张东升《宋四家“崇王”观与尚意书风》（《中国书法》2022年第11期）对“宋四家”崇王观与尚意书风的不同表现进行了分析，认为蔡襄在北宋尚意书风中起了奠基作用，而苏、黄、米三人各自的审美趣尚也都对尚意书风潮流有革命性贡献。崔树强《从“艺文兼备”看苏轼书法观念的文化意义》（《大学书法》2023年第2期）从书法史上关于“宋四家”的排名问题，引出书法批评标准中艺术与道德关系的探讨，进一步由苏轼对这一问题的思考，拓展到中国书法批评标准的唐宋之变以及艺文关系的历史变迁。相关论文还有全美菁《从“宋四家”看“文人书风”》（《中国民族博览》2023年第18期），刘岳恒《元代题跋中“宋四家”书法批评境遇及当代反思》（《书法报》2023年第7期），谢安松、谢俊峰《薛绍彭与苏轼、黄庭坚、米芾交游考》（《美术学报》2022年第3期）等。

在“宋四家”中，苏轼与黄庭坚的比较最受关注。有学者特别强调禅宗美学对苏、黄书法的影响。张晓潇《略论苏轼与黄庭坚书学思维之异同》（《美术文献》2022年第12期）认为苏、黄书法创作背后的精神内核与文艺思想是他们书学思维形成差异的关键所在。刘玉宏《从苏轼到黄庭坚：宋代援禅入书的精神探析》（《南方文坛》2022年第5期）指出，在宋代书法的演变中，文人把禅宗的“顿悟”观念引入书法的形式表现中，文化巨擘苏轼、黄庭坚以禅宗美学为切入点，对宋代书法的变法进行了笔法上的改造和理论上的总结，在宋代起到审美价值引领作用。马文雅《从苏轼、黄庭坚书法题跋看“尚意”的“禅化”因素》（《大观（论坛）》2023年第9期）分析了“禅化”的修辞对宋“尚意”书风的影响。还有学者从其他角度对苏、黄进行比较。宋晓希、黄博《理学家于书法的悖论——以朱熹评苏轼、黄庭坚书法为中心的研究》（《书法研究》2022年第3期）指出朱熹一方面认为苏、黄等人在书法艺术上求好求新是追求“私欲”，批评“字被苏黄胡乱写坏了”。另一方面，朱熹面对苏黄书法法帖时，又无法自拔地欣赏他们突破陈法、追求己意的风格，朱熹很难把追求“痛快”的人欲和追求“天之正理”的人之德性统合起来，书法的独特价值在理学家的理论体系中没有得到圆融的解释。邓宝剑《黄庭坚笔下的苏轼书法——一个品评的范例》（《中国书法》2023年第9期）指出，黄庭坚认为苏轼书法具有“天然”“笔圆”“韵胜”的特点与价值，并将苏轼书法列入书法史中的经典谱系。杜立《“引帖为典”与“帖辞入诗”——以苏、黄对〈阁帖〉的引鉴为中心》（《中国书法》2022年第11期）指出苏轼、黄庭坚二人在书法创作和诗文中都会引用《阁帖》的帖辞，这在一定程度上可充当考证其作品真伪的材料。杜立《以〈淳化阁帖〉为媒介看宋人对晋唐笔法的承传——以宋四家为中心》（《西泠艺丛》2023年第4期）认为北宋以苏、黄、米三大家为首，兼及蔡襄、欧阳修等一批文人书家对晋唐古法的传承与创新，充分彰显了《淳化阁帖》对北宋书风的引领作用。

研究苏轼与米芾交往及书法比较的论文有：李志丹《从〈紫金研帖〉谈苏轼与米芾的交往》（《江苏教育》2022年第69期）通过对米芾《苏东坡挽诗五首》的诠释，呈现了苏、米之间亲密无间的友谊，以及苏轼在诗文翰墨方面对米芾的重要影响。石玥琪的《米芾在润州的交游与书法研究》（河北大学硕士论文，2022年）提及米芾在润州（今镇江）居住时期与苏轼的交游事迹，以及这种交流如何促进了米芾书风的转变。

对苏轼与蔡襄进行比较的论文有：王进、谷元江《欧阳修到赵孟坚——从“苏、蔡”品评看宋代书论中的“法”与“意”》（《山东艺术》2022年第2期）认为宋代书家中存在以崇尚“道统”与崇尚“书统”的两种论书线索，苏轼引领宋人对“尚意”的个性追求，蔡襄标举唐人法度的严谨标准，两人分别代表了“宗晋”与“宗唐”的书法趋向。

（六）书法传播与接受研究

从接受史角度对苏轼书法进行研究的论文，可分为两类：一是苏轼对前人的接受；二是苏轼对后世的影响。

苏轼书风的形成，得益于其对前代书法名家的深入研究、广泛学习。李修建《论苏轼对魏晋名士的接受》（《美术大观》2022年第8期）指出苏轼对魏晋名士陶渊明的推崇为人熟知，他对其他魏晋名士却是褒贬不一。苏轼对正始名士多持批判态度；对嵇康、阮籍等竹林名士有欣赏，也有批评；对王徽之、阮瞻、谢安、孟嘉等东晋名士，则表现出更多的褒扬。苏轼从儒家持论，对于魏晋名士总体评价不高。他所欣赏的名士皆有高洁的品性和旷达的胸襟，这正是他本人性情的写照。明代中后期，丰坊、王穉登、董其昌、陈继儒等人将苏轼书法的取法对象指向南齐著名书法家王僧虔。韩建杰《"苏轼师法王僧虔"一说探析》（《书画世界》2022年第6期）认为，"苏轼师法王僧虔"一说并不符合史实。

在唐代书法家中，颜真卿对苏轼的影响较受关注。侯心雨《北宋名家以苏轼为代表对颜真卿的书法接受》（《中国民族博览》2023年第7期）指出苏轼虽然在诸多题跋中多次称赞颜鲁公之作，但苏轼对颜真卿书法并不是全盘肯定。黄琴、刘强《苏轼崇"颜"再探究——论苏轼推崇"颜"书有无政治认同》（《名家名作》2023年第20期）认为苏轼崇"颜"书绝无政治原因，他在学习王羲之与颜真卿笔法时有所取舍。张瑞芳的《论盛中唐书法对苏轼的影响》（上海师范大学硕士论文，2023年）认为苏书左右欹侧之势与李邕有关；用笔深受徐浩书影响；苏书雄奇的意象与形态，无不表达了与颜书相似的气韵，得其阳刚之美。

更多论文着眼于苏轼书法对后世的影响。丛文俊《苏轼与传统书法大文艺观》（《中国书法》2022年第1期）指出苏轼文论与书论融合如一，对后世书法艺术的发展产生了深远影响。王克千《论苏轼的书法风格及其对后世的影响》（《山东艺术》2023年第1期）指出，从存世作品来看，宋元时期对于苏书的学习已经十分盛行，至明代，学习苏轼风格的书法家数量更多，王世贞、董其昌等人的书画观都受到了苏轼的影响。

就明代而言，陈果《苏轼书法在明代的传播与接受》（湖北美术学院硕士论文，2023年）从阳明心学流行的思想史背景、刻帖盛行、士人书法实践等角度，较为系统地梳理并分析了苏轼书学思想及书法创作在明代的传播与接受历程。杜林《论吴宽学苏轼书法的局限性及启示》（鲁迅美术学院硕士论文，2023年）、王恒《文徵明补苏轼〈赤壁赋〉残缺字迹与原作书法之比较》（《楚雄师范学院学报》2022年第5期）、邓景增《董其昌的"信笔"说》（《书法》

2022年第6期)、王延智《关于董其昌书论中“淡”之文质论的考察》(《书法》2022年第11期)等文,具体分析了苏轼对吴宽、文徵明、董其昌等明代著名书法家的影响。吕佳慧《晚明时期书坛对苏轼书学思想的接受与突破》(《新美域》2023年第5期)分析了苏轼“尚意”书风对晚明“尚奇”书风的影响。

就清代而言,喻广林的《苏轼书法在清代的接受研究》(广西师范大学硕士论文,2022年)从清人对苏轼书法的接受缘由、理论推崇以及书法实践等三个方面,探讨了苏轼书法在清代不同时期的接受程度。姚凯《苏帖在清代的接受研究》(《美术教育研究》2023年第1期)指出,康雍以前,在习董、米之风盛行的情况下,苏帖的刊刻活动也未间断,只不过其中不乏翻刻、伪造的情况存在;乾嘉时期,对苏轼书法的接受呈上升的态势,有关苏轼的丛帖和单帖都在增多,并且出现了对伪帖进行删除和补摹的自觉行为;道光以后,苏轼书法大范围被书家接受,刻帖活动更受欢迎。苏叶《〈前后赤壁赋〉在清代的书法延异》(《中国书法》2023年第9期)指出,清帝王借书写苏轼《前后赤壁赋》引领时风,清代书家多有善学苏体者,《前后赤壁赋》在清代被书家赋予了更多新的文化内涵。姚凯《张之洞幕府中的“崇苏”观念》(《书画世界》2022年第10期)和李季璇《浅谈苏轼书法经典之美——以张之洞学习苏轼经典为例》(《艺术大观》2023年第21期)指出苏轼书法在张之洞的湖广幕府中影响力较大,张之洞作为幕府之主,其“崇苏”情结起着以上率下的作用。李万豪《诗书并茂——西南巨儒郑珍的东坡情结》(《大学书法》2023年第4期)认为晚清著名学者郑珍的传世书迹五体皆擅,其行草书宗法苏、黄、米三家,受苏轼沾溉尤多,得坡公之神韵。

就现当代而言,周锟《苏轼书法对当代书法创作的影响》(《大观(论坛)》2022年第4期)、王国振《苏轼书法对当代书法创作的影响分析》(《美与时代(中)》2022年第6期)分析了苏轼书法的特征、品质及成因,指出现代书法家要向苏轼学习,提升文化涵养,在继承传统的基础上有所创新。卢承华《浅论苏轼书法美学思想对当代书法学习和实践的价值》(《青少年书法》2022年第8期)和赵文静《苏轼书法及书学思想对当代学书的启示》(《青少年书法》2023年第16期)指出,在当代,大量书作走向展厅化,考级应试更是扭曲不少书法培训者和书法爱好者的心理,青少年整体书写水平大幅下降,当代书法片面追求外在形式的体现,忽视文化素养的全面提升以及精神流露背后的人格修炼,“字外功”严重缺乏。苏轼书写思想中对“意”的追求,正是当代书坛所欠缺的，当代书坛应对学书怀有崇敬之心。黎春利的《苏轼行书对当代书法创作启示研究》（南宁师范大学硕士论文，2022年）以赵朴初等为例，对当代取法苏轼书风的代表人物进行分析，并结合自己的学书经历，探讨了如何传承与发展苏轼行书风格、精神情感。

二、苏轼绘画研究

与书法相比，苏轼绘画作品传世不多，研究论文数量相对较少。但其数量亦很可观，研究范围也同样广泛，主要涉及苏轼绘画作品考证与鉴赏、绘画理论研究、诗画关系研究、传播接受研究、其他相关研究等。

（一）绘画作品考证与鉴赏

苏轼传世的绘画作品仅有为数不多的几件，《枯木怪石图》是其中之一。相关研究论文有：唐林《从题跋印章考察〈枯木怪石图〉的庋藏历史》（《地方文化研究辑刊》2022年第1期）通过对宋、元、明、清这四个时期内画作上的题跋与印章的分析，深入探讨了《枯木怪石图》背后的历史信息以及在不同时期内的流传情况。徐关镇《从北宋文人思想看苏轼的〈枯木怪石图〉》（《美术文献》2022年第4期）、胡怡《文人“枯木画”的兴起——苏轼〈枯木怪石图〉之绘画思想与功能研究》（《东方收藏》2023年第7期）结合北宋思想史背景，分析了文人画的深厚文化内涵。曹继康、虎妍《野逸与孤独：苏轼画中的木石图像探析》（《对联》2023年第21期）认为，苏轼的木石图像多以“野逸”与“孤独”为主题，不仅带给观者独特的审美感受，更在深层次上反映了人生的哲思和情感体验。

《潇湘竹石图》又称《竹石图》，相关研究论文有：司杰《苏轼〈竹石图〉卷的流传过程及题跋者的价值认同》（《天津美术学院学报》2022年第1期）通过《竹石图》卷中元明二十六位诗人学者的题跋，分析了该卷的流传过程及其中所蕴含的道德与艺术价值的认同。邵晓峰《千秋何幸留遗墨——苏轼〈潇湘竹石图〉解析》（《群言》2023年第4期）指出，《潇湘竹石图》构图颇为空灵，具有“笔尽而意不止”之境，这也是苏东坡书画所追求的“象外之意”的体现，从中可见其超逸潇洒的情怀。张春生《宁可食无肉，不可居无竹——试析苏轼对竹文化的贡献》（《美术教育研究》2023年第6期）指出苏轼将个人的文化修养和审美情趣融入到对竹子的描绘和赞美中，反映出了宋代文人与自然和谐共处的生活态度和精神追求。同时，苏轼对于竹子的热爱和对其精神象征的强调，也深刻影响了后代的画竹大家。

苏轼绘画作品中，除有枯木、怪石、松竹等引人注目的独特意象外，还有一些其他题材，如墨猫、佛像等。王宏凯《苏轼〈墨猫图〉及其他》（《文史天地》2022年第11期）认为《墨猫图》对研究苏轼绘画艺术和中国猫题材绘画史都具有重要的意义，展现了苏轼尊尚自然、追求人与自然心灵交汇的自然观。

（二）绘画理论研究

在苏轼绘画理论研究方面，学界关注度比较高的重要问题有“士人画”（或“文人画”）理论、诗画关系、“尚意”思想等，这几个问题有内在相通之处。关于诗画关系，因其牵涉范围较广，后文专辟一节讨论。

赵振宇《北宋哲宗朝京师绘事新变——论苏轼和李公麟的士人画探索》（《中国美术研究》2022年第2期）探讨了苏轼与同时代的文人画家是如何在特殊的时代背景下，以绘画实践来推进其艺术革新。罗冰《苏轼的士人画观与写意观》（《大众文艺》2022年第3期）认为苏轼的“士人画”既不以身份贵贱衡量其价值，也不同于明清后世以“写”为主、以荒率简略为美的主张。王坤《读苏轼的文人画之意与笔：变化与淡泊》（《少儿美术》2022年第4期）认为苏轼及其友人的文人画体现了对淡泊心境的追求，并将其划分为三个阶段：其一，物我感受之求真；其二，画面意境之求淡；其三，意与笔：变化与淡泊。

张晶《苏轼画论的价值观内涵蠡测》（《艺术学研究》2022年第5期）指出苏轼论画有鲜明的“文人画”价值观念，他所提出的“画中有诗”，是“文人画”的基本特征。“画中有诗”，一是指画家兼有诗人的本色、成就；二是指绘画作品能体现诗性思维，也即“运思高妙”。苏轼主张画以“传神”，贬低“形似”，但“传神”并不以牺牲“形似”为代价。他批评的所谓“形似”，其实是缺乏思致；其所重之“传神”，并非遗其笔法，而是强调绘画的主体意趣。

夏中义《论士人画：从苏轼到郑板桥——“墨石诗意”七百年》（《华东师范大学学报（哲学社会科学版）》2022年第5期）认为苏轼眼中的“士人画”有两个特点：一曰“意气俊发”；二曰摒弃宫廷气、院体画之工笔毕肖。同时还对“文人画”与“士人画”作了更加精准的定义。认为应当将“文人”“士人”含蓄地读作对画面所示的精神级差的隐喻性命名。

何旭《试析苏轼文人画创作观》（《豫章师范学院学报》2022年第5期）

团、中共眉山市委宣传部联合主办，眉山市文化广播电视和旅游局、眉山市美术馆承办。该展览特邀全国书法名家50人，每位各创作苏轼诗词或文赋2首（篇），共计100件书法作品进行参展。2023年12月8日至12月12日，海南省书画院举办“东坡文化书法作品展”，以海南中青年骨干画家为主，针对东坡不同时期的诗词文章创作了100件书法精品进行展览。

现代类数字艺术展以“你好，苏东坡·沉浸式宋韵艺术展”为代表，该展是典型的利用数字艺术设计的手段进行文化再现的展览形式，是由中华书局和中国动漫集团两大文化央企牵头，联合国内顶级数字科技团队倾力打造的《你好先贤》系列展览中首个落地的展览项目。项目设计了数字人“苏东坡”IP形象，利用全息幕布投影、数字影像、声光艺术装置等技术设计沉浸式体验场景，用“文化+艺术+科技”的方式将宋代的市井生活、西园雅集、饮食文化、文人四艺，以及苏东坡的诗文画作进行情境式演绎，让观众利用AR和AI技术穿越千年与东坡先生产生交流、进行互动。该展览为全国巡展，长沙站的展期为2023年5月20日至9月20日，苏州站的展期为2023年7月20日至10月20日，成都站的展期为2023年12月18日至2024年5月6日。

而2023年6月8日在三苏祠举办的“中国有三苏——眉山苏氏的家国情怀”主题展也利用了现代多媒体手段，以三苏家风家教为主题、空间串联室内展厅与三苏祠古建园林，以沉浸式展览的方式展示了三苏父子的家国情怀。

3. 东坡文化展

据不完全统计，仅以图文形式进行展示的东坡文化展较少，仅发现2022年4月23日至5月23日，海南师范大学举行的“流风遗韵惠千秋”——东坡文化展，以及2022—2023年，三苏祠与市级多部门联合举办的“是父是子——‘三苏家风进万家’”流动展，两年期间举行了40余场，让三苏家风走进千家万户。

（三）品牌塑造

品牌塑造是一个系统性工程，从东坡文化品牌的层面进行探讨的话，品牌塑造更多体现的是以东坡文化为核心的东坡IP或东坡品牌打造，及与之相对应的实体或线上运营空间的管理，运营主体可以是行政主体或是市场主体。

以四川省眉山市东坡区为例，2022年5月30日《少年苏东坡传奇》城市超级IP主题馆正式揭牌，主题馆依托2020年开始制作的东坡城市超级IP动画认为，苏轼的文人画观念不仅强调了创作主体的精神和关注画家的自我意识，而且通过“诗中有画，画中有诗”的审美标准，重神似轻形似的创作方式，推动了中国文人画创作和理论的发展。

王娟《从“贵士轻庶”到“士人俊发”——苏轼“士人画”观念的思想溯源及审美辨析》（《宝鸡文理学院学报（社会科学版）》2022年第6期）指出北宋时期，苏轼接受张彦远“贵士轻庶”的思想，提出了以“士人俊发”思想为核心的“士人画”理论，从士大夫群体“重理”与“寄情”两个重要创作原则出发阐述“士人画”的审美内涵，凸显了其画论的逻辑性与客观性，也为“士人画”超越“画工”绘画的格局并最终风格化提供了重要的思想基础。

徐浩、徐辉《苏轼对文人画的贡献以及影响》（《美与时代（中）》2022年第6期）等论文也对文人画问题做了较为全面的探讨。

从“尚意”角度研究苏轼画论的论文有：孙启睿《苏轼“尚意”文艺理论刍议》（《书画世界》2022年第3期）认为“意”是统摄、综合揭示苏轼艺术创作观的枢纽。徐世媛《出新意于法度之中——从〈东坡题跋〉看苏轼的绘画思想》（《艺术大观》2022年第13期）指出苏轼“尚意”，但并不完全否定艺术的再现，而是强调艺术家要出新意于法度之中。杨声《浅析苏轼的“尚意”美学与文人画观》（《书画世界》2023年第8期）认为苏轼“尚意”受禅宗思想影响，将绘画视为书之余、文之余，对文人画提出重意趣、轻造型，重修养、轻功夫的美学倡导。

此外，还有学者从自由观、“真”与“美”的内在统一、“常形”“常理”观等角度研究苏轼画论。张凌千《苏轼画论中的自由观研究》（中南大学博士论文，2022年）从自由观的思想资源、自由观的建构、自由观的内涵、自由观的呈现四个方面探析了苏轼画论中的核心要义。韩伟《苏轼论画之“真”的美学阐释》（《辽宁大学学报（哲学社会科学版）》2022年第5期）认为“真”是苏轼画论乃至其整个艺术思想的精神内核，既是本体意义上的对绘画艺术的质的规定性，又是绘画实践层面的艺术准则，贯穿于体察外物、生成心象、形式外化的整个创作过程。林贺楠《基于苏轼〈净因院画记〉分析传统中国画创作的实践基础》（《美术教育研究》2023年第15期）指出苏轼在《净因院画记》中创造性地提出“常形”“常理”观，这体现出他对绘画创作过程中客观事物和主观情感因素关系的探索。蔡乃馨《苏轼〈传神记〉对我创作的影响》（云南艺术学院硕士论文，2022年）指出苏轼在《传神记》里继承和阐发了顾恺之的“传神论”，进而阐述了达到“传神”境界的具体艺术表现方式，强调画家要善于捕捉人物最突出的特点和标志。

（三）诗画关系研究

苏轼对诗画关系有深刻而独到的见解，提出了“诗中有画、画中有诗”的“诗画一律”论，并将这一主张贯彻到其绘画、题画诗的创作与批评中。

高雨洁《苏轼的绘画美学思想研究》（《美与时代（中）》2022年第3期）从苏轼的诗画相通、绘画创作以及绘画评论三方面对苏轼绘画美学思想进行了分析。张小强《苏轼“诗画一律”论中的创作情感态度分析》（《青年文学家》2022年第23期）认为苏轼的“诗画一律”进一步彰显了情感态度在创作中的重要意义。陈云飞《“诗画一律”与文人画审美标准》（《艺术品鉴》2022年第33期）认为“天工与清新”是苏轼论诗画一律的依据和归属。林锐《论诗歌与绘画的关系——以苏轼诗画观为例》（《书画世界》2023年第1期）比较了中西方对诗歌与绘画关系的不同看法。

张珈萌《郭熙画论观照下的苏轼山水诗刍议》（《唐都学刊》2023年第3期）指出苏轼受郭熙绘画理论的影响，以平远视域进行画面布局，并通过光影与明晦的变化丰富山水的表现形态，选取“烟云”这一极具有代表性的景象，烘托出山水诗冲融缥缈、萧散平淡的意境，并创造性地在水墨冲淡的背景下加入了碧色的元素，使得山水诗的创作呈现出“不古不今”的面貌；借助全景式的布局挖掘景外之意，使作品余味无穷。苏轼对绘画理论的借鉴使其山水诗在北宋诗坛上独树一帜。

康倩的《苏轼题画诗中的桃花源》（《甘肃社会科学》2022年第2期）从“桃花源”语义流变入题，对苏轼题画诗的创作活动、美学精神呈现进行全面、系统的场景还原和分析阐释，借助“桃花源”之幽径，探寻苏轼之文艺精神与生命境界。

刘柯岑的《苏轼题画诗“语-图”关系研究》（广西师范大学硕士论文，2023年）认为苏轼题画诗中呈现的“语-图”关系是一个自足又敞开的生态系统，并从四个方面进行了具体探讨：其一，苏轼题画诗的“语-图”关系具有融通两端的兼性特征；其二，苏轼题画诗“语-图”关系中既存在缝隙，又不断朝着弥合的方向进化；其三，苏轼题画诗“语-图”关系中蕴含着互文性与间性理论内涵；其四，苏轼题画诗“语-图”关系揭示出一种通律思维下跨界的大艺术观。

梁晔然《浅谈苏轼的文人画论——以苏轼与王诜题画诗文为视角》（《喜剧

世界（下半月）》2023年第11期）指出，苏轼在题画诗中经常提到“写意”，这展现了他追求意境和神韵的绘画风格，“寓意于物”也体现了苏轼的文人之致。

（四）传播接受研究

与苏轼绘画接受史相关的论文，主要涉及苏轼对唐代画家的接受，以及苏轼墨竹对郑燮等后世画家的影响。

朱雅轩《苏轼唐代绘画评论的价值和意义》（《美术文献》2022年第9期）指出，苏轼认为唐代画家的作品各有千秋：在评价人物画时，他推崇吴道子的神妙和雄深；在评价韩干的马画时，他盛赞其用笔自然天成；在评价山水画时，他推崇王维的冲淡清新风格。他主张在空静状态下观物，进入“纳万象”的艺术境界。他认为，在“诗画本一律”的意境中，不同文艺体裁的差异已不重要。从欣赏“神妙”“自然”，到追求“天工”“清新”，苏轼为诗、书、画融合的文艺创作指出向上一路。

孙文文《千载墨君——文同、苏轼影响下的文人墨竹分析》（《美术教育研究》2022年第2期）认为苏轼墨竹受到文同影响已经得到普遍认同，所以后人即使模仿苏轼画竹，也依然被看作师法文同。刘泽民《郑板桥与苏轼书画应酬中的相同点漫谈》（《陶瓷科学与艺术》2022年第5期）提到在文人画产生初期，苏东坡提出了“善画而不求售”的文人画理想，之后郑板桥“润格”一出，引出了他对于书画应酬的原则与态度。这看似相悖的两种观点，实则隐含着艺术家在书画应酬上的种种相似品格。黄婷《郑燮画竹理论价值再评价——与苏轼画竹理论对比研究》（《时代报告（奔流）》2023年第6期）指出苏轼和郑燮都有相似的艺术理论，并认为郑燮“胸无成竹”说的内涵在苏轼“身与竹化”说中已经体现，其“画竹三段论”思想在苏轼的画竹理论中也有所体现。

（五）其他相关研究

苏轼的文化人格、文艺创作深受世人喜爱。后人对苏轼画像多有考证，在某种程度上体现了对苏轼的“偶像崇拜”。苏轼诗文词中的意境、画面，也成为深受后世画家喜爱的创作题材。从日本、朝鲜等地对苏轼的图像化接受，亦可感受到苏轼文化影响之深远。

金山寺苏轼画像相传为宋代画家李公麟所作，因苏轼《自题金山画像》一诗而闻名天下。李远哲《浅析苏轼临终作〈自题金山画像〉缘由》（《作家天地》2023年第10期）、曹陵《历尽劫难来自嘲，一怀愁绪多悲凉——苏轼〈自题金山画像〉赏析》（《语文教学通讯·D刊（学术刊）》2023年第10期）对苏轼《自题金山画像》一诗进行了分析。

关于《东坡笠屐图》的研究成果相对较多。陈琳琳《“东坡笠屐”的图文生成及其多重阐释——一个跨媒介艺术史研究的个案》（《艺术百家》2022年第3期）总结了后世对苏轼戴笠形象的三种阐释途径：一是借助“风雨海上苏”的政治隐喻，还原苏轼贬谪儋州的历史本事，对其戴笠形象作原境式的解读；二是将苏轼打造为趋于符号化的文人典范，凸显“坡仙”风流的形象内涵；三是发掘苏轼形象的诙谐潜质，展示一种超越文人传统的精神姿态。张昀东《展脚幞头的意外缺失——苏轼形象的历史建构》（《南京艺术学院学报（美术与设计）》2022年第6期）认为两宋时期君臣着公服头戴展脚幞头是常有之事，但这一要素在大量传世苏轼画像中无一例外缺失。究其原因，与“按藤杖坐盘石”和“笠屐”两大苏轼形象经典表现母题密切相关。李云并、陈智勇《海南五公祠东坡画像石源流考》（《荣宝斋》2022年第10期）考证认为海口五公祠中两块东坡画像石《东坡笠屐图》和《苏文忠公像》均非直接摹刻原作，而是以其他在外流传的拓本为摹本转刻而成。衣若芬《〈东坡笠屐图〉故事及其解读》（《中山大学学报（社会科学版）》2023年第5期）指出，《东坡笠屐图》故事有多种版本：周紫芝版本将《东坡笠屐图》故事置于诗题，借以表达个体经验；费衮版本增加东坡海南友人黎子云，强化故事的人物关系，在“戴笠”之外，还多“穿屐”，文字媒介和图像媒介共同参与了传播的工作；在张端义版本中，《东坡笠屐图》故事更为完整，甚至写东坡看过其笠屐图像，自为题咏，更固化了文字媒介和图像媒介联合，让《东坡笠屐图》故事深入人心。此外，衣若芬还撰有《朝鲜燕行使与〈东坡笠屐图〉》（《域外汉籍研究集刊》2023年第1期）。

范维伟《五山文学中的〈吸酸图〉》（《北方工业大学学报》2022年第1期）提及，日本美术研究者基于元代画家赵孟頫绘制过《东坡先生懿迹图》，普遍认为苏轼三人的《吸酸图》早于三教人物《吸酸图》，三教吸酸是对苏轼等人吸酸故事的改写与置换。范文对日本学者的观点提出疑问，认为《东坡先生懿迹图》的绘制应当始自明代。

宋代至今，有不少以苏轼诗文词为题材的绘画作品。郭雪妮《作为方法的“画题”——苏轼诗在日本中世禅林的图像化接受》（《域外汉籍研究集刊》2022年第2期）指出在日本中世禅林中，苏轼诗作为“画题”的真正成立，依赖于几种重要力量之间的微妙平衡：一是应永年间诗画轴的繁荣，其思想的交流则是禅宗与水墨画的契合；二是以足利义持为中心的诗会之发达，以及五山诗僧与画僧的密切交往；三是五山禅林对苏轼诗文讲释的流行及抄物的大量出现。最后，作者还得出被选作画题的诗歌都是为了满足某种实用性目的，或是为了提供某种功能而被制作出来的。

苏轼赤壁“两赋一词”是最受画家喜爱的创作题材。关于《赤壁图》的研究论文有：苏国伟《图式的意义：试论几种〈赤壁图〉》（《美术观察》2022年第2期）通过梳理《赤壁图》图式形成和演变的脉络，考察画面元素的变化，指出图式变化背后展现出的三种基本意义：讲述故事、抒发情感、记录知识。这三类《赤壁图》的整体构图、画面元素、流行时间、流行原因都不相同，形成了三种基本图式，交替贯穿了历代《赤壁图》的创作实践。皇甫迎雪、刘希敏《以〈赤壁图〉为例探究文本与图像的转化》（《东方收藏》2023年第7期）通过对历代《赤壁图》的分析，揭示了文本与图像之间的对话关系。王文欣《糅合与挪用：16、17世纪赤壁赋瓷碗图像源流考》（《南京艺术学院学报（美术与设计）》2023年第1期）指出明代晚期大量出现一类瓷碗，以《赤壁赋》文字搭配“苏轼夜游赤壁”图像。

关于《后赤壁赋图》的研究论文有：王一楠《图像之外：乔仲常〈后赤壁赋图〉流传史中的记忆钩沉》（《中国书画》2022年第4期）分析了苏轼《后赤壁赋》与乔仲常《后赤壁赋图》之间的互文关系，并结合乔仲常《后赤壁赋图》的流传史，探讨了图像如何影响后世对苏轼及赤壁的记忆与想象。方言《诗赋的语图转化研究——以〈后赤壁赋〉和〈洛神赋〉为例》（《佳木斯大学社会科学学报》2022年第6期）以美国纳尔逊·阿特金斯艺术博物馆藏《后赤壁赋图》为例，探究了画家在对文学文本转化时进行的再创作的规律。段莹《清宫旧藏乔仲常〈后赤壁赋图〉卷及宋元人题跋残卷刍议——兼及对古书画中文本与文献的双重考察》（《美术大观》2022年第10期）认为乔仲常《后赤壁赋图》绘画风格近似李公麟，为北宋后期李公麟一派文人画的代表作品。

苏轼曾舣舟于常州城外东郊，有诗《除夜野宿常州城外二首》。清代乾隆皇帝南巡时重修舣舟亭，状元钱维城作《苏轼舣舟亭图卷》。此图因其特殊的文化意义，亦受到部分研究者关注。高昳甜《钱维城〈苏轼舣舟亭图〉研究——兼论创作中景与图之间的转换关系》（江苏大学硕士论文，2022年）详细分析了苏轼作诗时内心的情感波动，以及这种情感在钱维城画作中是如何被体现的。丁为新《钱维城〈东坡舣舟亭图卷〉考论》（《南方文物》2023年第3期）探讨了画作与历史人物之间的关系，并分析了《东坡舣舟亭图卷》与常州地方文化的关联。

相关论文还有高琰《明〈诗余画谱〉中东坡词的图像诠释》（《哈尔滨学院学报》2022年第3期），该文探讨了画家如何借助于图像这一载体，传达对东坡词的个性化理解。

三、跨学科研究

苏轼是一位文化全才，在诗、文、词、书、画等领域均有精深造诣。因此，对苏轼的研究，常常出现“跨界”情形。相关论文，可从文艺学研究、书画与教育、文玩与收藏、数字化技术等方面稍加梳理。

（一）文艺学研究

文艺学是连接苏轼不同文艺创作类型的纽带。刘玉宏《从书法学和文艺学谈“交叉学科”的人文途径——以苏轼书法思想为例》（《高教发展与评估》2022年第3期）通过分析苏轼书法思想，说明书法学和文艺学完全可以成为“交叉学科”的人文途径而摸索出新的人文教育模式。张硕《读帖、观画、访迹：宋代禅僧“苏轼情结”谫论》（《商丘师范学院学报》2023年第7期）分析了苏轼的文学、艺术和哲学思想如何影响宋代禅僧的文化创作和宗教实践，指出宋代禅僧的“苏轼情结”反映了其行为观念趋向“士大夫化”，禅宗高度重视苏轼这一重要的文化资源，影响了整个东亚汉文化圈的禅僧文学创作。潘静如《近世艺术史上的诗书画印典范论及其变迁——兼及苏轼诗性世界的张力》（《清华大学学报（哲学社会科学版）》2022年第3期）指出，苏轼曾以杜诗、韩文、颜书、吴画并举，推为“古今之变，天下之能事毕矣”。这一典范论在明清之际被重构：颜真卿变而为钟繇、王羲之，吴道子变而为“二米”、黄公望。而重构的因子正伏藏于同样来自苏轼的“士人画”理念。苏轼本人诗性世界里存在的张力，在明清之际最终发露，变为近世艺术史上的一个关键问题。对苏轼典范论的重构，与明清画学史上的南北宗之分、书学史上的晋唐之争密切相关。党永辉《有韵尺牍：苏轼岐梁唱和诗的情境还原与帖本溯源》（《中南民族大学学报（人文社会科学版）》2023年第9期）通过追溯诗作的帖本形态，探讨了苏轼“随物赋形”等文学理论的起源和发展。赵孟雄《苏轼文学作品与书法作品的情感表达研究》（《文化产业》2023年第10期）结合对苏轼经典作品的剖析，研究了苏轼文学作品与书法作品的情感表达方式。

（二）书画与教育

苏轼书画研究不仅有助于深化对文艺学的认识，亦有助于为当代教育提供新的思路。张帆《沉淀的吉光片羽——苏轼书论、画论的教育价值》（《地方文化研究辑刊》2022年第1期）指出苏轼的书论、画论中有关循序渐进的认知理念、感性与理性并重的创作态度、各艺术门类贯通的学养与境界等，客观上惠及了当时及后世的莘莘学子，与现代人倡导的综合素质培养的内涵也深度契合。谢锦岚《用笔墨还原苏轼的诗》（《书法教育》2022年第5期）认为，将苏轼的作品融入教育领域，不仅有助于苏轼作品更广泛地传播，同时也能够让苏轼思想影响到每一个学习者。李昱晓《海南东坡文化初中美术课程资源开发与教学实践探究——以东坡笠屐图像为例》（海南师范大学硕士论文，2023年）探讨了如何将海南东坡文化资源引入初中美术课堂。

（三）文玩与收藏

苏轼书画艺术对文玩与收藏亦有一定影响。陈映延《浅谈紫砂〈东坡提梁壶〉的由来与创作内涵》（《陶瓷科学与艺术》2022年第1期）探讨了东坡提梁壶与苏东坡的历史联系，以及这一联系如何影响了紫砂壶的文化地位和艺术价值。侍建党《论紫砂陶刻〈题王逸少帖〉的艺术特征和文化内涵》（《陶瓷科学与艺术》2022年第1期）指出将苏轼的传世佳作与文物相结合，为传承和弘扬苏轼这位文坛巨匠的精神提供了一种新的路径。李方红《北宋士大夫阶层新兴的鉴藏观念》（《美术》2022年第7期）指出，苏轼强调对待书画“可以寓意于物，而不可以留意于物”。苏轼把书画收藏的对象分为真正的收藏者和附庸风雅者两类。苏轼的书画藏品在数量上虽不能与王溥、苏易简、丁谓等人相比，但是，其鉴藏观念在元祐年间的书画鉴藏圈中成为主流。

（四）数字化技术

徐晴《新文创背景下的文化名人IP形象设计与传播途径研究——以苏东坡为例》（南京林业大学硕士论文，2023年）以苏东坡IP形象设计及传播为例，探讨了如何将文化名人IP作为新文创开发主题，加强地域及博物馆文化资源的开发和有效利用，运用数字化手段打造文化名人的“当代人设”，充分发挥文化名人在当代的传播价值。黄顺《苏轼黄州诗赋景观的绘画创作及数字化传播》（湖北美术学院硕士论文，2023年）指出，苏轼黄州诗赋景观数字化传播的主要路径，是将人工智能绘画、短视频影像、文创产品线上展陈三者相结合，通过动静结合的视觉艺术表现形式，以个性化的艺术实践激活中国传统文化资源。

综上所述，2022—2023年的苏轼书画艺术研究，在文献发掘、文物考证、理论阐释、传播接受等领域，都取得了可喜的成果，研究视野不断拓展，相关研究日趋深入。苏轼是中国传统文化的优秀代言人之一，其书画研究不仅具有重要的理论价值，对于增进民族文化自信，提升国民素养和国家文化软实力，亦具有不容忽视的现实意义。

苏轼音乐与舞蹈研究综述

海南职业技术学院　蔡建东
海南科技职业大学　郑佳丽

2022—2023年，苏轼音乐与舞蹈的研究持续升温，研究范围和深度进一步扩大。主要分为音乐理论研究、舞蹈理论研究、音乐与舞蹈舞台实践研究。其中，舞台实践研究主要有电视媒体、舞台剧目、主题活动及诗词音乐会、词意琴歌与诗词创作歌曲四个方面。

一、音乐理论研究

近两年有关苏轼音乐理论研究的期刊论文有89篇，其中硕博学位论文48篇。相关研究以三个方面为主，分别是音乐思想研究、诗词与曲的关系研究、诗词的音乐创作与演唱研究。

（一）音乐思想研究

音乐思想作为苏轼文艺思想的一个重要组成部分，以下皆有所探讨。张婉琪《北宋眉山“三苏”家族音乐思想研究》（西安音乐学院硕士论文，2023年）和郎耀辉《从“古雅”到“无弦”：历史语境中苏轼琴学思想的变迁》（《美育学刊》2022年第6期）皆为苏轼的音乐思想研究进一步提供了一些思路与见解。张文认为苏轼的音乐思想离不开音乐活动，苏轼平生喜好交友，创作了很多与音乐相关的诗文，音乐活动极为丰富。苏轼早期的政治仕途顺利，其音乐思想受到儒家思想影响较深，认同礼乐制度的重要性，强调人在音乐审美活动中的重要性，认为礼乐促进人的音乐素养；之后苏轼自请外放，先后在杭州、密州、徐州任职，这一时期他与佛僧交往颇多，特别是杭州，是当时的佛教盛行之地，苏轼自然而然地受到佛家音乐思想的影响；苏轼后期远离庙堂、远离朝局，被贬至海南时，思想逐渐平静，悠远、旷达，自得其乐，足见其受到崇尚自然、平和淡美的道家思想影响。苏轼的音乐思想集儒释道于一体，以儒为主，兼取释道，以“平和”为美，以儒经世致用，以佛道修心。郎文引用了衡蓉蓉博士论文《苏轼音乐美学思想的形成与演变》（南京艺术学院博士论文，2012年）中的观点，衡蓉蓉根据苏轼的生平，将其音乐美学思想大体归结为：早期的“乐教”思想，外任时期的“泛美”思想，“乌台诗案”后的“悲美”思想，二次被贬后的“淡美”思想。郎耀辉也认为总体而言是中肯的。这四个时期与苏轼的音乐思想和诗词创作审美趣味的形成、演变基本同步。

关于苏轼音乐思想的文章甚少，通过以上两篇文章分析，苏轼音乐活动丰富，喜好古琴，非常注重音乐的审美品位，其丰富、曲折的人生经历中蕴含着不同时期的音乐思想。与其豪放词风不同的是，苏轼的音乐审美是绵延多变的，其中“洒脱”“婉约”“闲适”“悲美”“淡和”等美学思想在不同时期均有体现，但各有所侧重。

（二）诗词与曲的关系研究

苏轼的诗文辞赋与音乐联系紧密，其能改写为可以配乐以供歌唱的词曲。有关苏轼诗词与曲的关系的分析分别举例，以见一斑。

李宏锋《宋词曲调献疑一则（上）——兼论近古词曲音乐的断代与溯源》（《音乐文化研究》2022年第3期）一文以杨荫浏先生《中国古代音乐史稿》中所举苏轼《念奴娇·赤壁怀古》为例，李宏锋认为苏轼《念奴娇·赤壁怀古》的《九宫大成》存谱，可明确为元明清时期北曲音乐遗存，其唱词音韵距《中原音韵》音系不远，实为北曲音韵。李优《唐诗宋词与音乐演唱的融合发展及其影响》（《中州大学学报》2023年第4期）一文中，李优认为宋词与音乐演唱融合发展，打破了宋词领域婉约派一派独尊的格局，其“豪放派”不再抒发离愁别恨儿女情长，也抛弃了卿卿我我缠绵悱恻的风格基调。在主题题材方面，凡怀古咏史、说理谈玄、议论时事均可入词。在宋词发展过程中，词与音乐演唱的融合发展一直如影随形且更为密切。词本来就是歌曲的一种，是合乐演唱的歌词，词被称为曲子词、乐府、乐章、琴趣等，也凸显着它跟音乐演唱的天然关系。这决定着词与音乐演唱的融合发展有着天然的基础和优势。宋人作词，词必依照词牌填写，词牌名称决定着词的格式和演唱曲调。如《雨霖铃》和《水调歌头》，因为词牌不同，其演唱曲调自然也就不同。吴佳蕾《“以诗入乐，以乐现境”苏轼〈定风波〉改编音乐作品》（《文化产业》

2023年第29期）认为早在先秦时期，“配乐而唱”的艺术形式已经初见端倪；随着诗歌的不断演变，还产生了“采诗被律，季札观乐”的乐府诗，这体现了诗乐同源的传统文学理念。音乐的音韵、旋律、织体、意蕴，与诗歌的用韵、句法、格律、意象有着异曲同工之妙。对于音乐与诗词的文化交叉性，苏轼认为以节奏旋律来制约诗词的旋律走向，配合吟咏之人声，借歌唱吟诵的形式可以实现艺术魅力的升华，加强其影响力与感染力。

词与曲的融合发展如影随形，诗词与音乐演唱的融合发展，也因为音乐节奏和乐器的配合，以及演员演唱声调和技巧等艺术因素的参与，使得诗词作品动人心扉，其传播效果也更加突出。音乐演唱助推了诗词表达和传播方式的发展，也正是由于音乐演唱的融入，古典文学中的宋词，不但在当时获得广泛传播并造成深刻影响，同时也得以流传后世，传唱不绝。

（三）诗词音乐创作与演唱研究

苏轼的诗文辞赋与音乐联系密切，词与音乐相结合，使宋词的创作和演唱焕然一新。

李景新《主持人导语：表演艺术如何切入苏学》（《海南热带海洋学院学报》2023年第4期）认为歌曲的创作大概分为两类，一类是在苏东坡诗词作品基础上进行的创作和演唱，如：《但愿人长久》就是一首基本以苏东坡《水调歌头（明月几时有）》为歌词而进行的音乐创作；另一类是以苏东坡为题材的音乐创作，如：《爱上苏东坡》，李弦芯填词谱曲，童声演唱，是一首歌颂苏东坡的优秀歌曲。谢蕴钰《同词异曲〈念奴娇·赤壁怀古〉演唱对比分析——以青主、印青、胡彦斌的作品为例》（西南大学硕士论文，2023年）通过对不同时期的三位作曲家所作的同词异曲《念奴娇·赤壁怀古》的对比分析，认为对同一首诗词作品的音乐创作，要用不同的音乐语言和风格曲调演绎；针对不同音乐风格的古诗词作品，演唱者应该用不同音色的声音、唱法和舞台语言去进行诠释；声乐演唱的学习者在演唱古诗词风格声乐作品时，要注意把握好演唱者艺术审美的当代性与古诗词作品所呈现的历史性之间的关系。还有卢士琳《陆在易古诗词艺术歌曲〈水调歌头·明月几时有〉的意境探索与演唱研究》（曲阜师范大学硕士论文，2023年）、童修群《探析古诗词艺术歌曲〈大江东去〉的艺术特征与演唱技巧》（《牡丹》2024年第2期）、李燕和邓文丽《古词艺术歌曲〈江城子·乙卯正月二十日夜记梦〉的音乐分析》（《牡丹》2023年第8期）等诸多文章都是基于苏轼古诗词对其艺术歌曲的曲式结构、音乐特点、演唱风格与技巧等进行分析。吴佳蕾《“以诗入乐，以乐现境”苏轼〈定风波〉改编音乐作品》（《文化产业》2023年第29期）一文主要对苏轼《定风波》音乐改编进行分析。吴佳蕾认为苏轼对诗词创作的贡献在于其打破了常规形式的对偶、平仄的结构性音乐美，而追求更深层次的内在音乐美，升华了诗乐的内涵。同时，吴佳蕾也认为古代的“和诗以歌”到如今利用现代音乐与传统诗词相结合，在创作歌曲时融入古典元素，依据当代人的审美进行改编，使得这些音乐作品不仅具有强烈的传统文化气息，还展现了流行音乐的包容性，既符合大众的审美，又紧随时代发展的脚步。

除了对苏轼古诗词与音乐的创作与演唱研究以外，还有对苏轼艺术歌曲的价值研究和宋词音乐演唱传播对当代歌曲影响的研究。

如孙亚豪、姚连乔《文化自信视域下古诗词艺术歌曲价值传承探微——以〈念奴娇·赤壁怀古〉为例》（《黄河之声》2022年第17期）中，则是强调音乐的教化作用和古诗词的情感表达润物细无声般培育民族审美取向。孙亚豪和姚连乔通过分析歌曲《念奴娇·赤壁怀古》的音律、文辞和感怀，借描景述典来暗含心境，并评价这种含蓄中和的表达，正是受儒道文化的教化，达到了“此处无声胜有声”的效果，这是中华民族的审美特质。李优《唐诗宋词的音乐演唱传播及其影响》（《湖北师范大学学报（哲学社会科学版）》2023年第2期）一文中，李优认为宋词传播及影响有三个方面：其一，当今的歌曲歌词中使用或化用宋词诗句；其二，化用宋词的原有意境，展现当代人的情思，以之构建出新时代的相对独立歌曲；其三，借用调名和借鉴韵味。李优认为宋词在当代以流行歌曲或时代新歌体现出来，也是一种古为今用借鉴融合的艺术表现，音乐演唱领域从古典文学中汲取营养和借鉴的表现，这显然是一个很好的文化现象，它标志着中华民族的文化自信。

总之，苏轼古诗词与音乐创作和演唱结合时，需要充分了解和分析诗词的文化性和音乐二度创作的要求，牢牢把握艺术审美的当代性和古诗词作品历史性之间的关系，守正创新，弘扬民族自信。虽然目前已有诸多与苏轼游经地相关的音乐研究，但关于苏轼在海南期间的音乐文化活动的研究仍显不足。

二、舞蹈理论研究

近两年有关苏轼舞蹈相关研究的文献资料仅有5篇，这些成果集中表现为苏东坡题材与舞蹈创作方面的见解与思路。“苏东坡”已经成为文艺创作的富矿，由其衍生出的文艺作品、文创产品、文艺演出、文化活动不计其数。近年来，“苏东坡文化”再次得到关注，苏轼与舞蹈艺术有关的创作实践和学术研究越来越引起重视。如欧建平《“每部艺术品都是艺术家的自传”——我认识的沈伟及对〈诗忆东坡〉的反应与解读》（《艺术评论》2024年第1期）和李景新《主持人导语：表演艺术如何切入苏学》（《海南热带海洋学院学报》2023年第4期），还有来自新闻通稿和媒体报道等的相关研究。

欧建平一文提到媒体和中外舞评人对沈伟创作的现代舞蹈诗剧《诗忆东坡》颇有微词，但欧建平认为沈伟通过他们无声的动作语言，把中国古典舞特有的气息、韵律、沉静与内秀之美，自然而然地释放出来，才让他找到了“同呼吸、共命运”，身为中国人的同频共振。舞剧共六幕，跟随“眉山 1037—汴京 1059—凤翔 1061—杭州 1071—密州 1074……”的路线图，我们被带入了东坡一生颠沛流离，频密调任，或远离朝堂，或遭遇贬谪的人生路途。李景新一文提到2007年王晋川主创的大型音乐舞剧《千古东坡》，是我国首部表现苏东坡生平的音乐舞剧，用史诗般的场景展现一代大文豪苏东坡的一生，将其理想、情操、民本思想和所承受的苦难熔于一炉。除李景新一文之外，还有2023年东方演艺集团重点创排作品舞蹈诗剧《诗忆东坡》，则有媒体指出：“舞蹈诗剧《诗忆东坡》致力于找寻当代人与东坡最准确的精神契合点，艺术呈现出东坡诗词中所孕育的中国精神内核，融合了中国传统诗词文学、绘画、书法、音乐、戏曲等艺术元素，深度提炼了中国古典哲学和美学的精粹，以中国传统写意的手法上溯千年，与东坡这位‘异代知己’达成对话，诠释人人都是苏东坡。”

苏东坡的传奇人生为文艺创作和文化活动提供了丰富的养料，以苏轼为题材的舞蹈创作和在苏轼诗词作品基础上进行创作的作品，如首部表现苏东坡生平的大型音乐舞剧《千古东坡》，2023年沈伟编创的现代舞蹈诗剧《诗忆东坡》，2023年江苏卫视春晚舞蹈《苏轼・苏式》等，用舞蹈艺术形式演绎出千人千面的苏东坡。目前对苏轼与舞蹈相关的学术研究不多，还有很大的发挥空间。

三、音乐与舞蹈舞台实践研究

音乐与舞蹈，作为艺术学的子学科，是艺术家的自我表现与创造活动，学科性质决定其艺术表现形式为舞台作品的呈现。

（一）电视媒体

中央广播电视总台创作理念——“思想＋艺术＋技术”，提倡将中华民族独到的生活智慧、文化理念与哲学思想融汇到各个栏目中。因此，重点梳理中央广播电视总台各栏目中，涉及苏东坡的相关节目。

央视《中央广播电视总台2023主持人大赛》节目现场，《行走中国》栏目主持人孔皓，用一首海南本土家喻户晓的歌曲《久久不见久久见》开场，开篇陈述：“这里也是苏东坡笔下‘沧海何曾断地脉’的宝藏岛屿，‘我本儋耳人，寄生西蜀州’这是东坡先生对海南的深情表白，‘海南万里真吾乡’，这话您听了不想到海南来看看吗?”旋即切入正题“前段时间，东坡先生在海南的老家，儋州市中和镇霸屏了……以文化人，汲古润今，几百年来，海南乡亲把日子过成了‘诗’。”央视《宗师列传・唐宋八大家》节目采用“沉浸式实景演绎+电影化拍摄+XR创新呈现”的节目模式，主持人撒贝宁不仅与专家学者组成“文脉探访团”完成古装实景穿越，还邀请宗师穿越千年重返故地，见证今时之盛景。探访团穿越回北宋，了解苏轼初入仕途时如何应对迷茫的前途，又如何冲破重围；见证苏轼与王弗这对夫妻相知相随的情意以及兄弟二人在面对“乌台诗案”时的千古兄弟情；在黄州，拜访文学创作高峰期的苏东坡，见证“苏东坡”的诞生，深入了解苏轼与王安石放下政见分歧的君子之交；深入了解苏轼被贬惠州时，与王朝云相依为命的感人深情；见证苏轼被贬儋州时，与海南人民的深厚情谊。

央视《星光大道》栏目中，出身梨园世家的参赛选手马艺弘，在邓丽君版本的歌曲《但愿人长久》中，融入了京剧风格；北京琴书第三代传承人马施宇在节目现场，表演了北京琴书《东坡与小妹》。央视《2022中国诗词大会》节目现场多处引用东坡诗词作品，如第五场飞花令中引用“我欲乘风归去，又恐琼楼玉宇，高处不胜寒”（《水调歌头・明月几时有》）、“大江东去，浪淘尽，千古风流人物”（《念奴娇・赤壁怀古》）。《2023中国诗词大会》节目现场，由中华书局与谛听视界联合推出的全国首位超写实“数字人”苏东坡“中之人”扮演者海南大学海滨教授，以“历史情景再现”的形式为选手出题，并和现场的主持人、选手进行了实时互动；与黄庭坚“鄱阳湖相会”场景出现在第五场“先生”环节。《2024中国诗词大会》第四期“风味”，推荐了苏东坡《猪肉颂》以及诗句“人间有味是清欢”，诠释了他发掘美食之趣的“知味”之心，笑对人生的“知世”态度，以味蕾唤醒诗意，带领观众共品中国风，同赏中国味。央视《开门大吉》栏目中，眉山市文化代言人苏小妹现身节目现场。苏小妹近几年多次现身全球观众视野，作为“第十二届中国泡菜食品博览会”“第三届川菜大会”重大国际会议的代言人，登上纽约时报广场；参加央视CCTV-3频道《幸福账单》、参加四川卫视节目《我们村的年轻人》带货助农、参加四川卫视旅游节目《安逸的旅途》，宣传眉山文化、为眉山代言。

央视《典籍里的中国》文人圣贤篇，用极其朴实的语言，诉说苏轼在高光时刻一再被贬，“问汝平生功业，黄州惠州儋州。”他到过的地方，留下的不是伤春悲秋，而是点点滴滴的功绩和文化的传承；苏轼之豁达不在于己，而在于民、在于传承，在于把苟且活成了潇洒。

央视《中国书法大会》栏目第四期，介绍了宋四家之三，苏轼、米芾、黄庭坚，他们三人囊括了北宋书法的三座顶峰。苏轼的饰演者曹磊，讲述了黄庭坚和苏东坡互相挖苦的书法故事“石压蛤蟆”和“死蛇挂树”，介绍了“天下第三行书”苏轼《黄州寒食诗帖》。央视《经典咏流传》第五季（2022年）第一期，歌手阿云嘎、杨宗纬、郑棋元、蔡程昱演唱了歌曲《忆江南》，分别选用诗词《鹊桥仙》（陆游）、《行香子·过七里濑》（苏轼）；第二期，歌手苏见信演唱苏轼黄州诗词《赤壁赋》；第四期，歌手邓萃雯、万绮雯演唱歌曲《人间有味是清欢》，选用诗词《浣溪沙》；第五期，歌手品冠演唱歌曲《清夜述怀》，选用诗词《行香子·述怀》；第六期，歌手杨宗纬演唱苏轼词作《念奴娇·中秋》；第七期，歌手江美琪演唱歌曲《春的样子》，选用诗词《蝶恋花·春景》。《经典咏流传·正青春》第二期（2023年），张淇、陈崴演绎歌曲《观溪》，选用诗词《浣溪沙·游蕲水清泉寺》；第八期，董宇辉、方锦龙演唱歌曲《逆旅行人》，选用诗词《临江仙·送钱穆父》；第九期，赵照、曹媛源演唱歌曲《望江南》，选用诗词《望江南·超然台作》。央视《诗画中国》第6期（2022年），解读明代画家仇英以苏轼因“乌台诗案”被贬黄州时，与友泛舟于赤壁挥毫写下的文学作品《赤壁赋》为母题创作的文人画《赤壁图》。音乐剧在苏轼泛舟赤壁这一历史故事基础上进行二次创作，演员郑棋元、庞盛之、赵禹钧现场演绎音乐剧版本《赤壁夜游》，以苏轼豁达人生为主题，讲述了赤壁夜游时，两位公子为赤壁之战功劳争执，最终通过苏轼的言论，表达了山水风月与人相辅相成的美，以及豪杰成就山河的观点。文化学者康震、范迪安一同赏析《赤壁图》，感悟人与自然的相处之道。

教育部和国家语委策划、人民教育出版社与人民教育电子音像出版社实施的大型文化建设项目《中华经典资源库》，邀请百余位权威学者和艺术家，创新融合诵读、讲解、书写三种形式，用影像精品弘扬传承中华优秀传统文化。北京师范大学康震教授从不同的视角切入“横看成岭侧成峰”分六集讲解苏轼。眉山市东坡区携手功夫动漫制作的52集动画片《少年苏东坡传奇》，收视率居同时段卡通节目全国第一。通过数十个苏东坡童年和青少年时期的生活故事，生动展现了北宋时期眉山“山不高而秀雅，水不深而澄清”的秀美风光，淳朴善良、互助同乐的市井风情，孜孜以求、识礼尚学的耕读情怀，孝慈仁爱、向善向美的家风家训。主题歌《少年苏东坡》朗朗上口、幽默诙谐。海口电视台《海口大讲堂》栏目，海南职业技术学院教师蔡建东分四集讲述《音乐家苏东坡》。以苏轼《杂书琴事》十首、苏轼涉及琴的诗词、苏轼对词的开拓、苏轼对“乐”的感悟四个维度，层层递进、深度解读苏轼与音乐的关系。并在节目现场讲解、演唱苏轼经典词作《水调歌头·明月几时有》《定风波·莫听穿林打叶声》《念奴娇·赤壁怀古》在艺术歌曲创作范式、流行音乐创作范式中的多个演绎版本。东坡与苏小妹的故事，亦被搬上央视舞台。2022年9月2日，中央广播电视总台戏曲频道《一鸣惊人》栏目中，马熠桥表演了北京琴书《东坡与小妹》；2023年10月5日，《名家书场》优秀曲艺节目展播，王树才表演了北京琴书《东坡与小妹》；2021年4月20日，中央广播电视总台戏曲频道《典藏》栏目中，河南坠子表演艺术家马玉萍演唱河南坠子《东坡与小妹》；《星光大道》第253集，北京琴书第三代传承人马施宇，表演了北京琴书《东坡与小妹》。

综上所述，央视高度重视苏东坡文化传播，并通过丰富的内容、深刻的主题与生动的表现形式，让东坡形象愈发熠熠生辉、灵动鲜活。

（二）舞台表演

传统的舞台表演形式以中国民族民间音乐中各剧种为主体，都在积极地探索新的发展方向与途径。

四川人艺2022年全新改版的话剧《苏东坡》，在音乐、视觉、演员表演等几个方面都有所升级。将“布莱希特”的戏剧式叙述理论与传统川剧舞台的“帮腔”“司鼓”和四川曲艺“说书人”的艺术角色相互融合，完美呈现出东西方文化交融、传统川剧与现代话剧艺术相融后的全新舞台景观。不同于以一个中心事件贯穿全剧的传统话剧表述手法，话剧《苏东坡》分为湖州、黄州、惠州、儋州四个篇章，将事件联袂在一起，最终统一一个思想——“苏东坡是一个眉山人”。针对不同的传播路径，话剧《苏东坡》设置了全国巡演的外围推广与文旅驻场的亲民惠演两种模式。文旅驻场演出凝练、精简了全国巡演的四个篇章模式，通过“苏东坡·潇洒定风波”和“苏东坡·豁达寄沧海”上下两个篇章，以小剧目的演出形式，在70分钟的演出时长内，讲述了苏轼从44岁至64岁间跌宕起伏的人生经历。作为四川省文旅厅2023年重点推广项目，也是首个将国家精品艺术项目作为驻场演出的文旅项目话剧《苏东坡》，2023年驻场演出共140余场，一度成为抖音成都区域演出热销、收藏双榜第一，抖音单视频播放量超20W+，大麦评分8.8分。

2023年2月25日至27日，全新改版后的海南省演艺集团原创民族舞剧《东坡海南》，历时七年的不断打磨，再度于海南省歌舞剧院上演。这部首演于2016年7月11日，获得2016 年度国家艺术基金资助项目、2019 年第十六届中国文化艺术政府奖文华大奖提名剧目等荣誉，经过这些年的舞台打磨已经日趋成熟。该剧以东坡行船道途为始、离琼北归为终，通过《翁谪南荒》《黎汉兄弟》《桄榔明月》《天涯学堂》《鸿雪大梦》五幕，重现大文豪苏东坡在海南的谪居岁月。

2023年9月25日至27日，潍坊诸城市舜龙艺术团创排音乐情景剧《苏轼在密州》，亮相第十三届（诸城）东坡文化节。主办方诸城市是东坡文化节城市联盟——广东惠州、海南儋州、湖北黄冈、四川眉山、山东诸城、江苏常州六市中唯一的县级市。密州的人文精神与历史沉淀深深地影响了苏轼的执政思想与诗词文学，情景剧《苏轼在密州》用舞台艺术的表现形式再现了苏轼在知密州期间灭蝗灾、抗旱灾、救弃婴等为民造福的故事，以及“密州四曲”（《水调歌头·明月几时有》《江城子·乙卯正月二十日夜记梦》《江城子·密州出猎》《望江南·超然台作》）的艺术创作过程。

2023年12月15日，北京圣艺昊天文化发展有限公司创排音乐诗剧《人生的盛宴》，在北京音乐厅上演。从观众招募、确定角色、剧目排练到舞台呈现，《人生的盛宴》只用了不到一个月的时间。该剧以苏辙视角勾勒东坡人生画卷，带观众一窥诗词背后那个鲜活且带着烟火气的苏东坡——以抑扬顿挫吟诵无尽诗情，在“一蓑烟雨任平生”中轻抵东坡的心灵世界；以清新悠扬的民乐弦通千古，置身“淡妆浓抹总相宜”的西子风景；以宋风雅韵大写意舞美营造“小舟从此逝，江海寄余生”的豁达意境。精选22首苏东坡诗词，配合二十多支乐曲，用诗词和音乐演绎苏东坡传奇的一生。

国家话剧院、杭州演艺集团共同出品的原创话剧《苏堤春晓》在国家话剧院剧场北京首演，并在国家话剧院剧场连演9场。该剧采用非线性叙事结构，着墨苏东坡两次杭州任职的经历，围绕出世、入世两个抉择，展开了苏东坡与家人、同事、老师、老板、百姓和杭州之间的关系。2023年7月21日至23日，杭州市文化广电旅游局等单位联合创排的小剧场昆曲《明月几时》亮相于“西溪艺术节”。这部昆曲以苏东坡的诗词为蓝本，将传统戏曲与现代光影完美融合，通过精美的舞台布景、华丽的服饰道具以及演员们精湛的表演技艺，将苏东坡的浪漫情怀与人生感悟呈现得如诗如画。观众在欣赏昆曲的同时，也感受到了苏东坡诗词中所蕴含的深刻内涵和无穷魅力。2021年12月5日—2022年1月4日，北京文化艺术基金资助项目京剧《一蓑烟雨》，取材于元丰三年苏轼因“乌台诗案”被贬黄州的故事，选取了三个夜晚，即剧中三幕《藏》《嬉》《行》作为叙述内容展开。虽然苏东坡是中国人家喻户晓的人物，但是京剧舞台上还没有以他为题材的戏，所以以苏东坡为主要人物的戏在当今京剧舞台上具有开拓性意义。主创团队在扎实的传统戏曲表演与设计的基础上推陈出新，呈现出不完全同于传统的京剧风格。不仅让不同受众群体都能够接受，而且不停向人们传递着中国传统戏曲艺术的魅力，让更多人体会到中国传统文化的感染力。2023年11月29日，常州市锡剧院、江苏省演艺集团锡剧团创排的锡剧《苏东坡》，在南京成功首演。截取苏轼44岁到54岁的人生经历，被贬黄州的四年是整个剧作的重中之重，在人生低潮的苏轼意外发现“不为人识”的自由和受民拥戴的快慰，安心做了躬耕田亩的农夫，自号“东坡”。此后亲尝稼穑甘苦，渐悟新法亦有可取之处，在戏剧舞台上再现其“苏轼之所以成为苏东坡”的传奇故事，向这位千古文豪致敬。2022年6月3日，由湖北省黄梅戏剧院创排的黄梅戏《东坡》，在琴台大剧院上演。该剧曾获第八届湖北省黄梅戏艺术节优秀剧目奖、导演特别奖、音乐创作荣誉奖、舞台美术荣誉奖，是第一部展现苏东坡文学成就和济世之道的舞台艺术剧。黄州岁月，苏东坡达到了其一生创作的巅峰，《唐宋八大家文章精华》收录其作品26篇，写于黄州的就有9篇。全剧共分七场，反映了苏轼在黄州吟诗、躬耕、泛舟、放歌等史有记载的生活。第一场《诗案》、第二场《谪贬》、第三场《约法》、第四场《诗会》、第五场《躬耕》、第六场《放歌》、第七场《送别》。

眉山市历时3年打磨的音乐剧《苏东坡》，于2023年7月9日在三苏祠举行全国巡演新闻发布会。音乐剧《苏东坡》以苏东坡一生经历轨迹为线索，用当代流行音乐演绎东坡经典诗词，以现代审美重构了18首风格迥异的音乐作品，再现了900多年前的“大宋流行歌曲”。《念奴娇·赤壁怀古》《临江仙》《寒食帖》等九首苏东坡名作，全新谱曲创作；《乌台诗案》《东坡肉》等九首歌曲全新词曲创作。由中国东方演艺集团有限公司、中共眉山市委宣传部共同出品，眉山市歌舞剧院有限责任公司联合出品、著名编导沈伟执导的现代舞诗剧《诗忆东坡》，2023年7月22日于上海文化广场隆重首演。该剧以深度融合戏曲、太极等民族语汇的现代舞为主体，以古琴曲与现代音乐对话，表现出诗人苏东坡的灵魂、眷爱、忧思与乡愁。《诗忆东坡》在美国华盛顿肯尼迪中心歌剧院、纽约林肯中心大卫·寇克剧院开启8场国际巡演，眉山市借助海外巡演之机，通过数字虚拟人“苏小妹”以虚拟IP和数字技术，向世界展示眉山形象。2023年11月1日，四川省文化和旅游厅等单位联合演出的大型新编历史川剧《梦回东坡》，在成都城市音乐厅首演。讲述了年老迟暮的苏东坡在常州的一个风雨之夜，在梦中追溯过往一生的故事。通过展现苏东坡在惠州造桥、黄州悟道、修建雪堂、壮富赤壁、儋州化民以及和王润之的爱情故事，表达了苏东坡积极面对挫折和痛苦的生命哲学和人生态度。2024年4月27日、28日，四川人艺大型原创话剧《苏母》，在北京天桥艺术中心首演。通过“苏母”程夫人劝夫以进、教子以学、持家以富的故事，展现“三苏”背后的伟大女性力量。苏洵、苏轼、苏辙作为“配角”齐聚话剧舞台。

总之，话剧、舞剧、音乐剧和戏曲等舞台表演艺术百花齐放，形式丰富多彩。传统文化与现代科技相融合，创造性转化、创新性发展大大拓展了艺术的表现空间，各类艺术用不同表现手段塑造了立体丰富的苏东坡形象，赋予角色新的生命力，拉近了“观”与“演”的心理距离，让观众身临其境感受苏东坡的人生百态。

（三）主题活动及诗词音乐会

2023年2月12日，首届海南东坡文化唱诗大赛在海口启幕，12日初赛、14日复赛、19日决赛暨东坡文化原创精品主题晚会。大赛每场比赛中均设置了东坡诗词作品演唱和东坡诗词问答环节，最终，海南职业技术学院教师蔡建东，与搭档丁恩师组成的“南北不二”组合，以原创歌曲《六月二十日夜渡海》拔得头筹。2023年2月18日，首届中国（海南）东坡文化旅游大会开幕，晚会摒弃了传统篇章结构，用“音舞诗画”的艺术形式上演了“不老的东坡”主题晚会，现场演绎了为大会量身打造的《不老的东坡》同名主题歌，向全国乃至全球传唱东坡精神。2023年2月21日，瑶城东坡文化古迹研学游首创沉浸式研学剧《致东坡先生一封信》上演，研学剧主题曲《超越时空的尺牍》首次演绎。研学剧串联了寻人《信中时空》、唱诗《明月时有》、入画《四般闲事》、求学《东坡问海》、相遇《千年相遇》、和歌《以歌为信》等几大场景，结合“音、舞、诗、画”演绎，还原了宋朝的雅韵风华，讲述了东坡的海南行迹。东坡文化在家乡四川眉山和海南受到了高度的重视与关注。2023年11月3日，眉山市“东坡文化月”启动仪式上，东坡诗词音乐会以波澜壮阔的舞蹈场景，动人的歌曲和舞蹈深情演绎了东坡诗词，再现了东坡璀璨的诗词和跌宕起伏的一生。2023年11月23日，由四川省文化和旅游厅、眉山市人民政府共同主办的第八届（眉山）东坡文化节暨首届四川音乐周开幕。文化节以“世界的苏东坡”与“音乐连接世界”为主题，携手东坡遗址遗迹的18个兄弟城市，并在开幕式现场发布50集电视连续剧《眉山苏轼》的信息。开幕式演出通过《我爱苏东坡》《东坡味道》《月夜的徘徊》《定风波·莫听穿林打叶声》《江城子·乙卯正月二十日夜记梦》《密州出猎》《大江东去》等8个节目篇章，表达了苏东坡仁爱、乐观、勤奋、博学、正直向上的人生态度，在经历坎坷时的坚韧不屈，对于不顺的经历的豁达与豪放。

（四）苏轼词意琴歌与诗词创作歌曲

第一批入选国家级古琴非遗传承人、中国音乐学院博导吴文光教授率团多地演出“千古风流人物——苏轼词意琴歌与宋代琴曲音乐会”。故宫博物院“千古风流人物——故宫博物院藏苏轼主题书画特展”亦有音乐表演，中山公园音乐堂演出“一蓑烟雨任平生——苏轼词意琴歌与宋代琴曲音乐会”。“东坡秋月·鹅城琴韵”中秋古琴专场音乐会于惠州东坡祠成功举行；古琴鉴赏音乐会——“剑胆琴心”在惠州市博物馆东坡纪念馆二楼多功能厅成功举办。惠州市博物馆举办纪念苏东坡乔迁白鹤峰新居926周年系列活动“江山时春·致敬苏东坡古琴音乐会”。北京国图艺术中心“云想衣裳花想容——诗歌古琴音乐会”，以相思为主题，既有传统的以景寓情的经典琴曲、琴歌，也有当代作曲家和音乐学者新创作的作品。2023杭州五一音乐会西子音乐厅举办“千古风流人物——苏轼词意琴歌与宋代琴曲音乐会”。国家图书馆建馆113周年馆庆演出季“明月几时有——中秋诗词古琴琴歌琴曲音乐会”。

四、结论

总体而言，2022—2023年，苏轼音乐与舞蹈方面的研究成果相对丰硕，研究范围和深度进一步扩大。音乐理论文章以及音乐、舞蹈的舞台作品是苏轼音乐与舞蹈研究的重点。舞台剧目、词意琴歌与诗词创作歌曲收获颇丰，电视媒体、主题活动及诗词音乐会已经朝着细致化的方向发展，不足之处在于对苏轼的音乐思想挖掘不够，成果太少，可放眼于宋代音乐理论、苏轼美学思想，从更多的视角或结合其他学科进行讨论。

对苏轼艺术歌曲的曲式结构、音乐特点、演唱风格、演唱技巧等方面分析的文献资料甚多，如卢士琳《陆在易古诗词艺术歌曲〈水调歌头·明月几时有〉的意境探索与演唱研究》（曲阜师范大学硕士论文，2023年）、童修群《探析古诗词艺术歌曲〈大江东去〉的艺术特征与演唱技巧》（《牡丹》2024年第2期）。但苏轼音乐思想是研究苏轼与音乐的重要部分，其相关文献甚少。张婉琪《北宋眉山“三苏”家族音乐思想研究》（西安音乐学院硕士论文，2023年）和郎耀辉《从“古雅”到“无弦”：历史语境中苏轼琴学思想的变迁》（《美育学刊》2022年第6期）两篇文章分析，为苏轼的音乐思想研究进一步提供了一些思路与见解。苏轼的音乐活动丰富，音乐审美绵延多变，其丰富、曲折的人生经历中蕴含着不同时期的音乐思想，各有所侧重。苏轼的音乐思想和诗词创作审美趣味的形成、演变基本同步。

苏轼的诗词与曲调联系紧密，能改写为可以配乐以供歌唱的词曲，其艺术歌曲的主题题材和风格充满无限可能，如李优《唐诗宋词与音乐演唱的融合发展及其影响》（《中州大学学报》2023年第4期）。近年来，根据苏轼古诗词编创的歌曲逐渐渗透到高校声乐教学中，广受学生喜爱，如苏轼词作《蝶恋花·春景》《定风波·莫听穿林打叶声》《江城子·乙卯正月二十日夜记梦》《念奴娇·赤壁怀古》等曲目大量融入了现代流行音乐元素，《水调歌头·明月几时有》更是作曲家、歌唱家涉足的热门创作与演唱词作。现代音乐与传统诗词的融合，依据当代人的审美进行改编，使得这些音乐作品不仅具有强烈的传统文化气息，还展现了流行音乐的包容性，既符合大众的审美，又紧随时代发展的脚步。在李优《唐诗宋词的音乐演唱传播及其影响》（《湖北师范大学学报》（哲学社会科学版）2023年第2期）一文中亦体现了这种古为今用的文化现象，它标志着中华民族的文化自信。

苏东坡的传奇人生为文艺创作和文化活动提供了丰富的养料，近年来，舞台上以苏轼为题材的创作和在苏轼诗词作品基础上进行创作的作品持续涌现，从四川人艺话剧《苏东坡》，到音乐剧《苏东坡》、现代舞诗剧《诗忆东坡》，再到京剧《一蓑烟雨》、川剧《梦回东坡》等，话剧、舞剧、音乐剧和戏曲等舞台表演艺术百花齐放，形式丰富多彩。传统文化与现代科技相融合，创造性转化、创新性发展大大拓展了艺术的表现空间，各类艺术用不同表现手段塑造了立体丰富的苏东坡形象，赋予角色新的生命力，拉近了“观”与“演”的心理距离，让观众身临其境感受苏东坡的人生百态，为观众带来了多重艺术体验。

弘扬东坡文化，传承东坡精神，多渠道传播东坡文化和精神内涵，并通过丰富的内容、深刻的主题，富于表现力的形式让苏东坡形象熠熠生辉跃于大众面前。积极的大众媒介具有传播与教育功能，其宣传力和影响力能推动以东坡为代表的海南历史文化走出去，加强海南历史文化的对外传播。苏东坡作为一种文化符号，为当下自由贸易港建设和发展服务，在文化交流中进一步彰显文化自信。在诸多苏轼音乐研究中，苏轼在海南期间的音乐文化活动的研究尚显不足。苏轼与舞蹈相关的实践研究不在少数，但相关学术研究却还不多，仍待继续深入。

艺术设计领域的东坡文化研究综述

海南大学国际传播与艺术学院　方星星　时　歌

近年来我国对于优秀传统文化日益重视，这当中苏东坡因其独特的人格魅力、跌宕起伏的人生经历、乐观豁达的人生态度，以及其传承千年仍被世人盛赞的文学、书画作品，而越来越受到社会各界的关注。在学术界，研究东坡文化的学者日益增加，从知网期刊论文的计量可视化分析结果来看，“东坡文化”的研究成果自2014年有了一个量的明显增长，在2023年达到了一个新的峰值，可见目前在学术界已形成一个“东坡文化”研究的新高潮。而艺术设计领域是典型的应用型学科，除了学界之外，东坡文化的设计与传播也在以各种形式出现在大众面前。本篇综述，以2022—2023年为切片，进行艺术设计领域的东坡文化相关设计活动与研究的梳理，试图描绘近两年艺术设计领域内东坡文化研究的现状。

一、艺术设计领域东坡文化实践探索现状

通过全网各平台搜索，统计具有新闻报道与平台推广的相关内容，在2022—2023年期间，艺术设计领域关于东坡文化的设计与传播形式包含设计赛事、文化展览、品牌塑造、文创设计等四个方面。

（一）设计赛事

据统计，2022—2023年期间，国内共举办了六场以“东坡文化”为主题的设计赛事，主要在眉山市、海南省、黄冈市、惠州市等地举办。

2021年11月至2022年5月，由中共眉山市委宣传部、眉山市文化广播电视和旅游局指导，眉山东坡宋城文化旅游发展有限公司承办的首届“老峨山杯”礼遇东坡眉山市文创产品设计大赛，面向全社会公开征集到千余件作品，征集

类别包括旅游商品类、生活美学类、非遗产品类、品牌及包装类、城市明信片类，最终评选出29件获奖作品。

2022年10月至2023年2月由中国高等教育学会设计教育专委会、中国学位与研究生教育学会艺术专业学位委员会指导，海南省东坡文化研究与传播中心及海南省旅游投资集团有限公司共同主办，海南大学美术与设计学院承办的“东坡文创产品设计大赛”暨2022第五届“国际大学生旅游文创设计大赛”，分平面设计、包装设计、产品设计、数字媒体设计、环境与空间设计、工艺美术等六大类别，共征集到来自全球高校及相关设计企业、机构的投稿1886件作品，并最终评选出了127件获奖作品。

2023年6月至8月由中共黄冈市委宣传部、黄冈市文化和旅游局、黄冈国有资本投资运营集团有限公司、黄冈农旅投资开发有限公司联合主办，黄冈广播电视台、黄冈临皋文化创意有限公司、黄冈智旅供应链科技有限公司联合承办的2023“文旅名城·黄冈有礼”黄冈国投首届文创产品评选及设计大赛，面向市场主体和热心创作设计的组织和个人，共收到218件参赛作品，征集作品类别包括实物类礼品和创意类礼品（包括黄冈城市品牌文创类、东坡文化文创类、城市形象LOGO）。

2023年8月至9月，由广东省妇女儿童活动中心指导，惠州市妇联和惠州市妇女儿童活动中心联合主办的“惠风传承东坡情”东坡文创作品征集活动，面向广大少年儿童、设计爱好者及东坡文化爱好者征集东坡文创产品设计作品。

2023年9月至11月，由湖北省黄冈市文化和旅游局指导、黄州区文化和旅游局主办、黄州历史文化学会承办的2023“东坡遗爱·文峰黄州”文创产品设计大赛，征集创意旅游产品、手工艺品、工业品和包装设计、创意短视频、创意图文等作品。

2023年11月至12月，由海南省博物馆主办的“小手巧绘苏东坡——少年儿童纪念邮票”设计大赛，收到来自近三十所中小学、幼儿园以及校外机构共262幅手绘画作，最终选出“十佳绘画小能手”。

从组织机构的层面看，以上设计赛事的主办或承办单位涵盖了政府、高校、博物馆、研究机构、国营单位、私企单位等多种形式的组织主体，但从主办和指导单位上看，主要的推进主体还是政府和学术机构（包含高校和研究机构）。这也可以从一定程度上说明，目前东坡文化的设计赛事还是以政府和学术机构为主导的。受众群体基本涵盖社会上对设计感兴趣的人群，包括各企事业单位、高校师生、设计机构和个人等，但是活动传播的覆盖面取决于赛事本身的影响力，以及组织机构的层级。可以看出，省级赛事的征集数量明显比市级的要高，但眉山属于东坡故里，其组织的市级赛事在东坡文化层面的社会影响力还是堪比省级赛事。

（二）文化展览

文化展览是一种常见的文化推广与传播形式，而展陈设计也是艺术设计实践中的主要内容，故将文化展览也归为艺术设计领域的研究范畴。从展览的内容论，大致可以分为东坡文物展、东坡艺术展、东坡文化展三大类型。其中东坡文物展包括了东坡真迹展和与东坡相关的文物展两种主要类型，但是大部分真迹展也包含了众多相关文物，而有的文物展并无东坡真迹，两种类型均有文物，故统称为东坡文物展，以政府、博物馆为主要组织单位；东坡艺术展包括了以东坡文化为主题的数字艺术展、书画艺术展等类型，组织机构相对比较多元；东坡文化展则主要指以东坡生平为主的介绍式图文展，没有文物，形式较为简单，且多为短期性的展览，组织机构也较为多元。

1. 东坡文物展

据统计，2022年至2023年期间，共举办了八场东坡文物展，分别在四川眉山三苏祠博物馆、四川博物院、杭州西湖博物馆、常州刘海粟美术馆、惠州市博物馆、福清市博物馆、雷州市博物馆、定州博物馆等地举行。

2022年1月21日至5月5日，由中共眉山市委宣传部、眉山市文化广播电视和旅游局主办，眉山三苏祠博物馆、西南大学文学院中国书法研究所、四川玉屏山旅游资源开发有限公司承办的吾家东坡——苏轼题材文物特展·《苏轼书法全集》（四十五册本）图录特展在三苏祠展出。

2022年11月29日至2023年3月5日，由四川博物院、四川省诗书画院、眉山三苏祠博物馆、四川省图书馆联合承办的“高山仰止　回望东坡——苏轼主题文物特展”在四川博物院展出，以“东坡真迹”及其相关文物为核心展品，齐聚全国30余家博物馆珍藏的苏轼主题相关文物274件。2023年7月8日至10月30日，“高山仰止　回望东坡——苏轼主题文物展”在杭州西湖博物馆总馆展出，包含“回望东坡”“家风世传”“千古一人”三大板块，分成三个馆区，三条展线，通过“连续剧”的方式展示“杭州老市长”的风采。

2022年12月9日至2023年1月31日，惠州市博物馆举办的“腹有诗书气自华——惠州市博物馆藏东坡文献史料特展”，用27套计46册古籍展品，以及全国各地关于东坡的书籍、东坡与惠州相关的文物展品等，向观众展示了东坡寓惠的两年零八个月的生活，以及东坡对惠州乃至全国的影响，该展先后于2023年5月27日赴江苏常州、2023年7月21日赴福建福清、2023年9月29日赴广东雷州等地进行巡展。

2023年9月28日至2024年3月27日由定州市文化广电和旅游局主办、定州博物馆承办、河北博物院与曲阳北岳庙博物馆支持举办的“又见东坡——苏轼与定州主题展”在定州博物馆展出，包括精美文物65件（套）以及古籍拓片等展品40余件（套）。

2. 东坡艺术展

2022年至2023年间举办的东坡艺术展主要包括两大类，一类是以书画印作品为主的传统类书画艺术展，一类是以“艺术+科技”的手段去呈现沉浸式展览现场的现代类数字艺术展。

其中传统类书画艺术展中，以“苏东坡赏心十六乐事”为主题的艺术作品展尤为突出，共有五场相关展览，以篆刻作品和书画作品为主。如2023年4月26日至5月26日由何娴倩、孔宪勇两位艺术家合作举办的苏轼十六乐事篆刻书画小品展在上海松江未觉书屋展出。由江苏省青年书法家协会、江南时报社联手开展的“左印右书”苏东坡赏心十六乐事书印展分别于2023年7月8日至7月14日在江苏广电荔枝艺术馆、7月20日至8月5日在新华全媒体艺术馆、8月29日至9月26日在响水县美术馆展出，该展展出江苏省内21位具有一定影响力的书法篆刻家的40余件作品。2023年7月30日至8月20日由无锡市文学艺术界联合会主办的“艺圃苔岑——苏东坡赏心十六乐事书印展”，在二亩半艺术空间展出，共有32位艺术家的书印作品参展。

除此之外，还有一些相关展览。如2022年11月5日至11月29日，在上海市奉贤区图书馆举行了“遇见东坡——金大鹏、钱建忠、徐兵书画印三人展”；2023年7月17日至7月28日，“苏家园子——三苏祠主题绘画展”由中共眉山市委宣传部、眉山市文化广播电视和旅游局指导，眉山三苏祠博物馆、眉山市美术馆主办，四川省诗书画院学术支持，在眉山市美术馆展出；2023年11月16日至11月23日，在眉山市美术馆举行“回望东坡”全国书法名家书《苏轼诗词文赋一百篇》精品展，展览由四川省书法家协会作为学术支持单位，四川省文化产业发展促进中心（四川省对外文化交流中心）与四川新华出版发行集

《少年苏东坡传奇》，打造具有文化底蕴与科技体验的主题展览馆。2022年7月7日正式发布东坡城市品牌，推出东坡城市品牌LOGO和城市品牌口号。品牌LOGO以东坡雕像、远景楼、三苏祠、两宋荣光、岷江五大东坡特色城市景致为主进行创意设计，并提出“东坡醉月地 千载诗书城”的城市品牌口号，强化整体城市的“东坡”文化意象。2023年1月11日，眉山樱花博览园正式升级打造成东坡文创园。可以看出，从政府的角度，对于东坡故里眉山市而言，为了不断挖掘与传承东坡文化，也为了城市文旅产业的发展，整个城市正以东坡文化为魂在不断地塑造与更新城市品牌形象。

在眉山，除了上述城市品牌建设之外，还有一些企业在进行着东坡文化相关品牌建设的努力。如眉山东坡宋城文化旅游发展有限公司打造了“礼遇东坡”“品东坡”“苏小咪”等文化IP品牌，其中“礼遇东坡”品牌主营三苏祠博物馆文创，以礼遇东坡眉山文创中心为实体空间，礼遇东坡线上商城为虚拟空间，进行线上线下的联动品牌运营。其中礼遇东坡眉山文创中心水街店于2022年1月8日开店，眉山东站店于2022年7月23日开店，“礼遇东坡”三苏祠文创店于2023年6月6日开业。

另外，东坡的其他“故乡”也有类似东坡文化品牌塑造的行为。如杭州西湖景区自2021年开始打造“东坡学士”品牌，逐步推出“东坡学士”系列文创产品，东坡学士一号店作为杭州首家“东坡学士”主题店，于2023年6月2日正式试营业，于6月11日开业，随后又推出了东坡学士七号店，主营西湖特色茶饮和文创周边，同时运营线上商城。

东坡文化品牌的塑造不仅是在东坡的“故乡”，在上海，2023年3月10日也有了首家东坡元素主题小馆“坡小主”，主打茶礼，利用东坡的诗词、书法、书画，以及相关的著作、挂画、文创来给空间营造东坡文化气息。

（四）文创设计

文创是指通过创新的方式对文化主题进行再解读和创造的行为过程与相关产物。因此广义上的文创设计其载体包含的范围较为宽泛，基于本次归纳的调研数据整理结果，本篇所提及的文创设计主要包括线上线下进行销售的文创周边产品设计和线上的IP形象及其衍生的表情包设计。东坡文创设计是东坡文化在艺术设计领域的主要实践载体。而上述设计赛事、文化展览、品牌塑造等三个角度的行为都会产出与之相应的文创周边或IP形象及表情包设计。如在设计赛事中最常见的投稿作品类别便是文创产品设计或IP形象及表情包设计，各大博物馆在举办展览的同时也会运营相应的文创周边店或文创市集，品牌塑造更多也是以文创周边或IP形象设计为载体来落地的。为了更好地进行东坡文创设计的内容梳理，本篇将文创设计的类型区分为基于展览的周边文创设计、基于品牌的衍生文创设计，以及其他相关文创设计等三大类。

1. 基于展览的周边文创设计

2022年11月29日至2023年3月5日期间，四川博物院“高山仰止 回望东坡——苏轼主题文物特展”展出的同时举办了东坡文创集市，推出东坡主题文创，包括东坡Q版形象系列、东坡文具系列、东坡美食系列、巴小蜀cosplay苏东坡系列。文创产品主要包括插画明信片、抱枕、鼠标垫、笔记本、直尺、笔、冰箱贴、（苏轼诗词）定制可乐、（年味东坡）礼盒等。

2023年2月23日，惠州市博物馆发布“东坡寓惠”东坡纪念馆实践式文创产品，通过亲子互动的方式引导游客探索惠州的东坡文化与历史。同时推出“大笑东坡”IP形象及其表情包。12月28日，推出“东坡文创”系列产品，包括大笑东坡夹盲盒、东坡寓惠主题DIY笔筒、东坡诗词集DIY挂件、《食荔枝》活字印刷体验包、大笑东坡文旅手账本、大笑东坡挂件等。

2. 基于品牌的衍生文创设计

2022年7月，中国传媒大学副教授刘楠发起“守护苏东坡”数字云村民行动，邀请“品牌中国十大设计师”之一的吴伟设计数字藏品，于同年8月25日首发三款数字藏品系列，分别是《定风波》《明月几时有》《呵呵》。11月13日，团队推出“守护苏东坡”定制表情包，设计了13种场景，包括“呵呵”“出来散步”“兄台饭否”“石化”“多吃水果”“做个闲人”“出来聊天”“吃啥好呢”“定风波”“不卷”“团圆”“冲鸭”“回见”。

2022年9月10日，苏州湾大剧院自制音乐剧《苏东坡》推出“搞音乐剧的苏东坡”专属表情包。

2022年11月10日，《少年苏东坡传奇》精品文创微店上线，销售香薰挂件、纪念币、帆布袋、记事本、笔记本礼盒、智能保温杯、双肩包、茶具礼盒、餐具礼盒等文创产品。

眉山东坡宋城文化旅游发展有限公司基于“礼遇东坡”文化IP品牌的建

设，不断研发“礼遇东坡”系列文创产品，2022年共给三苏祠设计研发16款文创产品。2023年1月8日，推出“印象派诗人”冰箱贴、《东坡笠屐图》冰箱贴、《赤壁图》冰箱贴、掌趣东坡·东坡诗句魔方等文创产品。2023年5月11日推出“礼遇东坡”系列文创新品，包括《绘东坡》诗词绘本、包总金榜研学套装、东坡醉墨文房礼盒、风雅任平生文具礼盒、轼书·文房雅集、乐甚多功能包、祈福香囊等。

杭州西湖景区基于“东坡学士”IP，开发“东坡学士”系列文创产品，如2022年12月22日推出“东坡学士”龙井茶息口罩。2023年1月19日，推出“东坡学士的日常”表情包。2023年6月2日，随着东坡学士一号店的开业，推出了“东坡学士”茶饮系列、清香尽日留系列（香料产品）、君子于学百工于技系列（轻工艺产品）、人间有味是清欢系列（美食产品）等特色产品。

2023年3月30日，徐州本土文旅公司江苏文华锦礼文化创意有限公司正式发布徐州首套苏轼IP文创，并于4月6日在“行走的徐州”彭城风华文创店、回龙窝店、文创售卖亭以及徐州特产民主北路店正式发售。文创产品包括帆布包、奶茶杯、T恤、抱枕、钥匙扣、冰箱贴、胸针、飞盘、保温杯、抽纸收纳包、饭盒包、毛毡文件袋、亚克力徽章、纸雕灯等。

四川人民艺术剧院出品的文旅话剧《苏东坡》推出了专属苏东坡文旅版表情包，并于2023年6月15日在微信平台上线，6月29日又推出了第二版表情包。《苏东坡》话剧还于2023年7月29日正式推出了线上的东坡文创店铺，销售“东坡这厢有礼了”系列文创设计，产品包括魔方、抱枕、冰箱贴、香包挂件、话剧主题书签、手机支架、杯垫等。

3. 其他相关文创设计

除了上述以博物馆展览和相关东坡文化品牌为依托的文创设计之外，还有一些单位虽然没有明显的东坡文化品牌建设，但也会以东坡IP为主进行表情包设计或文创产品开发。

2022年1月，天府新区眉山片区发布专属动态表情包“苏小坡”。为纪念“天府星座”东坡01—07号卫星的发射，8月3日推出“苏小坡”太空版表情包。

2022年3月16日，人民文学出版社旗下文创品牌“人文之宝”推出“苏黄cp”帆布包，纪念苏东坡与黄庭坚这对大师级师徒组合。

2023年1月9日，中国常州网设计推出“苏东坡表情包”。

2023年3月1日，封面新闻在微信平台上线“苏东坡的处事之道”表情包，包括16款表情。

2023年5月19日，中国（海南）南海博物馆推出东坡文创产品及表情包，包括“春风里”香茶套装礼盒、竹制&铁艺诗词台灯、东坡亚克力组装日历、东坡美食金属冰箱贴，以及“东坡在海南”微信表情包。

黄冈市黄州区融商供应链有限公司运营的东坡文创商店于2023年9月30日开店。另外，黄冈智旅供应链科技有限公司建设运营的黄冈文化创意中心于2023年10月1日开业，内设东坡文创馆，集中展示东坡文创系列产品360余款。文创中心在黄州西湖三路、赤壁公园各有一处门店。

2023年11月24日，定州东坡文化节发布“定州知州苏东坡”专属表情包。

二、艺术设计领域东坡文化学术研究现状

在中国知网和独秀数据库中分别以全文和关键词进行组合检索并通过人工筛选，得到在艺术设计领域进行东坡文化研究的相关论文314篇。根据研究主题与东坡文化的相关性，分为直接相关和间接相关两大类。直接相关即论文主题包含“东坡文化”，共有15篇学术论文、3篇学位论文；间接相关为论文中提及“苏轼”或“苏东坡”相关内容，共有245篇学术论文、49篇学位论文、2篇会议论文。其中，间接相关又根据对东坡文化的应用情况可分为利用东坡作品进行内容论证、利用东坡事迹进行内容论证、作为文化资源与设计灵感等三大类。由于间接相关的前两类本质上与艺术设计无关，因此后文中仅对直接相关的18篇和间接相关第三类的61篇、共79篇文献进行分析。

（一）直接相关——以“东坡文化”为主题的艺术设计研究

综观与东坡文化直接相关的18篇论文，其中有12篇是研究文创品牌与产品设计（包含品牌设计、IP形象及其文创产品设计）的，余下有2篇平面设计、2篇环境空间设计、1篇导视设计、1篇包装设计。可以看出这两年艺术设计领域的东坡文化研究论文，虽然整体数量不多，但常见专业方向均有涉及，且大部分为设计实践类论文。以下进行具体阐述，进一步剖析艺术设计领域的东坡文化研究内容。

1. 文创品牌与产品设计

文创品牌与产品设计是目前艺术设计领域探讨东坡文化较多的方向，包括

东坡文化品牌设计、东坡IP形象设计和东坡文创产品设计三个不同的维度。三者之间互有交叉，如将IP形象作为品牌提出（张亚雯，2023），或IP形象是品牌或产品的人格化代表（刘佳，2023），而IP形象的衍生设计又是以文创产品的形式出现（廖沛滢，2022；刘佳，2023；徐晴，2023），或文创产品设计内容中包含了IP形象设计（李俊瑞，2022），因此将三者合为一个类别来进行论述。

从东坡文化品牌设计的维度看，张亚雯（2023）认为，品牌可以通过IP去传达群体价值，东坡文化IP作为眉山城市品牌，应进行设计创新与传播创新。金洋（2023）认为品牌核心的文化内涵非常重要，在挖掘东坡文化品牌内涵时，应从文化表象和文化意象两个层面进行。刘佳（2023）提出将眉山文旅IP形象“苏仙”打造成眉山文旅品牌。异曲同工的是徐晴（2023）在探讨苏东坡IP的传播方式时，认为将IP孵化成品牌可延长IP的生命力，并提出应创建苏东坡IP文创品牌。朱颖涛（2023）从三苏祠博物馆品牌建设的层面，探讨其文创产业发展的问题并提出策略建议。梁桂民（2023）并未进行东坡文化品牌设计的研究，而是从苏轼美学思想的角度探讨品牌设计问题，他提出苏轼美学思想中精神生活的表达意境和生活审美的艺术体现，可以帮助品牌设计增强品牌文化内涵。

从东坡IP形象设计的维度看，廖沛滢（2022）以苏轼历代画像为依据，根据苏轼不同时期、不同境遇下的形态特征，设计了“头戴东坡帽的文人形象”“身着官服的朝堂形象”“头戴斗笠、手拄竹杖、脚穿芒鞋的形象”“身着道袍、手执笔的书画家形象”等四个形象。与之类似，徐晴（2023）同样从苏轼历代画像中进行了人物五官提取，并根据人物性格和历史经历设计了“旅人行者”“儒雅文人”“佛系大叔”三个代表性IP形象。李俊瑞（2022）则仅以子瞻帽为主要形象，结合宋朝服饰、作揖礼等深富时代特征的元素，利用夸张手法和Q版处理进行东坡IP形象设计。刘佳（2023）同样以子瞻帽和宋代服饰为主要原型，结合现代潮流元素，给眉山文旅设计了“苏仙”IP形象。

从东坡文创产品设计的维度看，有两个指标值得进一步探讨，一个是文创产品设计依托的东坡文化元素，一个是东坡文创产品设计的载体类型。李旭（2022）研究三苏祠博物馆文创产品设计，提出要挖掘深层次的三苏文化内涵，重点在产品文化意境的营造上，并通过东坡文化故事的融入和传达，分别设计了东坡套尺、手机壳、书签、苏小妹套装等文创产品。夏文秀（2022）从东坡诗词文化、东坡美食文化、东坡养生文化三个方面挖掘黄州东坡文化的内涵，并将设计运用到文具用品、生活用品、电子用品、时尚纪念品、运动文娱用品等产品上。金洋（2023）从东坡文化中提取了祈福文化、禅意生活、美食特产、书香文化、趣味东坡等五个主题展开系列化设计，并提出主要产品类型为面向大众消费的文具类和生活类产品。姜胜昌等（2023）从东坡人生经历与东坡诗词文化两个层面探讨融合东坡文化的祈福文创产品设计，举例可设计数字交互游戏和吉祥成语海报等产品。与上述文创产品类型不同的是，曾晨等（2023）从诗词歌赋、人物故事、精神思想三个层面提炼“三苏”文化元素，并以圈椅为例设计了“苏荣椅”，呈现出东坡文化在产品造型设计方面的可能性。

另外，还有一些学者从IP形象设计出发，进行文创产品的设计。如李俊瑞（2022）基于重构元素法设计了苏东坡IP形象，利用情境故事转化方法设计了苏东坡“才子”“美食”两组主题插画，并以IP形象和插画内容进行了文创产品设计，载体包括办公学习用品、时尚服饰品、生活用品。刘佳（2023）基于“苏仙”IP形象设计，提出进行线上文创产品和线下旅游纪念品设计。廖沛滢（2022）针对现有东坡文创产品进行调研与分析，并基于苏轼IP形象，设计了IP盲盒类、文具用品类、日用品类等文创产品。徐晴（2023）同样基于IP形象进行插画设计与衍生设计，包含了书立设计、手机壳设计、“新文房四宝”文具设计、生活用品设计等，还在IP传播途径上提出了新文创理念，衍生出了新的文创设计形式，如数字藏品盲盒设计、KOL虚拟文化主播内容设计、品牌联名周边及物料设计、景区联动文旅活动相关物料设计、全域旅游线上小程序界面设计，以及线上线下的虚拟导游形象周边设计等。

2. 其他艺术设计类研究方向

平面设计方面，许莹（2022）从苏轼文艺美学的角度探讨平面海报设计问题，从意象、修辞手法、意境三个层面进行苏轼文艺美学内涵的分析，将其应用到平面设计作品上，尤其是海报设计中，进而促进对苏轼文艺美学的传承。汪洋（2023）则提出将“三苏”蜀学思想融入平面广告设计中，并从“三苏”蜀学思想中提炼出以人为本，主张开放、包容与融合，以自然为本，以精神世界为中心的思想特点，将其作为设计原则指导平面广告的设计实践。

环境空间设计方面，两篇相关文献均为设计项目作品论文。一篇是路得设计院（2022）东坡足道栖西里店设计项目，文中提及从东坡纪念馆中1∶1复刻匾额墙用在空间当中的布置，体现出东坡精神；还通过古纱縠行（苏轼故居）里的莲蓬、眉山本地的泡菜坛子装置、古老的烛台等细节设计去体现文化印记，最终传达优雅的美学态度。另一篇是潘友才（2022）设计的“苏坡艺廊”，项目以因东坡得名的“苏坡桥”为建筑意象，试图通过设计去对这座已经消失的苏坡廊桥进行回忆。

导视设计方面，王棱（2022）从东坡文化的内涵出发，基于城市道路环境下用户对道路导视立牌的需求与体验，对眉山市城市街道导视立牌进行设计，尤其是在导视立牌的造型设计和配色方案上，充分考虑了东坡文化的融合，以苏轼任官时期的官帽造型和官服色彩为主进行设计元素提取。

包装设计方面，王雅杰（2023）虽然在标题中表达的是基于苏轼文化的可持续包装设计，但从内容来看，其论述的更多是基于可持续设计理念的苏轼文化产品包装设计。尤其是举例徐州雪泥酒，仅从产品名称上论述了其与东坡文化的关联性，而后均是从可持续设计的角度探讨其包装设计的可持续性问题。

（二）间接相关——提及“东坡文化”的艺术设计研究

经梳理，在文中将“东坡文化”作为地方文化资源或者设计灵感提及的61篇论文，又可细化为作为地方文化资源被提及、作为设计素材被应用、作为设计案例被分析等三种不同的应用方向。

1. 作为地方文化资源

东坡先生一生行经大半个中国，在诸多市县都留下了他的足迹，而这些足迹也成为当地在发展文化旅游与创意设计产业时不可忽视的文化资源。在此次分析的文献当中，将东坡人物、东坡诗词、东坡事迹、东坡相关的美食与景观等作为地方文化资源的有10个地方，涉及文献16篇，包括徐州（朱明珠，2022）、惠州（邹宇婷，2022；侯婷，2022）、深圳（李晨曦，2022）、杭州（许耘洲，2022；廖青青，2022；孙祎岚，2023）、常州（范辰，2022；徐凯，2022）、马鞍山（魏伦，2022）、九江（涂志刚等，2022；杨叶，2023）、黄冈（谢浩等，2023；程顺，2023）、宜兴（曹君等，2023）、北海（叶汝荣，2023）等。

提及东坡人物作为地方文化资源的具体包括龙岗区的名士文化（李晨曦，2022）、惠州名人（邹宇婷，2022）、马鞍山历史文化名人（魏伦，2022）、钱塘江文化代表人物（廖青青，2022）等。

提及东坡诗词作为地方文化资源的具体包括描绘庐山的《题西林壁》（涂志刚等，2022；杨叶，2023）、在黄州完成的《念奴娇·赤壁怀古》《前后赤壁赋》《黄州寒食帖》（谢浩等，2023）、描绘钱塘江潮的《八声甘州·寄参寥子》《八月十五日看潮五绝》（廖青青，2022）、描绘西湖的《饮湖上初晴后雨二首》（廖青青，2022）等。

提及东坡事迹作为地方文化资源的具体包括任徐州知州期间苏轼治水与修建河堤的事迹（朱明珠，2022）、作为黄冈市非遗的苏东坡传说（程顺，2023）、具有东江民间文学特色的苏东坡传说（侯婷，2022）、北海苏东坡足迹（叶汝荣，2023）等。

提及东坡美食作为地方文化资源的有体现杭州地域特色的东坡肉（许耘洲，2022）。提及东坡景观作为地方文化资源的具体包括常州东坡纪念馆（徐凯，2022）、东坡终老地藤花旧馆和常州东坡公园（范辰，2022）、作为孤山人文景观的苏堤（孙祎岚，2023）、宜兴蜀山东坡书院（曹君等，2023）等。

2. **作为设计素材**

在作为地方文化资源的文献当中，东坡文化仅被提及可作为文化资源来进行设计开发，并未有具体的设计应用；而在作为设计素材的文献当中，则是将东坡文化进行实际的设计应用，相关文献共有24篇，其应用方向包含了列车涂装设计（张野，2022）、动画设计（唐佳曾子，2022）、IP形象设计（河东灿，2022；林楠，2023）、包装设计（苟明星，2022）、文创产品设计（杨帆，2022；金叶，2022；刁继晴，2022；孔小满，2023；毛峰，2023）、建筑空间设计（冯冬，2022；侯征，2022；陆磊，2022；董一博等，2022；陆萍兰，2022；周沛桦，2023；何先球，2023；陈慧苑，2023；汪智洋等，2023）、服装设计（朱烨，2022；赵艳敏等，2023；许靖熙等，2023）、字体设计（胡艳珍，2023）、插画设计（谢云等，2023）等。

从东坡文化内容的层面进行分析，按照文献数量的多寡可依次分为东坡诗词（14篇）、东坡事迹（8篇）、东坡形象（2篇）等三种类型。

三种类型中，以东坡诗词的应用最为广泛，如“水光潋滟晴方好，山色空蒙雨亦奇”可融入文创产品的图案设计中（杨帆，2022），将带有田园意境的《蝶恋花·春景》融入景观设计中（侯征，2022），从“欲把西湖比西子，淡妆浓抹总相宜”中提取“淡妆浓抹”作为色彩系统主题（朱烨，2022），在彭祖园的景观墙上刻上苏轼描写彭祖“跨历商周看盛衰，欲将齿发斗蛇龟”的诗句（陆磊，2022），从《和子由渑池怀旧》中提取“飞鸿踏雪”作为列车涂装色彩主题（张野，2022），提取《浣溪沙》中的“清欢”和《海棠》中的“袅袅”来为设计的景观区命名（董一博等，2022），从《水调歌头·明月几时有》中获取设计灵感创作文创数字产品《千里共婵娟》和文创礼酒《但愿人长久》（金叶，2022）、威士忌酒包装（苟明星，2022）、家居文创作品“婵娟”茶台（毛峰，2023），将苏东坡《前后赤壁赋》书法作品应用到文化长廊空间设计中（何先球，2023），用《减字木兰花·立春》的意境来设计“立春”字体（胡艳珍，2023），利用《惠崇春江晚景》中的诗句来延伸设计系列服装（赵艳敏等，2023），从《行香子·过七里滩》“远山长，云山乱，晓山青”句中获得服装设计灵感（许靖熙等，2023）。另外，比较独特的设计视角是，汪智洋等（2023）利用东坡的行书作品进行形意转化后来指导园林水系设计。

在东坡事迹的应用中，以在徐州的经历为设计素材的文献数最多，如较为笼统表述的素材应用有地铁壁画主题设计（冯冬，2022）、文创产品插画设计（刁继晴，2022）、东坡文化文创产品设计（孔小满，2023）等；还有更进一步对具体事件的应用，如将苏轼在徐州与军民治水的典故进行三维场景式文化游戏设计（陆萍兰，2022），又如因苏轼在徐州的创作影响了萧窑的发展，谢云等（2023）将其事迹融入萧窑插画设计中。除了徐州的经历外，东坡被贬黄州发明东坡肉的事迹被应用到动画设计当中（唐佳曾子，2022），东坡在宜兴的经历作为文化探索的内容供游客在游玩过程中体验文化交流（周沛桦，2023），描绘苏东坡、佛印和尚与黄庭坚三人尝醋形象的《三酸图》作为设计灵感被应用到建筑空间设计当中（陈慧苑等，2023）。

东坡形象的应用，如五粮液品牌将苏轼作为品牌代言文人形象之一，进行IP形象设计，与前文中IP形象设计部分的内容类似，主要基于历代画像中的东坡形象、服饰类型、配色特点进行设计（何东灿，2022）。另有林楠（2023）提出可将惠州西湖典型代表人物苏东坡以Q版卡通角色呈现。

3. 作为设计案例

作为设计案例的文献主要是指在文献中提及了涉及东坡文化应用的相关设计案例，共有21篇。主要可分为四大类，包括东坡诗词应用案例、东坡书画应用案例、东坡形象应用案例，以及其他类别案例。

东坡诗词应用案例的相关文献共有8篇，其中有4篇论文在进行品牌设计及包装设计分析时，提及“花西子”品牌名出自东坡诗句“欲把西湖比西子，淡妆浓抹总相宜”（高黎等，2022；赵婉莉，2022；李红月，2022；章扬，2022）。程炎等（2023）在论述杭州西湖地域文化创意产品“烟雨西子”倒流香座的展示设计时，提到这款产品的设计灵感来源于东坡诗句“山色空蒙雨亦奇”。王安霞等（2022）和陈春（2023）在其游戏场景设计相关论文中，均提到了游戏《江南百景图》中的中秋建筑“几时明月”的设计灵感来源于《水调歌头·明月几时有》。同样提到《水调歌头·明月几时有》应用案例的还有阿迪达斯的“中秋团圆”鞋设计，其在鞋垫上印有该词的词句（杨志锋等，2022）。

东坡书画应用案例的相关文献也有8篇，汪文在方正字库书法字体开发中提及苏轼行书（赵毅平等，2022），李彦清（2023）则将方正苏轼行书作为案例进行解析。清宫廷多宝格的装饰题材也较多应用东坡书法，来表达文人的格调志趣（董亚平，2022）。位于眉山的中国泡菜博物馆，注重泡菜文化与东坡文化的有机融合，馆中的主题浮雕墙的标题用东坡体书写（鲁俊，2023）。张郑波（2023）提到设计师可从东坡书法作品《寒食帖》中习得字体神韵并应用到海报设计中，卢鹏阳（2023）用东坡书法作品《晚眺》来举例论述中国古代汉字的创意设计，雷彤彤（2023）论述可在建筑设计中引入当地名人的书法作品，举例说明在四川可用东坡书法作品。在三苏祠博物馆的文创产品设计中，系列衍生品的设计使用了苏轼的《潇湘竹石图》为蓝本（刘永亮，2023）。

东坡形象应用案例的相关文献有2篇，魏媛等（2022）举例，杭州楼外楼东坡茶糕的包装设计将杭州西湖景色和东坡形象结合；石虹（2022）举例，杭州西湖动漫IP矩阵中包含了东坡形象。

剩余3篇主题各不相同，故统一归到其他类别案例中。卓琳（2023）在论述茶空间主题设计时，举例以苏东坡及其作品为主题进行茶空间设计。岳鸿雁等（2023）论述书籍工业从平面设计向策划设计转型时，举例设计师白凤鹍设计《东坡乐府·雅集》是对东坡文化的深度挖掘。许舒等（2023）在对苏南书院的景观设计特征及其变迁的研究中，将常州东坡书院和宜兴蜀山东坡书院作为案例进行系统分析。

三、总结

本研究旨在厘清2022年至2023年两年间我国在艺术设计领域的东坡文化相关活动与研究的现状，分别从东坡文化实践探索现状和东坡文化学术研究现状两个角度进行内容分析。

实践探索现状从设计赛事、文化展览、品牌塑造、文创设计等四个方面进行分类整理。两年间，国内可检索到的相关设计赛事共有6场、大型文物展有8场、中小型艺术展与文化展有近60场，有6个新的东坡文化品牌被塑造，众多文创设计以文创日用品、旅游纪念品、微信表情包、数字藏品等多元化的形式，通过微信公众号、新闻媒体、市集、线上微店、淘宝店、线下品牌店等方式进行传播与销售。可以看出，东坡文化的实践探索正处于一个发展的阶段。但从设计的角度进一步反思，可以发现各地的东坡文化品牌塑造与文创设计缺少一定的地域识别性，尤其是文创设计方面，设计手法类似、设计载体雷同，缺少与各地文化的进一步融合与创新。

学术研究现状方面，在人工筛选后的314篇相关文献中，进一步筛选出与艺术设计相关度更大的79篇文献，分成直接相关（18篇）和间接相关（61篇）两个类别来进行分析。由文献数量可知，在艺术设计领域，直接对东坡文化进行研究的论文目前还较少，但这18篇论文仍涉及艺术设计领域的7个专业方向，可以看出在该领域中，东坡文化研究具有较好的研究空间与前景。而间接相关的论文更是涉及了10余种不同的设计专业方向，这也说明了在艺术设计领域，东坡文化研究有非常好的适用性与应用性。而纵观这79篇文献，可以发现，艺术设计领域针对东坡文化进行研究时，主要从东坡人物形象、东坡诗词、东坡书画、东坡美食、东坡事迹、东坡景观等方面进行分析与设计应用。

综上所述，通过本研究可以窥探到我国目前艺术设计领域的东坡文化研究的概貌。一直以来，学术界对于东坡文化研究多是聚焦在文学、历史学、哲学等领域，而艺术设计学常被忽视。但由于艺术设计具有极强的应用性，比起学术界，在文化市场上，东坡文化品牌塑造与文创设计已经逐步走进大众视野。而实践与理论往往是相互促进的，相信今后，艺术设计领域的东坡文化学术研究也会出现越来越多的高水平成果，进一步促进东坡文化设计市场的繁荣发展。

论文摘要

20世纪宋史领域里苏轼研究论著的量化分析

中南民族大学文学与新闻传播学院　王兆鹏　李洁芳

20世纪宋史研究论著总计41319项，有1471位宋史人物进入宋史研究的视野，其中苏轼研究的成果量最多，达3263项，独占鳌头。数据表明，在宋史研究领域里，成果量名列前十的历史人物往往具有多重身份和多重历史贡献。被研究的成果量与历史人物的贡献力、影响力、知名度和美誉度高度正相关，被研究的成果量越多，表明学者对其关注度越高。

在宋代文学研究和史学研究领域里，苏轼的研究成果量最多。这表明无论是文学研究者还是史学研究者，都高度关注苏轼。从研究面向来看，苏轼在政治、经济、教育、法律、科学技术等诸多方面都有不凡的造诣和成就，是百科全书式的通才。有关苏轼的三千多项研究成果分布于文学、学术思想、文化艺术等二十个方面。其中，研究苏轼文学成就的论著最多。数据表明，在宋史研究领域里，苏轼首先被视为文学家，学者最关注的是其文学成就。人们对历史人物的研究因身份认同有异往往会有所偏重。历史人物研究成果量的主题分布，反映出当代学者对历史人物的身份认同。苏轼研究的成果量在文学研究领域的占比高于在史学研究领域的占比近一倍。苏轼在文学研究领域更受关注，这是因为文学研究是以作家作品为对象，而史学研究以问题为中心，成果不一定与具体的历史人物相关。

20世纪宋史领域里苏轼研究的序幕揭开于1918年，此后经历了起步、预热两个时段的变化，至1981年，开始形成热潮。其中，中国台湾学界多位重要学者贡献了多项成果。1957年关于苏轼《念奴娇·赤壁怀古》词的争鸣讨论，是20世纪苏轼研究的第一个变化节点，这一时期研究成果量速增。数据显示，苏轼研讨会的召开是推动苏轼研究热潮形成、促进苏轼研究深化和成果量增加的重要因素。学术会议是现代学术发展进步的重要推手。

20世纪共有1989人发表过苏轼研究成果，大量是低产作者，拥有6项以上成果量的活跃作者仅66人。这些作者大多是专业的文学研究者和史学研究者。活跃作者的创造力和关注度远高于一般作者。10位高产的活跃作者，投注度都很高。他们深耕苏轼研究一二十年，经过长期的积累和持续的关注，才有大批量的成果问世。虽然不能仅据投注度评价一位学者的学术贡献，但投注度较高，至少表明他是该领域的资深专家。成为活跃作者，只说明其成果数量多，其成果的学术质量并不能等量齐观。如何评估学术成果的质量、如何评价学者的贡献，还需要不断完善量化分析的指标和权重，建立科学的量化评价体系。

（原载《海南大学学报（人文社会科学版）》2023年第6期）

近30年韩国学者的苏轼研究（1992—2022）

——以期刊论文为中心

海南大学海南省东坡文化研究与传播中心　陈　庆

1992年中韩建交以来，韩国苏轼研究日渐兴盛，30年间韩国学者在韩国本土公开发表的期刊论文就有399篇，其中20世纪90年代51篇、21世纪最初10年101篇、2010年—2022年247篇，呈逐渐上升的趋势。从作者层面来看，发表苏轼研究论文较多的有曹圭百、柳素真、安熙珍、崔在赫、金甫暻、柳种睦、郑世珍等学者。从论著内容来看，主要涉及苏轼的人格境界、艺术观念、文学创作、传播与接受、版本考证等领域，其中论及苏轼传播与接受的论文最多，苏轼文学创作方面的论文次之，之后依次为苏轼的艺术观念、人格境界以及考证类论文。当代韩国苏轼研究的趋势如下：

其一，对苏轼人格境界的研究，多是从学术角度做客观考察，与高丽、朝鲜时代的士大夫往往把苏轼当作生活榜样大为不同。这些研究主要涉及苏轼诗所呈现的精神世界、出仕与隐退间的纠结及其消解、苏轼的禅诗、苏轼记体文的道家性向与儒家天命观、苏轼旷达风格的形成、苏轼诗词中的隐逸书写、苏轼的禅与开悟、苏轼仁与慈悲思想之融合及其实践、苏轼流配诗展现的道家思维等方面。

其二，对于苏轼的艺术观念和文学创作的研究相对稳定，主要涉及苏轼诗歌、苏轼散文、苏轼赋、苏轼词、苏轼贬谪时期的词风变化、苏轼的小品文、苏轼的笔记文、苏轼的华夷观、苏轼的情感伦理说、苏轼的书法理论、《欧苏手简》之苏轼手简、苏轼的三国历史观考察、苏轼历史人物论的特征、苏轼文艺思想的完成过程、苏轼的艺术创作观、苏轼诗论、苏轼绘画艺术论、苏轼性情论、苏轼与程颐心学思想之比较等方面。

其三，苏轼在高丽、朝鲜时代的传播与接受逐渐成为最为兴盛的研究领域，主要涉及苏轼对高丽时代学者李仁老等的影响、苏轼对朝鲜时代学者徐居正等的影响、“赤壁”相关作品的接受、“赤壁船游”等活动的演绎、苏轼作品的刊刻与流传、高丽及朝鲜时代文人群体对苏轼诗文的接受、《水调歌头》的接受与误读、东坡画论的接受、《朝鲜王朝实录》中关于苏轼的记载与勘误等方面。

其四，苏轼作品的翻译渐趋兴盛，单篇译文的重点是苏轼传记文、《东坡志林》、东坡题跋的选译、苏轼关于高丽的论说以及《东坡志林》中的部分篇目，苏轼诗词的译著有《苏轼诗选》《东坡词选》《苏东坡散文选》《东坡易传——苏东坡的解读》《唐宋八大家文钞：苏轼》《东坡志林》《苏东坡寓言》《欧苏手简：中国大文豪欧阳修与苏东坡之书牍》等。

（原载《长江学术》2023年第3期）

美国汉学界的苏轼文艺美学思想研究

四川轻化工大学人文学院　万　燚　段苏俊

美国汉学界关于苏轼文艺美学思想的研究成果颇丰。艾朗诺（Ronald Egan）、卜寿珊（Susan Bush）、许龙（XU Long）、包弼德（Peter Bol）从书论、画论与文论三个方面展开深入探讨。

书论研究集中于书法展现个性、风格多样化、书法“无法”以及“书与道俱”等思想。在艾朗诺看来，苏轼继承并拓展了其师的观点，尤为强调书法家的个性（personality），认为书法家的创作应体现其独特的个性气质；苏轼认为，各种书体、不同风格的书法都别具风致、各有千秋，应各美其美、美美与共，而不应重此轻彼；苏轼提倡书法应追求“无法”（no set method），即书法创作不能固守成法，而应达到“无法”境界。艾朗诺还注意到，苏轼认为书法不能仅满足于传统意义上的愉悦和自由，而是必须体道，即达到“书与道俱”之境。在对苏轼书论的探讨中，艾朗诺运用“综合研究”法，打通文艺、政治、哲学的界限，将相关领域的思想交互印证，展示出宏阔的文化视野，且颇具理论深度。其对苏轼极富创造性的思想相当推崇，可以窥见美国文化对艺术个性的重视。

画论研究关注苏轼的文人画理论以及形神兼备、胸有成竹等主张。卜寿珊认为苏轼是第一个全面论述文人画理论的大家，他在文人画理论体系的形成过程中起了决定性作用；苏轼在注重形神兼备的同时，主张以形写神，重在传神。艾朗诺、卜寿珊和许龙从不同维度对苏轼“形神并重”的观点予以阐述。卜寿珊聚焦于苏轼的文人画理论以及形神兼备、胸有成竹等范畴，在整个中国艺术史的视域中揭示苏轼理论的重要价值与意义。

文论研究则重点阐述苏轼的文学思想、文艺批评和创作理论。包弼德从“文以载道”、“物”与“理”之关系、文学表达的“自我发展”三个层面展开对苏轼文学思想的阐述；许龙认为“自成一格”是苏轼文艺批评理论的创造性特征，并对这些特征进行深入探讨；许龙论及苏轼的文学创作理论时指出，苏轼将画论中“胸有成竹”的观点引入文学创作中，认为文学创作应当“意在笔先”。包弼德、许龙等学者的见解不乏新颖之处，论述细致缜密。

总体上看，美国学者从自身所处的文化传统出发，结合个人学术兴趣，择取独特维度对苏轼文艺美学思想予以观照，运用中西研究方法展开深入探讨，既考察苏轼所处社会的经济、政治、文化等语境，也深入解读苏轼艺术创作文本及其思想，突破文学艺术的领域，在宽广的历史语境中纵横驰骋，融会贯通。虽有些见解略显片面，但瑕不掩瑜，仍可为国内学者提供有益补充。

（原载《海南大学学报（人文社会科学版）》2024年第3期）

瑞典汉学家喜龙仁眼中的艺术评论家苏东坡

阜阳师范大学美术学院　殷晓蕾

1935年，瑞典学者喜龙仁在《地理年鉴》（*Geografiska Annaler*）第17卷的增刊《向斯文·赫定致敬》上以英文发表了《艺术评论家苏东坡》（*Su Tung-p'o as an Art Critic*）一文，此当为西方汉学家撰写的有关苏轼绘画理论研究的第一篇专论。

喜龙仁对苏轼绘画理论的译介与探讨主要包括“竹子和水的象征意义”“评文与可画竹”“道与艺”“常理与常形”“诗画关系”和“‘尚意’与‘传神’”等内容，可谓系统而全面。

20世纪30年代左右，正值西方收藏中国艺术品热情高涨的时代，喜龙仁撰写此文既出于个人兴趣，同时也很好地契合了时代的学术要求，并起到了引领和垂范后学的作用。喜龙仁文中提及的“水”也是苏东坡喜欢用水墨表现的主题，这主要源于水所具有的象征意义。他所引用作品的具体文献出处无从知晓，而其阐述唤起了我们对苏轼绘画题材和绘画创作的重新认知。其实最早向西方推介苏轼及其绘画理论的并非喜龙仁，早在1932年，在德国留学的滕固即于《东亚杂志》上以德文发表了《艺术评论家苏东坡》一文。此文是把苏轼的绘画理论“放在国际化学术视野中进行研究的先驱”。喜龙仁的《艺术评论家苏东坡》系用英文写作，滕固一文则采用德文，二文相较，可谓形成鲜明对照。滕固的阐述虽不如喜龙仁具体而微，却显得宏观、整体且相对深入。因喜龙仁与滕固二人学术背景及写作目的不同，故而关注视角有别。喜龙仁重在向西方读者介绍以苏轼为首的宋代士人画，进而使读者对中国绘画的特质及中国画创作有较为准确的认识和把握，因为直至20世纪30年代时，西方人对中国绘画在认识上依然存有偏差；滕固则意在为传统画学研究带来新视野、新方法，以有助于系统整理和研究。

由曾枣庄主编的《苏轼研究史》一书是迄今学界有关苏轼专题研究最全面、最重要的一本专著，该书系由唐凯琳介绍西方汉学家有关苏轼书画及文艺理论方面的研究成果，惜其并未提及喜龙仁的《艺术评论家苏东坡》一文。但也正如唐凯琳所述，西方“最早把苏轼作为一个重要的研究现象来探讨的领域之一就是艺术史”，由于西方艺术史学家普遍对宋代艺术感兴趣，“他们认为，研究苏轼的艺术对其有关宋代乃至以后各代的深入探讨大有裨益”，而喜龙仁走的就是这样一条中国绘画研究之路。从这一点来看，作为一位西方学者，喜龙仁《艺术评论家苏东坡》一文在此方面的开创之功不应被遗忘。

（原载《国际汉学》2022年第3期）

舟游与神游：江户时代的拟赤壁游和赤壁会

北京大学中文系　谢文君

赤壁游是对苏轼在元丰五年七月既望（1082年8月12日）、十月望日（1082年11月7日）、腊月十九日（1083年1月9日）游览黄州赤鼻矶的特指。

拟赤壁游是后世在与赤壁游相近的时节仿效苏轼进行的泛舟、赏月活动。赤壁会是后世在与赤壁游相近的时节开展的文人雅集，活动地点多设于室内空间，文人或赏鉴与赤壁游相关的诗文、图画、书法、篆刻、茶具等艺术品，或以赋诗、作画等即兴创作致敬前后《赤壁赋》。

日本的拟赤壁游、赤壁会兴起于江户时代中期，并在享和二年（1802）壬戌达到顶峰，此发展趋势与宋诗派兴起、苏轼诗文接受深入期的到来几乎同步。拟游侧重舟游体验，大田南亩《游墨水赋》可见两国桥等江户建筑，文化以降，拟游诗文对本土风景的描摹更趋细腻而富于美感。篠崎小竹等人还在中、日对照的视野下推举出本国的“苏轼”“曹操”“周瑜”，创作出颇具日本特色的赤壁怀古诗。

赤壁会强调神游赤壁，江户文人多围绕前后《赤壁赋》展开物品收藏与文字游戏。日本赤壁会的顶峰是柴野栗山的对岳堂赤壁会。基于角色扮演的游戏语境，栗山的夺石之举乃化为后世风雅，广濑蒙斋《对岳堂画记》更揭开江户文人的拟赤壁游、赤壁会由憧憬苏轼转至苏轼羡我的序幕。此外，赤壁会最常见的神游方式是以二赋的字句为基础，设定多种规则开展分韵、次韵、集字等作诗活动。

对比朝鲜和日本的拟赤壁游、赤壁会的开展情况，可发现舟游与移物意识、神游与缩物意识之间的紧密联系。所谓移物，是将他处景观通过攀附形态、复制名称、兴修建筑等方式移置我处。朝鲜黄海道恰有一地名曰黄州，便生出赤壁、月波楼、竹楼，同福赤壁地区更兴建70多个亭台，并诞生“赤壁八景”，这与拟游的兴盛不无关系。所谓缩物，是将他处景观通过比拟形态、复制名称、缩小尺寸的替代物纳为己有。栗山殁后，田内月堂收得小赤壁石，还特地为石起楼，并继开赤壁会。可见，注重收藏物品、神游于物的赤壁会助长了刻入日本人文化基因的缩物意识。

日本拟赤壁游、赤壁会的发展历程折射出苏轼诗文接受在五山、江户时代的不同面相，昭示着苏轼形象的脱圣入凡。首先，对五山禅僧而言，作为隐居名所、宗教圣地之西湖的吸引力大于作为贬谪地的黄州赤壁。其次，苏轼赤壁游所悟的水月之理并不能引起他们的共鸣。最后，禅僧以肃穆的宗教仪礼瞻仰苏轼的方式，让娱乐性较强的拟赤壁游、赤壁会很难发生。如果说持守戒律、揣想公案、教授讲义的五山禅寺具有“文学权威神秘化的社会”的特征，那么，把酒啖肉、笑谈掌故、泛舟雅集乃至扮演偶像的江户社会，则是文学偶像雅俗共赏的社会。

（原载《文学评论》2023年第6期）

赖山阳《东坡诗钞》考论

上海师范大学人文学院　刘帼超

选本是中国文学批评的重要形式，其影响遍及东亚汉文化圈。在日本，诗歌选本起到了推动文学思潮形成、转变的作用。赖山阳是日本江户后期的重要汉学家，他的《东坡诗钞》由选目和评点两部分构成，体现了编者完整的诗学评论体系。

《东坡诗钞》出现在“性灵说”反思的理论背景下，日本汉诗界逐渐认识到过度强调“性灵”而造成的俚俗、奇僻、格局偏狭、气力衰颓之弊，由推崇“宋三大家”（陆游、杨万里、范成大）转为学习杜甫、韩愈、苏轼等笔力健、格局大的唐宋诗人，从而使苏诗选本的编选出现了一个小高潮。就选目来源看，《东坡诗钞》深受《唐宋诗醇》《宋诗百一钞》等清代宋诗总集的影响，并非赖山阳直接从苏轼诗集中摘编而成；就编选特点看，该书具有专选古体的体式针对性，是为了纠正“性灵说”流行以来学诗者只作近体、忽略古体的倾向。选目题材内容、艺术风格都比较广泛，其中不乏当时推崇的细腻流丽的咏物诗。但编者更多择取了刚健阔大之作，反映了他对苏诗代表风格的体认。

《东坡诗钞》中的苏诗批评从“本色”和“正变”两个维度展开，“东坡本色”是赖山阳着意运用的批评概念，指苏诗独特的个人风格，包括语义层次开阖变化、善于形容两层含义。“正变”则蕴含了编者对古体诗所应有之面貌的思考。“变”并非没有合理性，但要控制在一定限度之内，不能完全丧失了“正体”的面貌。所以不同于“性灵说”提倡者将个性视为唯一评判标准，赖山阳认为“东坡本色”应统摄于“正变”论的维度下，苏诗的本色表达既不应违背古诗的形式规范，也不能影响古诗应有的风格气象，这在《韩干马十四匹》《东坡八首》《海市》等诗的批注中皆有所体现，与当时在日本流行的明清宋诗总集的点评都有差别。这是江户后期日本诗论家在接受明清诗论的基础上对于宋诗特质的再思考。

《东坡诗钞》的选目和理论观点源于明清两朝，但并不是具体哪一家、哪一派别的重现，而是经过吸收、融汇后，产生了不同于原初理论的新观点，具有杂糅性和本土化倾向。之所以如此，既是与不同诗学文献在江户时代的传播规模存在差异有关，也是本土理论环境引发的深入思素。这启示我们，不应采取简单的“接受—反应”模式，而应真正站在文化比较的立场上，考察日本诗学与中国诗学的深层次对话。

（原载《中华文史论丛》2022年第2期）

血的连锁

——苏轼、陆游诗中的“孝”

日本大阪大学大学院　浅见洋二

苏轼之后的宋代诗歌，无不有受到苏轼影响的痕迹，就像杜甫之后的几乎所有诗歌都流淌着杜甫的血一样，苏轼之后的诗歌也流淌着他的血液。其中，陆游是受苏轼影响最深的一位诗人。苏轼诗中那些被平庸者轻轻放过的独特之处，都被陆游精准地捕捉到，并积极地融入他自己的诗中。苏轼与陆游的诗作之间存在许多共通之处，其中之一便是有关“孝”的表现。

首先，二人在诗中经常表达对父母的敬仰和感谢，其中表现出这样一种认知，即因孩子对自己的“孝”，而想到自己对父母的“孝”，同样的事情，不仅在遥远的过去重复发生，也将在未来继续上演。从中可以看出所谓“孝”的道德，其本质就在于跨越世代的传承，而从根源上支撑这一传承的正是“血脉”，亦即“血的连锁”。其次，二人还经常在诗中描写父子相伴的场景，特别是“孩子在父亲身旁读书，父亲在一旁守护”的场景。同时他们意识到，此时读书的孩子终将成长为守护着孩子读书的父亲。换言之，“孩子在父亲身旁读书，父亲在一旁守护”这一场景所表现的是一种持续重复、连绵不绝的父子关系，可以说生动地表现了作为“血的连锁”的“孝”的永恒性。最后，陆游晚年退居乡里，安身于乡村共同体之中，他重视《孝经》，将之作为自己的生活指南，并在诗中频繁吟咏。在陆游看来，“孝”与“忠”是互为表里的，他对于“孝”的书写及践行，是与他“报国”“报恩”的意识相联动的。陆游对“孝”这一理念的笃信，以“报国”为目的勤奋农耕、不懈于纳税，都是因为他拥有“乡绅”、乡村社会指导者的身份，也就是说陆游的“孝”正是建立在他作为“乡绅”的安定生活，以及由此获得的自豪感的基础上的。

而相比之下，苏轼则对“孝”保持着一定的距离感，他被逐出朝廷、远离故乡，没有能够安身的共同体，缺乏陆游那样的安定感，故而在《和陶郭主簿二首》其二后半部分表现出脱离“孝”的自由奔放的思想。亦即是说，苏轼赖以保持“孝”之观念的社会条件被剥夺了，其思想中的自由奔放正是为了填平这一缺陷所生发出来的，其中或许始终萦绕着因缺失自身存在基础而产生的苦涩和悲哀。

（原载《中国诗学研究》2023年第1期）

有韵尺牍：苏轼岐梁唱和诗的情境还原与帖本溯源

中南民族大学文学与新闻传播学院　党永辉

苏轼岐梁唱和诗体式颇为独特，加之宋本《东坡集》又以苏轼岐梁唱和诗为冠，故其颇为诗家所重。若将苏轼岐梁唱和诗正文、题目与注释进行比勘，并以帖本校勘集本，贯穿诸诗，即能获取苏轼岐梁唱和诗完整的意义。苏轼于嘉祐六年十一月十九日（1062年1月2日）在郑州西门作别苏辙前往凤翔府，直至治平元年十二月十七日或十八日（1065年1月26日或27日）离开凤翔府。在宦游凤翔府期间，苏轼与苏辙以诗唱和，并将所作诗篇结集为《岐梁唱和诗集》，故此间唱和被称为岐梁唱和。苏轼岐梁唱和诗扎根于悠然、持续且稳定的唱和情境之中，故而诗作风格颇为统一。

《岐梁唱和诗集》虽已无存，但宋本《东坡集》前两卷集中收录了苏轼岐梁唱和诗中的重要作品，且大致依据年月排序。明万历三十六年（1608）刊《重编东坡先生外集》及其他注本，依据传世帖本，又对苏轼岐梁唱和诗有所辑补。轼辙岐梁唱和诗作互为相关，故据苏辙岐梁唱和诗，可以考索不见于别集中的苏轼岐梁唱和诗。不见于苏轼诗中的内容和情境，也可以在苏辙诗中获得补偿。苏轼岐梁唱和诗体式的确立，既取决于诗篇的内容与意义，又受制于唱和双方的关系及情境。其一，苏轼岐梁唱和诗之所以佳作秀句频出，离不开苏辙在唱和中的铺垫和辅助。其二，在苏轼岐梁唱和诗中，联章组诗、逐日纪行诗及长篇赋体诗展现出来的绵延不绝的文气和阔达坦荡的格局，亦源自且适用于唱和情境。其三，苏轼岐梁唱和诗以日常问答语入诗，或反复述说同一事，甚至诗题与诗句内容重复，皆因其产生于与苏辙唱和的情境之中。苏轼岐梁唱和诗题体式的形成，若证以更为原始的帖本，并校以苏辙的唱和之作，可知其乃糅合诗前诗后文字拟题的结果。岐梁往还诗因属异地唱和，又以苏轼述说己事为主，故苏轼岐梁唱和诗题往往详述本事。其中，个别诗题与题注分工不明确，一些诗题又可以拆解为前后两大部分，前半部分为题，后半部分实属题之注。凡此种种体式，原本出现于且适用于唱和情境。在刊入别集之后，这些体式并无本质性更改，故而集本诗题显得冗长，风格不尽统一，甚至出现诗题无法统摄诗的现象。而在唱和中，苏辙多充当辅助角色，诗题又经其概括，故其诗题显得更为简略、明确。综上，以唱和情境与帖本形态而论，苏轼岐梁唱和诗与其说是“日记体”，毋宁说是“尺牍体”，可称之为“有韵尺牍”。

（原载《中南民族大学学报（人文社会科学版）》2023年第9期）

论苏轼诗中的“新诗”

——兼谈北宋赠答唱和诗的文学生成机制

北京大学学报编辑部　管　琴

在诗中述及“新诗”的宋代诗人中，苏轼是非常突出且有代表性的一位。苏轼集中直接述及“新诗”的有46首，其中有42首属于唱和、赠答一类。“新诗”包含某种具体的交游文学情境。首先，其往复者往往同属于一个文学群体，他们有着亲密的文学交往或具备共同的诗歌理想。其次，有关“新诗”的赠答往返同时集中了文学互动、品评以及文学创作，诗人自身的文学审美与价值取向也随之表露。总体而言，苏轼的“新诗”往往并非孤咏，背后有紧密的诗人群体与创作机制的联结，他往往会在赠答唱和诗中对对方的创作予以热烈回应。这种来往互赠，生成了一种新的书写机制与文学情境。

在苏轼一生中，“新诗”多出于熟悉的个体，也就是故人兼诗友，包括道潜、秦观、孙觉、陈襄、文同、苏辙、王巩、李清臣、郑仅、顿起、刘季孙、蒋之奇、周邠等，大多是与之交往密切的朋辈。“新诗”不仅常出于与故人的唱和，有时还与“故人”一并出现，构造了有生命力的诗歌表达和文学场景。苏轼在大量唱和诗中提及“新诗”，形成了诗中诗的结构，这与一般论诗诗有所区别。其“新诗”大致有三种模式：一种是出于对对方诗歌技艺的感受，向对方表示称扬、对其诗表示赞美等。第二种是酒宴交游模式，叙写新诗出现的场景，具有及时性、瞬间性，体现交游唱和的共乐的特点。第三种则是互答类型。这几种类型单独或结合使用，使唱和诗歌文本的接收与投答自然形成一种生动的文学生态，彼此之间产生深刻的关联。正是因为对诗歌的热爱无法遏制，所以苏轼时常说自己有作诗“习气”。与宋代的其他诗人相比，他的诗歌技巧更多元。他对“新诗”的形容与对方的撰写固然有密切的关系，这也符合赠答唱和诗的机制，但“新诗”的连缀并非泛泛称颂，而是寄寓其文学理想。

在《苏轼集》中，“新诗”与“清诗”某些时候完全可以互相替代，形成互文。此外，他还用“弹丸”“玉屑”“珠玉”等来比喻对方的新诗。苏轼一生经历坎坷，在此过程中体会“人生如寄”等人生况味。诗歌已深刻地契入他的生活，尤其在惨淡的贬谪生涯中，亲朋寄予的“新诗”代表了一种稳固的精神后援。苏轼明确将这种需求表达出来，形成一种几无障碍的良性互动。经常性地写入“新诗”，部分导向和鼓励了一种新的文学机制的生成。这种喜作“新诗”的文学生态，与隆宋诗歌高峰的生成，无疑是环环相扣的。

（原载《华南师范大学学报（社会科学版）》2023年第5期）

苏轼居儋诗文的日常叙事及其价值

华东政法大学文伯书院　王晓骊

日常性是宋代文学，尤其是宋代诗歌的重要特点。借助于日常性，宋人不仅实现了另辟蹊径的文学创新，而且也得以重建传统立德、立功、立言之外的人生价值体系。作为宋代成就最高、最具影响力的文人，苏轼无疑是日常生活价值体系的重要缔造者。相比于黄州之贬，苏轼的海南之贬是政治生命危机和现实生命危机的双重叠加：远贬海南，意味着社会身份的跌落和政治身份的褫夺；临老投荒，意味着在有限的生命里无法实现人生的再次崛起。苏轼的居儋诗文记录了他在绝境中自我成就的心路历程和人生智慧，日常生活成为他对抗和超越这种危机、重构生命价值的依傍。具体而言，表现在三方面：

第一，关注日常生活，以真实的身体感受对抗精神理想的破灭。苏轼没有被物质生活的困窘磨灭对生活的热情和兴趣，而是保留了对一切美好事物的体验能力。他总是能够在撷取饮食、洗澡、理发、小眠、独行等生活中的最平常，甚至最琐碎无聊的片刻时，赋予其生动的意趣。第二，发掘日常生活中的审美惊喜，以审美的态度超越苦难。他放弃偏见，发掘富于地域性的自然美，全身心地感受当地的气候、历史、民俗和人情。苏轼以常人难以企及的平等之心，沉醉于海南宜人的气候和风物之中，还以欣赏的态度，以诗为海南的历史、风俗立传，并与当地百姓交往。第三，履践不离日用人伦的天理，回归道统的价值体认。苏轼在海南的文学创作，整体上记录的都是琐屑平常之事，但其主体性并没有在艰难困苦中被消磨。相反，他从中发现了不依赖于外在环境的生命圆融之美，其平淡风格中蕴藏了重新发现自我、发掘生命自主性的努力。

列斐伏尔说："日常生活是一个'平面'，它同社会的其他'平面'相比，各有各的意义。在现在，日常生活的平面要比生产场合那个平面更加突出，因为'人'正是在这里'被发现'和'被创造'的。"不管是哪个时代，个体的价值实现固然有赖于集体性的社会支持和评价体系，但也离不开日常生活。日常生活给予我们的不仅有支持生命存在的基本生活资料，而且还有抵御人生挫折的资源和力量。从这一意义而言，苏轼居儋诗文的日常叙事不仅承担着擢拔其个人生命的功能，而且具有追索生命终极意义的哲学和文化价值，至今仍有启发意义。

（原载《南海学刊》2023年第2期）

论西湖诗歌的景观书写模式

——以白居易、苏轼、杨万里为中心

北京师范大学文学院　谢　琰

从唐到宋，杭州从"第三等"城市成长为东南都会，进而升格为都城临安。权力升级与习俗积累，让西湖景观不断变迁、完善。西湖景区成长为江、山、湖、城四大景区的核心。其景点不断得到开发，尤其是近湖景点不断丰富。到南宋末年，"西湖十景"成型（以下简称"十景"）。"十景"不仅是景点命名体系，而且蕴含了景观书写模式。

唐宋诗歌中的西湖景观书写，形成三种经典模式。白居易擅长使用“全景模式”，体现了郡守意识、史官意识、地志传统的综合影响，对于提高西湖景区的独立价值与美学品位而言厥功至伟。但“全景模式”不利于景观审美的细节化，因为它倾向于取消景物之间的纵深关系和时间关系，而着重表现平面关系。苏轼擅长使用“主体模式”，即用强烈的主体精神去覆盖乃至主导客观景物的审美风貌，固然成就了超凡脱俗的气质，但也极易造成景观审美本身的弱化乃至消隐。杨万里则将“焦点模式”发扬光大，具体体现为四种书写现象：“出山向湖”的向心力、“湖山对立”的心态、船荷景象的高频出现、景点网络的形成。他不仅频繁使用“焦点模式”来观察景物细节、捕捉精彩瞬间、形成多变构图，而且始终以低平湖面为聚焦点，呈现出清晰的体系化效果。此种审美效果可称之为“湖面中心主义”。在这个意义上，一个稳定的西湖景观体系已呼之欲出。虽然我们不能说杨诗是“十景”诗的直接源头，但杨诗在西湖景观体系通往“十景”的路上所起到的示范作用却是显而易见的。

成型后的西湖景观体系有三个关键特点：一是有明确的景点位置作为核心要素，从而框定了景观的空间范围；二是有明确的天气因素或动植物因素来确定时间点，从而使景观的细节特色得以呈现，可谓以时间雕刻空间；三是以低平湖面为中心去安排景观，而“十景”的具体位置正好环绕西湖一周，彼此交织，相互呼应，构成一个轻松、自由、平和、日常的湖面景观体系。从此以后，人们对于西湖的所有印象与想象，都被“十景”所蕴含的景观书写模式所决定、所塑造。“十景”诗词的涌现，标志着西湖诗歌的景观书写模式的确立。回顾唐宋时期西湖诗歌的发展史，其中权力、习俗、山水、文学之间的复杂互动关系，值得玩味不已。

（原载《文学遗产》2022年第5期）

文本关系中的诗意

——论苏轼诗歌中的“异时文本组”

上海师范大学人文学院　姚　华

苏轼诗歌具有自觉接续、呼应自我旧作的创作现象，具体表现为在诗中提及以往作品、引用旧日诗句，以“次韵自作诗”的形式追和旧作，或是前后诗歌所表达的内容具有一定的承递关系等。这些作于不同时期、相互之间具有一定关联、宜联系在一起阅读的文本，或可称为“异时文本组”。“异时文本组”区别于独立作品的特殊诗意，是在前后文本的互文关系中体现的。首先是“重复”。诗歌符号的重复往往代表着一段特定情景或经历的复现。重复还常发生在苏轼与同一交往对象的诗歌酬赠中，以此表现特定情感的延续与深化。其次是“变化与差异”。伴随着人生经验的变化，重复性的诗歌元素会在反复书写中发生变形，以此呈现诗人经历与感受的发展与改变。最后还有一种较为特殊的互文关系：前后文本从不同角度表现同一事物或一个道理的不同部分，合而观之才见整体。前后诗意虽有差异，但在作为整体之一部分的表达作用上，又并无分别——于是在更高的层面上，便形成了“泯灭差异”的效果。这样一种由“并置合观”而“泯灭差异”的文本关系，尤能见出苏轼思想的独特性。自我互文的书写形态，是诗人保存、塑造个体历史的一种特殊形式。首先，在“异时文本组”的书写中，“往事再现”是其中最为重要的主题之一。这种对自我之“过去”的回望，显示出诗歌书写朝向更为日常化、个人化的方向转变。其次，“异时文本组”的写作形式还体现出，苏轼惯于将时间的维度纳入对眼前人、事、物、景的观照，在“过去”的基础上书写人生经验的增长与变化，在前后文本的对照关系中呈现时间在万物之上的流逝。最后需要指出的是，在“异时文本组”的书写中，“往事再现”是以“文学再现”的方式呈现的。诗歌写作可以保存乃至塑造记忆。当诗人以征引旧作的形式再现往事时，往事已然经过了语言的加工，被特定的文学符号所定型。

本文尝试提出“异时文本组”的概念，指出在苏轼的诗歌中有一些跨越时间的文本联系，对这些作品的阅读应由“单一文本”转为对“文本群”的观照，在互文关系中理解诗歌的书写方式与意义生成。需要指出的是，对往日旧作的回望与呼应并非苏轼所独有的写作现象，而应视作唐宋诗歌发展中一种趋势的体现。这或许能勾勒出诗歌发展的一条潜在脉络：在时代环境、写作传统之外，自我的旧日书写也逐渐成为诗情的土壤，滋养着诗意的生成。

（原载《文学评论》2023年第5期）

贯通作为写法：苏轼《水龙吟》词的词调史考察

北京大学中文系　叶　晔

论点摘要： 词调是词学研究中最能体现词“别是一家”的领域之一。以“贯通”的视角考察苏轼以后《水龙吟》词的创作及批评情况，可以发现就写法而言，“体调贯通文本”与“文本贯通体调”是《水龙吟》词的两大写作传统。在“体调贯通文本”上，既有借“水龙吟”调的咏笛本意，将不同词人的缘题之作予以串联的情况，又有借词调的“又一体”，串联起不同词人的变体之作，后者又可细分为基于词调沿革的体式变化、基于词调轨范的例词模仿两种情况。而“文本贯通体调”，则坐拥基于词学批评观来研究经典受容史、基于词学创作观来研究作法摹习史两种路径。

从句法上看，在词体结构中尤为重要的起句与结句，通过延展同调声情和借助局部意象变化来制造新调名的方法，深刻介入了对同调《水龙吟》词的学习效仿。辛弃疾、孙承宗等人的《水龙吟》词，即多处化用晁端礼、苏轼等人词的句式，或进一步舍弃祝寿主题，而在特定词风上开拓；明初词人刘基则将前作中以幽人自居的词旨延续至日后的同调创作之中，并出现了韵脚完全相同又脱离本意的别开生面之作，体现出在历代次韵《水龙吟》之作中，存在着较隐蔽的同调声情传统的转换问题。

从类型角度上看，后世更多的《水龙吟》咏物词是对章、苏杨花词的接受及致敬，且裂变出三个亚传统：一是以周邦彦为代表的梨花词，这一传统延续了东坡词的风格，在体物与寄托之间游弋，未指明具体的用意；二是宋代最具特点的咏梅词，这一传统在南宋后实现了与祝寿词传统的合流；三是宋末元初王沂孙等人从东坡、清真词中体察到新的可予自觉寄托的文本空间后，发展出的《水龙吟·白莲》等词。明清时期，《花草粹编》《历代诗余》等分调编次的词选及《词律》《钦定词谱》等词学著作的出现，对《水龙吟》词的声调流变具有进一步的改造意义。其中最具识别度的“起句七字体”，在最早区分“又一体”的词谱及分调词选中，多以陆游、刘镇词为例词；而苏轼的咏雁词，由于被《钦定词谱》尊奉为一〇二字中所有“起句七字体”的正宗，得以幸运地进入了词作品经典化的快车道。从《水龙吟》词调史研究出发，借同调作品的文本对话，从基于实物的书籍阅读史进入更狭窄、精微的作品阅读史，是提升古典词容样貌之辨析度的重要尝试。

（原载《词学》第四十七辑，华东师范大学出版社2022年版）

词学史上的东坡艳词批评

南开大学文学院　杨传庆

词学史聚焦东坡词“以诗为词”“非本色”“豪放”“变调”的特征，实则也有颇多涉及闺襜、歌席之艳词。在南宋词坛崇雅的背景之下，对东坡艳词的遮蔽成为士林中一股强大的力量，崇雅反艳的思潮让他们着力于树立矫正、革新淫艳词风的形象，把东坡词塑造为士大夫雅词的典范，完全泯灭了其艳情词的存在。在此情形之下，苏轼的艳情词作不断被遮蔽，乃至被否定。清代词学接受了明人豪放、婉约的二分之论，他们在明人基础上进一步确立苏轼为“豪放”词风的开拓者，固化其词“豪”的形象与“变”的特征，这种强势的批评话语再一次造成了对东坡绮语的屏蔽，“豪苏”与“腻柳”、“大江东去”与“晓风残月”成了僵化的标签。然而，遮蔽、否定东坡艳词始终无法掩盖其创作及于脂粉的事实，东坡艳词在南宋还有着与士林群体之遮蔽不同的接受样态。南宋世俗大众热衷为东坡词编造艳情本事，目的是通过本事阐明东坡作词的本意及词作的含义。南宋有关东坡词的艳情本事，就事实真伪而言，无疑荒诞不实，然而这些艳情本事作为“伪材料”，又能体现东坡艳词在世俗大众维度上的娱玩之用。到了明代，东坡艳词迎来了一个显现本色的春天。受到主情思潮的影响，明人选词对东坡婉艳本色之作颇为爱赏，他们将苏轼词作纳入创作闺阁之语、男女艳情的词作序列之中，特别是以消遣娱乐为主要目的的词选更是注重东坡香艳之作。并且，明人对于南宋人编造的东坡艳情词本事并不否定，而是往往从至情、性灵的角度予以阐释。他们揭示的东坡词绮媚婉约之处，让人看到了东坡词对本色词风的延续。在南宋词学对东坡艳词的批评中，如鲖阳居士、项安世等人均从政教、伦理的寄托角度对东坡词加以阐释。清嘉庆以后，常州词派寄托理论的建构及践行，又将东坡艳词作为重要的词学资源。清人将东坡艳词确立为象喻文本，对宋人附会的艳情本事予以否定。谭献、黄苏等人认可东坡艳词“比兴”的存在，却不再矻矻于具体所指为何，而是从“读者之用心”的角度强调其合于诗教的忠厚性情与深厚意旨。与南宋诸家站在崇雅黜艳的立场赋予东坡艳词政治、道德内涵不同，常州词派不囿于雅、艳，主张借绮艳之词来寄托怀抱。概而言之，词学史上对东坡艳词的批评，或是对其加以遮蔽，或是显现其本色一面，或是以之为寄托之具。历代学者对东坡艳词的批评展示了这些词作的历史生命和审美价值，也体现了不同时代词学的鲜明特征。

（原载《文学遗产》2022年第4期）

论龙榆生《东坡乐府笺》的校笺特点及其意义

武汉大学文学院　汪　超

龙榆生《东坡乐府笺》影响较大，赞誉者众，而亦有负评。龙笺是一位词家站在词学立场完成的笺注典范，亦展现了他的学术交往、学术观念等。

龙榆生《东坡乐府笺》的校勘工作主要有以下数端：一曰校词调。龙榆生校词调较为谨慎，常出异同校，而在别处体现校勘的其他问题。二曰校词题、词序。龙校于词题、词序之异同，每从傅注本，大约因其相对早出。三曰校字词。龙榆生一般只出校而不作改动。字声合律的情况下，龙榆生也只出异同校。此外，《东坡乐府笺》在校勘中还做了正编年、存疑、勘误、增补等工作。校书如扫尘，《东坡乐府笺》的校勘并非毫无瑕疵。总体而言，龙榆生的校勘态度是谨慎的。龙榆生校勘甚少改动底本，承袭朱本校勘成果，同时以异同校保存傅注本的特征，又用元本、毛本倒校傅注本。由此，《东坡乐府笺》保留了四印斋影印元延祐本、毛氏汲古阁本、傅注本的大致面貌。其词调、词题的校勘则体现出词为专门之学、词籍校勘有专门关切的特点。当时，傅幹《注坡词》流传未广，故龙榆生笺注多采傅注，但其所删傅注亦多。龙榆生删去傅注的主要原因如下：一曰无补于读者理解，二曰与词意较疏离，三曰信息重复，四曰注释错误，五曰因异文而删。龙笺或许存在少量删除不当的情况，但其所删的大部分傅注都有被删的充分理由。在龙榆生补正的傅幹注中，最常见的是引文规范。以其注地理类为例：其一，有傅幹未注而龙氏新注者。其二，有删去傅注、重新为注者。其三，有部分袭傅注者。其四，龙榆生笺注名物、典制等。大率如此。至于《东坡乐府笺》补正傅幹注的其他情况还有：一曰修正傅注疏失；二曰增注补足释意；三曰傅注语典出处较晚，龙笺更之以早出文献；

四曰傅注所引典籍未尽善，龙笺改用其他文献笺注。

《东坡乐府笺》保留了东坡词重要版本的面貌，还体现了词家立场，既是传统笺注之学、晚清词学校勘的延续，又是个人学术观念的展示，同时还是二十世纪三十年代词坛活动与风气的表征。首先，龙榆生的校勘、笺注工作较鲜明地体现了其词家立场。龙氏笺注关注词学内部问题：一曰重视词的音乐性，二曰重视词的体式，三曰注重词家效法、脱化。龙榆生的校勘、笺注是传统方法的延续。其次，体现了龙榆生有别时风的词学趣向。最后，该书校勘、笺注工作是民国前期学者之间学术交流的缩影。

（原载《词学》第四十八辑，华东师范大学出版社2022年版）

东坡词在宋代的结集与流传

——以明刊《重编东坡先生外集》所收词的考察为中心

复旦大学中国古代文学研究中心　赵惠俊

明刊《重编东坡先生外集》（以下简称《东坡外集》）所收词保留了一种结集于南宋的东坡词集形态，呈现出依地汇聚的系年特征，即将苏轼作于某地的词作统编于一处，并按照苏轼到达该地的时间先后编排每组词的顺序，而各组内部的具体写作时间则不予深究考订。结合《东坡外集》的南宋原编者在卷首序文中留下的文献使用记录，《东坡外集》所收词当是汇聚东坡小集所收词而成，反映出深受商业出版影响的宋人小集已经开始将词作收入其中，这是词体作品进入作家文集的开端。除了写作时地相对集中有限外，苏轼行旅间所作词也罕见于《东坡外集》，集中唯有三首海州词与三首泗州词能算行旅词作。这是《东坡外集》所收词的另一个重要结集特征，同样与结集的基础来源文献为小集密切相关。绝大多数《东坡外集》所收词亦见于曾慥编刻本《东坡词》与元延祐刊本《东坡乐府》，而二者较《东坡外集》多出的词作大多拥有墨迹、石刻及书简流传的记录。由之可见，东坡词的结集主要由两个部分组成：一个是东坡小集所收词的汇编，文献来源为各种东坡小集，有的小集甚至于苏轼在世时即已出版；一个则是对小集未收的散落各地之词的旁搜远绍，主要的文献来源便是石刻、墨迹与书简。而这两个部分在东坡词结集过程中也有着先后之分，仅凭数量多寡与工作难易便可推断小集汇编是东坡词结集的第一步，其后才出现在此基础上的旁搜远绍。而从单篇词作的角度考察则能发现，《东坡外集》所收词多有宋人的演唱记载，而未被《东坡外集》所收之词则基本没有歌唱记载，结合东坡词集在小集汇编阶段不重石刻、墨迹文献的结集特征可以推知，易被付诸歌喉的传统词篇更容易被小集收录，一部小集所收录的词作其实可以被视为流行度极高的本地金曲汇编。这种结集形态与北宋词的最初流传收集者的身份是歌女或好事者密切相关，同时更与新兴的商业出版有着极深的联系，从而造就了小集所收词存在流传地域单一性、流传方式以歌唱为主、疏于文本考订且不求其全等特征。这种词集结集形态与相关特征也应在探究柳永、秦观、周邦彦等北宋词人词集时获得充分的关注。

（原载《中国文学研究（辑刊）》2023年第1期）

苏轼《与钱济明》尺牍考略

复旦大学中国古代文学研究中心　朱　刚

苏轼写给钱世雄的尺牍，被集为《与钱济明十六首》。通过对其文本来源和编排情况加以清理、辨析，并结合其他资料，可以考明新旧党争背景下的苏、钱交往之始末，以及苏轼临终时的某些细节。首先，孔凡礼校定《与钱济明十六首》的文本来源，是以明代茅维编《苏文忠公全集》为底本。在茅维之前，有两种现存的文献集中汇编苏轼的尺牍：一是中国国家图书馆藏元刊残本《东坡先生翰墨尺牍》，其全本有清刊《纷欣阁丛书》本，依受书人为序编集；二是明刊《重编东坡先生外集》的“小简”部分，与明刊《东坡七集》本《东坡续集》的“书简”部分面貌基本一致，按写作时间、地点编排尺牍。茅本《与钱济明十六首》的文本，都取自《东坡先生翰墨尺牍》卷三《与钱济明》，而排列顺序以及各篇题下对写作时地的标注，则参考《重编东坡先生外集》加以调整，这是茅维编定苏轼尺牍的基本方法。其次，从尺牍内容可知苏轼与钱公辅、钱世雄父子的交往。苏轼曾为钱公辅写作哀词，在“乌台诗案”中成为罪证之一。钱世雄亦受“诗案”连累，遭受处罚。至元祐年间，钱世雄发起了为“诗案”平反的活动，又因苏轼荐举而改秩京官。此后钱氏任职苏州通判，复遭新党迫害而罢官，居家常州，故于苏轼临终时得以追随身边。苏轼去世后，他继续与苏氏后人交往。再次，关于尺牍的具体系年，十六首中的第三首作于元丰六年，为最早，时苏轼在黄州；第一、二首皆作于绍圣元年，时钱世雄任苏州通判；第四、五首作于绍圣二年，时苏轼在惠州；自第六首以后，皆作于苏轼自海南岛北归直至在常州去世的建中靖国元年。从写作顺序看，苏轼尺牍中留给钱世雄的最后一句话是：我一点都“不倦”，盼你“日例见顾”。苏轼虽称谪仙，其实留恋人间，即便大限将至，也不堪孤卧病榻，而喜欢与朋友交流，钱世雄陪伴了坡仙在人世的最后一程。

（原载《文艺研究》2022年第5期）

东坡尺牍源流考

中国人民大学文学院　曾祥波

宋刊东坡“大全集”收录尺牍的主体部分（第175首至最末第809首）源于以补遗东坡“七集”为目的、成书时间下限在两宋之际的《东坡外集》，以时编次，严谨有法。而“大全集”收录尺牍不源于《东坡外集》的补充部分（第1首至第174首），来自《纷欣阁丛书》本《东坡先生翰墨尺牍》所据的宋代“文本系统”，以人编次，编纂欠佳。宋刊“大全集”被明成化本东坡“七集”的底本洪熙本《苏文忠公集》承袭，成为成化“七集”之《东坡续集》收录尺牍的源头。成化《东坡续集》收录尺牍实际上成为今天东坡尺牍研究的基本资料来源，这一情况显然不能令人满意。今后使用东坡尺牍，应该追溯到《东坡外集》《东坡先生翰墨尺牍》以及洪熙本代表的宋刊“大全集”，然后才能轮到成化《东坡续集》。

过去考察东坡尺牍源流情况，困难在于宋本苏集不存。宋刊“七集”虽无全帙存世，但成化重刊“七集”对宋本改动不大，改动部分交代清楚，基本可以用成化本替代宋本使用，然而收录尺牍的成化《续集》出自“七集”之外的东坡集系统，研究方向指向“大全集”系统；但宋刊“大全集”不存，明刊通行“大全集”与宋刊“大全集”的关系不明，无法替代宋刊“大全集”使用。现在一方面通过对洪熙本的发掘，打通了宋刊“大全集”与成化《续集》的渠道，从而判明成化《续集》收录尺牍来源于宋刊“大全集”。另一方面，由于近年来学界从多个角度注意到明刊《外集》保存了宋本旧貌，宋刊《外集》的编纂很大可能出自东坡后人之手，充分利用了东坡家藏手稿。《外集》收录收件人为同一人的尺牍，会出现间隔他人尺牍仅数篇的分开编次，意味着时间间隔极短，甚至以天计算，这说明存在一个原生源头的时间编次，如东坡留存底稿依时间累积存放的原生态信息，否则后来的编纂者很难厘清这么小的时间间隔，而是会将时间间隔极短、几乎无法通过考辨区分的同一收件人的尺牍归于一处。另外，《外集》还收录了不少题作“与人”的尺牍，它们全无收件人信息，这也说明并非从收件人处搜集而来，而是源自家藏手稿。换个角度看，苏轼今存尺牍法帖皆无改窜，一气呵成，这一迹象似乎也能表明它们是在初稿基础上重抄后寄出。《欧苏手简》的来源“本集”与《纷欣阁丛书》本《东坡先生翰墨尺牍》高度吻合，尽管《纷欣阁丛书》本是清代重刊本，但其底本是宋本，在收录数量、篇目编次、篇章分合等“粗放式”文本因素的层面上，可以将《东坡先生翰墨尺牍》视为宋本使用，至少可以将《东坡先生翰墨尺牍》视为不同于《外集》的宋刊东坡尺牍“以人编次”文本系统的代表，从而判明《东坡先生翰墨尺牍》代表的“文本系统”是宋刊“大全集”收录尺牍“以人编次”补充部分的来源。追溯文献源流，可以在逻辑恰当的情况下合理利用“文本系统”，而不是过分拘泥于现存版本的刊刻时间，从而止步于限于文献保存条件已经无法发挥作用的“版本系统”。这一研究手段或许在得到个别问题的具体结论之外，还具有一定的普遍方法论意义。

（原载《华南师范大学学报（社会科学版）》2023年第5期）

追寻不变者：苏轼气论与《赤壁赋》新解

华东师范大学国际汉语文化学院 成 玮

苏轼《赤壁赋》提出两层说法，化解人生苦短之叹：一是万物流变中，自有不变者恒久存在；二是风声月色，足供我辈领受。这两层一脉衔接，均基于其气论而来。其《东坡易传》卷七称："天地一物也，阴阳一气也。或为象，或为形，……象者，形之精华发于上者也；形者，象之体质留于下者也。人见其上下，直以为两矣，岂知其未尝不一邪？由是观之，世之所谓变化者，未尝不出于一而两于所在也。自两以往，有不可胜计者矣。"他把万物分作形体及其精华两部分。形体存在于世间，其精华则可超出世间，上达于天。然而形体也好，精华也罢，归根结底，都由一气所化生。形体及其精华变动不居，此即《赤壁赋》的"变者"；化生它们之气却恒久持存，此即《赤壁赋》的"不变者"。更详尽地说，一气分而成阴阳，阴阳交而生万物。从阴阳到万物，从无形到有形的临界点则是水，水虽具形体，而形体可随时变化，故介乎无形与有形之间。形体既成，则以光（色）、声、味、臭、力、膏六者为形之精华，唯有人心固有的"了然常知者"方能领会。回看《赤壁赋》的开解，第一层"不变者"指作为万物质料的气；第二层"惟江上之清风，与山间之明月，耳得之而为声，目遇之而成色"，指对形之精华的领取。此文从一气与形之精华两层，消释时间之叹，内在衔接相当紧密。这套说法中，气与阴阳植根于《庄子》外篇《知北游》、杂篇《则阳》的论述。万物初始形态为水，则由老子学说与苏轼自身出蜀船行经验交会而生。形之精华说，略有儒、道两家成分，基本内容则转化自佛学。光（色）、声等六种形之精华，系比照佛教"六尘"而立。"了然常知者"即佛性，而苏氏再将佛性与六识等同。他标举"了然常知者"以对接"形之精华"，正是水到渠成。综观其气论体系，取材遍及三教，时参己意，根柢则植于《庄子》，思路之开阔足见一斑。

环顾并时诸家，苏轼气论的特点，在于强调“道”仅属于本体世界，进入现象世界则仅有普遍之理、分殊之理。之所以在本体、现象间立此界限，是为突显“道”纯是自然无心，与“理”本质有别。不过道、普遍之理、分殊之理三者，并非自然与否之异，只是自然程度分了等差。就现象世界言，事物形体寓含分殊之理；形之精华则越出分殊之理，向普遍之理挺进，向更高层次的自然状态挺进。此种精华，迈入君子境界始得领略。《赤壁赋》便摹写出了此种境界。

（原载《华南师范大学学报（社会科学版）》2023年第5期）

著述形态与文本阐释：苏轼制科进卷新解

中山大学中国语言文学系　王　芊

著作在成书及流传过程中的著述背景、体式源流、编纂体例、刊刻形式、传播方式等一系列形态特征，可统称为“著述形态”。著述形态是人类精神文明的主要塑造方式，也是文本存在的基本要素之一。它不仅是文本的外在形式，更是思想内容的展现方式。作为有机整体，著述内部的书写、编排面貌，涉及思想的组织表达、文章的逻辑结构，密切关系着文本内容的呈现，也直接影响到读者的理解与阐释。

苏轼制科进卷在宋代主要以《应诏集》的专集形态单行流传，后被书坊收入南宋蜀本“东坡七集”。《应诏集》之所以在《东坡集》《东坡后集》外单本别行，是受到制科选拔制度、别集编纂观念与社会政治环境等因素的影响。在《应诏集》的整体形态下，进卷展现出一以贯之的逻辑体系与思想宗旨。其结构线索主要表现在三方面。一是进论首卷的统摄作用，《中庸论》及《大臣论》两组文章在义理与事理层面统摄后四卷历史人物论，亦即《秦始皇帝论》《留侯论》等文的立论及论证需联系这两组文章才能融通理解。二是进论借鉴史传

"互见法"的观点布局，"互见法"的书写方式及其所蕴含的情感评判，对于准确理解进论的性命论思想具有重要作用。三是进论与进策的古今互文，进论关于西汉历史人物所处时势的分析蕴含比附北宋的意味，对西汉历史人物品格的彰显是出于对北宋士风、士气重振的呼唤，进策对君主用人取士制度的建议也在进论中具有思想观念层面的依据。通过文本分析可知，苏轼进卷存在紧密的整体联系，这对于理解其中文章的议论方式、学说倾向、构思立意以及青年苏轼的思想十分重要。然而，到明清时期，以茅本为代表的"分体合编本"苏集将进卷的原始编次打乱，把它按文体与其他策论文混编重排。明代分体合编本苏集编次的形成，是受到《三苏先生文粹》《唐宋八大家文钞》等宋明文章总集的影响。苏轼进卷的著述形态变异在唐宋别集编纂中并非个别现象。

总集与别集的组织编选机制，是编者从特定的观念、准则出发，对文章素材的提取、重构，最终呈现出的是经过加工、再造的文本样态，这样的文本样态已脱离文章的原始生成语境。然而，没有任何文本可以脱离其生成语境而以自性状态独立存在。尤其是作为有机整体而集中创作的著述，它们在动态生成过程中的著述形态构成文章、文体得以产生、存在与呈现的必备要素。"著述形态"所代表的正是鲜活了生成语境的文体存在样态。

（原载《文艺研究》2023年第6期）

以集为正：论宋人对苏轼作品文本歧异的认知与处理

南京大学文学院　杨　曦

在宋代物质载体、风气好尚与欣赏观念转变的大背景下，文学文本歧异问题越来越受到关注。苏轼作品的文本形态丰富、歧异繁多，尤其受到学人的重视。这主要基于以下三方面的原因。一是作为当时最具影响力的人物之一，苏轼的作品被大量付诸刊刻，并迅速借助印本传播开来。二是作为引领尚意之风的书家，苏轼的书迹兼具辞翰之美，独绝一时。三是苏轼流传世间的稿本也格外为人宝爱，宋人往往悉心载录其上的修订痕迹，并加以评析。

对墨迹、石刻与印本的歧异而言，宋人原较倾向于将“真迹”与“印本”对立，认为真迹反映的是作品的正确面貌，而印本呈现的则是被后人妄改或者充斥着讹误的文本。但随着校勘实践的深入，南宋学者将“改定”与“编集”这两个环节纳入考量。他们逐渐意识到，文本歧异在很大程度上是由作者本人编集时改定造成的，相对而言印本才更能展现苏轼创作的最终意图。因此，以周必大为代表的南宋学者提出了“以集为正”的文献观念。

具体而言，“以集为正”的内涵如下：第一，相对于墨迹、石刻而言，以印本为正。第二，相对于别集、小集等印本而言，以全集型印本为正。第三，“以集为正”不等于“以集为是”，“正”主要不是与“误”相对，而是与“别”、与“副”相对。具体到苏轼作品上，就是以《东坡七集》这一全集型印本为正。这一原则也适用于整个集部作品文本的整理。

在今天看来，“以集为正”这一对墨迹、石刻与印本等差异甚大的不同文献类型的认识具有划时代的意义。它标志着士人对印本的态度开始真正转变，他们从最初的恐慌、指责逐渐变为接受，并在此基础上认识到印本所具有的不可替代的价值。应当说，这既与南宋中期印本逐渐成为书籍的主要载体形式有关，也与周必大等人亲身从事刊刻活动及其校勘实践的深入密不可分。总之，宋人围绕苏轼作品文本歧异展开的探讨，不仅深化了对作者改定的认识以及编集对文本形态的影响，更从原则上解决了孰为定本的问题，堪称宋人文本研究的一大成就，值得特别表彰。

（原载《北京大学学报》2023年第6期）

《乌台诗案》明重编本文献价值平议

——以苏轼“供状”的校勘比较为中心

清华大学人文学院　周思成

“乌台诗案”流传迄今的历史记录，主要有署名朋九万的《东坡乌台诗案》、《苕溪渔隐丛话》（卷四十二至四十五）、《诗谳》等三种。明万历三十六年（1608）刊八十六卷本《重编东坡先生外集》中保存有另一种“乌台诗案”的记录。近年来陆续有研究者根据明重编本，对“诗案”、宋代司法制度和文书行政提出新的解读，并推测这一版本可能出自北宋审刑院奏状，或出自中书门下敕牒、札子，颇具史料价值。然而，校勘比对朋九万本和明重编本，可知：（1）明重编本之阙失远较他本严重。就占据文本主要篇幅的供状而言，明重编本显示出大量鲁鱼亥豕、内容删改和条目阙失。文字阙失达百字以上者就有7处，而“送刘述吏部事”“与子由诗”等条目，宋代以来就见于通行本，却不见于明重编本，应是刊刻流传过程中发生残阙或经粗糙的删改所致。（2）明重编本之删改远较他本拙劣。明重编本的某些删改，如有关《超然台记》《司马君实独乐园》《祭文与可文》等诗文的苏轼供状的删改，常造成原文原诗意思的隐晦，甚至是对苏轼原意的歪曲和误读。（3）明重编本多删去关键的诗旨和用典本末。明重编本大量且无规律地删去供状内苏轼交代的诗旨和用典，存此而遗彼，全无体例。有些特定的诗句和典故，既是弹劾札子指为苏轼谤讪朝政的罪证，也是神宗令御史台根勘闻奏的关键事节，亦遭不得要领的删改。（4）明重编本并未较多保存官文书的原貌。较为完整的供状，各条目下标明了苏轼和他人诗文有无讥讽情节、是否上缴讥讽文字、文字是否通过其他途径传播、苏轼对指控是否招认等信息，明重编本对上述信息的保存同样杂乱无章。供状末尾定罪量刑的关键部分，明重编本也存在较为严重的文字阙损，若无朋九万本的补充参照，明重编本其实很难读通。

总之，与朋九万本相比，明重编本存在较为严重的讹误、脱漏和删改，其中许多改动，体例混乱、手法拙劣。重编本所依据的原本或许来自某种特殊的宋代官文书，但今日所见之明重编本，显然经历了不止一次的转抄、编订和删改，其中某一或某些删改者和编校者，既不具备法司的专业立场和严谨态度，也不熟悉北宋的司法行政制度和文书体式，更看不出统一的编录标准或特定的编录方法、目的。鉴于明重编本《乌台诗案》如此的整体文献面貌，今后研究者若继续使用此本，恐怕还需更加审慎。

（原载《文献》2022年第6期）

基于辑佚的苏轼《论语说》研究

——苏轼“海南三书”论之二

海南师范大学文学院　阮　忠

今传苏轼《论语说》为后人辑佚所得。苏轼的《论语》解读，多对孔子思想的格言式表达作了较细的剖析，体现了自己亲仁好仁而不违仁的基本思想、因循孔子兴礼乐行中庸的主张，在不乡原非中庸时选择狂狷，并在说《诗》时以无思无为为“思无邪”的至境，以口手相应的平易表达为辞达的至境。学界关于苏轼“海南三书”《易传》《书传》《论语说》的研究，相对于他的文学研究一直都很薄弱，虽说苏轼自己最重这“三书”，说除此其他皆不足道，但世人所重恰好相背。而在北宋的儒学中，“海南三书”无疑是蜀学的代表著作，但苏轼生前，“三书”并未刊行，在蜀学中的影响不曾产生，且蜀学在当时的地位不高。即使是现在的一些古代哲学史、思想史，也很少提及蜀学。这一现象表明对“经学三书”展开研究的必要性，以期促进苏轼文化研究的不断深化。

首先，苏轼“海南三书”给后学留下一些悬念，其中又以《论语说》为甚，主要有二：一是苏轼对自己的“三书”很自许，说因有“三书”方感此生不虚过。苏辙也说过苏轼“作《论语说》，时发孔氏之秘”，对《论语说》是很称道的。但苏轼《论语说》竟然保留了苏辙《论语略解》十之二三的内容？苏辙的《论语拾遗》，四库馆臣说辙见兄之说有不妥处，而作二十七章，说解经轼不及辙？这多少令人有点费解。二是苏轼生前将《论语说》连同《易传》《书传》交给了友人钱济明。三书在南宋渐传，可《论语说》最终却失传了。舒大刚说在南宋朱熹后直到元朝，对《论语说》的称道和引用不绝于书，今卿三祥、马德富、舒大刚以及谷建、许家星等人辑《论语说》佚文，得一百多条，所能辑得的条目相对于《论语》20篇492章来说，实在太少。有的辑文不是产生于黄州时期，这意味着《论语说》有的思想形成在黄州之前，而非起意于黄州？苏轼早想解经，到黄州有了闲暇才得了机遇？

其次，《论语》最为核心的思想是“仁”。苏轼《论语说》中多见对“仁”的理解，围绕孔子之“仁”有诸多变通和申发，但有一点没变，这就是他在《仁说》一文中，援引孟子的“仁者如射，射者正己而后发，发而不中，不怨胜己者，反求诸己而已矣”，说君子当志于仁，求而不得则如孟子所说反求诸己，这也就是孔子说的“为仁由己”。至此，似乎又走到孔子克己复礼的路上去了。但孔子所复的是周礼，苏轼尚仁，是以仁为人的基本道德，重仁在现实社会中的表现与运用，与孔子把仁与复古拴在一起全然不同。

再次，在《论语说》中，苏轼强调先当修以礼乐，方能踏入治国正道，相反先事功后礼乐，欲归于正途也是难的。所辑的苏轼《论语说》，还有中庸一说。苏轼有《中庸论》，在《论语说》里他也有一些解读。苏轼《论语说》取意于孔子，认为孔子在狂狷与乡原中，宁取远离中庸的狂狷，不取近于中庸的乡原，在于狂狷有所进取，不似乡原随流俗而动的怠惰。

最后，今辑《论语说》苏轼所存稍多一点解说的，是孔子说《诗》。苏轼说孟子的“今乐犹古乐”说，迎合了梁惠王所爱，孟子欲因梁惠王所好，顺势而治之，苏轼认为不宜这样鼓励。苏轼还引了《周易》的“无思也，无为也，寂然不动，感而遂通天下”来说“思无邪”的内涵，无思无为故无邪，这类似庄子的“无己”，因“无己”故无思，故能“寂然不动”，呆若木鸡。但它又说感通天下，分明又有思了。对此，苏轼解说，有思皆邪，无思则形同土木。他说孔子尽心于此，寻求有思而无邪，无思而非土木。而《诗》有思，有思无邪必节之于礼。对《论语·卫灵公》载孔子“辞达而已矣”的说法，《论语说》辑了苏轼的《与谢民师推官书》作解说，认为以言达意的了然于心、口、手，即为辞达。

（原载《海南师范大学学报（社会科学版）》2023年第4期）

苏门反性命之学发覆

山东大学文学院　乐进进

宋代性命之学的兴起是对汉唐经学的疏离与改造，从章句注疏到义理之学乃至性命之学的转向，无疑是对先秦儒家经典的全新阐释与体系重建。王安石与程颐皆属北宋性命之学得以兴盛的关键性人物，但在其发声初期，便受到以欧阳修为首的官方话语机制的排抑，由此延缓了性命之学风靡于世的进程。王安石借由秉政契机将自家的性命道德理论定型为国家意识形态，知识阶层因科举需要而对之亦步亦趋，并演化为非性命道德之学不谈的社会境况，进而招致苏门群体的奋起抗争。苏门士人构筑反性命之学的阐发框架，既以治国理政为驳斥视角，痛斥空谈性命将会阻碍国家机器的有效运转。同时，从无法授受传递的角度否决性理学说探讨的可能性，并进一步指明沉溺于语言游戏便是对个体修养的戕害，转而提倡渐进于道的子夏教学路径。

佛学性论的儒家化与四书诠解的性命化合力铸就北宋性命之学阐说推演的基本路径，苏门群体的反抗策略便是就其学说发轫处解构其理论体系。苏轼将佛教初传时的原始朴素作风视为释氏的行动典范，借以抨击当时佛教徒捕风捉影的禅学机锋与玄谈习尚，而袭用佛学心性框架来建构自身理论体系的儒家学者更属等而下之的序列。宋代四书体系的建构、定型与经典化可概括为四书的性命化阐释历程，苏门群体的反性命之学试图推翻宋代四书学的话语诠解体系，从而揭穿空谈风气的表面伪装。先是将《中庸》的理论构想直指现实处境，不夹杂丝毫神秘色彩，对天道性命诠释框架加以反拨。其次，将性善论作为孟子对于先圣学术的误读，并搬用圣人不言性的至高权威压制宋儒所不断抬升的孟子的地位，试图从个体践行层面重新定义孟子思想的精华。

苏门虽以群体力量反抗着性命理论的风起云涌，在时代潮流的裹挟中亦被迫就此问题作出解答，但苏门的反性命之学自其肇端便建立在先验道德意识的反面，在宇宙论、人性论、情性论等领域皆与理学家的性命学说框架判然两途。苏轼着力解构以善恶为讨论范畴的理论体系，试图消解当时聚讼纷纭的人性论探讨，其理论本身奠基于老庄自然学说，而实质却是对以理学家为首的儒家性命之学的反抗。但其抗争言论反被后世理学家纳入性命之学的考量范围，通过重新阐释、整合而化身成为理学话语资源。伴随着欧、苏等人思想家身份的丢失，反性命之学也逐渐湮没在后世主流儒家价值体系中，这恰是需要抹去历史的浓妆才能见到的真面目。

（原载《人文杂志》2023年第12期）

《东坡笠屐图》故事及其解读

新加坡南洋理工大学中文系　衣若芬

《东坡笠屐图》画苏轼（1037—1101）在海南戴笠穿屐的故事，文献和画作见于12世纪中后期南宋的笔记丛谈。其后流传到日本和韩国，成为东亚苏东坡文化意象的共同母题。《东坡笠屐图》为何重要？日本学者救仁乡秀明统计日本中世镰仓到室町时代的34种东坡题材绘画，对比传为赵孟頫（1254—1322）画的两件《东坡故事图卷》中的主题，发现其中相同的题材是《赤壁图》《笠屐图》和《负瓢图》。以苏东坡为主体人物的绘画中，数量最丰富的作品，也是《赤壁图》《西园雅集图》和《笠屐图》。总之，讨论苏东坡主题绘画，都绕不开《笠屐图》。

救仁乡秀明搜集的34种东坡题材绘画大部分的本事典故都来自苏轼的作品，例如《赤壁图》取材于前后《赤壁赋》和《念奴娇·赤壁怀古》等，也就是带有历史和文学纪实性质的诗意图。《负瓢图》的本事典故来自苏轼友人赵令畤（1064—1134）的《侯鲭录》。至于《东坡笠屐图》的本事典故时代较晚，而且有层叠附加的演变现象，值得细读分析。笔者的研究视角集中于文图学

(Text and Image Studies)，尤其关注对于媒介的多重观察，利用文图学的研究思路和文本细读方式，既得以承续前人研究成果，例如《东坡笠屐图》的故事基本模式及其衍生发展，也能够解决习而不察的基本问题，从而摆脱对《东坡笠屐图》是否为历史纪实图像的纠葛，进而开拓更广阔的认识视野。本文梳理了关于《东坡笠屐图》故事的三个主要版本，目的不在于强调其虚构不合实情，而是细读文本，寻觅彼此互涉的关系，此即文图学研究重视的互文性研究。文图学研究并不局限于考证真伪，唯尚真史，即使其中有疏漏不合逻辑甚至有悖常情处，真伪之余，更有趣的是构成传闻的来龙去脉，也就是各阶段阶层文本的生产与传播、接受情形。

本文拈出“媒介”为关心点，看个别的媒介性质如何累进和充实《东坡笠屐图》故事。周紫芝版本中，《东坡笠屐图》故事置于诗题，暗示其来有自，周紫芝引述，作为表达个体经验和东坡事迹的偶然重合。费衮版本稍将周紫芝版本润色，增加东坡海南友人黎子云，强化故事的人物关系，在“戴笠”之外，还多“穿屐”，周紫芝时未见的图像，较周紫芝晚数十年的费衮已然得见，于是文字媒介和图像媒介共同参与了传播的工作。祝穆的地理书《方舆胜览》和佚名编著的《氏族大全》具有史料的性质，收录了费衮版本，为本来笔记丛谈的随意娱情添上纪实的观感。到了张端义版本，《东坡笠屐图》故事更为完整，甚至写东坡看过其笠屐图像，自为题咏，更固化了文字媒介和图像媒介的联合，让《东坡笠屐图》故事深入读者和观画者，进而成为不容许怀疑的“历史事件”，随着新闻媒体和互联网继续广为流布。

综合归纳本文讨论的《东坡笠屐图》故事的三个版本，可以更清晰看出其间的演变过程。经由本文抽丝剥茧地探析，笔者视《东坡笠屐图》故事为“故事”，唯其为“故事”，不定于一论，才允许更多集体想象和创制的空间，逐渐汇聚形塑同中有异的东亚东坡文化意象，展开笔者后续的研究篇章。

（原载《中山大学学报（社会科学版）》2023年第5期）

文化意象的形塑、流传与衍变：以“东坡笠屐”为对象的考察

中国人民大学艺术学院　陈琳琳

作为苏轼最为经典的形象之一，“东坡笠屐”不仅在中国本土广为流传，还较早传入日本，深受五山诗僧的青睐与推崇，同时被日本画家频繁画入图卷。对比中国本土的形塑历程，进入日本文学与绘画的“东坡笠屐”，发生了改写、变异与误读等一系列现象。具体而言，五山诗僧对苏轼戴笠的形象解读具有禅意化的倾向，他们剥除了苏轼垂老投荒的惨痛体验，回避其困顿多艰的贬谪境遇，或盛赞苏轼的文章才华，或追慕其清风朗月般的人格风貌，总之意在凸显“坡仙风流”的精神内涵。日本画家笔下的《东坡笠屐图》则引入了幽玄静寂的风雪画境，在戴笠的基础上叠加了“骑驴”等具有象征性的视觉意象，试图拓展“东坡笠屐”在地诠释的空间，借以传达对中国文人典范的认同。

以“东坡笠屐”为例，可大致梳理东亚文化意象的生成衍变规律。历史记载与文学书写共同奠定了苏轼儋州借笠的本事内容；经过后人有意识地转述与加工，“东坡笠屐”逐步脱离其本事语境，衍生为一个富有想象空间的文学事象，并被援用到诗文创作中。作为文学事象的“东坡笠屐”，不单指向访黎遇雨、借笠农家的本事情节，更映射出苏轼在逆境之中的典范人格。至此，“笠屐”不再只是宋人笔记中的叙事元素，更是代表苏轼文章与人格的某种肖像符号。“东坡笠屐”进入画家的创作视域，最初也以文学事象的形态存在。由于绘画媒介的介入，“东坡笠屐”获得了崭新的视觉生命，成为一种可复制、可迁移的可视化符号，进入文化实践的层面，在各个社会阶层之间得到广泛传播。伴随着《东坡笠屐图》的流传，“东坡笠屐”逐渐定型为具有特定意涵的文人典范形象，并在传播中介的辅助下旅行到东亚汉文化圈诸国，深受东亚诗人与画家的认同与追捧，最终发展成为一个具有普适意义的东亚文化意象。在

这一文化意象的形塑与衍变过程中，随处可见图像与文本的微妙张力，无论中国本土，抑或日本、朝鲜，绝大多数的《东坡笠屐图》其实是“东坡笠屐”故事的简化、提炼或再创造，图像与文本之间始终存在着选择与舍弃、重演与改装、契合与背离等多重关系。这一系列复杂的互动与交流，固然根植于绘画与文学各自不同的艺术传统，但也从另一侧面折射出了画家与诗人不同的观照角度与审美选择，在不同向度上彰显了苏轼之于东亚汉文化史的典范意义。

（原载《艺术评论》2023年第6期）

论士人画：从苏轼到郑板桥

——“墨石诗意”七百年

浙江越秀外国语学院 上海交通大学人文学院　夏中义

将传统花鸟画中的那块“石头”（造型元素），从美学上分出“墨石诗意—拜石怡性”两类，作为标识“士人画—文人画”分野的器识性符号，意义有三。其一，从北宋苏轼到明代董其昌，对文士抒写心志情趣之笔墨本有“士人画”“文人画”之别称，但董其昌后的画苑却让“文人画”称呼含混地“涵盖”了“士人画”，本文提炼的“墨石诗意”，旨在佐证“士人画”之所以异质于“文人画”，是因为前者对画家道德情怀之倾注，远胜对笔墨技巧之逸趣。其二，以“墨石诗意”为视角，从北宋到清代的中华画史，可分出“士人画”“文人画”两条流脉：前者从苏轼到郑板桥，后者从米芾到陈洪绶。这是古贤以绘石来表征的彼此生命角色自期。其三，“墨石诗意”所纵贯且通融的“东坡怪石”与“板桥竹兰石”，不仅可鉴君子诗哲谱系之千古传承，更可鉴哲贤眼中的“石头”自古不是自然界的冰冷物体，而是哲贤应对浊世陋习时，尚能持志安魂的精神根基之象征。

首先，得精准定义“文人画”“士人画”中的那个“文人”“士人”究竟何谓。无非两种：要么将“文人”“士人”径直读成画家的社会身份；要么将“文人”“士人”含蓄地读作对画面所示的精神级差的隐喻性命名。现代水墨史让笔者选择了后一种读法。用“士人”来标识这一水墨境界甚为契合。其次，对苏轼《枯木怪石图》作诗画互证，说苏轼是比米芾更具“价值含金量”的“石痴”，有必要先释疑如下：为何“米芾拜石”之传奇，反而比“东坡怪石”之史载更深入人心？从1080年绘《怪石枯木图》到1093年写《咏怪石》诗，苏轼已逐渐清楚他最想要的到底是什么。因“以文入诗”而著称文学史的黄庭坚，当他深情吐露对师尊的刻骨认同时，他也就不再文绉绉地借古人言，而是径直从胸腔捧出滚烫的肺腑了。黄是深知师尊作为“大写的人”已活到了这份上，故能画这苍凉“怪石”。相比较，艺术史上的另一些人，哪怕笔墨再精湛，恐也画不出这“怪石”。此“怪石”也就这般既“历史”又“逻辑”地成了甄别“文人画”“士人画”的器识性符号，宛若“试金石”。最后，对郑板桥“竹兰石”作诗意序列分析，说此石才是“士人画”史上直接传承苏轼“墨石”的“安魂之石”。有人不免质疑：从苏轼到郑板桥毕竟契阔七百年，况且其间还有从米芾到陈洪绶（号老莲）的“拜石绘事”，为何独独对郑板桥“竹兰石”青眼有加？一是从米芾到老莲“拜石绘事”就其价值取向，属“文人画”史，本文则关注“士人画”史；二是笔者拟撰文《论文人画：从米芾到陈老莲》，以期确认老莲绘石对“米芾拜石”的“峰谷体验”（从峰顶跌落地下），似表明老莲的艺术心灵特点是“凡庸之深刻”及“深刻之凡庸”。“深刻之凡庸”是指在“怡性不可替代安魂”一案，老莲远比米芾体悟得深刻，一块太湖出身的“怡性石”曾让米芾揖拜得不亦乐乎，从未反省其“怡性石”能否像东坡“安魂石”一般沉毅恢宏，老莲却痛悔“怡性绝非安魂”。“凡庸之深刻”则指老莲无论怎样图示“从怡性到安魂”此路不通，但他只能止步于“米芾拜石”之边界，而进不了“东坡怪石”的诗意境界。与“米芾拜石”相比，“老莲绘石”无疑要深刻；然与极天才的“东坡怪石”相比，老莲不免逊色。真能在清代嗣响“东坡怪石”之非凡诗意的，是领衔“扬州八怪”的郑板桥（1693—1766）的“竹兰石”。

（原载《华东师范大学学报（哲学社会科学版）》2022年第5期）

北宋“墨文化”再解读

——围绕以苏轼为中心的文人圈的考察

上海大学上海美术学院　胡建君　刘欣宜

北宋时期，随着文化的繁荣和社会的进步，文人群体对日常生活的各个方面都表现出了前所未有的细腻关注，其中包括对于书写材料和案头用品的选择与使用。特别是对墨的使用，不仅反映了文人的审美趣味，还蕴含着深厚的文化意义和社会价值。本文聚焦于北宋时期的“墨文化”，尤其是以苏轼为代表的文人圈对墨的独特审美和文化实践，通过对这一主题的探索，为理解北宋文人和北宋文化提供新的视角。

本文采用文献研究和案例分析的方法，通过广泛收集和审视历史文献、诗词、书信等材料，特别是对苏轼及其文人圈的作品和记录深入分析，揭示了北宋文人“墨文化”的多维面貌。文章通过对这些文人关于墨的描述、讨论和艺术创作的细致考察，重构了北宋时期文人对墨的审美情趣和文化实践。

文章主要论点集中于探讨北宋文人圈中“墨文化”的形成、特点及其背后的文化和审美观念。作者通过分析苏轼及其文人圈对墨的使用、赞美、收藏和鉴赏活动，展示了墨在北宋文人生活中的重要地位和独特意义。文章强调，北宋文人对墨的崇尚不仅是对美学的追求，更反映了他们对文化身份的认同和对个性表达的渴望。同时，揭示了北宋文人圈“墨文化”的几个关键特点：一是墨的审美化，文人不仅关注墨的实用性，更赋予其深刻的美学价值，通过对墨的品鉴和创新，展现了高度的审美追求；二是墨的个性化，文人通过选择和使用特定的墨或自己参与制墨，表达个人的文化品位和社会身份；三是墨的社交化，通过赠送、收藏和品论，墨成为文人社交活动的重要媒介，反映了文人间的情感交流和文化认同。

本文的研究尝试从上述诸种角度切入，展示墨在宋代文化中的重要地位和深远影响。通过对“墨文化”的探讨，文章强调了文人对生活细节的关注和对传统文化的创新精神，这一文化实践和审美追求对后世产生了深远的影响，不仅影响了文学艺术的发展，还促进了文化身份的确立和社会价值观的演变。

总之，本文通过深入分析北宋“墨文化”，为我们理解宋代文人的生活方式、文化追求和社会交往提供了新的视角，展示了宋代文化的复杂性和多样性。通过这一研究，我们不仅能更好地理解宋代文人的精神世界，还可以从中汲取对当代文化实践和审美追求的启示。

（原载《复旦学报（社会科学版）》2023年第6期）

规模东坡

——宋僧惠洪在海南的“补东坡遗”

四川大学中国俗文化研究所　周裕锴

在苏轼生前身后，有不计其数的崇拜者，北宋名僧惠洪（1071—1128）可称得上是苏轼的铁杆粉丝，甚至超过苏门四学士和六君子。宋释祖琇《僧宝正续传》卷二《明白洪禅师传》，称惠洪“规模东坡，而借润山谷”，“规模”意为模仿、取法，“借润”意为请求帮助，如借水润物。苏轼对惠洪的影响远大于黄庭坚。何以为证？我校注《石门文字禅》（以下简称“本集”）的时候，发现惠洪化用苏轼的诗句、诗意之处比比皆是，共有一千多例，点铁成金，夺胎换骨，远超苏门四学士、六君子对苏轼的“规模”。此外，本集中有若干首追和次韵苏轼的诗。再者，惠洪作诗以快意为主，主张“风行水上，涣然成文者，非有意于为文也”，这与苏轼的创作观念如出一辙，而与黄庭坚的技术路线颇有不同。

惠洪比苏轼小三十四岁，有两次机会可能见过苏轼。一是他十四岁那年，元丰七年（1084）五月，很可能跟蔡儒效一起见过苏轼。二是他二十岁那年，元祐五年（1090）到东京天王寺试经，得以剃度出家，依宣秘大师深公，讲

《成唯识论》，有声讲肆。苏轼于元祐七年（1092）回京师，惠洪应该见过苏轼出行。无论如何，苏轼是惠洪最为崇拜的偶像。

政和元年（1111）十月，惠洪因与宰相张商英交往，受其牵连，被投入开封府狱，流配海南。次年二月抵达琼州，数月后至朱崖军。惠洪到海南的时间，距离苏轼元符元年（1098）渡海北归仅十余年。在琼州，他游览了苏轼遗迹洞酌亭和双泉。政和三年（1113）五月底惠洪遇赦，离开朱崖军，前往琼州拜谒太守张子修。其后在十一月渡海北归之前，特地到儋州寻访苏轼遗迹，并前往谒见苏轼在儋州的故人黎子云和姜唐佐。

在海南，惠洪走过苏轼曾经生活过的地方，由此而创立了一种新的作诗方式，即“补东坡遗”，补足苏轼在海南遗漏未写的内容。惠洪共有“补东坡遗”七首，均作于海南。最早两首作于政和二年（1112）夏惠洪赴朱崖军途中，一首为《过陵水县》，另一首为《夜归示卓道人》。这年冬天，惠洪在朱崖军又写了三首“补东坡遗”。政和三年秋，惠洪访问儋州苏轼遗迹，又写了两首“补东坡遗”，其一见于本集卷十六，题为《补东坡遗真姜唐佐秀才饮书其扇》；其二见于本集卷九，题为《早登澄迈西四十里宿临皋亭补东坡遗》，诗为五言律诗。

今存宋人诗集中，以“补东坡遗”为题的诗，仅见于《石门文字禅》，这是惠洪到海南追访东坡遗迹后的首创。这种“补遗”方式可能受苏辙崇宁二年（1103）所作《补子瞻赠姜唐佐秀才》诗的启发，然而有以下几点不同：

一是时间不同，苏辙诗作于苏轼去世后的两年，而惠洪作于苏轼去世后的十二年。二是地点不同，苏辙诗作于汝南，而惠洪诗作于海南。三是数量不同，苏辙的补作，仅此一首；而惠洪的“补东坡遗”，共有七首，可视为有意识的系列创作。四是性质不同，苏辙遵循苏轼的遗愿，重在“补足”；惠洪目的是要补写苏轼在海南没经历过的内容，或是要补写苏轼理当写而实未写的内容，或是要补写苏轼其他文体已有而诗未写的内容，重在“补遗”，而非“补足”。五是艺术手法不同，苏辙忠实于苏轼原句，只是在原句基础上扩写补充；惠洪则或是檃括苏轼诗文作品，或是化用苏轼诗句，或是想象苏轼的所见所想，由苏轼诗文的母体生发出新的作品，其中一半是苏轼的身影，另一半是惠洪自身的体验。

因此，从某种意义上说，“补东坡遗”更像受到苏轼“和陶诗”的影响，都是以诗歌的形式向自己崇敬的诗人致意。苏轼“和陶诗”半数作于岭南，半数作于海南，惠洪“补东坡遗”则全部作于海南。在相对荒僻孤独的环境里，他们分别找到自己可以敞露心怀的“尚友”。如果说“和陶诗”是苏轼与数百年前诗人的隔代对话，那么“补东坡遗”则是惠洪对当代文豪、前辈诗人作品的续写补写，显示出他“规模东坡”的创作心理，不仅是文字上的模仿，而且有现场的追随，更有感同身受的体验。因此，“补东坡遗”对于我们了解苏轼和惠洪在海南的活动轨迹和创作心理，都有一定的认识价值。

（原载《海南大学学报（人文社会科学版）》2023年第6期）

发现与重估：明戴熺编《宋苏文忠公海外集》述略

海南师范大学文学院　甘生统

刊行于万历四十七年（1619）的《宋苏文忠公海外集》（简称戴编《海外集》），为时任海南道兵巡兼提学副使戴熺所编的苏轼海外诗文别集。该本收诗文394篇，卷首有二序，前为戴熺叙（序），后为胡桂芳序。该本不见于明清书录。该集未著录于明清任何书目，直到21世纪初的《中国古籍总目》才有简要介绍。由于国内长期失传，国外也仅见于日本内阁文库，该本问世后的数百年间几乎无人问津。总体来看，该本有如下几个特色：

第一，该本为迄今发现的首部以“海外集”命名的苏轼海外诗文单行本。苏轼海外诗文集至迟在宣和元年（1119）“中朝士大夫编集已尽”，但因多种原因，这类著作没能流传下来。现存文献可证的苏轼最早海外作品别集为《遗思录》。是集为陈荣选编《宋苏文忠公居儋录》的蓝本，但陈本编成后《遗思录》便亡佚了。明代以后，苏轼海外诗文单行本主要以两个体系流传，一是“居儋录”系，一是“海外集”系。“居儋录”系首本为陈荣选编本，“海外集”首本一向以为是樊庶编于康熙四十六年的《宋苏文忠公海外集》。戴熺本的发现，将“海外集”的得名从康熙四十六年（1707）提前到万历四十七年（1619），提早了近九十年。

第二，该本的编排体例更为合理、规范，搜集作品更为全面，考订也更为翔实。戴熺编《海外集》虽参考了《居儋录》，但并非对该本的简单补充，而是做了大量的校勘工作。在编选之前，他“访公遗迹”，在“校士役竣”之后，又“搜全集、年谱及《琼儋志》，补阙订误”。正因为如此，与陈荣选本相比较，戴本考订更为审慎，搜集作品也更为完备，比陈编《居儋录》本的162篇多出一倍有余，所谓“鸿章片语，始毕登简”。从文体排序看，《海外集》对文学类文体表现出明显的偏重：一是将赋排在首位；二是对诗体作了进一步细分，第三卷专收诗歌，并按四言古诗、五言古诗、七言古诗、五言律诗、七言律诗、五言绝句、七言绝句依次排序，体现出重视诗歌和重视分类的良苦用心。

第三，该本对樊庶编《海外集》本有较大影响。樊庶编《海外集》是东坡“海外集”系的一个重要选本，该本在编选时，至少参照了两个选本，一个是“《居儋》一录”，另一个是王沂元出示的“原本”。前本从时间判断，当是属“居儋录”系中的陈荣选原本、曾邦泰重修本、王昌嗣重修本和韩佑重修本四本之一。后本没有题名，只云“原本”，令人茫然，但从现有文献及现存几个版本之异同看，所谓“原本”为戴熺编《海外集》的可能性极大。一是两本题名相同，均为“苏文忠公海外集”，戴熺本唯多朝代名“宋”。二是体例相近。戴熺本和樊庶本的编选数量差别较大，但两本对陈荣选本的态度、编辑原则和体例却较为接近。三是对苏轼诗风文风的变化、人格精神的影响及其海外作品的评价等持相近看法。戴熺认为“（苏）文忠公才名踔绝，雄视百代”，是与李白、韩愈一样“神仙轶世之材，非学问可及”之人物，樊庶以为苏轼诗文“晚岁为最”，其精神文章“永垂海外”“是天之待公也独厚”。

总之，《海外集》连同陈编本和樊编本，既有考订审慎、体例规范的特点，还有最早以“海外”命名及孤本仅存等特性，因此，该本必将会因其独特价值而在东坡海外诗文研究中占据重要一席。

（原载《青海师范大学学报（哲学社会科学版）》2023年第2期）

苏轼海外集版本述略

海南师范大学文学院　林安琪　白金杰

《苏轼海外集版本述略》旨在探讨苏轼海外集版本的源流与递变，通过对不同历史时期版本的梳理，揭示苏轼海南文学创作及其传播的历史脉络。苏轼海外集是苏轼在海南期间所作诗文的选本，现存版本主要成书于明末清初，大体可分为“居儋录”及“海外集”两个版本系统，反映了版本在历史传承中的演变。两个版本系统相对独立，但又存在交替影响。明万历二十三年（1595）前《遗思录》本是苏轼海外集所有传世版本的共同祖本，但真正起到承前启后作用的是该年陈荣选编本《宋苏文忠公居儋录》，其基于《遗思录》修订增删而成。在陈荣选编本基础上，有两条明显的递修源流，一是后世重印、翻刻陈荣选编本《宋苏文忠公居儋录》，仅于序跋、附录有所增改，如明万历曾邦泰编本《宋苏文忠公居儋录》、清顺治王昌嗣编本《宋苏文忠公居儋录》、清康熙韩祐编本《苏文忠公居儋录》；二是在陈荣选编本《宋苏文忠公居儋录》基础上，不断新修重构的“海外集”，内容、体例均有突变，如明万历戴熺编本《宋苏文忠公海外集》、清康熙樊庶编本《苏文忠公海外集》、清乾隆王时宇编本《苏文忠公海外集》。清光绪刘凤辉编本《居儋录》对“居儋录”及“海外集”两个版本系统皆有所参考，颇具一定的合流意义。

从文献刊印角度来看，苏轼海外集的版本又可分为古代刊本和现代印本两大系统。古代刊本系统从文献价值上考量，陈荣选本、戴熺本、樊庶本、王时宇本、刘凤辉本因其多有新见而更具个案价值。早期苏轼海外集各版本，虽常见脱讹、漏编、避讳等情况，但大体刻印精美，保存较好，各有所长，多数版本眉目清楚，分卷分体，具有较高的学术价值。因各版本流传不广，故其版本并不复杂。在现代印本系统上，后世承袭前版，又蒙近现代专家学者对苏轼海外集的整理工作获得一定成果，如林冠群编注的《新编东坡海外集》及郑行顺点校的《苏文忠公海外集》等，这些简体的整理点校本为苏轼海外集研究补充了更为准确和便捷的文献资料。

文章通过版本比较和文献考证等方法对不同版本进行系统梳理和分析，厘清苏轼海外集版本情况及递变关系，以期能客观呈现苏轼海外选本的编集情况，揭示苏轼海外集在历史长河中的传承与发展，为同仁学者了解苏轼诗文的海南传播与接受概貌提供参考。

（原载《南海学刊》2023年9月第5期）

论海外苏轼的生存困境与应对举措

湖南科技大学人文学院　王友胜

关于海外苏轼心态与思想的评价，过去多数学者认为他能消解“玉堂瘴海”之别，处困泰然，怀孔颜之乐。近来亦有文章认为苏轼在贬所儋州的态度历经了由排斥、适应、接纳到留恋的过程。其实，真实情况并非如此简单。我们概览海外苏轼包括书信在内的全部作品分析，则不难发现，在作者的心灵空间里，达观并不是他的全部情感。苏轼于此间面临严重的生存困境，虽尽量调整以适应环境，但内心仍感焦虑、孤寂与苦恼。苏轼得到贬谪儋州的诏令后，对海南的心理预期在诗歌与书信两种不同文体中的表现就迥然有别，其晚年心境之复杂，并不能用一条简单的“规律”来概括。

苏轼内心强大，在诗歌等公共话语领域中正视人生厄运，保持达观心态；然而在具有私密性的书信中却真诚直率，敢于向友人表达生存困境，展露真实自我。首先，“居无室”，与在黄州、惠州一样，他在儋州因无具体差使，亦居无定所，开始租住官舍，后来被赶出去，只能自建简陋的桄榔庵以栖身。其次，不仅“食无肉”，而且连吃饭也成问题，原因在于谪官薄俸，海南粮食短缺，不习惯当地生食。再次，日渐衰老而“病无药”，气候炎热而“夏无寒泉”。最后，因政治危机、空间阻隔及语言交流等困境而“出无友”，情感寂寞。

面对以上生存困境，苏轼克服困难，努力寻找切实可行的应对举措。第一，苏轼在儋州仍继续保持与大陆旧友的感情联络，解决自己在贬所生活与医用物资短缺不足的问题。第二，苏轼主张黎、汉一家，积极融入黎族同胞的生活，爱民亲民，和谐共处，以消解内心的寂寞情绪。第三，苏轼延续在黄州、惠州时期的生存自救模式，即物质上依靠友朋资助与自主生产经营，精神上将交游对象身份下沉，做到与民同乐，甘当亲民作家。

综上所述，苏轼在儋州时期面临来自住房、饮食、医疗、气候及情感等各方面的生存困境，也在努力寻找应对诸多困难的措施，以消解其痛苦。他没有放弃生活，更没有泯灭理想。他一生从未归隐，即使晚年仍存恋阙之心。苏轼在诗文中经常彰显面对挫折的旷达心态，然旷达并不能涵纳他晚年的全部心态，他心中仍然充满矛盾与痛苦。

（原载《海南师范大学学报（社会科学版）》2022年第5期）

苏轼“泛舟游于赤壁之下”现地研究

（高雄）中山大学　简锦松

本文是现地研究的论文，现地研究是“人”的研究，所以当读到“壬戌（1082）之秋，七月既望，苏子与客泛舟游于赤壁之下”时，我首先注意到：“长江主水道宽达一二公里，洪流激波，无动力小舟不可能夜泛，更无可能在江面停留整夜，直至‘相与枕藉乎舟中，不知东方之既白’。”那么，此夜赤壁泛舟，究竟发生了什么事？

要了解苏轼赤壁泛舟的问题，必须从古今水文变化着手。笔者先将民国早年测绘的五万分之一地形图全部数字化，结合Google Earth Pro卫星地图、天地图、百度地图、高德地图，考察最近一百年来的江流与沙洲变迁。由于长江在本区有强大的S型河漫滩沙积作用，本区沙洲有向赤壁方向南移成陆的现象。宋代长江的主流偏向东岸；到了百年前，东岸团风镇前的江面与现代长江主流的宽度几乎相等；到了现代，团风县前的江面已大幅缩减，长江主流已如今人所见，偏向西岸了。从北宋至清初，赤壁山之北的地面上，西有大型沙洲，东有宽大的夹江。西北来的长江主流，经团风镇外，自雅淡洲南面流出三江口，然后沿大型沙洲之西，南下黄州。行舟水道不走大江主流，而是从沙洲内的夹江，傍东岸而行。苏轼贬官黄州迄今已近千年，赤壁山北的沙洲变化，使得夹江成陆，迷惑了今人的认知。其实，宋元明至清初记载的包括欧阳修、张耒、张舜民、王十朋、范成大、张孝祥、袁说友、罗与之、孙蕢、王廷相、袁中道、周起渭、方象瑛等十三人的航行经验，都显示这里有一条夹江，尤其是陆游《入蜀记》和范成大《吴船录》中的记载最为重要，直到清道光六年（1826）黄勤业《蜀游日记》中的记载才看不见这条夹江。

笔者将陆游《入蜀记》的水程数字化，在Google Earth Pro上制作了陆游通过夹江的KML航线，并以可视化的图形放在本论文中，读者对照《入蜀记》的原文，可以很容易地了解当地的情况："〔八月〕二十日晓，离黄州。江平无风，挽船正自赤壁矶下过。多奇石，五色错杂，粲然可爱，东坡先生怪石供是也。挽行十四五里，江面始稍狭，隔江冈阜延袤，竹树葱蒨，渔家相映，幽邃可爱。复出大江，过三江口，极望无际。泊戚矶港。二十一日，过双柳夹，回望江上，远山重复深秀。自离黄，虽行夹中，亦皆旷远。"这条夹江，从赤壁山下向北注入雅淡洲南的古代长江主流，长约十公里。夹江可以区隔长江主流的风涛洪汛，又傍近人村，月明之夕，清光可怜，得其佳趣而无江湖之险。苏轼于此夜泛，既安全且不劳累，又兼有水与月之乐。

（原载《中国文化研究所学报》2022年第75期）

新著选评

“一饱忘故山　不思马少游”

——李公羽新著《东坡食源》书评

海南省社会科学院　陈　勇　郭志东

“一饱忘故山，不思马少游”出自千古文人东坡先生居儋期间所书诗文《和陶〈酬刘柴桑〉》：“红薯与紫芽，远插墙四周。且放幽兰春，莫争霜菊秋。穷冬出瓮盎，磊落胜农畴。淇上白玉延，能复过此不？一饱忘故山，不思马少游。”大意是：家园四周墙边栽种的薯蓣与芋头色香俱全，能放开肚子饱食一两次这些美味，那魂牵梦绕的故乡山水，还有淡泊无为的马少游等都忘得一干二净了！

“超级吃货”坡仙钟爱海南美食的历史形象，凸显在了古今中外的视野里。事实上，以餐食为题材的书写在苏东坡的文学创作中占有相当比例，有词、文、赋等多种体裁的作品描述餐食制品、耕种心路，倾吐餐食心得。这位北宋文豪一生屡遭贬谪，却能在漂泊游历的悲苦仕宦途中，以卓尔不凡的文笔、豁达自适的情怀，用餐食装点人生，用可企及的食材温暖生命的苦难，为他多舛的命途点燃别样的人间烟火，留下了诸多脍炙人口的餐食诗文，也为新时代的国人餐桌留下了东坡肉、东坡脯、东坡豆腐、东坡羹等闻名中外的美味佳肴。

“民以食为天”，“悠悠万事，吃饭为大”。吃、住、行、游、购、娱的旅游六要素，食为首。毋庸置疑，餐食是新时代人民美好生活的重要组成部分。中国苏轼研究学会副秘书长、海南省苏学研究会理事长李公羽编著的《东坡食源》一书，立足美食，从历史文献中精选东坡先生记载、食用和“发明”的餐食的相关诗文近两百条，作为东坡美食之“源”，分门别类予以校注、诠释、点评；对东坡每一作品写作的时间、地点、相关食材、人物、事件等作了翔实考证、补充；对史料中有争议或无记载的重要文献、史实，作相应比较、研究和考辨。全书史料丰富，文献精准，科学严谨，可读性强，文学性、思想性、理论性兼备，许多学术点评观点新颖、古今结合，为海南自由贸易港餐食、文旅产业高质量研究整理、传承创新，弘扬推广东坡食品、东坡餐食文化提供了史料依据、历史依据，具有较高的文献价值。

《东坡食源》构思于四五年前，发力于去年四至五月间，是近年来公羽先生醉心苏学研究，集众人之智、厚积薄发、夜以继日捧出的力作。放在庞大、成果丰硕的苏学研究视域下来看，该书注重权威史料的选用，夯实了东坡餐食文化历史论述的信度与效度。譬如“东坡蓼茸”条目中，苏轼诗《人日猎城南，会者十人，以“身轻一鸟过，枪急万人呼”为韵，轼得“鸟”字》参考日本国立公文书馆藏的南宋杭州刊本《东坡集》；“东坡鲤鱼”条目中，《馈岁》参考明刻本的《东坡全集》（一百一十五卷本）等。在对东坡餐食诗文史料的考辨、点评等方面则均有独到之处。譬如“东坡蓼茸”条目引经据典对蓼茸作了多方面评析，拓宽了读者视野，以及对“东坡鲤鱼”条目的《馈岁》重新注释等。林林总总，不胜枚举。

更难能可贵的是，《东坡食源》选用史料中的许多古汉字，一般的电脑程序无法输入，作者则靡费心力通过多种程序、采用不同技术手段保证原字引用，且对每一菜名的东坡餐食诗文出处附上文献影印图片为证。

《东坡食源》有效实现了餐食里有文化、文化里有餐食的融合、辉映。全书写作体例的安排从东坡的美食诗词文赋出发，创造性地从文学、历史、思想、风俗等方面系统解读、品鉴诗文，通读全书，有历史、有故事、有情怀、有人生、有哲理。该书将东坡诗词文赋的餐食书写置于北宋的政治、经济、社会的历史坐标体系中赏析，在行云流水的述评中，说北宋的政局、变法、民生民俗，讲东坡友情、亲情、人情的故事，感悟东坡热爱生活、热爱美食的人生态度，彰显了东坡“一蓑烟雨任平生”的意境情怀，阐发了东坡的人生哲理。譬如“东坡鲈鱼片”（冷菜）条目即是鲜明体现，该条目从东坡先生写于绍圣二年（1095）三月的诗文《三月十九日携白酒鲈鱼过詹史君食槐叶冷淘一首》出发，以北宋历史为背景，讲述了东坡与惠州知州詹范之间深厚情谊的故事，“醉饱高眠真事业，此生有味在三余”充分体现了东坡对美食、人生的热爱；“东坡江瑶柱”条目立足于东坡餐食诗文，既直观地赞美江瑶柱的形态、美味，介绍它的社会影响和江湖地位，又旁征博引阐发深刻的哲学思考，引喻出相应的人生哲理。

换个角度看，《东坡食源》也是一部裹着餐食文化外衣的东坡文学鉴赏作品。东坡凭借其超凡的文学天赋，创造性地将日常平淡的餐食融入诗、词、赋等文学创作中，内容既有对海河鱼虾、山间菜蔬形色鲜香的刻画，又有对垦荒耕种心路历程的记录，还有对食材烹制的探索及餐食心得，文笔细腻、文采飞扬、文风生动、文意高远、内涵丰富，把粗陋的食材及简单的烹制过程提升到艺术享受般的文学描述上来，形成了独具苏式风格的文学作品，开启了有宋以来餐食文化书写的繁盛时期。该书立足于东坡诗词文赋中的美食书写，在娓娓道来中品鉴诗文，一代文豪诗词文赋中的餐食文学之美，使惯见的餐食甚至简陋、粗劣的食材有了妙不可言的文学美感，提升了日常餐食的格调，调动了人们对新时代餐食美学的浪漫感受与心灵呼唤。

《东坡食源》是由海南出版社在首届中国（海南）东坡文化旅游大会期间推出的一份文化大餐，可谓恰逢其时、一举多得，既为以“传承和弘扬中华优秀传统文化及保护和利用好东坡文化”为目的的盛会传承、创新东坡食源，为烹制新时代东坡菜品提供了指引，又为加快建设具有世界影响力的中国特色自由贸易港的文旅产业、餐饮行业，贡献了不可多得的“东坡”力量、文化力量、餐食力量。

坡迷遍布世界各地，《东坡食源》所选的《献蚝帖》等不少诗文，呈现了具有世界影响力的一代文坛领袖对海南美食钟爱有加的历史典故：“己卯冬至前二日，海蛮献蚝。剖之，得数升肉。与浆入水，与酒并煮，食之甚美，未始有也。又取其大者，炙熟，正尔啖嚼，又益□煮者……戒过子慎勿说，恐北方君子闻之，争欲为东坡所为，求谪海南，分我此美也。”此帖原为苏轼居儋所写家书，短文大意是：前段时间，海南乡亲送来许多生蚝，切割后，放进酒里一起煮，美味无比。我挑拣了些大的生蚝，放在火上烤熟，吃起来也非常香。我告诫儿子苏过不要到处说，以免京城官员知道了，都学我求谪海南，分走我的美味生蚝，那就糟透了！

借“求谪海南，分我此美”的千古金句，共同期许海南在加快推进具有世界影响力的中国特色自由贸易港建设过程中，深入贯彻落实习近平总书记关于弘扬中华优秀传统文化的系列重要讲话和指示批示精神，高质量推进文旅产业、餐食行业等各领域的建设。

（原载2023年2月13日B14版《海南日报·海南周刊》。李公羽《东坡食源》，海南出版社2023年出版）

横看成岭侧成峰

——《苏轼研究论稿》读后

兰州大学文学院　张馨心

作为中国古代历史上最多才多能、最伟大的文学家之一，苏轼诗词兼精、书画皆能，更有着备受人们喜爱与推崇的独特人格魅力，因此也成为学术史上历久不衰的热点人物之一，无数学者穷尽一生，探寻苏海之奥秘。庆振轩先生《苏轼研究论稿》一书，选辑其三十余年来刊发的苏轼研究论文二十余篇，从多个角度对苏轼其人其文进行了立体化研究。

一、渊源已久　体味至深

庆先生坦言，自己与苏轼研究结缘始于恢复高考、改革开放后求学兰州大学之时。在李东文先生讲解东坡中秋词时，庆先生曾数次请益交流，毕业分配时李先生将他留在兰大，为他铺展了教研之路。1983年，在四川大学中文系进修学习期间，庆先生有幸问学于杨明照、张云言、邱俊鹏、张志烈、曾枣庄诸先生，当年诸位恩师的教诲对他学术研究的定向至关重要。回首过往，庆先生笑言，正是当年“仙人指路”，为其日后的学术研究奠定了坚实基础，“苏轼研究”“两宋党争与文学”成为他几十年潜心研讨的两大学术方向。多年来，无论是为本科生讲授宋元文学史，还是为研究生讲授两宋文学，“三苏研究”“苏门文学研究”都是课堂研讨的重点。近十年是庆先生苏轼研究成果较多的时期，学界诸多良师益友及相关领域学术成果之启悟激发，一次次学术年会新成果、新观点的学习切磋，学界同仁之间的交流批评，促使他把一系列的思考撰写为一篇篇文稿。面对“苏海”，无论从任何一个“支流”循踪而至，都会令人望洋兴叹；面对千姿百态的“庐山”，无论从哪一个角度探幽寻胜，都会让人慨叹“横看成岭侧成峰，远近高低各不同”，书稿从不同层面与我们共鸣。

《苏轼研究论稿》（以下简称《论稿》）由五编构成：《直面人生，笑对人生——苏轼个性论》《千古文章未尽才——苏轼人生观探论》《以利人为得道——苏轼科技活动探论》《在自觉的超越中完善自我——“苏海”蠡测》《永远鲜活的“坡仙”风神——苏轼与俗文学探论》。所收文章对苏轼的幽默诙谐性格、超然思想进行了深入研究，探讨了苏轼的妇女观、君臣观、军事思想；论证了苏轼的科技活动及其与医学文化的密切关系；通过苏轼对“穷而后工”说的承继与拓展、苏轼对陆贽的推崇、苏轼与文同的交往和对苏轼诗文中松风松韵的解析，展示出苏轼对个人人格不断完善的自觉追求；围绕苏轼与“说参请”“说浑话”及敦煌文学的渊源，以及元代戏曲中的苏轼贬谪剧和王渔洋苏轼接受研究，揭示了苏轼与俗文学的密切关联。

《论稿》充分展现出庆先生多年来从事苏轼研究的深度、广度以及独到的视角，苏轼的个性与思想是在自省中不断发展的，庆先生的研究也有着纵横观照、不断深化精进的特点。究其原因，庆先生步入学术道路伊始即与苏轼结缘，多年间深入研究、笔耕不辍，时有灵犀相通，文心妙解，方有诸多华章问世。

二、精神会通　理解独到

苏轼自幼“奋厉有天下志”，一生执着于对政治理想的追求，然而屡遭贬谪，一生坎坷，足迹几遍中国。在波折的经历中，苏轼不断反思人生的意义，寻求心灵的解脱，并最终形成了独特的个性特征。多年苏海求索，庆先生对苏轼的心灵世界有着独到的理解，着重于探究不同人生时期苏轼的个性特点与人生观的转变，从而形成了本书的一大特点——精神会通之深切研味。

苏轼旷达超迈的“坡仙”风范深为后人所景仰，更为后人提供了在困境中如何面对人生的答案。庆先生在现实生活的触动下，在人事纷纭的感怀中，与东坡心意会通，对东坡的幽默性格和超然思想有着独到的理解。《论稿》中收录的两篇《苏轼超然思想探论》，分别论述了苏轼超然思想的由来和深邃内核。正如张同胜教授《苏海探骊得珠 东坡云蒸霞蔚——庆振轩著〈苏轼研究论稿〉读后》一文所说：“苏轼并非世人想当然以为的一味旷达洒脱，超然世外，他有自己的痛苦，也有对痛苦的解脱；有贬谪之叹，也有跳出三界外的自我派遣；有为文的自悔，也有为文得名的自豪；有世态炎凉的心理折磨，也有浑然物化的坦然；有俗子的恩恩怨怨，也有直面生死、勇于行义的浩然正气……《论稿》为读者呈现了历史上真实的苏轼，以及精神世界中苏轼的博大思想。”

苏轼一生的痛苦波折都因宦海浮沉而起，但在困境中，苏轼并没有迷失本心、俯仰随人，而是以独立意识、独立精神不断思考社会和人生。在《苏轼君臣观探论》一文中，庆先生详细论述了苏轼从入仕之初对理想君臣关系的憧憬到晚年贬谪岭海最终形成独特君臣观的过程。由犬马盖帏之求发展到“我岂犬马哉，从君求盖帏”，由历史帝王之教训认识到“顾命有治乱，臣子得从违”，苏轼的君臣观建立在对历史的观照、对现实的反思之上，不是愚忠盲从，而是要以道事君，超脱出一己遭遇，达到了时代理性的高度。东坡之难能可贵正在于其独立的人格与精神，东坡的旷达并不建立在盲目乐观的基础上，恰恰相反，正是因为有着对现实政治的清醒认知、对人情冷暖世态炎凉的切身体味，东坡才会在苦难中不断思索人生的意义，在痛苦挣扎中寻求解脱、超脱，最终形成了他经历深哀剧痛后直面人生而又笑对人生的浩然正气。

《论稿》中对东坡个性与人生观的论述深入细致，展现了苏轼旷达心态逐渐形成和升华的心路历程，阐明了东坡幽默诙谐、超脱旷达的个性背后是其坎坷的遭际与志不获展的悲剧命运。对东坡的深入体察，建立在作者知人论世的基础上，同时也是作者多年来体味人生、与东坡心有所通的结晶，正因精神会通，故而能于东坡的诙谐一笑中看到他“坎坷识天意，淹留见人情”的苦难人生，从而正确评价东坡在艰难困苦的磨砺中笑傲人生磨难、谈笑死生之际的豁达。

三、青松劲骨　执着追求

每一位从事苏轼研究的学者都深为东坡的人格魅力所吸引、折服，成为地道的“苏迷”，而每一位“苏迷”的心中，都有一位理想的“东坡”。在《论稿》第四编中，作者探讨了东坡一生自觉追求自我完善的努力，塑造了理想的东坡形象。通过论述苏轼对欧阳修“穷而后工”说的承继和发展、与文同交往中促成的“成竹在胸”“形理两全”的文艺观、对陆贽的推崇和超越，庆先生在与前贤今哲的交往和对比中，写出了东坡为学、为政博采众长又自成一体的独特魅力。在对东坡笔下松风、松韵的论述中，庆先生着眼于“以物见人，物人兼见”：东坡光明磊落，傲岸挺拔，故爱松、赏松，礼赞寒松不随波逐流、不媚时迁变、不为小儿女之态的松境界、松精神，“松柏之于苏轼，实乃文化自我，精神自我”。

无论是在文学创作方面坚持转益多师、自铸伟辞，终为一代文坛领袖，还是在人生历程中执着追求，始终在清醒的超越意识中完善自我，苏轼始终保持卓然独立的人格精神，坚持对人生理想的不懈追求，即使身处困境、命运多舛，也从不曾随人俯仰、放弃自我。东坡执着的个人追求、对自我人格修养有意识的完善是他到达文学和人生观更高层次、境界的根本缘由，也是庆先生为之服膺，并将之贯穿于自身学术研究和人生态度中的原则，唯有不懈追求，自我完善，方能有所成就。

除以上所论，庆振轩先生《苏轼研究论稿》一书还关注了苏轼与医学文化的关系、苏轼的妇女观与军事观、苏轼与“说参请”“说浑话”、苏轼的广告意识、元杂剧中的苏轼形象、苏轼与敦煌佛影等问题。苏轼才高学博，文、史、哲、医学等皆有涉猎，且各有所成。面对宏富的研究对象，庆先生的研究视角和方法也是多样且丰富的，兼涉医学、传播学、敦煌学等多学科交叉研究，张同胜教授评之“《论稿》独具只眼，从苏轼的科技活动、苏轼相关的俗文学文献、医学文化、人物传记、松风音景等新维度入手，进行了新领域里的独到研究，其结论皆令人耳目一新”，可谓的评。《论稿》是庆先生多年来苏轼研究成果的集中体现，亦是庆先生与苏轼精神会通、心有所得之荟萃。“苏海”浩瀚，“庐山”多姿，苏轼研究历经多年而方兴未艾，相信本书所展现出的独特视角和深切研味都将为东坡文化的研究与普及提供可资借鉴之处。

（庆振轩《苏轼研究论稿》，中国社会科学出版社2022年4月版）

作为方法的选本

——读周裕锴先生《苏轼集》

海南大学海南省东坡文化研究与传播中心　李　刚

作为享誉世界的历史文化名人，苏轼有很多诗、词、文名篇，为人们所传唱，经久不衰。然而，在传承中华优秀传统文化的时代背景下，如何更好地广泛传播苏轼文化，是摆在我们面前的重要课题。因此，由国家图书馆组织编纂的《中华传统文化百部经典》之《苏轼集》应运而生。

《苏轼集》由四川大学周裕锴教授编写，其内容由导读和作品解读两部分构成，导读部分居全书之首，是一篇严谨有深度的高水平学术论文，对苏轼生平与政事、主要思想、文学艺术成就、诗词文集版本流传等方面进行深入阐述。作品解读部分，分别选取文、诗、词各若干篇（首），每篇（首）由原典、注释、点评三个板块组成。原典以校勘精审的善本为底本，参校其他优良版本；注释解释字词，注明生僻字读音，串讲句子大意；点评采取旁批和篇末鉴赏两种形式，旁批实为集注，精选历代批评家的经典评论，置于书页一侧，篇末鉴赏则精解原典要旨，融思想性、学术性、趣味性、大众性于一体。

一、知人论世，注解背景

从阐释学角度看，编年系地是“知人论世”的必要条件。周先生在《中国古代文学阐释学十讲》中指出：“要知道文辞表达的‘志’，就必须先了解作者是一个什么样的人；要了解作者是什么样的人，就必须分析作者所处的时代和环境，就是‘知人论世’。”大多数情况下，我们阅读古人作品，若不知其创作时间、地点等相关背景，就不能非常准确地领会其本义，可见编年系地对于理解文本意义的重要性。

《苏轼集》注释中对每一篇作品进行编年系地，并对作品所涉及的人物、事件予以交代。例如，在《文与可画筼筜谷偃竹记》注释中，先注明创作时间、地点及相关事件："元丰二年（1079）三月，苏轼罢徐州任，移知湖州，四月二十日到任。此文七月七日作于湖州任上。"再就题目中涉及的人物进行说明："文与可，文同（1018—1079），字与可，梓州梓潼（今四川梓潼县）人。苏轼从表兄，号笑笑先生。汉文翁之后，人称石室先生。善诗文书画，尤长于墨竹，湖州竹派开创者，有《丹渊集》传世。"简要介绍文与可及其与苏轼的关系。最后解释筼筜谷、偃竹："筼筜谷，在洋州（今陕西洋县）西北五里，因产筼筜竹而得名。偃竹，偃卧而生之竹。"

背景的另一种呈现形式是"题解"或"题注"，其主要内容多为解释史实或写作缘由，也有解释诗中含义的。这一现象在《苏轼集》注释中比比皆是。例如，《谢量移汝州表》注释中，先编年系地："元丰七年（1084）三月作于黄州。"并对此进行考证："量移汝州的诰命下于是年正月二十五日，然三月三日所作《记游定惠院》仍言'已五醉其下'，谓谪黄州已五年，未提及离黄事。三月九日作《赠别王文甫》云'近忽量移临汝'，可知闻量移之命当在三月上旬。"接着是对"量移"这一名称的解释："量移，指贬谪远地的官员遇恩赦，酌情迁至距京城较近之处。汝州，治临汝县，宋属京西北路，临近京师开封府。所以表中有'稍从内迁'语。"最后介绍"表"这一文体常识及文化现象："奏章的一种，多用于臣对君的陈请贺谢。此为谢表。"这样的题解，对准确理解作品含义具有十分关键的作用。

如上文所说，"知人论世"是中国古代阐释学的重要方法。周先生曾言："文学阐释需要了解古人所处的环境以及文本产生的背景，背景具有不可替代的独特意义。"《苏轼集》每篇（首）文、诗、词的第一个注释均有编年系地以及写作背景陈述，其他注释中亦有对相关人物事迹的讨论，而评点部分更是结合大量背景展开论述。

二、抉隐发藏，阐释典故

《苏轼集》主要包括"注"和"解"两部分，如周先生所说，"注"指注其事辞，"解"指解其神吻。前者主要在于注释典故；后者主要在于解释文意。换言之，"注"重在客观阐释，"解"重在主观分析，但事实上我们也很难将两者截然分开。很多时候，"注"中有"解"，"解"中有"注"。

用典，也叫用事，是古典诗、词、文创作中非常重要的艺术技巧，是"诗法的核心”，也是注释的重点和难点所在。用典从不同层面可分为用事典、用语典，用词、用句，用其语、用其意，明用、暗用，化用成语、合用典故等。许逸民先生在《古籍整理释例》中说：“注释典故应当注意两个问题：一是既知其为典故，必当溯其源，了解其本事出处与含义；二是解释典故既要符合原始出处的含义，更要兼顾此处的确切用意。”因此，解释典故，不仅需要注释者熟悉古代典籍与文化常识，而且要精准地理解作者意图、文本意义，必要时，对相关典故进行考辨。《苏轼集》很好地做到了这些。例如，《游金山寺》中对“断霞半空鱼尾赤”句的注释，首先解释句意：“以赤红的鱼尾比喻红色鳞状的片段晚霞。”接着注明该典故最早的出处：“《诗·周南·汝坟》：‘鲂鱼赪尾。’毛传：‘赪，赤也，鱼劳则尾赤。’”最后指明用典类型：“此借用其语。”又如，《有美堂暴雨》中对“天外黑风吹海立”一词的注释，首先解释“黑风”为“暴风”，“海立”为“海浪汹涌如壁立”。接着说明两个典故出处分别为《长阿含经》卷二十一：“有大黑风暴起，吹大海水。”杜甫《朝献太清宫赋》：“九天之云下垂，四海之水皆立。”最后解释用典类型：“此化用其语。”而对此诗中“浙东飞雨过江来”句的注释，周先生在引用唐殷尧藩《喜雨》诗：“山上乱云随手变，浙东飞雨过江来。”之后，直接指出“此借用其成句”。让读者对诗句含义、典故渊源、用典方式等方面均有较为清晰的认识。

注释学源于先儒解经，“注释”作为专业术语，出现在南北朝时期，随着时代发展，内涵越来越丰富，但其终极目标不外乎诠释古籍，追寻作者原意。因此，一部优秀的古籍注本必须实现两大基本任务：一是扫除阅读中的语言障碍；二是恰到好处地解释文本含义。周先生谙熟中国古代文学研究与古籍整理方法精髓，在注释中常融解字注音、解说地名、论述官制、考辨本事于一体，辨章学术，考镜源流，为不同读者提供相应阅读体验。

三、以意逆志，解析文意

解释文意，主要是对句子或句群的解析。这是《苏轼集》的一大特色。不同于注释字词的音韵训诂，也不同于注释典故的追根溯源，对句子或句群的注解不仅要建立在对字词音义、典故来源了然于胸的基础之上，而且要建立在对整个文本写作背景以及文本内涵全面理解的基础之上，结合上下文语境，作出合理准确的阐发。

注释句子或句群给读者提供很大便利，但对注释者却提出更高要求，然周先生能将这一极具难度、极具挑战性的工作做得游刃有余。例如，对《刑赏忠厚之至论》末段“君子如祉”四句的注释，首先注明其出自《诗·小雅·巧言》：“君子如怒，乱庶遄沮；君子如祉，乱庶遄已。”并引孔颖达疏云：“君子在位之人，见谗人之言，如怒责之，则此乱庶几可疾止；君子在位之人，见有德贤者，如福禄之，则此乱亦庶几可疾止。”同时指出苏轼文中引用《诗经》原文的前后次序不同。最后对句中关键词进行解释：“祉，福祉。庶，庶几。遄，急速。已，停止。沮，阻止。”可见，周先生在注释文句时，也跟注释诗句一样，不满足仅对句子大意浅尝辄止的分析，而注重对典故史实探赜索隐的挖掘。或许这种较具学术性的注释，对普通读者而言仍有理解困难，但点评部分的解读恰可解此难题。此段点评写道：“《诗》曰”一段，用《诗经》君子“时其喜怒”而止息祸乱、《春秋》“立法贵严，而责人贵宽”之义，进一步补充论述“不失乎仁”的道理，重申“忠厚之至”的论题，呼应题目，可看作此文的余论，使论证更加充实。这段文字对原文大意及其作用进行精准解释，与注释相互发明、相得益彰，取得雅俗共赏的效果。

又如，《行琼儋间，肩舆坐睡，梦中得句云：“千山动鳞甲，万谷酣笙钟。”觉而遇清风急雨，戏作此数句》中对第二句“百洞蟠其中”的注释。首先解释句意：“谓海南岛中央五指山区为黎族人盘踞。”其次解释关键词“百洞”：“指黎族人居住的洞穴。”并引《元丰九域志》所说的“黎峒”或“黎夷峒穴”补充说明。再引查慎行《苏诗补注》卷四十一《和陶劝农》注“黎民”：“《琼州志》云：‘五指山在安定县南，一云黎母山。黎人居山四旁，内为生黎，外为熟黎。’《方舆志》：‘生黎各有洞主。’”以及楼钥《攻媿集》卷三《送万耕道帅琼管》“生黎中居不可近，熟黎百洞蟠疆封”等文字进行疏证。结尾点评云：“诗开头‘四州环一岛’二句，写海南岛的地理形势。宋代海南岛设琼、儋、万安、崖四州，分别位于岛的北、西、东、南，环抱全岛。而岛的中央是黎人盘踞的洞穴，称‘黎峒’。”通过这样的注解和点评，许多问题迎刃而解。

注释背景的本质是“知人论世”，“解释文意”的本质是“以意逆志”，但“以意逆志”需在“知人论世”配合下进行才能保证阐释的有效性。“以意逆志”实际上就是“心理重建，即‘我’去设想和猜测古人当时是怎样的。我们设身处地地去合理设想和猜测古人写诗的意图”。（《中国古代文学阐释学十讲》）《苏轼集》中，无论注释还是点评，周先生均能在充分了解多方面背景信息的基础上，发挥合情合理的联想和想象，作出符合人之常情的“心理重建”。因此，其阐释既尽可能还原作者本意、作品本义，又具有或然性。

单纯的“以意逆志”会失去“古人之志”，而纯粹的“知人论世”则会使文本失去鲜活的生命。周先生之所以能产生许多独特、新颖、可信的观点，是因为其能将“知人论世”与“以意逆志”完美结合。

四、视野宏阔，新见迭出

选本是中国古代文学批评的重要形式之一，选择哪些作品入集，选择标准有哪些，都体现编选者的批评眼光。《苏轼集》是关于苏轼作品的选本，入选作品既有历来为人们传诵且被多家选本选入的经典篇目，也有其他选本未选却深受本书编者青睐的独特文本。不论哪一类作品，周先生都能在前人基础上提出自己的新见，作出令人耳目一新的解读。而最具特色之处在于其美学、佛学、艺术学视角。

此书选取了包含有苏轼美学、艺术学理论的最具代表性文章和诗歌，进行学理性分析。例如，《宝绘堂记》是苏轼受驸马都尉王诜之请而作的一篇亭台楼阁记，其中有“君子可以寓意于物，而不可以留意于物”的著名论断。周先生的点评是一篇精彩的美学论文。文章开头指出，苏轼此文打破普通亭台楼阁记文的惯常写法，不但没有书写“宝绘”的好处，反而大书“宝绘”的危害。也就是说，“不仅把一篇记叙文写成议论文，而且写成与主人愿望相反的议论文，几乎是一篇‘反宝绘堂记’”。点评主体部分从美学与人生态度层面对全文逐段分析，最后指出，此文提出的“寓意于物”的态度，“影响深远，足可视为古代一条重要审美待物的原则。它以格言的形式，为后世文人所奉行，转述称赏甚多，不胜枚举”。

又如，《书鄢陵王主簿所画折枝二首》，第一首中有我们耳熟能详的诗句：“论画以形似，见与儿童邻。赋诗必此诗，定非知诗人。诗画本一律，天工与清新。”此虽为苏诗名篇，但有些选本却未必选入。《苏轼集》能将其选入且作深入浅出的解析，体现编选者的批评眼光与艺术趣味。周先生在点评开头部分就指出：“此组诗第一首将王主簿与唐宋花鸟画名家边鸾、赵昌相比较，由此提出诗歌、绘画的一般艺术原则，即超越‘形似’和‘着题’之上的‘天工与清新’。前四句最为著名，引发历代关于诗画创作评价原则的讨论和诠释，影响极大。”紧接着下文从文学艺术角度进行旁征博引的论述。

佛禅思想对宋代文人审美趣味产生重大影响，而作为集大成型的宋代士大夫文人，苏轼所受佛禅思想的影响不言而喻。他早年接触佛教，阅读佛书，与僧人交往，后来又成为东林常总的法嗣，其诗、词、文作品均打上深深的佛禅文化烙印。周先生在中国佛禅文化研究领域有较深的造诣，所著“禅学三书”（《中国禅宗与诗歌》《文字禅与宋代诗学》《禅宗语言》）对中国禅宗语言、中国文学与禅宗文化的关系进行多层面、纵深性探讨。因此，他在注解《苏轼集》时，能够准确解读苏轼作品中引用或化用的佛典，深入阐释苏轼涉佛作品蕴含的佛理与禅趣，有很多地方对前人观点提出了不同看法，发人深省，体现周先生最新研究思路和研究成果。

无论文学创作还是文学批评，其创新性都需建立在一定的传统基础之上。中国古代文学理论素有“古代的文学理论”和“古代文学的理论”之说。周先生《苏轼集》中的选、注、评，之所以新见迭出，是因为他能够恰如其分地平衡两者之间的关系，对于某些颇有争议的话题，追根溯源，通过大量文献举证和文学分析，得出令人可信的结论。

伽达默尔在《真理与方法》中提出“视域融合”概念，即读者与作者有各自不同的视域，读者携自己的“先见”“前见”去理解文本，两者视域融合会产生全新的解释。而无论作者还是读者，其视域又是多重的，因此，对作品的解读又存在多种可能性。《苏轼集》充分体现了周先生以文学、佛学、美学、文献学、语言学、文艺学、艺术学等多重视域解读文学作品的宏阔视野，为我们展现了丰富多彩的苏轼文化阐释世界。

（周裕锴《苏轼集》，国家图书馆出版社2022年版）

钩沉索隐　明辨源流

——评樊庆彦《苏轼诗文汇评》

广东白云学院教育学院　张开辉

山东大学樊庆彦教授编著的《苏轼诗文汇评》（以下简称《汇评》），于2022年底由凤凰出版社推出。该书以清蔡士英刊本《东坡全集》一百五十卷作为苏轼诗文评点的底本，并依据“东坡七集”《苏文忠公集》《苏文忠公全集》《重编东坡先生外集》等进行补遗。全书共6册，诗文兼收，资料丰富，钩沉索隐，推源溯流，是苏学研究的必备参考书。

在此之前，樊庆彦教授已有《苏诗评点资料汇编》《苏轼诗文评点研究》两部著作，交由山东人民出版社于2019年出版。《苏诗评点资料汇编》以清代查慎行《补注东坡编年诗》为底本，依照诗歌编年顺序，将四十四家苏轼诗歌评点资料汇于一书。《苏轼诗文评点研究》侧重于苏轼诗文评点研究脉络的梳理，阐释苏轼及其作品的价值与意义。《汇评》是其多年来在苏轼诗文评点研究领域埋头耕耘的结晶，是用辛勤汗水浇灌出的又一硕果。

樊庆彦教授在该书《前言》中指出：“苏轼的诗文评点，集中于南宋至清末这个时间段，……而这个时段也是文学评点正式形成并日渐成熟的阶段，因而苏轼诗文评点也较为典型地反映出评点的发展状况。”樊庆彦教授还为我们大致勾勒了苏轼诗文评点的发展概况，进而分析了各个阶段评点的基本特征及其成因。南宋至明初是苏轼诗文评点的肇始与发展缓慢期，明代中后期是苏轼散文评点的繁荣期，清代是苏轼诗歌评点的高峰期。

《汇评》具有多方面的研究价值，能够给读者带来不少有益的思想启发。具体而言，以下三个方面令人感触尤深：

其一，文献学价值。《汇评》搜集广博，可以说是目前可见最为系统与完善的苏轼诗文评点资料汇编。苏轼诗文评点本从南宋至明清层出不穷，评本数量高达130余种，评者多达100余人，不仅有流传较广的纪昀、查慎行、茅坤、汪师韩等名家之作，还有一批还未被整理的手批本，亟待抢救、研究。在《汇评》正式出版之前，曾枣庄、朱明伦、高海夫等先生都曾做过苏轼诗文评点文献资料的整理工作，他们的研究成果颇具学术价值，为学界深入研究苏轼诗文提供了便利。不过，这些成果并没有将评点作为主要对象，其着眼点仍是对诗文本身的研究。因此，一些貌似“价值不大”的评点，并未被囊括在内。《汇评》除却《东坡先生诗集注》《施注苏诗》等为人所知的评本，还收录了60余种明清以来未经整理刊刻的苏轼诗文评本，以及新发掘的30余种未整理的苏诗评本，可谓是当前苏轼诗文评点资料汇编最为完善者，为苏轼研究提供了大量珍贵的文献资料。《汇评》还在书末附录“苏轼诗文评本提要”，深入考释了辑入的七十二部苏轼诗文评点本，内容主要涉及各个评本的“书名、编选者、评点者、选评目的、选文评语内容，材料来源、版刻时地与特点、版本馆藏地，偶尔亦涉及各本得失”，把各家评本的概貌，浓缩展现于读者眼前，解决了部分苏轼诗文评点文献材料难为读者所知见的问题。《汇评》收录的不少手批本为罕见材料，尚未正式刊行，个别版本存在字迹不清、评语难以准确辨识的现象。《汇评》通过细致地辨析、考证、校勘，排摸理清这些评点内容，个别确无他本可校者则保留原貌，这在一定程度上消除了文本讹误的问题，为读者提供了极大便利。苏轼诗文评点资料数量庞大，从南宋至明清皆有评点者，这是评者所处时代的分散；评点者评点诗句的方向又不尽相同，这是内容的零散；评点资料散存于各地图书馆，这是保存位置的分散。总的来说，评点呈现出分散零碎的特征。因此，《汇评》的编纂整理具有重要的文献学价值，有助于扩宽苏轼诗文研究的深度与广度。

其二，阐释学价值。《汇评》体例以“编年”的形式进行编排，各个评点者原始版本的题下批、眉批、夹批、旁批、尾批等内容，按照时代的先后顺序，以其原样置于对应评点诗文之下。这样的编排方式，不但可以反映苏轼不同时期的诗文创作风格的演变，而且能免去多方翻阅对照的烦琐，通过对读各家评点，有助于了解苏轼诗文的阐释历程。周兴陆先生指出：“一部优秀的评点汇编不仅能为研究者们提供翔实可靠的文献资料，有助于加深对古代文学评点发展的理解，还对读者的审美经验有着催生和促化作用，为探索文学规律提供深层启示。”（参见周兴陆《〈苏轼诗文汇评〉：一部苏轼诗文阐释和接受史》，《中华读书报》2023年12月20日第8版）“汇评”这种形式能将前后不同时代具有不同思想品格、艺术趣味评点者的观点汇集于一起，兼具个案研究与宏观把控双重功能。先从个案的角度来看，《汇评》将各家评点汇于一处，形成一种跨时空的对话。不同评点者的观点，有时还会形成尖锐的交锋态势。例如清代王文诰评点苏轼的《和子由渑池怀旧》“人生到处知何似，应似飞鸿踏雪泥。泥上偶然留指爪，鸿飞那复计东西”之句时，先是结合查慎行评点写下按语“查注引《传灯录》义怀语，谓此四句本诸义怀，诬罔已极”，紧接着他又提出不同的观点：“凡此类诗，皆性灵所发，实以禅语，则诗为糟粕。句非语录，况公是时并未闻语录乎？”再如苏轼《病中闻子由得告不赴商州三首》，对于这三首诗，纪昀分别评价为“和平无迹”“一结殊不成语”“太平直”。赵克宜则认为：“三诗评（指纪昀）皆未当。”可见，评点内容是评者生命经验、审美志趣的体现，不同的评点者对同一首诗歌的分析也就见仁见智了。类似这样的例子在《汇评》中还有很多，不胜枚举。“汇评”融汇群言的基本特点，充分展示出评点者有关具体诗文作品的阐释接受的历程，让《汇评》具有了批评史、接受史的色彩，有助于深化读者对苏轼诗文的理解。再从宏观的角度来看，《汇评》还将不同时期的评者立论汇集，以历时性视角综合考察苏轼诗文之评点，例如《病中大雪数日未尝起观虢令赵荐以诗相属戏用其韵答之》之诗句“何时反炎赫，却欲躬臼磨”，纪昀眉批为“‘却欲’句未佳，意谓操劳则汗出身暖耳，是有此理，然成何语”；毛西原眉批也赞同这一说法，但是《角山楼》中的评语却持有不同观点：“谓当待暄暖时躬亲劳苦耳，语本无弊，纪误会矣。”这些不同的评点内容，实则反映出不同时期的社会背景、文学思潮。《汇评》将苏轼诗文评点置于宏观与个案相统一的背景下，正如黄霖先生于总序所言，这样的《汇评》“实际上成了有关名著、有关作家、有关问题的一部接受史、阐释史”。

其三，不论是苏轼诗文本身，还是历代评点家的评点，其价值最终取决于研究者的思想境界。樊庆彦教授在《前言》中特别指出，“评点者的主要目的是教导人们阅读文章，或抒发个人感慨，故而多侧重于艺术技巧的剖析，历史渊源的探讨以及字句、作法的解读，却相对忽略对作品思想内涵的挖掘与阐释”。中国古代文学批评重视“知人论世”的传统，在评点中相对受到忽略，“故时有将苏轼诗文内涵平面化、肤浅化、简单化的发展趋势”。苏轼诗文之所以伟大，之所以深受世人喜爱，与其超拔的人生境界分不开。评点则限于体例，取境不宽，格局偏狭。当然，也有少数评点者留意于此，但他们对苏轼及其作品的推崇，也容易造成评点的过度阐释。如袁宏道认为苏诗“前掩陶、谢，中凌李、杜，晚跨白、柳，诗道至此极盛。此后遂无复诗矣”（《东坡诗选·识语》）。评点承载着不少历史重负，带有鲜明的时代色彩。例如，评点的兴起，与科举制度下文人对举业的重视有一定关联。时代、社会、个人好恶等多种因素都对评点形成思想制约。樊庆彦教授认为，评点中存在的一些粗率议论，是评点者的主观意识与当时的具体客观环境所致，“因而，这些评论既有合理性，也有其偏颇性，并非主流观点，我们不能因言废人，因人废文”。从知人论世、还原历史语境的角度看，此类评点亦有其研究价值。

总之，《汇评》深入发掘、系统梳理了苏轼诗文评点资料，具有重要的文献学价值，有助于深化对苏轼诗文的阐释。历代评点家对于苏轼诗文的评点，有精妙之论，也不乏偏颇之见，读者应在全面了解的基础上，作出清醒的判断。就评点这一文学批评形式自身而言，苏轼诗文评点亦具有典范意义和重要研究价值，可为中国当下的文论话语、体系建设提供借鉴。

《汇评》是复旦大学黄霖教授主持的“古代文学名著汇评丛刊”之一种，书前冠有黄霖先生为“丛刊”所撰之《总序》。黄霖先生在《总序》中回顾了文学评点的发展历程，充分肯定了文学评点特别是汇评本的文献价值、理论价值和传播价值。“古代文学名著汇评丛刊”本着成熟一部先出版一部的原则，计划将历代文学名著的评点有系统地进行收辑与整理，这一工作实际起步于2006年，迄今已有十余年，可见其工程规模之大，困难之多，非亲历其事者，难知其中之甘苦。《苏轼诗文汇评》作为“丛刊”新推出的重要成果之一，拓宽了苏轼研究和评点研究的视野，进一步夯实了苏轼诗文研究的文献基础，为读者呈现了一部资料翔实、富有新意的苏轼诗文读本。欣喜之余，对于编者的辛勤付出和严谨求实的学术态度，我们理应致以深深的敬意。

（樊庆彦《苏轼诗文汇评》，凤凰出版社2022年版）

为琼岛东坡文化再添一把火

——读王全同志点校《宋苏文忠公居儋录》

中共海南省委政策研究室　刘允明

由王全同志点校、海南出版社出版的《宋苏文忠公居儋录》点校本已于2022年12月出版。凭借扎实的古文功底和对海南历史文化的热爱，王全同志以现存最早的苏轼居儋诗文集为底本，辛勤耕耘，精心校勘，挖掘和系统梳理东坡居儋文化成果，为我们阅读和研究东坡居儋诗文提供了极大便利，让我们得以更轻松地领略东坡的智慧和风采。

一、潮起海南，再遇东坡

诗家不幸海南幸。东坡一生经历多次贬谪，其中最艰难的一次是谪儋三年。风烛残年，万里投荒，东坡原以为要老死海外，不料却遇上“人情不恶”的海南人民。海南热情接纳了颠沛流离的东坡，东坡也给这个海岛留下不可磨灭的历史印记。居儋三年，他讲学论道、劝农助耕、寻方问疾、促进民族团结，创作了大量不朽的诗歌和书札散文，开海岛人文之风气，是海南历史上至今都难以逾越的一座文化高峰，也对内地文化乃至世界文化产生了影响。

斗转星移，沧桑巨变。昔日的荒蛮海岛，正朝着世界最高水平的开放形态蹄疾步稳建设自由贸易港。东坡作为海南第一位具有世界影响力的历史文化名人，传承和弘扬海南东坡文化，对增强民族文化自信、提升海南文化软实力具有重要意义，对扩大对外开放、塑造海南形象、发展外向型经济大有裨益。近年来，琼岛东坡文化研究渐成风潮，东坡居儋期间的各类文化著作被陆续挖掘整理，有关东坡文化的论坛节庆相继举办，这是人们精神文化需求日益增长的一种体现，也是铺就中国特色自由贸易港深厚文化底蕴的客观需要。

海南人爱东坡。在“海南第一楼”五公祠内，人们设了苏公祠、立了苏公像，世世代代纪念他。作为土生土长的海南人，王全同志平素极为敬重和仰慕东坡，对东坡诗文特别是居儋诗文尤为热爱，常津津乐道于东坡谪儋期间豁达乐观的人生态度，心向往之、情追随之。有年轻干部遭遇工作或生活上的挫折时，他常劝解说“人生缘何不快乐，只因未读苏东坡”，教导大家学习东坡身居蛮荒的豁达性格，无论处于何种境地都要有自我调节、找寻幸福的能力。2014年王全同志曾在党政主流媒体撰文《苦难与超越——苏东坡谪居儋耳的心路历程》，细读苏东坡居儋诗文，探究其心路历程，赞扬东坡忠义奋发的操守理想、爽朗超旷的性格胸襟、立身行事的思想准则，以及与黎民百姓结下的深厚情谊。

东坡居儋诗文集流传版本很多。有的虽有重订，但错讹不少；有的虽有点校，但不乏失当之处。在历代翻刻重订的各版本基础上，博采众家之长，择善本进行系统的整理研究，校勘订补，一扫榛芜，是王全同志的夙愿与追求。近年来，王全同志得以从繁忙的政务工作中稍稍抽身，忙里偷闲考校历代名家注本，吸纳东坡研究新成果，对东坡居儋诗文进行了全面校勘，采用现代标点作正确断句，校正文字讹误，对底本的古字、异体字等规范为通用字，注释、编年和辑佚也更为完备，《宋苏文忠公居儋录》点校本无疑是海南东坡文化研究中的一部精品力作。

该点校本不仅是对东坡居儋诗文的系统整理，更是一个资深“苏迷”以校勘方式向千古一人的苏东坡致敬，以对历史的解读思接千载，跟随东坡在海南的耕读生活，神游万仞，泛舟“苏海”，在思想的高峰一窥东坡文化之一斑，这又是何其幸运快哉之事！正如作者在前言中所述：“对古籍文献施以标点，拈出鲁鱼亥豕，是一项浇筑基础、锤炼心志的事业。作为后学，在点校过程中，对古今贤人的研究成果，多有汲取获益，我对此抱有最大的敬意与感谢。”

二、上溯源头，优选善本

王全同志广搜众本，通过对几十种流传版本的调查考证和对比分析，梳理出两大递修源流。一是如明万历曾邦泰刊本《宋苏文忠公居儋录》、清顺治王昌嗣刊本《宋苏文忠公居儋录》、清康熙韩祐刊本《宋苏文忠公居儋录》，均重刊自陈荣选编本《宋苏文忠公居儋录》，仅于序跋、附录有所增改。二是如明万历戴熺编本《宋苏文忠公海外集》、清康熙樊庶编本《宋苏文忠公海外集》、清乾隆王时宇编本《苏文忠公海外集》、清光绪刘凤辉编本《东坡居儋录》，则是在陈荣选编本《宋苏文忠公居儋录》基础上，不断新修重构的“海外集”，内容、体例均有重大调整。显而易见，两大源流都是在陈荣选本的基础上修订增删而成。王全同志在前言中指出，陈荣选辑校的《宋苏文忠公居儋录》，是现存最早的以苏轼谪居儋州所作诗文为主要内容的作品集，对海南东坡文化的传承发展有不可替代的首创之功。

由于清乾隆王时宇编本《苏文忠公海外集》年代近、较易得，民国以来的翻修重订，大多绕不开王时宇本。王全同志则通过详明的源流考证，合理选定了美国哈佛大学燕京（汉和）图书馆收藏的明万历二十三年陈荣选刻本、清顺治十八年王昌嗣补修本为底本。全书共五卷，刻本清晰少漫漶，仅缺“卷二第一页，卷五尾页”，是较难得的善本。其中，该本卷五（附录）中的黄光昇《谒东坡祠》、陈荣选《次黄尚书韵》、胡桂芳《谒东坡祠》等18首历代名人咏坡诗作，在海南现有文史资料中属于第一次出现，进一步丰富了苏轼居儋文学研究史料。特别值得一提的是，哈佛大学藏本与中国国家图书馆现存《宋苏文忠公居儋录》（王昌嗣补修本）为同一刻本，所不同的是，哈佛大学藏本卷首有两篇序，即胡桂芳序和无署名序，而国家图书馆藏本仅有胡桂芳序，缺少无署名序。无署名序详细叙述了补修刊行《宋苏文忠公居儋录》的由来，生动描写了儋州东坡祠、载酒堂等历史古迹，并表达了海南百姓对苏轼的深厚感情——叹旷世之才、敬耿介之性、仰冰玉之节，是一篇重要的东坡居儋文化研究史料。据此，点校者决定将哈佛大学藏本作为底本进行点校。所幸的是，国家图书馆藏本无缺页，哈佛大学藏本两处缺页内容用国家图书馆藏本内容补齐，得以形成一枚珍贵完整的“玉璧”。

校勘方面，王全同志涉猎广泛，择善存真，补阙拾遗。苏轼居儋诗文部分以孔凡礼先生点校的《苏轼文集》《苏轼诗集》（中华书局版）为主要校本，以张志烈、马德富、周裕锴先生主编的《苏轼全集校注》（河北人民出版社版）为参考校本。序跋、年谱、古迹简介、言行、后人咏坡诗文部分则以万历《儋州志》（曾邦泰重修，日本藏中国罕见地方志丛刊版）、《宋史》（脱脱等撰，中华书局版）、《柳待制文集》（柳贯撰，北京图书馆出版社版）、《石湖遗稿》（郑廷鹄著，海南书局版）、《苏文忠公海外集》（郑行顺点校，海南出版社版）等为主要参考，连卷帙浩繁的各版《琼州府志》《儋州志》及民国《儋县志》都数次引为佐证材料，体现了点校者广博的学识和高度负责的治学精神。

三、伏案探究，用心考证

此书成稿，可谓呕心沥血。点校工作烦琐细碎，点校过程就像是一场寂寞的单人旅行，非有真诚的热爱不可，多少个夜晚青灯作伴，翻阅大量版本古籍和相关研究书籍，找出最真实的文字，辛辛苦苦查阅了不知多少资料，付出难以想象的努力。不过好在王全同志有读书人的共同爱好，喜静不喜闹，向往“一杯热茶，一本好书，茶香四溢，书香扑鼻”的闲适恬淡生活，耐得住寂寞，坐得住冷板凳，倒也自得其乐。

点校本的注释非常翔实。底本涉及的史实、人名、地名乃至职官、朝仪等都非常复杂，有些内容非注莫明。如王昌嗣《序》“吏建阳”，点校本注云“建阳，即定安县。元代升定安县为南建州，后常称定安县为建阳”。如卷五《东坡祠记》“廉访司照磨”，点校本注解其为元代地方监察官署官职，即海北海南道肃政廉访司照磨的简称。如卷四《食槟榔》“老眼怕少睡，竟使赤眦努”，校本注解“赤眦努”是眼睛红肿的意思。要不是如此旁征博引的注释，底本很难索解。点校本对底本与参照校本的不同处随以脚注，且脚注来源清楚；漫漶处据校本或文义补正，并加脚注说明，还标明出处，列举书证和例证。如卷一《年谱》中有“十二月二十四日得旨，责授黄州团练副使”，点校本注云：苏轼得旨贬黄州的日期疑误，《苏轼年谱》作“十二月庚申（二十六日）”，责授苏轼水部员外郎、黄州团练副使，苏轼有诗题作《十二月二十八日蒙恩责授检校水部员外郎黄州团练副使》。点校本累计校注900余条，做到了确切简明，言必有据。有了这些注释之后，读者不但省去翻检之劳，还增进了对东坡居儋言行、事迹及当时社会状况、风土人情的了解。

点校本在注解《居儋录》时善于考证事实、辨析事理。如考证底本无署名序就颇费功夫。首先，从民国《儋县志·地舆志》记载的明清时期区划归属，核实当时定安、儋州的行政区划和地域距离，与序言所述大体一致；再从王昌嗣个人经历看，他考中科举的时间，到定安任知县的时间，均与序言所述时间节点吻合；查证乾隆《琼州府志·职官志》及民国《儋县志·职官志》，得出时任儋州知州辽东贡生徐凤鸣于顺治十八年（1661）致仕，又从近人傅增湘对《居儋录》的标注中得出，王昌嗣担任定安知县期间，曾代理儋州事务。由此，点校者有充分的理由推定该序作者为补修刊行《居儋录》的定安知县王昌嗣。广泛搜集证据，仔细考辨取舍，这种考证虽然细小，难度却很大，因为它们往往始于对蛛丝马迹的敏锐察觉，终于大海捞针式的搜集佐证。此类注释不是朝夕之功所能达成的，需要心细如发的探索精神，更仰赖点校者的学识和眼光。

点校本在文献不足的情况下存疑，并不勉强求解。如卷三《过海得子由书》，点校本注云：此诗是否为苏轼诗，尚有争议。如清代纪昀认为，“‘相求’与得书不合，‘江关’‘江声’与过海不合”。如卷五《谒东坡祠次吾乡黄恭肃尚书韵》，此诗底本署名“蒋□彦”，中间一字漫漶，无据可考，则以方框替代。严谨的治学态度让人称赞。

四、难得佳作，膺获殊荣

点校本以简体汉字横排刊印，精装一册，体例完善，考订精审。如底本目录中诗文标题或有简省，点校本全依正文，不再简省，一览了然；还将底本中未分首之书信、诗歌进行分首，编排清楚。

该书是一部质量很高的古籍整理佳作，编辑加工、版式设计、印刷装帧等各环节均精益求精。书前依次有王全前言，广东提刑按察司提学副使胡桂芳序，王昌嗣顺治辛丑所撰序。卷一为苏轼年谱及与苏轼有关的古迹简介、言行记录，卷二至四为苏轼所撰诗文，卷五（附录）载后人所作《东坡祠记》《载酒堂记》及后代名人咏坡诗作。书末附陈荣选跋，主要参考文献以及明万历二十三年刻清顺治十八年补修本影印版。

目次编排情况如下：

卷一：年谱1篇，古迹8条，言行16条；

卷二：表2篇，书29篇，记2篇，铭2篇，说2篇，歌2篇，赋2篇；

卷三：诗58首；

卷四：诗51首；

卷五（附录）：记2篇，诗32首。

近年恰逢《琼崖文库》编纂盛事，王全点校本《宋苏文忠公居儋录》与《民国时期琼崖政务史料选编》《近现代琼崖旅行记续编》《明代琼崖名贤年谱五种》《西人黎区日志三种》《琼崖历代楹联选》《正德琼台志》《海南岛，中国的天堂》等书作为海南历史文化重要著作陆续出版，引发学界关注。海南师范大学阮忠教授在《苏轼海南文学研究的相关史料问题》以及海南师范大学林安琪、白金杰在《苏轼海外集版本述略》等学术论文中，都将王全点校本《宋苏文忠公居儋录》作为苏学研究的重要版本。2024年3月，包括王全点校本《宋苏文忠公居儋录》在内的《琼崖文库》（8种）获评第六届海南省出版物政府奖图书一等奖。

（王全《宋苏文忠公居儋录》，海南出版社2022年版）

填补苏轼研究空白的《苏轼正体书法探析》

南通师范高等专科学校　曹炳生

李志丹，1970年生，别号南园客、苏斋，江苏省南通市人。江苏省篆刻研究会会员，上海吴昌硕艺术研究协会会员，南通市书法家协会会员，南通印社副秘书长。现任职于南通市教育科学研究院。1988年毕业于南通师范学校，留校兼任书法教师，师从王个簃先生弟子戚豫章学习书法篆刻，真草隶篆都有涉猎，博采众长后专攻苏体，书法篆刻作品多次在南通市参展、获奖。从事创作的同时，也研究中国书法史、篆刻史。著有书法篆刻作品集《苏斋·不惑集》，多篇研究成果发表于《中国教育报》《江苏教育》《书画艺术》等报纸杂志上。

前不久，李志丹赠我一册他新近出版的第一部中国书法理论研究专著——《苏轼正体书法探析》。近日稍闲，再认真研读志丹的大作（出版前曾粗读过此书初稿），仍然为此书的厚重和创见而感佩，兹略陈管见。

李志丹著《苏轼正体书法探析》，江苏凤凰美术出版社2023年5月第一版。全书除序、结语、后记外，分为六章和附录。第一章综述苏东坡的文艺成就，其他五章和附录专论苏东坡的正体书法，在我的印象中，这是第一部专门研究苏轼正体书法的学术著作。

之所以说此书厚重，是因为作者本身就是一位知名的书法家、篆刻家，并以苏体见长。志丹从青年时起，即追慕苏东坡的人格书道，自号“苏斋”，斋中挂有好友锥石所画的苏东坡像。他临习苏字已逾三十年，举办过书法展，出过书法集《苏斋·不惑集》，也因此积累了丰富的苏轼、苏体研究资料。志丹能积三十年之实践经验，解构苏轼书法书风之特点，正可谓是厚积而薄发也。北宋崇宁元年（1102），苏轼去世才一年，宋徽宗发动了党禁运动，严令禁锢“元祐学术”，摒弃“元祐党人”及其后人，列苏轼为“元祐党人”首恶之一。为肃清苏轼的流毒，宋徽宗还于崇宁二年（1103）和宣和五年（1123）两次下诏，通令天下“焚毁苏轼《东坡集》并《后集》印板”“片纸只字并令焚毁勿存，违者以大不恭论”。苏轼生前创作的鸿篇巨制尤其是正式场合书写的正书作品绝大多数都毁于这场党禁运动。劫后留存于世的苏轼正书作品总量、创作场景等，自北宋以来从没有人做过专门统计和研究，这就给今人研究苏轼正书造成了巨大的障碍。而本书的第二章《苏轼正体书法作品概况》、附录《苏轼正体书法作品图例》，就填补了这一空白，这是作者穷数十年搜罗检索之心血累积而成，文字虽简，但信息量巨大，于苏轼研究、苏体研究之推进，都是不可或缺的基础性文献资料，造福于学林可谓功莫大焉。

我非常赞同苏州科技大学中国书法文化研究所所长、教授王伟林先生的序言：“面对浩瀚无际的‘苏海’和‘苏学’，尤其是面对前人丰富的研究成果，志丹君勇于挑战自我，选择了自己熟悉的苏轼正体书法作为研究对象。在探研的过程中，他本着严谨的学术态度，花费了大量时间对苏轼正体书法作品进行梳理和考证，以丰富的书法史料和立体的视角，对苏轼正体书法风格和书法思想进行探源、分析、总结，这些工作既是对苏轼正体书法这一尚显薄弱的研究领域的有益补充，也是让读者得以从书法的视角去了解、领略苏轼这位千年难得的奇才，具有一定的学术意义。”

之所以说此书有创见，是因为作者不仅仅是书法家、篆刻家，还是位书画评论家。志丹自踏入书道始，即喜研读中国书法史、美术史、美学史著作，并渐次集中于宋代书法史和近现代南通书画研究，成果斐然。影响较大者有：《李苦李与吴昌硕交游考》入选西泠印社第七届“孤山证印”学术研讨会，以及《从〈紫金研帖〉谈苏轼与米芾的交往》《戚豫章与王个簃先生问学经历研究》等。苏东坡创造的苏体本身就是对晋唐书法的勇猛超越，连欧阳修都说：“读轼书，不觉汗出，快哉快哉！老夫当避路，放他出一头地也。”（《与梅圣俞书》）

人们都熟悉苏轼的行书，名帖《黄州寒食帖》更是家喻户晓，而历来对苏轼正体书法关注不够，对其正体书法与行书风格之间的内在关系理解不深不透，志丹正是找到一个非常好的切入口，专注于苏东坡的正体书法探析，研前人之未究，考苏体之渊源，从而获得这份学术研究成果。我以为《苏轼正体书法探析》有三大创见。

一是厘清了苏轼正体书法创作的发展历程。志丹认为，“苏东坡的正体书法创作经历了基础期（宋仁宗至和二年之前，居眉山读书期间）、游学期（嘉祐元年第一次进京到元丰二年乌台诗案）、突变期（元丰三年至元祐三年）、成熟期（元祐四年至绍圣三年）、返朴期（绍圣四年贬谪儋州以后）等五个阶段。”因为下了一番苦功夫，所以志丹的研究拙中亦能见巧。在缺乏苏轼居眉山时期正体书法碑帖的情况下，能从苏轼自撰文字、苏轼家人、苏轼弟子以及后人诗文中推断苏轼早期正体书法的师承和风格，应该是很可信的。

学界普遍认为，苏轼被贬黄州时期是其书法风格的突变时期，这对于苏轼行书来讲似乎没有什么疑义。而苏轼正体书法的风格变化往往混同于行书体。志丹却没有因袭前人之说，而是以正体书法作品及其时序为依据，结合苏轼人生经历造成的心性变化、书法创作与书法审美思想的日趋成熟、“朋友圈”的激发激励等多方面因素，全面分析苏轼书法风格突变的原因，尤其是根据时间顺序对苏轼诗文、题跋和书帖中的书学思想进行了细致入微的梳理、考证，进一步印证了以苏轼为首的北宋“尚意”书家书风形成的思想基础和理论创新。

二是提炼出了苏轼正体书风的特点。志丹认为，同为正体书法，苏轼的小字和大字风格迥然不同，并且将苏轼的“八分楷”（行楷）作品也纳入到研究范围内，得出了“苏东坡的小楷秀劲圆润，宽绰有余；大字清雄俊迈，笔圆韵胜；行楷端庄流丽，刚健婀娜”的结论。

苏轼作为北宋文坛领袖，一生创作的诗词文赋、典章制策、学术著作、书画作品浩如烟海，世人尊称其作品为“苏海”。小字书写乃日常之事。志丹的研究，让我们了解到苏轼对小楷书法的重视和用功之处，而其对苏轼小楷书法风格的梳理又与苏轼书法美学思想探讨结合起来，若非书法实践和理论研究兼擅者，恐怕难以做到这样的鞭辟入里。

在书法史上，对颜真卿的推崇一般都认为始于苏轼。志丹通过研究，认识到“受欧阳修、蔡襄等前辈对颜真卿人格与书品推崇的影响，苏轼对颜真卿也是推崇备至”，一语道出苏轼书学思想的传承源流。苏轼大字师法颜真卿，最得颜体风骨。不仅如此，苏轼“将颜真卿的书法地位与杜甫之诗、韩愈之文、吴道子之画相提并论”，以苏轼在文人士大夫和寻常百姓中的影响力，由于他的推崇，“颜体”遂成为后人学书的圭臬。

将苏轼的行楷纳入其正体书法研究的范畴，并将更接近楷书的行楷美其名曰“八分楷”，也是志丹依据苏轼书学思想的“循理而行”。志丹认为：“在苏轼的理想中，将行（草）书的‘飘扬’与真书的‘严重’这对矛盾统一起来无疑是书法中的更高境界。于是，苏轼将行（草）书的笔意应用楷书，打破了唐楷过于严谨的风格，形成真行兼通的‘八分楷’。”三是梳理了苏轼正体书法的理论及其影响。志丹认为，“在欧阳修、蔡襄等同时代先贤的影响下，苏轼率领苏门学士扛起了振兴宋代书法的旗帜，提出了‘师法晋唐、真草兼通、自出新意、形神俱备、技道两进’等著名的书论思想和观点。苏轼对正体书法的学习、应用和创作，体现了他是一个重视基础、循序渐进、遵循规律，进而寻求突破、表现个性的践行者”。

“苏门四学士”之一的黄庭坚反复强调，苏轼善书乃其“天资解书，比之诗人，是李白之流”。在志丹看来，苏轼“天资解书”不仅是在创作上通晓书理，更是在实践基础上形成了自己的书学思想。苏轼“自出新意”的“尚意”书法创作更是其书学思想引领下的自觉实践。

志丹关注到苏轼书学思想的影响。比如：“师法晋唐的书学观”对同时代的米芾和元代赵孟頫的影响。“苏轼‘自出新意’的书法创作观，解放了书法创作的思想，对同时代和后世的书法家影响深远”。苏轼“形神俱备的审美观”，强调“书必有神、气、骨、肉、血，五者阙一，不为成书者”。志丹通过与南朝王僧虔“神采、形质”二元论的对比，厘清了苏轼书法美学思想的内涵，尤其是“苏轼创造性地用‘血’这个人体中的概念，强调书法作品中墨法的重要性”。苏轼对墨法的重视和实践，启发了同时代和后人在墨法上的不断探索。

志丹详细解析了苏轼“技道两进”书法思想中的“技”“道”二义，并认为“技”和“道”在苏轼书法思想中是同等重要、不可偏废、辩证统一的，“技道两进”书法思想集中体现了书法艺术是一门中国独有、传承有序的综合性艺术，它在中国人的生活中无处不在，广泛普及，它除了具有丰富的“技艺”层面的艺术特征、发展规律和评价标准，还承载着社会对书法家人格境界、道德修养的价值需求。

志丹认为：“苏轼师法晋唐的书学观，成为后世书法学习的圭臬。苏轼师法晋唐的正书实践，也成了后世学习书法的典范。”但在科举时代，书法教育一直是沿袭师徒私相传习的路径，苏体在苏轼身后一直未能发扬光大。清末近代学校诞生后，书法教育才成为学校正式课程。有意思的是，清末状元、实业家、教育家张謇的书法深受苏轼、苏体的影响，而在他创办的中国近代第一所师范学校——通州民立师范学校，通州翰墨林编译印书局出版的《苏帖》正式成为师范生临习的书法范本。而志丹正是这所有一百二十年历史的师范学校的学生，又以研究苏轼书法为己任，真是一段佳话。

大凡文学爱好者，都知道唐宋八大家之一的苏东坡；大凡书法爱好者，都知道宋四家之首的苏东坡。但千百年来，因苏轼正体书法研究者寥寥，又因为研究者或缺乏书法功底或缺乏理论功底，对作为书法家的苏东坡的面目并不清晰，在中国书法史上传承开新的贡献并不具体。而志丹恰好集书法家和学者于一身，此书的出版让爱好苏东坡的人认识了作为书法家的苏东坡的真面目，也因此填补了苏轼研究的一个空白。

（李志丹《苏轼正体书法探析》，江苏凤凰美术出版社2023年版）

千古豪苏擅胜场

——《叶嘉莹论苏轼词》读后

南开大学文学院　闫晓铮

2020年，《叶嘉莹手稿集》问世，全书共十二册，收录叶嘉莹先生1938年至2008年间的手稿五十五种，涵盖学生时代的习作及后来所作论文、杂文、诗词等各类手稿，此书由采薇阁动议，获叶先生授权，经巴蜀书社出版。编辑之初，叶先生即命我全力协助，书中所收除少数早年习作及2013年入藏台湾大学图书馆的十二种手稿外，其余1200余页均由迦陵学舍所存资料中搜集整理并扫描，也是在这个过程中，我有幸亲眼见到这些跨越七十年时光的手稿。此书由熊烨师兄主持出版，他以为“这些七十年间的手稿，对于先生而言，有不少因缘、往事和心谊值得追叙。对于读者而言，这些七十年间的手稿，更有其足以反映先生之学问才华、品格修养乃至志意理念，而所反映之深微切近，又绝为其他任何著作所独无者”。

惜《叶嘉莹手稿集》卷帙浩繁，一般读者不易获见。2023年，《叶嘉莹论苏轼词》一书的出版，或可稍解此憾，本书收录叶先生《论苏轼词》一文的全部手稿，以“左右对照”的形式排版，翻开此书，左侧页面是手稿原貌，右侧页面是排印文字，经过精心结构，左右内容基本对应，方便读者比照阅读。此外，还在右侧页面增补注释，补充文中出现历史人物的生平介绍及所引诗文词的原文等背景资料，无须读者翻检查阅，更适合于大众阅读。

叶嘉莹先生《论苏轼词》一文，系其与四川大学缪钺教授合著《灵谿词说》中的一篇，二位先生相识于1981年在成都杜甫草堂举行的杜甫研究学会第一届年会，因先有“互读彼此著作的了解与倾慕，所以初逢如旧识”，又因“二人论词都推重王静安先生，尤其有针芥之合”，所以“互相勉励，计划合作有所撰著”。

“百年身世千秋业，莫负相逢人海间。”1983年5月缪钺先生在赠叶嘉莹教授的《相逢行》这首长诗结尾所说的“千秋业”应该就包括二人此番研读治词之合作。1983—1986年四年的暑假，叶先生都留居成都两个月左右，与缪先生商拟计划、研讨文稿，共同撰写完成包括前言、后记在内的四十一篇文稿，辑为《灵谿词说》一册，于1987年由上海古籍出版社出版。该书在撰写体例上亦是一次新的尝试，“将旧传统中‘论词绝句’与‘词话’等体式与近代之‘词学论文’及‘词史’等体式相融合，在每篇论述之文稿的前面先以一首或多首论词之绝句撮述要旨以醒眉目，然后再附以论说之文字做深入之探讨”。

此后，二位先生又陆续撰写多篇论词文章，结为《词学古今谈》，于1992年、1993年由万卷楼图书有限公司和岳麓书社分别在台湾和大陆出版。2014年，北京大学出版社将《灵谿词说》与《词学古今谈》合为一册，题为《灵谿词说正续编》，一编在手，更可见二位先生“依时代先后撰写以沿承词史发展之顺序的原意”。缪、叶二位先生此一段合作早已成为学林佳话，缪钺先生自言“这是天壤间的一种非常可宝贵珍惜之遇合”，今略叙如上，介绍《叶嘉莹论苏轼词》一书之前尘往事，以见前辈学者订交治学之情谊。

《论苏轼词》一文写于1984年6月，手稿以“四川大学历史研究所稿纸”誊写，每节一本，加白纸为封面、封底，装订为三本，三本的落款分别为“一九八四年六月三日写毕此节于成都”“一九八四年六月十二日写毕此节于四川成都”“一九八四年六月廿一日写毕此节于四川成都”，由此紧密的日期，亦可见二位先生当日对此番合作的全力投入。二位先生十分重视学界的反响，故而每成一篇即随时发表，本文首刊于1985年第3期的《中国社会科学》。

缪钺先生阅读叶嘉莹先生《王国维及其文学批评》《迦陵论词丛稿》《迦陵谈诗》三书后，在1981年6月2日致叶先生的信中以“知情兼胜”“中西贯通”“思想开拓、态度平允”“论析诗词艺术，精微透辟”“谨严密栗”五点总结叶先生治学为文之特色。这五点特色在叶先生的文章著作中可谓一以贯之，《论苏轼词》亦不例外，此次重读手稿珍藏版《叶嘉莹论苏轼词》，窃以为或可由缪钺先生所言“知情兼胜”一点特色中的“情”说开，叶嘉莹先生论词之精妙酣畅，盖其不但对所论词人之遭际有“深挚的感情”，且对词之为体的发展演进亦同样蕴有深情，或曰其论词乃能置身其中，由内观之，故而切近精当。

“揽辔登车慕范滂，神人姑射仰蒙庄。”我国文学批评素来重视知人论世，《论苏轼词》中，叶先生并未详细梳理苏轼的生平经历，而是以《宋史》中记载的两则苏轼早年故事论析其天性中所禀赋的两种重要的特质，即“用世之志意”与“超旷之襟怀”。其一生中，面对诸般遭际所作之抉择与反应，盖亦皆出自此两点特质。叶先生指出苏轼之生命历程与词体之发展演进历程是相互交融的，在词体诗化的过程中，苏轼起到至关重要的作用，“一直到了苏轼的出现，才开始用这种合乐而歌的词的形式，来正式抒写自己的怀抱志意，使词之诗化达到了一种高峰的成就。这种成就是作者个人杰出之才识与当时之文学趋势及社会背景相汇聚，而后完成的一种极可贵的结合。”“在词的发展史上，苏轼就正是这样一位天性中既具有独特之禀赋，又生当北宋词坛之盛世，虽然仅以余力为词，而却终于为五代以来一直被目为艳科的小词，开拓出了一片高远广大之新天地的重要作者。”或许可以说苏轼的人生和词体的演进是相互成就的。

关于苏轼词对前人的承继以及对后世之影响，叶先生均有细密之论述，对苏轼影响较大的主要有欧阳修、柳永二家。

欧阳修的影响体现在“疏放高远的气度”和“遣玩游赏的意兴”两个方面，不过“欧词之内容仍大多只是以写景抒情为主，而极少写及哲理或直抒怀抱之句；而苏词则于写景抒情之外，更往往直言哲理或直写襟怀”。所以苏轼能“从欧词之‘疏隽’，发展开拓出另一条更为广阔博大之途径”。

表面看来，苏轼与柳永词风迥异，其实“苏轼对于柳永的词，实在非常重视，所以才斤斤欲以自己之所作与柳词相比较”。“苏词中此等兴象高远之笔致，却原来很可能正是有得之于柳词之启发和灵感。”面对有“腻柳”之称的柳永词，苏轼“致力于变革柳词之风气，而独辟蹊径，自成一家。在这种开径创新的拓展中，苏词最值得人注意的一点特色，就是其气象之博大开阔，善写高远之景色，而充满感发之力量”。

词史上常常将辛弃疾与苏轼并称，以为词风接近，叶先生专门分辨其不同处，曰“虽然二人皆有其能‘放’之处，而其所以为‘放’者，则并不相同。一般说来，辛词之放是由于一种英雄豪杰之气，而苏词之放，则是由于一种旷达超逸之怀。这便是我之所以舍弃‘豪放’二字而以‘超旷’称述苏词的缘故”。

对于词，苏轼“既具有为之开拓的资质，也具有意欲为之开拓的理念”，“所以在苏词中，除了由其本质所形成的超旷之主调以外，他便也还曾做过各种不同风格的多方面的尝试”。叶先生以为，苏轼对于词所做出的开拓，要分为“后人可以学习及后人不可以学习的两类来看待”。后人之资质、理念不同，对苏轼词之继承发展也有不同的结果。苏轼词中不乏“率意之笔”及“游戏之作”，是其于词体有过人之处，“就苏轼本人而言，若将其小疵与大醇相较，则他的这些小的疵病，原是可以谅解的。只不过若就其对后世的影响而言，则有一些庸俗浅薄之辈，对苏词之佳处所在，往往并不能真正地欣赏了解，而只能以浅拙之笔写一些粗率之作与游戏之辞，而自以为源于苏轼，则始作俑者，苏轼亦不能辞其咎矣”。

在置身词体发展演进的轨迹之中，作出如此纤细绵密的论述后，叶先生专门指出：

唯其苏、辛有相似之处，所以才要分辨出其中相异之差别，这与我们论及苏轼与柳永之关系时，曾提出二人在兴象高远之一点有可以相通之处，也是因为柳苏二家之风格迥异，所以才要在其相异之中分辨出其可以相通之处的道理一样。这正是有才识的大作家之善于汲取及变化的本领，也是论文学之演进者所不可不注意的观察角度。

同中见异，异中求同，是对词史上柳永、苏轼、辛弃疾三家词的辨析，更是授人以渔，将金针度与后学。

《论苏轼词》一文在成稿近四十年之后以手稿珍藏版《叶嘉莹论苏轼词》的形式与读者见面，又焕发新生，令人为之击节。白璧微瑕，编校方面尚有两点遗憾之处。首先，此书虽已为适于影印手稿设计了开本，可惜比之手稿原稿还是小了一些，未能以原大小将手稿呈现出来。其次，手稿上多有增删修改之处，第一节第10页、第18页，第二节第13页，第三节第5页四处增补内容较多，笔迹靠近稿纸边缘，呈现在书中，分别是第22页、第38页、第86页、第124页，可惜裁切图像时稿纸边缘保留过少，部分字迹丢失。

另外，书的第99页末尾“然若指实其为有不忘朝廷的忠爱之意，则反似不免有沾滞之嫌矣”，粗看似通，余再三比之98页的手稿，以为先生手书内容，当为“然若指实其必有不忘朝廷的忠爱之意，则反似不免有沾滞之嫌矣”，即“必”字因手写字形相近误作“为”字，参考上下文文意，亦是“必”字通顺。不过这个字在最初发表时及后来《灵谿词说》《灵谿词说正续编》书中所收皆作“为”字，校书不易，此或一例。希望今后重版相关著作时能有机会恢复这一句之原貌。

（原载《名作欣赏》2024年第16期。叶嘉莹《叶嘉莹论苏轼词》，四川人民出版社2023年版）

赤壁图像及其文学母题研究

——评《同绘赤壁：与苏轼有关的图像记忆》

江苏第二师范学院江苏区域文学与文化研究中心　肖示玉

苏轼留给中国人的遗产，不只停留在唇齿之间，除“东坡肉”等一众家喻户晓的美食之外，他在文学史、绘画史、书法史等多个领域，都占据着无法被撼动的地位，又因其历经跌宕的人生境遇，特别是出处问题，从而具有了中国古代士人的普遍特征与典范意义。然而，如果没有贬谪黄州，就不会有1082年集中问世的“赤壁三绝”——《念奴娇·赤壁怀古》《赤壁赋》与《后赤壁赋》，当然也不会有我们现在所能看到的苏轼。可以说，苏轼成就了赤壁，赤壁也成就了苏轼。值得玩味的是，赤壁不但吸引苏轼本人再三吟咏，更招来后世诗文的不断致敬，中国文学从此增添了赤壁母题；如果将目光转向艺术领域，我们就会惊奇地发现，赤壁母题还被图像反复再现，而一系列赤壁图像又衍生出大量文学作品，形成了庞大的“语—图”互文旋涡。这就是王一楠博士《同绘赤壁：与苏轼有关的图像记忆》（以下简称“《同绘赤壁》”）的主要研究内容，可谓“文学与图像关系”领域关注赤壁图像及其文学母题的首部著作，值得我们展开专门评述。

一、从历史到文学：语言符号对赤壁的形塑

虽然《同绘赤壁》的研究重心是赤壁图像，但这类文学图像其来有自，因此，该书前三章主要探讨语言文本如何形塑赤壁。与徐志摩笔下的康桥一样，历史上苏轼贬谪黄州期间常去的赤壁，也是稀松平常之景，不存在乱石穿空，更没有卷起千堆雪的惊涛拍岸，反而是面积狭小、风平浪静的一汪秀水。

苏轼几乎凭借一己之力，将长江南岸的赤壁古战场（“武赤壁”），迁移至顺江而下两百公里的长江北岸（“文赤壁”），即便他明知道吟咏的赤壁并

不在自己脚下。当然，哪怕我们当代读者同样熟悉上述“美丽的错误”，也不妨碍戴上苏轼赐予的滤镜一起情动，踏入遥想公瑾当年的节奏。

《三国志》《后汉书》等距离赤壁之战时间较近的历史文献，没有明确记录具体位置，殊不知史官们的集体沉默，为“文赤壁”预留了足够的想象空间。“武赤壁”的地点，虽然至晚在唐代才被缩小到正对乌林、长江南岸的赤壁山，但在文学领域，东吴时期韦昭所作的《伐乌林》，早已“以诗证史”般地记载了赤壁的地理信息。正因为赤壁之战“对于东吴军事版图的意义”如同官渡一役之于曹魏政权，所以，在后世关于赤壁之战的书写中，一个常见的意涵便是关切当朝政局、呼唤时代英雄，特别是九世纪颇为兴盛的咏史诗，涌现出大量具有强烈社会现实指向的赤壁诗歌，例如唐人胡曾赞美周瑜的“交兵不假挥长剑，已挫英雄百万师”。第二个常见意涵是诗人将“家国命运和个体际遇紧密地联系在一起”，观照自我的切身性特点格外明显，例如杜甫的“赤壁浮春暮，姑苏落海边。客间头最白，惆怅此离筵”。王一楠认为，苏轼在“文赤壁”所抒发的“超越是非、超越个体、超越时代的共鸣”，实际上属于赤壁文学的第三个意涵，而且在唐代便已出现了密切相关的“前文本”（Pre-text），例如杜牧的“可怜赤壁争雄渡，唯有蓑翁坐钓鱼”，传递出人事代谢的深沉与虚幻。

苏轼的伟大之处在于，他定型了东坡与赤壁这两个“赤壁文学”的关键词。《东坡八首》既是苏轼对白居易谪居黄州的纪念，更是站在治生角度的自况；但真正能够跳出形而下层面完成人生的哲学思考，则是其“赤壁三绝”或者说“赤壁文学”。为此，《同绘赤壁》作了精彩的文本细读：《赤壁赋》通过主客问答，辩证出“我与万物都获得无穷无尽的永恒”，“与其将之付与实践的白白流逝，不若在泛舟弄月的此刻，乘兴醉饮，自在优游”；而《后赤壁赋》则进一步探索“如何在有限的人生中寻找非自明的意义”，“生生不息的世界，竟无任何人类的痕迹，它不但与三国的英雄往事无关，更与‘我’的存在毫无牵涉”，所以，苏轼在“悄然而悲，肃然而恐”之后陷入了物我同一的寂寥，唯有那只孤鹤自由出入现实与梦境之中。恰恰是因为“触及了人所共谙的真实的生命感受”，“赤壁三绝”因此“能够从反映社会现实、描述个体际遇和书写时间感发的赤壁文学传统中脱颖而出”，最终具有了中国古代士人在面临出处问题上的普遍性。

“赤壁文学”为画家提供了基本的母题，因此而生的“赤壁图像”是《同绘赤壁》最重要的篇幅，容后详细评述。我们在此需要将目光投向因“赤壁图像”而衍生的语言文本——这是“文学成像”之后，“语—图”旋涡自带的艺术生产动力。王一楠博士发现，后人似乎并不是简单满足于将东坡与赤壁呈诸水墨丹青，而是面对图像继续吟咏情性，可谓“图像成文”，这些再生的语言文本既有同处画面的题跋，亦散见于各类画录与笔记文献。

从“乌林赤壁”到“黄州赤壁”，从“武赤壁”到“文赤壁”，从“三国赤壁”到“东坡赤壁”，无论哪一种说法，赤壁这一历史事件地标都从遗迹走进了文学，并从此在中国人心中扎根，终因苏轼“赤壁三绝”而被传统士人奉为重要的精神寄托。以至于后世观众在欣赏赤壁图像的同时，忍不住穿透图像这层“存在的薄皮”（梅洛·庞蒂语），反刍东坡与赤壁，并再次以语言符号形塑之。赤壁“语—图”互文旋涡经由“文学成像”和“图像成文”，“图像艺术选取同样的文本母题，却图说着不相同的意义”，图像也可能被文学演绎，“演绎出来的图像和诗文又会相互影响，反复的语图互文无穷期”，最终成为中国文学与图像关系史上的典型。

二、赤壁图像的专题研究

“赤壁文学”乃中国古代艺术史的重要母题之一，《同绘赤壁》附录罗列存世的98幅“赤壁图像”就是最好的明证，这还不包括佚失的其他绘画作品，以及相关的书法作品。但是，王一楠博士显然不打算铺叙赤壁母题图像的每个细节，而是进行深入的专题研究。南宋时期翁卷“一时谪向黄州去，四海传为赤壁图”的断语，似乎颇能恰当概括图像艺术对赤壁母题的青睐。在悠长的赤壁图像史中，绘画大体可以划分为“叙事画”与“诗意画”两大类型，分别构成了这部著作的第四章至第六章、第七章至第九章。

就叙事画而言，作为中国古代绘画再现人物影子的唯一案例，乔仲常的《后赤壁赋图》既显得另类，又有合理的解释——“人影在地，仰见明月”，《后赤壁赋》给予所有人谅解或理解乔仲常的充分理由。鉴于《后赤壁赋》究竟“梦一道士”，还是“梦二道士”，尽管有胡仔“前后皆言孤鹤，则道士不应言二”的笃定之辞，但王一楠博士并未就此纠缠文学与图像之间的矛盾，因为至今尚无人能够实证出版本之间差异的原因，以及乔仲常是否有意写错赋文，是否有意绘制苏轼与“二道士”的坐而论道。《同绘赤壁》则是抓住乔仲常留在图像中“马夫的意味”“变幻的居所”“消失的畸零人”这三处伏笔，揭示画家“图说”出苏轼《后赤壁赋》所没有写尽的“畸零”与“如梦”。

文徵明的《仿赵伯骕后赤壁图》属于赤壁图像“叙事画”的又一高峰，他在继轨乔仲常图式的基础上，又有很大创新：后者将赋文题写在画面之上，“以文字为分段标志”，并对每段画面进行“总结式描绘”，而前者的图像叙事结构却是“流畅型”。其中，有两处画面值得我们特别注意：一是《后赤壁赋》中“横江东来”的这只孤鹤，一是画面结尾处苏轼推门之际满眼的山水。文徵明没有再现苏轼对孤鹤的直接凝视，而是前置了这一动作发生的时间，“孤鹤从画面右侧飞来，尚未掠过孤舟，只有撑船的小童注意到了它”，换言之，画家仅仅“画出动作的起点，使观众的想象力自行生发，从而将情节进展的必然性赋予了画面”，与莱辛《拉奥孔》所谓绘画“选择最富于孕育性的那一顷刻”，而非文学叙事的高潮顶点，可谓异曲同工。这自然是文徵明“流畅型”图像叙事的内在逻辑，同样便于观众理解《后赤壁赋》的“开户视之，不见其处”，因为画家安排苏轼从画面右侧推开房门，引导我们随着主角的目光向画面左侧寻觅，但这是一个由瀑布、小桥、流水构成的真实世界，不像乔仲常《后赤壁赋图》中的苏轼那样，折身向画面右侧回望睡醒之前发生的一切。

“相对叙事画而言，诗意画是一类以单景表现瞬间或以合并构图的方法象征‘东坡赤壁’故事的画作。”王一楠博士深知这一分类方法本身潜在的问题，因为“诗意”的概念内涵和外延过于含混，而且“诗意画似乎仍然可以是‘叙事’的”，无非这类绘画中的叙事性较之赤壁图像的“叙事画”要逊色很多，所以，“最早涉猎诗意画的传统文学研究难以摆脱隐秘的‘文优图劣’论”。带着修正既有偏见的初心，《同绘赤壁》开始了赤壁图像“诗意画”的专题研究。诗意画如杨士贤、武元直等人的《赤壁图》，不像叙事画那样直接将图像绑定在文学之上，具有相对的叙事独立性。

简言之，赤壁图像中的诗意画逐渐从“以山水本体为叙事之手段”，到“撷取故事中富有包蕴性的瞬间”，再到“几无叙事性”，时至明清时期已逐渐固定为赤壁、舟楫、汀岸的三段式组合，并被“挪用为器物上的装饰性图案”，例如屏风、瓷器等载体，进而广泛走向了公众视野。

三、“文学与图像关系”研究的艺术学本位

“文学与图像关系”当属跨学科研究，也是新世纪以来较为成功的、颇具原创性的中国学术声音，曾入选“2020年度中国十大学术热点”。既然是跨学科研究，那就一定存在学术立场的客观差异，《同绘赤壁》便是立足艺术学本位的研究。

这主要体现为作者以赤壁“图式”的历史为纵轴线，钩沉图像叙事的嬗变。《同绘赤壁》紧紧围绕乔仲常《后赤壁赋图》这一原点，简单向上勾连《龙眠赤壁图》《晋卿赤壁图》之后就向下延伸：一方面是叙事画，从南宋赵伯驹、赵伯骕兄弟到明朝文徵明，以及吴门画派“赤壁山游”的群体回响；另一方面是诗意画，杨士贤、武元直匀称而庄重的构图，与马和之失衡的画面，恰如“滥觞于同一源头的支流分涌在不同的河道”，后者携李嵩、郭纯、戴进等画家构成了院体一脉。

例如，在对文徵明赤壁图的影响研究中，《同绘赤壁》敏锐地发现吴门画派既有继承宋代便已出现的“赤壁舟游”图式，更富有创意地发展出“赤壁山游”图式。这些“赤壁山游”图与明代各类胜景图、记游图，纵然在图式上较为类似，但并非完全虚指，因为赤壁母题的意义已为广大士人阶层所熟知，“逐渐失去了知识性的价值”，对于他们而言，乔仲常绘画的视觉经验早已失去了艺术欣赏的阻力和摩擦力，从而催生了“赤壁山游”图式这一“熟悉的陌生人”。

对图式的细腻分析，同样体现在涉及赤壁母题的诗意画章节中。例如杨士贤与武元直的《赤壁图》，画面都是“V”字形的左右对称结构。但马和之却有意打破这种平衡构图，让读者意识到“在山崖下的这段水面之外，还有无限广远的空间；在这个被鹤惊扰的瞬间之外，还有为造物者无尽藏的时间”。王一楠博士擅长的图像技法、构图、造型分析，为基于文学本位研究“文学与图像关系”学者之所不及，但她并没有沉迷于此，而是施以些许笔墨后迅速折回研究主题：艺术学的风格影响研究与赤壁图像的历史逻辑互为契合，二者或明或暗、折叠重映，共同编织了赤壁母题的千古佳话。

实际上，我们将《同绘赤壁》纳入“文学与图像关系”问题域进行评述，可能带有误读或者强制阐释的风险，毕竟作者并未明确表示如此研究赤壁母题。但是，我们大凡研究摹仿文学而成的图像，必须顾及文学与图像的比较，

无关乎立足文学或艺术学哪一种本位立场，这既是此类研究的题中之义，也是《同绘赤壁》超越一般艺术史著作，而在自身学科之外产生更大影响力的根本原因——对于在各自学科内部自说自话、自娱自乐的当代学界而言，不啻为一种大踏步的超越。

“文学与图像关系”研究的兴起，与图像时代的文学危机有着密切联系，所以，有学者倡导将这一问题域的旨归落实在语言与图像两种符号的比较，特别是需要着力反思语言符号与图像符号的冲突，以及后者对前者的僭越，即所谓“语—图”关系。如若由此出发，我们可能会更加注重图像再现了哪些赤壁母题语象（Verbal Icon），没有或者无法再现哪些，以及赤壁母题的叙事、意义在图像中发生了哪些变化，等等。诸如此类的问题，在《同绘赤壁》中并非没有涉及，从不涉现实关怀、与古为徒的角度，探索了“文学与图像关系”研究的另一种可能。事实上，限于篇幅与剪裁，没有哪一部学术著作能够把研究问题书写到题无剩义的地步，《同绘赤壁》同样如是。例如，自宋代以降“与苏轼有关的图像记忆”，还应包括古人的书法，因为这类图像作品堪称“赤壁三绝”语象、字像和书像的异质同构，理应属于赤壁图像系统的有机组成，那将是另一部诱人的《同绘赤壁》。

（王一楠《同绘赤壁：与苏轼有关的图像记忆》，浙江人民美术出版社2023年版）

勇辟新径独一帜

——评《苏东坡诗词创作百图·诗词图赏析》

保定问墨轩　张占国

2023年7月由河北美术出版社出版的《苏东坡诗词创作百图·诗词图赏析》一书，收录了中国艺术研究院中国画院专业画家、二级美术师、硕士生导师，中国国家画院研究员，哈尔滨师范大学美术学院研究生导师韩昊（1982年生）先生创作的苏东坡诗词一百图（每幅40cm×28cm），以及书画鉴藏评论家、文化学者李国伦（1957年生）先生对苏东坡一百首诗词和画家韩昊创作的一百幅图画的赏析、评论，并配之与苏东坡身世经历及有关历史背景的14篇短文，文图融为一体，形成一部别开生面的呕心之作。出版前，时任中国国家画院院长卢禹舜先生为此书题写书名并作序。此书寓诗情画意及历史故事于一体，品位高、视觉广，将诗词的意境与美学的神韵融合在一起，使读者在读诗赏词中既能享受到经典文学的魅力，又能领略到水墨美学的奥妙。品诗赏画之中读者仿佛置身于大自然的美景里与诗词的作者交流对话，穿越历史，陶醉于诗画之中……

我从事书画鉴藏已30余年，早年经常拜访程十发、亚明、魏紫熙、黄永玉、刘文西、孙其峰、启功、沈鹏、马振声、贾又福、张凭、林墉、史国良等书画大家，从他们身上学到了许多书籍里学不到的书画知识；受到过荣宝斋专门从事书画鉴定的米景扬、韩度权及王鸿勋等先生的指导。我在以藏养藏的过程中经手过不少名家名作，经历过不少惊心动魄的拍卖现场。其中，老舍先生亲笔命题请齐白石大师为其创作的《蛙声十里出山泉》等一批精品力作，在拍卖场上独领风骚的现象，令我终生难忘。特别是陆俨少先生20世纪50年代末在吴湖帆先生的建议鼓励下，为纪念杜甫诞辰1250周年，创作出的《杜甫诗意百开册》，成为中国绘画史上的传奇故事。此百开册页，因“文革”原因历经坎坷，散落失群。时隔30年的1989年在荣宝斋业务顾问王大山先生的力促下，80岁高龄的陆俨少先生在北京怀柔县补画了失佚的35开册页，复成完璧，使其成为陆俨少先生一生中重要的代表作。在书画市场繁荣的2004年，此套百开册页在北京书画拍卖市场一经面世，便被毕业于南京大学历史系留校任教多年，后来又经商致富的文化商人杨休先生以高出当时陆俨少作品市场均价数倍的天价购藏，从此这套百开册页深沉藏家之手再无面世。这些事使我领悟到：艺术水准极高的绘画作品与中国传统经典名作融为一体，成套、成体系地推向社会，定能生发出耀眼的光辉。

画家韩昊、文化学者李国伦两位先生联袂创作的这部《苏东坡诗词创作百图·诗词图赏析》，在借鉴前人的基础上，勇辟新径，从形式到内容都令人耳目一新。这部作品面世后，好评如潮，不仅轰动书画界，在社会各界都引发了强烈反响。中国美术家协会的领导称其为新时代的标志性作品，并认为其中的《飞雪似杨花》《重重叠叠上瑶台》《秋风湖上萧萧雨》等10幅作品均为神来之笔。一位网友看到新书后说：这本书既有知识性，又有观赏性！既介绍了作品的来龙去脉，还有诗句的详解，更有配图的意境分析，真令人大开眼界，难得！一位书画爱好者说：此书创意独特，构思精巧，以苏轼的诗和词为基础，以功力极深的青年画家韩昊的创作为载体，形成了诗中有画、画中有诗的完美融合。通过博古通今的国伦先生深入浅出的文字赏析，此书必将成为广大诗画爱好者喜爱的好书。一位学者，以《一本难得的好书》为题，发文说：在当下浮躁的社会里，苏东坡忽然走上神坛。谈及东坡学士的书汗牛充栋，现代人似乎比古人更懂苏东坡。在喧嚣的红尘中吹来一缕清风，这就是青年画家韩昊和文化学者李国伦先生联袂完成的《苏东坡诗词创作百图·诗词图赏析》。东坡诗词名动天下，自不待言。但以美术家之笔、文人画之雅，将难以表达的色彩形象与通俗易懂、肆意畅快的文字赏析融为一体，图解苏词的精彩瞬间，美学与文学交融的深度在当今十分少见。特别是画家韩昊以梦境对接苏东坡诗词的意境，是美学意义的创新。此画一幅当属珍贵，何况以百幅面世！韩昊文人画功力的厚积薄发，非以滴水穿石之力、磨杵成针之心，难以完成此等巨制佳作。国伦先生如没有文学、史学及书画评论的雄厚功底，笔下也难以生发出如此绚丽的文字之花。诗词、图画、文字赏析皆勾人魂魄，方阅数幅，即进入美妙的仙境……还有一位网友说：《苏东坡诗词创作百图·诗词图赏析》这部作品是对苏东坡先生诗词的别样解读，视角独特，方式新颖，形象传神。东坡先生曾评价王维的诗："味摩诘之诗，诗中有画；观摩诘之画，画中有诗。"东坡先生此语一定希望后人将其诗词成画，或许天意，当代画坛之大才韩昊先生以其自身之灵感、笔触之灵性，完成了东坡先生之愿。我们是不是可以这样说，品东坡之诗，诗中有画；观韩昊之画，画中有诗！

还有一位长期从事书画创作并写过不少书画评论文章的书法家，在读完《苏东坡诗词创作百图·诗词图赏析》后，给国伦先生发信息说：此书文字写得好！好在评诗、评画的形式新颖。关于中国书画艺术评论的书，我读过很多，但大多是老调重弹，没有新意，只扫一眼，便知全篇。而您，能写出如此流畅的艺术评论，首先是您有高超的写作天赋，这仅靠死记硬背名典名句是无法做到的。其次，您对绘画创作的审视具有独到的眼光，超越了技巧和低俗的层面，善于阐述作品内涵的思想高度，故而您将评论的空间拓展到无限大，海阔天空，围绕主题无所不谈，使读者学到的不仅仅是绘画方面的知识，更能让读者从中领略诸多人文历史、社会风貌。最后是您独特的评论视角，具有时代性的意义，或为我国画家群及新一代艺术评论家蹚出了一条新路。

已退休的北京673医院原院长、北京大学研究生医药发展研究会副会长、《舰船医学》杂志主编关大顺教授读此书后，即兴赋《江城子·〈苏东坡诗词创作百图·诗词图赏析〉有感》一词：

诗评画境意飞扬，
色如妆，句犹锵。
引经据典，梦里染山冈。
百注百图新创作，
执妙笔，就华章。

江城水调若情狂，
韵为商，史为纲。
国伦美奂，文彩闪霞光。
讲话精神心不忘，
强思想，更辉煌。

画家韩昊与国伦先生联袂创作的《苏东坡诗词创作百图·诗词图赏析》一

书，是我撮合的。2011年我应约参加中国艺术研究院博士生毕业作品展览时，多年的至交好友，中央美术学院教授、博士生导师，著名的山水画家贾又福先生郑重向我推荐了韩昊的作品。他说，韩昊是80后青年画家中最具实力的后起之秀，嘱我留心关注。2013年中央美术学院中国画院副院长韩昊的硕士生导师姚鸣京先生也说：韩昊的作品在色彩运用上浪漫，在造型置换上雅拙，在笔墨创作上天真，可以说他是以纯意境取胜的画家。他没把造型、笔墨、山水架构放在模仿古人的图式上，而是把艺术的理解置于他个人的超现实、梦境图式的渲染上，从而形成了自己独特的不同于时下画风的风格，跟我的许多学生拉开了距离，也跟他同时代的山水画家拉开了距离。事实上，在最初阶段，我的很多学生，包括我自己都没有意识到韩昊会成为我的学生中第一个走出自己路径和风格的人。我有理由为他，也为我自己的教学高兴。以上两位山水画大家对韩昊的评论，引起了我对这位青年画家的关注。韩昊先生创作的桃源仙梦系列及石窟造像系列，经我向藏友们推荐，受到好评。不少资深藏家纷纷购入了他的作品。在书画市场萧条之时，这种现象对不到40岁的青年画家来说，是十分难得的。

国伦先生是我交往最密切的藏友之一，他是位文化造诣颇深的部队领导干部。他在中学读书时就发表过诗歌，20岁刚出头在《解放军报》刊发的《孟处长“三针”扎好“瘸腿病”》（合作）在1980年被评为“全军年度好新闻”一等奖，当时被誉为“新闻改革的一朵鲜花”，在全国新闻界产生了很大影响。20多年前，我们相识相交，一起鉴赏历代名人字画，在赏析过程中，他经常发表一些与众不同、见解独到的观点，很快就成为我众多藏友中入道最晚但鉴赏水平提高最快的人。

国伦先生退休后，将主要精力投入到了对中国美术史的学习和书画艺术研究领域，先后出版了《游心书画赏析录》等多部关于书画艺术欣赏的专著及文史书籍。2017年，凭借多年从事部队政治工作的敏锐性，他积极响应党中央关于弘扬传统文化的号召，为使中国传统文化经典和美学与快节奏的现代生活对接，解决人们对传统经典文学无法易读、易赏、吸收快的问题，经过周密筹划，他与陆俨少大师的学生——年近八旬的山水画大家钟长生先生合作，用近两年的时间，以传统水墨形式创作出李白诗意百图，撰写出诗图赏析文章。2020年李白诗意百图和诗图赏析文章以《李白诗意百图·诗图赏析》之名由河北美术出版社出版大开本收藏版，图书一经面世受到了社会各界一致好评，特别是一些学生家长纷纷要求出版便于学生携带的小开本，于是2021年又再版了小开本的学生版。此后，国伦先生准备再出版一部表现苏东坡诗词的绘画作品，与李白诗意百图形成唐诗宋词姊妹篇。在物色画家人选时，他提出拟选1980年以后出生并具有个人鲜明绘画语言，能展现现代水墨画特征的画家来创作苏东坡诗词百图。当时我正组织一批博士生书画展，请国伦先生写评论，便向他推荐了青年实力派画家韩昊。他在看了韩昊的个人资料和绘画作品后，约我一起与韩昊进行了多次面对面交流磋商，最后决定由韩昊试创一批画稿。对这批作品我们谁也没有既定的模式，共同的想法是：一定要突破传统“士大夫画”繁缛的模式羁绊，用自由随意的洒脱美和水墨流畅的自然美来表现苏东坡诗意的内涵，给当代青年人带来耳目一新之感。创作开始后，国伦先生每看一批画稿，都不提具体要求，只是一味地对画家说，在构图形式上大胆再大胆！在笔墨运用上放开再放开！鼓励画家在创作中信马由缰、肆意奔驰……不到一年时间，画家不顾寒冬酷暑，凝神聚力创作出130多幅作品，最后由国伦先生选定从苏轼出仕离开四川写的第一首《屈原塔》作为首篇，以苏轼绝笔《自题金山画像》一诗收尾。其间国伦先生也与画家同步阅读了大量苏轼诗词注释和3套不同风格的《苏东坡传记》，写出了寓故事于赏析之中的10万余字的文章。

样书定型后，我们一起拜访了中央美术学院教授、著名画家姚鸣京先生，请他最后把关。他审阅后说：通过这一百图，我不仅看到了韩昊笔墨能力、构图能力、处理意境的能力有了质的飞跃，更深处是看到了苏东坡诗词的意境打开了他的眼界，使他的笔墨表现更有深度，更丰富多样，更有巨大的空间感。对一位青年画家来说，我深知这个创作过程是十分艰难的，工作量是巨大的。苏东坡在中国文坛的地位极高，他是一位杰出的文学家、艺术家，他对生活、美学的追求，在后代文人中产生了极为深远的影响。他一生命运多舛，但始终能够洒脱地面对困难，并不断在生活中发现乐趣。他高雅的生活品位和豁达的人生态度，使其成为文人雅士崇敬和追慕的典范。面对苏东坡这位文化巨人，画家挑选他的一百多首诗词进行山水画创作，首先要读懂苏东坡的诗和词，要进入到意境中去。苏东坡的诗词意境很大，场面很大，这需要画家在理解诗词意境的基础上进行大量写生训练，用笔墨将文豪巨匠的诗意进行图解，且每幅只有一平尺，要“小中见大”，张张见精神！这是对画家综合能力的全面考验。苏东坡的诗词早已家喻户晓，而画家的图解面对的是有懂画的，有不懂画的；有年龄大的，有年龄小的；有懂诗词的，有不懂诗词的；有喜欢古典文学的，有喜欢现代文学的……众口难调。诗人创作诗词是有感而发，画家要用不同的构图和笔墨语言创作出一百多幅画，这个挑战太大了！这需要非常用心，既要谨慎谋划，还要始终保持创作的锐气。绘画界外的朋友可能不太了解其中的难度，莫说青年画家，就是成熟的老画家面对苏东坡一百幅诗（词）意图的创作，也是不敢轻言挑战！我以前创作过连环画，开始画二三十幅时是兴奋的，画到四五十幅时就感到难了，何况一百幅呢？

时任中国国家画院院长、博士生导师卢禹舜先生，在为此书作序中写道：我看到《苏东坡诗词创作百图·诗词图赏析》这部作品十分惊喜。这部作品不仅色彩运用成熟老辣，笔墨语言也表现出了鲜活的个性。尤其是在创作古人诗（词）意图中，将含有禅意的神鹿、玄鸟、变形的花果、树木等美丽奇妙的元素融入其中，为画面增添了幽远神旷的韵致。这正是80后青年画家个性的追求。这部有别于古人、有别于今人的作品，给人耳目一新的感觉，反映了青年画家和他的合作者李国伦先生勇于挑战的精神。中央文史研究馆的领导看到这部书说，从本书图文中可以看出，画家和文字作者为寻求人文精神与大自然的契合，都付出了很多心血，使之既有文学的思想高度，又充分表达了美学的精彩。这是一部打着时代烙印的美术作品，在中国的美术史上必将留下鲜亮的一页。

（韩昊绘、李国伦《苏东坡诗词创作百图·诗词图赏析》，河北美术出版社2023年版）

泛舟千年“苏海”

——读王水照先生新著《苏东坡和他的世界》

华东师范大学中文系　倪春军

作为一个家喻户晓的历史文化名人，苏东坡一直拥有广泛的读者群。如何在大众阅读中吸收苏轼研究的学术成果，并以一种相对平易近人的方式呈现给广大读者，这是中华优秀传统文化在传承和普及过程中所面临的时代课题。复旦大学王水照教授是国内苏轼研究领域的知名专家，曾先后出版《苏轼选集》《苏轼研究》《宋人所撰三苏年谱汇刊》等学术专著，以及《苏轼》《苏轼散文选注》《王水照说苏东坡》等普及读物。他所从事苏轼研究的时间跨度之长、著作数量之丰、成果影响之大，都代表了当今苏轼研究的学术新高度。如今，接近鲐背之年的王先生又为读者精心构撰了一部阅读苏轼的炜烨之作——《苏东坡和他的世界》（中华书局2023年），把他半个多世纪以来的研究成果熔铸成伟词华章，全景式地呈现了千年“苏海”的艺术世界和文化魅力。

一、立体丰满的东坡形象

“苏海”一词，是古人对苏轼所创造的文化世界的高度概括。王先生曾说：“苏轼是我国文化史上一位罕见的全才，是人类知识和才华发展到某方面极限的化身。”对于这样一位思想复杂、性格多元、创作丰硕、交游广泛的古代精英知识分子之典范，作者根据自己数十年的研究心得，从中选择了多个对于读者认识苏东坡有重要意义的视角和话题，并最终形成了十篇具有内在联系且彼此照应的研究综论。

这十篇综论，至少为读者提供了三个观察苏轼、了解苏轼并走近苏轼的思考维度。第一个维度便是精神维度，即苏轼的形象身份与思想性格。综论一《永远的苏东坡》以“说不全的苏东坡”概括了苏轼作为宋代综合型知识分子精英的各种身份定位，以“说不完的苏东坡”揭示了千年以降特别是新时期以来关于苏轼政治态度、文学创作和文化性格的学术论争，以“说不透的苏东坡”分析苏轼所直面的出处问题和生死问题。以上三条论断，不仅高度凝练了“苏海”一词的内涵特征，而且充分彰显了苏轼形象的复杂性和多元性。正如王先生在书中所言：“苏东坡是一个全才，无论诗、词、文、绘画、书法，各个领域上都处于北宋那个时代的巅峰，所以，这么一个知识结构全面，在各个领域都能取得这么大的成就的大家，我想用‘海洋’形容他是合适的。”紧接着苏轼的身份话题，综论二进一步展现了苏轼在接受史上被赋予的三种立体影像，即作为政治家的苏东坡、作为文学家的苏东坡和作为文化范型的苏东坡。其中，“作为文化范型的苏东坡”不仅是王先生个人独立的学术见解，而且在新时期苏轼研究史上具有重要影响。综论三《苏东坡的文化性格》以狂、旷、谐、适构成了苏轼完整的性格系统，综论四《苏东坡的人生思考》则直击苏轼所面临的出处问题和生死问题，深刻揭示了苏轼“对生命意义的透辟理解，对人类自身终极关怀的深刻领悟”。以上四篇综论，由浅入深，由表及里，不仅是苏轼形象和身份的细致摹绘，而且是苏轼思想和人格的真实写照。综论五至八提供给读者另一个观察苏轼的文学维度，即苏轼的文学创作和艺术成就。关于苏轼的创作历程，王先生破除了以往“早、中、晚”三段的常规分法，而是根据苏轼大起大落、几起几落的生活遭遇，按其生活经历分成初入仕途及两次“在朝—外任—贬居”七个阶段，又根据其思想和艺术特点分成任职和贬居两期，并最终形成这两条主线交错并行的苏轼创作道路。关于苏轼各体文学的创作特点和艺术成就，书中也避免了泛泛而谈的史论叙述方式，而是以个人最新的研究成果为基础，指出苏轼在诗、词、文这三种文体领域的艺术创新和审美风格。这四篇综论，不仅历时展现了苏轼曲折而特殊的文学生涯，而且分体论析了苏轼的创作思想和文学地位。综论的第三个维度是社会维度，即苏轼的人际交往和生活世界。如果说以上两个维度是王先生长期从事苏轼研究所形成的理论关照，那么，社会维度则是作者站在学术研究前沿所提出的新的理论视角，也是他关于北宋文人集团研究的最新成果，对于古代文学研究具有方法论层面的指导意义。正如王先生在综论九《苏东坡和北宋三大文人集团》中所言，“古典文学研究长期以来往往局限于一个作家的个案分析”，“如果进行群体研究，往往可以弥补个别的个案研究当中的盲点，集体研究有些问题就会比较清楚”。以苏轼为中心的苏门文人集团，体现出作为一个文学群体的自由风气，也形成了宋代文学的第二个高潮。至于这种自由风气的具体表现，书中又以苏门弟子的活动为中心，指出他们具有多元多样的学术主张、性命自得的生命哲学、互相抑扬的批评之风等群体特征。这不仅是“苏门”群体的文化性格，更是苏轼本人最主要的文化内涵。

以上十篇综论，均出自王先生相关的学术论著，根据作者在“编后记”中的自述，此次摘编大致遵循以下三个原则：“一是对认识和理解东坡较为重要的论题，且能形成完整性和一定的著述逻辑结构；二是必须是我的独立见解，避免人云亦云；三是紧贴苏轼研究的前沿，大都与当时一些学术讨论密切相关，可引起继续探讨的兴趣。”正是秉着为普通读者而写书的创作原则，这十篇综论内容生动有趣，语言轻松活泼，又丝毫不掩其深邃思想，且能发人以遐思。

二、绚丽多彩的苏学天地

“苏学”一词的正式提出，始于南宋理学家朱熹，本义是指三苏经学。经过将近千年的研究和发展，“苏学”的范围已经远远溢出经学之外，涵盖了苏轼生平、著述和思想等各个方面。本书上篇第二辑“苏海拾贝”，便是王先生在综论之外特地增加的二十篇学术随笔，内容涉及苏轼研究的各个方面，体现了作者在苏轼研究过程中所创获的灵感与智慧。

首选是作者对苏轼作品中语言文字的探究。苏轼作品中存在许多大家熟读成诵却又颇感费解的语言现象，对于这些语言文字的训释和解读，不仅能帮助普通读者扫清阅读障碍，而且能举一反三，深入发掘苏轼作品的语言魅力和艺术特点。比如《“一蓑雨”和“一犁雨”——量词的妙用》这篇随笔，讨论苏轼《定风波》词中“一蓑”的用法和含义。王先生认为不宜把它解释为“一件蓑衣”，这里的“一蓑”其实是苏轼对雨采用艺术化和审美化的量词用法。在苏轼《次韵张昌言给事省宿》诗中，就有“一犁烟雨伴公归”的类似用法。这种量词的巧妙活用，“不仅扩大了诗歌意象的含义，而且使诗境充满动感和活力”。其次是王先生对苏轼著作传播的考察。苏轼的作品在东亚汉文化圈内长期受到关注，其著作在朝鲜半岛和日本均有广泛传播。王先生通过《苏轼文集初传高丽考》等三篇随笔札记，详细考证了苏轼著作最初传到朝鲜和日本的途径和过程，以及海外刊行苏集的版本情况。随笔的第三部分主要是对苏轼作品的艺术分析。王先生在几篇为友朋所作的书序短文中，简要分析了苏轼的诗词艺术和散文风格。比如他在为陶文鹏著《苏轼诗词艺术论》一书的序言中指出，苏轼诗词具有饶宗颐先生所谓“形上诗”“形上词”的艺术特点；他为孙育华著《苏轼文学散文选》所作序言中，根据明人的评价总结出苏轼散文特别是随笔小品，“具有‘圆融精妙’‘意趣猛跃’‘活我心灵’的艺术效应”。这一辑随笔的另一内容便是对苏轼人格和性情的观照。比如作者在《独抒性情：东坡诗词与其文化人格》一文中，举了一道往年博士生招生的试题：“或谓周邦彦为‘词中老杜’，请予以评述。”这一考题的命题思路，其实是为了引申出如何理解和评价苏轼的问题，并强调人格、学问、德性和独抒情性这四个解读苏轼的基本要领。

以上这些充满新意和趣味的研究发现，都源于作者热切而真挚的苏轼情怀。王先生在这一辑随笔文字中，多次提到了自己的“东坡梦”。比如他在《已圆和未圆的“东坡梦”》一文中，表达了自己首次赴台访学时的两个宏愿：“一愿看到嘉定本《施顾注东坡先生诗》，二愿看到坡翁手书《黄州寒食诗帖》。”当他最终如愿以偿看到这部嘉定本《施顾注东坡先生诗》时，“喜出望外，不忍释手，竟穷二日之力，把四函二十册逐页观摩一过，自感圆了一个满意的‘东坡梦’”。由此可见，只要是与苏轼有关的任何信息都会牵动他的拳拳之心。正如他在《苏轼传稿》的日译本自序中所言：“苏轼是北宋时期文化全面繁荣的杰出代表，也是中国文化长期发展的历史结晶，因而是值得我毕生探讨的研究课题。”在先生经营毕生的苏学天地中，这一辑“苏海拾贝”折射出作者耀眼的智慧光芒，最亮丽的“苏学”美景亦尽萃于此。

三、融采众体的苏轼阅读

一本书的著述体裁和写作方式，往往决定了它的读者定位和文化品位。王先生在《苏轼研究四种》总序中曾说：“对历史人物进行个案研究，通常采用专题析论、作品解读、人物传记、作家年谱等著述体裁，以期从多种角度、不同层面来展示历史人物的真实全貌。这是一种有效的、便于操作的方法。”这样一种综合视角的研究方法，出自复旦大学朱东润先生对于陆游和梅尧臣的研究，也曾被王先生用于苏轼的研究，并最终形成《苏轼研究四种》。那么，如何在《苏东坡和他的世界》这部普及读本中采取综合各体的写作方式，以期达到全方位展现苏轼这一历史人物的写作目的，本书所设的四种著述形式也许是一种有益的写作尝试。

本书分为上、下两篇，四个专辑。上篇为“王水照苏轼研究”，有“综论十篇”和“苏海拾贝”两个专辑。“综论十篇”采用的是一种论述体的写作方式，以专业的学术视角和平易的语言文字呈现给读者一个苏轼整体的形象认知。“苏海拾贝”则采用较为轻松活泼的随笔体写作方式，撷取二十个能够引起读者阅读兴趣的研究话题，以短小精悍的文字，抽丝剥茧，娓娓道来。以上两种写作体式，宏观论述和微观考察相结合，学术性与普及性相照应，既保证了本书内容和观点的专业严谨，也避免了普通读者面对研究型专著时的那种敬畏和隔膜。但是，想要真正走入作家的心灵世界，恐怕还是要读者自己去阅读和体会苏轼的文学作品。因此，本书下篇特别安排了“王水照讲东坡诗词文”的内容，进一步引导和指示读者深入阅读苏轼的经典文本。下篇第三辑“东坡诗词讲解”，作者遴选了十六首苏轼的诗词名篇，分别从写作技法、思想内容、艺术特色、文化背景、文本接受等不同的角度进行阐释和解读，把解读苏轼诗词的金针度与广大的苏轼爱好者。下篇的第四辑是“苏文简释”，这也是本书的另一特色，即对苏轼文章的重视。王水照先生近年来一直致力于中国古代文章学的研究，本书之所以要把“苏文”与苏轼诗词的阅读分开单列，也体现了他对文章学的重视和用心。因为，对于普通读者而言，阅读古文的兴趣也许会远远低于阅读诗词。但是，宋人有谚云：“苏文熟，吃羊肉；苏文生，吃菜羹。”苏轼文学地位的奠定主要还是在于他的文章成就。因此，本辑精选了十一篇苏轼的文章进行简要的阐释和品评，其中如前后《赤壁赋》、《石钟山记》、《日喻》、《记承天寺夜游》、《六国论》等，均入选过不同时期的中学语文课本，是广大读者耳熟能详的苏文名篇。王先生早年编著过多种苏轼作品的选本和注本，他所选注的《苏轼选集》曾被何满子先生誉为“古代作家选本中少见的杰构”。因此，这两辑的诗词解读和苏文简释，都是这位九旬老人在数十年注苏和读苏过程中所发现的荆璧昆玉，每一段文字都值得读者细细品读。

王水照先生推出这部《苏东坡和他的世界》，也寄托了他对苏轼研究的理想和展望。正如先生在本书“编后记”中所说：“我设想本书的读者大都是东坡的崇敬者，也有部分研究者，我更希望涌现一些从崇敬转到研究的读者。”在新一轮“东坡热”的文化背景之下，我们既不缺乏面向崇敬者的普及读物，也会出现更多面向研究者的学术新著。但是，如果要兼顾这两类读者的知识结构和阅读期待，并试图把苏轼的崇敬者引渡成专业的研究者，王先生的这部《苏东坡和他的世界》无疑会引发“日日热，日日新”的公众阅读效应。

（原载《光明日报》2023年11月16日，发表时有删节，此系未删节版。王水照《苏东坡和他的世界》，中华书局2023年版）

同听一夜江声，共嗅三分春色

——读衣若芬教授《自爱自在：苏东坡的生活哲学》

新加坡南洋理工大学中文系　刘天禾

翻开这本《自爱自在：苏东坡的生活哲学》时，窗外是绿荫正浓的炎夏。热带的风将时光凝入琥珀，满眼旺盛的生命力让窗间白驹也慢了步伐。可当我走进这本书，在作者衣若芬教授的牵引下，逐渐陷入一个跨越时空的朦胧美梦，与东坡携手同游、泛舟山水时，白马竟匆促而过，我急欲拉住时间缰索，任我尽情沉醉于文字，徘徊流连再久一些，可书便如人生，终有尽头。读罢后记，从美梦中惊醒，恍觉日已偏西，山头斜照却相迎。

衣若芬教授是央视纪录片《苏东坡》的海外讲述人、新加坡南洋理工大学中文系教授，她用隽永恬淡的文字，为读者构筑了一个心灵栖居的疗愈温室。全书分四区块，“自我存在”“自我安顿”“自我管理”“乐活自我”，恰似温室的四进院落，敞开大门，以温暖包容的姿态，迎接所有对探索自我意识、活出自在人生尚存疑虑的朋友；纵已无惑于风雨人生，也可到此稍憩，听东坡诵明月之诗，酿一壶逸怀浩气，新火试新茶。该书主旨是东坡书信中常作结语的“倍万自爱”，作者以平等交谈的姿态、娓娓动听的口吻，为大家拆解苏东坡的“自爱”逻辑，引导读者在潜移默化中学习他的价值观，将其融会贯通于日常生活，进而优化看待自我与人生的方式和路径。这种学习不是生搬硬套，亦步亦趋，那往往会导致方枘圆凿，扞格难通，而应切实踏入东坡的生命历程，站在他的境遇角度，设身处地体会他抽丁拔楔的方法论。正如作者所说：“我们学东坡如何爱自己，不必把他的三观套在我们自己身上，而是要学方法，也就是说，看东坡如何钓到鱼，不是直接吃他钓的鱼。”授人以鱼，不如授人以渔，该书正是在对东坡人生版图的勾画中，沉潜生活哲学的思索与体味，如春风化雨般，引领读者运用学到的方法论，一叶舟，一竿纶，安然航行于各自的生命江海。

这本书从各种维度启发读者的人生哲思，如一颗温润细腻、光华内蕴的明珠，将智慧的灵光投射于多重面向，终铸流光溢彩之境。第一重立足于认识论。书中从“自我的凝视”入手，引出自我存在的宗旨，进而延伸至“爱己”与“爱人”、“同安”和“独乐”的辩证命题，并从前世、星座、命理、梦境等层面，解构古人认识自我的方式。第二重立足于方法论。作者总结提炼出东坡诗文中反映的世界观、人生观、价值观，找到他在社会和世界坐标轴中自我安顿的位置，帮助读者更好地理解东坡、借鉴东坡的思维方式。第三重立足于实践论。书中介绍了东坡实现人生目标的具体路径，将他自我管理的层次与步骤娓娓道来，展示出律己与律他、调整与转念的价值，史实和情思同存，理性和关怀并生。第四重立足于本质论。本质论是存在深化的范畴，透过现象揭示事物的本质。作者从衣食住行游等层面拆解东坡之乐，进而探寻生活的实质，养身养心，悠闲松弛，善于和解，乐活自我，学会做自己的主人。这四重面向的灵光相互映衬，熠熠生辉，彻照一方心灵的暗室。室内高堂素壁，明窗净几，室外竹影摇曳，风清月朗。

此书不仅富含哲思的沉淀，更给予读者无尽的审美享受。全篇文从字顺，金声玉润，许多段落令人拍案叫绝，深觉如沐春风。书中对《赤壁赋》《题西林壁》等作品的解读独出机杼，令人耳目一新；写东坡与仲殊的对话，言近旨远，流转自如，不着气力便将意境尽致烘托，毫无雕琢痕迹；从自我的真实存在角度解构《记承天寺夜游》，使读者收获丰厚的美学滋养，同时开始反思并改进与自我的相处方式，受益匪浅，满载而归。作者解读《后赤壁赋》，“到了半夜，四周静寂。刚好有一只孤鹤从江的东边飞来，突然长鸣，经过东坡的船，往西边飞去”，简洁生动，极富画面感，淡笔轻染，便勾勒出一幅气韵生动、心物交融的水墨画，在完整传递意蕴的同时，最大限度地呈露其迷离惝恍之美，使读者瞬间进入艺境，如随孤鹤一道，飞鸣且过，又似携手东坡月夜登临，怅然若失。每节末尾的思考练习，就像读者同作者和东坡秉烛夜谈的书斋，读者与自我坦诚相见，展示采获的硕果，东坡自千年前投来宽柔微笑，作者则在一旁亲切鼓励，时而提问并解答，便成章前的短文小引和章末的“有此衣说”。烛火明灭，思想的灵光却永恒朗照，苏轼时时呵护高烛，是怕海棠夜深寂寞，燃烛照红妆，爱花也是自爱，惜花亦是自珍，在这一方暖黄澄莹的天地，作者温柔地引领读者，一步步走向东坡的内心世界，从中窥见照破山河万朵的玉界琼田。

苏轼去世已近千载，我们吟诵诗词、赏读传记，匍匐于泛黄史册间，细嗅岸芷汀兰的百代余芳；或是苏堤漫步，赤壁登临，沿循他的足迹，悬想文星旷世的遥迢气息，竭尽全力，只为离他更近一些。但无情过隙的白马，却只会让我们与他相隔渐远，我们在心灵上求索靠近的每一刻，都是时间洪流将他愈发推远的瞬间。幸运的是，还能在此书构筑的美境中短暂栖息，携东坡同室而游，品茗手谈，与孤鸿结伴；或是欢饮达旦，醉眠芳草，再被一溪风月唤醒。半醉半醒间，我向东坡讨教如何爱自己，他淡笑不语，身姿清挺，临江垂钓，我观察他如何钓鱼，久而久之，也便随他一道笑了。这笑容大抵就是每个中国人提到苏东坡时的会心一笑，如封底所言的“无论你是谁，都能遇见苏东坡”，只要遇见他，看他将颠沛流离酿作快意人生，便很难不莞尔而笑，欣然随喜。

衣教授在后记中说，此书创作于2020年春夏，是时正值新冠肺炎病毒肆虐，所有人皆生活在新闻中感染人数不断攀升的焦虑中。这本书的出现，恰似疫情时代的一缕清风，带人返归内心，具有抚平灵魂褶皱的良效。我拜读时，仿佛跟随作者一道，徐徐展开东坡的生活图景，镜像中的自我亦悄然浮现：我在镜中认识了自爱的对象——自己，确证了自我存在的方式，尝试摆脱世俗对成功的定义枷锁，发掘有限生命的无尽可能；与东坡持杯月下，不问荣枯，看清自我在世界中的位置，将性灵妥帖安顿，观察他对万事万物的思考方法，从中找到爱自己的路径，进而推己及人，爱他人、爱万物、爱世界；从东坡对知识、时间、能量、情绪和欲求的管理中，领悟高效有力的自我管理，乃至向上管理之道；把盏为乐，广结善缘，沐浴安眠，品鉴大餐，尝罢鱼美笋香的东坡闲闲回首，含笑对我说，此生有味在三余，笑容洒落无尘清夜，占尽世间琼英，万象皆幻化作可与为乐者。在此过程中，作者始终陪伴身侧，不干涉，不说教，只随读者走过一程自我认知之旅，同听一夜江声，共嗅三分春色，途中有万里卷潮来的壮阔，亦有惆怅东栏雪的细腻，有山下兰芽、庐山真面、清风明月、败亦可喜之理性思索，更有好景须记、飞鸿雪泥、心安吾乡、千里婵娟之感喟深情。后记写道：“你问我，学苏东坡有什么用？我仰赖东坡的文字构筑了心灵的堡垒，让我和他一样，在逆境中存活。”作者从东坡处汲取到丰沛充盈的精神能量，用以滋养自我意识的园地，并慷慨将所得珍宝尽数分享，经此书文字的沉淀与升华，终将泽被广阔疆域。凡有一纸方块字处，乃至横跨太平洋的彼岸，皆承恩于东坡灵魂的千载流光。衣教授将苏轼的人生美学熔铸成文，便似汇聚无穷力量，绵里裹铁，语浅意深，笔端一点浩然气，如乘千里快哉风！

我合上书，沐浴着夕阳余晖，踏上归途。隐有几粒星子浮起，荡漾一池行云。这条路与来时并无不同，但我总觉得步伐更加坦然坚定，不论平坦崎岖，无关繁华萧瑟，不用思量，路在脚下。正如东坡所言的“莫嫌荦确坡头路，自爱铿然曳杖声”，人生逆旅，我们都是行人，倍万自爱，爱自万倍，歧路皆作锦上添花。深感庆幸，能在此刻邂逅这本书，学会将爱自己作为终身命题，往后余生无风无雨，江山闲主，白马过轻舟。

（本书评原题《笔端一点浩然气，如乘千里快哉风——读衣若芬教授〈自爱自在：苏东坡的生活哲学〉》，发表于（深圳）《晶报》APP 2023年12月21日；纸媒发表于《北京日报》2024年3月15日第14版，题为《苏东坡人生美学的“四进院落”》，光明网“文艺评论”2024年3月16日转载。衣若芬《自爱自在：苏东坡的生活哲学》，天地出版社2023年10月版）

《苏轼文学作品的英译与传播》介评

长沙学院外国语学院　李海军

《苏轼文学作品的英译与传播》系统考察了19世纪以来苏轼诗词文在英语世界的翻译、研究及传播情况，重点探究了英美苏轼文学作品英译的风格和技巧、海外苏轼形象的流变及原因、海外苏轼文学作品的传播和影响。该书以问题为导向，在扎实的文献梳理基础上推陈出新，既填补了一些学术空白，又关照了中国文化“走出去”的需求，能够代表近年来苏轼文学作品的英译与传播研究的水平。

1838年，德国传教士郭实腊（Karl Friedrich August Gützlaff）在《中国丛报》（*The Chinese Repository*）上拉开了苏轼文学作品英译的序幕。此后近200年间，翟理斯（Herbert Allen Giles）、克莱默-宾（Launcelot Alfred Cranmer-Byng）、阿瑟·韦利（Arthur Waley）、初大告、王红公（Kenneth Rexroth）、林语堂、华兹生（Burton Watson）、柳无忌、宇文所安（Stephen Owen）、亨顿（David Hinton）等人纷纷加入苏轼文学作品英译和研究的队伍，推动了苏轼作品在英语世界的翻译与传播。

国内对苏轼文学作品英译和传播的研究肇始于20世纪80年代。进入新世纪，受中国文化“走出去”国家战略的影响，中国文学作品的英译和传播研究渐成学界热点。与此相应，越来越多的学者关注苏轼文学作品的英译和传播研究，产出了比较丰硕的研究成果。但是，学界对苏轼文学作品英译和传播的研究还存在“成果较零碎分散、研究视野相对狭窄”等问题（徐华 2023：12），迄今为止，还无人系统全面梳理和考察苏轼文学作品在英语世界的翻译、传播和影响情况。徐华博士的专著《苏轼文学作品的英译与传播》填补了学界这一研究空白。

《苏轼文学作品的英译与传播》简介

该书由六部分组成，除《绪论》和《结语》外，正文分为四章。

第一章为“观照与梳理：苏轼文学作品英译与研究脉络”。该章首先从历时角度将苏轼文学作品英译与研究划分为萌芽期（19世纪至20世纪初）、发展期（20世纪初至20世纪上半叶）、兴盛期（20世纪上半叶至20世纪末）和深化期（21世纪至今）四个阶段。然后按照国别和类别细致梳理了苏轼文学作品在英国、美国、加拿大、澳大利亚、新西兰、新加坡的英译和研究情况，得出了“英国是苏轼作品译介的开创者，而美国则后来居上，成为苏轼作品译介和研究的重心”的结论（徐华 2023：76）。最后总结了苏轼文学作品英译与研究的经验并反思了苏轼文学作品英译与研究存在的不足，作者认为英语世界的苏轼文学作品研究视角独特，与国内苏轼文学作品研究之间存在密切的“互动与互补”关系（徐华 2023：68），可为中国古典文学作品研究从文本解读范围和文本解读步骤等方面提供有益借鉴。不过，英语世界的苏轼文学作品英译和研究也存在翻译数量不够、接受史研究缺乏、整体价值和意义挖掘不足等问题。

第二章为“风格与技巧：英美的苏轼文学作品英译”。该章首先选取翟理斯、克莱默-宾、唐安石（John A. Turner）三位译者的代表性苏诗英译，分析了英国苏诗英译的风格和技巧，选取王红公和亨顿两位译者的代表性苏诗英译，分析了美国苏诗英译风格和技巧。作者发现，英美苏诗英译存在译诗数量逐年增加、译者都是名家、都喜欢译介苏轼写景的诗歌等共性，但也在译诗数量、翻译风格、翻译选材、流传影响等方面存在差别。然后选取克拉拉（Clara M. Candlin）、白英（Pierre Stephen Robert Payne）、艾琳（Alan Ayling）三位译者的代表性苏词英译分析了英国苏词英译的风格和技巧，选取兰多（Julie Landau）、华兹生两位译者的代表性苏词英译分析了美国苏词英译的风格和技巧。作者发现，英美译者都特别青睐苏轼作品中“抒发个人情感体验的作品”（徐华 2023：178），如《水调歌头·明月几时有》《念奴娇·赤壁怀古》等，但美国译者翻译苏词数量多于英国译者，且对经典苏词的复译较多。最后选取翟理斯、李高洁（Cyril Drummond Le Gros Clark）、卜立德（David E. Pollard）三位译者的代表性苏轼散文英译分析了英国苏轼散文英译的风格和技巧，选取白之（Cyril Birch）、刘师舜两位译者的代表性苏轼散文英译分析了美国苏轼散文英译的风格和技巧。作者发现，相较于苏诗和苏词，苏轼散文英译的数量“相形见绌”（徐华 2023：221），相较英国，美国的苏轼散文英译体裁更加多样、内容更加丰富、更注重其思想价值和意义。

第三章为“认同与解读：苏轼多面形象的塑造”。该章首先分析了郭实腊、梅维恒（Victor H. Mair）和宇文所安对苏轼全才形象在英语世界确立所作的贡献。作者认为，郭实腊在《〈苏东坡全集〉简评》中塑造的苏轼全才形象对后世影响深远。梅维恒和宇文所安通过在《哥伦比亚中国传统文选》（*The Columbia Anthology of Traditional Chinese Literature*）和《诺顿中国文学作品选：初始至1911年》（*An Anthology of Chinese Literature: Beginnings to 1911*）中编选苏轼作品，进一步强化了苏轼在英语世界的全才形象。然后分析了唐凯琳（Kathleen M. Tomlonovic）和管佩达（Beata Grant）对苏轼超脱者形象的塑造。作者认为，“超脱者形象是英语世界对苏轼形象的另一个重要定位”（徐华 2023：243），其主要塑造者是唐凯琳和管佩达，前者通过研究苏轼的贬谪文学来展示苏轼的超脱者形象，后者通过研究苏轼的佛道思想来展示苏轼的“超凡脱俗”。然后分析了英语世界苏轼文学革新者形象的创造。作者认为，以孙康宜和毕熙燕为代表的学者在其研究中凸显苏词在内容和形式上的创新，使“苏轼作为革新者的形象在英语世界逐渐定型”（徐华 2023：260）。最后分析了林语堂和叶嘉莹对苏轼文化使者形象的光大。作者认为，林语堂在《苏东坡传》（*The Gay Genius: The Life and Times of Su Tungpo*）中塑造了苏轼的乐天派形象、叶嘉莹在苏轼作品研究过程中塑造了“追求自我完善、寻求完美精神境界的苏轼形象”（徐华 2023：283），他们的影响力加上苏轼的个人魅力，使苏轼成为外国人学习和模仿的对象、沟通中西文化的使者。

第四章为“对话与交流：苏轼文学作品的传播与影响”。该章首先从译介期刊和出版机构两个方面分析了英语世界苏轼文学作品的传播媒介。作者发现，“前者是发表有关苏轼研究成果论文的最佳平台，而后者是个人专著、团队成果得以展示的坚强后盾”（徐华 2023：286）。前者主要包括《中国丛报》、《中国评论》（*The China Review*）、《中国文学》（*CLEAR*）、《哈佛亚洲学报》（*Harvard Journal of Asiatic Studies*）等，后者主要包括夸瑞奇（Bernard Quaritch）和上海别发洋行（Kelly & Walsh）等商业出版社，以及哈佛大学出版社（Harvard University Press）和哥伦比亚大学出版社（Columbia University Press）等学术出版社。然后分析了英语世界苏轼文学作品的传播趋势并为苏轼文学作品对外传播路径的拓展提供了建议。作者认为，英语世界苏轼文学作品的传播呈现出多元化趋势，主要体现在跨学科研究和跨国界合作。要拓展苏轼文学作品对外传播路径，需要加强中外合作与交流，并加快苏轼文学的信息化建设。最后客观审视和评估了苏轼文学作品在英语世界的译介影响。作者认为，尽管苏轼文学作品在英语世界产生过一定的创作影响、师承影响和学术影响，但总的来说“苏轼‘缺席’世界权威文学”（徐华 2023：328），要让苏轼文学作品真正走出去，需要在翻译选材、翻译质量、宣传推广等方面形成联动，并要挖掘“苏轼在海外的当代价值”（徐华 2023：361）。

《苏轼文学作品的英译与传播》简评

该书是作者徐华博士近年来从事苏轼文学作品英译和传播研究的一个总结，也是国内首部系统研究苏轼文学作品在英语世界的翻译、传播和影响的学术专著，能够代表近年来苏轼文学作品英译和传播研究的水平。通读全书，笔者有以下体会。

首先，作者具有良好的问题意识。问题意识是一位学者必须具备的素质，好的学术研究通常起源于好的学术问题。作者敏锐地发现，学界现有苏轼文学作品英译和传播的研究成果中存在研究材料有限、忽视19世纪苏轼译介史、对苏轼精神层面的解读不深入、成果没有形成规模、缺乏对苏轼文学真正“走出去”的思考等问题（徐华 2023：12—13）。基于此，作者开始全面梳理和研究苏轼文学作品在英语世界的翻译、传播和影响情况，以解决以上问题。而在研究伊始，作者又针对以上问题向自己问了一系列问题：苏轼究竟是何时走出国门的？是谁首次译介苏轼到英语世界？第一部作品是哪部？近两百年来苏轼文学作品在海外的英译情况怎样？他在国外受到的关注程度有多高，传播面有多大，接受度如何，影响力有多深？他的传播对于研究中国传统文化在海外的生存现状提供了哪些参考？在国家的“一带一路”倡议和中国文化“走出去”背景下，如何在世界文化范围内考察中国古代文学、文化及其影响？（徐华 2023：2）然后在研究中一一回答了以上问题。正是因为作者良好的问题意识，读者才能有幸读到《苏轼文学作品的英译与传播》这样一部既能填补学术空白，又能关注国家现实需求的学术佳作。

其次，作者具有良好的创新精神。创新精神也是学者必备的素质，创新是学术研究的生命。作者的学术创新主要体现在以下两个方面。首先是研究内容创新。该书研究的时间范围从19世纪中叶至今，空间范围覆盖英、美、加、澳、新（加坡）、新（西兰）以及中国香港和上海等早期曾以英语对外交流的地区，研究对象涵盖最具代表性的苏轼文学作品译者和研究者及其成果。诚如作者所言，“这样的研究成果涉及前人未研究的领域”（徐华 2023：12—13），可谓一大创新。其次是研究观点的创新。例如，作者在充分掌握第一手资料的基础上，提出“苏轼文学英译第一人是德籍传教士郭实腊”这一观点，纠正了以前不同学者提出的苏轼文学作品英译第一人是韦利、包腊或鲁米斯（A.W. Loomis）等人的不实观点；作者在深入挖掘英语世界苏轼文学作品研究的基础上，提出了英语世界为苏轼塑造了全才者、超脱者、革新者、文化使者四种形象，体现了苏轼在海外被认识、了解、接受和认同的过程；作者在系统梳理苏轼文学作品英译和研究的近200年历史后提出，苏轼文学作品英译和研究可划分为萌芽期、发展期、兴盛期和深化期四个阶段；作者在中国文化“走出去”的一片繁荣中指出，苏轼“缺席”世界权威文学。这些都是作者发前人未发之声，令人耳目一新，对一个年轻学者来说殊为不易。

最后，作者具有扎实的文献梳理和分析功夫。《苏轼文学作品的英译与传播》属于译介史研究。对于译介史研究而言，译介文献的梳理和分析至关重要。作者在书中表现出了扎实的文献梳理和分析功夫。首先，作者对英、美、加、澳、新（加坡）、新（西兰）以及中国香港和上海等早期曾以英语对外交流的地区的“有关苏轼文学作品的英文译本、英文论文、英文著作等进行地毯式搜索”（徐华 2023：1），并根据时间顺序、按照国别和类别细致梳理了苏轼文学作品在各个国家和地区的英译和研究情况，文献梳理时，能够精确到每一篇苏轼作品的名字。考虑到苏轼文学作品英语译介时间长，数量比较多，尤其是有些作品译介时代久远，资料获取不易，可想而知，作者在文献梳理上面耗费了大量心血。个人认为，该书第一章中有关苏轼文学作品英译和研究资料的文献梳理以及附录中的“英美学界的苏轼文学译作及研究列表”是一大重要学术贡献，有了这些文献资料，后来从事苏轼文学作品英语译介的学者可以按图索骥，节省大量的时间和精力。其次，作者不仅仅满足于文献梳理，而是在此基础上进行文献分析，并得出自己的观点。例如，作者梳理和分析了苏轼文学作品英译资料后得出，“英国是苏轼作品译介的开创者，而美国则后来居上，成为苏轼作品译介和研究的重心”；作者梳理和分析了苏轼文学作品研究资料后得出，英语世界的苏轼文学作品研究视角独特，可为中国古典文学作品研究提供有益借鉴等，不一而足。

作者在书中最后说：“通过对苏轼文学作品的英译和传播进行研究，站在世界文化的角度审视自己，观察世界，既让我们更加坚定文化自信，又有机会让苏轼文学在中外文化交流与合作中发挥其在当代的独特价值，从而普惠于整个世界。”（徐华 2023：370）这句话指出了当代学者研究中国文化西传对于中西文化交流互鉴的价值和意义。徐华博士只是研究了苏轼文学作品英译和传播的个案，但她的个案研究可为我们提供很好的借鉴。希望以后能有更多的学者从事中国作家文学作品的对外翻译和传播研究，反思其成败得失，共同推动中国文化“走出去”，为世界文化的发展和繁荣贡献力量。

（徐华《苏轼文学作品的英译与传播》，社会科学文献出版社 2023 年版）

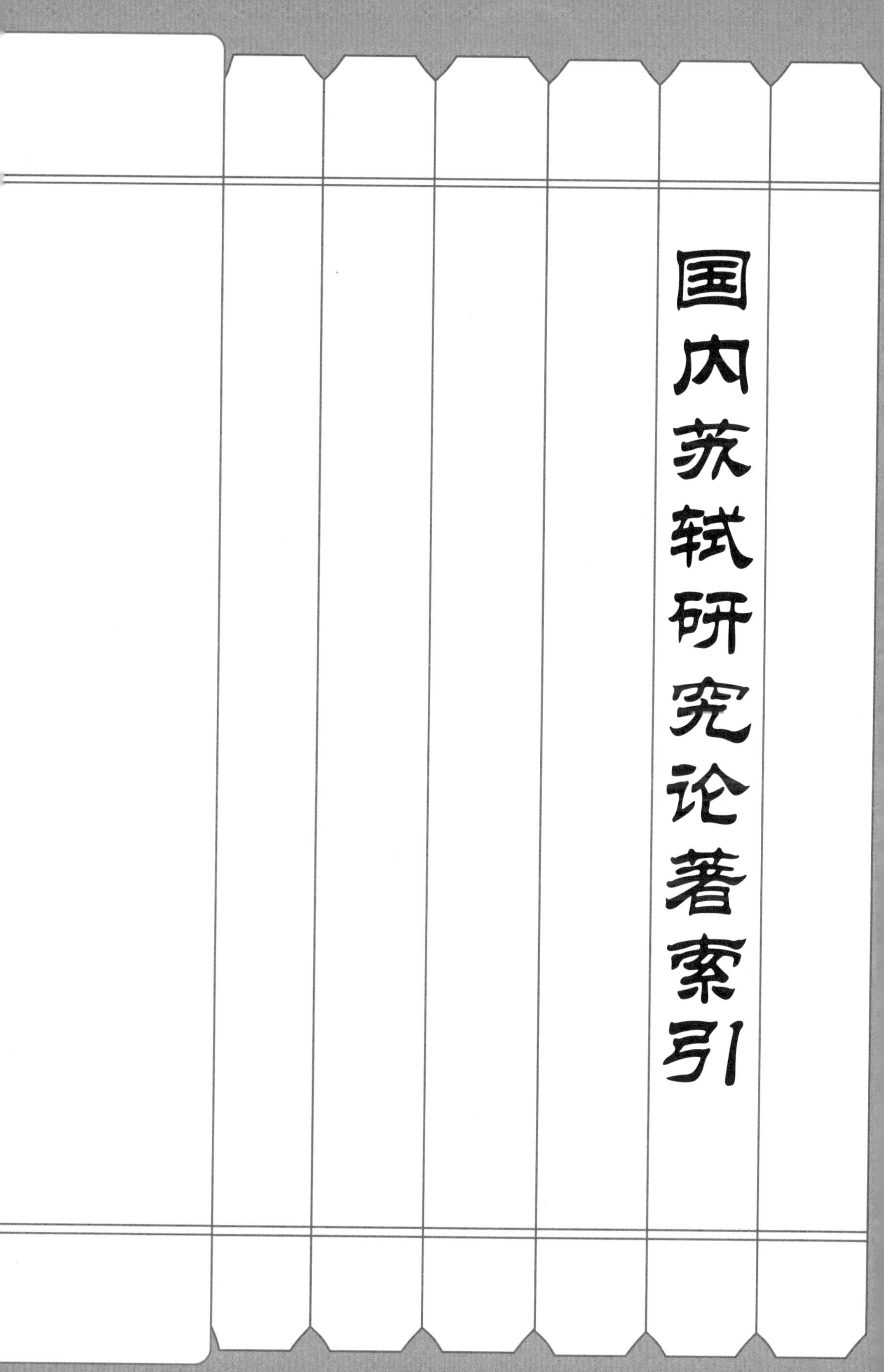

国内苏轼研究论著索引

2022—2023年苏轼研究论文索引

[1] 赵惠俊．东坡词在宋代的结集与流传——以明刊《重编东坡先生外集》所收词的考察为中心 [J]．中国文学研究（辑刊），2022，(01)：90-104.

[2] 姚华．漫游者的夜歌——论苏轼黄州时期的“夜游”书写 [J]．中国文学研究（辑刊），2022，(01)：105-115.

[3] 张宜喆．诗思的互动与生成：苏轼及其周围士人往复唱和的“反思”品质 [J]．中国文学研究（辑刊），2022，(01)：129-141.

[4] 周斌．梦与醒的通路：苏轼的“应梦”叙事与记忆改写 [J]．海南大学学报（人文社会科学版），2024，42（3）：37-44.

[5] 李嘉文，李昌舒．和而不同——苏轼的君子管理之道及其人格价值刍议 [J]．中国文化与管理，2022，(02)：211-220+264.

[6] 韩德民．随所用与共生性：苏轼的君子观 [J]．原道，2022，(02)：101-110.

[7] 王瑞来．隔世知音：周必大与苏轼——《周益国文忠公集》东坡题跋述要 [J]．人文，2022，8（02)：36-65.

[8] 胡嗣男，林岩．从写作场合到诗集编纂——苏轼诗歌长题的多重来源与文本生成 [J]．中国诗学研究，2022，(02)：27-41.

[9] 郭雪妮．作为方法的“画题”——苏轼诗在日本中世禅林的图像化接受 [J]．域外汉籍研究集刊，2022，(02)：305-332.

[10] 黄敏华．中小学语文教材中的苏轼诗文地理书写及教学价值 [J]．长春教育学院学报，2022，38（06)：139-145.

[11] 刘飙．不期而会还是闻讯而来——苏轼与陈季常歧亭相逢辨析 [J]．黄冈职业技术学院学报，2022，24（06)：1-4.

[12] 周奎生．黄楼的兴建、变迁及其文化象征意义 [J]．乐山师范学院学报，2022，37（07)：8-12.

[13] 巍然．徐州的千年黄楼 [J]．建筑，2022，(07)：70-73.

[14] 杨景春. 苏轼《水调歌头》思想新解：穿越思想、残缺思想和离人思想 [J]. 广播电视大学学报（哲学社会科学版），2022，(04)：60-68.

[15] 王玥. 苏轼教子诗文的淑世精神与艺文情怀 [J]. 广播电视大学学报（哲学社会科学版），2022，(04)：69-75.

[16] 陈佳乐，王永. 元代东坡戏的场景本事与母题发展 [J]. 海南热带海洋学院学报，2022，29 (06)：60-68.

[17] 杨景春. 苏轼诗的鱼意象及其美学价值 [J]. 海南热带海洋学院学报，2022，29 (06)：43-51.

[18] 吕忠宝，刘微微. 苏轼诗歌在海外的译介和传播研究 [J]. 海外英语，2022，(24)：29-31.

[19] 余如波. 苏轼的书法诠释着他的"人生艺术"[N]. 四川日报，2022-12-23 (009).

[20] 刘祖豪. 论北宋文人的眼疾书写——以苏轼为中心 [J]. 古典文学研究，2022，(02)：108-122.

[21] 梁新英. 苏轼的"五镜人生"[J]. 做人与处世，2022，(10)：24-25.

[22] 平兰芳. 初中语文"1+X"群文阅读教学设计研究——以统编初中语文教材中的苏轼诗文为例 [J]. 语文教学通讯·D刊（学术刊），2022，(12)：22-24.

[23] 张芳.《记承天寺夜游》里的"静"哲学——古代散文课堂中教学切入的选择 [J]. 语文教学通讯·D刊（学术刊），2022，(12)：60-62.

[24] 刘丽姣. 高中古诗词教学中核心素养培养谈略——以《念奴娇·赤壁怀古》为例 [J]. 中学语文，2022，(36)：111-112.

[25] 孔秋萍. 北宋时期苏轼《赤壁赋》经典化试论 [J]. 青年文学家，2022，(36)：75-77.

[26] 张梦娟，何梅琴. 论苏轼词中的"月"意象 [J]. 青年文学家，2022，(36)：135-137.

[27] 杨红莉，董志民，王洋. 论苏轼作品的教学价值——以部编版初中语文教材为例 [J]. 邯郸学院学报，2022，32 (04)：50-55.

[28] 李慧杰. 论苏轼文艺作品中的"酒神精神"[J]. 河南工程学院学报（社会科学版），2022，37 (04)：81-85.

[29] 刘尧. 一舸姑苏，便逐鸱夷去得无——简论苏轼诗词文中的苏州形象 [J]. 开封文化艺术职业学院学报，2022，42 (12)：18-20.

[30] 王中焰. 蔡襄书法创作实践及各体书成就述评 [J]. 书画艺术，2022，(06)：58-65+97.

[31] 林浦凤. 筝乐如诗，跨越千年的对话——古筝协奏曲《定风波》诗与乐的融合

[J]. 艺苑，2022，(06)：76-79.

[32] 蒋琳. 东坡诗词意象在翻译中的重构 [J]. 成都航空职业技术学院学报，2022，38 (04)：84-88.

[33] 李梦翰. 虞允文、李新诗辑佚二首及《全宋诗》苏轼重收诗一则 [J]. 三角洲，2022，(23)：102.

[34] 陈金美. 论苏轼的孤独情绪——基于苏轼词情绪词“孤”“独”的质性文本分析 [J]. 作家天地，2022，(35)：38-40.

[35] 张晓潇. 略论苏轼与黄庭坚书学思维之异同 [J]. 美术文献，2022，(12)：2-4.

[36] 严琪琪. 苏轼诗词作品中的影意象 [J]. 四川职业技术学院学报，2022，32 (06)：129-134.

[37] 王娟. 从“贵士轻庶”到“士人俊发”——苏轼“士人画”观念的思想溯源及审美辨析 [J]. 宝鸡文理学院学报（社会科学版），2022，42 (06)：85-91.

[38] 方言. 诗赋的语图转化研究——以《后赤壁赋》和《洛神赋》为例 [J]. 佳木斯大学社会科学学报，2022，40 (06)：88-90.

[39] 陈莜烨. 论宋代辞赋同题创作新变及意义——以苏轼组织的超然台、黄楼赋咏为中心 [J]. 乐山师范学院学报，2022，37 (12)：1-8.

[40] 申晓清. 苏轼的宦游体验与文学书写——以签判凤翔时期为中心 [J]. 乐山师范学院学报，2022，37 (12)：9-15.

[41] 郭江波. 苏轼的乐园意识——以《双石》为中心 [J]. 乐山师范学院学报，2022，37 (12)：16-21.

[42] 路卓杭. 郁结与超越：《赤壁赋》与《后赤壁赋》的共同思想主题 [J]. 新阅读，2022，(12)：32-35.

[43] 杨景春，代梓莹，王海蓉. 从苏轼苏辙三首《水调歌头》看其兄弟谊与聚散情 [J]. 兰州职业技术学院学报，2022，38 (06)：1-5+9.

[44]《王水照文集》[J]. 中国文学研究（辑刊），2022，(01)：2.

[45] 王秀林. “乌台诗案”的牵连者——僧居则 [J]. 中南民族大学学报（人文社会科学版），2022，42 (12)：153-161+198-199.

[46] 刘芹. 北宋仁宗文坛名贤名相名臣扬州诗话——以晏殊、韩琦、欧阳修、苏轼、王安石为例 [J]. 江苏地方志，2022，(06)：38-41.

[47] 许秀华，玖月. 日啖荔枝三百颗，会上火吗 [J]. 科学大众（小学版），2022，(12)：7-9.

[48] 眉山市文化广播电视和旅游局. 四川眉山：传承三苏文脉 弘扬东坡文化 [N]. 中国旅游报，2022-12-08 (004).

[49] 周莲，黄学渊，张蕾. 苏轼的黄州风景体验与理想景观建构 [J]. 古建园林技术，2022，(06)：63-66.

[50] 陈鼎. 西子湖畔遇东坡 [N]. 中国青年报，2022-12-06（008）.

[51] 朱璟依. 此心安处在何方——读懂《赤壁赋》[J]. 新世纪智能，2022，(91)：28-32.

[52] 张玉杰. 苏轼论书诗中管窥其书学思想 [J]. 作家天地，2022，(34)：40-42.

[53] 许莹. 苏轼文艺美学的艺术价值 [J]. 作家天地，2022，(34)：46-48.

[54] 肖任妮. 宋代印刷媒体的发展——以"乌台诗案"为例 [J]. 青春岁月，2022，(23)：43-45.

[55] 金莹. 三台山路寻苏记 [J]. 书城，2022，(12)：104-109.

[56] 盛大林.《赤壁怀古》词苏轼自书与黄庭坚书石刻辨伪 [J]. 书法研究，2022，(04)：135-147.

[57] 赵欣.《苏轼书法全集》展苏门传世大作 [N]. 重庆日报，2022-12-03（008）.

[58] 成博. 间隔千年时光 我们如何回望东坡 [N]. 四川日报，2022-12-02（008）.

[59] 罗莹. 论"自是一家"与"别是一家"的词史意义 [J]. 沈阳大学学报（社会科学版），2022，24（06）：664-669+680.

[60] 梁丽娟. 张孝祥词的尚"清"意蕴分析——兼论张孝祥对苏轼词的接受 [J]. 芒种，2022，(12)：117-120.

[61] 张莹，周萍. 基于学习主题的教学转化——"辽宋夏金元的经济与社会"教学设计 [J]. 历史教学（上半月刊），2022，(12)：34-40.

[62] 盛睿航. 对苏轼豪放词和婉约词特征的若干思考 [J]. 名家名作，2022，(24)：64-66.

[63] 贡华南. 酒的形上之维——以《浊醪有妙理赋》为中心 [J]. 社会科学战线，2022，(12)：11-18.

[64] 赵振宇. 北宋哲宗朝京师绘事新变——论苏轼和李公麟的士人画探索 [J]. 中国美术研究，2022，(02)：115-122.

[65] 杨胜宽. 苏轼与陈希亮、陈襄关系考论 [J]. 地方文化研究辑刊，2022，(01)：3-16.

[66] 潘殊闲. 我欲醉眠芳草：苏轼与酒的不了情 [J]. 地方文化研究辑刊，2022，(01)：44-52.

[67] 唐林. 从题跋印章考察《枯木怪石图》的庋藏历史 [J]. 地方文化研究辑刊，2022，(01)：17-33.

[68] 张帆. 沉淀的吉光片羽——苏轼书论、画论的教育价值 [J]. 地方文化研究辑刊，

2022，(01)：34-43.

［69］李玲玉．苏轼诗词中的“长江”情怀［J］．地方文化研究辑刊，2022，(01)：53-61.

［70］曹闽川．敬意·诚意·爱意——评四川历史名人丛书之《苏轼传》［J］．地方文化研究辑刊，2022，(01)：365-373.

［71］刘梦涵．苏轼文学作品中的天象书写初探［J］．名作欣赏，2022，(33)：38-40.

［72］张芳丽．柳宗元的江雪和苏轼的风雨——柳宗元的《江雪》和苏轼的《定风波》之生命范式和审美范式［J］．名作欣赏，2022，(33)：50-52.

［73］陈云飞．“诗画一律”与文人画审美标准［J］．艺术品鉴，2022，(33)：16-19.

［74］梁宁．李白与苏轼七绝的比较［J］．牡丹，2022，(22)：29-31.

［75］崔俊睿．坚守与超越——试论黄州期间苏轼的人生哲学［J］．西部学刊，2022，(22)：169-172.

［76］曾丽莉．学习任务群视域下中国古代山水游记散文研习教学研究——以《赤壁赋》及《登泰山记》组合阅读教学为例［J］．福建教育学院学报，2022，23（11)：35-37.

［77］张广交．苏轼策论的撰写、传播及自我态度论析［J/OL］．乐山师范学院学报，1-13［2024-02-23］．http：//kns.cnki.net/kcms/detail/51.1610.g4.20221124.1044.002.html.

［78］陈婷．今天，我们向苏东坡学习什么？［N］．四川日报，2022-11-22（003）.

［79］文雨欣．求同存异：感知东坡赤壁情怀——《赤壁赋》《念奴娇·赤壁怀古》比较阅读课堂实录［J］．中学语文，2022，(33)：48-50.

［80］刘先美．苏轼夜游作品的审美情志［J］．中学语文教学参考，2022，(33)：13-14+2.

［81］王庆艳，程广萍．《赤壁赋》的“喜”与“悲”［J］．中学语文教学参考，2022，(33)：29-31.

［82］庹玮桦．从论诗诗看清人对宋诗的接受——以苏轼为中心［J］．青年文学家，2022，(33)：106-108.

［83］苏思涵．苏轼文学作品的接受学诠释［J］．文学教育（上)，2022，(11)：44-46.

［84］郎耀辉．从“古雅”到“无弦”：历史语境中苏轼琴学思想的变迁［J］．美育学刊，2022，13（06)：111-117.

［85］石金金．“关键词”分析法在古诗词教学中的应用——以《定风波》教学为例［J］．中学语文，2022，(32)：13-14.

［86］耿鑫鑫．情感因素在书法创作中的媒介作用——以苏轼《黄州寒食帖》为例［J］．思维与智慧，2022，(22)：8-9.

［87］李世玉．巴蜀竹文化及其对苏轼绘画的影响［J］．美术文献，2022，(11)：23-25.

[88] 张昀东. 展脚幞头的意外缺失——苏轼形象的历史建构 [J]. 南京艺术学院学报(美术与设计), 2022, (06): 84-90.

[89] 林思仪. 论苏轼诗词中的遗忘书写 [J]. 乐山师范学院学报, 2022, 37 (11): 16-22.

[90] 赵月. 苏轼的人生模拟器 [J]. 书法教育, 2022, (11): 14-19.

[91] 王一楠. 经典生成: 苏轼"赤壁三绝"宋代传播过程中的张力新探 [J]. 艺术学研究, 2022, (06): 121-131.

[92] 刘玉宏. 宋意风流 [J]. 中国书法, 2022, (11): 99-103.

[93] 张岩. 萧散简远与宋代的"尚逸" [J]. 中国书法, 2022, (11): 112-115.

[94] 杜立. "引帖为典"与"帖辞入诗"——以苏、黄对《阁帖》的引鉴为中心 [J]. 中国书法, 2022, (11): 127-132.

[95] 张东升. 宋四家"崇王"观与尚意书风 [J]. 中国书法, 2022, (11): 132-140.

[96] 郝峥. 苏轼的艺术自然观 [J]. 中国书法, 2022, (11): 104-112.

[97] 周思成. 《乌台诗案》明重编本文献价值平议——以苏轼"供状"的校勘比较为中心 [J]. 文献, 2022, (06): 85-98.

[98] 马斌. 《前赤壁赋》《醉翁亭记》[J]. 江苏教育, 2022, (85): 26-27.

[99] 王明玫. 一曲哀词摧肺肝——苏轼悼亡词《江城子·乙卯正月二十日夜记梦》赏析 [J]. 课外语文, 2022, (17): 82-84.

[100] 刘柳容. 《念奴娇·赤壁怀古》的多重情与理 [J]. 语文教学与研究, 2022, (22): 59-61.

[101] 金海宁. "赤壁"群文阅读教学 [J]. 中学语文教学参考, 2022, (31): 74-75.

[102] 李博. 苏轼北归心态及其死因详考 [J]. 大庆师范学院学报, 2022, 42 (06): 39-46.

[103] 夏中义. 论士人画: 从苏轼到郑板桥——"墨石诗意"七百年 [J]. 华东师范大学学报 (哲学社会科学版), 2022, 54 (05): 63-79+189.

[104] 王延智. 关于董其昌书论中"淡"之文质论的考察 [J]. 书法, 2022, (11): 152-155.

[105] 苏轼. 宋苏轼《令子帖》[J]. 书法, 2022, (11): 2.

[106] 王春霞. 指向炼字炼句的文本解读——《记承天寺夜游》中的情趣、理趣和谐趣 [J]. 语文建设, 2022, (21): 39-42.

[107] 郭春林. 从效法到超越:《潮州韩文公庙碑》的经典化 [J]. 广西大学学报 (哲学社会科学版), 2022, 44 (06): 53-61.

[108] 次仁吉. 但愿人长久 千里共婵娟——浅谈苏轼的友情词 [J]. 对联, 2022, 28

(21)：38-40.

[109] 曾庆江．苏氏家风育高才 [N]．海南日报，2022-11-07（B05）．

[110] 刘亮．桄榔庵下“三书”成 [N]．海南日报，2022-11-07（B04）．

[111] 曹马志．结庐在儋耳 不乐复何如 [N]．海南日报，2022-11-07（B02）．

[112] 王艺凝．赤壁图 [J]．新少年，2022，(11)：46-49.

[113] 刘复生．堪为楷模的苏氏家风 [J]．文史杂志，2022，(06)：9-11.

[114] 王定璋．略论苏轼《李太白碑阴记》及其他 [J]．文史杂志，2022，(06)：99-103.

[115] 何峭．苏轼的“三杀、三宥”说 [J]．文史杂志，2022，(06)：4-8.

[116] 王宏凯．苏轼《墨猫图》及其他 [J]．文史天地，2022，(11)：66-69.

[117] 刘帆．《赤壁赋》教学设计——“中国文人的治愈良方”专题阅读（第三课时）[J]．中学语文教学，2022，(11)：66-69.

[118] 王玮．以专题引领，破解文本“良方”[J]．中学语文教学，2022，(11)：69-70.

[119] 王小兰．中秋夜，“访”苏轼 [J]．青年文学家，2022，(31)：91.

[120] 雷丽钦．苏轼的“月”与“心”——《记承天寺夜游》教学设计 [C] // 中国语文报刊协会，《语文报》社有限责任公司．第二届新时代语文教育学术展评活动论文集（教学设计）．福建师范大学，2021：8.

[121] 孙然．《水调歌头》诵读指导课教学设计 [C] // 中国语文报刊协会，《语文报》社有限责任公司．第二届新时代语文教育学术展评活动论文集（教学设计）．淮北师范大学，2021：5.

[122] 陈幼萍．语文出版社，《唐宋诗词鉴赏》，第九课 问世间情是何物——两情相悦悠悠生死别经年——《江城子·乙卯正月二十日夜记梦》教学设计 [C] // 中国语文报刊协会，《语文报》社有限责任公司．第二届新时代语文教育学术展评活动论文集（教学设计）．四川大学附属中学语文组，2021：7.

[123] 刘永丰．试论苏轼注重笔墨品质和收藏 [J]．东方收藏，2022，(11)：88-90.

[124] 胡宗玥．对话教学理论视域下个性化解读《念奴娇·赤壁怀古》[J]．知识窗（教师版），2022，(10)：48-50.

[125] 况晓慢．“惟眉山苏氏得此灵境”——苏轼追摹庄子意蕴文法散论 [J]．诸子学刊，2022，(02)：310-325.

[126] 郑培凯．苏轼《跋退之送李愿序》新解 [J]．中国文化，2022，(02)：161-165.

[127] 何林军．王夫之的苏轼阐释：中国古代阐释学的特殊个案 [J]．中国文学研究，2022，(04)：83-91.

[128] 何旭．试析苏轼文人画创作观 [J]．豫章师范学院学报，2022，37（05)：25-

29+43.

[129] 郑晶. 苏轼的书法与其仕变 [J]. 收藏与投资, 2022, 13 (10): 16–18.

[130] 张淘淘. 苏轼绝笔诗考论 [J]. 新国学, 2022, 23 (01): 1–20.

[131] 崇清华. 关于《赤壁赋》中"客"的身份的探究 [J]. 好作文, 2022, (20): 45.

[132] 郑文静, 龙璐. 从"三美论"的角度浅析许渊冲的诗歌英译——以苏轼诗词英文译文为例 [J]. 海外英语, 2022, (20): 74–76.

[133] 马润菲. 苏轼被贬儋州时期词中视线的变化 [J]. 文学教育 (上), 2022, (10): 46–49.

[134] 姚凯. 张之洞幕府中的"崇苏"观念 [J]. 书画世界, 2022, (10): 65–66.

[135] 付雯艳. 冯梦龙《明悟禅师赶五戒》的改写艺术探究 [J]. 开封文化艺术职业学院学报, 2022, 42 (10): 4–6.

[136] 董瑞珍, 李雪花. 苏轼《江城子·记梦》与纳兰性德《蝶恋花》之比较 [J]. 延边教育学院学报, 2022, 36 (05): 116–118.

[137] 刘晓迪. 论苏轼诗词中的崇高美——以朗吉弩斯的《论崇高》为观照 [J]. 参花 (中), 2022, (11): 96–98.

[138] 何小波, 刘晓军. "点字成诗: 紧扣一点, 致敬苏轼"教学实录及评析 [J]. 小学语文教学, 2022, (30): 33–36.

[139] 梅媛, 彭才华. 读词品人以诗教——《浣溪沙》教学实录及评析 [J]. 小学语文教学, 2022, (30): 37–43.

[140] 胡诗萌. 论苏轼作品的自然美 [J]. 作家天地, 2022, (29): 19–21.

[141] 何璇. 白居易与苏轼迁谪心态之异同 [J]. 文教资料, 2022, (19): 1–5.

[142] 程龙. 脚步声中的突围——苏轼黄州作品群文阅读教学 [J]. 中学语文教学参考, 2022, (29): 24–26.

[143] 余祖坤. "掉笔"的内涵与意义——以苏轼散文为例 [J]. 海南师范大学学报 (社会科学版), 2022, 35 (05): 119–124.

[144] 甘生统. 苏轼"辞达"说再论 [J]. 海南师范大学学报 (社会科学版), 2022, 35 (05): 125–131.

[145] 王友胜. 论海外苏轼的生存困境与应对举措 [J]. 海南师范大学学报 (社会科学版), 2022, 35 (05): 132–139.

[146] 贺筱颖. "英气"与"和气"并长: 金人王若虚对苏轼文风再认识 [J]. 辽宁工程技术大学学报 (社会科学版), 2022, 24 (05): 371–376.

[147] 刘佳. 《滹南遗老集·文辨》中的苏轼文艺批评论 [J]. 辽宁工程技术大学学报 (社会科学版), 2022, 24 (05): 377–383.

［148］刘颖．《黄州寒食诗帖》临写指要［J］．书法教育，2022，(10)：54-59.

［149］汪建新．横看成岭侧成峰——毛泽东与苏轼［J］．党史文苑，2022，(10)：31-34.

［150］杨景春，闫淑红．从《海外集》海南民俗书写看苏轼的民俗观［J］．山东艺术，2022，(05)：62-71.

［151］段莹．清宫旧藏乔仲常《后赤壁赋图》卷及宋元人题跋残卷刍议——兼及对古书画中文本与文献的双重考察［J］．美术大观，2022，(10)：39-45.

［152］刘旭．苏东坡法治智慧对基层社会治理的启示［J］．今日海南，2022，(10)：58-60.

［153］李昕欣．李公麟《西园雅集图》的景观图示及其蕴意研究［J］.美与时代（中），2022，(10)：57-59.

［154］王先勇．论古人"以文为词"观念的历史变迁［J］．浙江大学学报（人文社会科学版），2022，52（10)：136-147.

［155］曹马志．桄榔庵东坡故事［N］．海南日报，2022-10-14（B08）.

［156］徐霞鸿．文学里的宋韵［N］．绍兴日报，2022-10-12（005）.

［157］张威，徐定辉．"一点浩然气，千里快哉风"——苏轼词"风"意象微探［J］．今古文创，2022，(41)：42-44.

［158］于梦娇．论苏轼杭州诗词中植物意象折射出的文人思想［J］．今古文创，2022，(41)：51-53.

［159］樊庆彦，李敏．"眉山三苏"展现的优秀文化底蕴［J］．秘书工作，2022，(10)：76-78.

［160］万波．苏轼楷书丰乐亭记拓本考［J］．收藏家，2022，(10)：69-74.

［161］王赛赛．苏轼《水调歌头》词的人生哲学［J］．对联，2022，28（19)：42-44.

［162］完颜蕙蕙．何时忘却营营［J］．金融博览，2022，(10)：89-90.

［163］陈高翔．以《中国饮食文化》看苏轼文学创作中的饮食［J］．作家天地，2022，(28)：174-176.

［164］顾晔．用情境教学法探究苏轼在黄州的"精神成长"——以部编版八年级下册《卜算子·黄州定慧院寓居作》为例［J］．语文世界（教师之窗)，2022，(10)：29-30.

［165］庞春平．狂人狂语，豪言豪情——苏轼《江城子·密州出猎》赏析［J］．语文世界（中学生之窗)，2022，(10)：36-37.

［166］贺树军．一尊酹江月，得失寸心知——从"酹"字解读苏轼《念奴娇·赤壁怀古》的情感［J］．读写月报，2022，(28)：21-22.

［167］闫好丽，李鹏．北宋文坛"老友记"［J］．艺术启蒙，2022，(10)：38-39.

[168] 徐淳．语文学习中的文献梳理与辨析 [J]．语文学习，2022，(10)：15-16.

[169] 何勇．从“乌台诗案”看宋代印刷文集的政治惩戒与法律风险 [J]．华夏传播研究，2022，(02)：213-226.

[170] 张海鸥，邵宁，黄蕙．苏轼《水调歌头》现代演唱情况研究 [J]．中国语言文学研究，2022，32 (02)：180-191.

[171] 王琪．苏轼碑刻拓本鉴藏印印主考——以眉山三苏祠博物馆馆藏拓本为例 [J]．西泠艺丛，2022，(09)：63-73.

[172] 梁博宇．其说非出于苏，而血脉则苏也——论阳明心学与苏氏蜀学之关系 [J]．宁夏大学学报（人文社会科学版），2022，44 (05)：38-51+95.

[173] 马永安．千古绝唱：苏轼密州词 [J]．走向世界，2022，(39)：98-100.

[174] 谭硕．辽博藏《新刻陶顾二会元类编苏长公全集》残卷——一部精装版明代赵体字写刻本 [N]．辽宁日报，2022-09-28 (012)．

[175] 毛宣国．博通包容 艺为人生——苏轼的艺术批评理论 [J]．南海学刊，2022，8 (05)：49-58.

[176] 屈开圆．苏轼诗歌的礼物酬答书写 [J]．绍兴文理学院学报，2022，42 (09)：32-38.

[177] 崇清华．关于《赤壁赋》中“客”的身份的探究 [J]．好作文，2022，(18)：57.

[178] 陈立爽．高中古诗词群文阅读教学设计——以苏轼作品为例 [J]．学园，2022，15 (27)：27-29.

[179] 宋媛媛 ，肖猷洪．诗词中的天文学——斯人乃德星，遣出虚危间 [J]．百科探秘（航空航天），2022，(09)：38-42.

[180] 陈金美．苏轼情绪转化策略的质性文本分析——基于苏轼词情绪文本数据的研究 [J]．温州职业技术学院学报，2022，22 (03)：87-92.

[181] 郑钧蔚．从“三苏”看文化自信——习近平同志视察三苏祠重要讲话探析 [J]．毛泽东思想研究，2022，39 (05)：12-21.

[182] 黄瑶．善用比较教学法，提高学生鉴赏古诗词的能力——以苏轼《念奴娇·赤壁怀古》与辛弃疾《永遇乐·京口北固亭怀古》为例 [J]．对联，2022，28 (18)：38-40.

[183] 陈光祖．滟滪堆赋：道理的寄寓与消解 [J]．重庆三峡学院学报，2022，38 (05)：1-11.

[184] 马宁．苏轼迁谪淬炼心境之蜕变 [J]．文学教育（上），2022，(09)：47-49.

[185] 殷晓蕾．瑞典汉学家喜龙仁眼中的艺术评论家苏东坡 [J]．国际汉学，2022，(03)：130-136+205.

[186] 李新，贾金波，苏忠民．新时代视角下苏东坡的科学家素养与科技成就探析

[J]. 通化师范学院学报，2022，43（09）：38-44.

［187］王恒．文徵明补苏轼《赤壁赋》残缺字迹与原作书法之比较［J]. 楚雄师范学院学报，2022，37（05）：150-155.

［188］张杏．再论苏词之超旷——以密州、黄州词为例［J]. 湖北工程学院学报，2022，42（05）：45-48.

［189］成宏耀．压抑的放纵——苏轼《黄州寒食帖》管窥［J]. 青少年书法，2022，(18)：35-36.

［190］马聪慧．在苦难中成就旷达的苏轼——细品《定风波·莫听穿林打叶声》[J]. 今古文创，2022，(38)：22-24.

［191］周子昕．笑颜常开乃易事——读《人生如逆旅，幸好还有苏轼》有感［J]. 作文，2022，(35)：21-22.

［192］朱雅轩．苏轼唐代绘画评论的价值和意义［J]. 美术文献，2022，(09)：5-7.

［193］侯县军，张琪．诸城 东坡主政 诗名千载［N]. 惠州日报，2022-09-15（004）.

［194］侯县军，张琪．惠州 东坡寓惠 润泽千年［N]. 惠州日报，2022-09-15（004）.

［195］杨瑰瑰．苏轼对《庄子》的接受研究——以黄州诗词创作为中心［J]. 江汉论坛，2022，(09)：92-96.

［196］王帅．“雄辞杂今古，中有屈宋姿”——从苏轼评论诗的视角解读《黄楼赋》[J]. 宁波开放大学学报，2022，20（03）：67-71.

［197］杨景春．苏轼诗词里的土泥情怀［J]. 盐城师范学院学报（人文社会科学版），2022，42（05）：94-100.

［198］谢琰．论西湖诗歌的景观书写模式——以白居易、苏轼、杨万里为中心［J]. 文学遗产，2022，(05)：57-70.

［199］饶学刚．“东坡诗中词”本事的史实钩沉［J]. 乐山师范学院学报，2022，37（09）：1-16.

［200］乔建功，黄梦龙．试析苏轼葬郏探因之疑点——“练汝说”“形胜说”的得与失［J]. 乐山师范学院学报，2022，37（09）：17-21+37.

［201］罗燕．宋代笔记中苏轼形象的特点［J]. 乐山师范学院学报，2022，37（09）：22-30.

［202］陈锴生，蔡清德．苏轼《归院帖》考——兼及《富郑公神道碑》起草之研究［J]. 南京艺术学院学报（美术与设计），2022，(05)：9-15.

［203］李山岭．乌台诗案相关史实辨证［J]. 湖州师范学院学报，2022，44（09）：91-96.

［204］李公羽．学习苏东坡珍贵情怀 涵养自由贸易港清廉风气［J]. 今日海南，2022，

(09)：62-64.

［205］张晶. 苏轼画论的价值观内涵蠡测［J］. 艺术学研究，2022，(05)：4-14.

［206］王桂花，莫立民. 陶渊明对苏轼诗歌的影响［J］. 中国韵文学刊，2022，36(03)：23-28.

［207］李瑞卿. 苏轼影论［J］. 艺术学研究，2022，(05)：15-23.

［208］韩伟. 苏轼论画之"真"的美学阐释［J］. 辽宁大学学报（哲学社会科学版），2022，50(05)：108-116.

［209］李志丹. 从《紫金研帖》谈苏轼与米芾的交往［J］. 江苏教育，2022，(69)：26-33.

［210］张萍. 中国古诗词艺术赏析——以苏轼的《念奴娇·赤壁怀古》为例［J］. 青年文学家，2022，(26)：129-131.

［211］郑培凯."天容海色本澄清"——苏东坡贬逐岭海［J］. 书屋，2022，(09)：4-12.

［212］黄宗贤. 家风陶冶与家学传承——家庭教育对苏轼艺术创作与艺术观的影响初探［J］. 文史杂志，2022，(05)：15-18.

［213］刘玉宏. 从苏轼到黄庭坚：宋代援禅入书的精神探析［J］. 南方文坛，2022，(05)：164-166+176.

［214］宋晓希，黄博. 理学家于书法的悖论——以朱熹评苏轼、黄庭坚书法为中心的研究［J］. 书法研究，2022，(03)：99-114.

［215］魏小倩，戴健. 苏轼黄州夜间作品中的精神突围［J］. 芒种，2022，(09)：117-119.

［216］徐晶华. 苏轼的月夜［J］. 月读，2022，(09)：70-73.

［217］张聪艺. 设计教学得"闲"，研课打磨悟"简"［J］. 语文月刊，2022，(09)：13-16+10.

［218］吴芸. 他山之石：品苏轼诗词中的作文意蕴——以统编教材苏轼经典写景诗词为例［J］. 作文成功之路，2022，(33)：74-76.

［219］柯欢. 苏轼黄州作品中的物产民俗研究［J］. 名家名作，2022，(15)：47-49.

［220］刘秀芬. 景美·情真·理深——试析苏轼《水调歌头（明月几时有）》［J］. 中学生阅读（初中版），2022，(17)：24-25.

［221］彭林泉，罗关洪. 加强三苏法律文化的研究传承——从贯彻习近平总书记来川视察三苏祠作出的重要指示谈起［J］. 民主法制建设，2022，(08)：30-31.

［222］张可，王启才. 苏轼对《庄子》的认知及其影响［J］. 海南热带海洋学院学报，2022，29(04)：51-59.

[223] 李修建. 论苏轼对魏晋名士的接受 [J]. 美术大观, 2022, (08): 41-44.

[224] 董璐. 东阳英朝《新编江湖风月集略注》征引苏轼论 [J]. 北方工业大学学报, 2022, 34 (04): 83-90.

[225] 胡梦蝶. 论苏轼谐谑词中的"雅谑" [J]. 辽东学院学报 (社会科学版), 2022, 24 (04): 96-103.

[226] 申浪. 苏轼的"艺道两进"观 [J]. 广西科技师范学院学报, 2022, 37 (04): 16-22.

[227] 王治天, 嵇峰. 在诵读中升华——谈《卜算子·黄州定慧院寓居作》的诗歌教学 [J]. 作文, 2022, (Z4): 47-49.

[228] 李典达, 赵玉霞. 朝鲜周世鹏《毗卢峰赋》对苏轼《赤壁赋》的接受研究 [J]. 中国文艺家, 2022, (08): 42-44.

[229] 刘长军. 基于整合的群文阅读教学新探——以苏轼"赤壁三咏"诗文专题整合阅读为例 [J]. 江苏教育, 2022, (59): 35-38.

[230] 张小强. 苏轼"诗画一律"论中的创作情感态度分析 [J]. 青年文学家, 2022, (23): 138-140.

[231] 卫佳, 杨和为. 苏轼《念奴娇·赤壁怀古》词旨探微 [J]. 青年文学家, 2022, (23): 117-119.

[232] 钱耐香. 论苏轼词的创新及其影响 [J]. 新余学院学报, 2022, 27 (04): 58-66.

[233] 张力丹. 论苏轼苏辙诗歌中的兄弟情谊 [J]. 兰州职业技术学院学报, 2022, 38 (04): 1-3+86.

[234] 黄欢, 胡安静, 范杰逊, 等. 与苏东坡一起, 将大运河讲给世界听 [N]. 新华日报, 2022-08-06 (003) .

[235] 张建智. 静嘉堂《三苏先生文粹》过眼录 [J]. 书屋, 2022, (08): 38-40.

[236] 廖泊乔. 苏轼酿的酒里加了什么? [J]. 艺术品鉴, 2022, (22): 168-171.

[237] 褚凯. 苏轼文学创作中的亲民意识探究 [J]. 作家天地, 2022, (22): 49-51.

[238] 陈金美. 苏轼词分期情绪词研究 [J]. 作家天地, 2022, (22): 58-60.

[239] 王阁祥. 用笔千古出新意 貌妍容颦何妨椭——苏轼笔法与书论关系郗视 [C] // 中国文字博物馆. 中国文字博物馆集刊 (2022) . 西安工业大学, 2022: 10.

[240] 郑培凯. 苏东坡祈雨祷晴 [J]. 书城, 2022, (08): 12-20.

[241] 史素昭. 真契之交 隔代知音——试论葛洪仙道思想对苏轼的影响 [J] . 惠州学院学报, 2022, 42 (04): 1-6.

[242] 吴玲, 钱金涛. 酒酹江月块垒释, 壮景古人寄情怀——部级精品课《念奴娇·赤壁怀古》品鉴 [J]. 语文教学通讯, 2022, (22): 20-23.

[243] 郑灵灵. 聚焦物象场景，探寻诗理诗情——部级精品课《古诗词诵读》品赏[J]. 语文教学通讯，2022，(22)：77-80.

[244] 张勇. “望美人兮天一方”——《赤壁赋》的矛盾与张力 [J]. 高中生学习（阅读与写作），2022，(08)：15-17.

[245] 张干. 苏轼《赤壁赋》中水与月的文学况味——基于物象、意象、意境 [J]. 语文教学与研究，2022，(15)：15-19.

[246] 孟玺，张义超，张丰聪，等. 《苏沈良方》中方论作者新考补正 [J]. 中华中医药杂志，2022，37（08)：4830-4832.

[247] 秦文文. 苏轼诗书作品的情感互融表达——以《梅花诗帖》为例 [J]. 收藏与投资，2022，13（07)：11-13.

[248] 陈力祥，吴可. 苏轼“应势适情”之政治伦理思想探微 [J]. 中原文化研究，2022，10（04)：31-39.

[249] 苏欣. 文化折射与融合：翻译规范视域下华兹生英译苏轼诗词研究 [J]. 鲁东大学学报（哲学社会科学版），2022，39（04)：74-79.

[250] 左嘉淇. 行藏之间的反复跳跃——苏轼熙宁诗词中的处世心境 [N]. 科学导报，2022-07-26（B02）.

[251] 庆振轩，潘浩. 苏轼制诰的情感因素与表达维度 [J]. 福建师范大学学报（哲学社会科学版），2022，(04)：127-135.

[252] 丁玲. 基于语文核心素养的《定风波·莫听穿林打叶声》教学解读 [J]. 教师，2022，(21)：24-26.

[253] 刘丰，张永梅，李泽. 东坡人格的文化学阐释——读《蝶恋花·春景》[J]. 牡丹，2022，(14)：36-38.

[254] 张洪华. 论苏轼散文中的文化品格和艺术境界 [J]. 作家天地，2022，(21)：54-56.

[255] 张丽娟. 浅谈《赤壁赋》中箫声的作用 [J]. 语数外学习（高中版下旬），2022，(07)：28-29.

[256] 黎智. 苏轼中岩传说考论 [J]. 文化创新比较研究，2022，6（21)：98-102.

[257] 赵恒平. 《赤壁赋》中的水与月 [N]. 语言文字报，2022-07-20（004）.

[258] 陈希丰. 诗书传家 志存高远——眉山苏氏的家风 [J]. 旗帜，2022，(07)：94-95.

[259] 叶奕宏. 莫听穿林打叶声！盘点苏东坡诗词中的“天气”[J]. 生命与灾害，2022，(07)：40-42.

[260] 王欣怡. 贵在虚静——对苏轼《水调歌头》创作的赏析 [J]. 名作欣赏，2022，

(20)：92-94.

［261］陈德福．从文学史走向文本的纵深——以苏轼群文教学设计为例［J］．名作欣赏，2022，(20)：95-97.

［262］叶妙童，张艺弛．苏轼与《念奴娇·赤壁怀古》新解［J］．名作欣赏，2022，(21)：87-90.

［263］王翠玉．基于《念奴娇·赤壁怀古》文本研读的教学思考及建议［J］．教师，2022，(20)：21-23.

［264］高昳甜．钱维城《苏轼舣舟亭图》研究——兼论创作中景与图之间的转换关系［D］．江苏大学，2022.

［265］朱刚．从桃源流出的江湖——苏诗的“江湖”书写［J］．华东师范大学学报（哲学社会科学版），2022，54（04）：115-124+178.

［266］王兴全，卿小莲．以质量求生存 以特色求发展——《乐山师范学院学报》特栏《三苏研究》创建回顾与展望［J］．乐山师范学院学报，2022，37（07）：1-7.

［267］杨传庆．词学史上的东坡艳词批评［J］．文学遗产，2022，(04)：105-117.

［268］孙桂平．从咏画角度辨析《惠崇春江晓景》相关问题［J］．徐州工程学院学报（社会科学版），2022，37（04）：57-65.

［269］邵芊芸．从苏轼《贾谊论》理解中国文人遇与不遇的焦虑［J］．黄冈师范学院学报，2022，42（04）：13-18.

［270］温爱民．肇庆七星岩与德庆三洲岩“东坡题刻”考略［J］．肇庆学院学报，2022，43（04）：12-16.

［271］李媛莉．主“动”主“变”：苏东坡的人生“活法”［N］．四川日报，2022-07-11（012）.

［272］崔晶，王金伟．苏轼齐鲁文化资源与旅游开发［J］．山东开放大学学报，2022，(03)：71-75.

［273］李方红．北宋士大夫阶层新兴的鉴藏观念［J］．美术，2022，(07)：101-106.

［274］杨海文．苏轼“杀之三宥之三”的标点问题［J］．江海学刊，2022，(04)：105.

［275］王智忠．《赤壁赋》两处异文成因及文意重新解读［J］．语文建设，2022，(13)：71-73.

［276］汪伟强．“来苏桥”并非迎东坡［J］．寻根，2022，(04)：62-63.

［277］汤敏敏．从《记承天寺夜游》看苏轼在黄州的“突围”［J］．语文天地，2022，(07)：4-5.

［278］曾旭彤．苏轼文论自然观的现实与超越［J］．温州大学学报（社会科学版），2022，35（04）：99-105.

[279] 翟海燕. 历史人物的戏剧重构与当代表达 以锡剧《苏东坡》为中心的探讨 [J]. 中国戏剧，2022，(07)：41-42.

[280] 张志杰. 张仙的变容：从苏轼出生故事论起 [J]. 西南交通大学学报（社会科学版），2022，23 (04)：134-141.

[281] 楚爱华，廖国华. 反常合道：也谈《江城子·密州出猎》之“狂”[J]. 中学语文教学，2022，(07)：50-53.

[282] 陈力士. 论苏轼“以杂体诗入词”[J]. 牡丹江大学学报，2022，31 (07)：15-21.

[283] 刘畅. 东坡文化浸润眉山 [N]. 经济日报，2022-07-02 (007).

[284] 蒋丹. 论苏轼与贺铸悼亡词的异同——以《江城子》和《鹧鸪天》为例 [J]. 参花（中），2022，(07)：107-109.

[285] 黄敏华. 中小学语文教材苏轼诗文地理书写及教学价值 [J]. 语文教学与研究，2022，(13)：128-133.

[286] 张凌千. 苏轼画论中的自由观研究 [D]. 中南大学，2022.

[287] 刘怀荣，梁志贤. 苏轼的“三适”之乐——“向文学问养生”之二 [J]. 博览群书，2022，(07)：88-92.

[288] 刘泽华. 从直笔缘情到隐蔚讽喻：苏轼杭密时期词的政治书写转向 [J]. 古籍研究，2022，(01)：34-44.

[289] 叶晔. 贯通作为写法：苏轼《水龙吟》词的词调史考察 [J]. 词学，2022，(01)：48-73.

[290] 宋京航. 体悟与超越：苏轼贬谪时期食事诗的精神呈现 [J]. 古典文学研究，2022，(01)：66-74.

[291] 蔡乃馨. 苏轼《传神记》对我创作的影响 [D]. 云南艺术学院，2022.

[292] 苏祖川. 苏洵法治思想的法家传统——兼与苏轼思想比较 [J].黄冈职业技术学院学报，2022，24 (03)：1-5.

[293] 彭询，骆晓倩. 杨治宜：《“自然”之辩——苏轼的有限与不朽》[J]. 国际比较文学（中英文），2022，5 (02)：188-192.

[294] 张锦杰. 陶渊明田园思想在苏辛农村词中的不同表现 [J]. 新纪实，2022，(16)：89-93.

[295] 陈智勇，李公羽. 苏轼贬琼途经雷州相关问题考 [J]. 海南热带海洋学院学报，2022，29 (03)：55-61.

[296] 李景新. 主持人导语：何谓苏学 [J]. 海南热带海洋学院学报，2022，29 (03)：35-37.

[297] 阮忠．论苏轼关于韩愈的评说［J］．海南热带海洋学院学报，2022，29（03）：48-54.

[298] 程柱生．我国北宋时期苏氏父子三人涉茶诗词趣览（续）［J］．贵茶，2022，（02）：59-71.

[299] 冉昊月．西林壁上的“偏师胜出”——谈苏轼《题西林壁》的创作心理［J］．作家天地，2022，（18）：17-19.

[300] 林昕迪．重寻碧落茫茫，终是人间天上——弥尔顿《梦亡妻》与苏轼《江城子》对比研究［J］．牡丹，2022，（12）：96-98.

[301] 侯婷．从诗文看苏轼贬居海南时期的心理差异［J］．汉字文化，2022，（12）：54-55.

[302] 谢文君．典范的流动——五山诗学畅销书与禅僧的黄庭坚诗接受［J］．日语学习与研究，2022，（03）：109-118.

[303] 马雪莲．贬谪生涯与苏轼的人格精神及其文学创作［J］．天水师范学院学报，2022，42（03）：76-81.

[304] 李君．苏轼《游净居寺诗并叙》考论［C］// 中国国际科技促进会国际院士联合体工作委员会．文化艺术创新国际学术论坛论文集（三）．上海大学文学院，2022：3.

[305] 曾庆雅．基于语料库的苏轼节令诗词民俗事象及文化研究［J］．乐山师范学院学报，2022，37（11）：7-15.

[306] 刘朝群．困顿人生中的生命诗意——《念奴娇·赤壁怀古》《永遇乐·京口北固亭怀古》对比解读［J］．中学语文，2022，（18）：54-57.

[307] 王俊洁．声乐作品《江城子·乙卯正月二十日夜记梦》的演唱赏析［J］．喜剧世界（下半月），2022，（06）：40-42.

[308] 綦成丽．向苏轼学评《三国演义》［J］．中学语文教学参考，2022，（18）：59-60.

[309] 陈凯艺．苏轼《赤壁赋》中“江河”的时空场域书写［J］．青年文学家，2022，（18）：57-59.

[310] 韩建杰．“苏轼师法王僧虔”一说探析［J］．书画世界，2022，（06）：60-61.

[311] 聂晓爽．试论伊瑟尔“空白”视角下《和子由渑池怀旧》的内在哲理［J］．开封文化艺术职业学院学报，2022，42（06）：4-6.

[312] 杨古纳．诗与思：论苏轼诗歌的审美理性［D］．暨南大学，2022.

[313] 郎杰斌，阮海红，吴蜀红，等．生活化：苏轼阅读观的特质［J］．图书馆，2022，（06）：79-85.

[314] 杨春俏．从遥望梦中江南到立足齐鲁大地——苏轼《望江南》解析［J］．乐山师范学院学报，2022，37（06）：1-6+20. 001.

[315] 李旻丽. 试论苏轼密徐时期词作上古词汇构成 [J]. 宁波开放大学学报，2022，20（02）：38-42.

[316] 舒大刚，尤潇潇. 两种宋版《三苏文粹》比较研究 [J]. 海南师范大学学报（社会科学版），2022，35（03）：74-86.

[317] 赖美君. 苏轼俳谐文的特点 [J]. 宁夏师范学院学报，2022，43（06）：25-31.

[318] 马茂军，杨奔奔. 明清东坡文选与古文范型演变 [J]. 海南师范大学学报（社会科学版），2022，35（03）：87-93.

[319] 阮忠. 苏轼“死不扶柩”与“葬我嵩山”辩说——苏轼为何不“归葬”家乡眉山 [J]. 海南师范大学学报（社会科学版），2022，35（03）：94-101.

[320] 屈会涛. 苏辙改授齐州掌书记考 [J]. 社科纵横，2022，37（03）：106-111.

[321] 薛瑾，周密. 苏轼“元轻白俗”论下“白体”蜕变与“宋调”初成 [J]. 中国韵文学刊，2022，36（02）：23-30.

[322] 徐浩，徐辉. 苏轼对文人画的贡献以及影响 [J]. 美与时代（中），2022，(06)：69-71.

[323] 王国振. 苏轼书法对当代书法创作的影响分析 [J]. 美与时代（中），2022，(06)：123-125.

[324] 杨鸿雁. 苏轼朝廷任职期间的立法实践述略 [J]. 天津法学，2022，38（02）：31-42.

[325] 常先甫，王若楠. 苏轼在儋州的思想与心态研究——以辞赋创作为例 [J]. 甘肃开放大学学报，2022，32（03）：35-38.

[326] 任然. 传承三苏文化，筑牢好家风底色 [N]. 中国妇女报，2022-06-13（001）.

[327] 周玲 ，周云容. 三苏祠中的《醉翁亭记》[J]. 廉政瞭望，2022，(11)：60-61.

[328] 封义珑. 天涯流落泪横斜——读苏轼《郁孤台》[J]. 初中生之友，2022，(06)：18-19.

[329] 谢尚发. 当代作家年谱编纂刍议 [J]. 名作欣赏，2022，(16)：36-46.

[330] 邓景增. 董其昌的“信笔”说 [J]. 书法，2022，(06)：101-104.

[331] 林立. 章安诗人杨蟠：与东坡共赏梅，为百姓谋福利 [N]. 台州日报，2022-06-09（005）.

[332] 李娜. 基于《中国古代山水文学散论》分析苏轼山水文学的情怀与意境 [J]. 人民黄河，2022，44（06）：171-172.

[333] 高恒昱卓.. 论常州词派对东坡词的接受 [D]. 中国矿业大学，2022.

[334] 杨大忠. 从《赤壁赋》《念奴娇・赤壁怀古》看苏轼的两个精神维度 [J]. 中学语

文教学，2022，(06)：53-56.

[335] 胡文利.《石钟山记》(第二课时) 教学设计 [J]. 中学语文教学，2022，(06)：65-68.

[336] 丁少帅. 宋四家行书"摹古"现象研究 [D]. 绍兴文理学院，2022.

[337] 黄梦婷. 苏轼生活审美实践研究 [D]. 青岛大学，2022.

[338] 海丽. 论《侯鲭录》中的苏轼形象 [J]. 宋史研究论丛，2022，(01)：165-176.

[339] 于天博，徐冰露. 生态翻译学视角下苏轼《饮湖上初晴后雨》三个英译本的比较研究 [J]. 芒种，2022，(06)：120-122.

[340] 崔晓敏. 基于批判性思维提升的群文阅读教学设计——以苏轼作品群文阅读为例 [J]. 语文新读写，2022，(11)：34-36.

[341] 王婧羽. 古筝协奏曲《定风波》的词乐交融及演奏分析 [D]. 扬州大学，2022.

[342] 王紫骆. 苏轼饮食文化书写研究 [D]. 陕西理工大学，2022.

[343] 单弗为. 语文核心素养视角下统编中学语文苏轼作品教学初探 [D]. 淮北师范大学，2022.

[344] 喻广林. 苏轼书法在清代的接受研究 [D]. 广西师范大学，2022.

[345] 梁海婷.《醉翁操》研究 [D]. 淮北师范大学，2022.

[346] 苏月月. 高中语文教材中苏轼作品的教学研究 [D]. 海南师范大学，2022.

[347] 袁泽宇. 苏轼易学思想研究——以《东坡易传》为考察中心 [D]. 西北大学，2022.

[348] 李若辰. 清乾隆时期诗话中的苏轼研究 [D]. 广西大学，2022.

[349] 张振. 辗转与坚守：北宋中期政局变动中的苏轼 [D]. 西北大学，2022.

[350] 张璐. 人间酒与天上月——浅析苏轼"中秋词"的精神归乡 [J]. 文教资料，2022，(10)：1-4.

[351] 廖沛滢. 国潮背景下苏轼IP形象衍生品设计 [D]. 四川师范大学，2022.

[352] 王赟. 苏轼徐州时期交游研究 [D]. 中国矿业大学，2022.

[353] 刘玉宏. 从书法学和文艺学谈"交叉学科"的人文途径——以苏轼书法思想为例 [J]. 高教发展与评估，2022，38 (03)：33-38+118-119.

[354] 李倩玉. 借助虚词解读文言文的情感脉络与精神境界——以《记承天寺夜游》为例 [J]. 新课程教学（电子版)，2022，(10)：15-16.

[355] 刘俐. 苏轼作品教学策略研究——以统编版初中语文教材为例 [D]. 广州大学，2022.

[356] 常先甫. 苏轼辞赋中的人生境界 [J]. 牡丹江教育学院学报，2022，(05)：1-3.

[357] 李公羽. 海南自由贸易港背景下的苏学研究与实践论纲 [J]. 南海学刊，2022，8

(03)：50-59.

[358] 夏红娟．许渊冲与华兹生的苏轼诗词英译比较研究——以操纵理论视角下意象翻译为中心 [D]．北京外国语大学，2022.

[359] 张书婷．地域文化视野下苏轼选文解读与实践研究——以统编版中学语文教材为例 [D]．天津师范大学，2022.

[360] 余家帅．苏轼题跋艺术思想研究 [D]．中北大学，2022.

[361] 杜思凡．冲突与圆融：苏轼哲学研究 [D]．山东大学，2022.

[362] 陈才智．苏东坡眼中的白乐天——以徐州为中心 [J]．河北大学学报（哲学社会科学版），2022，47（03）：1-10.

[363] 周丽玫．20世纪30年代苏东坡作品东传与影响的个案研究 [J]．泰山学院学报，2022，44（03）：75-82.

[364] 朱铭月．品味苏轼词的多样化词风和艺术成就 [J]．名作欣赏，2022，(15)：92-94.

[365] 吴圣哲，顾庭毓．苏轼的爱情——兼品苏轼四首词 [J]．名作欣赏，2022，(15)：95-98.

[366] 张瑞田．苏轼是如何渡海的 [J]．智慧中国，2022，(05)：64-66.

[367] 徐福义．家在江南黄叶村——论苏轼定居常州的心路历程 [J].齐齐哈尔师范高等专科学校学报，2022，(03)：62-64.

[368] 谢安松，谢俊峰．薛绍彭与苏轼、黄庭坚、米芾交游考 [J]．美术学报，2022，(03)：52-60.

[369] 陈彦杰．苏轼易学思想研究 [D]．山东大学，2022.

[370] 刘爱玲．唐宋士大夫的禅悦诗情——基于白居易与苏轼的以禅入诗 [J]．名家名作，2022，(05)：88-90.

[371] 杜逸轩．苏轼密州作品中的文学地理价值刍议 [J]．名家名作，2022，(05)：94-96.

[372] 张玥．中学语文统编教材中苏轼作品教学研究 [D]．沈阳师范大学，2022.

[373] 彭湖．例析“苏词”中的典型意象 [J]．中学语文，2022，(15)：61-62.

[374] 唐艺，马春明．生死隔绝悠悠情——苏轼《江城子》赏析研究 [J]．青年文学家，2022，(15)：155-157.

[375] 王宇．基于审美情趣的统编版初中语文教材苏词阅读教学策略研究 [D]．鞍山师范学院，2022.

[376] 唐琴．苏轼黄州词展现的思想变化 [J]．文学教育（上），2022，(05)：58-60.

[377] 丁妤．清代皇帝眼中的“多面”苏轼 [J]．中国档案，2022，(05)：80-81.

[378] 木斋. 论东坡黄州贬谪的心路历程 [J]. 关东学刊，2022，(03)：97-112.

[379] 霍东晓. 清代寿苏会源头新论——以“谭贞默寿苏会”为中心 [J]. 嘉兴学院学报，2022，34 (03)：34-40.

[380] 何晓. 人生应何似，飞鸿踏雪泥——读《东坡志林》有感 [J]. 中国研究生，2022，(05)：74-75.

[381] 杨莉. 幽人·野人·闲人——基于意象审美的苏轼诗文联读 [J]. 中学语文教学参考，2022，(14)：43 45.

[382] 马彩霞. 宋词中的中秋节俗文化分析——以苏轼《水调歌头》为例 [J]. 中学语文，2022，(14)：89-90.

[383] 杨景春，代梓莹. 从时空角度探究苏轼儋州诗文创作的思想意义 [J]. 乐山师范学院学报，2022，37 (05)：1-9.

[384] 潘静如. 近世艺术史上的诗书画印典范论及其变迁——兼及苏轼诗性世界的张力 [J]. 清华大学学报（哲学社会科学版），2022，37 (03)：159-172+219.

[385] 张艺静. 论《烟江叠嶂图》的视觉隐喻与空间建构 [J]. 湖北美术学院学报，2022，(02)：67-75.

[386] 刘泽民. 郑板桥与苏轼书画应酬中的相同点漫谈 [J]. 陶瓷科学与艺术，2022，56 (05)：46-47.

[387] 谢锦岚. 用笔墨还原苏轼的诗 [J]. 书法教育，2022，(05)：40-45.

[388] 陈琳琳. “东坡笠屐”的图文生成及其多重阐释——一个跨媒介艺术史研究的个案 [J]. 艺术百家，2022，38 (03)：28-38+66.

[389] 李俊瑞. 基于苏东坡的文创产品设计研究 [D]. 北方工业大学，2022.

[390] 梁翠玉. 《赤壁赋》中的细节描写分析 [J]. 语数外学习（高中版中旬），2022，(05)：32-33.

[391] 刘诚. 东坡词接受视域下的白朴词研究 [D]. 广西民族大学，2022.

[392] 张筱茜. 苏轼词曲意境中的人生观 [J]. 文化产业，2022，(13)：68-70.

[393] 钟锦. 闲说苏轼的《百步洪》二首 [J]. 名作欣赏，2022，(13)：86-88.

[394] 马大勇. 人人都爱苏东坡 [J]. 现代商业银行，2022，(09)：98-103.

[395] 朱刚. 苏轼《与钱济明》尺牍考略 [J]. 文艺研究，2022，(05)：31-41.

[396] 张文利. 随物赋形：三苏以水喻文与“自然”诗学观的建构 [J]. 中北大学学报（社会科学版），2022，38 (05)：1-7.

[397] 陈永胜. 苏轼与天下第三行书 [J]. 青少年书法，2022，(09)：7-8.

[398] 梁瑛，赵欣. 诗歌翻译的异化法赏析——以苏轼《水调歌头·明月几时有》许渊冲译本为例 [J]. 今古文创，2022，(20)：113-115.

[399] 藏子杰. 苏轼黄州时期手札书法研究与创作实践 [D]. 新疆艺术学院，2022.
[400] 汤伏祥. 苏轼与月 [J]. 书屋，2022，(05)：56-60.
[401] 王兆鹏.《王兆鹏讲宋词课》[J]. 古典文学知识，2022，(03)：122.
[402] 韩元. 凡物皆有可观：苏诗中的“以俗为雅”[J]. 古典文学知识，2022，(03)：36-46.
[403] 孙业鑫. 苏轼《论语说》的儒学思想研究 [D]. 云南师范大学，2022.
[404] 钱忱. 更爱东坡 [J]. 作文新天地，2022，(13)：19-20.
[405] 徐世媛. 出新意于法度之中——从《东坡题跋》看苏轼的绘画思想 [J]. 艺术大观，2022，(13)：43-45.
[406] 张婉晴. 苏门文人贬谪诗歌研究 [D]. 哈尔滨师范大学，2022.
[407] 杨馨. 苏轼“八面受敌法”在初中阅读教学中的运用研究——以A中学为例 [D]. 闽南师范大学，2022.
[408] 孙岩. 苏轼诗词月意象的研究 [D]. 长春师范大学，2022.
[409] 陈德惠. 中国古代文学批评视域下的苏轼作品教学研究 [D]. 华中师范大学，2022.
[410] 谢应翠. “苏轼居儋诗文鉴赏”校本课程开发研究 [D]. 海南师范大学，2022.
[411] 梁晖. 苏轼两制文研究 [D]. 海南大学，2022.
[412] 胡悦祎.《东坡易传》哲学思想研究 [D]. 河北大学，2022.
[413] 石玥琪. 米芾在润州的交游与书法研究 [D]. 河北大学，2022.
[414] 赵晓丹. 苏轼诗词教学研究——以河北大学高级阶段留学生为例 [D]. 河北大学，2022.
[415] 张晓贞. 苏门后四学士研究 [D]. 河南师范大学，2022.
[416] 刘继鑫.《东坡易传》性命论研究 [D]. 华中科技大学，2022.
[417] 陈鹏. 苏东坡的诗词美食 [J]. 同舟共进，2022，(05)：14-18.
[418] 张丹阳. 因为苏氏父子的深度旅行——“随古典文学去远行”之四 [J]. 博览群书，2022，(05)：60-65.
[419] 谢蒙杰. 论苏轼尺牍中的温情与雅趣 [J]. 惠州学院学报，2022，42 (02)：99-103+123.
[420] 杨溢. 浅谈苏轼作品中的赤壁书写 [J]. 新纪实，2022，(11)：78-81.
[421] 金文雅. 闲人的“忧”与“乐”——从《记承天寺夜游》中感悟苏轼的忧乐境界 [J]. 今古文创，2022，(19)：4-6.
[422] 刘诚. 东坡词接受视域下的白朴词题序研究 [J]. 乐山师范学院学报，2022，37 (06)：7-13+59.

［423］周锟．苏轼书法对当代书法创作的影响［J］．大观（论坛），2022，（04）：159-161.

［424］侯县军，龚妍，文嘉翔．惠州向海内外征集东坡文献［N］．惠州日报，2022-04-24（006）.

［425］刘文军．基于核心素养 突出学生主体——“寻踪东坡研学指南”语文项目学习设计［J］．中学语文，2022，（12）：56-59.

［426］陈莹．《东坡乐府》版本源流考［J］．青年文学家，2022，（12）：72-74.

［427］高瑞．用《文心雕龙》“六观”法赏析苏轼《水调歌头・明月几时有》［J］．青年文学家，2022，（12）：78-80.

［428］张艳雯．苏轼成长的教育环境对当代教育的启示［J］．新智慧，2022，（11）：81-83.

［429］强颖，高荆梅．苏轼“和陶”诗的创作特点［J］．文学教育（上），2022，（04）：37-39.

［430］徐芹．《定风波・莫听穿林打叶声》对生命教育的启迪［J］．文学教育（上），2022，（04）：96-98.

［431］高琳．苍凉 雄浑 旷达——《念奴娇・赤壁怀古》的审美观照［J］．戏剧之家，2022，（11）：190-192.

［432］卢承华．浅论苏轼书法美学思想对当代书法学习和实践的价值［J］．青少年书法，2022，（08）：61-63.

［433］咸娟．双向交叠绘风物，古今对接抒真情——《念奴娇・赤壁怀古》赏析［J］．语文天地，2022，（04）：8-9.

［434］胡成，吴冰洁．以苏轼诗词为例浅谈宋代诗酒文化的特点［J］.参花（中），2022，（04）：119-121.

［435］房思雯．浅谈苏轼及其部分作品的思想感情［J］．散文百家（理论），2022，（04）：93-95.

［436］辛园秋．中职语文课堂如何培养学生的核心素养——以苏轼《定风波》教学为例［J］．广西教育，2022，（11）：65-67+109.

［437］徐关镇．从北宋文人思想看苏轼的《枯木怪石图》［J］．美术文献，2022，（04）：21-23.

［438］邱文婷．互文性理论视域下初中古诗文阅读教学研究［D］．中央民族大学，2022.

［439］仝龙魁．苏轼词女性书写的新变与词史意义——兼与温庭筠、柳永比较［J］．湖北文理学院学报，2022，43（04）：58-62.

[440] 王进，谷元江. 欧阳修到赵孟坚——从“苏、蔡”品评看宋代书论中的“法”与“意”[J]. 山东艺术，2022，(02)：111-120.

[441] 张含笑. 苏轼画作中的意味 [J]. 美与时代（中），2022，(04)：42-44.

[442] 戴菁. 由“不作碑志”看苏轼的碑志写作理念 [J]. 淮阴工学院学报，2022，31 (02)：52-56.

[443] 王祖琪. 苏轼与王安石故事的颠覆、重述与文化成因——以《王安石三难苏学士》为中心 [J]. 文艺评论，2022，(02)：66-74.

[444] 李欣荣. 这更是苏轼！[J]. 七彩语文，2022，(15)：44-47.

[445] 赖辰. 苏轼词中的悲剧意识及其审美超越 [D]. 长沙理工大学，2022.

[446] 吴丽莎. “三言”中民间佛教语境下的苏轼形象分析——兼谈历代苏轼与佛印故事的演变 [J]. 乐山师范学院学报，2022，37 (05)：15-21.

[447] 白以恒. 历代追和苏轼“尖叉”诗考论 [J]. 乐山师范学院学报，2022，37 (06)：14-20.

[448] 臧菊妍. 苏轼“冬无炭”虚实考辨 [J]. 乐山师范学院学报，2022，37 (07)：20-25.

[449] 贺聪. “苏轼与其茶诗”教学案例 [J]. 江苏教育，2022，(27)：68-69.

[450] 尼玛康珠. 苏轼《念奴娇·赤壁怀古》的别样解读 [J]. 语文教学与研究，2022，(08)：48-49.

[451] 刘美娟，孙小冬. “苏轼美食诗词”教学及点评 [J]. 小学语文教学，2022，(11)：52-54.

[452] 覃裕婷，高智勇. 随遇而安，乐天知命——“问汝平生功业，黄州惠州儋州”[J]. 青年文学家，2022，(11)：101-103.

[453] 童睿. 浅论词风变革背景下苏词文人意识与个性抒怀的体现 [J]. 青年文学家，2022，(11)：107-109.

[454] 徐晗溪. 用宋宴打开海南美食 [N]. 海南日报，2022-04-10（A12）.

[455] 欧阳荷庚，曹建. 苏轼《东坡书传》[J]. 书法，2022，(04)：204.

[456] 韩贤克. 苏轼文学创作对中国饮食文化的贡献探究——评《华夏饮食文化》[J]. 粮食与油脂，2022，35 (04)：168.

[457] 彭亚萍. 《东坡易传》与苏轼黄州时期文学创作心态 [J]. 语文建设，2022，(07)：44-47.

[458] 高平. 文化传播视角下的苏轼诗词美学翻译策略探究 [J]. 前沿，2022，(02)：105-117.

[459] 陈永胜. 苏轼与海棠花 [J]. 青少年书法，2022，(07)：7-8.

[460] 张丽峰，王家伦. 以苏轼作品为例谈群文阅读教学新途径 [J]. 语文教学通讯，2022，(11)：38-40.

[461] 孙岩，孙浩宇. 苏轼与李白月意象书写比较 [J]. 对联，2022，28 (07)：30-32.

[462] 潘临，李美玲，匡天资. 从苏轼生命片段看其对儒家伦理思想的主体继承 [J]. 青春岁月，2022，(07)：26-28.

[463] 侯全亮. 看大文豪苏轼如何组织黄河抗洪 [J]. 文史天地，2022，(04)：28-30.

[464] 王一楠. 图像之外：乔仲常《后赤壁赋图》流传史中的记忆钩沉 [J]. 中国书画，2022，(04)：4-8.

[465] 黄金明. 意象景观的阅读素养培育——《记承天寺夜游》解析 [J]. 语文新读写，2022，(08)：27-29.

[466] 王珅. 读苏轼的文人画之意与笔：变化与淡泊 [J]. 少儿美术，2022，(04)：4-5.

[467] 张夏，李鹏. 东坡先生的幽默细胞 [J]. 艺术启蒙，2022，(04)：34-35.

[468] 杨多杰. “东坡”种茶背后的故事 [J]. 月读，2022，(04)：65-71.

[469] 刘秀芬. 一样故地别样情——试析苏轼《和子由渑池怀旧》[J]. 中学生阅读（初中版），2022，(07)：24-25.

[470] 周晓静.《念奴娇·赤壁怀古》的艺术手法欣赏 [J]. 语数外学习（高中版上旬），2022，(04)：20.

[471] 董雪. 苏东坡养生思想研究 [D]. 天津体育学院，2022.

[472] 孙昊月. 音乐叙事视域下陈其钢交响合唱《江城子》研究 [D]. 武汉音乐学院，2022.

[473] 毕梦杰. 陆在易艺术歌曲《水调歌头·明月几时有》演唱分析 [D]. 山东师范大学，2022.

[474] 赖美君. 苏轼俳谐文研究 [D]. 西华师范大学，2022.

[475] 陈力士. 论张先、苏轼寄赠词的交际功用 [J]. 玉林师范学院学报，2022，43 (02)：8-12.

[476] 郑培凯. 苏轼吃素不杀生？[J]. 书城，2022，(04)：13-23.

[477] 刘萍. 笑谈世间风雨路 人生处处是晴空 部编版九年级下册语文《定风波》教学实录 [C] // 成都市陶行知研究会. 义务教育阶段诗词教育创新与实践研讨会论文集. 甘肃省天水市秦安县西川中学，2022：5.

[478] 刘亮，徐晛岘. 我本儋耳人 寄生西蜀州 [N]. 海南日报，2022-03-28 (B04).

[479] 张雯. 两位北宋文坛大咖的师生之谊 [N]. 藏书报，2022-03-28 (004).

[480] 邢琳君. 苏轼诗词中的佛禅思想 [J]. 新纪实，2022，(07)：79-81.

[481] 张凌，谢思玉. 外语电台关于黄冈遗爱湖公园的外宣推广研究 [J]. 公关世界，2022，(06)：18-19.

[482] 康倩. 苏轼题画诗中的桃花源 [J]. 甘肃社会科学，2022，(02)：76-82.

[483] 杨景春，刘亚珍. 从苏轼诗词里的菜园描写看其躬耕思想 [J].河北工程大学学报（社会科学版），2022，39 (01)：99-105.

[484] 曾勋. 苏轼一生为何只给这五个人写墓志铭? [J]. 廉政瞭望，2022，(06)：59.

[485] 白璇. 白居易与苏轼咏花诗比较研究 [J]. 齐齐哈尔师范高等专科学校学报，2022，(02)：41-45.

[486] 刘守安. 苏轼诗 [J]. 山东师范大学学报（社会科学版），2022，67 (02)：157.

[487] 王婧怡. 清《凤翔府志》中的文教论析——兼论志录苏轼的社会价值 [J]. 华夏文化，2022，(01)：49-52.

[488] 冯雪. "苏门蜀学"学术综论 [J]. 古籍整理研究学刊，2022，(02)：99-103.

[489] 张嘉宝. 论苏轼易学本体及其文学阐释 [J]. 名作欣赏，2022，(09)：78-81.

[490] 王依农. 雾里看花："琢红玉"与"须饶汝"含义试论 [J]. 美成在久，2022，(02)：83-95.

[491] 陈中华. "美人"寄壮志"风月"解悲情 "主客"悟人生——苏轼《赤壁赋》主要意象和写作手法新解 [J]. 中学语文教学参考，2022，(09)：57-58.

[492] 杨殚. 浅论苏轼的思想对诗词的拓新 [J]. 对联，2022，28 (06)：8-10.

[493] 李璐璐. 苏轼咏物词的创作机制探讨 [J]. 文学教育（上），2022，(03)：39-41.

[494] 孙启睿. 苏轼"尚意"文艺理论刍议 [J]. 书画世界，2022，(03)：67-68.

[495] 张力丹. 浅析二苏诗歌中的兄弟情谊 [J]. 文化学刊，2022，(03)：226-229.

[496] 罗超华，孙学堂. 宋代士人典范世界文学建构中的想象"三代"[J]. 北京社会科学，2022，(03)：55-65.

[497] 符应权. "贬逐"文学发展——基于高中语文教材苏轼作品研究 [J]. 中学语文，2022，(08)：17-18.

[498] 王德明，陈显锋. 苏轼诗文中饮食研究 [J]. 美食研究，2022，39 (01)：1-6.

[499] 刘小川. 生活之意蕴层 [J]. 全国新书目，2022，(03)：38-39.

[500] 杨景春. 苏轼诗词动物意象论析 [J]. 宁夏师范学院学报，2022，43 (03)：26-33.

[501] 胡金旺. 苏轼的哲学思想与艺术 [J]. 乐山师范学院学报，2022，37 (03)：1-10.

[502] 乔霞霞. 《惠崇春江晚景》趣味多 [J]. 书法教育，2022，(03)：64-67.

[503] 高雨洁. 苏轼的绘画美学思想研究 [J]. 美与时代（中），2022，(03)：21-23.

[504] 曾祥波.《仇池笔记》的成书来源及其价值——以明刊《重编东坡先生外集》为切入点 [J]. 文学遗产，2022，(02)：74-85.

[505] 杨景春. 苏轼诗歌研究中的动物性及构建苏轼动物诗学问题研究 [J]. 青海师范大学学报（社会科学版），2022，44（02）：87-97.

[506] 向晓雨. 基于学习任务群的高中苏轼诗词教学研究 [D]. 西南大学，2022.

[507] 费习宽. 被遗忘的真相：苏轼省试被落与宋代说书举关系考论 [J]. 四川师范大学学报（社会科学版），2022，49（02）：190-198.

[508] 王佳，崔德全. "忘适"之自然——苏轼"自然"文艺观与创作的文体学考察 [J]. 信阳师范学院学报（哲学社会科学版），2022，42（02）：120-129.

[509] 马骞. 从锦帽貂裘到不系之舟——苏轼的一生及其书法变迁 [J]. 收藏与投资，2022，13（03）：6-8.

[510] 梁秀坤.《赤壁赋》的拟作及其经典化意义 [J]. 宁波大学学报（人文科学版），2022，35（02）：34-40.

[511] 任锋，沈蜜. 立国传统中的礼法与立事：以苏轼治体论为中心 [J]. 天府新论，2022，(02)：26-36.

[512] 赵洁.《赤壁赋》教学实录 [J]. 中学语文教学，2022，(03)：27-30.

[513] 李佳. 苏轼在《题西林壁》中不识的"真面目"[J]. 教育科学论坛，2022，(08)：58-61.

[514] 李尊慧. 统编版初中语文教材苏轼作品教学研究 [D]. 合肥师范学院，2022.

[515] 高琰. 明《诗馀画谱》中东坡词的图像诠释 [J]. 哈尔滨学院学报，2022，43（03)：97-100.

[516] 张从慧. 因循"文脉"，读懂苏轼——《赤壁赋》微专题教学设计 [J]. 语文教学与研究，2022，(05)：136-139.

[517] 项琪. 黄州风流：那个永不褪色的背影——"苏轼与黄州"项目化学习 [J]. 语文教学与研究，2022，(05)：144-147.

[518] 曹加明. 语用视角管窥"酹江月"的审美价值——《念奴娇·赤壁怀古》中苏轼的突围之美 [J]. 语文月刊，2022，(03)：73-75.

[519] 温世浩. 一蓑烟雨任平生——苏轼词两首赏析 [J]. 中学生阅读（初中版），2022，(05)：22-23.

[520] 张宝印. 抓关键字，深入文本内涵——以《赤壁赋》教学为例 [J]. 语文世界（中学生之窗），2022，(03)：58-59.

[521] 陶然. 寄蜉蝣于天地——《赤壁赋》中的生命觉悟 [J]. 语文教学通讯，2022，(07)：37-40.

[522] 何郁．坡老，你真是一只有觉悟的蜉蝣——简评陶然老师《赤壁赋》教学［J］．语文教学通讯，2022，(07)：40-41.

[523] 马月亮．从一词二赋的人称变化看苏轼的精神突围［J］．语文教学通讯，2022，(07)：55-56.

[524] 陈鑫培．敖昌群艺术歌曲《江城子·乙卯正月二十日夜记梦》的词乐和演唱分析［D］．上海师范大学，2022.

[525] 李月．诠释的界限：乌台诗案背后的一个解释学问题［D］．天津师范大学，2022.

[526] 刘永佳．词乐交融——筝曲《定风波》绘画性与哲理性内容的表达［D］．贵州大学，2022.

[527] 万娜．乾嘉诗话中的苏轼诗歌接受研究［D］．曲阜师范大学，2022.

[528] 李援朝．苏轼《月夜泛舟听琴》碑刻的三度沉浮［J］．江淮文史，2022，(02)：159-168.

[529] 马瑜理．浅论薛昂夫对苏轼的接受与创变［J］．惠州学院学报，2022，42(01)：94-99.

[530] 饶学刚．苏东坡黄州诗文研究正误［J］．黄冈职业技术学院学报，2022，24(01)：1-7.

[531] 陈粤，刘湘，邱雨菲，等．中华古典诗歌中蕴含的医学人文情怀——以苏轼涉药诗为例［J］．新纪实，2022，(04)：66-68.

[532] 范泺莹．苏轼"梦词"原因考述［J］．新纪实，2022，(06)：63-65.

[533] 万燚．美国汉学家艾朗诺论苏轼的政治哲学［J］．海南热带海洋学院学报，2022，29(01)：54-61.

[534] 郭世轩．磨难的贬谪历程与精神的天地境界——论苏轼的海南生涯及其意义［J］．海南热带海洋学院学报，2022，29(01)：62-71.

[535] 李景新．苏东坡：一个不可磨灭的宝藏［J］．海南热带海洋学院学报，2022，29(01)：40-42.

[536] 木斋．论苏东坡为文学中国的伟大里程碑——兼论东坡与道学的分野［J］．海南热带海洋学院学报，2022，29(01)：43-53+86.

[537] 李景新．苏东坡的爱情及其文学表达［J］．海南热带海洋学院学报，2022，29(01)：72-86.

[538] 程柱生．我国北宋时期苏氏父子三人涉茶诗词趣览［J］．贵茶，2022，(01)：66-72.

[539] 徐琪智．比较苏辛词风之差异［J］．汉字文化，2022，(04)：79-80.

[540] 司杰. 苏轼《竹石图》卷的流传过程及题跋者的价值认同 [J]. 天津美术学院学报, 2022, (01): 35-38.

[541] 湛永川. 眉山东坡文化旅游资源开发问题与对策研究 [D]. 电子科技大学, 2022.

[542] 武眉凌, 李卓曦, 高远. 蓬莱, 东坡去后谁复吟 [J]. 走向世界, 2022, (09): 44-47.

[543] 刘深语. 苏轼《宿州次韵刘泾》内蕴品析 [J]. 文学教育(上), 2022, (02): 89-91.

[544] 刘立华, 邢建. 浅析苏轼洒脱达观的生命智慧 [J]. 延边教育学院学报, 2022, 36 (01): 37-38+41.

[545] 侯瑾菲, 梁艺多. 基于词典库的在线开放诗词情感分析研究 [J]. 电脑编程技巧与维护, 2022, (02): 42-44.

[546] 罗冰. 苏轼的士人画观与写意观 [J]. 大众文艺, 2022, (03): 50-52.

[547] 李永忠. 人物低谷 艺术巅峰——苏轼《黄州寒食诗帖》[J]. 现代商业银行, 2022, (03): 104-107.

[548] 苏国伟. 图式的意义: 试论几种《赤壁图》[J]. 美术观察, 2022, (02): 68-69.

[549] 庆振轩, 周欣媛. 苏轼"说诨话"的传播创作及文化意义 [J]. 甘肃社会科学, 2022, (01): 137-145.

[550] 李健. 美食与人生: 苏轼的生活美学管窥 [J]. 中国文艺评论, 2022, (01): 78-90.

[551] 孙文文. 千载墨君——文同、苏轼影响下的文人墨竹分析 [J]. 美术教育研究, 2022, (02): 18-19.

[552] 彭文良. 点校本《苏轼诗集合注》缺误补正 [J]. 黄冈师范学院学报, 2022, 42 (01): 73-77+96.

[553] 连国义. 论苏轼雪堂符号意义的生成 [J]. 黄冈师范学院学报, 2022, 42 (01): 67-72.

[554] 沙红兵. 论苏轼的"物我平等"思想与诗艺 [J]. 四川大学学报(哲学社会科学版), 2022, (01): 109-118.

[555] 杨桐. "宋四家"大字书法实践探析 [J]. 书画世界, 2022, (01): 77-79+81.

[556] 李麒, 王玉. 苏轼的民本法律思想 [J]. 云梦学刊, 2022, 43 (01): 115-124.

[557] 马自力, 赵秀. 苏轼任扬州知州的日常世事与审美超越 [J]. 求是学刊, 2022, 49 (01): 154-161.

[558] 侍建党. 论紫砂陶刻《题王逸少帖》的艺术特征和文化内涵 [J]. 陶瓷科学与艺术，2022，56（01）：78.

[559] 张媛. 论引文校核的重要性——以林语堂《苏东坡传》张振玉译本变化为视角 [J]. 南京理工大学学报（社会科学版），2022，35（01）：68-76.

[560] 路林飞. 出处依稀似乐天：苏轼的“慕白”情节 [J]. 文化产业，2022，(01)：163-165.

[561] 李元光. 儒学“弦歌沧海滨”——论儒学在黎族地区的双向互动和发展 [J]. 四川师范大学学报（社会科学版），2022，49（01）：78-90.

[562] 邵乃翔，冯军伟. 詹景凤品评“宋四家”研究 [J]. 中国书画，2022，(01)：114-115+121.

[563] 王恒. 爱写人物评论的苏轼 [J]. 中学语文教学参考，2022，(06)：26-27.

[564] 王建军. 苏轼古诗词创作回望——谈《江城子·乙卯正月二十日夜记梦》之艺术魅力 [J]. 青年文学家，2022，(06)：106-108.

[565] 刘金玲. 仕途的底谷 精神的升华——探究苏轼黄州时期的心路历程 [J]. 对联，2022，28（04）：12-14.

[566] 张华，张永辉. 苏轼《浣溪沙》(麻叶层层檾叶光) 赏读 [J]. 名作欣赏，2022，(05)：107-108.

[567] 方向明. “不觉”还是“大觉”——《定风波 莫听穿林打叶声》备课札记 [J]. 教育实践与研究（B），2022，(02)：20-21.

[568] 黄志宇. 姜夔与其他词人的咏梅书写之比较——以苏轼、周邦彦咏梅词为参照 [J]. 散文百家（理论），2022，(02)：65-67.

[569] 雷浩鑫. 《郁孤台法帖》新考 [J]. 艺术工作，2022，(01)：78-86.

[570] 饶学刚. 忧喜相寻 苦难辉煌——苏东坡独特的人生周期律 [J]. 乐山师范学院学报，2022，37（02）：1-9.

[571] 崔炯翔. 一代文豪苏东坡的公益慈善故事 [J]. 社会与公益，2022，(02)：78-80.

[572] 陈云海，黄厚明. “老泉”之号归属问题新论 [J]. 新美术，2022，43（01）：213-219.

[573] 范维伟. 五山文学中的《吸酸图》[J]. 北方工业大学学报，2022，34（01）：40-46+73.

[574] 杨陌. 苏轼《浣溪沙·细雨斜风作晓寒》[J]. 艺术品，2022，(01)：138.

[575] 任梓翔. 苏轼书法美学思想研究 [J]. 美与时代（中），2022，(02)：12-14.

[576] 肖云美，陈强. 接受美学视域下苏辛词审美教学探析 [J]. 和田师范专科学校学

报，2022，41（01）：66-70.

［577］曾凡华，华禄．吟咏《定风波》 群文品深情——苏轼《定风波》教学案例及反思［J］．江西教育，2022，（05）：31-35.

［578］石宇晴．“君子之交淡如水”—苏轼与王安石“亦敌亦友”的关系［J］．青年文学家，2022，（05）：106-108.

［579］吴聪，张娟．苏轼《浣溪沙》的语言特色研究［J］．青年文学家，2022，（05）：124-126.

［580］汲安庆．别样抒情：独感与共感相乘——苏轼《念奴娇·赤壁怀古》艺术表现秘妙探析［J］．语文建设，2022，（03）：46-49.

［581］赵律言，邵华．短文长教 浅文深教［J］．语文教学之友，2022，41（02）：15-17.

［582］王志勇，刁英芳．教育信息化背景下的初中语文群文阅读教学设计——以初中语文教材中苏轼的作品为例［J］．黑龙江教育（教育与教学），2022，（02）：42-43.

［583］陈爱娟．情趣与理趣：《石钟山记》的记游及说理［J］．语文教学通讯，2022，（Z1）：155-157.

［584］黄洁．深耕古诗词教学 承传统文化根脉——以《题西林壁》为例［J］．语文新读写，2022，（03）：79-81.

［585］桑婧．探析苏轼词宏大的空间气象［J］．山西青年，2022，（02）：130-132.

［586］徐若萸，陆巳仪．苏轼对柳词的接受［J］．中国民族博览，2022，（02）：130-132.

［587］曾江．东坡故里看文化传承［N］．中国社会科学报，2022-01-26（001）．

［588］付琳清．论元代文人杂剧中的东坡剧［J］．内蒙古财经大学学报，2022，20（01）：148-152.

［589］林健鸿，岑浪，曾熙皓，等．论《念奴娇·赤壁怀古》悲剧意识的外现和消解［J］．齐齐哈尔师范高等专科学校学报，2022，（01）：48-50.

［590］汪鹏鸿．论苏轼散文的艺术境界［J］．青年文学家，2022，（03）：124-126.

［591］李春玉．儒道会通：《前赤壁赋》中苏轼的生命态度［J］．开封文化艺术职业学院学报，2022，42（01）：10-12.

［592］赵晓梅．二苏、朱熹养气观比较及当代价值阐发——从《延平答问》朱熹评二苏谈起［J］．太原理工大学学报（社会科学版），2022，40（01）：51-58.

［593］翟晓楠．以禅论书：苏轼书论中的禅宗文化精神［J］．乐山师范学院学报，2022，37（07）：13-19.

［594］彭律．读苏轼词有感［J］．学苑创造（7-9年级阅读），2022，（Z1）：56.

[595] 王海轩．千古风流寒食帖 [J]．共产党员，2022，(02)：64-65.

[596] 张倚凡．从治理西湖的两篇奏状看苏轼决策前的调研方法 [J].散文百家（理论），2022，(01)：67-69.

[597] 丛文俊．苏轼与传统书法大文艺观 [J]．中国书法，2022，(01)：151-158.

[598] 吴晓风．论苏轼的自我超越与自我重建——“乌台诗案”后苏轼心态研究 [J]．乐山师范学院学报，2022，37 (01)：8-13.

[599] 陈力士．“以诗为词”研究述评与展望 [J]．长江大学学报（社会科学版），2022，45 (01)：89-93.

[600] 秦志明．胸怀天下 勇毅前行——漫谈苏轼兼读《定风波》有感 [J]．中国盐业，2022，(01)：58-59.

[601] 周霞．“旷达说”是误解——《前赤壁赋》意象与写法分析 [J]．语文天地，2022，(01)：21-22.

[602] 常艳．巧用关键词 深化文本意——《赤壁赋》教学摭谈 [J].语文天地，2022，(01)：23-24.

[603] 汪婷婷．深度学习视域下的古诗词教学谈——以《江城子·密州出猎》读写一体化为例 [J]．语文天地，2022，(01)：49-50.

[604] 张钊，向丽妃．苏轼三国诸侯论探微 [J]．乐山师范学院学报，2022，37 (10)：9-15.

[605] 王著元．宋词中的中秋节俗文化探寻——以苏轼《水调歌头》为例 [J]．语文教学与研究，2022，(02)：150-151.

[606] 段立苹．在诗词赏析中感受苏轼的人格魅力 [J]．四川教育，2022，(02)：47-48.

[607] 钟懿．生命困顿中的坚守——以苏轼黄州时期的创作为例 [J].青年文学家，2022，(02)：147-149.

[608] 杨丽芳．高中语文传统人名称谓文化教学研究 [D]．贵州师范大学，2022.

[609] 李淑娟，侯立志．苏轼《前赤壁赋》中“自我放逐”思想研究 [J]．作家天地，2022，(01)：20-22.

[610] 张斗和．东坡海南食蚝 [J]．初中生必读，2022，(Z1)：45.

[611] 汪超．论龙榆生《东坡乐府笺》的校笺特点及其意义 [J]．词学，2022，(02)：231-247.

[612] 王雪一．论惠洪的补东坡遗诗 [J]．新国学，2022，23 (02)：78-88.

[613] 张彬．东坡饮膳文化的五大观念 [J]．黄冈职业技术学院学报，2022，24 (06)：5-8.

[614] 傅景芳. 东坡诗词融入东坡美食文化研发的路径与应用——以黄冈职业技术学院张彬国家技能大师工作室为例 [J]. 黄冈职业技术学院学报, 2022, 24 (06): 9-14.

[615] 韩焕忠. 断桥堤柳不胜悲——参寥子哭东坡诗论析 [J]. 海南热带海洋学院学报, 2022, 29 (06): 52-59.

[616] 唐晓征. 东坡传风雅 双城一线牵——以眉山&惠州党报联动"跨屏"传播的创新实践为例 [J]. 中国地市报人, 2022, (S2): 9-10.

[617] 雷锦锦. 文旅融合背景下饮食类非遗保护研究——以东坡泡菜为例 [J]. 旅游与摄影, 2022, (21): 116-118.

[618] 钱声广. "东坡赤壁"随想 [J]. 文史杂志, 2022, (06): 97-98.

[619] 李公羽. 研究与传播东坡文化的时代意义与社会价值——基于海南自由贸易港建设的背景 [J]. 新东方, 2022, (05): 72-76.

[620] 夏文秀. 黄州东坡文创产品的开发与设计研究 [J]. 黄冈职业技术学院学报, 2022, 24 (05): 1-4.

[621] 刘红星. 东坡精神融入高职学生职业精神培养的路径研究 [J]. 黄冈职业技术学院学报, 2022, 24 (05): 5-8.

[622] 胡燕. 东坡文化融入高校思政教学的实践探索 [J]. 黄冈职业技术学院学报, 2022, 24 (05); 9-12.

[623] 王昊, 梁怀月, 李丹. 海南儋州东坡书院理景及文化史迹遗产保育研究 [J]. 广东园林, 2022, 44 (05): 32-37.

[624] 习霁鸿. 天容海色本澄清 [N]. 海南日报, 2022-10-24 (B06).

[625] 孙怡然. 游东坡书院 [J]. 新教育, 2022, (30): 55.

[626] 金理串. 东坡墨妙遗片石一砚三贤传千古 [J]. 大学书法, 2022, (05): 24-25.

[627] 李云并, 陈智勇. 海南五公祠东坡画像石源流考 [J]. 荣宝斋, 2022, (10): 136-145.

[628] 王棱. 基于东坡文化的眉山市道路导视立牌设计 [J]. 科技资讯, 2022, 20 (20): 253-256.

[629] 周艳如. 剪纸艺术与东坡文化的教育融合策略 [J]. 教育科学论坛, 2022, (28): 73-74.

[630] 舒大刚. 家国、巴蜀与东坡——因缘际会, 造就奇才 [J]. 文史杂志, 2022, (05): 10-14.

[631] 苏文保. 用数字技术讲述东坡文化 [N]. 四川科技报, 2022-08-10 (002).

[632] 陈智峰. 但令文字还照世——我与东坡先生的缘分 [J]. 师道, 2022, (08): 53-56.

[633] 付远书．四川眉山：深挖“东坡文化”宝藏 [N]．中国文化报，2022-08-04（008）．

[634] 张福财．“假设苏东坡穿越邂逅消博会”[N]．中国新闻出版广电报，2022-08-02（007）．

[635] 蒙乐生．东坡药志海南 [N]．海南日报，2022-08-01（B13）．

[636] 曹马志．儋州手艺人的文化传承：竹笠芒鞋东坡情 [N]．海南日报，2022-07-25（C07）．

[637] 潘梓君．春风过海峡，琼崖尽是春——给东坡先生的一封信 [J]．新教育，2022，(21)：52-53.

[638] 惠州日报评论员．打响东坡IP牌 惠州荔枝闯世界 [N]．惠州日报，2022-06-22（001）．

[639] 刘帼超．赖山阳《东坡诗钞》考论 [J]．中华文史论丛，2022，(02)：331-360+404.

[640] 宋玉超，吴洋洋．四川博物院藏东坡孙苏符“眉山清响”琴铭考 [J]．黄钟（武汉音乐学院学报)，2022，(02)：125-132+168.

[641] 黄鹏程.黄冈东坡赤壁旅游景区社区居民旅游就业情况调查 [D]．中南林业科技大学，2022.

[642] 罗奕君．儋州东坡书院历史文化旅游开发与提升研究 [D]．海南热带海洋学院，2022.

[643] 余彦文．儒释道三个要论异同之东坡灼见 [J]．黄冈职业技术学院学报，2022，24（01)：8-11.

[644] 夏征宇．日本文化艺术中的东坡元素探微及启示 [J]．对外传播，2022，(02)：76-80.

[645] 陈映延．浅谈紫砂《东坡提梁壶》的由来与创作内涵 [J]．陶瓷科学与艺术，2022，56（01)：136.

[646] 俞晓芳．独立黄州趣未穷——以探究黄州东坡精神世界为例的群词阅读 [J]．课外语文，2022，(01)：5-7.

[647] 陈婷．传播三苏文化 讲好中国故事 [N]．四川日报，2022-11-22（003）．

[648] 门玮．六国气运消 峨眉试比高——“三苏”《六国论》群文阅读教学的深度思考 [J]．中学语文教学参考，2022，(31)：23-25.

[649] 赵栩，刘俞廷．坚定文化自信 弘扬三苏家风——贯彻习近平总书记视察三苏祠重要指示精神座谈会综述 [J]．文史杂志，2022，(05)：19-21+135.

[650] 李立华．“三苏故里”清明桥 [J]．乡音，2022，(08)：53-54.

[651] 曹筝琪娜. 名祠存刻——四川武侯祠、杜甫草堂、三苏祠碑刻艺术初探 [J]. 西泠艺丛，2022，(07)：44-50.

[652] 总书记逐字朗诵三苏祠对联——习近平总书记在眉山市三苏祠考察回访记 [J]. 对联，2022，28 (13)：2.

[653] 徐丽. 三苏祠藏清代“查注纪评苏诗”版本概述 [J]. 国学，2022，(00)：336-345.

[654] 王大雨. 殷殷嘱托记心间 三苏文化放光彩 [N]. 四川政协报，2022-06-17 (001) .

[655] 张婉钰. 三苏的碑志文研究 [D]. 西北大学，2022.

[656] 李旭. 三苏祠博物馆文创产品设计实践 [J]. 参花（下），2022，(03)：56-58.

[657] 蒋国保. 狭义蜀学的学派属性——以《三苏经解》为论域 [J]. 天府新论，2022，(02)：37-46.

[658] 徐淳. 语文学习中的文献梳理与辨析 [J]. 语文学习，2022，(10)：15-16.

[659] 仇宝华. 月下突围之我见 [J]. 中学语文教学参考，2022，(26)：42-44.

[660] 李欣荣. 精心设计“研习”应有的样态 [J]. 中学语文教学，2022，(06)：68-69.

[661] 徐鹏，林长山. 信息技术融入小学语文跨学科学习的实践探究 [J]. 中小学数字化教学，2022，(09)：5-9.

[662] 张克中. 学习任务群：语文教学的依据与难题 [J]. 中学语文教学，2022，(03)：27+30-33.

[663] 许爱玉. 初中古诗文教学与学生人格塑造的教育渗透 [J]. 福建教育学院学报，2022，23 (02)：8-9.

[664] 辛红娟，魏薇. 翻译批评视角下华兹生苏轼诗词英译研究：翻译立场与诗学重构 [J]. 翻译研究，2023，(02)：147-159.

[665] 吴斌斌. 苏轼艺术理论的三重境界 [J]. 古代文学理论研究，2023，(02)：1-21.

[666] 李雯雯，严明. “诗可以群”的东瀛构建——寿苏会与赤壁会的中日场域转移 [J]. 古代文学理论研究，2023，(02)：550-573.

[667] 陈庆. 近30年韩国学者的苏轼研究（1992—2022）——以期刊论文为中心 [J]. 长江学术，2023，(03)：94-106.

[668] 李云婷. 苏轼教育思想对开放大学教育教学的启示 [J]. 辽宁开放大学学报，2023，(04)：5-8.

[669] 侯县军. 打造岭南东坡文化中心 [N]. 惠州日报，2023-12-27 (010) .

[670] 梁晖. 苏轼“两制”文中的民本思想与政治追求 [J]. 海南热带海洋学院学报，

2023，30（06）：55－64.

［671］郑红艳，丁志军．苏轼文学的生命精神［J］．海南热带海洋学院学报，2023，30（06）：65－72.

［672］王渭清，赵磊．苏轼关中文学景观探析［J］．海南热带海洋学院学报，2023，30（06）：73－81.

［673］苏启雅，刘凡，贾世杰．北宋海南农业社会探析——以苏轼诗文为视角［J］．农业考古，2023，（06）：146－151.

［674］王伊菲．苏轼词声音景观研究［J］．今古文创，2024，（02）：35－37.

［675］曹迪迪．论苏轼诗歌中的“心灰”意象［J］．今古文创，2024，（02）：51－53.

［676］王浩宇．穿越人生风雨的境界——《定风波·莫听穿林打叶声》赏析［J］．好作文，2023，（24）：13－14.

［677］庞晓畅．也谈苏轼为何葬在郏县——兼以体察苏轼内心世界［J］．平顶山学院学报，2023，38（06）：90－95.

［678］孙岚．高中语文苏轼词群文阅读教学探究［J］．品位·经典，2023，（24）：156－158.

［679］刘秋香．浙江大学客座教授郑培凯谈苏轼：东坡并非天生的乐观主义者［J］．十几岁，2023，（36）：23－26.

［680］乐进进．苏门反性命之学发覆［J］．人文杂志，2023，（12）：29－37.

［681］白银银．齐文化对苏轼宦密作品的影响［J］．乐山师范学院学报，2024，39（07）：17－21+76.

［682］韩萱怡．苏轼对词境的开拓及对后世的影响［J］．名作欣赏，2023，（36）：8－10.

［683］于冰．唯有深情可解“深情”——品读《江城子·记梦》［J］.名作欣赏，2023，（36）：11－13.

［684］葛星，刘沥．东坡文化资源融入高校思政教育研究——以思想道德与法治课程为例［J］．现代商贸工业，2024，45（01）：212－214.

［685］杨若男．千年“东坡故里”的悉心守护［N］．中国建设报，2023－12－11（001）.

［686］石小凡．苏轼评价孟浩然“韵高而才短”之说探析［J］．青年文学家，2023，（35）：118－120.

［687］钱耐香．续论苏轼词的创新及其影响［J］．新余学院学报，2023，28（06）：82－89.

［688］原丽敏．苏轼诗词中的哲学思想研究［J］．对联，2023，29（23）：39－41.

［689］汤伏祥．苏轼过州［J］．书屋，2023，（12）：60－65.

［690］叶梅．苏东坡的“梅格”［J］．月读，2023，（12）：77－80.

[691] 韩轩.《诗忆东坡》以现代艺术呈现苏轼形象 [N]. 北京日报，2023-12-04 (008).

[692] 易三钰. 杜甫草堂与苏轼桄榔庵空间书写对比 [J]. 今古文创，2023,(47): 42-44.

[693] 熊沛军. 论苏轼与端溪砚事 [J]. 肇庆学院学报，2023, 44 (06): 75-80.

[694] 周玮璞. 唐宋诗歌花肉互喻关系的书写流变与后世接受——以苏轼《定惠院海棠》为中心 [J]. 南海学刊，2023, 9 (06): 126-136.

[695] 崔向珍. 徐州城有苏轼的放鹤亭 [J]. 三角洲，2023,(22): 32.

[696] 阮诗芸. 李高洁的苏轼赋文译介与研究 [J]. 燕山大学学报（哲学社会科学版），2023, 24 (06): 48-55.

[697] 孙卓，张新山. 苏轼的治水实践与启示 [J]. 浙江水利科技，2023, 51 (06): 49-53.

[698] 洪玉华. 说不尽的苏轼 [N]. 中国新闻出版广电报，2023-11-24 (005).

[699] 洪玉华. 读不够的唐宋八大家 [N]. 中国新闻出版广电报，2023-11-24 (005).

[700] 胡建君，刘欣宜. 北宋“墨文化”再解读——围绕以苏轼为中心的文人圈的考察 [J]. 复旦学报（社会科学版），2023, 65 (06): 143-151.

[701] 张敏玉.《〈寒食帖〉赏析》教学设计 [J]. 中国多媒体与网络教学学报（下旬刊），2023,(11): 9-10.

[702] 张贺丽. 苏轼词作《水调歌头·明月几时有》中的个人命运与文化传统 [J]. 青年文学家，2023,(33): 136-138.

[703] 王志颖. 此心安处是吾乡：苏氏家风及其生活环境是成就苏轼的重要底色 [J]. 青年文学家，2023,(33): 157-160.

[704] 梁晔然. 浅谈苏轼的文人画论——以苏轼与王诜题画诗文为视角 [J]. 喜剧世界（下半月），2023,(11): 89-91.

[705] 乐思琴. 论筝曲《定风波》中的意境传承 [J]. 喜剧世界（下半月），2023,(11): 38-40.

[706] 胡钰. 简论苏轼兄弟的“夜雨对床之约”[J]. 名作欣赏，2023,(33): 84-86.

[707] 杨曦. 以集为正：论宋人对苏轼作品文本歧异的认知与处理 [J]. 北京大学学报（哲学社会科学版），2023, 60 (06): 115-126.

[708] 李雪. 基于《东坡乐府》探析苏轼的精神突围与文学书写 [J]. 名作欣赏，2023,(32): 93-95.

[709] 马小婷，蓝曦. 从文本到人生：生命教育视域下的中职古诗词教学策略——以《念奴娇·赤壁怀古》为例 [J]. 湖南教育（C版），2023,(11): 67-69.

[710] 张智辉. 苏轼与济南似被前缘注 [J]. 走向世界，2023，(46)：54-57.

[711] 谢文君. 舟游与神游：江户时代的拟赤壁游和赤壁会 [J]. 文学评论，2023，(06)：211-220.

[712] 李瑛，黄千红. 基于体认翻译学的宋词隐喻英译研究：以《许渊冲经典英译古代诗歌1000首：苏轼诗词》为例 [J]. 语言教育，2023，11 (04)：90-99.

[713] 马强. 宋代三苏家族崛起的地域因素与文化自信 [J]. 黑龙江社会科学，2023，(06)：127-132.

[714] 林洁滢. 越南阮朝诗人裴文禩对苏轼及其诗歌的接受 [J]. 乐山师范学院学报，2023，38 (11)：28-36.

[715] 盛大林. 苏轼《念奴娇·赤壁怀古》新考新论 [J]. 商丘师范学院学报，2023，39 (11)：40-53.

[716] 陈友冰. 西北战事与苏轼豪放词风的形成 [J]. 学术界，2023，(11)：133-146.

[717] 姚奎. 元杂剧“东坡戏”的戏剧书写及其政治意蕴 [J]. 四川戏剧，2023，(09)：30-33.

[718] 刘微微. 此心安处便是吾乡——浅谈苏轼的旷达人生 [J]. 现代中学生（初中版），2023，(21)：18-20.

[719] 邢虹. 以诗心与古代诗人跨时空对话 [N]. 南京日报，2023-11-10 (A10).

[720] 杨梦玫. 遨游苏海 抉幽探微——评《苏轼研究论稿》[J]. 中国教育学刊，2023，(11)：137.

[721] 曹继康，虎妍. 野逸与孤独：苏轼画中的木石图像探析 [J]. 对联，2023，29 (21)：36-38.

[722] 宋瑞，张溯，杨晓玉. 苏轼诗词中的儒释道思想对当代青年的启示 [N]. 新乡日报，2023-11-04 (004).

[723] 琚金民. 跟着苏轼学读书 [J]. 初中生必读，2023，(11)：17-18.

[724] 张黎明. 历史真实与艺术逻辑——论《念奴娇·赤壁怀古》对史实的引用 [J]. 语文教学与研究，2023，(11)：15-19.

[725] 张馨予. 跨文化视域下中西方悼亡诗的差异分析——以苏轼《江城子》和弥尔顿《梦亡妻》的对比为例 [C] // 外语教育与翻译发展创新研究 (14). 成都信息工程大学外国语学院，2023：3.

[726] 由兴波. 论苏轼黄庭坚“自是一家”的文学艺术观 [J]. 新宋学，2023：121-133.

[727] 吴中杰. 苏东坡的受难与悟道 [J]. 书城，2023，(11)：13-19.

[728] 黎数. 吾生如寄一身归——《苏东坡和他的世界》[J]. 书城，2023，(11)：20-23.

[729] 袁英. 中职古诗文教学中“穿越”策略初探——以苏轼《定风波·莫听穿林打叶声》为例 [J]. 新课程教学（电子版），2023，(20)：163-165.

[730] 刘刚，熊祥梅. 全面从严治党视域下“三苏”家文化研究 [J]. 黄冈职业技术学院学报，2023，25 (05)：1-4.

[731] 商新新. 朝鲜黄玹《除夕，次东坡诗三首》与苏轼原诗之比较——兼论黄玹对苏轼及其诗歌的接受 [J]. 名作欣赏，2023，(30)：35-37.

[732] 冯青. 论苏轼的茶禅与易理 [J]. 农业考古，2023，(05)：150-154.

[733] 郝忠勇. 断肠一曲《江城子》[J]. 新教师，2023，(10)：86-87.

[734] 袁娇. “三苏”家风在高职院校学生文化自信培育中的建构路径研究——以眉山职业技术学院为例 [J]. 兴义民族师范学院学报，2023，(05)：95-99.

[735] 曹陵. 历尽劫难来自嘲，一怀愁绪多悲凉——苏轼《自题金山画像》赏析 [J]. 语文教学通讯·D刊（学术刊），2023，(10)：87-88.

[736] 陈悦悦. 白居易的“乐天”思想对苏轼的影响 [J]. 青年文学家，2023，(30)：68-70.

[737] 吴佳蕾. “以诗入乐，以乐现境”苏轼《定风波》改编音乐作品 [J]. 文化产业，2023，(29)：16-18.

[738] 陈俊杰，闫大鹏. 论“山谷诗”中的苏轼形象 [J]. 理论界，2023，(10)：85-91.

[739] 李培根. 从苏轼与黄庭坚的交谊看宋代书法“尚意”观念的形成 [J]. 文化学刊，2023，(10)：218-221.

[740] 聂晓爽. 论苏轼“有为而作”的讽喻诗学思想 [J/OL]. 乐山师范学院学报，1-13 [2024-02-23]. http：//kns.cnki.net/kcms/detail/51.1610.G4.20231017.1132.004.html.

[741] 林晓畅. 朝鲜王朝诗人朴永辅对苏轼诗学的接受——以《绿帆诗话》为中心 [J]. 乐山师范学院学报，2024，39 (06)：20-25.

[742] 宋学达. 再论苏轼词的词史定位——兼及如何打破“婉约”“豪放”二分法 [J/OL]. 乐山师范学院学报，1-9 [2024-02-23]. http：//kns.cnki.net/kcms/detail/51.1610.G4.20231018.1016.002.html.

[743] 谭新红. 探索东坡文化研究的新路径 [J]. 海南大学学报（人文社会科学版），2023，41 (06)：9-10.

[744] 张立敏. 苏轼禅意诗词的审美意趣 [J]. 名作欣赏，2023，(29)：73-76.

[745] 余雷. 从中观学看《前赤壁赋》中的苏轼哲学思想 [J/OL]. 乐山师范学院学报，1-10 [2024-02-23] . http：//kns.cnki.net/kcms/detail/51.1610.4.20231016.1130.002.html.

[746] 王燕. 从意象角度看苏轼黄州诗文中的“自洽有为”[J]. 今古文创，2023，(40)：51-53.

[747] 张米. 明月三千里，烟雨任平生——从苏词的深情中品读家国心 [J]. 新湘评论，2023，(20)：62-63.

[748] 何敏. 何妨吟啸且徐行 [J]. 新教育，2023，(30)：30-31.

[749] 吴丹. 以“意”带“象” 以“象”领“意”——《记承天寺夜游》阅读教学 [J]. 中学语文，2023，(29)：29-30.

[750] 冯铧尹. 《念奴娇·赤壁怀古》呈现的悲歌境遇 [J]. 中学语文，2023，(29)：46-47.

[751] 许言言. 从《赤壁赋》《念奴娇·赤壁怀古》分析苏轼的两个思想层次 [J]. 中学语文，2023，(29)：58-59.

[752] 王琪，徐海东. 国图藏苏轼碑刻拓本鉴藏印考 [J]. 西部文艺研究，2023，(05)：138-146.

[753] 吴娟. 宋刻《经进东坡文集事略》印本分合考 [J]. 中国典籍与文化，2023，(04)：56-63.

[754] 张颖昌. 苏轼《齐州长清县真相院释迦舍利塔铭》录考 [J]. 中国美术，2023，(05)：46-51.

[755] 陈琳琳. “苏东坡赏心十六事”考辨——兼论苏轼形象的“代言效应”[J]. 中国典籍与文化，2023，(04)：120-129.

[756] 曾明，张淑颖. 苏轼民族共同意识的形成契机及其精神内核 [J]. 民族学刊，2023，14 (05)：1-15+118.

[757] 何光飞. “猿猱闻鼓不须呼”——论苏轼在徐州所作《浣溪沙》词中的祈雨祭祀 [J]. 镇江高专学报，2023，36 (04)：15-19.

[758] 刘敬龙. 苏东坡书法美学思想探析 [J]. 艺术教育，2023，(10)：177-180.

[759] 康珂. 元丰七年，影响了一代又一代中国人 [J]. 现代商业银行，2023，(20)：108-114.

[760] 阳静. 苏轼：心若挂钩之鱼忽得解脱——“古诗文里说忧患”之三 [J]. 博览群书，2023，(10)：16-19.

[761] 党永辉. 有韵尺牍：苏轼岐梁唱和诗的情境还原与帖本溯源 [J]. 中南民族大学学报（人文社会科学版），2023，43 (09)：157-164+187-188.

[762] 郭洪豹. 苏轼书法创作中的禅宗精神——评《超以象外：苏轼书法理论阐释》

[J]. 当代电影，2023，(10)：183.

［763］董晓彤. 毛泽东评点苏轼 [J]. 党史博采，2023，(10)：4-9.

［764］张渝. 鸿飞那复计东西——我看苏轼 [J]. 荣宝斋，2023，(10)：154-159.

［765］庞华美. 《寒食帖》[J]. 少儿国学，2023，(19)：50.

［766］李仁甫. 用“语文的方式”发展与提升批判性思维——《石钟山记》课堂实录 [J]. 语文教学通讯，2023，(28)：29-33.

［767］马了恩. 风雨中的恣意人生——从“黄州书信”看苏轼的心理调适路径 [J]. 芒种，2023，(10)：99-101.

［768］田甘. 李白题诗在上头——再读苏轼《满江红·寄鄂州朱使君寿昌》[J]. 文史知识，2023，(10)：34-37.

［769］吴天禾. 月美满 人团圆 [J]. 小学生优秀作文，2023，(28)：14-15.

［770］胡婷婷. 论苏轼评孟浩然诗之“韵高而才短”之精妙 [J]. 青年文学家，2023，(28)：105-107.

［771］李德豪. 苏轼的阅读经验和自我疗愈 [J]. 青年文学家，2023，(28)：108-110.

［772］尚鹏. 论清代扬州唱和的欧苏情结 [J]. 扬州文化研究论丛，2023，(01)：170-187.

［773］罗江斋. 文同书法美学及对苏轼的启示 [J]. 中国民族博览，2023，(18)：1-4.

［774］全美菁. 从“宋四家”看“文人书风”[J]. 中国民族博览，2023，(18)：46-48.

［775］李军，王玉花. “汉壁晨驰大将床”典故发微——兼析王世贞、吴乔对严羽用典理念的不同接受 [J]. 河北工业大学学报（社会科学版），2023，15（03）：36-43.

［776］孙跃. 游人都上十三楼——读苏轼《南歌子·游赏》[J]. 杭州，2023，(18)：60-61.

［777］林安琪，白金杰. 苏轼海外集版本述略 [J]. 南海学刊，2023，9（05）：117-127.

［778］盛凡，曹建. 苏轼的柑橘情结与艺术创作 [J]. 大学书法，2023，(05)：126-131.

［779］高远. 由《后赤壁赋》解读苏轼的内在情感 [J]. 中学语文，2023，(27)：78-79.

［780］马文雅. 从苏轼、黄庭坚书法题跋看“尚意”的“禅化”因素 [J]. 大观（论坛），2023，(09)：12-14.

［781］刘常兰. 纵横古今事 了悟人世间——《念奴娇·赤壁怀古》新解 [J]. 中学语文教学参考，2023，(36)：60-62.

［782］苏馨. 浅谈苏轼的豪放词 [J]. 汉字文化，2023，(18)：143-145.

[783] 方笑一. 苏轼饮食诗中的“地方”[J]. 华南师范大学学报（社会科学版），2023，(05)：72-81+242.

[784] 管琴. 论苏轼诗中的“新诗”——兼谈北宋赠答唱和诗的文学生成机制 [J]. 华南师范大学学报（社会科学版），2023，(05)：82-95+242-243.

[785] 成玮. 追寻不变者：苏轼气论与《赤壁赋》新解 [J]. 华南师范大学学报（社会科学版），2023，(05)：96-106+243.

[786] 宋谷冰. 苏轼法治思想探析 [J]. 南阳理工学院学报，2023，15（05）：39-45.

[787] 叶芳芳，吴佳钰. 一场跨越千年的书法之旅 [N]. 美术报，2023-09-24（005）.

[788] 蔡欣珂，王广栋. 文人规划师的身份建构及其当代意义——以苏轼为例 [C] // 中国城市规划学会. 人民城市，规划赋能——2023中国城市规划年会论文集（04城市规划历史与理论）. 重庆大学，2023：6.

[789] 谢泓霞. 论老庄“水之道”影响下苏轼的散文创作 [J]. 青年文学家，2023，(27)：120-122.

[790] 崔永升. 苏轼《题秀州本觉乡僧文长老方丈诗三首》考 [N]. 书法报，2023-09-20（006）.

[791] 卞政. 试论常州文化对苏轼诗词的影响 [J]. 名作欣赏，2023，(27)：20-22.

[792] 杨晓宇. 计算机风格学视域下电影剧本《罗湖与苏子》的语言特色分析 [J]. 名作欣赏，2023，(26)：14-16.

[793] 曾葵芬. 论《罗湖与苏子》中的诗意人生 [J]. 名作欣赏，2023，(26)：5-7.

[794] 于璟. 历史真实与艺术虚构的结晶——电影剧本《罗湖与苏子》评析 [J]. 名作欣赏，2023，(26)：8-10.

[795] 曾文鑫. 探析《罗湖与苏子》的艺术特色 [J]. 名作欣赏，2023，(26)：11-13.

[796] 霍奕. 苏轼词创作的赏析研究——以黄州词为例 [J]. 名作欣赏，2023，(26)：112-114.

[797] 柯馨语. 承天寺之夜 [J]. 三角洲，2023，(17)：78.

[798] 姚喜双. 诗词诵读传承中华经典 创新传播助力教育公平——《课本中的苏轼》系列电视节目创作谈 [J]. 教育传媒研究，2023，(05)：99-100.

[799] 贺同赏. 松柏种植与苏轼的“松柏世界”[J]. 北方论丛，2023，(05)：127-135.

[800] 王培钊. 论苏轼与弥陀净土之交涉 [J]. 河北师范大学学报（哲学社会科学版），2023，46（05）：100-108.

[801] 衣若芬.《东坡笠屐图》故事及其解读 [J]. 中山大学学报（社会科学版），2023，63（05）：36-46.

[802] 曾祥波. 宋刊东坡集源流与价值发覆——以《东坡外集》与傅增湘旧藏《苏文忠

公集》为线索［J］. 文学遗产，2023，(05)：87-98.

［803］姚华. 文本关系中的诗意——论苏轼诗歌中的“异时文本组”［J］. 文学评论，2023，(05)：206-214.

［804］马蓉. 苏轼的物我之思及其美育启示［J］. 北京电子科技学院学报，2023，31(03)：93-98.

［805］乔建功，黄梦龙. 苏轼葬郏探因之二：《与子由弟十首·八》是探因之关键锁钥［J］. 乐山师范学院学报，2023，38 (09)：14-19.

［806］苏叶.《前后赤壁赋》在清代的书法延异［J］. 中国书法，2023，(09)：119-123.

［807］“无意于佳”——苏轼的理想与意趣［J］. 中国书法，2023，(09)：34+209-211.

［808］曹建. 腾空于漩涡之上，逍遥在笔墨之间——苏轼书法的理想、技法与意趣［J］. 中国书法，2023，(09)：35-67.

［809］邓宝剑. 黄庭坚笔下的苏轼书法——一个品评的范例［J］. 中国书法，2023，(09)：68-83.

［810］李嘉文. 和而不同——苏轼书法美学体系的话语建构［J］. 中国书法，2023，(09)：84-95.

［811］刘鑫鹏. 论苏轼艺论中的“萧散简远”［J］. 中国书法，2023，(09)：96-103.

［812］刘鹤翔. 苏轼书法的空间诗学［J］. 中国书法，2023，(09)：104-111.

［813］王琪. 苏轼酒后作书的观念与实践［J］. 中国书法，2023，(09)：112-116.

［814］钟源达. 苏轼楷书《归去来辞卷》非鸡毛笔所书［J］. 中国书法，2023，(09)：116-119.

［815］万波. 苏轼楷书《醉翁亭记》拓本考［J］. 中国书法，2023，(09)：124-128.

［816］周康. 苏轼与辩才《新构帖》考略［J］. 中国书法，2023，(09)：128-133.

［817］《苏轼书法全集》出版［J］. 中国书法，2023，(09)：133.

［818］(宋) 苏轼. 楷书表忠观碑拓片［J］. 中国书法，2023，(09)：40-41.

［819］(宋) 苏轼. 行书司马温公神道碑赞词残帖［J］. 中国书法，2023，(09)：46-47.

［820］(宋) 苏轼. 行书题林逋诗后［J］. 中国书法，2023，(09)：50-51.

［821］(宋) 苏轼. 行书与佛印焦山帖［J］. 中国书法，2023，(09)：56-57.

［822］(宋) 苏轼. 行书后杞菊赋卷［J］. 中国书法，2023，(09)：58-59.

［823］(宋) 苏轼. 行书与孙敏行郡中帖［J］. 中国书法，2023，(09)：62-63.

［824］(宋) 苏轼. 行书次韵钱穆父还张天觉行县诗帖［J］. 中国书法，2023，(09)：66-67.

[825]（宋）苏轼.行书梠木诗卷［J］. 中国书法，2023，(09)：86-87.

[826] 董水荣. 苏轼的"尚意"书风［J］. 荣宝斋，2023，(09)：212-213.

[827] 常晓雪，乔高婕. 悟言·统整·鉴赏·融通：人物传记类作品整本书阅读教学四进阶——以《苏东坡传》为例［J］. 桂林师范高等专科学校学报，2023，37（05）：91-96.

[828] 王兆鹏，李洁芳. 20世纪宋史领域里苏轼研究论著的量化分析［J］. 海南大学学报（人文社会科学版），2023，41（06）：11-21.

[829] 方观生. 苏轼"诗画一律"美学思想研究［J］. 名家名作，2023，(26)：28-30.

[830] 孟国栋. 科举与日常：清代的试律诗创作与苏轼诗歌接受［J］.海南大学学报（人文社会科学版），2023，41（06）：27-35.

[831] 甄明，张红. 虚实相生：基于概念整合理论的苏轼词认知探究［J］. 文化创新比较研究，2023，7（26）：13-17.

[832] 朱蕾蕾. 探讨《石钟山记》背后的真实意图［J］. 课外语文，2023，(09)：91-93.

[833] 李为叶. 往事近千年——九仙山白鹤楼下，苏轼把酒留月问青天［J］. 青年文学家，2023，(26)：61-62.

[834] 李文韬. 苏轼小令创作对词作题材的开拓论析［J］. 南阳师范学院学报，2023，22（05）：33-37.

[835] 张鸣. 致广大而尽精微：谈谈王水照先生的苏轼研究［J］. 名作欣赏，2023，(25)：9-12.

[836] 向彬. 论苏轼书学思想中的审美范式［J］. 书法，2023，(09)：64-68.

[837] 刘宁. 日新之学，可大可久——对王水照先生学术贡献的几点体会［J］. 名作欣赏，2023，(25)：5-8.

[838] 李贵. 王水照先生的学术"老格"［J］. 名作欣赏，2023，(25)：17-21.

[839] 李寅华. 从《华土诗性：文士之漫游天下与山水文学》看苏轼山水诗的艺术特色与旷达情怀［J］. 人民黄河，2023，45（09）：169-170.

[840] 高宏洲. 苏轼如何"带学生"［J］. 月读，2023，(09)：90-93.

[841] 周裕锴. 规模东坡——宋僧惠洪在海南的"补东坡遗"［J］. 海南大学学报（人文社会科学版），2023，41（06）：22-26.

[842] 朱鲜峰. 苏轼、苏辙早年的远游及其教育影响［J］. 文史杂志，2023，(05)：86-90.

[843] 李辉. 宫内厅本贯休《十六罗汉图》考辨［J］. 美术观察，2023，(09)：41-50.

[844] 水赉佑. 苏轼《马券帖》由来及相关刻石与传本［J］. 书法研究，2023，(03)：5-22.

[845] 周康．苏轼《岂弟帖》递藏与受书人考探［J］．书法研究，2023，(03)：23-35+5-6.

[846] 苏轼．苏轼作品［J］．书法研究，2023，(03)：2-4+7-11+201-203.

[847] 许赜渊．苏轼倅杭时期纪行诗研究［J］．参花（中），2023，(09)：88-90.

[848] 瞿锦雯．“欣然”与“积水”背后的生命超越——《记承天寺夜游》“空明”新解［J］．语文教学与研究，2023，(09)：140-144.

[849] 王悦笛．似是而非的摩羯座——韩愈、苏轼生日考辨［J］．文史知识，2023，(09)：107-115.

[850] 王郡．“此心安处是吾乡”——从苏轼看工匠精神［J］．青年文学家，2023，(25)：114-116.

[851] 向浩，阳之泓．自我突围的天光——试析“短文二篇”组合的大概念［J］．教育科学论坛，2023，(25)：43-45.

[852] 杨碧海．陈师道苏诗师承论辨析［J］．河南社会科学，2023，31（09)：107-115.

[853] 凌郁之．李公麟与苏黄［J］．中国文学研究（辑刊），2023，(01)：132-147.

[854] 郑培凯．说不尽的苏东坡——苏轼与章［J］．书城，2023，(09)：5-15.

[855] 黄天骥．说苏轼《水调歌头·明月几时有》［J］．书城，2023，(09)：16-25.

[856] 谢鹭．苏轼音乐活动的社会空间考述［J］．黄河之声，2023，(16)：62-65+69

[857] 岳芬，常如瑜．论苏轼祝文的环境心理意蕴［J］．常州工学院学报（社科版），2023，41（04)：35-40.

[858] 张开辉．一凤南来一北翔，海天异代接孤芳——丘濬对苏轼诗歌的接受［J］．三角洲，2023，(16)：85-87.

[859] 向鹏程．想象画面，由景入情——六年级上册《六月二十七日望湖楼醉书》教学设计［J］．新教师，2023，(08)：83-84.

[860] 贺同赏，宋耀华．苏轼《东坡八首》精神意蕴探析［J］．河西学院学报，2023，39（04)：75-80.

[861] 滑红彬．庐山开先寺苏轼题名石柱考释［J］．法音，2023，(08)：30-34.

[862] 廖城平．深入解读《赤壁赋》不可忽视的两个意象［J］．作文，2023，(Z4)：65-67.

[863] 陈锴．苏轼嘉祐二年省试名次辨正［J］．中国史研究，2023，(03)：138-154.

[864] 杨声．浅析苏轼的“尚意”美学与文人画观［J］．书画世界，2023，(08)：22-23.

[865] 孙迪．相同意象 别样情怀——杜牧《赤壁》与苏轼《赤壁赋》比较阅读［J］．黑龙江教育（教育与教学），2023，(08)：22-24.

[866] 肖姗姗．为三苏而来的读者排起了长队［N］．四川日报，2023-08-18（004）．

[867] 李敏，舒耘华．苏轼黄州词中的“雨”意象的隐喻［J］．文学教育（上），2023，(08)：50-53.

[868] 杜颖．苏轼《记承天寺夜游》中的闲境界［J］．文学教育（上），2023，(08)：125-127.

[869] 俞冰越．宋代文赋结尾对汉赋的传承与转写——以苏轼文赋为例［J］．名作欣赏，2023，(23)：45-47.

[870] 闫赵玉．苏轼词调音乐的艺术革新——以乐器为中心的考察［J］．音乐文化研究，2023，(03)：33-41+4.

[871] 石慧心．苏轼与况周颐中秋词之异同［J］．今古文创，2023，(33)：46-48.

[872] 赵文静．苏轼书法及书学思想对当代学书的启示［J］．青少年书法，2023，(16)：31-34.

[873] 石梦真，吕卉．苏轼文学作品的俄译与传播［J］．海南热带海洋学院学报，2023，30（04)：75-85.

[874] 郭世轩．“无意于佳乃佳”：论苏轼的人生境界与审美张力［J］．海南热带海洋学院学报，2023，30（04)：60-67.

[875] 杨衍亮，邱美琼．苏轼诗歌的身体书写及其诗学意义［J］．海南热带海洋学院学报，2023，30（04)：68-74.

[876] 杜玉娟．群文阅读在高中语文古诗词教学中的实践——以苏轼诗词作品为例［J］．广西教育，2023，(23)：121-124.

[877] 李水君．结构化设计：初中古诗文大单元教学的实践探索［J］.中学语文，2023，(23)：78-80.

[878] 邱茗．苏轼黄州时期书法研究［J］．大众书法，2023，8（04)：102-106.

[879] 戴路．塑造善政：苏轼的诏令文体观念［J］．商丘师范学院学报，2023，39（08)：41-46.

[880] 孙帅帅．论苏轼黄州词的旷达——从“东坡之词旷”说起［J］.河南牧业经济学院学报，2023，36（04)：69-72.

[881] 林贺楠．基于苏轼《净因院画记》分析传统中国画创作的实践基础［J］．美术教育研究，2023，(15)：16-18.

[882] 王皓潼．论何绍基对苏轼文艺观的接受与创变［J］．齐鲁艺苑，2023，(04)：102-107.

[883] 刘佳．文旅融合视角下的眉山IP形象设计［J］．上海包装，2023，(08)：90-92.

[884] 阮忠．基于辑佚的苏轼《论语说》研究——苏轼“海南三书”论之二［J］．海南

师范大学学报（社会科学版），2023，36（04）：110–117.

［885］魏子钦. 由苏轼论“茶”观其蜀学旨归［J］. 海南师范大学学报（社会科学版），2023，36（04）：118–125.

［886］刘昌宇. 苏东坡智慧治水［J］. 科教文汇，2023，（15）：195.

［887］赵天. 苏轼书法作品中的“书卷气”研究［J］. 美与时代（中），2023，（08）：120–122.

［888］张霞. 浅析苏轼之“意”［J］. 文物鉴定与鉴赏，2023，（15）：149–152.

［889］周云汇. 新时代历史题材话剧《苏东坡》：烟雨平生与一笑春温［J］. 上海艺术评论，2023，（04）：65–66.

［890］马敏. 时间、人称、空间 三条文脉读《记承天寺夜游》［J］. 现代中学生（初中版），2023，（15）：26–28.

［891］臧菊妍，付兴林. 苏轼贤良进卷之《进策》综论［J］. 新余学院学报，2023，28（04）：89–94.

［892］彭玉平. 苏轼与黄庭坚［J］. 名作欣赏，2023，（22）：130–134.

［893］房召义. 如将不尽，与古为新——谈苏轼《前赤壁赋》对汉赋的承变及意义［J］. 语文建设，2023，（15）：52–55.

［894］黄慧. 苏轼词作的休闲思想与审美意趣研究［J］. 参花（中），2023，（08）：86–88.

［895］张喆. 品诗文，观其人——感悟苏轼人生［J］. 课外语文，2023，（08）：70–72.

［896］李兆钦. 妙哉苏轼，豁达如斯——赏析《江城子》和《定风波》［J］. 课外语文，2023，（08）：73–75.

［897］范开迎. 《赤壁赋》：适意无异逍遥游［J］. 语文教学之友，2023，42（08）：17–19.

［898］黎金飞. 传记书坊［J］. 传记文学，2023，（08）：2.

［899］滕之先，周正梅. 在体悟教学中推进审美创造［J］. 中学语文教学，2023，（08）：23–26.

［900］钱美娟. 高中语文教材中苏轼文学作品有效教学研究［J］. 语文世界（中学生之窗），2023，（08）：76–77.

［901］陈扬. 基于真实的情境，开展专题阅读教学——以苏轼的作品为例［J］. 语数外学习（高中版上旬），2023，（08）：32–34.

［902］王彦. 相隔近千年，今人缘何将他引为“异代知己”［N］. 文汇报，2023–08–01（006）.

［903］张海艳. 论苏轼词中的“客”［J］. 今古文创，2023，（30）：43–45.

[904] 鲁康红，祝荣泉. 人生到处知何似——苏轼的人生地图——统编语文教材九（下）情境读写 [J]. 初中生世界，2023，(Z6)：4-11.

[905] 潘高升. 杭州西湖烟霞洞苏龛造像考述——基于遗存、文献和历史图像的研究 [J]. 石窟寺研究，2023，(01)：192-203.

[906] 樊庆彦，苏煦雯. 苏轼暮夜主题词作探析 [J]. 古典文学研究，2023，(01)：43-62.

[907] 姜俵容. 苏轼"和陶诗"的形式特征及其文体史意义 [J]. 中国文学研究，2023，(03)：82-90.

[908] 余如波. 在三苏祠，打开一扇通往中华文化的大门 [N]. 四川日报，2023-07-28（004）.

[909] 李万豪. 诗书并茂——西南巨儒郑珍的东坡情结 [J]. 大学书法，2023，(04)：123-128.

[910] 张燕. 教育信息化背景下的初中语文群文阅读教学设计——以初中语文教材中的苏轼作品为例 [J]. 教学管理与教育研究，2023，(14)：67-69.

[911] 管兴平，吴昱蓉.《念奴娇·赤壁怀古》的审美教学 [J]. 三角洲，2023，(14)：184-186.

[912] 戴斌. 金代词话批评视野下的苏轼论 [J]. 内江师范学院学报，2023，38（07)：22-26.

[913] 孙笛，李振峰. 心物同形理论下的高中古诗词教学策略——以《念奴娇·赤壁怀古》教学设计为例 [J]. 汉字文化，2023，(14)：105-107.

[914] 李敏，舒耘华. 苏轼黄州词中的荆楚地景意象 [J]. 今古文创，2023，(29)：39-43.

[915] 孙铭璐，范祥涛. 苏轼诗词英译的对外传播研究 [J]. 海外英语，2023，(14)：41-44.

[916] 赵磊. 析论苏轼关中写景记游诗的游赏心态 [J]. 西安文理学院学报（社会科学版)，2023，26（03)：25-28+32.

[917] 李子恒. 苏轼"清空"词学观对后世的影响 [J]. 中国故事，2023，(07)：66-68.

[918] 郑标，左高超. "语境还原"视域下的诗词解读——以苏轼《江城子·乙卯正月二十日夜记梦》为例 [J]. 学语文，2023，(04)：82-84.

[919] 李季璇. 浅谈苏轼书法经典之美——以张之洞学习苏轼经典为例 [J]. 艺术大观，2023，(21)：136-138.

[920] 沈婷. 情境·心境·语境——《赤壁怀古》《赤壁赋》三境 [J]. 中学语文教学参

考，2023，(27)：33-35.

[921] 张郁乎．“味”与中国传统诗歌批评 [J]. 中国文学批评，2023，(03)：88-100+191.

[922] 李国栋，马良容．从幽人到闲人——苏东坡突围的一个理解视角 [J]. 名作欣赏，2023，(20)：66-68.

[923] 彭金金．语用等效视角下解读诗词的言外意——兼析苏轼《定风波》四种英文译本 [J]. 今古文创，2023，(28)：112-114.

[924] 薛云伶．由《论语》看苏轼的君子品格 [J]. 教育实践与研究（B），2023，(Z1)：33-36.

[925] 耿家霞．独特的写作技法 达观的人生境界——苏轼《赤壁赋》赏析 [J]. 中学语文，2023，(20)：73-74.

[926] 邓佳敏．统编版初中语文教材苏轼作品的文化价值探析 [J]. 语文天地，2023，(07)：37-39.

[927] 口袋书书单 [J]. 全国新书目，2023，(07)：82-85.

[928] 杨胜宽．苏轼的生活艺术摭谈 [J]. 乐山师范学院学报，2023，38 (07)：20-28.

[929] 张蒙．论傅幹对苏词的接受及其文学史意义——以《注坡词》为中心 [J]. 乐山师范学院学报，2023，38 (07)：34-40.

[930] 张智辉．“唐宋三大家”济南情缘深几许 [J]. 走向世界，2023，(28)：32-41.

[931] 张悠然．历代和词对苏轼《念奴娇·赤壁怀古》的接受 [J]. 湖北文理学院学报，2023，44 (07)：51-57.

[932] 郭士礼，张欢．三苏家风内涵及时代价值研究 [J]. 成都理工大学学报（社会科学版），2023，31 (04)：78-86.

[933] 姜永育．苏东坡笔下的雨是啥雨 [J]. 百科知识，2023，(20)：13-17.

[934] 邢虹，万方圆．王羲之李白苏东坡，串起金陵“文旅大事件”[N]. 南京日报，2023-07-14 (B01) .

[935] 张鸿雨．守护千年三苏的精神荣光 [N]. 平顶山日报，2023-07-13 (001) .

[936] 黄琴，刘强．苏轼崇“颜”再探究——论苏轼推崇“颜”书有无政治认同 [J]. 名家名作，2023，(20)：37-39.

[937] 张硕．读帖、观画、访迹：宋代禅僧“苏轼情结”谫论 [J]. 商丘师范学院学报，2023，39 (07)：57-62.

[938] 李明洋．品味苏轼词中的哲学思想 [J]. 课外语文，2023，(07)：76-78.

[939] 刘婉．品“怀古”诗，析“怀古”情——解读苏轼和辛弃疾的怀古诗 [J]. 课外语文，2023，(07)：67-69.

[940] 刘春藤，马东峰. 原点解析视角下的《赤壁赋》道家美学 [J]. 青年文学家，2023，(20)：157-160.

[941] 四川人民出版社 [J]. 中国图书评论，2023，(07)：130.

[942] 程相占，刘汉君. 论苏轼作为寄寓之道的自然审美 [J]. 社会科学，2023，(07)：81-89.

[943] 彭玉平. 秦观与黄庭坚 [J]. 名作欣赏，2023，(19)：132-137.

[944] 黄慧. 苏轼旷达思想中的美学特质分析 [J]. 对联，2023，29 (13)：39-41.

[945] 蒲训训，苏文保. 洪雅县推动文旅产业"强县出圈"[N]. 四川科技报，2023-07-07 (003).

[946] 刘诚龙. 东坡诗缺格 [J]. 书屋，2023，(07)：63-64.

[947] 储劲松. 醉卧古藤阴下 [J]. 书屋，2023，(07)：75-84.

[948] 郑朝辉，佳兰，朱丹. 1037-1056：眉山苏轼 [J]. 艺术品鉴，2023，(19)：24-25.

[949] 郑朝辉，佳兰，朱丹. 1057-1070：名动京师 [J]. 艺术品鉴，2023，(19)：26-29.

[950] 郑朝辉，佳兰，朱丹. 1071-1074：情满杭州 [J]. 艺术品鉴，2023，(19)：30-32.

[951] 郑朝辉，佳兰，朱丹. 1074-1079：北游之路 [J]. 艺术品鉴，2023，(19)：33-37.

[952] 郑朝辉，佳兰，朱丹. 1079-1084：黄州五载 [J]. 艺术品鉴，2023，(19)：38-45.

[953] 郑朝辉，佳兰，朱丹. 1084-1089：坎坷仕途 [J]. 艺术品鉴，2023，(19)：46-48.

[954] 郑朝辉，佳兰，朱丹. 1089-1091：二赴杭州 [J]. 艺术品鉴，2023，(19)：49-51.

[955] 郑朝辉，佳兰，朱丹. 1091-1101：惠州儋州 [J]. 艺术品鉴，2023，(19)：52-59.

[956] 郑朝辉，佳兰，朱丹. 苏东坡的人生之旅 [J]. 艺术品鉴，2023，(19)：22-23.

[957] 桑田. 远近高低各不同：习近平巧用苏轼诗词文赋 [J]. 党史博采，2023，(07)：34-36.

[958] 郭德艺. 苏轼：我书意造本无法 [J]. 中关村，2023，(07)：88-89.

[959] 邸志刚. 苏轼《真相院舍利塔铭》纪事考析 [J]. 东方收藏，2023，(07)：101-103.

[960] 皇甫迎雪，刘希敏. 以《赤壁图》为例探究文本与图像的转化 [J]. 东方收藏，2023，(07)：44-47.

[961] 胡怡. 文人"枯木画"的兴起——苏轼《枯木怪石图》之绘画思想与功能研究 [J]. 东方收藏，2023，(07)：83-85.

[962] 史笑添. 从奇想恣肆到儒家文学批评——苏轼饮食书写的渊源、表现与意义 [J]. 古代文学理论研究，2023，(01)：264-285.

[963] 浅见洋二. 血的连锁——苏轼、陆游诗中的"孝"[J]. 中国诗学研究，2023，(01)：75-90.

[964] 邱美琼，杨操．日本学者村上哲见的苏轼词研究［J］．燕山论丛，2023，(01)：3-17.

[965] 廖玉洁．论惠儋时期苏轼以尺牍参政［J］．岭南学报，2023，(02)：135-160.

[966] 金光载，石建国，毕信燕．苏轼在朝鲜的影响——沈鲁崇的苏东坡崇拜及其《一日百省集（南迁日录）》［J］．宋史研究论丛，2023，(02)：220-233.

[967] 何丽君．苏轼诗学理论学术性特征研究［D］．宁夏大学，2023.

[968] 李嘉鑫．秦观“以诗为词”辨［J］．豫章师范学院学报，2023，38(03)：35-39.

[969] 吴扬，徐亮．苏轼与扬州谷林堂史迹考［J］．扬州职业大学学报，2023，27(02)：1-6.

[970] 舒大刚，李晓东，周洪双，等．让三苏文化“活起来”“火起来”［N］．光明日报，2023-06-29(005).

[971] 张开辉，郭皓政．近四十年苏轼海南诗文研究综述［J］．海南开放大学学报，2023，24(02)：93-100.

[972] 贾朴乐，张梓萌．苏轼的儋州书写［J］．名作欣赏，2023，(18)：72-75.

[973] 鄢敉君．苏轼“自黄移汝”时期词的归隐倾向考证［J］．名作欣赏，2023，(18)：76-78.

[974] 王琳祥．眉山苏氏家风对苏轼人生价值观的影响（下）［J］．黄冈职业技术学院学报，2023，25(03)：1-6.

[975] 丁为新．钱维城《东坡舣舟亭图卷》考论［J］．南方文物，2023，(03)：291-295.

[976] 韩秋霞．苏轼词作中的用典研究［J］．新楚文化，2023，(18)：24-27.

[977] 周裕锴．试论苏轼的教育思想［J］．海南热带海洋学院学报，2023，30(03)：41-47.

[978] 郑炜，徐敬徽．苏轼民族关系思想初探［J］．海南热带海洋学院学报，2023，30(03)：68-73.

[979] 梁博宇．论李贽对苏轼“诚同”人格的接受［J］．海南热带海洋学院学报，2023，30(03)：57-67.

[980] 阮忠．苏轼海南文学研究的相关史料问题［J］．海南热带海洋学院学报，2023，30(03)：48-56.

[981] 韩瑞琦．苏轼词中的老庄思想［J］．三角洲，2023，(12)：98-100.

[982] 陈柯洁．论清代词话中的苏轼形象及对苏词的品评［J］．汉字文化，2023，(12)：85-87.

[983] 程海涛. 浅析苏轼贬谪儋州期间诗文的生态书写 [J]. 山西广播电视大学学报, 2023, 28 (02): 69-72.

[984] 屈茹平. 苏轼作品中"月"的情趣和理趣 [J]. 中学语文教学参考, 2023, (24): 53-55.

[985] 孙莹. 苏轼黄州时期诗歌中的"理趣"精神 [J]. 中国故事, 2023, (06): 32-35.

[986] 侯县军. 苏轼: 寓惠三载 遗爱千年 [N]. 惠州日报, 2023-06-21 (003).

[987] 文肖婷, 夏建程. 苏轼的诗、词、赋创作风格分析 [J]. 青年文学家, 2023, (18): 121-123.

[988] 黄婷. 郑燮画竹理论价值再评价——与苏轼画竹理论对比研究 [J]. 时代报告(奔流), 2023, (06): 57-59.

[989] 张丽婵. 杭州与苏轼词作创作的互动关系 [N]. 科学导报, 2023-06-20 (B03).

[990] 赵豫陇, 高凡. 清初理学视角下的"三苏古文"选评——以张伯行为中心 [J]. 安康学院学报, 2023, 35 (03): 27-32.

[991] 刘杨, 方星移. 《记承天寺夜游》名师课例比较分析 [J]. 文学教育(上), 2023, (06): 132-134.

[992] 周伟伟. 《记承天寺夜游》教学中的美感教育 [J]. 文学教育(上), 2023, (06): 135-137.

[993] 王莹雪. "苏洵(苏轼)号老泉"说辨析及其传播 [J]. 文学教育(下), 2023, (06): 48-50.

[994] 陈琳琳. 文化意象的形塑、流传与衍变: 以"东坡笠屐"为对象的考察 [J]. 艺术评论, 2023, (06): 85-100.

[995] 张瑞芳. 苏轼茶诗茶事管窥 [J]. 开封文化艺术职业学院学报, 2023, 43 (03): 18-22.

[996] 曾江, 冉美玲. 守正创新推动三苏文化传承发展 [N]. 中国社会科学报, 2023-06-16 (007).

[997] 阙茜. 从苏轼贬谪期间的美食作品看其人生观转变 [J]. 作家天地, 2023, (17): 16-18.

[998] 万羽. 论苏轼词对李白的接受 [J]. 西安石油大学学报(社会科学版), 2023, 32 (03): 122-128.

[999] 李六如. 苏轼与徐州 [J]. 群言, 2023, (06): 62-63.

[1000] 张同胜. 苏海探骊得珠 东坡云蒸霞蔚——庆振轩著《苏轼研究论稿》读后 [J]. 乐山师范学院学报, 2023, 38 (06): 2+141.

[1001] 李昊宸. 雅俗视域下的宋人贬杜论平议 [J]. 杜甫研究学刊, 2023, (02): 13-29+42.

[1002] 王彬绮.《黄州寒食帖》草稿之谜 [J]. 书法教育, 2023, (06): 56-61.

[1003] 覃莫艳. 苏辛词发端比较研究 [D]. 广西师范大学, 2023.

[1004] 司聃. 苏轼: 通达海外的自然之趣 [J]. 读书, 2023, (06): 129-134.

[1005] 韩沛辰. 浅析苏轼《西江月·世事一场大梦》与辛弃疾《西江月·夜行黄沙道中》之异同 [J]. 青年文学家, 2023, (17): 78-80.

[1006] 王芊. 著述形态与文本阐释: 苏轼制科进卷新解 [J]. 文艺研究, 2023, (06): 55-69.

[1007] 刘悦蕾. 从赤壁怀古到"赤壁赋"怀古 [J]. 博览群书, 2023, (06): 101-104.

[1008] 张威, 夏誉. 心有东坡词 人生无难题——《定风波》"1+X"群文教学 [J]. 中学语文教学参考, 2023, (21): 47-50.

[1009] 焦颖. 论苏轼书风与雅文化 [J]. 对联, 2023, 29 (11): 31-33.

[1010] 余如波. 从一滴水里见光芒 [N]. 四川日报, 2023-06-08 (A08).

[1011] 赵佳佳, 刘炜. 苏轼的"西子"书写 [J]. 红河学院学报, 2023, 21 (03): 80-83.

[1012] 杨和畅. 苏东坡的佛教因缘 [J]. 书屋, 2023, (06): 60-61.

[1013] 耿鑫. 熙宁到元祐年间林希政治立场探赜——以苏轼、米芾与其交游为考察中心 [J]. 大学书法, 2023, (03): 73-77.

[1014] 聂晓爽. 苏轼诗学思想研究 [D]. 青岛大学, 2023.

[1015] 姚品同. 小舟从此逝, 江海寄余生——以《赤壁赋》观照苏轼的超然人格 [J]. 读写月报, 2023, (16): 22-24.

[1016] 臧菊妍. 苏轼惠州散文研究 [D]. 陕西理工大学, 2023.

[1017] 刘柯岑. 苏轼题画诗"语-图"关系研究 [D]. 广西师范大学, 2023.

[1018] 张悦. 周家声艺术歌曲《江城子·十年生死两茫茫》的演唱分析 [D]. 山东师范大学, 2023.

[1019] 谢蕴钰. 同词异曲《念奴娇·赤壁怀古》演唱对比分析——以青主、印青、胡彦斌的作品为例 [D]. 西南大学, 2023.

[1020] 叶秀香. 小学语文苏轼作品移情教学研究 [D]. 海南师范大学, 2023.

[1021] 褚慕涵. 欧阳修与苏轼游记散文比较研究 [D]. 中国矿业大学, 2023.

[1022] 冯宇. 三首中国古诗词艺术歌曲演唱探究 [D]. 河南大学, 2023.

[1023] 于宁宁. 明代唱和苏轼词研究 [D]. 河南大学, 2023.

[1024] 杜林. 论吴宽学苏轼书法的局限性及启示 [D]. 鲁迅美术学院，2023.

[1025] 张婉琪. 北宋眉山“三苏”家族音乐思想研究 [D]. 西安音乐学院，2023.

[1026] 袁琛越. 苏轼黄州时期书法风格研究 [J]. 收藏与投资，2023，14 (05)：19-21.

[1027] 张宇泽. 定风波 [J]. 鞋类工艺与设计，2023，3 (10)：197.

[1028] 冯扬. 打造东坡文化特色品牌 助力黄冈经济社会发展 [N]. 黄冈日报，2023-05-27 (003).

[1029] 刘克智. 基于文脉与意象落实语文要素——以《记承天寺夜游》为例 [J]. 中学语文，2023，(15)：17-18.

[1030] 陈昱杉.《滹南遗老集》对苏轼文学思想的接受 [J]. 作家天地，2023，(15)：25-27.

[1031] 熊庆萍. 穿越千年话东坡 [N]. 黄冈日报，2023-05-25 (001).

[1032] 王友胜. 史料·问题·统系：论王水照先生的苏轼研究 [J]. 南宁师范大学学报 (哲学社会科学版)，2023，44 (03)：52-58.

[1033] 薛烜. 古诗词艺术歌曲《水调歌头·明月几时有》意境探析 [D]. 泉州师范学院，2023.

[1034] 慕倩. 和学生一起感悟苏轼 [N]. 语言文字报，2023-05-24 (006).

[1035] 唐骏. 知人论世：小学古诗文解读中的人文互生 [J]. 阅读，2023，(39)：7-10.

[1036] 时书琦. 苏轼谐谑笔记研究 [D]. 山东大学，2023.

[1037] 毕若梅. 苏轼语文读写观对初中语文课程教学的启示 [D]. 天津师范大学，2023.

[1038] 刘亮. 词中自有英雄气 [N]. 海南日报，2023-05-22 (B12).

[1039] 李欣鑫. 反常合道 顿见本心——《定风波》(莫听穿林打叶声) 的矛盾笔法 [J]. 学语文，2023，(03)：81-83.

[1040] 胡立新，井水. 寄妙理于豪放之外——统编教材中苏轼诗词哲理意蕴的生成与教学 [J]. 语文建设，2023，(10)：60-64.

[1041] 张伟，密兴艳. 苏轼的诗风人格 [J]. 中学语文教学参考，2023，(19)：62-63.

[1042] 丁佳敏. 高中语文苏轼选篇教学策略研究 [D]. 湖北师范大学，2023.

[1043] 高武斌，邵大为. 北宋元祐文学的图景特征——基于《唐宋文学编年地图平台》对元祐文学的定量分析 [J]. 中南民族大学学报 (人文社会科学版)，2023，43 (05)：146-155+187.

[1044] 杨静. 品一首词 悟一份情 懂一个人——《浣溪沙 (山下兰芽短浸溪)》备课

构想 [J]. 小学语文教学，2023，(15)：59-61.

[1045] 王正. 共享江上清风和山间明月——《赤壁赋》解读与诵读 [J]. 名作欣赏，2023，(14)：20-23.

[1046] 杨涵程. 苏轼诗词中的禅意象与其美学意蕴 [J]. 名作欣赏，2023，(14)：24-26.

[1047] 聂晓伟. 从苏轼经历探析其词作风格变化与人生态度转变 [J]. 名作欣赏，2023，(14)：27-29.

[1048] 杜秋蓉. 精神分析批评视阈下的苏轼《前赤壁赋》文本解读 [J]. 今古文创，2023，(19)：10-12.

[1049] 谢依晨. 闲人入迷，痴人入梦——《记承天寺夜游》与《湖心亭看雪》差异评析 [J]. 今古文创，2023，(19)：37-39.

[1050] 杨早霞. 人生如逆旅 唯有向前行 [J]. 湖南安全与防灾，2023，(05)：72.

[1051] 余凤，彭水浪. 借梦悼亡 言淡情深——苏轼《江城子·乙卯正月二十日夜记梦》赏读 [J]. 语文天地，2023，(05)：35-36.

[1052] 牛王岗. 从"以法取意"到"轻法重意"——苏轼创作思想中"意"的位移 [J]. 思维与智慧，2023，(10)：8-9.

[1053] 彭耀华. 人景合一·人诗合一·读写合一——群文阅读教学理念下苏轼《卜算子·黄州定慧院寓居作》教学要点 [J]. 中华活页文选（传统文化教学与研究），2023，(05)：40-42.

[1054] 武元直. 赤壁图 [J]. 连环画报，2023，(05)：1.

[1055] 王晗. 2018年中国古典诗歌研究论文索引 [J]. 中国诗歌研究动态，2023，(01)：51-308.

[1056] 魏玮彤. 2019年中国古典诗歌研究论文索引 [J]. 中国诗歌研究动态，2023，(01)：390-518.

[1057] 彭林泉. 三苏名誉权的法律保护 [J]. 乐山师范学院学报，2023，38 (05)：1-7+24.

[1058] 陆文浩. 苏门及苏门词人的界定 [J]. 乐山师范学院学报，2023，38 (05)：8-12.

[1059] 杨庆. 伊秉绶旧藏苏轼"德有邻堂"砚考述 [J]. 中国书法，2023，(05)：185-188.

[1060] 康丹芸. 苏轼谪琼海洋诗词中的超越意识 [J]. 汕头大学学报（人文社会科学版），2023，39 (05)：31-42+95.

[1061] 张珈萌. 郭熙画论观照下的苏轼山水诗刍议 [J]. 唐都学刊，2023，39 (03)：

98-104.

［1062］刘墉．刘墉行书李东阳题苏轼《洞庭中山二赋》册［J］．书法，2023，（05）：20-21.

［1063］刘墉．刘墉行书节录苏轼《飓风赋》卷［J］．书法，2023，（05）：22-27.

［1064］刘墉．刘墉行书苏轼手札卷［J］．书法，2023，（05）：28-32.

［1065］刘墉，陈根民．刘墉楷书苏轼《书〈楞伽经〉后》卷［J］．书法，2023，（05）：44-48.

［1066］刘墉．清刘墉行书节录苏轼《眉州远景楼记》轴［J］．书法，2023，（05）：211.

［1067］杨景春．基于概念隐喻理论苏轼诗词鸡意象的空间认知［J］．地域文化研究，2023，（03）：102-112.

［1068］石惠．至味人间［J］．湖南教育（B版），2023，（05）：72.

［1069］万燚，段苏俊．美国汉学界的苏轼文艺美学思想研究［J/OL］．海南大学学报（人文社会科学版），2024，42（03）：21-28. https：//doi. org/10.15886/j. cnki. hnus.202303.0069.

［1070］冯文萱．论苏轼词中的女性书写［J］．新楚文化，2023，（13）：20-23.

［1071］庞丽静．苏颂诗文专题研究［D］．河北师范大学，2023.

［1072］善俊．"斜杠青年"苏轼的医学贡献［J］．月读，2023，（05）：74-79.

［1073］凌保康．打造东坡文化IP，惠州有条件出圈［N］．惠州日报，2023-05-05（003）.

［1074］李后强．苏东坡遇见大熊猫［J］．当代县域经济，2023，（05）：16-18.

［1075］吕佳慧．晚明时期书坛对苏轼书学思想的接受与突破［J］．新美域，2023，（05）：1-3.

［1076］吴小莉．苏轼"平淡自然"艺术理念的形成与表现［J］．爱尚美术，2023，（03）：43-45.

［1077］陈伟杰．论苏轼"文字之衰"议论的影响［J］．乐山师范学院学报，2023，38（12）：15-23.

［1078］章雪峰．从苏轼到苏东坡［J］．语文新读写，2023，（10）：1-2+8.

［1079］苏轼．与范子丰书［J］．语文新读写，2023，（10）：5.

［1080］苏轼．和子由渑池怀旧［J］．语文新读写，2023，（10）：6.

［1081］苏轼．江城子·密州出猎［J］．语文新读写，2023，（10）：7.

［1082］薛新洪．单篇文本任务型教学例析——以《念奴娇·赤壁怀古》为例［J］．语文教学通讯，2023，（13）：37-38.

［1083］刘阳．苏轼的"不合时宜"［J］．少儿国学，2023，（09）：17-19.

［1084］吴海建. 苏轼：从子瞻到东坡的人生嬗变［J］. 语文世界（小学生之窗），2023，(05)：79.

［1085］应健. 关联课文插图 引导教学生成——以《念奴娇·赤壁怀古》《赤壁赋》为例［J］. 教学月刊·中学版（教学参考），2023，(05)：61-64.

［1086］高帆. 总有一种情让人泪流满面——我读《江城子·乙卯正月二十日夜记梦》［J］. 语数外学习（高中版上旬），2023，(05)：20.

［1087］乔美娜.《江城子·乙卯正月二十日夜记梦》的艺术特色赏析［J］. 语数外学习（高中版上旬），2023，(05)：24-25.

［1088］张婉怡. "扫愁帚"和"钓诗钩"——简析酒对苏轼诗词创作的作用［J］. 青年文学家，2023，(13)：113-115.

［1089］苏轼. 记游松风亭［J］. 语文新读写，2023，(09)：6.

［1090］陆文浩. 宋徽宗朝苏门词人研究——以晁补之、李清照词为中心［D］. 上海师范大学，2023.

［1091］黄顺. 苏轼黄州诗赋景观的绘画创作及数字化传播［D］. 湖北美术学院，2023.

［1092］孙海鹏. 苏轼仕杭词研究［D］. 哈尔滨师范大学，2023.

［1093］李博. 苏轼哀祭文研究［D］. 兰州大学，2023.

［1094］朱贞明卓. 苏轼"诗画一律"研究［D］. 辽宁大学，2023.

［1095］邓爽. 翻译美学视角下苏轼词作英译对比研究［D］. 长江大学，2023.

［1096］张开辉. 海天异代接孤芳——论丘濬对苏轼文学思想的接受［D］. 海南师范大学，2023.

［1097］李昱晓. 海南东坡文化初中美术课程资源开发与教学实践探究——以东坡笠屐图像为例［D］. 海南师范大学，2023.

［1098］张萌. 新文化史视野下美国汉学家艾朗诺的苏轼研究［D］. 中国矿业大学，2023.

［1099］张瑞芳. 论盛中唐书法对苏轼的影响［D］. 上海师范大学，2023.

［1100］马淑花. 高中语文苏轼诗词专题教学行动研究［D］. 西北师范大学，2023.

［1101］尹浩文. 刘熙载《艺概》对苏轼的评论研究［D］. 西北师范大学，2023.

［1102］杨佳宇. 巴蜀地域文化影响下苏轼苏辙山水诗研究［D］. 西北师范大学，2023.

［1103］陈果. 苏轼书法在明代的传播与接受［D］. 湖北美术学院，2023.

［1104］宁宇扬，郭滨. 意象图式视角下苏轼《水调歌头》英译连贯构建研究［J］. 文化创新比较研究，2023，7(13)：11-18.

［1105］靳晓岳. 从文学阅读到儒学对话：东亚学者对苏轼《范增论》的回应［J］. 域外汉籍研究集刊，2023，(01)：245-262.

[1106] 杜立. 以《淳化阁帖》为媒介看宋人对晋唐笔法的承传——以宋四家为中心[J]. 西泠艺丛，2023，(04)：56-69.

[1107] 陈夏临. 体肤神貌：以苏轼诗翻译筑跨文化审美共同体[J]. 乐山师范学院学报，2024，39(01)：16-22.

[1108] 杨加加，李玲丽. 苏轼荔枝诗词研究[J]. 惠州学院学报，2023，43(02)：29-35.

[1109] 臧菊妍. "惠州景观"到"东坡景观"之变迁及缘由[J]. 惠州学院学报，2023，43(02)：36-41.

[1110] 杨建梅. 从《艺概》看刘熙载对苏轼诗词的评点[J]. 湖北工业职业技术学院学报，2023，36(02)：63-68.

[1111] 朱颖涛，熊晓昙. 苏轼赤壁赋题材瓷器在明末清初时期的影响[J]. 景德镇陶瓷，2023，51(02)：99-101.

[1112] 刘晗. 苏轼日常饮茶的审美意蕴[J]. 农业考古，2023，(02)：75-81.

[1113] 刘洁. 论苏轼及其作品中的道家思想[J]. 作家天地，2023，(12)：15-17.

[1114] 张苑瑜. 草木有本心——苏轼《和子由记园中草木十一首》的草木意象探究[J]. 中学语文教学参考，2023，(16)：66-68.

[1115] 汪婷婷. 让读写结合为古诗词教学插上羽翼——由《江城子·密州出猎》谈起[J]. 七彩语文，2023，(16)：48-51.

[1116] 徐江. 论苏轼诗文对扬雄评价的二重性[J]. 乐山师范学院学报，2023，38(12)：9-14.

[1117] 李曼婷，陈嘉琪. 论苏轼《前赤壁赋》的艺术魅力[J]. 名作欣赏，2023，(12)：106-109.

[1118] 黄茜. 浅析古诗词艺术歌曲的演绎——以《江城子·乙卯正月二十日夜记梦》为例[J]. 剧影月报，2023，(02)：89-91.

[1119] 刘婷. 许渊冲与林语堂翻译风格对比——以《江城子·乙卯正月二十日夜记梦》为例[J]. 时代报告（奔流），2023，(04)：10-12.

[1120] 张宏林.《水调歌头·明月几时有》主题新解[J]. 文学教育（下），2023，(04)：99-101.

[1121] 鲍宜成. 中等职业技术学校语文古诗词教学的优化策略——以苏轼《念奴娇·赤壁怀古》为例[J]. 宿州教育学院学报，2023，26(02)：95-98.

[1122] 金晓丽. 核心素养下学习任务群文学阅读与创意表达设计路径——以统编版初中语文教材中苏轼诗词的教学为例[J]. 黑龙江教育（教育与教学），2023，(04)：15-17.

[1123] 张鸿雨. 这对父子40年真情守护三苏父子[N]. 平顶山日报，2023-04-18(002).

[1124] 宋 苏轼《赤壁赋》(局部)[J]. 大众书法，2023，8（02）：2.

[1125] 李旭雯. 书法作品中的简约之美——以苏轼《黄州寒食帖》为例 [J]. 思维与智慧，2023，(08)：32-33.

[1126] 邵晓峰. 千秋何幸留遗墨——苏轼《潇湘竹石图》解析 [J]. 群言，2023，(04)：48-50.

[1127] 崔树强. 从“艺文兼备”看苏轼书法观念的文化意义 [J]. 大学书法，2023，(02)：74-80.

[1128] 王雅杰. 基于苏轼文化的徐州云龙湖可持续包装设计研究 [J]. 绿色包装，2023，(04)：97-100.

[1129] 郭皓政，薛俊芳，葸琼，等. 苏轼《海外集》文化意义的多维解读（笔谈）[J]. 海南师范大学学报（社会科学版），2023，36（02）：105-113.

[1130] 李公羽. 苏东坡桄榔庵及重建碑石文献史料考论 [J]. 海南师范大学学报（社会科学版），2023，36（02）：114-122.

[1131] 魏子钦. 苏轼茶道美学的文化结构之两端 [J]. 海南师范大学学报（社会科学版），2023，36（02）：123-129.

[1132] 夏志欢.《佛国集》和韵诗歌研究：饶诗与苏诗的比较 [J]. 韩山师范学院学报，2023，44（02）：31-37.

[1133] 常安旖旎. 苏轼诗词英译中意象的传递——以林语堂译本为例 [J]. 海外英语，2023，(07)：18-21.

[1134] 缪颖. 评价理论态度系统视域下苏轼诗词的英译研究 [J]. 英语广场，2023，(11)：19-22.

[1135] 杨景春. 从诗歌看苏轼的仇池公案、仇池情结及其他 [J]. 汉江师范学院学报，2023，43（02）：24-31.

[1136] 王璞玉，许琼. 文化传承视域下苏轼作品的审美特征分析——以统编版中学语文教材为考察对象 [J]. 新阅读，2023，(04)：77-80.

[1137] 李公羽. “长留五车书，要使九子读”——苏东坡在海南传承家风育子读书的故事 [J]. 今日海南，2023，(04)：59-60.

[1138] 俞起尧. 苏轼书法的哲学基础 [J]. 美与时代（中），2023，(04)：132-134.

[1139] 高建平. 论苏轼与“形似”观念的纠缠 [J]. 文艺评论，2023，(02)：55-66.

[1140] 慈波. 新巧之外：《东莱标注三苏文集》与朱熹、吕祖谦的文理之争 [J]. 浙江大学学报（人文社会科学版），2023，53（04）：38-48.

[1141] 王博雅. 浅析苏轼词的主要风格及其自由精神 [J]. 文学艺术周刊，2023，(07)：10-13.

[1142] 朱伟健. 从家学家风视角探究“三苏”文化对于新时代中国共产党坚持自我革命的启示 [J]. 安徽冶金科技职业学院学报，2023，33（02）：99–101.

[1143] 侯心雨. 北宋名家以苏轼为代表对颜真卿的书法接受 [J]. 中国民族博览，2023，（07）：47–50.

[1144] 滕瑜平. 论秦观策论对苏轼的师承 [J]. 汕头大学学报（人文社会科学版），2023，39（04）：33–41+94–95.

[1145] 次仁吉. 苏轼茶诗艺术研究 [J]. 福建茶叶，2023，45（04）：193–195.

[1146] 郑楷聪. 《郁孤台法帖》之《去国十五年帖》新考 [J]. 名家名作，2023，（11）：79–81.

[1147] 赵璟溪. 唐宋诗用典异同摭谈——以杜诗和苏诗为例 [J]. 青年文学家，2023，（11）：144–146.

[1148] 涂薇. 苏东坡养生思想与实践研究——苏东坡养生生活化、生活养生化的人生追求 [D]. 西南大学，2023.

[1149] 李沂铼. 刘禹锡与苏轼述老诗比较研究 [D]. 西南大学，2023.

[1150] 赵孟雄. 苏轼文学作品与书法作品的情感表达研究 [J]. 文化产业，2023，（10）：67–70.

[1151] 吕峰. 楼与城的交响：徐州三楼 [J]. 江苏地方志，2023，（02）：60–63.

[1152] 彭玉平. 苏轼与黄庭坚 [J]. 名作欣赏，2023，（10）：120–123.

[1153] 李后强. 苏东坡遇见大熊猫 [J]. 经营管理者，2023，（04）：102–104.

[1154] 王斌，李云凤. 苏轼佚作《烂柯岩洞》辨证 [J]. 乐山师范学院学报，2023，38（07）：29–33.

[1155] 于俊杰. 东坡赤壁戏曲研究 [D]. 天津师范大学，2023.

[1156] 朱旭东. 独怜北固山 [N]. 新华每日电讯，2023-04-07（012）.

[1157] 张娜，张淑媛. “也无风雨也无晴”——苏轼词作中的哲理思想探析 [J]. 今古文创，2023，（14）：50–52.

[1158] 张晓羽. 生命隐喻——论苏轼诗中的山水意象 [J]. 明日风尚，2023，（07）：84–86.

[1159] 裴家伟，裴家月. 试析苏轼之“气韵”观 [J]. 天工，2023，（10）：88–90.

[1160] 李远哲. 浅析苏轼临终作《自题金山画像》缘由 [J]. 作家天地，2023，（10）：13–15.

[1161] 徐婧. 群文阅读的尝试与思考——以“品味苏轼的多情”群文阅读课为例 [J]. 语文新读写，2023，（08）：69–71.

[1162] 王陈希. 统编本中学语文苏轼词教学研究 [D]. 黄冈师范学院，2023.

［1163］雷声．“小乔初嫁了”误了多少人［J］．语文教学通讯，2023，（10）：41-42.

［1164］王思梦．游历中“理性光辉”的探究——部级精品课《石钟山记》品赏［J］．语文教学通讯，2023，（10）：61-64.

［1165］陈敏．与苏轼讨论：“望”南山的妙处——以九年级上册诗歌名著教学为例［J］．语文教学与研究，2023，（04）：157-160.

［1166］陈金林．论苏轼寓惠时期纪游诗的艺术特质［J］．青年文学家，2023，（10）：113-115.

［1167］肖密密．谈高中语文课文的“短文长教”——以《游沙湖》为例［J］．语文新读写，2023，（07）：117-119.

［1168］任文昭．金人对苏轼骈文的接受［D］．辽宁大学，2023.

［1169］刘亚鲁．陆在易艺术歌曲《水调歌头·明月几时有》的演唱研究［D］．武汉音乐学院，2023.

［1170］田艳霞．苏轼：享受“吃喝主义” 亦能精致养生［J］．中医健康养生，2023，9（04）：70-72.

［1171］刘汉君．苏轼“形理两全”命题的自然审美模式意义［J］．华中学术，2023，15（01）：50-61.

［1172］宋春光．从两宋苏轼省试轶事流变看苏辙书写意图的落空［J］．华中学术，2023，15（01）：70-79.

［1173］惠小勇，皮曙初，王自宸．《小燕子》唱起地，不只是“钢的城”［N］．新华每日电讯，2023-03-31（009）.

［1174］半夏．东坡所从来［J］．书城，2023，（04）：53-56.

［1175］王静．饮食的历史记忆与文化认同——从东坡饼与元修菜说开去［J］．宁夏大学学报（人文社会科学版），2023，45（02）：44-50.

［1176］曾志勇．三月三日天气新——读苏轼《满江红·东武会流杯亭》［J］．高中生之友，2023，（Z2）：41-43.

［1177］马惠玲．《苏轼传》：收获超越弱点的韧性与坚强［J］．十几岁，2023，（Z3）：94.

［1178］董秋雨．宋荦鉴藏文学研究［D］．西南大学，2023.

［1179］吴比．东坡巾源流：古代士人对帽的接受与改造［J］．深圳大学学报（人文社会科学版），2023，40（02）：131-143.

［1180］王晓骊．苏轼居儋诗文的日常叙事及其价值［J］．南海学刊，2023，9（02）：119-126.

［1181］吴辰，岳磊．论苏轼对当代海南文学的影响［J］．南海学刊，2023，9（02）：127-134.

[1182] 郭甜甜. 苏轼“卧游”审美观念研究 [D]. 长安大学，2023.

[1183] 周潇，宋京航. 遭际与况味：苏轼贬谪时期食事诗的双重呈现 [J]. 湖北师范大学学报（哲学社会科学版），2023，43（02）：61-66.

[1184] 曹云珍. 苏轼“二赋”：失而复得的国宝 [J]. 东北之窗，2023，（03）：74-75.

[1185] 马小静. 浅析苏轼散文文学性的自觉 [J]. 牡丹，2023，（06）：38-40.

[1186] 李瑞双. 苏轼诗词的哲理意蕴及艺术特色品析 [J]. 牡丹，2023，（06）：44-46.

[1187] 王军. 苏轼诗文中“江”“月”意象探析 [J]. 中学语文，2023，（09）：60-61.

[1188] 常崇桦. 苏轼《迩英进读》八篇考论三题 [J]. 保定学院学报，2023，36（02）：92-100+105.

[1189] 王永波. 文化自信与家学家风关系综论——以宋代眉山苏氏文学家族为中心 [J]. 四川戏剧，2023，（01）：125-131.

[1190] 张春生. 宁可食无肉，不可居无竹——试析苏轼对竹文化的贡献 [J]. 美术教育研究，2023，（06）：8-9.

[1191] 尹传兰. “益世”：徐中玉的文论代码——从徐中玉与钱谷融“论文学是人学”谈起 [J]. 文艺争鸣，2023，（03）：97-106.

[1192] 房书伊，王荣林. 苏轼家训诗研究 [J]. 洛阳师范学院学报，2023，42（03）：52-55.

[1193] 杨晓霭. “东坡指出向上一路”的文化意涵与时代价值 [J]. 南宁师范大学学报（哲学社会科学版），2023，44（02）：33-43.

[1194] 张利. 有感于苏轼的直露 [J]. 人民司法，2023，（09）：9-10.

[1195] 张似晨. 写意雕塑的特征及其应用研究——以毕业创作《北宋三苏》为例 [D]. 南京信息工程大学，2023.

[1196] 侯县军. “问汝平生功业，黄州惠州儋州”[N]. 惠州日报，2023-03-24（004）.

[1197] 刘岳恒. 元代题跋中“宋四家”书法批评境遇及当代反思 [N]. 书法报，2023-03-22（007）.

[1198] 李胜. 苏轼小品文之“趣”[J]. 中国故事，2023，（03）：20-24.

[1199] 汤广花. 一部“苏东坡穿越剧”诠释文化自信 [N]. 中国新闻出版广电报，2023-03-21（007）.

[1200] 李俊贤. 叩响时代的苏轼——读《石钟山记》有感 [J]. 作文，2023，（12）：13.

[1201] 高昕玥. 苏轼词对神话意象的运用研究 [J]. 青年文学家，2023，（09）：79-81.

[1202] 计昀. 苏轼《定风波》中的“中和之美”[J]. 青年文学家，2023，（09）：94-96.

[1203] 杨潇祺. 吴越农事民俗对苏轼诗歌的影响 [J]. 三门峡职业技术学院学报, 2023, 22 (01): 87-94.

[1204] 袁文春. 南粤古驿道上的苏轼行迹及其驿道诗 [J]. 名作欣赏, 2023, (09): 21-23.

[1205] 马騠. 淤泥生莲——苏轼居儋饮食的理想与现实 [J]. 名作欣赏, 2023, (08): 70-72.

[1206] 姜欣. 北宋党争视角下的苏轼词传播 [J]. 名作欣赏, 2023, (08): 49-51.

[1207] 喻世华. 从苏轼治理西湖汲取其治国理政的理念和思维——习近平视察三苏祠讲话的启示 [J]. 乐山师范学院学报, 2023, 38 (11): 21-27.

[1208] 吴振兴. 以"四层次"对比为核心的高中诗歌教学——以《念奴娇·赤壁怀古》为例 [J]. 语文天地, 2023, (03): 68-71.

[1209] 孙子贻. 苏轼《石钟山记》三个英译本比较研究——以王宏印"信达雅"现代诠释为框架 [J]. 作家天地, 2023, (08): 87-89.

[1210] 陈丽雯. 金时习对苏轼诗歌的接受研究 [D]. 四川师范大学, 2023.

[1211] 陈力士. 本色还是非本色? ——黄庭坚对苏轼"以诗为词"的继承与出新 [J]. 九江学院学报 (社会科学版), 2023, 42 (01): 36-42.

[1212] 周奎生. 苏轼的廉政实践及其内在自觉因素分析 [J]. 乐山师范学院学报, 2023, 38 (03): 1-5+19.

[1213] 钟源达. 苏轼惠州时期书法观念研究 [J]. 乐山师范学院学报, 2023, 38 (03): 6-11.

[1214] 王海宁. 《苏轼词集》中通感隐喻的概念整合分析 [J]. 海外英语, 2023, (05): 86-87+90.

[1215] 甘生统. 发现与重估: 明戴熺编《宋苏文忠公海外集》述略 [J]. 青海师范大学学报 (社会科学版), 2023, 45 (02): 98-102.

[1216] 邓娟英. 关于诗歌流派和风格的认识——以部编版教材中苏轼的诗词为例 [J]. 课外语文, 2023, (03): 79-81.

[1217] 李杜鹃. 不解花中语, 哪来情丝长? ——也谈苏轼《蝶恋花》意境 [J]. 课外语文, 2023, (03): 85-87.

[1218] 冷炎辉. 论苏轼在黄州时期的诗歌创作 [J]. 青年文学家, 2023, (08): 83-85.

[1219] 吴贺. 《送石昌言使北引》——一件苏轼被忽视的书法作品 [J]. 中国文艺家, 2023, (03): 13-14.

[1220] 肖瑞峰. 苏轼: 宋韵文化的样本——以浙江为中心视点的考察 [J]. 浙江社会科学, 2023, (03): 122-129+160.

[1221] 方志诚．同枝寻异 中得心源——苏轼《定风波》教学记录及思考 [J]．中学语文教学参考，2023，(09)：25-26.

[1222] 杨松冀．苏轼进士科省试第二还是省试被落？——与费习宽先生商榷 [J]．乐山师范学院学报，2023，38 (10)：22-29.

[1223] 李荧．浅析苏轼山水诗的艺术风貌 [J]．今古文创，2023，(09)：46-48.

[1224] 梁荣．唤醒古诗教学的"大整体"意识——以小学统编版教材中苏轼诗作为例 [J]．陕西教育（教学版），2023，(03)：42-44.

[1225] 杨多杰．苏东坡与佛印的茶缘 [J]．月读，2023，(03)：58-64.

[1226] 卓立子，李彬．苏轼《石钟山记》写作艺术探析 [J]．中学语文教学，2023，(03)：46-49.

[1227] 朱婧婧．功能对等理论指导下《苏东坡》模拟同传的文化负载词实践报告 [D]．辽宁大学，2023.

[1228] 邓玉玲．筝曲《定风波》的音乐内涵与演奏分析 [D]．江西师范大学，2023.

[1229] 蔡云．从书帖题跋中解读苏轼的审美倾向 [J]．匠心，2023，(02)：145-147.

[1230] 刘予舟．浅论书法作品中的书卷气——以北宋苏轼为例 [J]．对联，2023，29 (04)：10-12.

[1231] 王琳祥．眉山苏氏家风对苏轼人生价值观的影响（上）[J]．黄冈职业技术学院学报，2023，25 (01)：11-15.

[1232] 杨春俏．苏轼与《水龙吟》——苏轼《水龙吟》(露寒烟冷蒹葭老）解析 [J]．乐山师范学院学报，2023，38 (09)：20-26.

[1233] 赵越．"权知徐州军州事"还是"权知徐州军事"？——苏轼徐州所任职官说略 [J]．乐山师范学院学报，2023，38 (10)：37-42.

[1234] 李静文，郑虹霓，王慧文．揭开真面：论苏轼庐山诗的文化内涵 [J]．海南热带海洋学院学报，2023，30 (01)：45-52.

[1235] 宋定坤．由黄楼看苏轼徐州诗文创作的指向性 [J]．海南热带海洋学院学报，2023，30 (01)：53-59.

[1236] 张开辉，郭皓政．桄榔诗社对苏轼诗文与人格的接受 [J]．海南热带海洋学院学报，2023，30 (01)：60-66.

[1237] 陈力士．词以言志与苏轼豪放词风的成型 [J]．海南热带海洋学院学报，2023，30 (01)：67-75.

[1238] 王耿晨．苏轼书法探析 [J]．大观（论坛），2023，(02)：21-23.

[1239] 曾清源．感悟苏轼才情观 争做时代大先生 [J]．新教师，2023，(02)：86-87.

[1240] 王福鑫．从孟诗与苏轼文学观中浅析“韵高而才短”[J]．作家天地，2023，(06)：34-36.

[1241] 肖姗姗．四川将实施“三苏文化出版工程”[N]．四川日报，2023-02-25(002)．

[1242] 祁小春．日藏宋刊苏轼写刻本《楞伽经》考[J]．文物，2023，(02)：60-70+1.

[1243] 熊言安．苏轼《念奴娇·赤壁怀古》三种文本形态考辨[J]．安庆师范大学学报(社会科学版)，2023，42(01)：32-36.

[1244] 满皎．大学语文课程思政元素的挖掘与探索——以苏轼诗词教学为例[J]．汉字文化，2023，(04)：37-39.

[1245] 马军．苏轼的调水符[J]．支部建设，2023，(06)：54.

[1246] 武眉凌，李卓曦．人间有味是清欢[J]．走向世界，2023，(08)：34-37.

[1247] 王美芸，王正环．苏轼与陆游茶诗比较分析[J]．福建茶叶，2023，45(02)：183-186.

[1248] 温丽梅，刘汉波．新课改视野下《赤壁赋》教学的进展与问题——基于13则《赤壁赋》课例的研究[J]．读写月报，2023，(06)：17-23.

[1249] 杨雅婷．从苏轼被贬后作品看其思想和人生态度的转变[J].青年文学家，2023，(06)：121-123.

[1250] 贺文彬．超然物外，倏忽天地间——再探苏轼诗词中的人生哲学[J]．青年文学家，2023，(06)：85-87.

[1251] 任凯．苏轼的保密故事[J]．保密工作，2023，(02)：71-72.

[1252] 陈蔚林，昂颖，刘晓惠，等．流风余韵足千秋[N]．海南日报，2023-02-19(A03)．

[1253] 昂颖．做好东坡文化创造性转化[N]．海南日报，2023-02-19(A04)．

[1254] 邱江华．东坡已成海南人文化偶像[N]．海南日报，2023-02-19(A04)．

[1255] 陈蔚林．“千年英雄”苏东坡[N]．海南日报，2023-02-19(A04)．

[1256] 王倩．漫谈《临江仙·夜归临皋》中苏轼人生观的转变[J].名作欣赏，2023，(05)：125-127.

[1257] 黄英华．古文学习中学生思维能力的培养——以《赤壁赋》为例[J]．第二课堂(D)，2023，(02)：36.

[1258] 中国历代书法名家作品集字 苏轼·千字文[J]．中国中小学美术，2023，(02)：73.

[1259] 尹杰．以“赤壁”为切入点，理清《赤壁赋》内在逻辑[J].语文天地，2023，(02)：34-36.

[1260] 樊璎萱. 但空江、月明千里——苏轼词中的水月意象 [J]. 语文天地，2023，(02)：47-48.

[1261] 张佃水. 别梦依稀醉黄州 [J]. 走向世界，2023，(07)：78-79.

[1262] 张丹丹. 《艾子杂说》续书研究 [J]. 泉州师范学院学报，2023，41 (01)：28-33.

[1263] 王克千. 论苏轼的书法风格及其对后世的影响 [J]. 山东艺术，2023，(01)：60-69.

[1264]《阅读苏轼》[J]. 全国新书目，2023，(02)：108-109.

[1265] 马锡钰. 苏轼的书法艺术赏析——以《洞庭中山二赋》为例 [J]. 美与时代(中)，2023，(02)：126-128.

[1266] 吴嘉茵. 王安石书法再认识——以黄庭坚对王安石书法评鉴为中心 [J]. 中国书法，2023，(02)：120-127.

[1267] 刘小川品读中国文人系列 [J]. 新阅读，2023，(02)：82.

[1268] 张常清. 苏轼诗文里的地理及其教学价值分析 [J]. 中学地理教学参考，2023，(05)：83.

[1269] 刘涛. 苏轼写字姿势 [J]. 读书，2023，(02)：149.

[1270] 吴嘉璐. 论苏轼对白居易咏茶诗的承变 [J]. 重庆交通大学学报（社会科学版），2023，23 (01)：97-105.

[1271] 孔祥云. 苏轼题跋艺术思想分析 [J]. 名家名作，2023，(05)：47-49.

[1272] 汤如影. 论苏轼对白居易的追慕与超越 [J]. 名家名作，2023，(05)：44-46.

[1273] 董韦彤. 群体中的个体：王世贞的多重文学维度——以苏轼批评为视角 [J]. 首都师范大学学报（社会科学版），2023，(02)：111-122.

[1274] 刘睿睿. 知者乐水 仁者乐山——《赤壁赋》《登泰山记》教学设计 [J]. 中学语文教学参考，2023，(05)：48-51.

[1275] 海南教育名人：苏轼 [J]. 新教育，2023，(04)：29.

[1276] 吴小清. 当苏轼变成苏东坡——苏轼黄州期间群词阅读教学设计 [J]. 陕西教育(教学版)，2023，(Z1)：24-25.

[1277] 谢丹. 高山仰止 回望东坡——“苏轼主题文物特展”的策划与创意 [J]. 美术观察，2023，(02)：38-39.

[1278] 李青霖. 《绝句》《惠崇春江晚景》《三衢道中》（三下）教学设计 [J]. 小学语文教学，2023，(Z1)：54-56.

[1279] 郑培凯. 苏东坡的情趣人生（下）[J]. 书城，2023，(02)：13-22.

[1280] 刘大木. 刻写苏东坡的人生苦旅——读李一冰《苏东坡新传》[J]. 书城，2023，

(02)：23–30.

［1281］金小敏．风雨中的洒脱——六下《浣溪沙》教学实录及反思［J］．小学教学设计，2023，(Z1)：57–60.

［1282］赵泾铂．宋代笔记中的绘画史料及其画史价值研究［D］．东华大学，2023.

［1283］三个地名：苏轼的一生［J］．检察风云，2023，(03)：7.

［1284］杨丹阳，姜涛．文豪苏轼诗词中药食同源文化研究［J］．文化创新比较研究，2023，7(04)：11–14.

［1285］唐林．“湖州竹派”的源流与继承［J］．地方文化研究辑刊，2023，(01)：89–117.

［1286］赵超．论何焯对苏轼诗的阐释［J］．中国文学研究，2023，(01)：67–73.

［1287］沈晓丽．高中古诗词情境学习任务群设计——以苏轼《江城子·记梦》为例［J］．中学语文，2023，(03)：93–94.

［1288］方艺融．江湖杯酒 人间值得——论苏轼酒文［J］．牡丹，2023，(02)：15–17.

［1289］郭甜甜．苏轼诗词中的通感现象研究［J］．艺术品鉴，2023，(03)：17–19+38.

［1290］CNG．苏轼：“老饕”在路上［J］．支部建设，2023，(03)：54.

［1291］杨美德．论苏轼史论文中的“翻案”［J］．文学艺术周刊，2023，(02)：41–44.

［1292］郭辰．苏轼超然的处世哲学——从《赤壁赋》说开去［J］．中学语文教学参考，2023，(04)：63–65.

［1293］赵洁．《赤壁赋》“深度痛苦”主旨剖析［J］．七彩语文，2023，(04)：45–47.

［1294］赵旭．“平民底色”与“俚而不俗”：苏轼黄州诗新论［J］．宁夏社会科学，2023，(01)：206–212.

［1295］罗昌繁．北宋石刻题名的常与变——兼论石刻题名的唐宋转型［J］．四川大学学报（哲学社会科学版），2023，(01)：101–112+194.

［1296］罗海东．欧阳修、苏轼、黄庭坚的峡江“墨缘”［J］．档案记忆，2023，(01)：20–21.

［1297］谭庆华，方向红．《赤壁赋》课堂教学新探［J］．文学教育（上），2023，(01)：102–104.

［1298］林萍香，杨瑞．苏轼的人格魅力与当代价值研究［J］．文学教育（下），2023，(01)：157–159.

［1299］方翎曦．苏轼寓惠时期的诗文创作及文化意义［J］．文学教育（上），2023，(01)：18–20.

［1300］林锐．论诗歌与绘画的关系——以苏轼诗画观为例［J］．书画世界，2023，

(01): 66-67+70.

[1301] 陈钰蓉. 并非悲观 只是看透——《念奴娇·赤壁怀古》再解析 [J]. 语文天地, 2023, (01): 28-30.

[1302] 刘晓明. 苏轼《服胡麻赋》中的文化意蕴 [J]. 三角洲, 2023, (01): 130-132.

[1303] 张雪君. 交流与回响: 论徐居正的《赤壁赋》题诗 [J]. 东疆学刊, 2023, 40 (01): 94-99+128.

[1304] 姚凯. 苏帖在清代的接受研究 [J]. 美术教育研究, 2023, (01): 23-25.

[1305] 张小花, 庆振轩. 苏轼与文同研究二题 [J]. 乐山师范学院学报, 2023, 38 (01): 1-4.

[1306] 吴关荣. 苏东坡中药抗疫见奇效 [J]. 杭州, 2023, (01): 72-73.

[1307] 王文欣. 糅合与挪用: 16、17世纪赤壁赋瓷碗图像源流考 [J]. 南京艺术学院学报 (美术与设计), 2023, (01): 166-172.

[1308] 刘晓静, 张燕. 论古典诗词的意象传译——以苏轼《定风波》英译版为例 [J]. 桂林师范高等专科学校学报, 2023, 37 (01): 66-69.

[1309] 金方倩. 以学生为主体教师为主导的文言文"三阶段"教学设计——以《石钟山记》为例 [J]. 现代教学, 2023, (Z1): 170-171.

[1310] 王佳琳. 苏轼晚年涉梦诗研究 [J]. 青年文学家, 2023, (02): 109-111.

[1311] 曾明. 传承弘扬三苏文化 推进文化自信自强——从苏东坡"活法"的实践创造说起 [J]. 西南民族大学学报 (人文社会科学版), 2023, 44 (01): 1-6.

[1312] 庞鹤立. 基于《中国古代山水文学散论》分析苏轼山水文学中的山水之美和丰富情怀 [J]. 人民黄河, 2023, 45 (01): 171-172.

[1313] 王琳嘉. 浅析苏轼诗与苏轼词的异同 [J]. 作家天地, 2023, (01): 40-42.

[1314] 任硌, 童芳, 陈健. 在三苏祠体味东坡遗韵 [N]. 新华每日电讯, 2023-01-05 (008).

[1315] 王以兴. 政治冷遇与兄弟久别之双重困境的自我解脱——苏轼《水调歌头·明月几时有》意蕴新解 [J]. 中学语文教学, 2023, (01): 55-58.

[1316] 朱正欣. 看取莲花净, 应知不染心 [J]. 名家名作, 2023, (01): 29-31.

[1317] 肖卓锟. 浅论苏洵、苏轼父子散文创作上的异同 [J]. 名家名作, 2023, (01): 67-69.

[1318] 袁海锋. 笑与酹: 一场为了忘却的记念——苏轼《念奴娇·赤壁怀古》主旨寻绎 [J]. 语文月刊, 2023, (01): 82-84.

[1319] 李建军. "以刚运柔"与"以诗为词": 苏轼《江城子·记梦》新探 [J]. 语文学习, 2023, (01): 42-45.

[1320]《洞庭春色赋·中山松醪赋》书卷 [J]. 社会科学战线，2023，(01)：284-285.

[1321] 林丹梅. 初中语文苏轼作品群文阅读教学研究 [J]. 亚太教育，2023，(01)：157-159.

[1322] 郑培凯. 苏东坡的情趣人生（上）[J]. 书城，2023，(01)：24-32.

[1323] 方星移，张雪. “东坡文化概论”课程思政探索与实践 [J]. 乐山师范学院学报，2023，38 (01)：129-134.

[1324] 张淬. 苏轼的睡眠书写 [J]. 乐山师范学院学报，2023，38 (09)：27-34+71.

[1325] 江枰，李琳.《重编东坡先生外集》中的苏文辑佚与考辨 [J]. 乐山师范学院学报，2023，38 (06)：15-26.

[1326] 黄天飞. 从形器到心性：略论苏轼文艺思想的转向 [J]. 乐山师范学院学报，2023，38 (06)：27-32.

[1327] 宁中孟. 苏轼书法思想之“血气论”管窥 [J]. 乐山师范学院学报，2023，38 (02)：16-23.

[1328] 李溪. 论苏轼“小园观物”的旨趣——从《和子由记园中草木》与程颢《秋日》诗的比较说起 [J]. 道家文化研究，2020，(00)：320-333.

[1329] 张帆. 北宋科举论争及苏轼的科举改革主张 [J]. 蜀学，2021，(02)：16-32.

[1330] 潘殊闲. 苏轼与他的初心使命 [J]. 蜀学，2021，(02)：33-47.

[1331] 杨胜宽. 苏轼在徐州：诗文交往与其主盟文坛的关系 [J]. 蜀学，2021，(02)：1-15.

[1332] 曹闽川. 从苏轼寓黄书信中窥其寓黄时期的矛盾心态 [J]. 蜀学，2021，(02)：48-58.

[1333] 钟振振. 宋词新解 [J]. 中国曲学研究，2021，(02)：84-99.

[1334] 张雪君. 文本与空间的交互——韩国“海东江西诗派”对苏轼《赤壁赋》的接受与演绎 [J]. 乐山师范学院学报，2023，38 (02)：1-8+49.

[1335] 方世勇. 英语世界中国文学作品选集中苏诗编选研究——以《哥伦比亚文选》《诺顿中国文选》为例 [J]. 乐山师范学院学报，2023，38 (02)：50-57.

[1336] 蔡伦. 清代论诗绝句中的苏轼形象及其文学批评 [J]. 乐山师范学院学报，2023，38 (02)：9-15.

[1337] 刘石. 论苏轼与佛教 [J]. 斯文，2021，(02)：186-245.

[1338] 姚逸超. 论苏轼及其门人对柳永新调的接受 [J]. 新宋学，2021，(00)：168-181.

[1339] 孙利政. 苏轼佚诗辨伪一例 [J]. 中国诗歌研究，2021，(02)：220-224.

[1340] 姜胜昌，江宁，杨圣悦，等. 祈福文创产品设计研究——以东坡文化为例 [J].

鞋类工艺与设计，2023，3（24）：85-87.

［1341］王赫．古港遗风［N］．海南日报，2023-12-22（B02）．

［1342］张蒙．让东坡文化可触摸可感知［N］．四川日报，2023-11-23（013）．

［1343］于平，邱宇．“视觉格式塔”与沈伟的大型舞作创编——从现代舞诗剧《诗忆东坡》谈起［J］．艺术学研究，2023，（06）：102-115.

［1344］蒋蓝．百味人生一东坡——《苏东坡辞典》（自序）［J］．新阅读，2023，（11）：26-27.

［1345］姜寒冬，王天雨．传承三苏文脉 让东坡文化绽放时代光芒［N］．四川政协报，2023-11-10（001）．

［1346］蒋蓝．东坡与海棠的邂逅史［J］．天涯，2023，（06）：25-31.

［1347］傅景芳．东坡宴及黄州东坡宴的研发思路与推广路径［J］．黄冈职业技术学院学报，2023，25（05）：5-8.

［1348］张彬．东坡美食文化品类特色与传承创新［J］．黄冈职业技术学院学报，2023，25（05）：9-13.

［1349］珠峰．仰望东坡［J］．青年文学家，2023，（30）：33.

［1350］陈洪．再议东坡诗与《西游记》［J］．明清小说研究，2023，（04）：84-94.

［1351］曾祥波．东坡尺牍源流考［J］．华南师范大学学报（社会科学版），2023，（05）：59-71+242.

［1352］胡琳．“人生看得几清明”——不惑之年再读东坡［J］．三角洲，2023，（17）：158-160.

［1353］李孝蓉．中国叙事文化学视域下的东坡文化［J］．三角洲，2023，（17）：167-169.

［1354］刘春．悲郁与超然的时间仪式——《诗忆东坡》中的文化借用［J］．舞蹈，2023，（05）：50-57.

［1355］李林．对东坡文化助力黄冈文旅名城建设的几点思考［J］．湖北经济学院学报（人文社会科学版），2023，20（09）：106-111.

［1356］韩良华，吴昊．打造东坡文化IP，助力宜兴文旅产业“破圈”［N］．宜兴日报，2023-08-30（006）．

［1357］侯县军，刘巧朋．继续深挖“东坡寓惠”特色文化内涵［N］．惠州日报，2023-08-01（012）．

［1358］宣晶．传统与现代碰撞，怎样找寻“精神的契合”［N］．文汇报，2023-07-27（005）．

［1359］张子君．乡村振兴背景下海南东坡文化与乡村旅游融合发展策略探究［J］．旅游纵览，2023，（14）：7-9.

[1360] 毕佳. 拓片的修复与保护研究 以《扬州三贤祠宋刻东坡像残石拓本》为例 [J]. 收藏，2023，(07)：82-84.

[1361] 宣晶. 《诗忆东坡》：一首向古而作的现代诗 [N]. 文汇报，2023-07-14 (005).

[1362] 陈磊. 《忆东坡》曲谱 [J]. 艺术大观，2023，(19)：4.

[1363] 徐成君. 东坡水街 [J]. 青年文学家，2023，(19)：64.

[1364] 赖书闻，王照. 东坡文化点亮海南文旅融合新场景 [N]. 工人日报，2023-06-25 (002).

[1365] 谭琳. 首次发放2000份"东坡文旅护照" [N]. 惠州日报，2023-06-23 (001).

[1366] 谭琳，李丹瑜. 尝荔枝之鲜 赏汉服之美 [N]. 惠州日报，2023-06-23 (002).

[1367] 王丹，谢华，万梦君. 三苏祠AR儿童绘本在弘扬东坡文化中的应用效果研究 [J]. 新楚文化，2023，(17)：88-92.

[1368] 吴云辉. 汉语国际传播视角下"东坡文化"的传播思考 [J]. 百花，2023，(06)：56-58+62.

[1369] 刘上生. 曹寅平等理想的闪光——《与曲师小饮和静夫来诗次东坡韵》探析 [J]. 曹雪芹研究，2023，(02)：1-14.

[1370] 老饕东坡的灵思美食 [J]. 餐饮世界，2023，(06)：34-37.

[1371]《东坡心耕录》[J]. 语文学习，2023，(06)：90.

[1372] 汪秀玲，陈小萍. 中国地方志与中华优秀传统文化论坛东坡文化分论坛在黄州举行 [N]. 黄冈日报，2023-05-25 (001).

[1373] 欧阳成，香金群. 活化利用东坡寓惠人文遗产 [N]. 惠州日报，2023-05-21 (003).

[1374]"赤壁泛舟"东坡主题 [J]. 紫禁城，2023，(05)：1.

[1375] 谷利利. 基于东坡赤壁文化资源的高中美术课程开发研究——以黄冈中学为例 [D]. 黄冈师范学院，2023.

[1376] 衣若芬. 朝鲜燕行使与《东坡笠屐图》[J]. 域外汉籍研究集刊，2023，(01)：139-159.

[1377] 周乐霖. 做优公共图书馆弘扬东坡文化 [J]. 文化产业，2023，(12)：93-95.

[1378] 杜春雷. 《东坡文谈录》《东坡诗话录》伪书考实 [J]. 图书馆杂志，2023，42 (04)：124-129.

[1379] 赵磊. 保护和利用好东坡文化 在海南自由贸易港建设中彰显文化自信 [J]. 今日海南，2023，(04)：61-62.

[1380] 周勤. 论《东坡提梁》的艺术美学 [J]. 陶瓷科学与艺术, 2023, 57 (04): 168.

[1381] 曹马志. 儋州: 文旅深度融合为发展注入新动能 [N]. 海南日报, 2023-04-13 (T30).

[1382] 莫砺锋. 创新精神是东坡艺术的灵魂 [J]. 初中生之友, 2023, (Z1): 13-15.

[1383] 张瑞琰. "税眼"读东坡 [J]. 中国税务, 2023, (04): 79-80.

[1384] 王伟. 琼岛东坡文化新名片 [N]. 经济日报, 2023-04-02 (010).

[1385] 刘晓惠, 李艺娜. 千面东坡海南情 [N]. 海南日报, 2023-03-30 (B08).

[1386] 陈勇. 挖掘东坡文化资源 打造东坡文化学术国际交流平台——首届东坡文化高端国际论坛综述 [J]. 南海学刊, 2023, 9 (02): 135-136.

[1387] 赵鹏, 王硕. 海南: 挖掘东坡文化 擦亮文旅品牌 [N]. 人民日报海外版, 2023-03-16 (010).

[1388] 纪艳敏. 从《东坡提梁》来赏析提梁器的艺术美学之道 [J]. 陶瓷科学与艺术, 2023, 57 (03): 187.

[1389] 谭琳, 龚妍, 侯慧梅. "小小朝云"带你穿越千年领略茶文化 [N]. 惠州日报, 2023-03-13 (005).

[1390] 曹马志, 刘畅. 擦亮东坡文化金招牌 激发城市发展新活力 [N]. 海南日报, 2023-03-07 (A11).

[1391] 沈欣然. 东坡的平衡哲思 [J]. 新作文, 2023, (Z3): 14-16.

[1392] 金昌波, 刘晓惠. 东坡何曾辞琼州? [N]. 海南日报, 2023-02-20 (A04).

[1393] 刘晓惠, 王栩瑶. 绘出东坡文旅新画卷 [N]. 海南日报, 2023-02-19 (A04).

[1394] 陈蔚林. 海南万里真吾乡 [N]. 海南日报, 2023-02-19 (A04).

[1395] 刘晓惠, 王栩瑶. 东坡文化"烹"出海南味 [N]. 海南日报, 2023-02-19 (A04).

[1396]《东坡食源》[J]. 餐饮世界, 2023, (03): 32.

[1397] 河豚烧羊方. 2023东坡美食文化荟在海南省海口市启幕 [J]. 餐饮世界, 2023, (02): 16-28.

[1398] 吴娅婷, 李庆. 打造东坡庙会活动品牌 推动新春文旅市场回暖 [N]. 黄冈日报, 2023-01-29 (002).

[1399] 刘晓惠. 邂逅东坡 读懂海南 [N]. 海南日报, 2023-01-13 (A03).

[1400] 周慧惠. 一部古籍的万里归途——明刻套印本《东坡先生志林》流传史 [J]. 收藏家, 2023, (01): 105-109.

[1401] 陈越, 卞东波. 与少陵诗史同条共贯——施顾《注东坡先生诗》所载史事发微

[J]. 新宋学，2021，(00)：6–33.

[1402] 郑智维. 眉山三苏祠：守住三苏文化千年根脉 [J]. 民生周刊，2023，(23)：23–26.

[1403] 张勇林，郭望，周珊珊，等. “三苏”家风和石油精神石化传统的家国情怀共性探究——以中国石化西南石油局为例 [J]. 石油化工管理干部学院学报，2023，25 (04)：9–12.

[1404] 张蒙. 千年三苏文化焕发“朝气” [N]. 四川日报，2023–08–23 (008).

[1405] 朱颖涛，熊晓昙. 从故宫文创看眉山三苏祠博物馆文创产品的开发策略 [J]. 文物鉴定与鉴赏，2023，(15)：42–45.

[1406] 付远书. 四川眉山：“三苏”文化刷出更多存在感 [N]. 中国文化报，2023–08–08 (007).

[1407] 袁丽霞，王天雨. 牢记殷殷嘱托 传承发扬好三苏文化 [N]. 四川政协报，2023–07–20 (003).

[1408] 邱述学. 铜山三苏：北宋天空上的文化三星 [J]. 文史杂志，2023，(04)：113–115.

[1409] 汪洋. “三苏”蜀学在平面广告设计的应用浅析 [J]. 艺术市场，2023，(07)：98–99.

[1410] 王丁，任硌，车玉明，等. 从千年三苏祠感悟文化自信 [N]. 新华每日电讯，2023–06–10 (001).

[1411] 肖姗姗，成博，张蒙. 一天三场主题活动 从三苏家风看家国情怀 [N]. 四川日报，2023–06–09 (006).

[1412] 李婷，余如波. 在光影交错中感受三苏文化和三星堆魅力 [N]. 四川日报，2023–06–07 (006).

[1413] 韩冬. 四川：弘扬三苏文化 助力文化强省 [N]. 人民政协报，2023–05–19 (007).

[1414] 许然，谭伟. 眉山：传承“三苏”廉韵 掀起崇廉风尚 [J]. 廉政瞭望，2023，(09)：63–64.

[1415] 袁志敏. 三苏祠藏明《张愈严墓志铭碑》考释 [J]. 文史杂志，2023，(03)：114–118.

[1416] 曾晨，鲍进. “三苏”文化的产品化设计研究 [J]. 艺术品鉴，2023，(11)：78–81.

[1417] 眉山 弘扬三苏家风 涵养清风正气 [J]. 中国纪检监察，2023，(08)：65.

[1418] 李刚. 苏门文人咏梅酬唱诗探微 [J]. 中国诗歌研究，2023，(01)：77–89.

[1419] 丁苑容. 统编版高中语文教材苏轼选文教学研究 [D]. 阜阳师范大学，2023.

[1420] 杨潇. 三苏治吏策略的传承与转换 [J]. 宋代文化研究，2021，(00)：21-51.

[1421] 陆兰兰. 例谈拓展学习活动设计 [J]. 中学语文，2023，(28)：95-96.

[1422] 邴启红. 情境化阅读教学的落实与思考 [J]. 中学语文教学参考，2023，(15)：39-40.

[1423] 王俊杰. 古诗词教学的守正之路 [J]. 教育研究与评论（中学教育教学），2023，(08)：37-40.

[1424] 李瑞珩，杨筱哲，张晶婷. 以诗教人，以情动人，以美育人，以文化人——应用型高校大学语文课程思政教学实践研究 [J]. 汉字文化，2023，(22)：47-49.

[1425] 张燕. 古诗文教学"拓展阅读"的实践路径 [J]. 语文世界（小学生之窗），2023，(12)：40.

[1426] 秦明洋. "1+X"群文阅读：让古诗文教学走向深度文化理解 [J]. 新阅读，2023，(07)：72-74.

[1427] 黄浩然. 课堂翻转与文本精读——以本科选修课程"唐宋词研究"为例 [J]. 文教资料，2023，(12)：164-167.

[1428] 徐晴. 新文创背景下的文化名人IP形象设计与传播途径研究——以苏东坡为例 [D]. 南京林业大学，2023.

[1429] 小二田章.试论时间维度层面的"大宋史"——以知杭州苏轼为例 [A]. 宋学研究，2022.

[1430] 洪丽玫. 苏轼黄州时期田园诗试探——以东坡八首为主要素材 [J]. 艺见学刊，2022，(23).

[1431] 洪丽玫. 论苏轼对熙宁变法之评议——以《吴中田妇叹》及《山村五绝》二首为素材 [J]. 艺见学刊. 2023，(25).

[1432] 蔡叔珍. 从诗话观论苏轼《饮湖上初晴后雨》二首 [J]. 问学，2022，(26).

[1433] 罗奇伟. 最温柔的艺术——苏轼《答秦太虚书七首其一》赏析 [J]. 华人文化研究，2022，10 (01).

[1434] 萧丽华. 反闻自性：东坡诗的声音世界 [J]. 佛光人文学报，2023，(06)：129-158.

[1435] 许淑惠. 清初宗唐诗话中的苏、黄诗接受 [J]. 高雄师大国文学报，2023，(37).

[1436] 杜承书. 论苏轼之管理经营策略——以《汉高帝论》《魏武帝论》为例 [J]. 东吴中文线上学术论文，2023，(59)：1-16.

[1437] 袁承维. 从《东坡易传》看苏轼的思维模式和变法观 [J]. 政治科学论丛 ，

2023，(95).

[1438] 陈芃杉．苏轼诗作与诗经关系之研究 [D]．硕士学位，高雄师范大学经学研究所，2022.

[1439] 陈氏妙贤．苏轼哲学思维："识学"如何创造事实？[D]．博士学位，东华大学中国语文学系，2022.

[1440] 黄怡华．苏轼及其作品文创化研究 [D]．硕士学位，屏东大学中国语文学系硕士班，2022.

[1441] 郎锋．君子处世哲学研究——以苏轼与王巩交往为例 [D]．硕士学位，屏东大学，2023.

[1442] 杨雅雯．苏轼密州时期诗词研究 [D]．硕士学位，台湾师范大学国文学系国文教学硕士在职专班，2022.

[1443] 黄惠铃．东坡黄州词的时空书写 [D]．硕士学位，台湾大学中国文学系，2023.

[1444] 赵唯净．东坡徐州词研究 [D]．硕士学位，台湾大学中国文学研究所，2022.

[1445] 刘昱良．苏辛牡丹诗词研究 [D]．硕士学位，东吴大学中国文学系，2022.

[1446] 罗昌繁．北宋奉敕功臣碑志的创作矛盾与张力——兼论苏轼《司马温公神道碑》变体成因 [J]．中国文化研究所学报，2022，(75)：37-80.

[1447] 廖玉洁．论惠儋时期苏轼以尺牍参政 [J]．岭南学报（第十八辑），2023，(02)：135-160.

2022—2023年苏轼研究著作索引

[1]（宋）苏轼等著．宋词三百首［M］．北京：中译出版社，2022.

[2]（宋）苏轼书．宋四家尺牍书法·苏轼［M］．杭州：西泠印社出版社，2022.

[3]（宋）苏轼书．苏轼书法集［M］．杭州：西泠印社出版社，2022.

[4]（宋）苏轼著；（明）陈荣选辑校；王全点校．宋苏文忠公居儋录［M］．海口：海南出版社，2022.

[5]（宋）苏轼著．苏轼散文［M］．天津：百花文艺出版社，2022.

[6]（宋）苏轼著；张春媚注评．东坡乐府［M］．武汉：崇文书局，2022.

[7]（宋）苏轼著；朱刚导读．东坡集［M］．西安：三秦出版社，2022.

[8]（宋）苏轼著．苏轼诗文选［M］．沈阳：辽宁民族出版社，2022.

[9]（宋）苏轼撰．明刻本东坡题跋［M］．北京：书法出版社，2022.

[10]《中外名人传记》编委会编著．苏轼［M］．合肥：黄山书社，2022.

[11] 爱华文著．少年读苏东坡：经典插图珍藏本［M］．北京：团结出版社，2022.

[12] 白凝著．苏东坡传：此心安处是吾乡［M］．沈阳：辽宁人民出版社，2022.

[13] 陈志平，方星移主编．东坡文化概论：以黄州为中心［M］．长沙：湖南师范大学出版社，2022.

[14] 古潮编著．苏轼：人间惊鸿客［M］．武汉：长江出版社，2022.

[15] 故宫博物院编．苏东坡书法全集［M］．青岛：青岛出版社 北京：故宫出版社，2022.

[16] 郭晔旻著．和苏东坡一起吃饭［M］．杭州：浙江大学出版社，2022.

[17] 海南省旅游和文化广电体育厅主编．东坡文化与海南自由贸易港：第三届苏学研究高端论坛暨第五届东坡居儋思想文化研讨会论文集［M］．北京：学苑出版社，2022.

[18] 河南美术出版社编．苏轼《寒食诗帖》唯美范字［M］．郑州：河南美术出版社，2022.

[19] 刘清泉，胡先酉著．三苏教育名篇注评［M］．成都：巴蜀书社，2022.

[20] 湖山书画编．苏轼 李白仙诗卷［M］．杭州：浙江人民美术出版社，2022.

［21］黄霖，陈维昭，周兴陆主编；樊庆彦辑著．苏轼诗文汇评［M］．南京：凤凰出版社，2022.

［22］黄启方著．人间有味是清欢：东坡肉、元脩菜、真一酒，苏轼的饮食生命史［M］．新北：台湾商务印书馆股份有限公司，2022.

［23］吉国瑞著．苏东坡：不孤独的美食家［M］．西安：陕西人民出版社，2022.

［24］江锦世主编．中国历代书法名家作品集字：苏轼·千字文［M］．北京：人民美术出版社，2022.

［25］江锦世主编．中国历代书法名家作品集字：苏轼·唐诗［M］．北京：人民美术出版社，2022.

［26］江吟主编．苏轼行书五种［M］．杭州：西泠印社出版社，2022.

［27］蒋蓝，邵永义著．母仪若水润三苏：苏母传［M］．北京：中国书籍出版社，2022.

［28］金开诚主编；佟雪编著．中国文化知识读本：文坛全才——苏轼［M］．长春：吉林文史出版社，2022.

［29］刘鹤翔著．湖山公案：苏轼游踪与北宋书法空间［M］．北京：中国社会科学出版社，2022.

［30］罗锡清编．过年写春联：苏轼行书［M］．郑州：河南美术出版社，2022.

［31］马文戈著．苏轼雅趣：花有清香月有阴［M］．北京：团结出版社，2022.

［32］眉山三苏祠博物馆主编．东坡教育思想与书院文化研究专辑［M］．北京：世界知识出版社，2022.

［33］眉山三苏祠博物馆主编．苏东坡与宋代生活审美研究专辑［M］．北京：世界知识出版社，2022.

［34］眉山三苏祠博物馆主编．苏轼书法与绘画研究专辑［M］．北京：世界知识出版社，2022.

［35］眉山市东坡区党史研究和地方志编纂中心编．东坡年鉴（2021）［M］．成都：成都时代出版社，2022.

［36］眉山市东坡区党史研究和地方志编纂中心编．东坡年鉴（2022）［M］．北京：方志出版社，2022.

［37］孟祥静编．苏轼：一蓑烟雨任平生［M］．北京：台海出版社，2022.

［38］乔云峰著．密州苏轼文化研究论集［M］．北京：团结出版社，2022.

［39］庆振轩著．苏轼研究论稿［M］．北京：中国社会科学出版社，2022.

［40］饶学刚著．苏东坡在黄州［M］．武汉：武汉大学出版社，2022.

［41］施淑婷著．苏轼迁谪文学与佛禅之关系［M］．台北：新文丰出版股份有限公司，2022.

［42］四川省诗书画院主编．高山仰止 回望东坡：当代名家书画展作品集［M］．成都：

四川美术出版社，2022.

［43］苏轼著．苏轼集：全彩古典名画珍藏本［M］．武汉：崇文书局，2022.

［44］苏轼著；张春媚注评．东坡乐府［M］．武汉：崇文书局，2022.

［45］苏轼著；周裕锴解读．苏轼集：节选［M］．北京：国家图书馆出版社，2022.

［46］苏淑芬著．有一种豁达，叫“苏东坡”［M］．台北：时报文化出版企业股份有限公司，2022.

［47］孙建勇著．人人都爱苏东坡［M］．武汉：长江出版社，2022.

［48］孙善春著．见东坡：读《黄州寒食诗帖》［M］．杭州：浙江人民美术出版社，2022.

［49］王水照著．苏轼［M］．台北：万卷楼图书股份有限公司，2022.

［50］王志平，刘灿辉著．苏东坡书画艺术赏析［M］．哈尔滨：黑龙江美术出版社，2022.

［51］为你读诗主编；湘人彭二著；符殊绘．人生如逆旅，幸好还有苏轼［M］．长沙：湖南文艺出版社，2022.

［52］夏钦著．苏东坡密码［M］．昆明：云南美术出版社，2022.

［53］小学古诗研学社编著；番麦绘图．古诗就该这样学（9）：苏轼与《题西林壁》［M］．北京：开明出版社，2022.

［54］徐宁著；润松，冯小果绘．璀璨星空——最伟大的诗人（3）：苏轼——一蓑烟雨任平生［M］．西安：西安出版社，2022.

［55］徐萍，刘金科主编．苏轼税收思想与实践［M］．北京：中国税务出版社，2022.

［56］薛元明编著．历代名家尺牍精粹·苏轼尺牍［M］．郑州：河南美术出版社，2022.

［57］于魁荣编集．苏轼行书集唐诗［M］．北京：中国书店出版社，2022.

［58］余红艳等著．三苏教育思想研究［M］．成都：巴蜀书社，2022.

［59］张民主编．三苏作品选读［M］．成都：四川大学出版社有限公司，2022.

［60］张星云等著．苏东坡地理［M］．北京：生活·读书·新知三联书店，2022.

［61］赵霞编；北视国绘．苏东坡［M］．杭州：浙江人民美术出版社，2022.

［62］郑洪，舒海涛译注．《东坡养生集》白话解［M］．北京：人民卫生出版社，2022.

［63］上海书画出版社．中国碑帖名品（二编）：苏轼·洞庭春色赋·中山松醪赋［M］．上海：上海书画出版社，2022.

［64］中国人民政治协商会议陕西省宝鸡市凤翔区委员会编．凤翔文史资料（第四十七辑）：苏轼初仕凤翔府［M］．西安：西安出版社，2022.

［65］朱刚著．阅读苏轼［M］．北京：北京大学出版社，2022.

［66］朱虹，曹雯芹著．苏东坡画传［M］．南昌：江西美术出版社，2022.

[67] 朱嘉雯著．苏东坡：竹杖芒鞋轻胜马，笑看人生的大文豪［M］．台北：五南图书出版股份有限公司，2022.

[68] 朱瑞昌著．东坡泡菜与东坡文化［M］．成都：四川民族出版社，2022.

[69]（宋）施元之，（宋）顾禧，（宋）施宿编注．注东坡先生诗［M］.桂林：广西师范大学出版社，2023.

[70]（宋）苏轼等著；杨帆编译；张真修订．豪放词［M］．沈阳：万卷出版有限责任公司，2023.

[71]（宋）苏轼著；（宋）施元之，（宋）顾禧注；（清）莫友芝批．莫有芝批施注苏诗［M］．广西：广西师范大学出版社，2023.

[72]（宋）苏轼著；夏华等编译；王祥修订．东坡集［M］．沈阳：万卷出版有限责任公司，2023.

[73]（宋）苏轼著；许渊冲译．总要旷达：许渊冲译苏轼诗词［M］.北京：北京联合出版公司，2023.

[74]（宋）苏轼撰．东坡志林［M］．扬州：广陵书社，2023.

[75]（宋）苏轼撰；徐新韵译注．东坡书画论译注［M］．上海：上海书画出版社，2023.

[76]（宋）苏轼撰；周啸天编．苏轼诗词编［M］．成都：四川人民出版社，2023.

[77]（宋）苏轼撰；（宋）施元之，（宋）顾禧注．施注苏诗：典藏版［M］.杭州：浙江大学出版社，2023.

[78]（唐）王勃撰；班志铭编著．宋苏轼书滕王阁序：历代名家名文墨迹选［M］．哈尔滨：黑龙江美术出版社，2023.

[79] 蔡先金著．超以象外：苏轼书法理论阐释［M］．上海：上海三联书店，2023.

[80] 曾枣庄，曾涛选注．三苏诗词选［M］．成都：巴蜀书社，2023.

[81] 曾枣庄，曾涛选注．三苏文选［M］．成都：巴蜀书社，2023.

[82] 曾枣庄选注．三苏文艺理论作品选注［M］．成都：巴蜀书社，2023.

[83] 曾枣庄编著．苏轼评传［M］．成都：巴蜀书社，2023.

[84] 常迎春，兰川著；青豆书坊出品．语文书里的大诗人：苏轼的故事［M］．长沙：湖南教育出版社，2023.

[85] 陈鹏著．东坡有佳作：The secret in Su dongpo's poems［M］.成都：四川人民出版社，2023.

[86] 陈绥之著．苏东坡：至真至性自流芳［M］．北京：团结出版社，2023.

[87] 陈舞雩著．诗酒趁年华：苏轼传［M］．成都：四川文艺出版社，2023.

[88] 川观新闻主编．品味东坡［M］．成都：四川人民出版社，2023.

[89] 崔铭著. 课读经典8：15讲精读苏轼 [M]. 上海：复旦大学出版社，2023.

[90] 崔铭著. 天才亦全才：文豪苏轼 [M]. 北京：中国少年儿童新闻出版总社，2023.

[91] 邓心强，李贞主编. 大学生苏轼诗词文诵读精选 [M]. 徐州：中国矿业大学出版社有限责任公司，2023.

[92] 方志远著. 何处不归鸿：苏轼传 [M]. 桂林：广西师范大学出版社，2023.

[93] 封面新闻编著. 寻路东坡 [M]. 成都：四川人民出版社，2023.

[94] 顾随著. 稼轩词说 东坡词说 [M]. 北京：人民文学出版社，2023.

[95] 郭瑞祥著. 苏轼的朋友圈 [M]. 长沙：岳麓书社，2023.

[96] 郭杏芳等编著. 东坡文化与黄州 [M]. 武汉：华中科技大学出版社，2023.

[97] 寒松著. 人间有味是清欢：苏东坡传 [M]. 北京：光明日报出版社，2023.

[98] 洪亮著. 苏轼全传 [M]. 北京：北京联合出版公司，2023.

[99] 胡翔龙编著. 苏轼黄州寒食诗帖 [M]. 南昌：江西美术出版社，2023.

[100] 黄鸣，陈珂岚，刘恬著. 少年读苏东坡 [M]. 北京：台海出版社，2023.

[101] 姜红雨，马大勇选注. 苏轼词选 [M]. 北京：中华书局，2023.

[102] 姜岚著. 乐天文豪苏东坡：且将诗酒趁年华 [M]. 北京：中国书籍出版社，2023.

[103] 蒋蓝著. 苏东坡辞典 [M]. 成都：四川人民出版社，2023.

[104] 蒋利著. "三苏"文化中的音乐元素研究 [M]. 长春：吉林文史出版社，2023.

[105] 孔凡礼撰. 三苏年谱 [M]. 北京：中华书局，2023.

[106] 李公羽编著. 东坡食源 [M]. 海口：海南出版社，2023.

[107] 李国伦著；韩昊绘. 苏东坡诗词创作百图：诗词图赏析 [M]. 石家庄：河北美术出版社，2023.

[108] 李凯主编. 苏轼选集汇编 [M]. 成都：巴蜀书社，2023.

[109] 李林著. 苏东坡与黄州 [M]. 武汉：武汉大学出版社，2023.

[110] 李志丹著. 苏轼正体书法探析 [M]. 南京：江苏凤凰美术出版社，2023.

[111] 历史的囚徒著. 5分钟爆笑诗词·苏轼篇 [M]. 长沙：湖南文艺出版社，2023.

[112] 郦波著. 眉州三苏：苏洵、苏轼与苏辙的人生故事 [M]. 成都：四川人民出版社，2023.

[113] 梁玉梅著. 此心安处是吾乡：苏轼 [M]. 北京：中国书籍出版社，2023.

[114] 刘传铭著. 苏东坡大传 [M]. 海口：海南出版社，2023.

[115] 刘小川，刘寅著. 三苏家风 [M]. 北京：中国青年出版社，2023.

[116] 刘小川著. 刘小川读苏轼 [M]. 北京：商务印书馆，2023.

[117] 刘小川著. 苏东坡传：诗酒趁年华，烟雨任平生 [M]. 成都：四川文艺出版社，2023.

[118] 张海君，芦军编著．立秋的东坡肉［M］．西安：西安地图出版社，2023.

[119] 马浩著．理解苏东坡［M］．桂林：广西师范大学出版社，2023.

[120] 莫砺锋著．漫话东坡［M］.南京：凤凰出版社，2023.

[121] 慕容素衣著．苏东坡传［M］．北京：民主与建设出版社，2023.

[122] 南熊编著．跟着大诗人 读通古诗词：苏轼的远游［M］．北京：化学工业出版社，2023.

[123] 彭文良著．东坡魅力［M］．上海：上海古籍出版社，2023.

[124] 申维著．苏东坡传［M］．北京：北京燕山出版社 2023.

[125] 水姐著．苏东坡万有应用商店［M］．长沙：岳麓书社，2023.

[126] 司马一民著．苏东坡：前生我已到杭州［M］．杭州：浙江教育出版社，2023.

[127] 苏轼书．宋苏轼寒食诗帖 前赤壁赋［M］．杭州：西泠印社出版社，2023.

[128] 万君著．苏轼：闪亮的摩羯星［M］．北京：人民日报出版社，2023.

[129] 王尚文著．东坡心耕录［M］．上海：上海教育出版社，2023.

[130] 王水照著．苏东坡和他的世界［M］．北京：中华书局，2023.

[131] 王亚著．十个苏东坡［M］．西安：陕西师范大学出版总社，2023.

[132] 王一楠著．同绘赤壁：与苏轼有关的图像记忆［M］．杭州：浙江人民美术出版社，2023.

[133] 王占峰著．走近苏轼［M］．合肥：黄山书社，2023.

[134] 王兆胜，王子罕著．少年读苏东坡［M］．青岛：青岛出版社，2023.

[135] 我是不白吃著．漫画苏东坡传［M］．长沙：湖南文艺出版社，2023.

[136] 吴洪泽主编．三苏年谱丛刊［M］．成都：巴蜀书社，2023.

[137] 吴牧宸著．苏东坡全传［M］．北京：台海出版社，2023.

[138] 吴雪涛辑纂.东坡轶事集成：The integration of Dongpo's anecdotes［M］．石家庄：河北人民出版社，2023.

[139] 夏建国著．苏东坡：扁舟越大江［M］．武汉：湖北人民出版社，2023.

[140] 徐棻著．苏东坡（典藏版）［M］．成都：四川人民出版社，2023.

[141] 徐华著．苏轼文学作品的英译与传播［M］．北京：社会科学文献出版社，2023.

[142] 徐煜编．苏轼事略广钞［M］．杭州：西泠印社出版社，2023.

[143] 薛瑞生注评．苏东坡词全集注评［M］．北京：人民文学出版社，2023.

[144] 叶嘉莹著．叶嘉莹论苏轼词［M］．成都：四川人民出版社，2023.

[145] 余闲著．小米多诗词王国漫游记：苏轼［M］．沈阳：辽宁人民出版社，2023.

[146] 张海著．借古开今——张海书唐宋八大家诗：苏轼 苏辙［M］．郑州：河南美术出版社，2023.

［147］张吉宙撰文；尚笑绘画．苏轼［M］．青岛：青岛出版社，2023.

［148］张建庭主编；杭州西湖博物馆总馆编．西湖学论丛·苏轼与西湖专辑［M］．杭州：杭州出版社，2023.

［149］张觅著．苏东坡传：一蓑烟雨任平生［M］．北京：民主与建设出版社，2023.

［150］张胜兵．周檀著．给孩子看的苏轼传［M］．成都：四川少年儿童出版社，2023.

［151］赵海峰著．成为苏东坡：Become Su Dongpo［M］．北京：人民文学出版社，2023.

［152］郑培凯著．烟雨任平生：郑培凯讲苏轼［M］．长沙：湖南文艺出版社，2023.

［153］周璇著．音乐艺术与苏轼音乐美学思想研究［M］．北京：九州出版社，2023.

［154］朱天曙主编．苏轼墨迹（续）［M］．郑州：河南美术出版社，2023.

［155］子金山著．苏东坡［M］．北京：华龄出版社，2023.

［156］王水照．王水照文集（第三卷）：苏轼研究［M］．上海：上海古籍出版社，2023.

［157］王水照．王水照文集（第四卷）：苏轼选集［M］．上海：上海古籍出版社，2023.

［158］王水照．王水照文集（第五卷）：苏轼传稿 王水照说苏东坡［M］．上海：上海古籍出版社，2023.

［159］（宋）苏轼书．北宋苏轼：黄州寒食诗帖·赤壁赋·洞庭春色赋·中山松醪赋［M］．北京：人民美术出版社，2023.

［160］风哥编著；杨雪霜绘．漫画小古文（7）：苏轼初游西湖为什么生气？［M］．广州：花城出版社，2023.

［161］学而思网校教研中心主编．宋人与宋诗词（1—2）：苏轼［M］．成都：天地出版社，2023.

［162］金生杨主编．三苏后裔著述合集［M］．成都：巴蜀书社，2023.

［163］陈仲文主编；翟晓楠编著．中国有三苏：三苏家风家教（小学版）［M］．成都：四川教育出版社，2023.

［164］陈仲文主编；翟晓楠编著．中国有三苏：三苏家风家教（初中版）［M］．成都：四川教育出版社，2023.

［165］李勇先主编．巴蜀珍本丛书集成［M］．成都：巴蜀书社，2022.

［166］眉山东坡老家文旅传媒有限公司，眉山功夫动漫文化有限公司编著．少年苏东坡传奇：小小美食家［M］．成都：四川少年儿童出版社，2023.

［167］眉山东坡老家文旅传媒有限公司，眉山功夫动漫文化有限公司编著．少年苏东坡传奇：我是大侦探［M］．成都：四川少年儿童出版社，2023.

［168］眉山东坡老家文旅传媒有限公司，眉山功夫动漫文化有限公司编著．少年苏东坡传奇：少年大智慧［M］．成都：四川少年儿童出版社，2023.

［169］眉山东坡老家文旅传媒有限公司，眉山功夫动漫文化有限公司编著．少年苏东坡

传奇：智勇破困局［M］. 成都：四川少年儿童出版社，2023.

［170］眉山东坡老家文旅传媒有限公司，眉山功夫动漫文化有限公司编著. 少年苏东坡传奇：妙计平风波［M］. 成都：四川少年儿童出版社，2023.

［171］眉山东坡老家文旅传媒有限公司，眉山功夫动漫文化有限公司编著. 少年苏东坡传奇：思学终有成［M］. 成都：四川少年儿童出版社，2023.

［172］眉山东坡老家文旅传媒有限公司，眉山功夫动漫文化有限公司编著. 少年苏东坡传奇：书斋二三事［M］. 成都：四川少年儿童出版社，2023.

［173］眉山东坡老家文旅传媒有限公司，眉山功夫动漫文化有限公司编著. 少年苏东坡传奇：妙招解难题 ［M］. 成都：四川少年儿童出版社，2023.

［174］眉山东坡老家文旅传媒有限公司，眉山功夫动漫文化有限公司编著. 少年苏东坡传奇：巧思化危机［M］. 成都：四川少年儿童出版社，2023.

［175］眉山东坡老家文旅传媒有限公司，眉山功夫动漫文化有限公司编著. 少年苏东坡传奇：少年斗智记［M］. 成都：四川少年儿童出版社，2023.

［176］施淑婷. 苏轼迁谪文学与佛禅之关系［M］. 台北：新文丰出版股份有限公司，2022.

［177］江惜美. 苏轼思想专题论集［M］. 台北：天空数位图书出版社，2022.

［178］黄启方. 人间有味是清欢［M］. 台北. 台湾商务印书馆股份有限公司，2022.

［179］邓瑞卿. 苏轼神仙吟咏诗的文学意涵与价值［M］. 新北：花木兰文化事业有限公司，2023.

［180］陆雪卉. 苏轼寺院作品研究［M］. 新北：花木兰文化事业有限公司，2023.

［181］洪丽玫. 苏轼谪黄时期之境界发展研究：以舟与松竹之意象为中心［M］. 台北：台湾学生书局，2023.

［182］司聃. 苏轼［M］. 北京：中华书局，2020.

［183］湘人彭二. 人生要舒适，就来读苏轼［M］. 新北：好的文化，2022.

［184］周纲. 苏轼九章［M］. 成都：四川文艺出版社，2014.

［185］刘昭明. 苏轼论集［M］. 高雄：中山大学宋代文学史料研究室，2023.

［186］邓子勉. 新译苏轼诗选［M］. 台北：三民书局，2023.

［187］陈香. 东坡与放翁：两宋诗人小传［M］. 台北：国家出版社，2023.

［188］费勇. 这仅有一次的人生，一定要读苏东坡［M］. 台北：大是文化有限公司，2023.

［189］费勇. 人生烦恼多，只因未读苏东坡［M］. 台北：大是文化有限公司，2023.

［190］李一冰. 苏东坡新传［M］. 新北：联经出版事业股份有限公司，2023.

［191］苏轼. 东坡题跋［M］. 新北：广文书局有限公司，2022.

［192］朱嘉雯．苏东坡：竹杖芒鞋轻胜马，笑看人生的大文豪［M］．台北：五南图书出版股份有限公司，2022.

［193］陈洪岭．简墨品读书法名家：东坡“画字”、山谷“描字”、蔡襄“勒字”［M］．台北：崧烨文化事业有限公司，2022.

［194］黄小珠．《东坡易传》与苏轼思想研究［M］．新北：花木兰文化事业有限公司，2022.

［195］萧丽华．诗·茶·禅：东坡诗禅与茶禅［M］．台北：新文丰出版公司，2023.

［196］周鄞．今天聊苏东坡［M］．高雄：悦书房，2023.

［197］吉国瑞．不孤独的美食家苏东坡［M］．台北：日出出版，2023.

［198］简维仪．《东坡诗话》析探［M］．新北：花木兰文化出版社，2022.

［199］祝勇．讲给孩子的故宫：又见苏东坡［M］．北京：天天出版社，2021.

国外苏轼研究论著索引

国外苏轼研究论著索引采用与国内论著索引不同的体例，目的是尽可能保留国外文献的著录信息，便于学者查找原始文献。我们采取了外文名称和中文翻译同时呈现的形式。英语世界与韩国部分由陈庆翻译，日本部分由王睿翻译。不当之处，恳请方家指正。

英语世界

一

序号	作者（国外高校）	题目	发表期刊/出版社	发表时间/刊期
1	Peter C. Sturman	宋代文人的题跋实践：重访苏轼的古树、石头和竹子 Inscriptional Practices of the Song Literati: Revisiting Su Shi's Old Tree, Rock, and Bamboo	亚洲艺术档案 Archives of Asian Art	2022（1）
2	Ronald Egan	兄与弟：苏轼与苏辙 Older and Younger Brothers: Su Shi and Su Zhe	中国历史学刊 Journal of Chinese History	2022（2）
3	Xiao Rao	禅之伪装下的戏谑：苏轼轶事与对话录 Humor under the Guise of Chan: Stories of Su Shi and Encounter Dialogues	美国东方学会期刊 Journal of the American Oriental Society	2022（2）
4	Lili Xia	作为异托邦的仇池：苏轼的另一空间 Qiuchi as Heterotopia: The Other Space for Su Shi	美国东方学会期刊 Journal of the American Oriental Society	2022（1）
5	Kanghun Ahn	成为竹子：从德勒兹的角度重新评估苏轼的绘画理论 Becoming bamboo: Reassessing Su Shi's painting theory from Deleuze's angle	哲学论坛 The Philosophical Forum	2023（3）

续表

序号	作者（国外高校）	题目	发表期刊/出版社	发表时间/刊期
6	Qiuyu Jin Sunil Manghani	苏轼梦幻机器：筹备展览的笔记 Dongpo dream machine: notes towards an exhibition	视觉艺术实践期刊 Journal of Visual Art Practice	2023（4）
7	Rebeca Font	绘画与书法：表面、主题与苏轼 Drawing facing calligraphy: surface, subject and Su Shi	视觉艺术实践期刊 Journal of Visual Art Practice	2023（4）
8	Benjamin Ridgway	苏轼《赤壁赋》中呈现的环境神秘感：文字与图像中的生态批评寓言 Encountering the environmental uncanny in Su Shi's Rhapsodies on the Red Cliff: An ecocritical parable in text and image	后中世纪 Postmedieval	2023（1）
9	Gillian Yanzhuang Zhang	替代物：1101年至1700年苏轼雪浪石的真伪 Substitutional Objects: The Authenticity of Su Shi's Snowy Wave Stone from 1101 to 1700	理解中国文化遗产的真实性 Understanding Authenticity in Chinese Cultural Heritage	2023

二

序号	作者（国内高校）	题目	发表期刊/出版社	发表时间/刊期
1	Zhenhao Zhong	两种不同翻译行为下中国诗歌翻译中的创造性背离 Creative treason in Chinese poetry translation within two different translation behaviours	处于十字路口的翻译与口译 Translation and Interpreting at Crossroads	2022（2）

续表

序号	作者（国内高校）	题目	发表期刊/出版社	发表时间/刊期
2	Deng Shuang, Wang Feng	在“求真求美”的翻译者行为下对苏轼宋词英文翻译之比较——以徐和华生的译文为例 A Comparison of English Translations of Su Shi's Song Ci Poetry under the "Truth-Seeking-Beauty-Attaining" Translator Behavior Continuum - Xu's and Watson's translations as examples	国际英语文学与社会科学期刊 International Journal of English Literature and Social Sciences	2022（2）
3	Weili Li, Lanting Zheng, Yue Xiao, Liangchao Li, Ning Wang, Zhenming Che, Tao Wu	使用电子鼻和GC×GC-MS技术揭示东坡肉在生产过程中的香气动力学 Insight into the aroma dynamics of Dongpo pork dish throughout the production process using electronic nose and GC×GC-MS	食品科学与技术 LWT	2022（1）
4	Yantong Liu	苏轼晚年哲学与文学思想的相互影响 The Interplay of Philosophical and Literary Thought in Su Shi's Later Years	2022年第八届国际人文社会科学研究会议论文集（ICHSSR 2022） Proceedings of the 2022 8th International Conference on Humanities and Social Science Research (ICHSSR 2022)	2022.6

续表

序号	作者（国内高校）	题目	发表期刊/出版社	发表时间/刊期
5	Meihwa Zhou, Minhwa Zhou	湖北省黄冈市的中国传统艺术建筑“东坡赤壁” Chinese Traditional Art Architecture of “Dongpo Red Cliff” in Huanggang, Hubei Province	2022年国际公共管理、数字经济和互联网技术会议（ICPDI 2022） 2022 International Conference on Public Management, Digital Economy and Internet Technology （ICPDI 2022）	2022.9
6	Shu Liu	使用R语言和Ucinet以及Citespace软件对苏轼文学数据库进行视觉分析 Visual Analysis of Su Shi Literature Database in Programming with R Language and Ucinet and Citespace Software	2022年第四届国际软件工程与开发会议论文集（ICSED 2022） Proceedings of the 2022 4th International Conference on Software Engineering and Development （ICSED 2022）	2022.11
7	Xihou Ji, Kejun Xia	平淡之美的辩证法：苏轼美学的当代性 Dialectics of blandness: the contemporaneity of Su Shi's aesthetics	视觉艺术实践期刊 Journal of Visual Art Practice	2023（4）
8	Wenke Sun	视线中的“未思之想”：透过苏轼、留白以及艺术实践的调查 The ‘unthought’ of gaze: an investigation through Su Shi, *Liubai* and art practice	视觉艺术实践期刊 Journal of Visual Art Practice	2023（4）

续表

序号	作者（国内高校）	题目	发表期刊/出版社	发表时间/刊期
9	Qiqi Wang	苏轼诗歌中的佛教含义 The Buddhist Implications in Su Shi's Poems	2023年第九届国际人文社会科学研究会议论文集（ICHSSR 2023）Proceedings of the 2023 9th International Conference on Humanities and Social Science Research（ICHSSR 2023）	2023.9
10	Yixin Zhang, Ting Huang	离别中苏东坡的转变分析 Analysis of Su Dongpo's Transformation in Separation	2023年第五届国际文学、艺术与人类发展会议论文集（ICLAHD 2023）Proceedings of the 2023 5th International Conference on Literature, Art and Human Development（ICLAHD 2023）	2023.12

韩 国

序号	作者	题目	发表期刊/出版社	发表时间/刊期
1	康交希 강교희	《苏轼易传》所见苏轼文艺理论之自然观考察 『소씨역전（蘇氏易傳）』을 통한 소식（蘇軾） 문예 이론의 자연관 고찰	东洋古典研究 동양고전연구	2022 （89）
2	金翠贞 김취정	民画对苏东坡《赤壁赋》的接受模式考察 소동파（蘇東坡）적벽부（赤壁賦）의 민화적 수용 양상 고찰	韩国民画 한국민화	2022 （16）
3	金甫暻 김보경	《朝鲜王朝实录》中有关苏轼之记载的勘误及补足 《朝鮮王朝實錄》蘇軾 관련 기사 勘誤 및 補足	中国语文论丛 중국어문논총	2022 （111）
4	金甫暻 김보경	《朝鲜王朝实录》中的苏轼及其诗文 《朝鮮王朝實錄》 속 蘇軾과 그의 詩文	中国文学 중국문학	2022 （112）
5	김울림 （金郁林）	元代复古主义及苏东坡形象 원대元代 복고주의와 소동파蘇東坡 이미지	人文科学研究 인문과학연구	2022 （34）
6	李国镇 이국진	“空山无人，水流花开”的含义及在韩国的接受 ‘空山無人，水流花開’의 의미와 한국에서의 수용 양상	东方汉文学 동방한문학	2022 （93）
7	柳素真 류소진	《蚕头录》中呈现的朝鲜文人之“赤壁船游”文化以及《蚕头录》的意义 『蠶頭錄』에 나타난 조선 문인들의 ‘赤壁船遊’문화와『蠶頭錄』의 의의	中国语文学志 중국어문학지	2022 （79）

续表

序号	作者	题目	发表期刊/出版社	发表时间/刊期
8	柳素真 류소진	姜希孟的诗对苏轼的接受模式 姜希孟 詩의 蘇軾 수용 양상	中国语文学志 중국어문학지	2022 (80)
9	裴圭范 池水涌 배규범 지수용	韩国苏轼研究史检讨——以2000年以后为中心 韓國에서 進行된 蘇軾 研究史 檢討 – 2000년 이후를 중심으로	人文学研究인문학연구	2022 (52)
10	秦钟元 진종원	朱熹的格致佛教理解——聚焦僧肇、苏轼、湖湘学的“动中静” 주희의 격의불교 이해 –승조，소식，호상학의 ‘동중정（動中靜）’을 중심으로–	泰东古典研究 태동고전연구	2022 (49)
11	秦钟元 진종원	苏轼、苏辙与湖湘学之本质论的相似性考察 소식 소철과 호상학 사이의 본성론에 관한 유사성 검토	退溪学报 퇴계학보	2022 (152)
12	吴侑耿 오유경	芸阁笔书体字本《四大家文抄》的编排体系及影响研究——聚焦朝鲜刊本唐宋八大家相关文选集 운각필서체자본 『四大家文抄』의 편성 체계와 영향관계에 관한 검토 – 조선에서 간행한 당송팔대가 관련 문선집을 중심으로–	书志学研究 서지학연구	2022 (89)
13	禹罗映 우나영	归有光选辑《唐宋四大家文选》研究 歸有光 選輯 『唐宋四大家文選』에 대한 연구	奎章阁 규장각	2022 (60)
14	张椿锡 장춘석	苏东坡诗文中蕴含的佛教之缘起与无我思想 소동파 시문에 담긴 불교의 緣起와 無我 사상	中国文化研究 중국문화연구	2022 (58)
15	车荣益 차영익	苏轼《东坡易传》之以庄解易特征研究——以郭象的无心为中心 蘇軾 『東坡易傳』의 이장해역（以莊解易）적 특징 연구 — 郭象의 無心을 중심으로	中国文化研究 중국문화연구	2023 (61)

续表

序号	作者	题目	发表期刊/出版社	发表时间/刊期
16	车荣益 차영익	苏轼黄州时期诗文中呈现的周易式思考——以变易与不易为中心 蘇軾의 黃州시기 詩文에 나타난 周易적 사고 — 變易과 不易을 중심으로	韩国学论丛 중국학논총	2023 (79)
17	池英源 지영원	《风骚轨范》所载东坡诗的分类研究——聚焦与《增刊校正王状元集注分类东坡先生诗》的比较 『風騷軌範』 소재 동파시의 분류 연구—『增刊校正王壯元集註分類東坡先生詩』와의 비교를 중심으로—	古典与阐释 고전과 해석	2023 (41)
18	崔烨 최엽	近代画僧文古山再现的北宋苏轼之《十八大阿罗汉颂》 근대 화승 문고산이 재현한 북송 소식의 〈십팔대아라한송〉	电子佛典 전자불전	2023 (25)
19	都珍淳 도진순	秋史金正喜的另一自画像《耄耋图》：苏东坡与八大山人，"金刚怒目"与"浑身静穆" 추사 김정희의 또 다른 자화상,〈모질도〉: 소동파와 팔대산인, '금강노목 (金剛怒目)' 과 '혼신정목 (渾身靜穆)'	历史学报 역사학보	2023 (260)
20	金甫暻 김보경	查慎行与冯应榴之苏诗注本考察 查愼行과 馮應榴의 蘇詩註本에 관한 일고찰	中语中文学 중어중문학	2023 (93)
21	金甫暻 김보경	王文诰《苏文忠公诗编注集成》的创作背景和编纂体例考察 王文誥 《蘇文忠公詩編註集成》의 저작 배경 및 편찬 체례에 관한 일고찰	中国文学 중국문학	2023 (117)
22	金桂台 김계태	《后赤壁赋》再诠释 『後赤壁賦』의 재해석	中国人文学会学术大会论文集 중국인문학회 학술대회 발표논문집	2023
23	金明信 김명신	《东坡志林》之版本及《异事》篇研究 《東坡志林》의 판본과 〈異事〉篇 연구	中国小说论丛 중국소설논총	2023 (71)

续表

序号	作者	题目	发表期刊/出版社	发表时间/刊期
24	金泰柱 김태주	《前赤壁赋》之“斗牛之间”与“白露横江”小考 〈前赤壁賦〉의 ‘斗牛之間’과 ‘白露横江’에 대한 小考	中国人文学会学术大会论文集 중국인문학회 학술대회 발표논문집	2023
25	김울림 （金郁林）	作为媒介的金石与18—19世纪的苏东坡：聚焦乾隆己酉粤东本《苏文忠公遗像》 매체로서의 금석과 18-19세기 소동파상: ‘건륭기유’명 월동본〈소문충공유상〉을 중심으로	美术史学报 미술사학보	2023 （61）
26	李恩周 이은주	苏轼黄州时期词中所呈现的自我安慰及疗愈 蘇軾 黄州 時期 詞에 나타난 자기 위로와 치유	中国研究 중국연구	2023 （97）
27	이민경 （李旼憬）	苏东坡诗中呈现的佛教世界观及人生哲学 소동파 시에 나타난 불교적 세계관과 인생철학	东亚佛教文化 동아시아불교문화	2023 （56）
28	林春英 임춘영	唐宋八大家之文化遗产的论述分析——聚焦《百家讲坛》“第二期唐宋八大家讲座” 당송팔대가에 대한 문화유산 담론 분석 – 『백가강단』‘2차 당송팔대가강연’을 중심으로	中国学 중국학	2023 （82）
29	柳素真 류소진	高丽朝鲜时代和苏诗的创作风貌及其社会文化意义 고려· 조선 和蘇詩의 창작 양상과 사회문화적 의의	中国语文学 중국어문학	2023 （92）
30	柳素真 류소진	金寿恒诗对苏轼相关典故的活用 金壽恒 詩의 蘇軾 관련 典故 활용 양상	中国语文学 중국어문학	2023 （93）
31	柳素真 류소진	从心理疗愈的角度看朝鲜时代流放文人对苏轼的接受 심리 치유의 관점에서 본 조선 시대 유배 문인들의 蘇軾 수용	中国文学 중국문학	2023 （117）

续表

序号	作者	题目	发表期刊/出版社	发表时间/刊期
32	朴泓俊 박홍준	柳永词与苏轼词的词调比较 柳永詞와 蘇軾詞의 詞調 比較	外国学研究 외국학연구	2023（66）
33	朴惠瑛 박혜영	苏东坡与高丽后期李奎报的文艺论——以题画诗创作为中心 소동파와 고려 후기 이규보의 문예론 -제화시 창작을 중심으로-	国际语文 국제어문	2023（97）
34	沈揆植 심규식	1622年7月16日，赤壁船游的两个典范——被贬官场文人之南汉江 船游与退溪学派之洛东江船游 1622년 7월 16일，赤壁船遊의 두 표상 –축출된 관각문인들의 남한강 선유와 퇴계학파의 낙동강 선유–	韩国汉文学研究 한국한문학연구	2023（88）
35	辛贤实 신현실	苏轼思想与园林经营研究——以白鹤居为中心 소식의 사상과 원림 경영 연구- 백학거를 중심으로 한 기초 연구-	韩国传统园艺学会志 한국전통조경학회지	2023（41）
36	张椿锡 장춘석	《东坡禅喜》的铭中蕴含的佛教隐喻研究 『東坡禪喜』의 銘에 담긴 불교적 메타포 연구	中国人文学会学术大会论文集 중국인문학회 학술대회 발표논문집	2023（2）
37	张椿锡 장춘석	苏东坡《水陆法像赞》的哲学内涵 소동파 『水陸法像贊』의 철학적 함의	中国人文科学 중국인문과학	2023（83）
38	（洪恩洙） （权镐）译 홍은수 권호 譯	苏东坡名作鉴赏 소동파 명작 감상	坡州：时间之沙 파주：시간의물레	2023
39	柳种睦 译 苏东坡 著 류종목 역 소동파 저	苏东坡词选 소동파사선	首尔：知万知出版社 서울：지식을만드는지식（지만지）	2023

日　本

序号	作者	题目	发表期刊/出版社	发表时间/刊期
1	保苅佳昭	苏轼词与庄子：以“肌肤若冰雪”的变现为中心 蘇軾の詞と『荘子』：特に「肌膚若氷雪」の表現を中心として	綜合文化研究，東京：日本大学商学部編 Journal of humanities and sciences，Nihon University	2023-12，29（2）
2	原田 愛，小谷 優瑠，	听雨诗的谱系——关于苏轼苏辙兄弟的“夜雨对床” 雨を聴く詩の系譜 － 蘇軾・蘇轍兄弟の「夜雨對牀」に至るまで	金沢大学人間社会研究域学校教育系紀要，金沢大学人間社会研究域学校教育系編 Bulletin of the Faculty of Education	2023-03-03，15
3	衣 若芬，前田 佳那	作为文人画家的苏轼及后世对其文人画思想的误解 文人画家としての蘇軾と、後世における彼の文人画思想への誤解	美術論壇21（美術フォーラム21），宇治：きょうと視覚文化振興財団 Bijutsu forum 21	2023，48
4	張 夢穎	禅文化对文人艺术的影响：试论北宋后期文人画中主客关系 禅文化の文人文化に対する芸術表現上の影響：北宋後期の文人画における主客関係に関する一試論	東京：学習院大学人文科学研究所	2023，（22）

续表

序号	作者	题目	发表期刊/出版社	发表时间/刊期
5	室 貴明	晚唐至北宋仁宗时期咏雨词的发展——苏轼咏雨词考述 晩唐から北宋仁宗期に至る詠雨詞の展開 —蘇軾詠雨詞考序説—	東北大學中國語學文學論集，東北大学中国文学研究室	2022-12-30，27
6	浅見洋二	父与子：苏轼、陆游诗中的“孝” 父と子：蘇軾・陸游の詩における「孝」をめぐって	國學院中國學會報，國學院大學中國學會	2022-12，68，
7	保苅佳昭	论苏轼惠州词 蘇軾の惠州で作られた詞について	風絮，小樽：宋詞研究会	2022-12，(19)
8	ホウコウ	传统文化中的“汉诗”之美——从茶具的禅语来思考 伝統文化における「漢詩」の美—茶掛の禅語から考える—	人文研紀要，中央大学人文科学研究所	2022-09-30，102
9	山橋 孝之，佐藤 健司，若林 竜也	从东坡肉看中日的饮食喜好 「東坡肉」に見る中国と日本の嗜好性	調理技術教育学会誌，調理技術教育学会	2022-08-08，4(2)
10	室 貴明	苏轼的西湖诗：以“饮湖上初晴后雨二首”为中心 蘇軾の西湖詩について：「飲湖上初晴後雨二首」を中心に	集刊東洋学，仙台：中国文史哲研究会 Chinese and oriental studies	2022-07，(127)
11	湯浅 陽子	“身世”与“掩关”——关于秦观的闲居生活 「身世」と「掩關」—秦觀の閑居をめぐって—	人文論叢：三重大学人文学部文化学科研究紀要，三重大学人文学部文化学科	2022-03-31，39
12	笠原綺華	北宋时期的草书观念：以苏轼与黄庭坚为中心 北宋期における草書観：蘇軾と黄庭堅を中心に	書芸術研究（書法藝術研究），つくば：筑波大学人間総合科学研究科書研究室 Calligraphy art studies	2022-03，(15)

续表

序号	作者	题目	发表期刊/出版社	发表时间/刊期
13	内山精也	苏轼在密州徐州时期的诗词文 蘇軾の密・徐知州時代の文と詩詞	東英寿（编著）《唐宋八大家研究》，中国書店	2022
14	浅見洋二	罪人的笑：柳宗元与苏轼 罪人の笑い—柳宗元と蘇軾	東英寿（编著）『唐宋八大家研究』，中国書店	2022
15	山本和義，蔡毅，中裕史，中純子，原田直枝，西岡淳	苏轼诗注解（三十） 蘇軾詩注解（三十）	《學術界・文學・語言學編》111號（《アカデミア．文学・語学編》111号），南山大学出版	2022-01-31
16	山本和義，蔡毅，中裕史，中純子，原田直枝，西岡淳	苏轼诗注解（三十一） 蘇軾詩注解（三十一）	《學術界・文學・語言學編》112號（《アカデミア．文学・語学編》112号），南山大学出版	2022-06-30
17	山本和義，蔡毅，中裕史，中純子，原田直枝，西岡淳	苏轼诗注解（三十二） 蘇軾詩注解（三十二）	《學術界・文學・語言學編》113號（《アカデミア．文学・語学編》113号），南山大学出版	2023-01-31
18	山本和義，蔡毅，中裕史，中純子，原田直枝，西岡淳	苏轼诗注解（三十三） 蘇軾詩注解（三十三）	《學術界・文學・語言學編》114號（《アカデミア．文学・語学編》114号），南山大学出版	2023-06-30
19	加納留美子	苏轼诗论：反复的经验与诗语 蘇軾詩論：反復される經驗と詩語	东京：研文出版	2022-10
20	東英寿	唐宋八大家研究 唐宋八大家研究	福冈：中国書店	2022-3
21	竹浪遠	苏轼的枯木图：论其造型及对后世的影响 蘇軾の枯木図について——その造形と後世への影響	曽布川寛，宇佐美文理 编《中国美術史の眺望：中国美術研究会論集》，汲古書院	2023-11

马来西亚

序号	作者	题目	发表期刊/出版社	发表时间/刊期
1	余历雄	苏轼《潮州韩文公庙碑》的学术史意义	马来西亚汉学刊	2022，(06)